U0790207

科学出版社“十三五”普通高等教育本科规划教材
生命科学经典教材系列

微 生 物 工 程

（第二版，修订版）

曹军卫　马辉文　张甲耀　编著

科 学 出 版 社
北 京

内 容 简 介

第二版在保持第一版特色的同时，丰富生产应用开发实例，就卫生保健产品、食品和饮料发酵、食品添加剂和补充剂、微生物生物量的生产、微生物酶类、燃料和工业化学品、环境卫生物技术等专题展开论述。最新修订版还增加了有关发酵终点的判断，细胞自溶的监测，发酵染菌的防治与处理，发酵过程物理参数、化学参数、生物参数及间接参数检测等内容。此外还增加了一些新设备的介绍。

全书共分四大部分28章：第一部分微生物工程原理（9章），第二部分微生物工程下游加工工程（8章），第三部分微生物工程生产设备（4章），第四部分微生物工程生产工艺和产品举例（7章）。本书将理科的有关知识与必要的工程技术知识有机结合，使学生既能掌握比较专业的理论知识，又能掌握基本的计算和设计工艺流程的原理和方法。

本书适合于普通高等院校生物技术、生物工程、食品科学、轻化工等相关专业使用，也可供相关工程技术人员和高校师生参考使用。同时为教师配备教学课件。

图书在版编目（CIP）数据

微生物工程/曹军卫，马辉文，张甲耀编著. —2版. —北京：科学出版社，2007

科学出版社“十三五”普通高等教育本科规划教材　生命科学经典教材系列

ISBN 978-7-03-018706-2

Ⅰ. ①微…　Ⅱ. ①曹…②马…③张…　Ⅲ. 微生物-生物工程-高等学校-教材　Ⅳ. TQ93

中国版本图书馆CIP数据核字（2007）第033220号

责任编辑：席　慧/ 责任校对：朱光光

责任印制：吴兆东/ 封面设计：耕者设计工作室

科学出版社出版

北京东黄城根北街16号

邮政编码：100717

http://www.sciencep.com

北京富资园科技发展有限公司印刷

科学出版社发行　各地新华书店经销

*

2002年8月第　一　版　开本：720×1000　1/16

2007年3月第　二　版　印张：33 1/2

2025年1月第三十二次印刷　字数：624 000

定价：98.00元

（如有印装质量问题，我社负责调换）

第二版前言（修订）

本书是在病毒及病原微生物国家重点实验建设项目、微生物学教育部重点实验室建设项目、国家教育部理科基地建设项目、湖北省高等学校教学研究项目“生物技术专业教学计划和课程结构研究”和武汉大学教材建设项目的支持下，为了配合新兴的理工结合的生物技术专业的学科建设而编写的本科生教材。

第一版自2002年出版以来，已经30余次印刷并发行10万余册，每年有近百所高等院校选用本书作为教材。广大读者对本教材给予了充分的肯定，认为本教材知识全面、内容丰富、语言流畅，适合本专业的本科教学，同时也提出了一些很有价值的建议，作者在此对广大读者一并表示真挚的感谢。

第二版共分为四大部分，包括28章。第一部分微生物工程原理包括9章，第二部分微生物工程下游加工工程包括8章，第三部分微生物工程生产设备包括4章，第四部分微生物工程生产工艺和产品举例包括7章。在这次改版中，根据本教材出版四年以来的教学实践和广大读者（包括教师和学生）的反映，对全书进行了比较大的修改。如在教学内容方面，增加了教学内容的涵盖面，特别是在第四部分微生物工程生产工艺和产品举例中包括的7章。这7章并不是简单的在原来4章的基础上增加3章，而是进行了全面的重新写作，用归类的方式较全面地介绍了7个方面的知识，共介绍典型产品数十种。内容涉及生产菌种、生产工艺、生产成本控制等各方面内容，目的是使生物技术专业类的学生对微生物工程的最新成就、原理和生产方法等有较全面地了解，扩大学生的眼界，使其能够更加适应市场经济的需要。在内容的组织方式方面也作了一些改进，如在介绍微生物代谢调节的一些基本原理的基础上，再循序渐进地引入选育菌种的原理和方法等内容，使学生能深刻理解菌种选育的意义和原理。

此外，在本书第二版的基础上，已准备相关的立体化教学系统，如教学辅导书、习题、电子教案、多媒体课件等。

近十年来，在微生物工程领域，各种技术、方法、设备都有了很大的进步。例如，微生物诱变育种一直是提高产量、质量的重要手段，尽管也发明了各种选择性强的优良菌种的方法，但其工作量还是非常大，而效率太低。目前建立的高通量筛选技术利用机器来替代人工，可以高效快速地完成大批量筛选。又如，以往还待发展的许多发酵过程的参数检测，现在都有方法检测了，这为发酵过程的监控、优化、发酵终点的判断，包括染菌的早期预判，起到了很好的指导作用。因此2019年初在第二版的基础上，作者再次对本书进行了一次全面修订，重点增加了有关发酵终点的判断，细胞自溶的监测，发酵染菌的防治与处理，发酵过程物理参数、化学参数、生物参数及间接参数检测等内容。此外还增加了一些新设备的介绍，如空气过滤器。空气过滤系统是最容易造成杂菌污染，而导致发酵失败的主要原因之一，因此空气过滤是好氧发酵成败的非常关键的设备。

尽管修订版的基本结构没有变化，但在许多章节中都增加了近年来微生物工程领域的新技术、新方法和新设备的有关内容。

与本书的第一版一样，在第二版的编著和修订过程中，参考了大量国内外相关的书籍和文献资料，在此再一次向这些前辈和同行们一并表示衷心地感谢！也欢迎广大读者和专家在使用过程中，提出宝贵意见。

曹军卫　马辉文　张甲耀

2019 年 2 月修订

第一版前言

生物技术是一门涉及领域宽、涵盖范围广、基础性强的新兴技术，是现代生物学发展并与相关学科交叉融合的产物。生物技术包括基因工程、蛋白质工程、细胞工程、微生物工程（即发酵工程）等领域。生物技术产业是世界发达国家在21世纪优先发展的支柱产业，它对不断提高人类的生活质量，与严重威胁人类健康的疾病进行斗争，以及改善自工业革命以来遭受严重破坏的、人类赖以生存的生态环境具有至关重要的作用。在生物技术领域里，由于微生物生物技术的高速发展和对其他生物技术发展的重要影响，使其一直处于领先地位，并且还将在相当长的时期内处于领先地位。

当今世界各国的竞争，实际上是科学技术的竞争。高等教育是为了适应国民经济和科学技术高速发展的需求，同时也是为了高等教育自身的发展需求，从1997年经教育部正式批准建立生物技术专业至今，全国高校已有生物技术专业70多个，生物工程专业20多个，在校学生近万人。尽管全国各高校的生物技术专业已经开始招生，但办好这一新兴的、具有中国特色的专业，还需要有更多的教育工作者下功夫来研究，并在实践中探讨。生物技术专业与生物科学专业既有共性又有差别，差别体现在培养目标、课程设置、实验技能等方面。生物技术专业是理工结合的新兴学科专业,办好该专业应加强教学研究。

本书就是为了配合新兴的理工结合的生物技术专业的学科建设而编写的本科生教材。其目的是希望通过本教材的编写，对办学模式、培养目标、课程设置、教学内容等作进一步的探讨、研究和实践，为生物技术专业的发展和培养大批量高素质生物技术人才探索更多的教学经验。本书共分为四大部分，包括25章。第一部分微生物工程原理包括9章，第二部分微生物工程下游加工工程包括8章，第三部分微生物工程生产设备包括4章,第四部分微生物工程生产举例包括4章。其特点和独到之处是将理科的有关知识与必要的工程技术知识有机地结合起来，使学生既学到比较专业的微生物学理论知识，又掌握工程技术方面的基本计算和设计工艺流程的原理和方法。

在本书编著过程中，参考了许多国内外相关的书籍和文献资料，在此向这些前辈和同行们一并表示衷心的感谢！本书的部分插图由陈宝联同志绘制，特表示感谢。也欢迎这些前辈和同行们，以及广大读者提出宝贵意见。

曹军卫　马辉文

目　　录

第一部分　微生物工程原理

第三部分 微生物工程生产设备

第四部分　微生物工程生产工艺和产品举例

第一部分　微生物工程原理

§1　微生物工程概论

生物技术在21世纪已经成为带动人类社会经济发展的关键技术。其中的微生物生物技术由于发展迅速，给人类带来了巨大经济利益，同时对其他生物技术产生重要影响，一直处于生物技术的领先地位。以往多用发酵技术一词来描述微生物技术，随着微生物技术快速发展，微生物技术已走出了曾给其带来里程碑转折发展的发酵罐时期，广泛用于发酵罐以外形式的环境保护、细菌冶金、细菌勘探和能源开发等领域，特别是基因工程菌的大量产生和使用，因而用“微生物工程”一词更能准确地概括所有微生物的应用领域。

微生物工程的主体是利用微生物生长代谢活动产生的各种生理活性物质来生产商业产品。这项工程需要微生物学、生物化学、化学工程学、药学和市场营销学等有关知识来共同营建。面对21世纪市场经济发展的大潮，需要有更多交叉学科知识的人才来参加微生物工程的研究、开发、生产和市场营销。因而微生物工程已成为微生物学、生物化学、化学工程学和药学等多学科密切相关的交叉性学科。特别是基因工程、细胞工程、蛋白质工程等生物技术的成就，更加有利地推动了微生物工程发展。

1.1　微生物工程的发展简史

1.1.1　传统的微生物发酵技术——天然发酵

人类利用微生物的代谢产物作为食品和医药，已有几千年的历史了。众多原始部族都由含糖的果实储藏时发酵，而学会了酒精发酵。公元前4000～前3000年，古埃及人已熟悉了酒、醋的酿造方法。约在公元前2000年，古希腊人和古罗马人已会利用葡萄酿造葡萄酒。在巴黎卢浮宫保存的“蓝色纪念碑”上，记载着公元前3世纪古巴比伦居民利用谷物酿造某些品种的啤酒，有约20种不同啤酒品种，如用大麦芽酿造的含乳酸的酸啤酒。因而可知，当时巴比伦存在有专业的酿造行业。古埃及人对古巴比伦的外销啤酒评价很高。随后就发明出用烘焙的“啤酒面包”酿造的黑啤酒，以及加入了红花和各种植物果实作为香料的啤酒。并且许多啤酒的酒精含量高达 12%～15%。但是随着古埃及帝国的解体，古代的酿造技术随之失传了。

据考古证实，我国在距今 4200～4000 年前的龙山文化时期已有酒器出现，公元前 1000 多年前，商朝甲古文中有“醋、酒、鬯”的记载。“周礼夫官篇”记载了当时能酿造出久陈不坏的黄酒。北魏时期据《齐民要术》记录了我国劳动人民已能用蘖制造饴糖，用散曲中的黄曲霉的蛋白质分解力和淀粉糖化力制造酱和酿醋等。属于传统的微生物发酵技术产品的还有酱油、泡菜、奶酒、干酪等，此外还有面团发酵，粪便和秸秆的沤制，用发霉的豆腐制疡等技术。但那时人们并不知道微生物与发酵的关系，因而很难人为控制发酵过程，生产也只能凭经验，口传心授；所以被称为天然发酵时期。

1.1.2　第一代微生物发酵技术——纯培养技术的建立

1680 年，荷兰人安东尼·列文虎克（Anthony Leeuwenhoek，1632～1723 年）制成了放大率为 40～150 倍的显微镜，第一个通过显微镜观察到用肉眼看不见的微生物，包括细菌、酵母等。1857 年法国著名生物学家巴斯德（Louis Pasteur，1822～1895 年）用巴氏瓶实验，证明了酒精发酵是由活酵母引起的，各种不同的发酵产物是由不同的微生物产生的。1897 年德国的毕希纳（Eduard Buchner，1860～1917 年）将酵母细胞磨碎，得到的酵母汁仍能使糖液发酵产生酒精，他将这种具有发酵能力的物质称为酒化酶（zymase）。在这之后，德国人柯赫（Robert Koch，1843～1910 年）1905 年因其关于肺结核的出色工作获得了诺贝尔奖，他首先发明固体培养基，得到了细菌的纯培养物，由此建立了微生物的纯培养技术。这就开创了人为控制发酵过程的时期，再加上简单密封式发酵罐的发明，发酵管理技术的改进，发酵工业逐渐进入了近代化学工业的行列。这时期的产品有酵母、酒精、丙酮、丁醇、有机酸、酶制剂等，主要是一些厌氧发酵和表面固体发酵产生的初级代谢产物。

1.1.3　第二代（近代）微生物发酵技术——深层培养技术

1928 年英国细菌学家弗莱明发现能够抑制葡萄球菌的点青霉（*Penicillium notatum*），其产物被称为青霉素，而当时弗莱明的成果并没有引起人们的重视。20 世纪 40 年代初，第二次世界大战中对于抗细菌感染药物的极大需求，促使人们重新研究了青霉素。经过多年的发展，在 1945 年大规模地投入生产。同时由于采用了深层培养技术，即机械搅拌通气技术，从而推动了抗生素工业乃至整个发酵工业的快速发展。随后链霉素、氯霉素、金霉素、土霉素、四环素等好氧发酵的次级代谢产物相继投产。经过半个多世纪的发展，不仅抗生素产品的种类在不断增加，发酵水平也有了大幅度的提高。以青霉素为例，发酵的效价单位从最初的 40U/ml 提高到目前的 90 000U/ml，菌种的活力提高了 2000 倍以上。在产品分离纯化上，由最初纯度仅 20%左右，得率约 35%，提高到现在的纯度 99.9%，得率约 90%。

抗生素工业的发展很快促进了其他发酵产品的出现。如 20 世纪 50 年代氨基酸发酵工业，在引进了“代谢控制发酵技术”后，得以快速发展，即将微生物通过人工诱变，获得代谢发生改变的突变株，在控制条件下，选择性地大量生产某种人们所需要的产品。这项技术也被用于核苷酸、有机酸和抗生素的生产中。又如 20 世纪 60 年代，发现许多石油及石油产品可以代替糖质原料进行发酵，而出现了石油发酵。已开始利用醋酸为原料发酵生产谷氨酸、赖氨酸等氨基酸，利用正构石蜡发酵生产柠檬酸等有机酸及单细胞蛋白。同时也有抗生素、酶制剂、辅酶和维生素等的石油发酵研究（表 1-1）。可以说，这是一个近代发酵工业的鼎盛时代。新产品、新技术、新工艺、新设备不断出现，应用范围也日益扩大，如广泛应用于能源开发、环境保护、细菌冶金和石油勘探等。

表 1-1　重要的近代微生物技术产品产业化年代

年代	产品
公元前 4000～前 2000 年	果汁酿酒、醋、酱、原始啤酒、面包发酵、奶酪
公元前 1000 年	酱油
公元前 600 年	用霉制疡
公元 11 世纪	人痘接种
公元 12 世纪	蒸馏酒精
公元 17 世纪	人工栽培食用菌
公元 18 世纪	牛痘接种
1880～1920	乳酸、面包酵母、甘油、丙酮、丁醇、淀粉酶、转化酶
1920～1940	柠檬酸、葡萄糖酸、蛋白酶、核黄素、山梨糖
1940～1950	青霉素、短杆菌肽、链霉素、金霉素、新霉素、两性霉素、衣康酸、纤维素酶、果胶酶、淀粉酶
1950～1960	谷氨酸、赖氨酸、土霉素、四环素、新生霉素、红霉素、制霉菌素、卡那霉素、丝环氨酸、庆黄霉素、曲酸、柠檬酸、葡萄糖酸、过氧化氢酶、甾体氧化产物、赤霉素、葡聚糖、单细胞蛋白、水杨酸
1960～1970	葡萄糖酸、糖化酶、氨基酰化酶、脂肪酶、乳糖酶、头孢霉素、林可霉素、利福霉素、万古霉素、核糖霉素、杀稻瘟菌素、多氧霉素、泰勒霉素、缬氨酸、甾体氧化产物、核苷酸、生物杀虫剂、黄原胶、石油发酵、污水处理、能源开发、细菌冶金、单细胞蛋白
1970～1980	博来霉素、阿霉素、杀念珠菌素、交沙霉素、西梭霉素、有效霉素、门冬氨酸、苏氨酸、凝乳酶、右旋糖苷酶、维生素 C、木糖醇、苹果酸、长链二元酸、普鲁兰多糖
1980～	阿维霉素、苯丙氨酸、环氧乙烷、丙烯酰胺、聚羟基丁酸酯、酶抑制剂

1.1.4　第三代微生物发酵技术——微生物工程

1953 年，美国的 Watson 和 Crick 发现了 DNA 双螺旋结构。1973 年，美国加利福尼亚大学旧金山分校的 Herber Boyer 和斯坦福大学的 Stanley Cohen 将两个质粒用 *Eco*R Ⅰ 酶切后，在连接酶存在条件下连接起来，获得了具有两个复制起始位点的杂合质粒，并转化大肠杆菌。尽管他们的实验并没有涉及任何目的基因，但意义却极为重大深远，为基因工程的理论和实际应用奠定了基础。此后很快全世界各国的研究人员发展出大量基因分离、鉴定和克隆的方法，不但构建出高产量的基因工程菌，还使微生物产生出它们本身不能产生的外源蛋白质，包括植物、动物和人类的多种生理活性蛋白。而且很快形成了产品，如胰岛素、生长激素、细胞因子及多种单克隆抗体等基因工程药物和产品已正式上市（表 1-2）。

表 1-2　已上市和一些正在研究开发的基因工程产品

医药产品（包括兽用产品）	胰岛素（insulin）； 生长激素（growth hormone）包括人和其他哺乳动物生长激素及其相关因子（growth hormone releasing factor）； 干扰素（interferon，IFN）包括白细胞干扰素（IFN_α），成纤维细胞干扰素（IFN_β），免疫干扰素（IFN_γ）； 淋巴细胞活素（lymphokine），包括白细胞介素 2（interleukin-2，IL-2），白细胞介素 3（interleukin-3，IL-3），巨噬细胞激活因子（macrophage activating factor，MAF），B-细胞生长因子（B-cell growth factor）； 血纤维蛋白溶解剂（fibrinolytics）包括链激酶（streptokinase，SK），尿激酶（urokinase，UK），组织血纤维蛋白溶酶原激活素（tissue plasminogen activator，TPA）等； 疫苗（vaccine）包括腺病毒（adenovirus），霍乱（cholera），巨细胞病毒（cytomalovirus，CMV），脑炎病毒（encephalitis），甲型肝炎病毒（hepatitis A），乙型肝炎病毒（hepatitis B），疱疹病毒（herpes），流感病毒 A 和 B（influenza A and B），副流感病毒（parainfluenza），疟疾（malaria），狂犬病病毒（rabies），骨髓灰质炎（polinmyelitics），动物腹泻（animal scours），口蹄疫（foot and mouth　dease），人类免疫缺陷病毒（human immunodeficiency virus，HIV），呼吸道合胞病毒（respiratory syncytial virus），轮状病毒（rotaviria），水痘带状疱疹病毒（varicellazoster），黄热病毒（yellow fever）等； 菌苗如百日咳杆菌（*Bordetella pertussis*），破伤风杆菌（*Clostridium tetani*），致腹泻大肠杆菌（*E. coli* enterotoxin strain），流感嗜血杆菌（*Haemophilus influenzae*），麻风分枝杆菌（*Mycobacterium leprae*），结核杆菌（*M. tuberculosis*），伤寒杆菌（*Salmonella typhi*），淋病奈瑟球菌（*Neisseria gonorrhoeae*），脑膜炎奈瑟球菌（*N. meningitidis*），A 组链球菌（*Streptococcus* group A），B 组链球菌（*S.* group B），肺炎链球菌（*S. pneumoniae*），志贺菌属（*Shigella*），霍乱弧菌（*Vibrio cholerae*）等；

续表

医药产品（包括兽用产品）	胸腺素（thymosia）； 白蛋白（albumin）； 血因子（blood factor）； 红细胞生成素（erythropoietin，EPO）； 促血小板生长素（thrombopoietin）； 集落刺激因子（colony stimulating factor，CSF）包括粒细胞集落刺激因子（G-CSF）和粒细胞巨噬细胞集落刺激因子（GM-CSF）； 激素类避孕疫苗，如人绒毛膜促性腺激素（human chorionic gonadotropin，HCG），促性腺激素释放激素（gonadotropin releasing hormone，GnRH），绵羊促膜卵泡激素（OFSH），绝经期促性腺激素（menopausal gonadotropin）等； 降血钙素（calcitonin）； 表皮生长因子（epidermal growth factor，EGF）； 肿瘤坏死因子（tumour necrosis factor，TNF）； α-1 胰蛋白酶抑制剂（α-1 antitrypsin）； 心钠素（atrial natriuetic peptide，ANP）； 单克隆抗体（monoclonal antibodies，MABs）； 生物传感器、基因芯片（gene chip）； 利用基因工程菌生产的抗生素、氨基酸、甾体激素、维生素等
食品及饲料添加剂	氨基酸（如天门冬氨酸、苯丙氨酸、苏氨酸、色氨酸等）等
农业	生物杀虫剂，包括病毒杀虫剂、细菌杀虫剂、真菌杀虫剂； 防治植物病害微生物； 生物除草剂，包括真菌（锈菌、镰刀菌、炭疽菌属等）、线虫、病毒等
化工及能源原料	用可再生物质（biomass）生产甲烷、甲醇、乙醇、丙酮、丁醇、多元醇、有机酸等； 酶制剂； 藻类产生的碳水化合物、蛋白质等物质； 生物多聚物质，如黄原胶、黑色素、足丝黏性蛋白、生物合成橡胶、生物可降解塑料（聚羟基烷酯 PHA、甲基侧链聚羟基丁酯 PHB、乙基侧链聚羟基戊酯 PHV）等
环境保护	高效生物降解或解毒微生物等

1.2　微生物工程的应用

微生物工程在基因工程、细胞工程、蛋白质工程等现代生物技术的支持下，可以产生众多新的产品，应用的范围进一步扩大，已深入到工农业生产、医疗保健、环境保护，甚至微电子领域，促进了传统产业的技术改造和新兴产业的产生，对人类社会生活将产生深远的影响，同时也具有巨大的经济效益潜力。

1.2.1　微生物工程在食品工业中的应用

食品工业是世界上最大的工业之一。在工业化国家，食品消费要占家庭消费的 20%～30%。食品工业也是微生物技术最早开发应用的领域，至今其产量和产值仍占据微生物工程的首位。

食品加工：以各种原料生产的单细胞蛋白，包括细菌（螺旋蓝细菌属、假单胞菌、链丝菌、噬甲烷或噬甲醇细菌等）、酵母（产朊酵母、假丝酵母、毕卡酵母等）、真菌（曲霉、地霉、内孢霉、镰刀霉、木霉等）、藻类（螺旋藻、杜氏盐藻等）等。

含醇饮料：以糖类物质（水果汁、树汁、蜂蜜等）和淀粉类物质（谷物或根类等）为主要原料酿造或加工的葡萄酒、果酒、黄酒、白酒、啤酒、白兰地、威士忌、伏特加、香槟酒、朗姆酒等。

发酵乳制品：奶酒、乳酪、酸奶等。

调味品和发酵食品：味精、肌苷酸、鸟苷酸和以豆类和谷物等生产的酱、酱油、醋、豆豉、豆腐乳、饴糖、泡菜等。

甜味剂：葡萄糖、麦芽糖、果葡糖浆、甘露糖醇、甜味肽、甜蛋白等。

食品添加剂：面包酵母、赖氨酸、柠檬酸、色素、右旋糖酐葡聚糖和茁霉多糖（增稠剂）、葡萄糖氧化酶和维生素 C（食品保鲜剂）、乳链菌肽（食品防腐剂）、匹马霉素（食品保护剂）等。

食品检验：食品免疫检验方法可检测含量极低的微量残留物、真菌毒素、抗生素、激素、细菌毒素等。

1.2.2　微生物工程在医药卫生中的应用

医药卫生领域是微生物工程应用最广泛，成绩最显著，发展最迅速，潜力也最大的领域。这是因为可以利用微生物工程从各方面改进医药的生产，开发新的药品，改善医疗手段，从而提高人类的医疗水平，并且也可以从中获得巨大的经济利益。

1.2.2.1　抗生素

现在发现的抗生素有 6000 余种，其中绝大多数是由微生物产生的，已形成产品的医用和兽用的（包括半合成抗生素）有百余种。

抗细菌抗生素：杆菌肽（bacitracin）、头孢菌素（cephalosporin）、氯霉素

（chloramphenicol，抗斑疹伤寒）、金霉素（chlortetracycline，抗 G^+和 G^-）、环丝氨酸（cycloserine，抗结核菌）、红霉素（erythromycin，抗 G^+）、庆大霉素（gentamycin，抗 G^+和 G^-）、卡那霉素（kanamycin，抗 G^+和 G^-）、青紫霉素（lividomycin，抗 G^+和 G^-）、柱晶白霉素（leucomycin，抗 G^+）、林可霉素（lincomycin，抗 G^+）、麦迪霉素（mydecamycin，抗 G^+）、新霉素（neomycin，局部使用）、新生霉素（novomycin，抗 G^+）、竹桃霉素（oleandomycin，抗 G^+）、土霉素（oxytetracycline，抗 G^+和 G^-）、巴龙霉素（paramomycin，兼治阿米巴）、青霉素（penicilline，抗 G^+）、磷霉素（phosphonomycin，抗 G^+和 G^-）、多黏菌素（polymyxin，抗 G^+）、核糖霉素（ribostamycin，抗 G^+和 G^-）、利福霉素（rifomycin，抗结核菌）、相模湾霉素（sagamycin，抗 G^+和 G^-）、紫苏霉素（sisomycin，抗 G^+和 G^-）、螺旋霉素（spiramycin，抗 G^+）、链霉素（streptomycin，抗结核菌）、四环素（tetracycline，抗 G^+和 G^-）、托普霉素（tobramycin，抗 G^+和 G^-）、短杆菌肽（tyrothricin，抗 G^+）、万古霉素（vancomycin，抗 G^+）、紫霉素（viomycin，抗结核菌）等。

抗真菌抗生素：两性霉素 B（amphotericin B）、杀假丝菌素（candicidin）、灰黄霉素（griseofulvin，抗皮肤真菌）、制霉菌素（nystatin） 等。

抗原虫抗生素：烟古霉素（fumagillin）、古曲霉素（trichomycin，抗滴虫）等。

抗肿瘤抗生素：放线菌素（actinomycin）、阿德里亚（阿）霉素（adriamycin）、博来霉素（bleomycin）、光神霉素（mithramycin）、丝裂霉素（mitomycin）、内瘤霉素（sarkomycin）等。

起免疫抑制作用的抗生素：如环孢菌素 A 等。

半合成抗生素：某些天然抗生素在长期的使用中，会诱使一些病原菌产生抗药性。为了解决抗药性，同时也为了扩大抗菌谱，采用半合成的方法，将天然抗生素的侧链去掉，再用化学法加上新的侧链，如此产生的抗生素被称为半合成抗生素。研究最多的为青霉素型和头孢菌素型半合成抗生素。

青霉素型半合成抗生素：如对青霉素酶稳定的甲氧苯青霉素、乙氧萘青霉素、苯唑青霉素、邻氯苯唑青霉素，广谱的氨苄青霉素、羟氨苄青霉素，抗绿脓杆菌的羧苄青霉素、磺苄青霉素等。

头孢菌素型半合成抗生素：头孢Ⅰ号（噻唑霉素）、头孢Ⅱ号（头孢利定）、头孢Ⅲ号（头孢甘氨酸）、头孢Ⅳ号（头孢力新）、头孢Ⅴ号（唑啉头孢菌素）、头孢Ⅵ号（环己烯胺头孢菌素）、吡硫头孢菌素、氰甲基头孢菌素。

其他半合成抗生素：丁胺卡那霉素、甲烯土霉素、强力霉素（去氧土霉素）、二甲胺四环素、四氢吡咯甲基四环素、去甲基金霉素、利福平、氯林肯霉素、去甲基林肯霉素、乙酰螺旋霉素等。

1.2.2.2　氨基酸

氨基酸在医药中除用作大输液外，还广泛地用于临床治疗，如精氨酸、鸟氨酸、瓜氨酸、天门冬氨酸、谷氨酸等可以治疗高氨血症、肝机能障碍等疾病；天门冬氨酸钾盐和镁盐的混合物，可用于恢复疲劳，治疗心脏病、肝病、糖尿病；某些氨基酸的类似物如 *S*-氨甲酰基-半胱氨酸（天门冬酰氨的类似物）、*N*-乙酰-L-苯丙氨酸、*N*-乙酰-L-缬氨酸等可以作为癌细胞的抑制剂等。

现可经发酵获得的氨基酸有谷氨酸、赖氨酸、丙氨酸、精氨酸、组氨酸、异亮氨酸、亮氨酸、苯丙氨酸、脯氨酸、苏氨酸、色氨酸、酪氨酸、缬氨酸、瓜氨酸、鸟氨酸等。

可用酶法获得的氨基酸有天门冬氨酸、丙氨酸、甲硫氨酸、苯丙氨酸、色氨酸、赖氨酸、酪氨酸、半胱氨酸等。

1.2.2.3　维生素

目前可用发酵获得的维生素或合成维生素的中间产物有维生素 B_2（核黄素）、维生素 B_{12}（氰钴氨素）、2-酮基古龙酸（维生素 C——抗坏血酸的前体）、β类胡萝卜素（维生素 A 的前体）、麦角甾醇（维生素 D_2 的前体）等。

1.2.2.4　甾体激素

甾体激素是由化学法合成的，但在合成过程的转化步骤中，如用化学法进行甾体转化，工序复杂且得率极低，成本也很高。用微生物进行转化，则操作工序大为减少，得率高，而成本低，并且可在甾体核的许多位碳原子上进行转化（如 7 和 11 位碳原子），如可的松（17-羟基脱氧皮质酮）、氢化可的松、泼尼松（脱氢可的松或强的松）、氢化泼尼松（强的松龙）、肤轻松（氟氢可的松）、地塞米松（9-氟-16-甲基脱氢皮质醇）、确氨舒松（氟羟脱氢皮质醇）等，均用微生物进行转化产生。

1.2.2.5　生物制品

生物制品通常是指含抗原制品，包括由减毒或死的病毒和立克次氏体制造的疫苗，如牛痘和斑疹伤寒疫苗；减毒或死的病原菌制造的菌苗，如卡介苗和伤寒菌苗；类毒素如白喉类毒素，以及含抗体的制品。现在由基因工程技术制造的生物制品，包括亚单位疫苗（如单纯疱疹病毒疫苗、口蹄疫病毒疫苗、肽疫苗等）、活体重组疫苗（如流感病毒载体疫苗、乙肝病毒载体疫苗等）、避孕疫苗、肿瘤疫苗、DNA 疫苗等（表 1-2）。它们可用于预防、诊断或治疗相关疾病。

1.2.2.6　治疗用酶

蛋白酶和核酸酶可用于加速坏死组织、脓汁、分泌物、血肿的去除；胃蛋白酶、脂肪酶、蛋白酶可帮助消化；尿激酶、链激酶可溶化血栓；胰蛋白酶可释放激肽；天门冬酰氨酶是抗肿瘤药物；超氧化物歧化酶可治疗因 O_2^- 的毒性引起的炎症等。

1.2.2.7　酶抑制剂

如棒酸可抑制细菌产生的β-内酰胺酶对青霉素的破坏；α-淀粉酶的抑制剂可治疗糖尿病；胆固醇抑制剂作为治疗高血压、高血脂的药物；抑肽酶素用于治疗胃溃疡；抑氨肽酶素作为免疫活性物质用在肿瘤放疗中；多巴丁有降血压作用等。

1.2.2.8　其他

核苷酸类药物：如肌苷、辅酶 A 可治疗心脏病、白血病、血小板下降、肝病等；5′-腺苷酸（AMP）用于治疗循环系统紊乱、风湿病；三磷酸腺苷（ATP）可治疗代谢紊乱、肌肉萎缩、心脏病、肝病；黄素腺嘌呤二核苷酸（FAD）可治疗维生素 B 缺乏症、肝病、肾病；辅酶Ⅰ（NAD）可治疗糙皮症、肝病、肾病；胞苷二磷酸（CDP）胆碱可治疗头部外伤或大脑外伤引起的意识模糊。

其他发酵药物：如麦角新碱可促进产后子宫复原，麦角胺可治疗偏头痛等。

基因工程药物：已知很多蛋白质是生理活性物质，因此它们的缺乏与人类的各种疾病密切相关。例如，侏儒症与患者缺乏生长激素有关，有些糖尿病是由于胰岛素合成不足引起，出血不止的血友病则是因凝血因子Ⅷ或Ⅸ的基因突变而造成这些因子的严重缺乏。基因工程技术提供了大量获得人源蛋白药物的基因工程菌，使原来需要由人或动物中制取的蛋白药物，可以从微生物的发酵中获得。并且可通过对蛋白质基因结构的修饰改造，使蛋白药物的性质更稳定，活性更高，副作用更小。自 1980 年世界上第一个基因工程药物——人胰岛素正式批准上市以来，现有几十种已获准上市（表 1-3）。

表 1-3　部分基因工程蛋白药物

蛋白质名称	用途
B-细胞生长因子（B-cell growth factor）	治疗免疫系统功能失调
降血钙素（calcitonin）	治疗软骨病
α-1 胰蛋白酶抑制剂（α-1 antitrypsin）	治疗肺气肿
粒细胞集落刺激因子（granulocyte colony stimulating factor，G-CSF）	治疗血液病，肿瘤辅助治疗
粒细胞巨噬细胞集落刺激因子（granulocyte colony stimulating factor，GM-CSF）	治疗血液病，肿瘤辅助治疗
人绒毛膜促性腺激素（human chorionic gonadotropin，HCG）	治疗不排卵症
表皮生长因子（epidermal growth factor，EGF）	促进伤口愈合
红细胞生成素（erythropoietin，EPO）	治疗贫血
凝血因子Ⅷ（factor Ⅷ）	治疗血友病
生长激素（growth hormone）	促进生长
生长激素释放因子（growth hormone releasing factor）	促进生长
胰岛素（insulin）	治疗糖尿病
干扰素（interferon，IFN）	抗病毒抗肿瘤
白细胞介素（interleukin，IL）	治疗癌症
肿瘤坏死因子（tumour necrosis factor，TNF）	抗肿瘤
淋巴细胞毒素（lymphotoxin）	抗肿瘤
巨噬细胞激活因子（macrophage activating factor，MAF）	抗肿瘤
内啡肽和脑啡肽（endorphine and enkephalin）	镇痛剂
血小板衍生因子（platelet-derived growth factor）	治疗动脉粥样硬化
血清白蛋白（serum albumin）	血浆补充物
组织血纤维蛋白溶酶原激活因子（tissue plasminogen activator，TPA）	溶栓剂
链激酶（streptokinase，SK）	溶化血栓
尿激酶（urokinase，UK）	溶化血栓
促性腺激素释放激素（gonadotropin releasing hormone，GnRH）	避孕疫苗
促肾上腺皮质激素（adrenocorticotrophic hormone）	治疗风湿病
各种疫苗等	

除了大量的基因工程药物的使用，用于诊断遗传疾病和传染性疾病的基因工程诊断 DNA 试剂（DNA 探针）也大量生产。例如，基因芯片就是一种高通量、高特异性的 DNA 诊断技术。还有基因治疗技术的应用，是将正常基因导入靶细胞，以纠正或补偿基因缺陷和异常引起的疾病。目前已经涉及恶性肿瘤、遗传疾病、传染病等多种疾病的治疗。

1.2.3　微生物工程在轻工业中的应用

由微生物生产出许多种可用于轻工业加工的酶，主要类型如下。

糖酶：α-淀粉酶（淀粉液化生成糊精及少量麦芽糖和葡萄糖）、β-淀粉酶（淀粉水解为麦芽糖）、葡萄糖苷酶即糖化酶（水解淀粉、糊精、麦芽糖为葡萄糖）、支链（异）淀粉酶（水解支链淀粉）、转化酶（蔗糖酶，能将蔗糖和棉子糖水解为葡萄糖及果糖）、异构酶（葡萄糖异构为果糖）、半乳糖酶（水解乳糖为葡萄糖和半乳糖）、纤维素酶类（水解纤维素为葡萄糖）等。

蛋白酶：碱性蛋白酶（用于洗涤剂、皮革鞣化、胶片银的回收、啤酒去浊）、酸性蛋白酶（用于饮料、食品的冷藏，制作蛋白水解物）、中性蛋白酶（用于皮革脱毛、蚕丝脱胶、蛋白胨制备）。

果胶酶：水解果胶物质，用于果汁、果酒的澄清，苎麻脱胶等。

脂肪酶：分解脂肪为脂肪酸和甘油。

凝乳酶：凝固蛋白质制作干酪。

氨基酰化酶：用于拆分化学合成的 DL-氨基酸，获得 L-氨基酸。

甘露聚糖酶：水解甘露聚糖为甘露糖，生产山梨糖醇。

过氧化氢酶：将 H_2O_2 水解为 H_2O 和 O_2。

1.2.4　微生物工程在化工能源产品中的应用

醇及溶剂：乙醇、甘油、异丙醇、丙酮、二羟丙酮、丁醇、丁二醇、甘露糖醇、阿拉伯糖醇、木糖醇、赤藓糖醇等。

有机酸：醋酸、丙酸、乳酸、丁酸、琥珀酸、延胡索酸、苹果酸、酒石酸、衣康酸、环氧琥珀酸、柠檬酸羟基羧基戊二酸已二烯二酸、葡萄糖酸、酮葡萄糖酸、棓酸、曲酸、水杨酸、长链二元酸等。

多糖：右旋糖酐、黄原胶、茁霉多糖、海藻酸等。

烷烃：甲烷。

清洁能源：氢气、微生物燃料电池等。

此外还有藻类产油等。

1.2.5　微生物工程在农业中的应用

农业是世界上规模最大和最重要的产业，在许多发达国家中，农业总产值占国民生产总值的 20%以上。发达的农业经济很大程度上依赖于科学技术的进步，微生物工程技术和产品为农业的发展提供了有利的支持。

1.2.5.1 生物农药

微生物杀虫剂：包括病毒杀虫剂，如核型多角体病毒、质型多角体病毒、颗粒体病毒、重组杆状病毒；细菌杀虫剂，如苏云金杆菌、重组苏云金杆菌；真菌杀虫剂，如虫霉菌杀虫剂、造成“僵病”的白僵菌杀虫剂；动物杀虫剂，如原生动物微孢子虫杀虫剂，线虫如新线虫和索线虫动物杀虫剂等。

防治植物病害微生物：如细菌（假单胞菌属、土壤杆菌属等）、放线菌（细黄链菌）、真菌（木霉）、病毒（各种弱病毒），以及农用抗生素（如杀稻瘟菌素、灭瘟素 S、春日霉素、庆丰霉素等）等。

1.2.5.2 生物除草剂

主要是利用杂草的病原微生物，包括真菌（如锈菌、链刀菌、炭疽病菌等）、线虫、病毒等。

1.2.5.3 生物增产剂

有共生固氮菌，如根瘤菌属（*Rhizobium*）、慢生根瘤菌属（*Bradyrhizobium*）、弗氏放线菌属（*Frankia*）、蓝细菌；联合固氮菌，如园褐固氮菌、拜氏固氮菌、产脂固氮螺菌、粪产碱杆菌等；钾细菌（如硅酸盐菌）、磷细菌等。

1.2.5.4 食用菌

可以用多种农作物副产品来生产，也是一项经济效益很高的农产品。主要品种有蘑菇、草菇、香菇、猴头菌、银耳、木耳等。其中多种具有药用价值，如灵芝、银耳、木耳等。

在农业领域，利用现代生物技术可以培育出优质、高产、抗病抗虫、抗逆的农作物，以及畜禽、林木、水产品等新品种，以改善农业生产，解决粮食短缺的问题。

如培育抗逆性优良品种的作物，其目的是培育抗寒、抗旱、抗盐碱、抗病抗虫等抗逆性作物。目前已经培育出包括水稻、小麦、油菜、甘蔗、橡胶等一大批作物新品种。

再如提高粮食产量和品质方面。利用生物技术培育出高产、抗逆性强、抗病抗虫的新品种外，还可培育出品质好，营养价值高，口感好的新品种。如将大豆储藏蛋白质的基因克隆至水稻中，培育产生高蛋白质含量的水稻。

现在人类越来越注意农业可持续发展与生态环境的保护，而重视发展生物农药。生物农药具有不污染环境，不伤害害虫天敌，保障农产品安全等优势，已经是重要的发展趋势。同时为减少化肥的使用导致土壤板结、肥力下降、容易造成环境污染等问题，大力发展的生物固氮技术，如构建水稻粪产碱菌的耐胺工程菌，可节约 1/5 的化肥使用量，而使农作物增产 5%以上。

此外，利用基因工程和细胞工程技术发展转基因动物和植物，在农业上也是成绩斐然。

1.2.6 微生物工程在环境保护中的应用

随着工农业的发展，人口的快速增长，人类生活需要的增长，各行业和生活产生的废水、废气、废渣对江河湖海、大气和我们生活的环境造成了不同程度的污染，全球环境正在急剧恶化。过去人们通常采用焚烧和化学处理法来处理废弃物。但这些方法成本很高，并且会产生新的污染。20 世纪 60 年代中期，人们发现一些土壤微生物可以降解非生物源物质，如除草剂、杀虫剂、制冷剂等。它们大多数属于假单胞菌属，可分解 100 多种有毒废弃物。经研究发现，与有毒废弃物降解有关的酶有多种，编码这些酶的基因大多数存在于微生物细胞内的质粒上，也有的存在于染色体上，有的同时存在于质粒和染色体上。于是发明了有毒废弃物的微生物处理技术，可以分为厌气发酵法和好气发酵法。

厌气发酵法：如专性厌气微生物梭菌、拟杆菌、瘤胃球菌、丁酸弧菌、乙酸菌、甲烷菌等，兼性厌气微生物大肠杆菌、芽孢杆菌等。多用于沼气、肥料、饲料发酵。

好气发酵法：在有氧条件下，用某些产生菌胶的细菌和某些原虫的混合物处理工业和生活污水及废气。现在已有属于悬浮生物体系和固定生物体系两大类的各种处理技术。

1.2.7 微生物工程在细菌冶金中的应用

可以利用微生物强大的降解能力，净化有毒物质、降解石油等污染物、清除有毒气体和恶臭物质。在净化环境、保护环境的同时，达到废物利用、获得新产品的目的。

利用氧化亚铁硫杆菌等自养细菌有把亚铁氧化为高铁、把硫和低价硫化物氧化为硫酸的能力，将含硫金属矿石（主要是尾矿、贫矿）中的金属离子形成硫酸盐而释放出来。用此法浸出的金属有铜、钴、锌、铅、铀、金等。

1.2.8　微生物工程在高技术研究中的应用

微生物在高技术研究中，发挥了极为重要的作用，如为基因工程研究提供的质粒、黏粒和病毒载体，限制性内切核酸酶、连接酶、磷酸酶、磷酸激酶等。医学诊断和工业过程检验用的生物传感器（酶、微生物电极、DNA 芯片），以及可能会用于微电子中的生物芯片等。

总之，微生物工程技术的应用十分广泛，它的发展推动了其他生物技术的快速发展，同时随着基因工程、蛋白质工程、细胞工程技术的研究，将会进一步扩大微生物工程技术的应用范围，为工农业生产和人类健康做出更为巨大的贡献。

§2　生产菌种的来源

微生物工程的工业生产水平由三个要素所决定，即生产菌种的性能，发酵及提纯工艺条件和生产设备。其中第一步也就是优良的菌种是最重要的。生产上有用的菌种，最初都是来自于自然界，如土壤、空气、江、河、湖、海等各种自然环境。人类通过数千年的知识积累和科学研究，已经发明创造了许多行之有效的筛选有用菌种的方法。本章将介绍这些筛选方法。

2.1　生物物质产生菌的筛选

2.1.1　微生物是生物活性物质的丰富资源

微生物是地球上分布最广、物种最丰富的生物种群，种类之多，至今仍是一个难以估计的未知数。它们除了能生活在动物、植物可以生长的环境中外，还可以生活在动物、植物不能生长的环境中。为适应环境对它们生存造成的压力，它们进化出许多特殊的生理活性物质。所以微生物过去、现在及将来都是人类获取生物活性物质的丰富资源。

但是在什么地方、如何筛选产生新的生物活性物质的微生物呢？关键在于要根据生产实际需要，目的代谢产物的性质，可能产生所需产物微生物菌种的分类地位，这类微生物分布、特性以及生态环境等，设计选择性高的分离筛选方法，才能快速从可能的环境和混杂的多种微生物中获得所需菌种。

多年来，筛选的重点主要放在有医疗作用的抗生素方面，如抗细菌的青霉素、头孢霉素和四环类抗生素等，抗肿瘤的丝裂霉素、博来霉素等，抗真菌的灰黄霉素。还有其他有治疗作用的药物，如治疗高血压药物和免疫调节剂等。这些产生新的生物活性物质的微生物的成功筛选，都是由于采用了有选择性并且灵敏的筛选方法。

一般菌种分离纯化和筛选步骤如下：标本采集⟶标本材料的预处理⟶富集培养⟶菌种初筛⟶菌种复筛⟶性能鉴定⟶菌种保藏。

以上许多步骤都可引入选择压力，以提高筛选的效率。

2.1.2　含微生物材料的标本采集

在采集菌种标本时，遵循的原则是材料的来源越广泛，越有可能获得新的菌种。特别是在一些极端环境中，如高温、高压、高盐、高 pH、低 pH 及海洋中，存在着大量适应了各种环境压力的微生物类群，都是尚待开发的重要资源。对这类微生物已有一些成功筛选的例子（表 2-1）。

表 2-1　极端环境放线菌产生的次生代谢产物

微生物	产物
嗜冷链霉菌属	抗生素 SP351
嗜热链霉菌属	榴菌酸（granticinicacid）
嗜高温放线菌	嗜温红菌素
耐高温披发糖多孢菌（*Saccharopolyspora hirsute*）	sporaricin
海洋链霉菌属	aplasmomycin
耐高渗链霉菌属	未鉴别抗生素
嗜碱链霉菌属	各种抗生素包括某些未鉴别抗生素

土壤是微生物聚集最丰富的场所，因土壤组成、有机物浓度、pH 等条件的不同，微生物的种群分布差异较大。例如，菜园和农田耕作层土壤含有丰富的有机物，常以细菌和放线菌较多；果园树根土壤中酵母菌含量较高；动物和植物残骸及腐殖土中霉菌较多；根瘤菌多在豆科植物根系土壤中；分解石油的微生物，常在油田和石油炼油厂附近的土层中分布最多等。

有研究发现，在酸性土壤中的放线菌种类与紧接着的下层中性土壤中的有很大区别。这说明可以在同一生态环境内的不同环境条件中，分离出更多种类的菌株。

自然环境中的天然菌群，可因人类的生产或生活而改变。例如，在土壤中加入莠去津，会导致放线菌群数量的增加。在杀真菌剂存在下，诺卡氏菌属的菌更容易分离到。

还可在腐败的动物、植物遗体或身体中分离菌株。例如，死亡虫体的肠道中有苏云金芽孢杆菌，从根瘤中分离出放线菌，从白蚁肠道分离出类似放线菌的细菌等。

江、河、湖、海及被某种物质污染的水域也是分离微生物的重要环境。

2.1.3　标本的预处理

在分离之前，含微生物材料的标本首先进行预处理，可大大提高菌种分离的效率。已设计出各种预处理方法（表 2-2）。

表 2-2　含微生物材料的标本预处理方法

方法	处理	材料	分离出的菌株
物理方法	55℃ 6min	水、土壤、粪肥	嗜粪红球菌（*Rhodococcus coprophilus*）、小单孢菌属等
	100℃ 1h 或 40℃ 2～6h	土壤、根土	链霉菌属、马杜拉菌属、小双孢菌属等
	膜过滤法	水	小单孢菌属、内孢高温放线菌等
	离心法	海水、污泥	链霉菌属
	空气搅拌法	发霉的稻草	嗜热放线菌等
化学方法	含 1%几丁质培养基	土壤	链霉菌属
	用 $CaCO_3$ 提高 pH 进行培养	土壤	链霉菌属
诱饵法	用涂石蜡的棒置于碳源培养基中	土壤	诺卡氏菌
	花粉	土壤	游动放线菌属
	蛇皮	土壤	小瓶菌属
	人的头发	土壤	角质菌属

由于放线菌的繁殖体、孢子（如链霉菌）和菌丝片段（如红球菌 *Rhodococcus*）比 G^-细菌更加耐热，所以常采用热处理方法减少材料中的细菌数，当然也常减少放线菌数目。

膜过滤和离心的方法，可以浓缩水中的细胞。滤膜的品种对收集菌的类型有重要影响。

收集嗜热放线菌孢子可在空气搅动下，用一风筒或沉淀室收集，再用 Anderson 取样器将含有孢子的空气撞击在平板上，可减少分离中的细菌数。

也可在分离前在土壤中加一些固体基质，或洒些可溶性养分以强化培养。

诱饵技术是采用固体物质如石蜡棒、花粉、蛇皮、毛发等作为诱饵，加在待分离的土壤或水中，待其菌落长出后再铺平板分离。

2.2　菌种的分离

2.2.1　施加选择性压力分离法

在自然界获得的标本，是很多种类微生物的混杂物，一般采用平板划线或平板稀释法进行纯种分离。但大多数采集的样品中，所需微生物并不一定是优势菌或数量有限。为了增加分离成功率，可通过富集培养增加待分离菌的数量。主要是利用不同种类的微生物其生长繁殖对环境和营养的要求不同，如温度、pH、渗透压、氧气、碳源、氮源等，人为控制这些条件，使之利于某类或某种微生物生长，而不利于其他种类微生物的生存，以达到使目的菌种占优势，而得以快速分离纯化的目的。这种方法又被称为施加选择性压力分离法。

例如，通过控制培养时的氧，可将好氧和厌氧微生物分开；在高温下培养，可将嗜热微生物和非嗜热微生物分开；控制不同的 pH 条件，可分离出嗜酸或嗜碱微生物；使用高糖或高盐的培养基进行培养，可获得耐高渗透压的微生物；控制培养基的各种营养成分（如使某种碳源、氮源成为唯一的碳源、氮源），均可使能利用此种营养的微生物被富集，从而大量获得。表 2-3 列举了分离放线菌的几种培养基。

表 2-3 用于选择性分离放线菌的几种培养基

培养基	占优势的分离菌株
几丁质琼脂培养基（含有胶态几丁质、矿物盐）	链霉菌属，微单孢菌属
淀粉酪素培养基（含有淀粉、酪素、矿物盐）	链霉菌属，微单孢菌属
基质减半的营养琼脂培养基	嗜热放线菌
葡萄糖天冬酰胺培养基（含有葡萄糖、天冬酰胺、矿物盐土壤浸液、维生素）	马杜拉放线菌、小双孢菌、链孢囊菌
M_3 培养基（含有矿物盐、丙酸盐、硫胺素）	小单孢菌属、红球菌
琼脂培养基	诺卡氏菌属

在分离培养基中也广泛采用加入不同的抗生素或试剂来增加选择性（表 2-4）。例如，在分离放线菌和细菌时，可加入抗真菌抗生素；分离真菌时，可加入抗细菌抗生素。

表 2-4 分离不同微生物时常用的抗生素或试剂

欲分离菌种	抗生素或试剂 /（μg/ml）	受抑制的微生物
一般细菌	放线菌酮（50～500），杀真菌素（100），抗滴虫霉素（500），优洛制霉素（30～100）	霉菌、酵母
革兰氏阳性菌	原虫霉素（5）、嘌呤霉素	原生动物
节杆菌	多黏菌素 B（5）	革兰氏阴性菌
革兰氏阴性菌	放线菌酮（100）	革兰氏阳性菌
肠内细菌	青霉素（1），硫酸化烷盐（2000）	革兰氏阳性菌
沙门氏菌	胆汁酸（1500～5000）	大肠杆菌
拟杆菌	结晶紫	
硝化细菌，小单孢菌属	庆大霉素（5.5）	
链霉菌属，诺卡氏菌属	土霉素（100），竹桃霉素（100）	
普通高温放线菌	制霉菌素（50），亚胺环已酮（50）	真菌
马杜拉放线菌	亚胺环已酮（50），新生霉素（25），变红霉素（5～20），链霉素（0.5～2），棕霉素（0.5～2）	细菌、霉菌

培养方法可采用分批式富集培养（摇瓶培养）和恒化式富集培养（连续培养）两种不同的方式。分批式富集培养是指将富集培养物转接到新的同一种培养基中，重新建立选择性压力，如此重复转种几次后，再取此富集培养物接种到固体培养基上，以获得单菌落。在这种分批式富集培养中，转种的时间是关键，应在所需菌种占优势情况下转种。

恒化式富集培养技术是通过改变限制性基质的浓度，来控制两类不同菌株的比生长速率（μ），如图 2-1 所示。当基质浓度低于γ时，菌株 B 将维持比菌株 A 高的比生长速率；而高于γ时，菌株 A 的比生长速率较高。因此可通过改变稀释速率进行连续富集培养，获得所需要的菌种。用连续富集培养技术分离出的菌种，特别适合用于连续发酵生产，而分批式富集培养和固体培养基纯化方法分离得到的菌株，在连续发酵生产中的表现很差。连续富集培养方法还可用于分离适应某种工业生产需要特性的菌株，如能适应简单培养基的菌种，这样不仅可降低生产成本，且不易染菌。还可提高分离温度，有可能分离出耐高温菌株，在生产中节约冷却水。用连续富集培养方法也可筛选出能共生的稳定混合菌群。例如，用甲烷为唯一碳源进行连续富集培养，曾筛选出含有一株甲烷营养型和一些非甲烷营养型的共生菌。此混合菌群生产性能（如生长速率、生产率和稳定性）均比甲烷营养型的纯种培养要好。

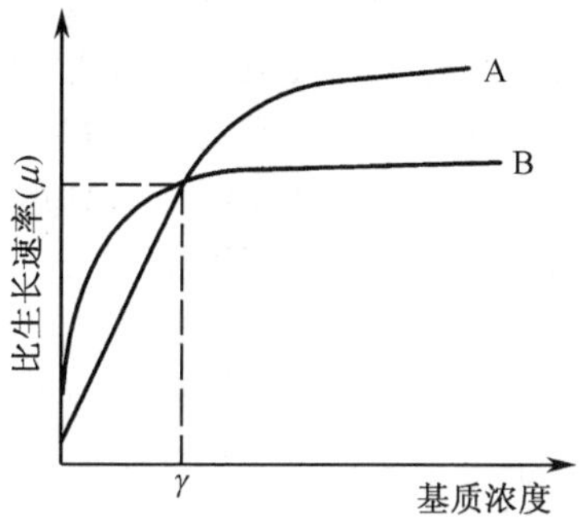

图 2-1　基质浓度对 A、B 两种不同的菌种比生长速率的影响（参考俞俊棠等，1997）

固体培养基常用于分离各种酶产生菌，在固体选择性培养基中加入酶作用的底物培养微生物，能够利用此底物的酶产生菌得以生长，并且往往会在其菌落周围形成一透明圈。透明圈的大小虽不能与酶活力的高低完全成正比，但完全可以作为菌种初筛的判断标准。像蛋白酶、脂肪酶、果胶酶、甘露聚糖酶、淀粉酶、纤维素酶等酶产生菌，都可用这个方法进行筛选。

2.2.2　随机分离方法

有些微生物的产物对产生菌的筛选没有直接的选择性指示作用，因此常采用随机分离法进行分离。下面简单介绍一些目前重要的生物活性物质产生菌的分离方法。

2.2.2.1　抗生素产生菌的分离

尽管目前已发现了大量的抗生素，并且也开展了多种抗生素的半合成生产，但发现新的抗生素仍然极具吸引力。筛选抗生素产生菌的方法包括抑菌圈法、稀释法、扩散法、生物自显影法等。在这些方法中，试验菌的选择是成功的关键，它直接与检出的灵敏性、抗菌素的活性和抗菌谱有关。

例如，采用联合试验菌枯草芽孢杆菌和绿色产色链霉菌或巴氏梭状芽孢杆菌，可以分离出抗菌活性低，但对其他试验菌抗菌活性高的新抗生素，而单独用枯草芽孢杆菌作试验菌不能检出它们。黄色霉菌族的抗生素就是采用这个方法筛选出来的。

除使用高灵敏度的试验菌外，采用专一性很强的筛选技术也可检出新的抗生素。主要是利用与抗生素作用机制相关的酶、酶抑制剂、激活剂、抗体等建立起来的高灵敏度、专一的筛选技术。例如，通过鉴定氨苄青霉素和待测样品对β-内酰胺酶产生菌克雷氏菌的协同抑制作用，发现了β-内酰胺酶抑制剂——棒酸（clavulanic acid）。

2.2.2.2　抗肿瘤药物产生菌的分离

目前抗肿瘤药物放线菌素、阿德里亚（阿）霉素、博来霉素、光神霉素（mithramycin）、丝裂霉素、内瘤霉素、满霉素、长春霉素、5-氟尿嘧啶等已在临床上广泛使用，但其疗效并不明显，寻找新的高效、低毒的抗肿瘤药物仍是人们追求的目标。

在临床上有效的抗肿瘤药物，大部分是直接作用于核酸或抑制核酸生物合成的物质。由于从微生物到人类的核酸结构和生物合成方式有许多共同之处，因此大部分抗肿瘤药物也会具有抗菌或抗真菌活性。目前发展出利用微生物筛选作用于 DNA 的抗肿瘤药物的方法，具有高灵敏度和简便快速的特点。生化诱导分析法和 SOS 生色检测法均是利用这一原理来筛选抗肿瘤药物。

生化诱导分析法（BIA）是采用测定溶原性λ噬菌体阻遏物支配下的启动子控制的转录和表达的酶活性的方法，即将大肠杆菌的 *lacZ* 基因连接在λ噬菌体的 P_L 启动子下，当 DNA 损伤时，诱发λ阻遏蛋白 CI 分解，P_L 启动子启动 *lacZ* 基因转录，测定表达的β-半乳糖苷酶活性，来检测能损伤 DNA 的抗肿瘤药物的存在。此法又称为λ诱导检测法（inductest）。

SOS 生色检测法（SOS chromotest）是利用 DNA 损伤时，可活化 yecA 蛋白，进而分解噬菌体的阻遏蛋白，再引起 *sifA*（sulA）基因启动子启动 *lacZ* 基因的表达，从而达到检测能损伤 DNA 的抗肿瘤药物的目的。

此外也可以利用 DNA 修复能力突变株进行抗肿瘤药物的筛选。因为在生物体中都存在两个以上的 DNA 修复基因，如果有一个 DNA 修复基因损伤或变异，通常仍能存活，但对能引起 DNA 损伤的化合物十分敏感，易发生死亡。例如，使用大肠杆菌或枯草芽孢杆菌的重组缺失 DNA 修复基因突变株和亲株作为测试菌来筛选抗肿瘤药物。

2.2.2.3　酶抑制剂产生菌的分离

酶抑制剂在酶催化机制，生化代谢中至关重要，直接与生理机能和病理有关，因此是重要的临床药物。从微生物的代谢产物中筛选酶抑制剂的原理是，如果某种化合物能在体外抑制某种关键的人体酶，它就可能在体内有药理作用。酶抑制剂产生菌的筛选，主要选择与生理和病理关系明确的酶为靶酶进行筛选。表 2-5 给出了一些基于酶靶的药理活性物质筛选的例子。

表 2-5　基于酶靶筛选具生理活性的酶抑制剂

靶区	靶酶
邻苯二酚胺合成	酪氨酸羟化酶，多巴胺-β-羟化酶，单胺氧化酶，儿茶碱-*O*-甲基转移酶
抗组胺	组氨酸脱羧酶，组胺-*N*-甲基转移酶
抗血脂症	3-HMG-CoA 还原酶，缩合酶
5-羟色胺合成	色氨酸羟化酶，胰酶，血纤维蛋白溶酶，木瓜蛋白酶，糜蛋白酶，组织蛋白酶 A、B 和 D，弹性蛋白酶，胃蛋白酶
抗高血压	血管紧张素转移酶
前列腺素合成	前列腺素合成酶
糖水解酶（抗糖尿病）	α-淀粉酶，蔗糖酶，β-半乳糖苷酶，神经氨酸苷酶

2.2.2.4　抗病毒药物产生菌的分离

由于病毒是在细胞内增殖，普通药剂难以达到。利用作用于核酸的方法筛选得到的药物毒性高。例如，利用鸡胚线维芽细胞的噬菌斑形成法，发现了抗病毒的壳二孢氯素（ascochlorin）和衣霉素（tunicamycin）。用小平板测定由病毒引起的细胞变性效果（CPE），也是一种有用的筛选方法。检测病毒复制中特有的 DNA 复制酶和核酸合成酶的酶抑制剂，是另一种选择性更高的筛选方法。

2.2.2.5　生长因子产生菌的分离

生长因子如氨基酸和核苷酸的产生不能作为分离中的选择压力，也可以用随机分离法进行初筛，然后通过进一步的检测得到产生菌。其方法主要是通过观察分离菌能否促进营养缺陷型菌株的生长，来检出生长因子产生菌。

以氨基酸产生菌的筛选为例，介绍其筛选方法。大多数氨基酸产生菌属于节杆菌、微细菌、短杆菌、微球菌和棒杆菌属，因此首先将待试菌接入加了抗真菌的化合物（如亚胺环己酮）的分离培养基中生长，然后采用影印法，将菌落复印到能支持氨基酸产生菌生长的培养基中，培养 2～3 天后，用紫外线杀死长好的菌落，再往此平板上面铺上一层含相应氨基酸营养缺陷的营养缺陷型菌株菌悬液，培养 16h 后，被杀死的氨基酸产生菌的菌落周围应有一检测菌的生长圈。这样在另一个复印的平板相应的位置上便可找出产生菌。进一步可测定产生菌产生氨基酸能力。

2.2.2.6　免疫激活剂产生菌的分离

一般认为能作用于细胞表面酶的物质，可能具有免疫修饰作用。因此以存在于细胞表面的氨基肽酶 B、白氨酸（亮氨酸）氨基肽酶、氨基肽酶 A、碱性磷酸脂酶为靶性物质，筛选这些酶的抑制剂，发现抑制这些酶，会增强细胞性免疫或抗体产生能力。这说明可以用细胞表面酶的抑制法，筛选免疫激活剂产生菌。

例如，以接种肿瘤细胞后的老鼠血，进行免疫抑制处理后得到的因子作对照，在老鼠肝脏细胞培养时，加入微生物培养液和刀豆球蛋白 A，与 ^{3}H 标记的胸腺嘧啶脱氧核苷存在下培养，用液体闪烁计数的方法筛选能影响 DNA 合成的物质，它能消除肿瘤细胞血清的抑制作用，使产生抗体的活性恢复。

2.2.2.7　多糖产生菌的分离

曾从各种环境中分离到多糖产生菌，但一般认为制糖工业、食品加工厂等污水中，可能含有较多的多糖产生菌，并且这类菌的菌落外观一般比较黏稠，可以通过菌落外观的观察来识别。

经自然界分离筛选获得的有价值的菌种，还须进行人工选育，使其具有优良的生产性能，才能用于工业生产。特别是用于医药卫生上的产品，还须通过安全试验和临床试验，获得国家的药品生产许可证，方能使用。

§3 微生物的代谢调节和代谢工程

微生物在生长过程中机体内的复杂代谢过程是互相协调和高度有序的，并对外界环境的改变能够迅速做出反应。其原则是经济合理地利用和合成所需的各种物质和能量，使细胞处于平衡生长状态。微生物细胞内外环境的统一是通过代谢调节的方式来实现的。代谢调节的方式多种多样，主要包括反馈抑制、反馈阻遏、酶的诱导调节、酶的共价修饰等。

在实际生产中，往往须要高浓度地积累某一种代谢产物，而这个浓度又常常超过细胞正常生长和代谢所需的范围。因此要达到超量积累这种产物，提高生产效率，必须打破微生物原有的代谢调控系统，在适当的条件下，让微生物建立新的代谢方式，高浓度地积累人们所期望的产物。

为达到这一目的，可以采用两种方式：一种就是通过各种育种方法，选育基因突变株，从根本上改变微生物的代谢；另一种是控制微生物的各种培养条件，影响其代谢过程。

近年来，随着基因工程的长足发展，利用基因工程技术改变代谢流，扩展和构建新的代谢途径，或通过关联酶将两个代谢途径连接形成新的代谢流的研究，也已取得了令人瞩目的进展。因此有将这种涉及多个基因的基因工程称为代谢工程，或途径工程。

本章对微生物的代谢调节和代谢工程的研究进展加以介绍。

3.1 微生物的代谢类型和自我调节

3.1.1 代谢类型

微生物的生长繁殖主要是依赖于两种代谢途径，即分解代谢和合成代谢。微生物通过分解代谢将从环境中吸收的各种碳源、氮源等物质降解，为细胞的生命活动提供能源和小分子中间体。分解代谢包括各种中心途径如TCA、EMP和HMP，以及外周途径（指其他碳源、氮源物质通过分解后进入中心途径）。微生物的合成代谢是利用分解代谢的能量和中间体合成氨基酸、核酸等单体物质，及蛋白质、核酸、多糖等多聚物。因此，微生物的分解代谢和合成代谢是相互关联、相互制约的，成为其生命活动的基础。

微生物小分子物质的合成和降解是由其自我调节的。例如，生长在含有单一有机化合物作为碳源的培养基中时，其合成大分子前体物质（如氨基酸、核酸等）

的速率与大分子物质合成的速率配合得很好。而当一种前体存在于培养基中，并能被细胞吸收时，该前体的内源合成便立即停止。微生物也常常合成异化存在于环境或培养基中基质的酶。如果同时存在有两种不同的基质时，细胞首先合成异化可维持更快生长的化合物的酶，如葡萄糖、甘露糖、木糖降解酶；只有在这种化合物被利用完后，才开始合成异化第二种化合物的酶，如葡萄糖代谢阻遏现象。

研究微生物调节有极为重要的意义。在工业上，可对微生物的代谢途径加以控制，来满足生产的需要，如肠道细菌可利用单一碳源和无机盐合成细胞的所有组分。其中某些碳源，如醋酸盐被缓慢地利用，而维持低的生长速率；葡萄糖能被迅速代谢，并维持更快的生长；如将大分子的前体如氨基酸加入培养基，会加速细胞的生长。快速生长的细胞其 RNA 含量比缓慢生长的细胞的含量高一些，DNA 含量低一些，细胞长得大一些。

3.1.2　微生物自我调节的部位

许多化合物代谢的部位是受到控制的，有三种控制的方式。其一，细胞膜对大多数亲水分子起一种屏障作用，但又存在着某些输送系统即通道。这些通道是输送某些化合物的系统，其中有些是需能的。它们受 ATP 的影响，并受透性酶的调节。其二，在原核生物有两种控制通量的方法，即调节现有酶量和改变酶分子的活性。对酶量的调节可以通过增加或减少关键酶的合成或降解速率进行。其三，限制基质的有形接近。如真核生物有不同的细胞器，这些细胞器中包裹了各种代谢库，细胞中的基质可存在于位于不同细胞器的各个分隔的代谢库中。例如，在链孢菌属中发现有两个动力学性质不同的精氨酸代谢库，一个在细胞质中，另一个在液泡中。这两个地方参与精氨酸代谢的酶量相差很远。这类控制方式在原核生物中也存在，但各种酶以酶复合物或与细胞膜结合成整体的形式存在。

微生物自我调节的三个部位实际上也就是三个类型，但都涉及酶促反应调节。酶促调节的方式包括酶活性调节和酶合成调节两大类。

3.2　酶活性调节

酶活性调节包括两个方面，即酶的激活作用和酶的抑制作用。酶的激活作用是指在某个酶促反应系统中，某种低相对分子质量的物质加入后，导致原来无活性或活性很低的酶转变为有活性或活性提高，使酶促反应速率提高的过程。而酶的抑制作用是指在某个酶促反应系统中，某种低相对分子质量的物质加入后，导致酶活力降低的过程。这种能引起酶的活力提高（或获得）或降低（或丧失）的物质称为酶的激活剂或抑制剂。它们可以是外源物质，也可以是机体自身代谢过程中产生与积累的代谢产物。

3.2.1　酶的激活作用与抑制作用

酶的激活作用和抑制作用是机体内存在的两个矛盾着的过程，并且普遍存在于微生物的代谢中。例如，天门冬氨酸转氨甲酰酶（ATCase）是催化嘧啶生物合成途径中的第一个反应（图 3-1），它的活力是受该途径的终产物胞苷三磷酸（CTP）的抑制。ATP 是 ATCase 的第二个效应物，它活化 ATCase，得以协调嘌呤和嘧啶的合成。

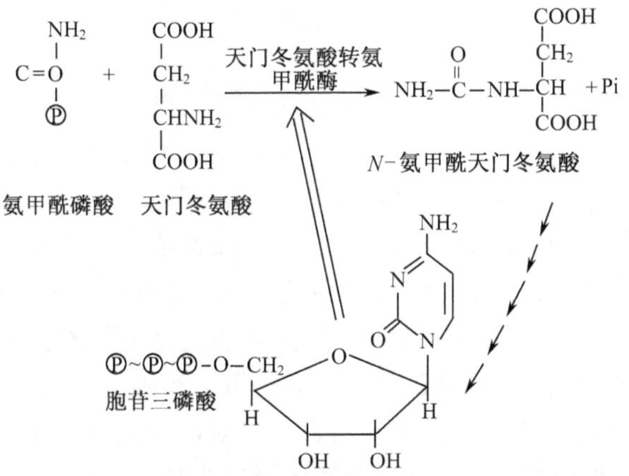

图 3-1　嘧啶生物合成的限速酶调节方式

（参考俞俊堂等，1997）

表 3-1　大肠杆菌糖代谢过程中酶的激活剂与抑制剂

酶	抑制剂	激活剂	催化的反应
ADP-葡萄糖焦磷酸化酶	AMP	3-磷酸甘油醛、PEP、二磷酸果糖	1-磷酸葡萄糖＋ATP→ADP-葡萄糖＋PPi
果糖二磷酸酶	AMP		果糖二磷酸＋H_2O→6-磷酸果糖＋Pi
磷酸果糖激酶	PEP	ADP、GDP	6-磷酸果糖＋ATP→1, 6-磷酸果糖＋ADP
丙酮酸激酶		二磷酸果糖	PEP→丙酮酸
丙酮酸脱氢酶	NADH、乙酰 CoA	PEP、AMP、GDP	丙酮酸＋CoA→乙酰 CoA＋CO_2
PEP 羧化酶	天冬氨酸、苹果酸	乙酰 CoA、GDP、GTP、二磷酸果糖	PEP＋CO_2→草酰乙酸
柠檬酸脱氢酶	NADH、酮戊二酸		草酰乙酸＋乙酰 CoA→柠檬酸
苹果酸脱氢酶	NADH		苹果酸→草酰乙酸

又如在大肠杆菌的代谢过程中，许多酶都有激活剂与抑制剂（表 3-1），在它们的共同作用下，糖的代谢能有效地受到控制。

3.2.2　酶活性调节的机制

酶活性调节的机制研究得最为清楚的是酶的变构理论和酶分子的化学修饰调节理论。前者是通过酶分子空间构型上的变化来引起酶活性的改变，后者则是通过酶分子本身化学组成上的改变来引起酶活性的变化。

3.2.2.1　变构调节理论

变构调节理论是在变构酶的基础上提出来的。这类蛋白质可以随着条件的变化，改变其分子的空间构型，如前所述的 ATCase。变构酶一般具有相当高的相对分子质量，并由多个亚基组成，这些亚基多是相同的。每个亚基都具有催化和变构调节的位点。但 ATCase 是由两种不同的亚基组成，一种具有催化功能，另一种具有变构调节的功能。如用对氯汞苯甲酸（一种温和的化学试剂）处理，ATCase 可分解成两种亚基。其中一种 5.8S 催化性亚基具有全酶的全部催化活性，但对 CTP 引起的变构抑制作用和 ATP 引起的变构激活作用均不敏感。另一种 2.8S 调节性亚基不具有催化活性，但有结合 CTP 或 ATP 的能力，即一个亚基上结合有 CTP，能抑制另一亚基的催化活性。若将这两种亚基在巯基乙醇存在下共同保温，能重新组装成 ATCase。

另外还有一类变构蛋白，本身没有催化活性，但是它们可以控制相应的酶的活性，或酶与蛋白质的合成。由于变构蛋白主要起着调节酶促反应速率变化的作用，所以它们又被称作调节蛋白。

3.2.2.2　变构分子内部的化学修饰作用

有的变构酶可以通过修饰酶作用与某种物质以共价键结合，导致酶的化学组成发生变化，从而提高或降低酶的活性。当酶不与这种特定的物质结合时，该酶的活性就丧失（或降低），或者获得活性（或提高活性）。例如，胶质红假单胞菌（*Rhodopseudomonas gelatinosa*）的柠檬酸裂解酶可以通过酶分子的乙酰化和去乙酰化方式来调节酶活性。这个反应分成以下两步完成：

$$\text{乙酰-酶}+\text{柠檬酸} \rightleftharpoons \text{柠檬酸-}S\text{-酶}+\text{乙酸}$$

$$\text{柠檬酸-}S\text{-酶} \rightleftharpoons \text{乙酰-酶}+\text{草酰乙酸}$$

被乙酰化的柠檬酸裂解酶有催化活性，能够催化柠檬酸生成草酰乙酸和乙酸。

去乙酰化的柠檬酸裂解酶则无活性，不能催化上述反应。

3.3 酶合成的调节

在某个酶促反应系统中，若底物量一定，在一定的范围内，酶量的变化也影响酶促反应的速率。也就是说，在酶调节过程中，除了酶活性的调节外，还有酶量上的调节方式。

酶量的调节与酶活性调节在调节方式上是不同的。酶活性调节不涉及酶量的变化。相反，在酶量调节中不涉及酶活性的变化，主要通过影响酶合成或酶合成的速率控制酶量变化，最终达到控制代谢过程的目的。从调节作用的特点上看，酶活性调节的效果是即时而又迅速的；而酶量调节涉及酶蛋白合成，所以调节的效果较慢。这两种调节方式往往同时存在于同一个代谢途径中，而使有机体能够迅速、准确和有效地控制代谢过程。

在微生物中，酶量调节的方式包括诱导和阻遏两种类型。诱导作用指在某种化合物（包括外加的和内源性的积累）作用下，导致某种酶合成或合成速率提高的现象。阻遏作用是指在某种化合物作用下，导致某种酶合成停止或合成速率降低的现象。这两种现象同时存在，通过它们的协调作用能够有效地控制胞内酶量的变化。

3.3.1 酶合成的诱导作用

在微生物细胞中存在着两大类酶，即组成酶和诱导酶。

3.3.1.1 组成酶

微生物不论生长在什么培养基中，其有些酶总是适量地存在，它们是不依赖于酶底物或底物的结构类似物的存在而合成的酶，如葡萄糖转化为丙酮酸过程中的各种酶。这些酶称为组成酶。

3.3.1.2 诱导酶

诱导酶又称为适应性酶，是依赖于某种底物或底物的结构类似物的存在而合成的酶。诱导酶合成的基因以隐性状态存在于染色体中。

能够诱导某种酶合成的化合物称为该酶的诱导剂。诱导剂可以是诱导酶的底物，也可以是底物的结构类似物。例如，乳糖是大肠杆菌β-半乳糖苷酶合成的诱导剂，也是此酶的作用底物。诱导剂也可以不是该酶的作用底物，如甲基-β-硫代半乳糖苷是β-半乳糖苷酶合成的诱导剂，但它不是其作用的底物。又如对硝基苯-α-L-阿拉伯糖苷是β-半乳糖苷酶的底物，但不能诱导该酶的合成，不是它的诱导剂。因此，是否是诱导剂主要看能否诱导酶的合成，而不是依据是否为其底物。

一种诱导酶的合成可以有一种以上的诱导剂，但不同的诱导剂的诱导能力是不同的。并且诱导能力还与诱导剂的浓度有关。如半乳糖和乳糖都是β-半乳糖苷酶的诱导剂，但乳糖的诱导能力要大于半乳糖，半乳糖浓度在 10^{-5}mol/L 以下就没有诱导能力了。

当某种物质加入后，引起细胞代谢速率提高可以是激活，亦可以是诱导，这可用酶的定量分析方法来确定。如大肠杆菌在加入乳糖前测定胞内β-半乳糖苷酶的分子数为 5 个，加入后在 1～2min 内，就增加到 5000 个，这说明其为诱导作用，而非激活作用。

3.3.2　酶合成的阻遏

微生物在代谢过程中，当胞内某种代谢产物积累到一定程度时，不仅可以反馈抑制该产物合成途径中前面某种酶的活性，还可以反馈阻遏这些酶的继续合成，通过这些反馈调节作用降低此产物的合成速率。如果代谢产物是某种合成途径的终产物，这种阻遏称为末端产物阻遏；如果代谢产物是某种化合物分解的中间产物，这种阻遏称为分解代谢产物阻遏。

3.3.2.1　末端产物阻遏

末端产物阻遏的阻遏物为终产物，这种阻遏方式常普遍存在于氨基酸、核苷酸生物合成途径中。首先是在研究甲硫氨酸生物合成途径中发现的。大肠杆菌细胞中有三种酶，即同型丝氨酸转移酶、胱硫醚合成酶和同型半胱氨酸甲基化酶，当培养基中存在有甲硫氨酸时，检测不到它们的存在；而甲硫氨酸不存在时，可以测到它们的活性。表明这些酶均是受甲硫氨酸的阻遏。

3.3.2.2　分解代谢产物阻遏

分解代谢产物阻遏是在研究混合碳源对微生物生长的影响时发现的。发现葡萄糖能够抑制其他糖的利用，只有在葡萄糖利用完以后，才开始利用其他的糖。在利用其他糖时，有一生长停滞期，是利用第二种糖的酶合成的时期。这种酶诱导的阻遏现象最初以为只限于葡萄糖，因而被称为葡萄糖效应。后来发现所有可以迅速利用或代谢的能源，都能阻遏异化另一种被缓慢利用能源所需酶的形成，故称为分解代谢产物阻遏。葡萄糖代谢阻遏作用实际上并不是葡萄糖本身起到阻遏作用，而是它的分解代谢产物引起的阻遏作用。表 3-2 是微生物中某些分解代谢产物阻遏的例子。

表 3-2　某些微生物分解代谢产物的阻遏作用

微生物	酶与操纵子	阻遏物
大肠杆菌	乳糖操纵子	碳源（特别是葡萄糖）
	半乳糖操纵子	葡萄糖酸、6-磷酸葡萄糖酸
	组氨酸分解酶	碳源、氮源
	色氨酸分解酶	碳源、氮源
芽孢杆菌	蔗糖酶	碳源
	三羧酸循环酶系	碳源
	孢子形成酶系	碳源
根瘤菌等固氮菌	固氮酶	铵盐
克氏杆菌	硫酸盐还原酶	氮源（尤以铵盐为主要阻遏物）
某种假单胞菌	葡萄糖氧化酶	琥珀酸
酵母	麦芽糖酶	碳源
	精氨酸酶	碳源、氮源
构巢曲霉	脯氨酸分解	碳源、氮源
	精氨酸分解	碳源、氮源
	酰胺酶	氮源

3.3.3　酶合成调节的机制

Jacob-Monod（1961）的操纵子模型得到了许多遗传学和生理学数据的支持。这个理论认为在 DNA 分子的不同区段上至少有 4 种基因，即编码阻遏物生成的调节基因（R）、阻遏物结合部位并控制相邻结构基因功能的操纵基因（O）、RNA 聚合酶结合位点的启动基因（P）和可转录为 mRNA 的结构基因（S）。操纵基因、启动基因和结构基因又构成了操纵子。根据操纵子的调节方式不同，可将其分为单一效应物调节、两种效应物的共同调节和弱化调节三种类型。

3.3.3.1　单一效应物调节

酶合成的诱导作用和阻遏作用都是通过效应物或激活剂与调节蛋白相互作用形成复合物，导致调节蛋白构型发生变化，从而能够结合于操纵子的操纵基因上，或不能结合于操纵子的操纵基因上，致使 RNA 聚合酶结合于启动基因上，并进行转录和翻译，表达所需要的酶。如果效应物是抑制剂，它与调节蛋白的结合则导致结构基因转录停止，不能表达有关的酶或蛋白质。这种调节有两种情况，即正调节和负调节。

操纵子的负调节其调节基因产物阻止转录的进行。例如，大肠杆菌的乳糖操纵子，它的调节基因编码一个相对相对分子质量为 150 000 的四聚体阻遏蛋白，结构基因有 *Z*（编码β-半乳糖苷酶）、*Y*（编码β-半乳糖透过酶）和 *A*（编码半乳糖苷转乙酰酶）。当乳糖不存在时，调节蛋白与 *O* 基因结合，导致转录不能进行。当乳糖存在时，乳糖与 *R* 基因产物作用，使之不能结合于 *O* 区，RNA 聚合酶结合于 *P*，使 *Z*、*Y*、*A* 基因被转录（图 3-2）。

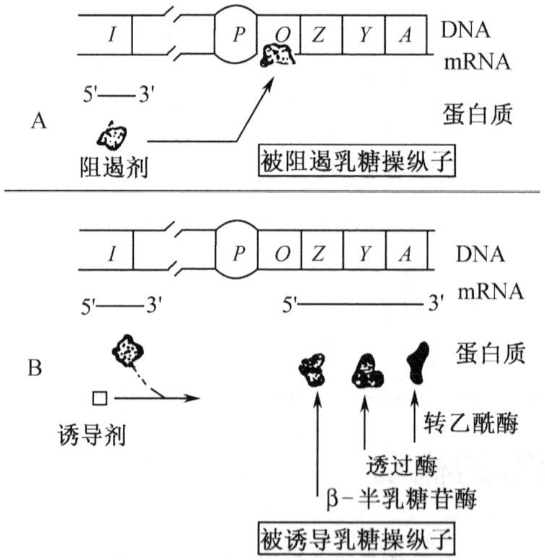

图 3-2　乳糖分解酶的诱导合成

A.调节蛋白结合于操纵基因上；B.调节蛋白与诱导物结合后，不能与操纵基因结合

（参考卫扬保，1989）

操纵子的正调节类型其 *R* 基因产物在诱导物存在下，被转化为转录激活剂。正调节作用包括大肠杆菌的阿拉伯糖分解操纵子、鼠伤寒沙门氏菌的组氨酸合成操纵子等。例如，阿拉伯糖操纵子，其 *R* 基因产物在阿拉伯糖存在下转化为转录

激活剂，与启动基因结合，而使结构基因被 RNA 聚合酶转录（图 3-3）。

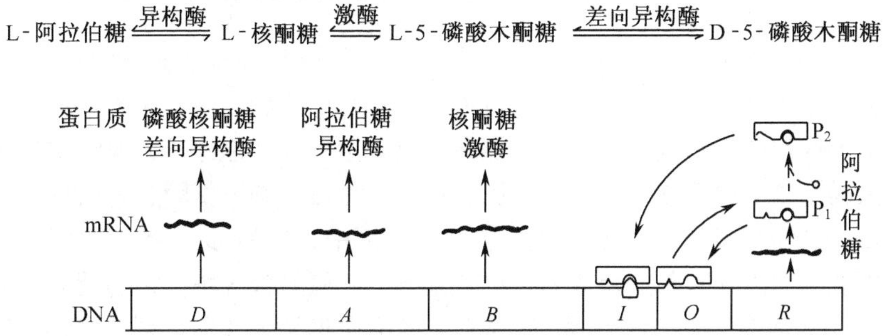

图 3-3 阿拉伯糖分解酶操纵子
（参考卫扬保，1989）

3.3.3.2 两种效应物的共同调节

原核生物中，分解酶合成的调节方式有的更为复杂，对它们的调控除需要效应物外，还需要活化蛋白的参与调节。例如，乳糖操纵子的调节与大肠杆菌胞内的 cAMP 的浓度有关。cAMP 与 cAMP 的受体蛋白（CRP）结合成复合物，然后起调节作用。CRP 不能单独与启动基因结合，只有在与 cAMP 结合后发生自身构型变化，才能结合到启动基因上，促使 RNA 聚合酶结合到启动基因的另一位点。如果此时有效应物存在，调节蛋白不能结合至操纵基因上，乳糖操纵子的结构基因才能转录。当 cAMP 不存在或 CRP 不存在时，即使效应物（如乳糖）存在，RNA 聚合酶也不能结合到启动基因上，不能使结构基因转录和表达（图 3-4）。

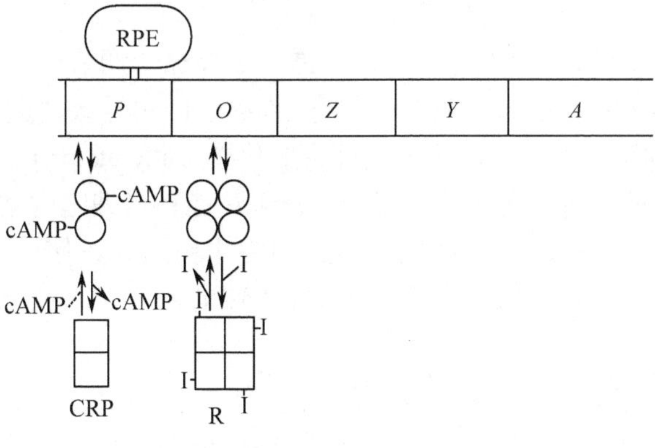

图 3-4 大肠杆菌乳糖操纵子的 cAMP 和 CRP 的调节作用
REP：聚合酶；I：诱导物；R：调节蛋白
（参考卫扬保，1989）

3.3.3.3　弱化调节

弱化调节是 Yanofsky 于 1973 年在研究色氨酸合成时发现的一种调节方式，即当细胞内有色氨酸存在时，可使翻译过程在未到终点之前，便有 80%～90%的翻译停止。由于这种调节方式不是使正在翻译的过程全部在中途停止，因此称其为弱化调节。大肠杆菌的色氨酸生物合成操纵子由调节基因、操纵基因、启动基因和 5 个结构基因（*E*、*D*、*C*、*A*、*B*）组成。在结构基因中，*E* 和 *D* 一起编码邻氨基苯甲酸合成酶，*C* 编码吲哚磷酸合成酶，*B* 与 *A* 编码色氨酸合成酶。它的调节基因、操纵基因和启动基因远离结构基因，其调节方式有阻遏调节和弱化调节两种。阻遏调节类似于乳糖操纵子，是一种负调节。另外存在着弱化调节方式（图 3-5）。

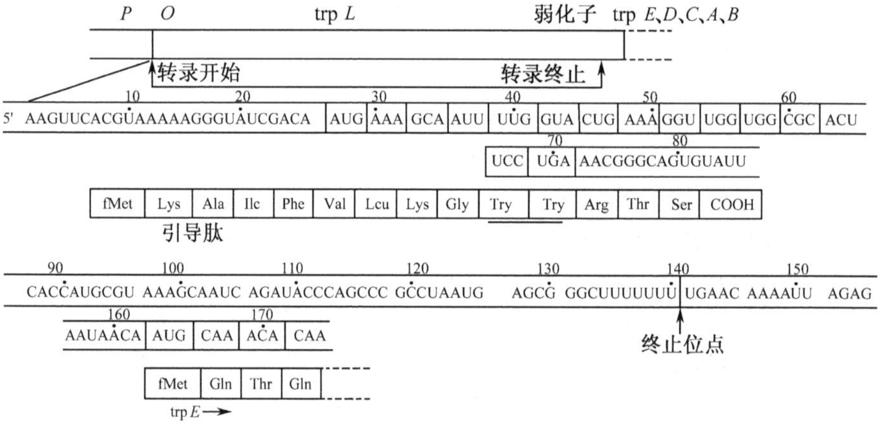

图 3-5　色氨酸操纵子的弱化调节模型

（参考卫扬保，1989）

弱化调节方式比较广泛地存在于氨基酸合成操纵子调节中，是细菌辅助阻遏作用的一种精细调控。这一调控作用是通过操纵子的引导区内类似于终止子结构的一段 DNA 序列实现的，这段序列被称为弱化子（attenuator）。当细胞内某种氨基酰-tRNA 缺乏时，该弱化子不表现为终止子功能；当细胞内某种氨基酰-tRNA 充足时，弱化子表现为终止子功能，但这种终止作用并不使所有正在翻译中的 mRNA 全部都中途停止，而仅有部分中途停止转录。

3.4　分支生物合成途径的调节

微生物代谢途径调节中，直链式或不分支代谢途径调节比较简单，是通过末端产物浓度变化，对该生物合成途径中的关键酶进行反馈调节。例如，大肠杆菌的精氨酸合成的 8 个酶的结构基因分布在染色体上,并且受同一个调节基因控制。当细胞中精氨酸积累到一定浓度时，通过调节基因产物去阻遏精氨酸合成酶的合成；当胞内精氨酸浓度降低时，调节基因的阻遏作用被解除。

但许多生物合成途径具有两个以上的末端产物，这种分支合成途径的调节方式比直链式代谢途径要复杂得多。其调节方式包括同工酶调节、顺序反馈调节、协同反馈调节、累加反馈调节、增效反馈调节、激活和抑制联合调节和酶的共价修饰等方式。

3.4.1 同工酶调节

同工酶调节是微生物的代谢途径中比较普遍存在的调节方式，即某一分支途径中的第一步反应可由多种酶催化，但这些酶受不同的终产物的反馈调节。

例如，大肠杆菌的天门冬氨酸族氨基酸合成途径中，有三个同工酶，即天门冬氨酸激酶Ⅰ、Ⅱ、Ⅲ，它们分别受赖氨酸、苏氨酸和甲硫氨酸的反馈调节。

3.4.2 协同反馈调节

仅有一种酶受到反馈调节，但需要一种以上终产物的过量存在方有明显的效果，单个终产物过量，其他的终产物不过量，不会产生或产生很小的影响（图 3-6a）。例如，在多黏芽孢杆菌的天门冬族氨基酸合成途径中，只有当苏氨酸与赖氨酸在胞内同时积累时，才能抑制天门冬氨酸激酶的活性。大肠杆菌的天门冬族氨基酸合成途径中，除了同工酶调节之外，还发现有协同反馈调节方式，即当胞内苏氨酸与异亮氨酸同时积累，才能抑制天门冬氨酸激酶Ⅰ和同型丝氨酸脱氢酶Ⅰ的合成。这种调节方式也在鼠伤寒杆菌的缬氨酸、异亮氨酸、亮氨酸和泛酸的分支途径中存在。

3.4.3 累加反馈调节

催化分支合成途径第一步反应的酶有几种末端产物抑制物,但每一种如过量,只能部分抑制或阻遏第一个酶，总的抑制效果是累加的，并且各个末端产物所引起的抑制作用互不影响，只影响这个酶促反应的速率（图 3-6b）。例如，两种不同的末端产物可以分别抑制第一个酶活力的 50%和 25%，二者同时过量时，可抑制酶活力的 62.5%。在大肠杆菌的谷氨酰胺合成酶有 8 种化合物都对其引起有限的抑制作用，只有联合作用才显示较强的抑制作用。

3.4.4　增效反馈调节

增效反馈调节的特点是代谢途径中任何一种末端产物过量时，仅部分抑制共同反应中第一个酶的活性，但两个末端产物同时过量时，其抑制作用可超过各末端产物产生的抑制作用的总和（图 3-6c）。此类调节方式在 6-氨基嘌呤核苷酸和 6-酮基嘌呤核苷酸的生物合成途径中存在。这两类核苷酸都能分别部分抑制磷酸核糖焦磷酸转酰胺酶的活性，但 6-氨基和 6-酮基嘌呤核苷酸的混合物（GMP＋AMP 或 AMP＋IMP）对该酶有强烈的抑制作用。

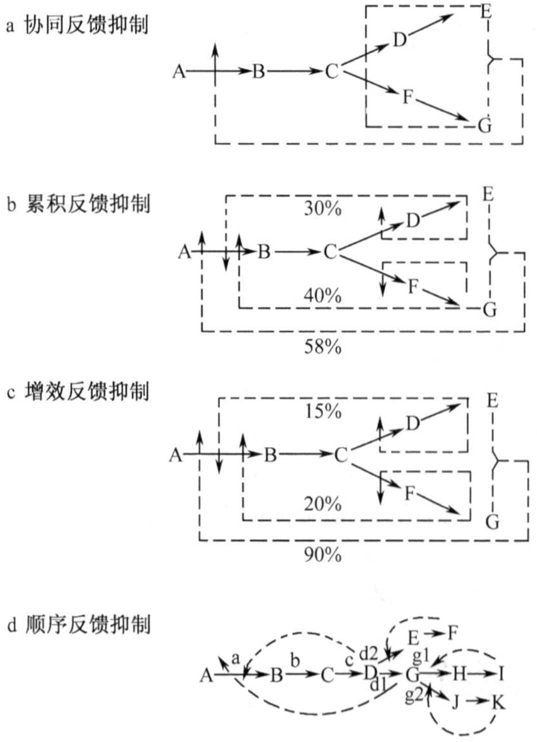

图 3-6　分支途径的反馈调节方式

（参考熊宗贵，2001）

3.4.5　顺序反馈调节

在这种调节方式中，只有一种酶受到控制，如图 3-6d。酶 a 的效应物并非此途径中的终产物，而是代谢途径分支上的中间产物 D。终产物 F、I 或 K 的积累分别抑制酶 d1、g1 或 g2，而致使中间产物 D 浓度升高，当 D 积累到一定浓度时，方可抑制酶 a 的活性，最终导致合成停止。枯草芽孢杆菌的芳香族氨基酸合成途径、球形红假单胞菌的苏氨酸合成途径都没有发现同工酶调节现象，而是通过顺序反馈调节方式控制这些氨基酸的合成。

3.4.6　联合激活或抑制调节

这是指由一种生物合成的中间产物参与两个完全独立的、不交叉的合成途径的控制。这种中间体物质浓度的变化会影响这两个独立代谢途径的代谢速率，因此这两个独立代谢途径之间就可能存在激活与抑制的联合调节方式。

例如，肠细菌中精氨酸和嘧啶核苷酸的合成途径是完全独立的，但它们有一个共同的中间体——氨甲酰磷酸，负责合成这个中间体的酶——氨甲酰磷酸合成酶可以被嘧啶代谢途径的代谢物 UMP 反馈抑制，也可以被精氨酸合成途径的中间体鸟氨酸激活。如有嘧啶时，UMP 在胞内库存量升高，氨甲酰磷酸合成酶被抑制。由于氨甲酰磷酸的耗竭而导致鸟氨酸堆积，从而刺激了该酶的活性，使鸟氨酸合成受阻。随着鸟氨酸在胞内浓度下降，此酶活力下降（图 3-7）。

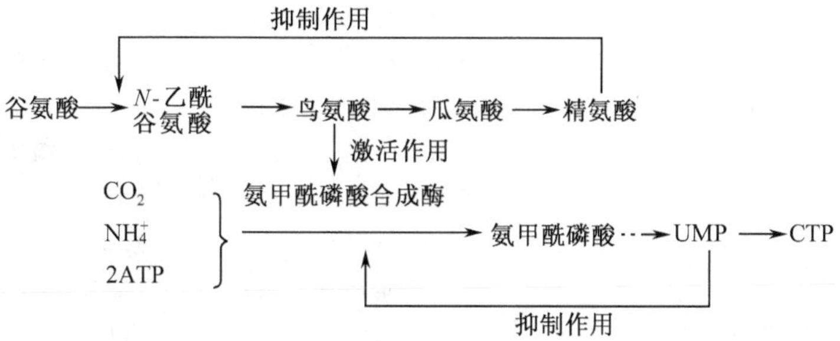

图 3-7　肠细菌氨甲酰磷酸合成酶的联合激活和抑制调节方式
（参考卫扬保，1989）

3.4.7　酶的共价修饰

前面提到的变构酶的活力是通过效应物分子诱导酶构象的改变来修饰的，变构酶不同状态之间的变化，并不涉及共价化学键的形成。在哺乳动物中，许多酶是通过形成或断开共价键进行两种形式的过渡的。这两种不同形式的酶的差异在于所含氨基酸残基的数目不同，即其转换涉及一肽键的水解。例如，大肠杆菌的谷氨酰胺合成酶就是蛋白质有无共价连接的化学物质存在，即共价修饰而引起活力的改变。如图 3-8，这两种形式酶的区别在于有无腺苷酰基，此基团是通过酶促作用加到谷氨酰胺合成酶上，或从其上移去。取代形式的酶要比未取代的酶活性小得多。

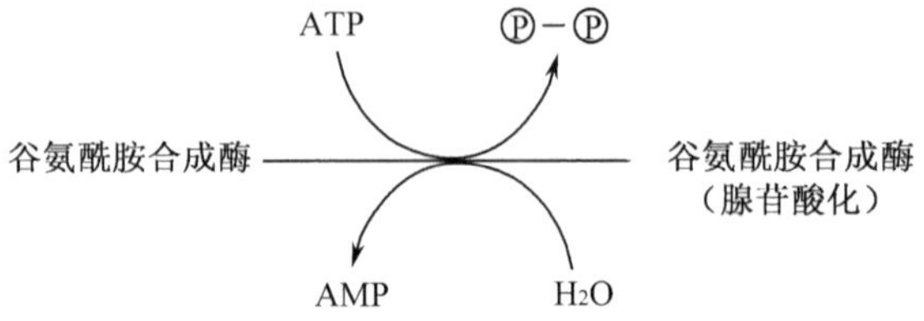

图 3-8　谷氨酰胺合成酶的腺苷酸化
（参考俞俊棠等，1997）

大多数微生物的生物合成途径和分解途径都是相同的，但同一途径在不同的微生物中可能受不同方式调节，有种族特异性（表 3-3）。

表 3-3　某些分支途径中关键酶的反馈调节多样性

酶	微生物	调节类型
天门冬氨酸激酶	大肠杆菌和其他肠道细菌	同工酶
	假单胞菌属	协同反馈调节
3-去氧阿拉伯景天庚酮糖酸-7-磷酸合成酶	大肠杆菌和其他肠道细菌	同工酶
	杆菌属	顺序反馈调节
	假单胞菌属	协同反馈调节
		累加反馈调节
氨甲酰磷酸合成酶	大肠杆菌和其他肠道细菌	抑制和激活联合调节
3-去氧阿拉伯景天庚酮糖酸-7-磷酸合成酶	臭假单胞杆菌	同工酶
	链孢霉	

3.5　能荷调节

能荷指细胞中 ATP、ADP、AMP 系统中可为代谢反应供能的高能磷酸键的量度。能荷调节也称腺苷酸调节，指细胞通过改变 ATP、ADP、AMP 三者比例来调节其代谢活动。它们所含能荷依次递减。上述三者在细胞中的含量不同，表明细胞的能量状态不同。细胞的能荷可由下式计算：

$$能荷=\frac{[ATP]+1/2[ADP]}{[ATP]+[ADP]+[AMP]}\times 100\%$$

从上式可见，当细胞中全部是 ATP 时，能荷最大，为 100%；若全部是 AMP

时，能荷最小，为0；而当全部为ADP时，能荷为50%。能荷不仅调节形成ATP的分解代谢酶类的活性，也调节利用ATP的生物合成酶类的活性。图3-9表示的是受能荷调节的酶系，曲线R代表ATP合成的酶系统，如磷酸果糖激酶、异柠檬酸脱氢酶、柠檬酸合成酶等；曲线U代表ATP消耗的酶系统，如柠檬酸裂解酶、磷酸核糖焦磷酸合成酶等。在细胞中，异柠檬酸脱氢酶和磷酸果糖激酶等分解酶类受高能荷的抑制，而丙酮酸羧化酶、乙酰CoA羧化酶、天门冬氨酸激酶却在同样高能荷下被活化。当能荷在0.75以上时，ATP合成受到抑制，合成ATP的酶系活性迅速下降，而消耗ATP的酶系活性急速上升。呈抑制与活化的中间状态的能荷大约是0.85，此时两种酶系达到平衡。这种现象存在于许多类型的细胞和组织中，并且能荷是相同的。例如，大肠杆菌的能荷在生长期间为0.8，静止期降至0.5。许多细胞都可以通过调节腺苷酸的比例，来协调分解代谢与合成代谢的速率。

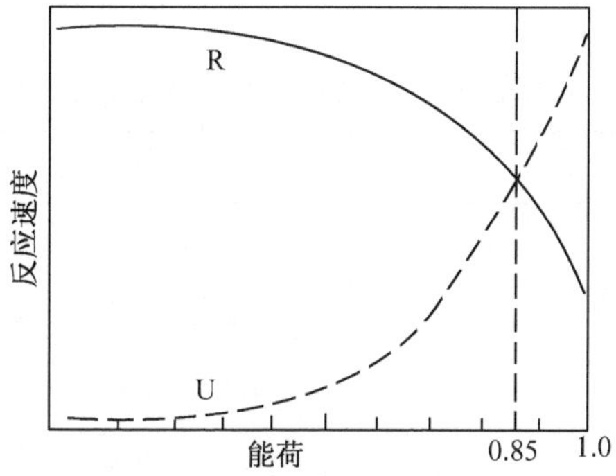

图3-9 受能荷调节的酶系
R代表ATP合成系统；U代表ATP消耗的酶系统
（参考熊宗贵，2001）

3.6 代谢调控

微生物在正常生长条件下，可以通过自我调节使机体内的代谢途径与代谢类型互相协调与平衡，通常不会过量积累初级代谢产物。在某种条件下，过量积累的中间代谢产物也能够被诱导酶转化为次级代谢产物。但在人为条件的控制下，可以使微生物过量产生各种初级代谢产物和次级代谢产物。

因为初级代谢产物与次级代谢产物在合成途径、合成时期与基因调控等方面有很大差异，所以控制比较简单。初级代谢产物的形成一般只需要营养条件即可生成。而次级代谢产物合成需要控制较复杂的营养条件。这一节主要讨论如何根据代谢调节的理论，通过改变发酵工艺条件，如pH、温度、通气量、培养基组成和微生物遗传特性等，达到改变菌体内的代谢平衡，过量产生所需要产物的目的。

3.6.1　发酵条件的控制

3.6.1.1　各种发酵条件对微生物代谢的影响

同一种微生物在同样的培养基中进行培养时，只要控制不同的发酵条件。就可能获得不同的代谢产物。如表 3-4，在谷氨酸发酵中，发酵条件不同，则发酵生成的主要产物也不同。又如，啤酒酵母在中性和酸性条件下培养，可将葡萄糖氧化生成乙醇和二氧化碳；当在培养基中加入亚硫酸氢钠或在碱性条件下培养时，则并不产生乙醇，而是产生甘油。

表 3-4　不同发酵条件对谷氨酸产生菌代谢方向的影响

发酵条件	代谢方向
通气	乳酸或琥珀酸 $\xrightleftharpoons[\text{不足}]{\text{适量}}$ 谷氨酸
NH_4^+	α-酮戊二酸 $\xrightleftharpoons[\text{不足}]{\text{适量}}$ 谷氨酸 $\xrightleftharpoons[\text{过量}]{\text{适量}}$ 谷氨酰胺
pH	谷氨酰胺＋*N*-乙酰谷氨酰胺 $\xrightleftharpoons[\text{酸性}]{\text{中性，弱碱性}}$ 谷氨酸
磷酸	缬氨酸 $\xrightleftharpoons[\text{不足}]{\text{适量}}$ 谷氨酸
生物素	乳酸或琥珀酸 $\xrightleftharpoons[\text{过量}]{\text{亚适量}}$ 谷氨酸

控制不同的发酵条件，实际上是影响微生物自身的代谢调节系统，而改变其代谢方向，使之按人们所需要的方向进行，进而达到获得高浓度积累所需要产物的目标。

3.6.1.2　使用诱导物

许多与蛋白质、糖类或其他物质降解有关的酶类都是诱导酶，在发酵过程中加入相应的底物作为诱导物，可以有效地增加这些酶的产量。例如，在木霉发酵生产纤维素酶中，加入槐糖可以诱导纤维素酶的产生；木糖可以诱导半纤维素酶的生成。青霉素酰化酶可用苯乙酸为诱导物。乙内酰胺酶发酵时，可以底物类似物为诱导物增加酶的产量。

3.6.1.3 添加生物合成的前体

例如，在色氨酸生物合成中（图3-10），终产物对色氨酸代谢途径的第一个酶有强烈的反馈抑制作用，使色氨酸的合成受阻。而邻氨基苯甲酸是色氨酸合成的一个前体，仅参与色氨酸的最后阶段的合成。如果在发酵中加入邻氨基苯甲酸，虽然色氨酸对第一个酶的反馈抑制仍然存在，但对由邻氨基苯甲酸合成色氨酸并无影响，使色氨酸的合成可以不断进行，从而大幅度提高了发酵产量。

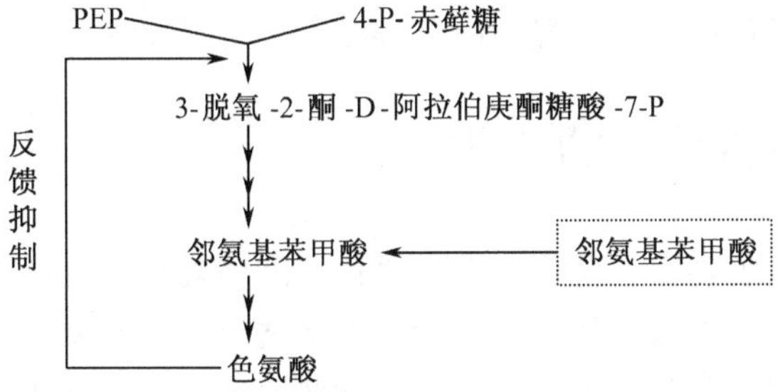

图3-10 色氨酸生物合成途径
（参考何忠效等，1999）

3.6.1.4 培养基成分和浓度的控制

培养基是微生物生长和形成代谢产物的物质基础，在保证微生物机体生长需要的同时，又要有利于代谢产物的合成，因此必须考虑培养基的组成和浓度，以尽量避免由于培养基的不当使用引起的分解代谢阻遏。在发酵培养基中通常采用适量的速效和迟效碳源、氮源的配比，来满足机体生长的需要和避免速效碳、氮源可能引起的分解代谢阻遏。例如，用甘油代替果糖作为碳源培养嗜热脂肪酵母，可以使淀粉酶的产量提高25倍以上；用甘露糖代替乳糖作为培养荧光假单胞菌的碳源，使纤维素酶产量提高1500倍以上。

3.6.2 改变细胞透性

在发酵过程中，可以控制使用那些影响细胞膜通透性的物质作为培养基的成分，有利于代谢产物分泌出来，从而避免了末端产物的反馈调节。例如，利用棒状杆菌的α-酮戊二酸脱氢酶缺失突变株，在葡萄糖培养基中发酵生产谷氨酸，当谷氨酸浓度达到50mg/g（干细胞）时，由于反馈调节作用，谷氨酸的合成便终止。

若将细胞中的谷氨酸释放出细胞，而使胞内谷氨酸浓度降低，就可以解除反馈抑制，使谷氨酸继续合成。

通常可以使用各方法改变细胞的通透性。如限制培养基中生物素浓度在1～5mg/L，这样可以控制细胞膜中脂质的合成；加入青霉素，抑制细胞壁肽聚糖合成中肽链的交联；还可加入表面活性剂，如吐温 80 或阳离子表面活性剂，将脂类从细胞壁中溶解出来，使细胞壁疏松，通透性增加；控制 Mn^{2+}、Zn^{2+}的浓度，干扰细胞膜或细胞壁的形成。另外，还可以通过诱变育种的方法，筛选细胞透性突变株。

同样增加细胞壁或细胞膜的通透性，对某些胞外酶的分泌也有一定作用。如在里氏木霉发酵过程中加入吐温 80，可提高纤维素酶的产量。

3.6.3　菌种遗传特性的改变

反馈调节是微生物防止合成代谢产物过量产生的重要机制，为解除反馈调节作用以保证高水平积累各种代谢产物，除上所述外，改变微生物的遗传特性，即改变酶的活性或酶的合成系统，使之对反馈调节不敏感，也能够达到过量生产代谢产物的目的。

这类抗反馈调节突变株，是通过诱变育种的方法获得的。包括前面所介绍的营养缺陷型突变株、抗反馈调节突变株、组成型突变株、抗性突变株等的应用。例如，在分支合成途径中，利用黄色短杆菌抗α-氨基-β-羟戊酸（苏氨酸的一种结构类似物）的突变株发酵生产苏氨酸，由于该菌株的同型丝氨酸脱氢酶对苏氨酸的反馈抑制不敏感，可以使发酵液中苏氨酸的浓度高达 14g/L。表 3-5 为利用抗反馈调节突变株生产氨基酸的例子。

表 3-5　工业上利用抗反馈调节突变株生产的氨基酸

产物	菌株	所抗结构类似物	效价/（g/L）
L-精氨酸	谷氨酸棒状杆菌	D-精氨酸、精氨酸羟肟	20
L-组氨酸	谷氨酸棒状杆菌	三唑丙氨酸	8
L-异亮氨酸	短杆菌	α-氨基-β-羟基戊酸，*O*-甲基苏氨酸	15
L-苏氨酸	短杆菌	α-氨基-β-羟基戊酸	14

在分支合成途径中可以利用营养缺陷型突变株生产其中的一个末端产物，但在直链式合成途径中，不能利用营养缺陷型突变株生产该途径中的末端产物，但可以利用这种菌株生产中间产物。例如，利用谷氨酸棒状杆菌营养缺陷型（转氨甲酰酶缺陷）可以大量积累鸟氨酸。表 3-6 列举了利用营养缺陷型生产氨基酸的一些例子。

表 3-6 利用营养缺陷型生产的氨基酸

产物	菌株	营养缺陷型	基质	效价/（g/L）
L-瓜氨酸	枯草杆菌	精氨酸	葡萄糖	16
L-赖氨酸	谷氨酸棒状杆菌	苏氨酸，甲硫氨酸	葡萄糖	50
L-尿氨酸	谷氨酸棒状杆菌	精氨酸	葡萄糖	25
L-苯丙氨酸	石蜡棒状杆菌	酪氨酸	正烷烃	15
L-苏氨酸	大肠杆菌	赖氨酸，甲硫氨酸，异亮氨酸	葡萄糖	20
L-酪氨酸	棒状杆菌属	苯丙氨酸	正烷烃	19
L-缬氨酸	谷氨酸棒状杆菌	苯丙氨酸，异亮氨酸	葡萄糖	11

在分支合成途径中，也可以利用双重营养缺陷型生产某种代谢产物。例如利用谷氨酸棒状杆菌的苏氨酸、甲硫氨酸双重营养缺陷型进行发酵，可以过量合成赖氨酸，赖氨酸浓度可达 50g/L。

除了利用抗反馈调节突变株和营养缺陷型菌株生产外，还可以利用既是抗反馈调节突变株，又是营养缺陷型菌株的双重突变株进行氨基酸发酵。例如，利用甲硫氨酸营养缺陷型和抗α-氨基-β-羟戊酸的黄色短杆菌过量合成苏氨酸；利用酪氨酸营养缺陷型和抗对氨基苯丙氨酸的谷氨酸棒杆菌高水平积累苯丙氨酸等。

3.7 次级代谢与次级代谢调节

次级代谢是存在于某些生物，如植物和某些微生物中一类特殊的代谢类型，次级代谢产物与人类的生活和健康长寿有着密切的关系，因此对其的研究受到了广泛地重视。研究最多、最著名的是抗生素，其他包括生长刺激素、生物碱、维生素、色素、毒素等。

3.7.1 初级代谢和次级代谢

次级代谢是相对于初级代谢而言的，所谓初级代谢是一类普遍存在于生物中的代谢类型，是与生物生存有关的，涉及能量产生和能量消耗的代谢类型。初级代谢产物，如单糖、核苷酸、脂肪酸等单体，以及由它们组成的各种大分子聚合物如蛋白质、核酸、多糖、脂类等，都是有机体生存必不可少的物质，在这些物质的合成中的任何环节发生障碍，有可能引起生长停止，甚至导致机体发生突变或死亡。

次级代谢是某些微生物为了避免代谢过程中，某种代谢产物的积累造成的不利作用，而产生的一类有利于生存的代谢类型，通常是在生长后期合成。通过次级代谢合成的产物称为次级代谢产物，这些代谢产物并不是微生物生长所必需的，即使在这些代谢的某个环节上发生障碍，也不会导致机体生长停止或死亡，仅仅是影响了机体合成次级代谢产物的能力。通常它们以多组分的形式存在。有认为这是某些生物在一定条件下通过突变获得的一种适应生存方式，或是一种解毒方式，对产生菌的生存仍可能有一定的价值。次级代谢产物的种类很多，如氨基糖衍生物、苯醌、香豆素、环氧化合物、麦角生物碱、戊二酰胺、吲哚衍生物、内酰、萘、核苷、肽、喹啉、吡咯、吩嗪、多烯、聚乙炔、萜烯、四环类抗生素等。有的次级代谢产物含有特殊的化学键，如β-内酰胺环、有修饰过的氨基酸组成的环肽、聚乙烯和多烯的不饱和键、大环内脂类大环等。

初级代谢与次级代谢除了以上不同外，还有许多区别。例如，与微生物生长的相互关系上有明显不同，初级代谢过程自始至终都存在于一切生活细胞之中，并与机体的生长过程呈平行关系；而次级代谢则仅在机体生长的某一个时期产生，或在微生物的对数生长期后期或在稳定期，与微生物的生长不呈平行关系。初级代谢产物在不同的微生物中基本相同，而次级代谢产物的种类在不同微生物中是非常不同的。初级代谢对环境变化的敏感性比较小，即遗传稳定性强，而次级代谢对环境条件的变化很敏感，其产物的合成往往会因环境条件的变化而停止。催化初级代谢产物合成的酶专一性强，而催化次级代谢产物合成的某些酶专一性不强。初级代谢和次级代谢类型既有区别，又是紧密联系着的。

3.7.2　次级代谢的调节类型

因为次级代谢产物的种类在不同的微生物中非常不同，所以次级代谢途径远比初级代谢复杂，其代谢调节类型的多样亦可想而知。已知抗生素等次级代谢产物生物合成的调控类型包括诱导调节、碳分解产物调节、氮分解产物调节、磷酸盐调节、反馈调节、生长速度调节等。

3.7.2.1　酶合成的诱导调节

在次级代谢途径中，某些酶也是诱导酶，在底物或底物的结构类似物存在时才会产生。例如，卡那霉素-乙酰转移酶是在 6-氨基葡萄糖-2-脱氧链霉胺的诱导下才能合成。参与展开青霉的棒曲霉素合成的酶是被生物合成中的中间产物 6-氨基水杨酸、龙胆酰醇、龙胆酰醛依次诱导合成的。诱导物可以是外源加入的，称为外源诱导剂，也有的是微生物代谢过程中产生的，称作内源诱导剂。表 3-7 列出了一些有诱导作用的物质。

表 3-7 在抗生素合成中的某些诱导剂

产生菌	诱导剂	产生的抗生素	产生的酶
顶头孢霉（*C.acremonium*）	甲硫氨酸	头孢菌素 C	β-内酰胺合成酶
弗氏链霉菌（*S.fradiae*）	甲硫氨酸	磷霉素	
灰色链霉菌（*S.griseus*）	甘露聚糖	链霉素	甘露糖链霉素酶
	A 因子*	链霉素	NADP 酶
金色链霉菌（*S.aureofaciens*）	硫代氰酸苄	四环素	去水四环素合成酶
卡那霉素链霉菌（*S.kanamyceticus*）	6-AG-DOS**	卡那霉素	卡那霉素-乙酰转移酶
加利链霉菌（*S.galilaeus*）	巴比妥	加利红霉素	
地中海诺卡氏菌（*N.mediterranei*）	KNO_3	利福霉素 SV	
地中海诺卡氏菌（*N.mediterranei*）	巴比妥	利福霉素 B	

*A 因子：2-δ 异辛酰胺-3-R-羟基-γ-丁酸。

**6-AG-DOS：6-氨基葡萄糖基-2-脱氧链霉胺。

3.7.2.2 反馈调节

反馈调节在次级代谢产物的生物合成中有着重要的作用，包括次级代谢产物的自身反馈调节、分解代谢产物调节、前体的反馈调节及初级代谢产物的反馈调节。

① 次级代谢产物的自身反馈抑制和反馈阻遏。在多种次级代谢产物的发酵中，如青霉素、链霉素、卡那霉素、氯霉素、嘌呤霉素、霉酚酸、杀真菌素、麦角碱等的生物合成途径中，都发现了末端产物的反馈调节作用。例如，嘌呤霉素可以反馈抑制其生物合成途径中催化最后一步反应的酶——*S*-腺苷甲硫氨酸-*O*-去甲基嘌呤霉素-*O*-甲基转移酶的活性；卡那霉素能够反馈抑制其合成途径中催化最后一步反应的酶——*N*-乙酰卡那霉素酰基转移酶的活性；麦角碱抑制合成途径中的二甲基丙烯色氨酸合成酶和裸麦角碱 I 环化酶的活性；氯霉素能反馈阻遏其合成途径中第一个酶——芳香胺合成酶的活性，但不影响产生菌体内其他芳香化酶的活性。并且产生菌抗生素的生产能力与自身抑制所需抗生素浓度呈正相关性，生产能力越高的菌株，反馈抑制所需抗生素浓度也越高。例如，产黄青霉 Q_{176} 的生产能力为 420μg/ml，受到抑制的浓度为 2mg/ml；产黄青霉 RL_{1951} 的生产能力为 125μg/ml，受到抑制的浓度为 200μg /ml。

② 分解代谢产物调节。在许多抗生素发酵中，都发现了葡萄糖的抑制作用，如青霉素、盐霉素、春日霉素、吲哚霉素、放线菌素、卡那霉素、新霉素、杆菌肽等。例如，在放线菌素生物合成中的氧化酚噁嗪合成酶，受葡萄糖的阻遏。短杆菌肽合成中，葡萄糖分解生成的乙酸和丙酸，在低 pH 条件下对短杆菌肽的合成产生阻遏作用。

氮分解代谢产物调节也存在于次级代谢中。例如，以铵盐作为链霉素产生菌的唯一氮源时，可以抑制链霉素的合成；在利用烟曲霉生产三羟甲苯中，无机氮源有利于菌体生长，但不利于三羟甲苯的合成；氮分解代谢产物的阻遏作用也存在于头孢霉素生物合成中。

③ 初级代谢产物的调节。某些初级代谢产物可以调节次级代谢产物的合成，有的是因为初级代谢产物和次级代谢产物的合成之间有一条共同的合成途径，当初级代谢产物积累时，反馈抑制了某一步反应的进行，而最终抑制了次级代谢产物的合成。有的则是因为初级代谢产物直接参与次级代谢产物的生物合成，当此种初级代谢产物因为积累，反馈抑制了它自身的合成时，必然也同时影响了次级代谢产物的合成。

例如，在青霉素合成中（图 3-11），赖氨酸的过量抑制了同型（高异）柠檬酸的合成，进而抑制了α-氨基己二酸的形成，这样既抑制了赖氨酸的合成，又抑制了青霉素的合成，这是因为赖氨酸与青霉素的合成有一段共同的合成途径（图 3-12）。又如缬氨酸过量会反馈抑制乙酰乳酸合成酶的活性，而影响缬氨酸的合成，因此影响青霉素的合成。

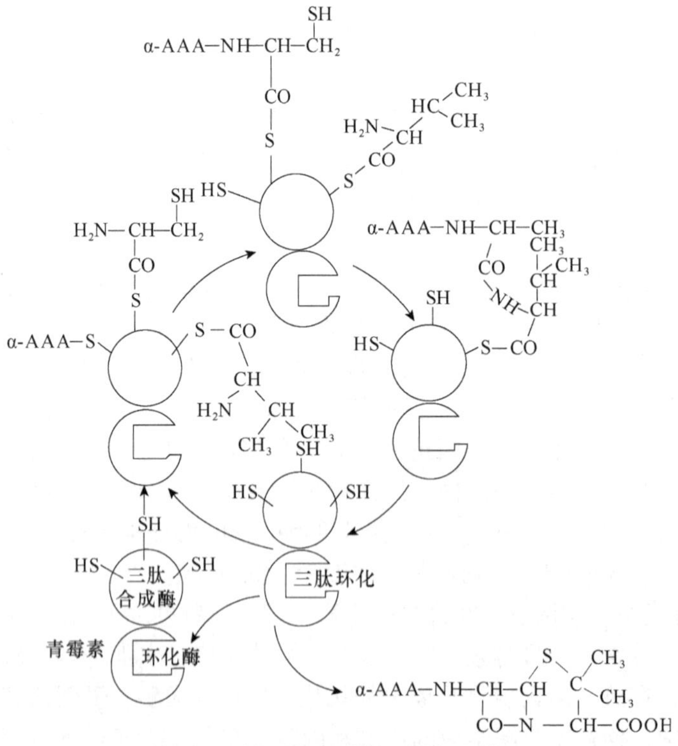

图 3-11　推测的青霉素生物合成模型

青霉素合成酶是一种含有两个亚单位的酶复合物：三肽合成酶和青霉素环化酶

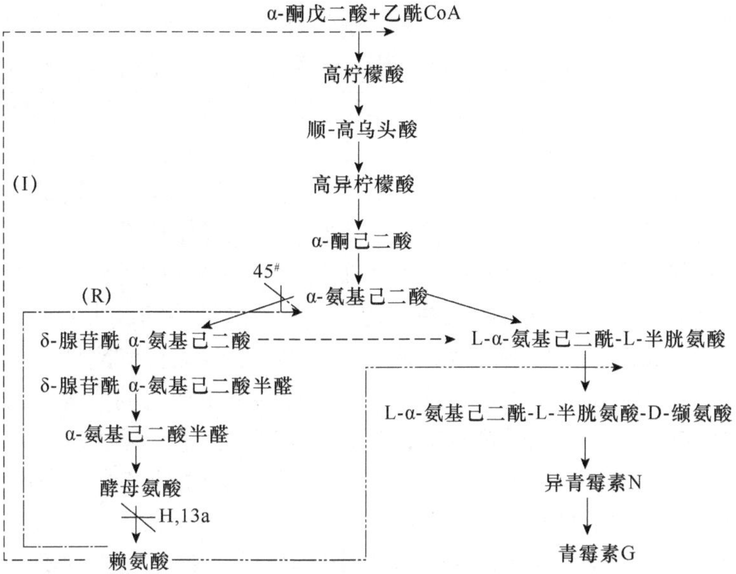

图 3-12 赖氨酸对青霉素生物合成的调节

（I）反馈抑制；（R）反馈阻遏

（参考何忠效等，1999）

④ 磷酸盐调节。磷酸盐在微生物的生长和次级代谢产物合成中起着重要作用，高浓度的磷酸盐对抗生素等次级代谢产物的合成表现出较强的抑制作用。培养基中磷酸盐浓度在 0.3～300mmol/L 时，都能支持细胞的生长，但在 10mmol/L 或以上时，就能够抑制许多抗生素的生物合成。

磷酸盐对次级代谢产物合成抑制作用的调节机制是不同的，有的是通过抑制酶的作用，有的是导致细胞能荷变化，或是提高磷酸盐竞争某些必需金属离子的作用实现的。

例如，高浓度磷酸盐抑制麦角碱生物合成中二甲基丙烯色氨酸合成酶的活性和杀假丝菌素生物合成中杀假丝菌素合成酶活性；在链霉素、紫霉素、万古霉素中，高浓度磷酸盐抑制碱性磷酸脂酶的活性。

高浓度磷酸盐可以导致胞内合成更多的 ATP，从而提高了细胞的能荷。例如，在浓度为 10mmol/L 磷酸盐中，灰色链霉菌胞内 ATP 含量增加了 1 倍，随后就发生了抗生素合成被抑制。在四环素的生物合成中，过量的无机磷或 ATP 表现出对四环素合成的抑制作用。

3.8 代谢工程

代谢工程系指利用基因工程技术，定向地对细胞代谢途径进行修饰、改造，以改变微生物的代谢特性，并与微生物基因调控、代谢调控及生化工程相结合，构建新的代谢途径，生产新的代谢产物的工程技术领域。代谢工程主要是引入了代谢网络理论。这个理论将细胞的生化反应以网络整体来考虑，而不是孤立地来考虑。

根据代谢网络理论，将代谢网络分流处的代谢产物称为节点，其中将对终产物合成起决定作用的少数节点称为主节点。但主节点不是绝对固定的。例如，在棒状杆菌利用葡萄糖合成赖氨酸的网络中，6-磷酸葡萄糖通常是一个主节点，但当高产菌株的赖氨酸产率超过 60%时，为了满足 NADPH 的需要，戊糖磷酸途径必须以循环方式进行，这时 6-磷酸果糖就代替 6-磷酸葡萄糖成为主节点。

根据节点下游分支的可变程度，节点分为柔性、半柔性和刚性三类节点。对于柔性节点，解除一个分支的反馈抑制可提高分支下游产物的产量。而对于半柔性节点，只解除次要分支的反馈调节，对其下游产物的影响不大，必须降低主分支的酶活力或解除其反馈调节，才可提高次分支下游产物的产量。对于刚性节点，其下游各分支的比例不易被改变。

如果代谢网络中各主节点集中于产物（图 3-13a），各节点的重要性相同，这类网络为相依网络。相依网络中的刚性节点很难改变，给代谢工程的实现带来困难。

如果代谢网络的主节点不集中（图 3-13b），称为独立网络，则可以通过对代谢途径的修饰等来影响产物的积累。对代谢修饰的应答能力，取决于各节点的刚柔性及其位置。因此了解微生物的代谢网络，是代谢工程研究的基础。

在代谢工程设计中，主要有改变代谢流、扩展代谢途径和构建新的代谢途径三种。

图 3-13　相依网络（a）和独立网络（b）

（参考何忠效等，1999）

3.8.1　改变代谢途径

改变代谢途径是指改变分支代谢途径的流向，阻断其他代谢产物的合成，以达到提高目标产物的目的。但如果代谢网络属于相依网络或属于刚性节点，构建和设计则比较困难。改变代谢途径有各种方法，如加速限速反应、改变分支代谢途径流向、构建代谢旁路、改变能量代谢途径等不同方法。

3.8.1.1　加速限速反应

最成功的一个例子是头孢霉素 C 的代谢工程菌的构建，图 3-14 是头孢霉素 C

的合成途径。可以看到，青霉素 N 是头孢霉素合成的中间体。当用顶头孢（*Cephalosporium acremonium*）发酵时，发现了青霉素 N 的积累，这表明下一步酶反应是头孢霉素合成代谢中的限速步骤。因此克隆了编码脱乙酰氧基头孢霉素

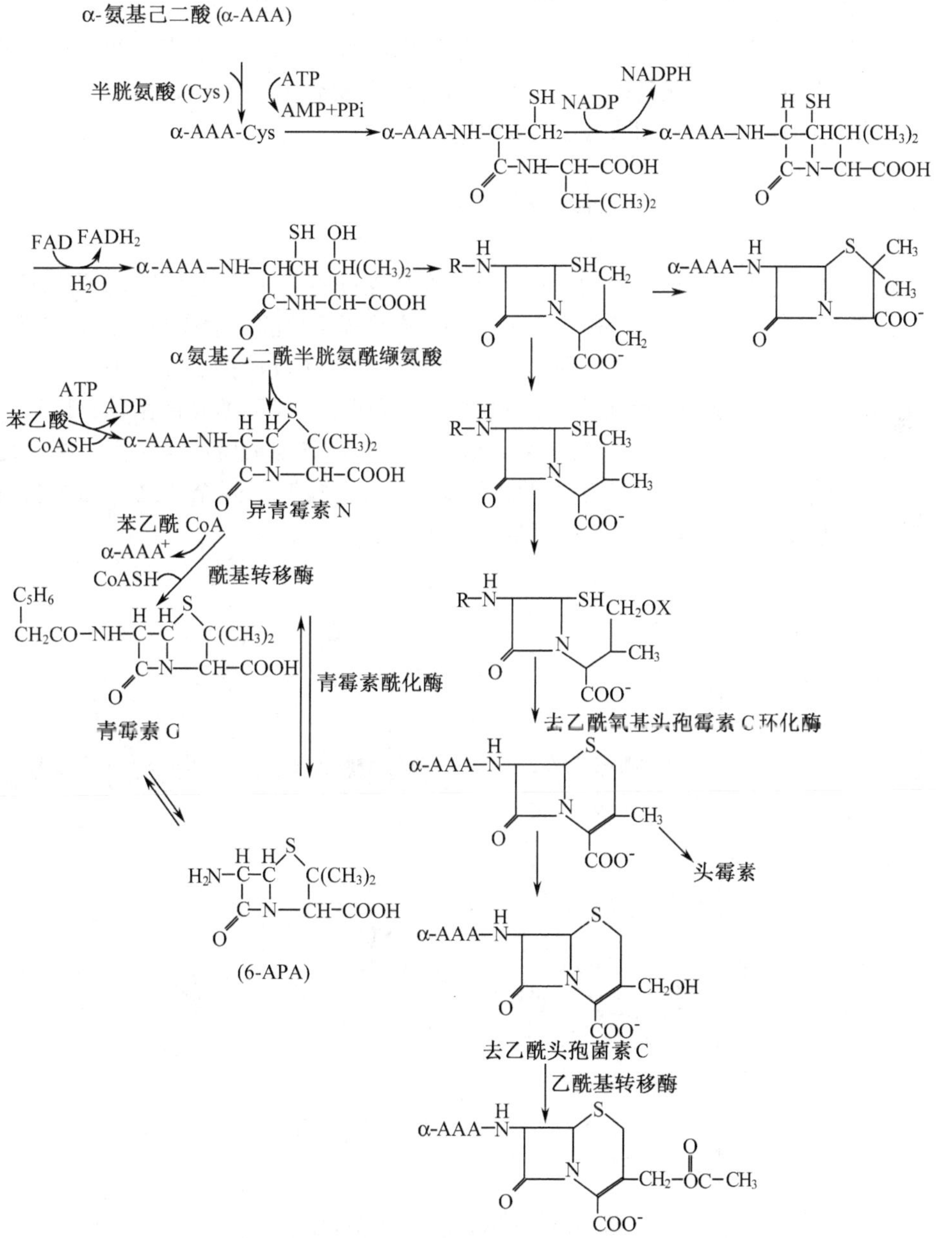

图 3-14 头孢霉素 C 的生物合成途径

（参考何忠效等，1999）

C 合成酶基因 *cefEF*，并导入顶头孢中，所得转化子的头孢霉素 C 产量提高了 25%，而青霉素 N 的积累量减少至原来的 1/16。对此工程菌的分析表明，*cefEF* 基因含量和乙酰氧基头孢霉素 C 合成酶的表达量都增加了 1 倍。

又如，将多拷贝的赖氨酸氨基转移酶（Lat）基因插入带小棒链霉菌（*Stremptomyces clavuligerus*）染色体中，使工程菌的β-内酰胺抗生素的产量提高了 4 倍。把多拷贝的 tcm 酰基载体蛋白基因转化到 *S. slancescens* 中，使重组菌的四塞诺霉素中间体的产量提高了 20～30 倍。

3.8.1.2　改变分支代谢途径流向

所谓改变分支代谢途径流向是指提高代谢分支点的某一代谢途径酶系的活性，在与另外的分支代谢途径的竞争中占据优势，亦可提高目的末端代谢产物的产量。

例如，在赖氨酸的合成中（图 3-15），选育出解除了反馈抑制和缺失高丝氨酸脱氢酶的突变株，提高了赖氨酸的产量。而为了获得苏氨酸的高产菌株，以解除了反馈抑制的赖氨酸产生菌棒状杆菌为宿主，转入高丝氨酸脱氢酶基因，结果使原来不产生苏氨酸的赖氨酸产生菌的赖氨酸产量由 65g/L 下降至 4g/L，而苏氨酸产量增加到 52g/L，使赖氨酸产生菌转变成苏氨酸产生菌。

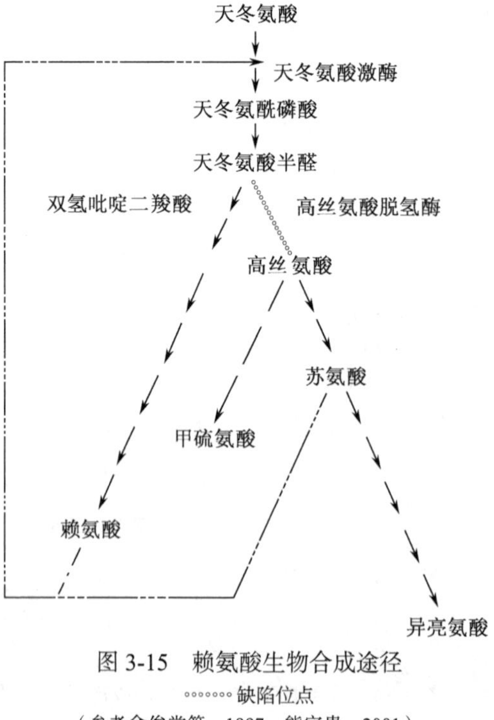

图 3-15　赖氨酸生物合成途径

ooooooo 缺陷位点

（参考俞俊棠等，1997；熊宗贵，2001）

3.8.1.3 构建代谢旁路

大肠杆菌是目前重要的基因工程产物表达的宿主菌，在生产中为了获得高的表达量，多采用高密度培养技术进行生产。但在高密度培养中对细胞生长有抑制作用的有毒产物的产生，是要解决的关键问题之一。大肠杆菌糖代谢的末端产物乙酸在达到一定浓度时，会对细胞的生长产生抑制作用。一般在工业上可以采用控制糖的流加速度、溶解氧或发酵与超滤偶联的方法控制乙酸的浓度。现在已经利用代谢工程的方法控制乙酸的产生。例如，将枯草芽孢杆菌的乙酰乳酸合成酶基因克隆至大肠杆菌，明显地改变了细胞的代谢流，使乙酸浓度保持在不引起细胞中毒的浓度以下，得以实现高密度培养的目的。

也有将运动发酵单胞菌（*Zymomonas moblilis*）的丙酮酸脱羧酶基因和乙醇脱氢酶基因克隆到大肠杆菌中，使转化子不产生乙酸而产生乙醇，因为乙醇对大肠杆菌的毒性远比乙酸要小。获得的转化子在摇瓶发酵中，可比出发菌株细胞密度高 3 倍。

3.8.1.4 改变能量代谢途径

除了上述通过基因操作的方法改变代谢流以外，还可以通过间接的方法，即改变能量代谢途径或电子传递系统去影响或改变细胞的代谢流。

例如，将血红蛋白（VHb）基因克隆到酿酒酵母细胞中，由于表达的血红蛋白的存在，活跃了氧化还原过程的电子传递链，间接影响了线粒体的乙醛歧化途径，由于这条途径产生的乙醇占总产量的 1/3，因此可显著提高乙醇产量。

若将血红蛋白基因导入大肠杆菌或链霉菌，在限氧条件下，不仅可以提高工程菌的生长速率，也可以促进蛋白质或抗生素的合成。在这些宿主中表达的血红蛋白不是直接作用于生物合成途径，而是在限氧条件下提高了 ATP 的产生效率。例如，将血红蛋白基因转入天蓝色链霉菌（*S. coelicolor*），在分批发酵时减少通气量，抗生素的产量提高了 10 倍。将血红蛋白基因分别转入产黄顶孢霉或产黄青霉中，可以显著提高头孢霉素 C 或青霉素的产量。

又如将谷氨酸脱氢酶基因克隆到甲基营养型嗜甲基菌（*Methylophilus methylotrophus*）中，可以使碳源转化成菌体的效率从 4%提高到 7%。因为甲基营养型嗜甲基菌中，同化碳源只有一个耗能的谷氨酸合成酶途径，每掺入谷氨酸中一个氮，需要消耗一个 ATP。在此菌中不存在同化氮源时不需 ATP 的节能谷氨酸脱氢酶途径。谷氨酸脱氢酶基因的转入，使氮源同化节约了能量，从而增加了碳源的利用率。

3.8.2　扩展代谢途径

扩展代谢途径是指在引入外源基因后，使原来的代谢途径向后延伸，产生新的末端产物。或使原来的代谢途径向前延伸，可以利用新的原料合成代谢产物。

例如，在维生素 C 的前体 2-酮基古龙酸（2-KLG）的生物合成中，草生欧文氏菌（*Erminia herbicola*）可以将葡萄糖转化为 2,5-二酮基葡萄糖酸（2, 5-DKG），但缺少将 2,5-DKG 进一步转化为 2-KLG 的 2,5-DKG 还原酶。将棒状杆菌的 2, 5-DKG 还原酶基因转入草生欧文氏菌，使 2,5-DKG 可以转化为 2-KLG，但产量不高。研究发现 2-KLG 被宿主菌的 2-酮基醛酸还原酶（KR）转化为艾杜糖酸。进一步将宿主菌染色体上的 KR 基因缺失失活，可使 2-KLG 大大提高。

在头孢霉素合成途径中，扩环酶可将青霉素 N 催化扩环形成去乙酰氧头孢霉素 C。扩环酶只对β-内酰胺环有专一性，侧链结构对酶的底物专一性影响不大。因此将带小棒链霉菌（*S.clavuligrus*）的扩环酶基因 *cefE* 克隆，并转化青霉素 V 的产生菌产黄青霉，转化子可以直接发酵产生脱乙酰基头孢霉素 V，再经体外青霉素 V 酰化酶水解，得到 7-氨基脱乙酰头孢烷酸（7-ADCA），可作为半合成头孢霉素的重要母核之一。

黄原胶产生菌野油菜黄单胞菌（*Xanthomonas campestris*）不能利用乳清做碳源，但将大肠杆菌的 *lacZY* 基因和 Lpp 核糖体结合位点一起克隆到野油菜黄单胞菌中，使这个工程菌可以利用乳清进行黄原胶的生产。

啤酒酵母不能直接将淀粉转化为乙醇，希望将淀粉酶基因转入啤酒酵母，使工艺简化、成本降低。但各种来源的α-淀粉酶（包括植物和动物的）基因转入啤酒酵母后，都不能由淀粉大量地生产乙醇，主要是因为α-淀粉酶的表达量太低（在 2mg/L 以下）。将巴斯德毕氏酵母的抗乙醇阻遏的醇氧化酶基因启动子用来表达淀粉酶基因，α-淀粉酶的分泌量高达 25mg/L，这样可以有效地将淀粉直接发酵为乙醇，3%的淀粉可产生至少 2%的乙醇。此外，以纤维素、木质素为原料的代谢工程研究，也取得了一定进展。

3.8.3　转移或构建新的代谢途径

转移或构建新的代谢途径系指将催化一系列生物反应的多个酶基因，克隆到不能产生某种新的化学结构的代谢产物的微生物中，使之获得产生新的化合物的能力；或利用基因工程手段，克隆少数基因，使细胞中原来无关的两条代谢途径联结起来，形成新的代谢途径，产生新的代谢产物；或将催化某一代谢途径的基因组克隆到另一微生物中，使之发生代谢转移，产生目的产物。

3.8.3.1 转移代谢途径

许多微生物可以产生聚羟基丁酸（PHB）和聚羟基烷酸（PHA）这类生物可降解聚合物，这些是制造生物可降解塑料的原料。例如，真氧产碱杆菌（*Alcaligenes eutrophus*）等细菌在限制生长和碳源过量条件下，可在细胞内大量积累 PHB 或 PHA。将真氧产碱杆菌的包括 PGB 多聚酶、硫解酶和还原酶基因在内的 PHB 操纵子克隆到大肠杆菌中，使大肠杆菌基因工程菌也能与真氧产碱杆菌一样，在氮源耗尽时能够积累达细胞干重 50%的 PHB。

3.8.3.2 构建新的代谢途径

这方面的研究例子也不少。例如，将碳霉素生物合成基因克隆到螺旋霉素产生菌产二素链霉菌（*Strepomyces ambofaciens*）中，可以产生杂合抗生素 4′-异戊酰螺旋霉素。又如，将质粒定向插入红色糖多孢菌（*Saccharopolyspora erythraea*）的编码红霉素合成途径中第一个酶 *reyF* 基因中，使其合成了一种新的抗生素 6-脱氧红霉素 A，这种红霉素的衍生物在胃中低 pH 环境中，要比红霉素稳定得多。

代谢工程实际上是建筑于基因工程技术基础上的，目前大多数研究还处于实验室研究阶段，但已经看到有极为广阔的发展前景，我们期望这方面的研究成果会为微生物工程的产业带来实际的经济利益。

§4 优良菌种选育

尽管生产菌种最初均是来自于自然界，但天然菌种的生产性能一般比较低下。20 世纪 40 年代抗生素工业的兴起，推动了微生物遗传学的快速发展，也为微生物发酵工业优良菌种的人工选育奠定了理论基础。优良菌种的选育为生产提供了各种类型的突变株，大幅度提高了菌种产生有利用价值代谢产物的水平，还可以改进产品质量，去除不需要的代谢产物或产生新的代谢产物。特别是基因工程、细胞工程和蛋白质工程等较为定向技术的发展，使菌种选育技术不断更新，而研制出众多有价值的微生物工程产品。

自然选育、诱变选育、抗噬菌体菌种的选育、杂交育种、原生质体融合技术、基因工程技术等都被用于优良生产菌种的选育。

一个菌种能否满足工业生产的实际需要，是否有工业生产价值是极为重要的。工业生产实际对生产菌种自身的特性提出了许多要求，这些要求也就成为了评价生产菌种优劣的标准和菌种选育工作的研究目标。一般来说，优良的生产菌种应该具备如下的基本特性。

① 生产菌种应具有在较短的发酵周期内产生大量发酵产物的能力。高产菌株的运用，可以在不增加投资的情况下，大幅度提高企业的生产能力。

② 在发酵过程中不产生或少产生与目标产品性质相近的副产物及其他产物。这样不但可以提高营养物质的有效转化率，还会减少分离纯化的难度，降低成本，提高产品的质量。

③ 生长繁殖能力强，有较强的生长速率，产生孢子的菌种应该具有较强的产孢子能力。这样有利于缩短发酵周期，减少种子罐的级数，最终得以减少设备投资和运转费用。同时，还可以减少菌种在扩大生产过程中可能发生的生产性能下降，或杂菌污染的可能性。

④ 能够高效地将原料转化为产品。这样可以降低生产成本，提高产品的市场竞争力。

⑤ 有利用广泛来源原材料的能力，并对发酵原料成分的波动敏感性较小。使发酵可以采用价格便宜、来源广泛的原料。

⑥ 对需要添加的前体物质有耐受能力，并且不能将这些前体物质作为一般碳源利用。

⑦ 在发酵过程中产生的泡沫要少，这对提高装料系数、提高单罐产量、降低成本有重要意义。

⑧ 具有抗噬菌体感染的能力。

⑨ 遗传特性稳定，这样才能保证发酵过程能够长期、稳定地进行，同时有利于实施最佳的工艺控制。

以上对优良菌种特性的要求，都是菌种选育工作研究和需要解决的问题。

4.1 自然选育

不经人工处理，利用微生物的自然突变进行菌种选育的过程称为自然选育（spontaneous mutation）。这类突变没有人工参与并非是没有原因的，一般认为自然突变有两种原因引起，即多因素低剂量的诱变效应和互变异构效应。所谓多因素低剂量的诱变效应，是指在自然环境中存在着低剂量的宇宙射线、各种短波辐射、低剂量的诱变物质和微生物自身代谢产生的诱变物质等的作用引起的突变。互变异构效应是指四种碱基第六位上的酮基或氨基的瞬间变构，会引起碱基的错配。例如，胸腺嘧啶（T）和鸟嘌呤（G）可以酮式或烯醇式出现，胞嘧啶（C）和腺嘌呤（A）可以氨基式或亚氨基式出现。平衡是倾向于酮式或氨基式的，因此 DNA 双链中以 AT 和 GC 碱基配对为主。但在偶然的情况下，当 T 以烯醇式出现时的一瞬间，DNA 链正好合成到这一位置上，与 T 配对的就不是 A，而是 G；若 C 以亚氨基式出现时的一瞬间，新合成的 DNA 链这一位置上，与 C 配对的就不是 G，而是 A。在 DNA 复制过程中发生的这种错误配对，就有可能引起自然突变。这种互变异构现象是无法预测的，对这种偶然事件作了大量的统计分析后，仍能找出规律来。据统计，这种碱基对错误配对引起自然突变的概率为 10^{-9}～10^{-8}。

自然突变可能会产生两种截然不同的结果，一种是菌种退化而导致目标产物产量或质量下降；另一种是对生产有益的突变。为了保证生产水平的稳定和提高，应经常地进行生产菌种自然选育，以淘汰退化的，选出优良的菌种。

在工业生产上，由于各种条件因素的影响，自然突变是经常发生的，也造成了生产水平的波动，所以技术人员很注意从高生产水平的批次中，分离高生产能力的菌种再用于生产。

经诱变或杂交选育获得的突变株，往往会继续发生变异，导致不同生产能力菌株的比例改变，这种情况下，自然选育可以有效地用于高性能突变株的分离。

自然选育是一种简单易行的选育方法，可以达到纯化菌种，防止菌种退化，稳定生产，提高产量的目的。但是自然选育的效率低，因此经常与诱变选育交替使用，以提高育种效率。

自然选育的一般程序是将菌种制成菌悬液，用稀释法在固体平板上分离单菌落，再分别测定单菌落的生产能力，从中选出高水平菌种。

4.2 诱变选育

微生物在长期的进化过程中，形成了一套严密的代谢调控机制。其自身代谢过程是被严格调控的，并且还存在着代谢产物的分解途径，所有的代谢产物都不会过量积累。因此从自然环境中分离的菌种的生产能力有限，一般不能满足生产的实际需要。诱变育种是提高菌种生产能力，使所需要的某一特定的代谢产物过量积累的有效方法之一。

4.2.1 诱变育种的原理

诱变育种的理论基础是基因突变，突变主要包括染色体畸变和基因突变两大类。染色体畸变指的是染色体或 DNA 片段发生缺失、易位、逆位、重复等。基因突变指的是 DNA 中的碱基发生变化即点突变。诱变育种就是利用各种被称为诱变剂的物理因素和化学试剂处理微生物细胞，提高基因突变频率，再通过适当的筛选方法获得所需要的高产优质菌种的育种方法。常用的诱变剂包括物理、化学和生物的三大类（表 4-1）。

表 4-1 常用的各类诱变剂

物理诱变剂	紫外线、快中子、X 射线、β射线、γ射线、激光	
化学诱变剂	碱基类似物	2-氨基嘌呤、5-溴尿嘧啶、8-氮鸟嘌呤
	与碱基反应的物质	硫酸二乙酯（DES）、甲基硫酸乙酯（EMS）、亚硝基胍（NTG）、亚硝基甲基脲（NMU）、亚硝基乙基脲（NEU）、亚硝酸（NA）、氮芥（NM）、4-硝基喹啉（4-NQO）、乙烯亚胺（EI）、羟胺
	在 DNA 分子中插入或缺失一个或几个碱基	吖啶类物质、吖啶氮芥衍生物
生物诱变剂	噬菌体、转座子	

4.2.2 诱变育种的基本方法

诱变育种一般包括诱变和筛选两个部分。诱变部分成功的关键包括出发菌株的选择、诱变剂种类和剂量的选择，以及合理的使用方法；筛选部分包括初筛和复筛来测定菌种的生产能力。诱变育种是诱变和筛选过程的不断重复，直到获得高产菌株。

4.2.2.1 出发菌株的选择

用来进行诱变的出发菌株性能对提高诱变效果和效率十分重要，选择出发菌株应注意，诱变出发菌株要有一定的目标产物的生产能力。其他生产性能如生长繁殖快、营养要求低、产孢子多且早。对诱变剂敏感，则变异幅度大等。还必须了解用作诱变的出发菌株的产量、形态、生理等方面的情况。可选择已经经过诱变处理的菌株，因为这样的菌株对诱变剂的敏感性会有所提高。

4.2.2.2 诱变剂的使用方法

在微生物诱变育种中，诱变的方法有单一诱变剂处理和复合诱变剂处理。复合诱变剂处理是指用两种以上的诱变剂处理菌种。对野生菌株单一诱变剂处理有时也能取得好的效果。但对经过多次诱变处理的老菌种，单一诱变因素重复处理效果甚微。可以采用复合诱变剂处理来提高诱变效果。

复合诱变处理包括同一诱变剂多次处理，两种以上诱变剂先后分别处理和两种以上诱变剂同时或多次处理。例如，青霉菌的选育中先用不足以引起突变的氮芥短时处理，再用紫外线处理，可使诱变频率大大提高。其他如乙烯亚胺和紫外线，氯化锂和紫外线的复合处理，都是常用的方法，也有一定的效果。

4.2.2.3 诱变剂的剂量选择

对不同的微生物使用的剂量不同，诱变剂的剂量与致死率有关，而致死率又与诱变率有一定的关系。因此可用致死率作为诱变剂剂量选择的依据。一般来说，诱变率随诱变剂剂量的增加而提高，但达到一定程度以后，再提高剂量反使诱变率下降。因此近年来已将处理剂量从过去的致死率99%～99.9%降至70%～80%，甚至更低。但诱变剂剂量也不宜过低，高剂量诱变可导致一些细胞的细胞核发生变异，也可使另一些细胞核破坏，引起细胞死亡，形成较纯的变异菌落。并且高剂量会引起细胞遗传物质发生难以恢复的巨大损伤，促使变异菌株稳定，不易产生回复突变。

4.2.3 突变菌株的筛选

诱变处理后，正向突变的菌株通常为少数，须进行大量的筛选才能获得高产菌株。通过初筛和复筛后，还要经过发酵条件的优化研究，确定最佳的发酵条件，才能使高产菌株的生产能力充分发挥出来。经诱变后，菌种的性能有可能发生各种各样的变异，如营养变异、抗性变异、代谢变异、形态变异、生长繁殖变异和发酵温度变异等。这些变异的菌种可用各种方法筛选出来。

4.2.3.1　营养缺陷型突变菌株的筛选

营养缺陷型突变菌株的诱变育种具有重要的理论研究和工业应用价值，已广泛地在氨基酸、核苷酸生产中获得应用。在营养缺陷型突变菌株中，生物合成途径中的某一步发生了酶缺陷，合成反应不能完成，末端产物不能积累，因此末端产物的反馈调节作用被解除。只要在培养基中限量加入所要求的末端产物，克服生长障碍，就能使中间产物积累。

在直链式的氨基酸、核苷酸生物合成途径中，营养缺陷型突变株只能积累中间产物，而不能积累终产物。在分支代谢途径中，筛选的营养缺陷型突变菌株是通过解除协同反馈调节，可使另一分支代谢途径中的末端产物积累。而遗传障碍不完全突变即渗漏型突变，是一种酶活性下降的突变，不是完全丧失酶活性，因此不会过量积累末端产物，可避免反馈调节作用，大量积累中间产物，这种突变菌株在不添加相应物质的基本培养基上长成很小的菌落。

营养缺陷型突变菌株具有明显的遗传标记，在杂交育种中作为出发菌株，有利于杂交重组的分析，也可以作为基因工程中的受体菌，检出克隆基因的表达。

4.2.3.2　抗反馈阻遏和抗反馈抑制突变菌株的筛选

末端产物的反馈调节在生物合成途径中是普遍存在的，除了采用筛选营养缺陷型突变菌株来降低末端产物的浓度外，更加有效的办法是筛选抗阻遏和抗反馈抑制突变株。这两种突变均是由于代谢失调，它们有共同的表型，即在细胞中已经有了大量的末端产物时，仍不断合成这一产物。但其代谢失调的原因不同。其原因或是因为调节基因或操纵基因发生突变，使产生的阻遏蛋白不再能和终产物结合或结合后不能作用于已突变的操纵基因，因此不再起反馈阻遏作用；或是由于编码酶的结构基因发生突变，使变构酶不再具有结合终产物的能力但仍具有催化活性，从而解除了反馈抑制。

通常抗反馈阻遏和抗反馈抑制突变菌株是通过抗结构类似物突变的方法筛选出来的。结构类似物与末端产物有相似的结构，能与阻遏蛋白或变构酶结合，阻止产物的合成，引起反馈调节作用，但它们不能代替末端产物参与生物合成，它们的浓度不会降低，因此它们与阻遏蛋白或变构酶结合也是不可逆的。未突变的细胞因代谢受阻，不能合成某种产物而死亡。抗反馈调节突变菌株则即使在结构类似物存在下，仍可合成末端产物形成菌落。为了稳定抗结构类似物突变株，可在培养基中加入适量的结构类似物或抗生素，防止回复突变。

另外，也可从营养缺陷型的回复突变菌株获得抗反馈突变株。营养缺陷型突变株是因为对反馈调节作用敏感的酶钝化或缺失等原因所致，发生回复突变后，虽然酶的催化活性恢复了，但酶的结构发生了改变，对反馈调节作用不敏感，因此可过量积累末端代谢产物。

4.2.3.3 组成型突变株的筛选

在酶制剂的发酵生产中，常采用在发酵过程中分批限量加入诱导物的方法，提高诱导酶的活性。为解除对诱导物的依赖，可通过诱变改变菌种的遗传特性，筛选组成型突变株。突变发生在调节基因或操纵基因，都可获得组成型突变株。筛选的方法是设计某种有利于组成型菌株生长，并限制诱导型菌株生长的培养条件，造成组成型菌株生长的优势或适当的分辨两类菌落的方法，选出组成型突变菌株。

例如，可在培养基中加入抑制诱导酶合成的物质，使组成型菌株处于选择优势。以β-半乳糖苷酶为例，将诱变处理后的菌种培养在含有抑制物邻硝基-β-D-岩藻糖苷和乳糖的培养液中。在这种培养液中，β-半乳糖苷酶的合成被抑制，因此诱导型菌株不能利用乳糖，则不能生长。而组成型菌株能够合成β-半乳糖苷酶，利用乳糖生长，使组成型菌株被富集。

交替培养法是将诱导型菌株经诱变处理后，先在含诱导剂如乳糖的培养液中培养，由于组成型菌株不需诱导物就能合成β-半乳糖苷酶，利用乳糖，因此它们会先于诱导型开始生长，在一段时间内，它们的菌数会增加很快。当诱导型在诱导物的诱导下合成β-半乳糖苷酶，开始利用乳糖生长时，就将细菌全部转入葡萄糖培养基中；在葡萄糖培养基中两类细菌同样生长繁殖，但是组成型菌株仍能够合成β-半乳糖苷酶，而诱导型菌株的β-半乳糖苷酶合成停止，并且酶活力则逐渐丧失。这时再将全部细菌转入乳糖培养基，组成型菌株又获得一次优势生长。如此反复多次后，组成型菌株的数量大大超过诱导型菌株，然后再用平板培养基分离出组成型菌株的单菌落。

通过显色反应也可在平板上识别组成型菌株。其方法是在不含诱导物的平板上进行培养，由于组成型菌株能产生酶，培养后加入适当的底物反应。常采用经酶解后有颜色变化的底物，以便快速检出组成型菌落。如用邻硝基苯半乳糖苷（O-nitropheny-β-D-galactoside，ONPG）来筛选β-半乳糖苷酶组成型突变株，刚果红可使纤维素酶水解纤维素露出的还原基团被染上色，而用于筛选纤维素酶组成型突变株等。

4.2.3.4　抗性突变株的筛选

这包括对抗生素、金属离子、温度、噬菌体等的抗性（或敏感）突变株的筛选，这些突变型常用来提高某些代谢产物的产量。

① 抗生素抗性突变。各种抗生素对微生物代谢的抑制机制各不相同，利用这些不同的机制改变微生物的代谢，可使某些产物过量积累。在抗生素产生菌的选育中，筛选抗生素抗性突变株，可明显提高抗生素的产量。例如解烃棒杆菌（*C. hydrocarboclastus*）产生的棒杆菌素（carynecin）是氯霉素的类似物，抗氯霉素的解烃棒杆菌突变株比亲株产生的棒杆菌素要高出 3 倍。

衣霉素可改变细胞的分泌能力，有助于胞内物质分泌到胞外，是因为它可以抑制细胞膜糖蛋白的合成。筛选枯草芽孢杆菌的衣霉素抗性突变株，使α-淀粉酶的产量比亲株提高了 5 倍。蜡状芽孢杆菌的抗利福平无芽孢突变株的β-淀粉酶产量提高了 7 倍，这主要是因为利福平可抑制芽孢的形成，使芽孢形成的时间延迟，有利于β-淀粉酶的分泌。

② 抗噬菌体菌株的选育。噬菌体的感染常给工业生产造成巨大的损失，而且噬菌体很容易发生变异，使对噬菌体具有抗性的菌株失去抗性，所以需要不断选育抗性菌株。有研究表明，细菌对噬菌体的抗性是基因突变的结果，这种抗性可以发生在接触噬菌体以前，与噬菌体的存在与否无关。抗噬菌体菌株的筛选可采用自然选育和诱发突变选育两种方法。自发突变是以噬菌体为筛子，在不经任何诱变的敏感菌株中筛选抗性菌株，但抗性突变的频率很低。为了提高效率，可先进行诱变处理，再用高浓度的噬菌体平板筛选抗性菌株。噬菌体感染的筛选过程也可以反复多次，使敏感菌株裂解，从中筛选出抗性菌株。

③ 条件抗性突变。条件抗性突变也称为条件致死突变，其中温度敏感突变常可提高产物的产量。例如，适于在中温条件下（如 37℃）生长的细菌，经诱变后获得的温度敏感突变只能在低于 37℃的温度下生长。这主要是因某一酶蛋白结构改变后，在高温条件下丧失了活力。若此酶是某蛋白质、核苷酸合成途径中所需的酶，该突变株在高温下的表型就是营养缺陷型。谷氨酸产生菌——乳糖发酵短杆菌 2256 经诱变后获得的温度敏感突变，在 30℃条件下培养能正常生长，40℃温度下死亡，能在富含生物素的培养基中积累谷氨酸，而野生型菌的谷氨酸合成却受生物素的反馈抑制。

④ 敏感突变。柠檬酸经顺乌头酸酶催化，转化为异柠檬酸。生产上为了提高柠檬酸的产量，必须抑制顺乌头酸酶活性，防止异柠檬酸的产生。氟乙酸可抑制顺乌头酸酶活性，通过诱变处理造成顺乌头酸酶结构基因的突变，有可能造成酶活力下降，那么此菌株必然对氟乙酸更加敏感，即不足以抑制野生菌顺乌头酸酶

活力的某一氟乙酸浓度，会对突变型产生抑制作用。例如，解脂假丝酵母 IFO143 用亚硝基胍诱变处理，获得的突变株 S-22 对氟乙酸表现出极大的敏感性，其顺乌头酸酶酶活力仅为野生菌株的 1/100，产柠檬酸与异柠檬酸的比例为 97∶3，大大提高了柠檬酸的产量。

4.2.4　高通量筛选技术

尽管在突变菌株的筛选过程中，已经发明了许多选择性很强的筛选方法，但是由于在诱变育种中，一般正突变率是非常低的，因此要从平皿中大量的菌落中筛选出正突变菌株，仍是难度极高，工作量极大的工作。而且即使付出了巨大的劳力，有可能也筛选不出所需要的正突变菌株，导致诱变育种实验的失败。

目前建立的高通量筛选技术是指以分子水平和细胞水平的实验方法为基础，以微板形式作为实验工具载体，以自动化操作系统执行实验过程，以灵敏快速的检测仪器采集实验结果数据，以计算机分析处理实验数据，在同一时间检测数以千万的样品，并以得到的相应数据库支持运转的技术体系。简单来说，就是用机器来替代人工，高效的完成筛选。

菌种的高通量筛选技术是有一整套高通量技术的有机整合和合理匹配设备（图 4-1）。全球至少有 60 家实验室采用 Singer 微生物菌落自动化工作站从事于酵母或细菌芯片的点种与分析工作。它们均以啤酒开瓶器的尺寸作为适手性的标准。现在机型已经使用触摸屏和更为直观的软件。几分钟内，便可以用标准的 96、384、769、1536、3072、6144 阵列格式从琼脂或者液体介质的一个（或者多个）源板到一个（或者多个）靶板来复制，杂交，重新阵列，筛选速度提高数倍。另外，由于材料试剂消耗的下降，使总的筛选量成几何级数上升。

图 4-1　高通量筛选设备

例如，高通量（微型化）抗生素效价分析中，可以采用生物效价高通量分析方法和化学效价高通量分析方法。

生物效价高通量分析方法是基于比浊法原理设计的生物效价高通量分析方法。可以使分析时间从 20 多个小时缩短至 4h，分析样品量从 1ml 降至 10μl，鉴定菌株培养基量从 30ml 降低至 90μl，一次检测样品数量可达成百上千份，而且仅需 1 人操作。微型化培养装置如图 4-2 所示。传统的生物效价分析，每天每人分析样品数不过 50 份左右。

种子（挖块）

发酵（孔径 2cm）

图 4-2　微型化培养装置

化学效价高通量分析方法则是开发了可以与自动化液体处理站相匹配的微量化化学分析路线，筛选通量更高，样品检测体积更小。反应体系从 200ml 降至 500μl，分析时间更短，1h 之内可以完成上千份样品的分析。

高通量筛选技术既可以用于高产菌株的筛选，也可以用于发酵原材料的筛选。

4.3　杂交育种

生产上，长期使用诱变剂处理，会使菌种的生活能力逐渐下降，如生长周期延长，孢子量减少，代谢减慢，产量增加缓慢，因此有必要利用杂交育种的方法，提高菌种的生产能力。杂交育种的目的是将不同菌株的遗传物质进行交换、重组，使不同菌株的优良性状集中在重组体中，克服长期诱变引起的生活力下降等缺陷。通过杂交还可以扩大变异范围，改变产品的产量和质量，甚至创造出新品种。由于多数微生物尚未发现有性世代，因此直接亲本菌株应具有适当的遗传标记，如颜色、营养要求（即营养缺陷标记）或抗药性等。

4.3.1　细菌的杂交育种

细菌的杂交可以通过细菌接合、F 因子转导、R 因子转移、转化和转导等方法促使基因重组。在这些基因重组的过程中，并不涉及整个染色体组，所形成的都是部分合子。

在细菌接合中，将带有两个以上不同选择性遗传标记的两个菌株进行杂交，如 A^+B^- 和 A^-B^+，杂交中会出现 A^+B^-、A^-B^+、A^+B^+ 和 A^-B^- 这四种重组类型，为了获得原养型 A^+B^+，采用了排斥亲本 A^+B^- 和 A^-B^+，以及另一重组类型 A^-B^-，只允许原养型 A^+B^+ 生长的培养条件，将杂交菌株筛选出来。

细菌的其他方式杂交，如 F 因子转导、R 因子转移、转化和转导等，都需要出发菌株带有选择性遗传标记，像营养缺陷、抗生素抗性、温度敏感、发酵性能等，使杂交菌落容易识别，方便快速筛选。

4.3.2　放线菌的杂交育种

放线菌与细菌一样都是原核生物，只有一条环状染色体。但却像霉菌那样以菌丝形态生长，并形成分生孢子。其基因重组过程近似于细菌，但它们的育种方法有许多与霉菌相似。

4.3.2.1　放线菌的遗传体系和杂交原理

放线菌基本上有以下四种遗传体系。

① 异核现象。不同营养缺陷型标记的放线菌在杂交过程中，经菌丝间的接触和融合形成异核体，即在同一条菌丝或细胞中含有不同基因型的细胞核。异核体所形成的菌落在表型上是原养型，但其基因型分别与亲本之一相同，而无重组体出现。在不同的菌株中形成异核体与发生基因重组之间缺乏明显的相关性。

② 接合现象。菌丝间经接触和融合以后，相同细胞质中不同细胞核在两者增殖过程中，发生部分染色体的转移或遗传信息的交换。接合现象的结果是部分合子形成。部分合子是由一个供体的染色体片段与另一个受体染色体的整体相结合而形成的。但也可能两个染色体均不完整（图 4-3）。

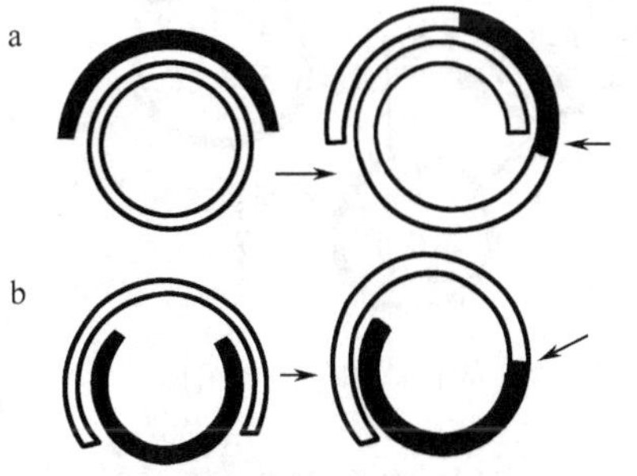

图 4-3　部分合子染色体的两种不同结构

a. 一个亲本有完整的染色体组，另一个不完整；b. 两个亲本都有不完整的染色体组，但在不同区域出现缺失

（参考俞俊棠等，1997）

③ 异核系的形成。当部分合子形成后，就会产生杂合的无性繁殖系，即异核系的细胞核，这个细胞核是经过一次单交换而产生的异核系染色体组，它有一个二体区。异核系的菌落很小，遗传类型各不相同，能在基本培养基上或选择性培养基上生长。但异核系的分生孢子影印在同样

的培养基上就不能生长。

④ 重组体的形成。异核系是不稳定的，在菌落生长过程中，染色体重叠的二体区的不同位置上发生交换（部分合子也可经过双交换形成重组子）后，能产生重组体孢子。异核系产生的孢子多是单倍体，而形成的一个单倍体的无性繁殖系，能长出各种类型的分离子，如链霉菌基因重组过程如下：

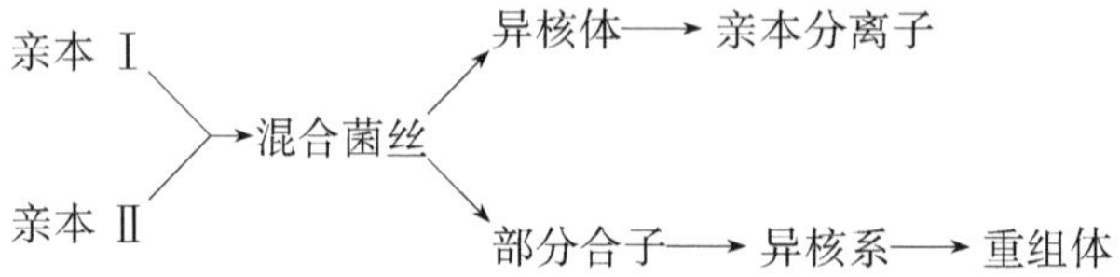

4.3.2.2　放线菌的杂交方法

放线菌的杂交包括混合培养法、平板杂交法和玻璃纸转移法三种。

① 混合培养法。将带有互补的营养缺陷型的两个亲株混合后，接种到丰富培养基上，待孢子形成后制备单孢子悬液，然后在选择性平板上分离，长出的单菌落即为各种不同类型的重组体。

异核系菌落的分离是将混合培养后所制备的单孢子悬液，涂布在基本培养基上，小而丰富的菌落即为异核系。然后异核系在完全培养基上生长，获得的菌落为分离子（图 4-4）。

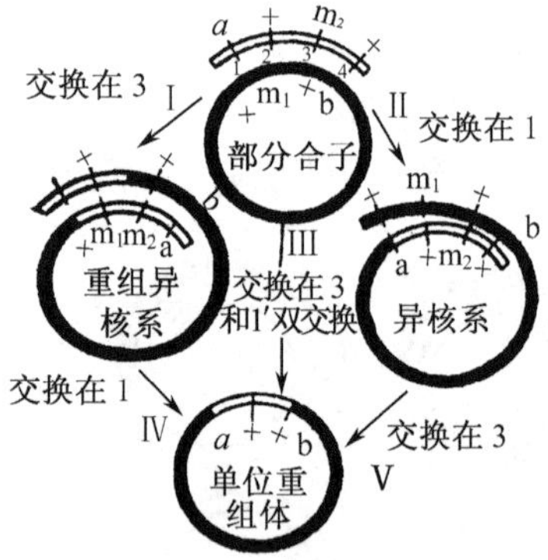

图 4-4　异核体和单倍重组体

1～4—交换区域；Ⅰ～Ⅴ—交换方式

（参考俞俊棠等，1997）

② 平板杂交法。平板杂交法具有进行大量快速杂交的优点，尤其适合用于一个菌株与多个配对菌株的杂交。其方法是先将菌株培养在非选择性培养基上，在菌落形成孢子后，用影印法把菌落印至已铺有试验菌孢子的完全培养基平板上，再培养至孢子形成，然后将此孢子影印到一系列选择性培养基上，筛选各种重组体子代。

③ 玻璃纸转移法。使用本方法的亲本必须具有两个遗传标记，如一个亲本带有一种营养缺陷型标记和抗药性标记，另一亲本则带有另一营养缺陷型和对同一药物的敏感性。首先将两亲本的孢子混合接种在铺有玻璃纸的完全培养基平板上，培养 24h 左右，在显微镜下观察小菌落刚刚接触，而未生长气生菌丝，玻璃纸上长出一层基内菌丝时，将玻璃纸转移到含有抗生素的基本培养

基平板上。这时基内菌丝停止生长（抗性亲本有时继续缓慢生长），培养 2d 后，在玻璃纸表面长出的微小的气生菌丝的小菌丛即为异核系。异核系的分离是在解剖显微镜下用无菌细针收集异核系小菌丛，再将异核系小菌丛置于完全培养基平板表面上一滴无菌水中，涂布均匀后培养获得分离子。

在金霉素、新霉素、红霉素和新生霉素等抗生素产生菌的杂交育种中，都有成功的报道。有研究报道用金霉素链霉菌进行杂交，首先经诱变获得营养缺陷型亲本，进行杂交，得到了产量高于野生型菌株的重组体。再对重组体进行诱变处理，发现产量变异幅度比野生型菌株要大，而且整个分布偏向于高产方面，由此筛选出高产菌株。

4.3.3 霉菌的杂交育种

在构巢曲霉（*Aspergillus nidulans*）发现准性生殖之后，才证明微生物除了进行普遍无性繁殖外，还存在着准性生殖过程。这为这类微生物的遗传学研究和杂交育种提供了一条有效的方法。

4.3.3.1 准性生殖的过程

准性生殖（parasexual reproduction）是指真菌不通过有性生殖的基因重组过程。准性生殖过程包括异核体的形成、二倍体的形成和体细胞的重组。

① 异核体的形成。当两个不同性状的细胞或菌丝，也可以是孢子发芽管与菌丝之间相互连接时，导致在一个细胞或菌丝中存在两个或两个以上不同遗传型的核，这样的细胞或菌丝体称为异核体（heterocaryon），这种现象叫做异核现象。

② 杂合二倍体的形成。异核体菌丝在繁殖过程中，偶尔会发生两种不同基因型核的融合，形成杂合细胞核。这个杂合细胞核是双倍体。杂合双倍体形成之后，随着异核体的繁殖而繁殖，在菌落上形成杂合二倍体的斑点或扇面，也被称为扇变。将斑点或扇面的孢子挑出来，进行单孢子分离，即可得到杂合双倍体菌株。

③ 杂合双倍体只具有相对的稳定性，在繁殖过程中可以发生染色体交换和染色体单倍化，从而形成各种分离子，这个过程也称为体细胞重组。至此完成了整个准性生殖过程。

准性生殖第二个阶段形成的杂合双倍体并不进行减数分裂，而是发生染色体交换（或称体细胞交换）。发生体细胞交换后形成的两个子细胞仍是双倍体细胞，但其基因型不同于原来的细胞。

杂合双倍体除了发生染色体交换外，还会发生染色体单倍化。这一过程不同于减数分裂，会由一个双倍体细胞产生四个单倍体细胞。而准性生殖中的染色体单倍化是每一次细胞分裂后，往往只有一对染色体变为一个，其余染色体仍然都是成双的，要经过多次细胞分裂后，才能使一个双倍体细胞转变为单倍体细胞。在单倍体化过程中，形成了各种类型的分离子，包括非整倍体、双倍体和单倍体。

4.3.3.2　霉菌的杂交技术

首先通过诱变技术获得具有遗传标记的直接亲本，这样的遗传标记如营养突变型、抗药性突变型、形态突变型等。这样的直接亲本才能用于杂交。其杂交技术包括以下步骤。

① 异核体形成。在基本培养基上，接种两个营养缺陷型亲本，强迫其进行营养互补。可以用各种方法使这两个菌株通过菌丝细胞间的吻合形成异核体，如完全培养基液体混合培养法、完全培养基斜面混合培养法、有限培养基平板异核丛形成法、液体有限培养基混合培养法、基本培养基斜面衔接法和基本培养基平板穿刺法等。

② 双倍体的检出。可以从扇面上直接挑出孢子进行分离纯化，获得双倍体。也可把异核体菌丝打碎，在基本培养基和完全培养基平板上分离异核体菌落。在异核体菌落上长出的原养型扇面中分离纯化。另外也可以将大量异核体孢子涂布在基本培养基平板上，从长出的原养性菌落中分离纯化，得到杂合双倍体。

③ 分离子的检出。将杂合双倍体单孢子分离于完全培养基平板上，培养至菌落成熟，检查菌落的斑点或扇面，从斑点处挑取孢子接种到完全培养基斜面上，培养后经过纯化和鉴别即得分离子。

另可用选择性培养基筛选分离子，有两种类型的选择性培养基。一种是含有重组剂的完全培养基，如对氟丙氨酸（PFA）不会引起基因突变，但能促进体细胞重组，增加分离子的出现频率。另一种类型是在完全培养基中加入吖啶黄之类的药物，因为一个抗性菌株和一个敏感菌株形成的双倍体对吖啶黄是敏感的，在这种培养基上不能生长，只有抗药性分离子可以生长。

青霉素产生菌产黄青霉和灰黄霉素产生菌荨麻青霉种间准性杂交，灰黄霉素产生菌的杂交育种，青霉素产生菌的杂交育种均获得成功，并提高了产量。

4.3.4　酵母的杂交育种

酵母菌是双单性微生物，存在着单倍体和二倍体的生活史，具有孟德尔式的分离现象，以及 a 和α交配型。可以利用酵母菌的双单特性进行杂交育种。酵母菌的二倍体的生活力较单倍体要强，生产能力如发酵性能、产酒率等也明显高于单倍体，因此通过杂交得到二倍体，就有可能达到育种的目的。

其方法首先是获得单倍体细胞，酵母菌的单倍体和二倍体可以从培养形态上来识别，如二倍体的细胞大，呈椭圆形；菌落大且形态较一致；液体培养繁殖快，细胞较分散；在孢子培养基上可以形成子囊。而单倍体细胞小，球形；菌落小并且形态多变；液体培养时繁殖慢，细胞聚集成团；在孢子培养基上不形成子囊。

采用的杂交育种有三种交配方式，即孢子与孢子交配、单倍体细胞与孢子交配及细胞间交配。对于不同的出发菌株，应采用不同的交配方式。最好是采用具有不同遗传标记的细胞进行交配。

例如，卡尔酵母（*Saccharomyces calsbergensis*）可以利用糖类产生酒精和二氧化碳，但只能发酵发酵液中约 80%的糖。糖化酵母（*S. diasticus*）能发酵糊精。将这两个菌种混合培养进行杂交，获得了能发酵糊精产生酒精的杂种。但用此杂种生产的啤酒口味欠佳，所以再与卡尔酵母回交，得到了糖转化率 90%的杂种，并且可酿制出口味合适的啤酒。用此杂种再与能利用异麦芽糖的野生酵母杂交，产生了糖转化率 100%的新杂种。如此多次进行互交和选择，得到了能将糖充分转化生产“淡”啤酒的杂交酵母，这种啤酒可供糖尿病患者饮用。此外日本研究者将能产生杀伤因子的杀伤酵母与清酒酿造酵母杂交，得到抗野生杀伤菌株侵袭的菌种。并反复回交，培育出一株嗜冷的对杀伤因子免疫的葡萄酒酵母。

4.4 原生质体融合技术

对微生物育种来说，有性重组的局限性很大，这是因为迄今发现有杂交现象的微生物并不多，这就妨碍了基因重组在微生物育种中的应用。原生质体融合技术提供了充分利用遗传重组杂交的方法。原生质体融合技术首先是在动植物细胞融合研究的基础上发展起来的，然后才应用于真菌、细菌和放线菌。由于这一技术可以打破种属间的界限，提高重组频率，扩大重组幅度，而倍受关注。

4.4.1 原生质体融合的优越性

原生质体融合的方法是首先用酶分别酶解两个出发菌株的细胞壁，在高渗环境中释放出原生质，将它们混合，在助融剂或电场作用下，使它们互相凝集，发生细胞融合，实现遗传重组。原生质体融合技术具有以下多种优点。

① 受接合型或致育型的限制小，两亲株没有供体和受体之分，有利于不同种

属微生物的杂交。

② 重组频率高于其他杂交方法。有报道，放线菌原生质体融合频率达 10^{-2}～10^{-1}，丝状真菌达 10^{-3}～10^{-2}，细菌和酵母也可达 10^{-6}～10^{-5}。

③ 遗传物质的传递更加充分、完善，既有核配又有质配。原核微生物可以有两个以上完整基因组融合的机会。放线菌还能形成短暂的或拟双倍体，真菌中也能形成暂时的或稳定的双倍体。

④ 可以采用温度、药物、紫外线等处理纯化亲株的一方或双方，然后使其融合，筛选再生重组子菌落，提高筛选效率。

⑤ 用微生物的原生质体进行诱变，可明显提高诱变频率。

4.4.2　原生质体融合方法

原生质体融合技术的一般程序包括原生质体的制备，原生质体的融合，原生质体的再生和融合子的筛选等步骤。

4.4.2.1　原生质体制备

使用各种酶分别酶解两个出发菌株的细胞壁，使其细胞壁全部消化或部分破裂，释放出原生质体，为防止原生质体内部渗透压过高而破裂，必须将原生质体释放到高渗溶液中。由于各种微生物细胞壁的组成不同，须采用不同的原生质体制备方法。

例如，革兰氏阳性细菌枯草杆菌和巨大芽孢杆菌的细胞壁用溶菌酶进行消化，乳链球菌细胞壁需要用溶菌酶和细菌溶菌酶共同消化，黄色短杆菌的原生质体制备是先加青霉素培养 1.5h 后，再用酶消化。而革兰氏阴性细菌则要采用 EDTA 加溶菌酶，或甘氨酸-溶菌酶-EDTA，或在含青霉素培养基培养等条件下制备原生质体。链霉菌一般在含甘氨酸的培养基中培养后，用溶菌酶消化。酵母的原生质体制备是首先接种在巯基乙醇和 EDTA 的溶液中培养，再用细胞壁溶解酶消化获得。或者用蜗牛酶或纤维素酶消化时，添加巯基乙醇来提高原生质体的形成率。几丁质酶、蜗牛酶、纤维素酶、硫酸脂酶、玛瑙螺酶多用于制备霉菌的原生质体。

4.4.2.2　原生质体融合和再生

两个出发菌株制备好的原生质体可以通过化学因子或电场诱导的方法进行融合。化学因子诱导多采用聚乙二醇（polyethyleneglycol，PEG）4000 和 6000 作为融合剂，并加入 Ca^{2+}和 Mg^{2+}等阳离子。电融合过程是原生质体在电场中极化成偶极子，并沿电力线方向排列成串，再加直流脉冲击穿原生质体膜，导致原生质体发生融合。

融合后的原生质体具有生物活性，但由于缺少细胞壁，不是正常的细胞，不能在普通培养基上生长。所以要涂布在高渗培养基上令其再生，可以增加高渗培养基的渗透压或添加蔗糖来增加再生率。

4.4.2.3 融合子的检出

融合子是在选择性培养基上检出的，即通过两个遗传标记互补确定的。如利用营养缺陷型互补，在基本培养基上识别融合子。当亲株没有或很少标记的情况下，可利用灭活的原生质体（单亲株或双亲株灭活均可）融合，筛选有生物活性的重组子。此外可以利用荧光染色，将两个亲株用不同的荧光色素染色并融合后，在落射荧光装置的立体显微镜下观察融合子；如在一个个体上观察到双亲的两种荧光色素，即为融合子。

通过上述方法产生的融合子如果产生了杂合双倍体或单倍重组子，其遗传性状比较稳定。但也可能产生的融合子是一种短暂的融合，会再次分离成亲本类型。所以还要再进行多次筛选，找到稳定的融合子。

4.4.3 原生质体融合技术在微生物育种中的应用

由于目前应用于生产的菌种，大多数是经过反复诱变处理获得的，对许多诱变剂已经不敏感，效果也不明显。采用原生质体融合技术，获得了不少有工业利用价值的菌株。

4.4.3.1 用于选育高产优质菌株

有报道二生链霉菌通过原生质体制备后再生，提高了螺旋霉素的产量。链霉菌细胞经过形成原生质体并再生，常常引起细胞内质粒的消除，质粒的消除又会导致细胞染色体的改变，或使次级代谢途径发生变化，有可能使抗生素产量提高，像白霉素、金丝霉素都用此方法获得了高产菌株。

酿酒酵母可以利用葡萄糖生产酒精，但不能利用淀粉和糊精，糖化酵母能利用淀粉和糊精，将这两个菌株进行原生质体融合，可得到利用淀粉和糊精直接产生酒精的融合子。

产生蛋白酶的地衣芽孢杆菌对噬菌体敏感，很容易被噬菌体感染，将产蛋白酶对噬菌体敏感的菌株与抗噬菌体菌株进行融合，获得了抗噬菌体的高产蛋白酶菌株。

另外，通过原生质体融合技术还可以改变菌种产生不同代谢产物的比例等。

4.4.3.2　产生新的产物

有效的种间原生质体融合，有可能发生不同菌种的调节基因和结构基因的重组，诱发原处于抑制状态的沉默基因的表达。特别是在抗生素产生菌中可以产生新的杂种抗生素。例如，庆丰霉素产生菌庆丰链霉菌和井岗霉素产生菌的原生质体种间融合，得到的重组子中有的产生聚醚类抗生素，有的产生环状多肽类新的抗生素。另有一种紫霉素 B_1 产生菌紫色链霉菌和保护霉素产生菌吸水链霉菌的阻断突变型融合后，构建出产生新抗生素——杂交霉素的重组子。

总之，原生质体融合技术是一培育新种的有效方法。

4.5　基因工程技术

将外源 DNA 通过体外重组后，导入受体细胞，使其在受体细胞中复制、转录、翻译表达的技术称为基因工程或 DNA 体外重组技术。这项在微生物遗传学和分子生物学基础理论上发展起来的新兴技术，不仅是生命科学研究发展的里程碑，也使现代生物技术产业发生了革命性的变化。自 1973 年第一个目的基因重组成功以来，已用微生物细胞表达和生产了许多重组基因产物，包括受体细胞自身原有的和原来不能产生的各种物质。例如，许多在疾病诊断、预防和治疗中有重要价值的内源生理活性物质作为药物已应用了多年，像治疗糖尿病的胰岛素，治疗侏儒症的人生长激素，还有激素、细胞因子、神经多肽、调节蛋白、酶类、凝血因子以及某些疫苗等，由于此类药物或是材料来源困难，或是制造技术问题，或是造价过于昂贵，而无法大量生产并在临床上广泛付诸应用。利用微生物生长繁殖迅速，人工培养方便等特点，将重组基因导入微生物细胞来生产这些生理活性物质，从根本上解决了上述问题。1982 年第一个基因工程产品——人胰岛素在美国问世，吸引和激励了大批科学家投身这一领域的研究和开发，获得了大批的成果，也产生了巨大的经济效益和社会效益。

基因工程菌产生的主要程序包括：目的基因的克隆，DNA 重组体的体外构建，重组 DNA 导入宿主细胞及基因工程菌的选择。对工业生产有重要意义的是基因的表达产量、表达产物的稳定性、产物的生物活性和产物的分离纯化。因此进行基因表达设计时，必须考虑各种影响因素，选择最佳的基因表达系统。

4.5.1 基因表达系统

从育种的角度考虑，最为重要的是目的基因的高效表达。因为目的基因被插入某种载体中，并不意味着这个基因就会表达或能高效表达。因此选择一个适宜的高效表达系统，才能保证表达产物能够高产并且具有功能。基因的表达系统分两大类：一类是原核表达系统，目前常用的有大肠杆菌、枯草芽孢杆菌、链霉菌等；另一类是真核生物表达系统，有酵母、丝状真菌等。

4.5.1.1 原核表达系统

如果能够采取适当的基因操作技术，原核基因和许多真核基因都能够在原核生物中获得表达。对于需要转录或翻译后加工处理的真核基因，则不能用原核表达系统来表达。这是因为原核细胞缺乏像真核细胞那样的转录和翻译后加工系统，如不能切除 mRNA 的内含子，不能进行蛋白质的糖基化，不能对氨基酸进行修饰等。

① 大肠杆菌。由于大肠杆菌生长繁殖迅速，对其分子遗传学的研究比较深入，所以目前它仍是基因工程中最常采用的原核表达系统。大肠杆菌因本身的特点，其基因工程表达产物的形式多种多样，有细胞内不溶性表达（包含体）、胞内可溶性表达、细胞周质表达等，极少数情况下还可分泌到细胞外表达。不同的表达形式具有不同的表达水平，也会带来不同的杂质。

在大肠杆菌中的表达不存在信号肽，故其产物多为胞内产物，不能分泌至胞外。产物纯化须破碎细胞，而细胞质内其他蛋白质也一起释放出来，造成分离纯化的困难。由于分泌能力不足，真核蛋白质常形成不溶性包含体，必须经过变性和复性处理才能恢复生物活性。但现已找到了一个解决的方法，如在碱性青霉素酶（penicillinase）的研究中，嗜碱芽孢杆菌 sp.no.170 的这个基因在大肠杆菌克隆后，可以分泌在培养基中。同时大肠杆菌中的原生质蛋白质也可分泌出来。这是由于嗜碱菌 DNA 的插入，激活了 pMB9 中的 *kil* 基因。*kil* 基因是相应于细胞水解中大肠杆菌素 E1 的释放，但由于它缺少启动子，在 pMB9 中并不表达。这已被用于木聚糖酶、纤维素酶、人类生长激素和人类 Fc 蛋白的胞外生产。总产量的 60%～70%可分泌出来。

在大肠杆菌中的表达不存在翻译后修饰作用，表达的蛋白质不能进行糖基化和氨基酸的修饰，因此只适于表达不经糖基化等翻译后修饰作用仍具有生物功能的真核蛋白质。由于翻译常从甲硫氨酸的 AUG 密码子开始，所以产生的目的蛋白质 N 端常多余一个甲硫氨酸残基，容易引起免疫反应。此外，大肠杆菌会产生很难除去的内毒素，还会产生蛋白酶而破坏目的产物。

② 枯草芽孢杆菌。枯草芽孢杆菌分泌能力强，可以将蛋白质产物直接分泌到胞外，不形成包含体。它也不能使蛋白质产物糖基化。另外它有很强的胞外蛋白酶，会对产物进行不同程度的降解，因此在表达系统的应用中受到影响。

③ 链霉菌。链霉菌是重要的工业微生物，作为外源基因表达系统有着不致病、使用安全，分泌能力强，可将表达产物分泌到胞外，具有糖基化能力等特点。其中变铅青链霉菌限制能力弱，是一个理想的受体菌。并且现在已构建了一系列有效的载体，培养工艺也比较成熟。

4.5.1.2　真核表达系统

在细菌中表达真核基因产物，往往会因为翻译后加工过程的缺陷，导致产物失去原有的生物活性。因此人们构建了真核表达系统，用于生产真核蛋白质。在真核表达系统中生产的蛋白质，就会与天然蛋白质具有一致的生理生化和生物学功能。

① 酵母。酵母菌是研究基因表达调控最有效的单细胞真核微生物，其基因组较小，仅为大肠杆菌的 4 倍，世代周期短，有单倍体、双倍体两种形式。由于酵母菌生长繁殖迅速，容易培育，不产生有毒物质，基因工程操作方便，与原核生物相似，表达产物能够糖基化，因而被认为是表达外源蛋白质，特别是真核生物蛋白质的最适表达系统。现已在酵母中成功地建立了几种有分泌功能的表达系统，能够将表达产物直接分泌至胞外。特别是某些在细菌系统中表达不良的真核基因，均能在酵母中良好表达。在各种酵母中，以酿酒酵母（*Saccharomyces cerevisiae*）的研究和应用最为广泛。目前已有不少真核基因在酵母中成功地表达，如干扰素、乙肝表面抗原基因等。

② 丝状真菌。丝状真菌也是重要的工业菌株，近年来已在 30 多种真菌中建立了 DNA 转化系统。其特点是有很强的蛋白质分泌能力，能正确进行翻译后加工，包括肽剪切和糖基化等。糖基化方式与高等真核生物相似。丝状真菌（如曲霉等）又确认是安全菌株，并有成熟的发酵和后加工工艺。

虽然各种微生物从理论上讲，都可以用于基因的表达，但由于克隆载体、DNA 导入方法及遗传背景等方面的限制，所以目前最广泛使用的宿主菌仍是大肠杆菌和酿酒酵母。

4.5.2　利用大肠杆菌的表达系统

大肠杆菌由于其遗传背景清楚，基因操作技术简便，容易培养，大规模发酵经济，因此是应用最广泛和成功率最高的外源基因表达宿主。外源基因在大肠杆菌中的成功表达与表达载体、外源基因的调控序列等有关。

4.5.2.1 表达载体

基因工程使用的载体分为克隆载体和表达载体。无论原核基因还是真核基因要在大肠杆菌中复制和表达，都必须将其与合适的表达载体连接后导入宿主细菌，才能表达成蛋白质。表达载体必须具备以下条件。

① 能够独立复制。根据载体复制的特点，可分为严紧型和松弛型。严紧型载体伴随宿主染色体的复制而复制，在宿主中拷贝数很少（1～3 个）；松弛型的复制则不依赖于宿主染色体，在宿主细胞中的拷贝数可多达 3000 个。

② 应具有灵活的多克隆位点和方便的筛选标记，便于外源基因的克隆、鉴定和筛选。而且克隆位点应位于启动子序列之后，以使外源基因表达。

③ 应具有很强的启动子，能被大肠杆菌的 RNA 聚合酶识别。

④ 应具有使启动子受到抑制的阻遏子，只有在受到诱导时才能进行转录。阻遏子的阻遏作用可以由物理（如温度）、化学（如 IPTG、IAA 等）因素进行调节，这样可人为地选择启动子启动转录 mRNA 的时机。因外源基因的高效表达往往会抑制宿主细胞的生长、增殖，而阻遏子可使宿主细胞免除此不良影响。例如可先使宿主细胞快速生长增殖到相当量，再通过瞬时消除阻遏，使所表达的蛋白质在短时间内大量积累，同时也可减少表达产物的降解。

⑤ 应具有很强的终止子，以便使 RNA 聚合酶集中力量转录克隆的外源基因，而不转录其他无关的基因。同时强终止子所产生的 mRNA 较为稳定。诱导表达时，由于强启动子所致的高水平转录反过来会影响质粒 DNA 自身的复制，从而引起质粒的不稳定或脱质粒现象。因此在外源基因的下游安置强终止子可以克服由质粒转录引起的质粒不稳定。

⑥ 所产生的 mRNA 必须具有翻译的起始信号，即起始密码 AUG 和 SD 序列。

4.5.2.2 影响目的基因在大肠杆菌中表达的因素

外源基因的表达产量与细胞浓度和每一个细胞平均表达产量是正相关的，要想获得最高产量，必须了解影响这两者的各种因素，如外源基因的拷贝数、基因表达效率、表达产物的稳定性和细胞代谢负荷等与表达产量的关系。

① 外源基因的拷贝数。一般来说细胞内基因拷贝数增加，基因表达产物的产量也会增加。克隆在高拷贝数表达载体上的外源基因，会因表达载体拷贝数

的增加而增加，因此高拷贝数表达载体的使用，有利于提高外源基因的总体表达水平。

② 外源基因的表达效率。有许多因素都会不同程度地影响外源基因的表达效率，如启动子的强度、核糖体结合位点的有效性、SD 序列和起始密码子 ATG 之间的距离、密码子的组成等。

启动子是在转录水平上影响基因表达。转录的最大速率取决于启动子中碱基的组成，往往会因一个碱基的不同，启动子效率可能提高上千倍。也就是说启动子会有强弱之分。要获得高效表达须要选择强启动子。由于真核基因启动子不能被大肠杆菌 RNA 聚合酶识别，因此必须将真核基因编码区连接在大肠杆菌 RNA 聚合酶能够识别的强启动子控制下。常用的强启动子有 *lac*、*trp*、*tac*、λP_L、*bla* 等，将外源基因插入这类强启动子的下游，可以增加基因的表达产量。但是如果启动子太强，RNA 聚合酶有时超过了终止信号，引起过度转录和杂蛋白的生成，对宿主细胞的正常生长和基因工程产物的纯化不利，同时影响载体的稳定性。所以一般在多克隆位点的下游要插入一段 rrnB 核糖体 RNA 的转录终止子。

SD 序列和起始密码子 ATG 之间的距离及序列对 mRNA 翻译成蛋白质的效率有明显影响，SD 序列和起始密码子之间的距离过长或过短都会影响真核基因的表达。调整 SD 序列与起始密码子 ATG 的间距，改变附近核苷酸序列，可提高非融合蛋白的合成水平。

大肠杆菌核糖体结合位点对真核基因在细菌中的高效表达也十分重要，所以必须增加核糖体结合位点的有效性，消除核糖体结合位点及其附近的潜在二级结构。

密码子组成是影响翻译效率的另一重要因素。这主要是因为真核基因和原核基因对编码同一种氨基酸所“偏爱性”使用的密码子不尽相同的缘故，或可能是与不同的宿主系统中不同种类 tRNA 浓度有关。所以真核系统中“偏爱性”的密码子在原核细胞中的翻译效率有可能下降。为了提高表达水平，在设计引物或合成基因时，应选择大肠杆菌“偏爱”的密码子。

③ 表达产物的稳定性。真核基因在原核细胞中表达时，可以产生融合型和非融合型表达蛋白，非融合蛋白指的是不与细菌的任何蛋白和多肽融合在一起的表达蛋白，这类蛋白质具有近似于真核蛋白质的结构，生物学功能也更接近生物体内天然蛋白质的性质。但当非融合蛋白表达时，细胞内降解该蛋白质的蛋白酶由于应急反应，其产量也会迅速增加，所以即使原始表达量很高，也会被产生的蛋白酶所降解，而实际产量仍然很低。

可以采用一些方法来提高表达产物在细菌体内的稳定性。如将外源基因构建在融合蛋白表达载体中，产生融合蛋白。融合蛋白与天然真核蛋白相比，在细菌体内比较稳定，不易被细菌蛋白酶降解。还可以利用大肠杆菌的信号肽或外源基因中自身的信号肽，把真核基因产物运输到胞浆周质的空隙中，避免外源蛋白被酶降解。也可以采用定点突变的方法，改变真核蛋白二硫键的位置，来增加蛋白质的稳定性。此外选用大肠杆菌蛋白酶缺陷型作为宿主菌，有可能减弱表达产物的降解。例如，黄嘌呤核苷（Ion）是大肠杆菌合成蛋白酶的主要底物，所以 Ion^-的大肠杆菌不能合成黄嘌呤核苷，因而不能合成蛋白酶，减少了表达产物在细菌体内的降解。

④ 细胞的代谢负荷。大量的外源基因表达产物可能打破宿主细胞的正常生长代谢平衡，如大量的氨基酸被用于合成与细胞生长无关的蛋白质，就会影响细胞的正常代谢过程。有的表达产物对宿主细胞有害，其大量积累可能导致细胞生长缓慢甚至死亡。所以合理调节这种消长关系，才能使宿主细胞的代谢负荷不至过重，又能高效表达外源基因产物。

减轻宿主细胞代谢负荷的措施是将宿主细胞的生长和外源基因的表达分成两个阶段，首先使宿主细胞的生物量达到饱和，在这一阶段中或采用一定的方法抑制重组质粒的复制或不诱导基因产物的合成，以减少宿主细胞的代谢负荷；在第二阶段再诱导细胞重组质粒的复制或诱导基因产物表达。

4.5.2.3 在大肠杆菌中真核基因的表达形式

真核细胞中具生理作用的基因在大肠杆菌中有三种表达方式，即融合蛋白、非融合蛋白和分泌型表达蛋白三种形式。

所谓融合蛋白是指蛋白质的 N 端是一段原核 DNA 编码的序列，C 端接上真核基因编码的序列。表达融合蛋白的优点是基因操作简便，表达蛋白质在细菌体内比较稳定，容易实现高效表达；但因融合蛋白中含有一段原核多肽序列，可能会影响真核蛋白的免疫原性，所以不能作为人体注射用药，只能作为抗原用。可以用特异蛋白酶，如凝血因子Ⅹ、胶原酶、肠激肽酶等，或化学处理，如 CNBr 水解，以切除融合蛋白 N 端的原核多肽，来获得具有生物活性的真核蛋白质分子。例如，在细菌蛋白质和目的蛋白之间加入 Ile-Glu-Gly-Arg 短肽序列，这段序列在天然蛋白质中较少出现，它可被凝血因子Ⅹa 所识别，并在 C 端切开。另外，也可在细菌蛋白和目的蛋白之间加入一个 Met，CNBr 可专一性地在 Met 处切割，将细菌蛋白和目的蛋白质分开。

非融合蛋白是在大肠杆菌中以真核蛋白 mRNA 的 AUG 密码子为起始表达的蛋白质，因此可以很好地保持蛋白质原有的生物活性，但其最大的缺点是容易被蛋白酶降解。此外，非融合蛋白 N 端常带有甲硫氨酸，在人体内用药时可能引起人体免疫反应。

外源蛋白的分泌表达是通过将外源基因连接到编码原核蛋白信号肽的下游来实现的。也可以利用细菌的信号肽，构建分泌型表达质粒。常用的信号肽有碱性磷酸酶（PhoA）信号肽、膜外周质蛋白（OmpA）信号肽、霍乱弧菌毒素 B 亚单位（CTXB）等。外源基因连接在信号肽之后，可在胞质内有效地转录和翻译，当翻译后的蛋白质进入细胞内膜和细胞外膜之间的周质时，被信号肽酶识别而切掉信号肽，释放出有生物活性的外源基因表达产物。细菌的信号肽酶可以识别某些真核蛋白的信号肽，如大白鼠胰岛素原信号肽而切割它，所以也可以利用这类真核信号肽把真核基因表达产物运输到胞浆周质中，被细菌的信号肽酶切割。

4.5.3　利用酵母菌的基因表达系统

外源基因在酵母菌中的高效表达也与载体、启动子等调控元件和宿主细胞这三方面有关。随着各种可供使用的酵母载体的构建和转化技术的建立，利用酵母菌进行基因表达的研究取得了较快的进展。

4.5.3.1　载体系统

方便利用的酵母载体多为穿梭载体，这些载体都同时带有细菌和酵母的复制原点和选择标记，它们能同时在细菌和酵母中进行复制和表型选择。这是因为从大肠杆菌中制备质粒比从酵母中容易得多，因此酵母质粒的加工和制备，大部分是在大肠杆菌中进行的，只在最后阶段才转入酵母中。酵母中最常用的选择性标记是某些氨基酸或核苷酸合成酶系基因，以及抗性基因。酵母载体可以携带外源基因在酵母中保存和复制，并随着酵母分裂传递到子代细胞。

（1）克隆载体的复制序列

克隆载体主要用于克隆完整的基因。根据复制序列的构成和特性，酵母的克隆载体可以分成以下四类。

① YEp 类（yeast episomal plasmid，酵母附加体质粒）。这类载体的复制序列为酵母内源 2μm 质粒成分。2μm 质粒是多数酿酒酵母中存在的天然质粒，长 6.3kb，在大多数酵母中能维持复制能力。对某些没有内源 2μm 质粒的酵母株系，则需要将更长的 2μ序列引入载体中，才能使载体顺利复制和扩增。这类载体比较稳定，在细胞中的拷贝数为 5～50，某些高拷贝的载体可达 100～200，转化率为每微克 DNA 10^3～10^5 个转化子。

② YRp 类（yeast replication plasmid，酵母复制型质粒）。这类载体的复制序

列是非 2μm 来源的自主复制序列（autonomous replication sequence，ARS），可来自酵母染色体，也可来自其他生物。这类载体稳定性差，拷贝数也少，一般在 5～10，转化率为每微克 DNA 10^3～10^5个转化子。

③ YCp 类（yeast centromeric plasmid，酵母着丝粒质粒）。此类载体的复制序列也属于 ARS，并且还含有酵母染色体中心粒成分，有的还引入了酵母染色体端粒成分。它们以一种类似染色体的单位参与细胞的有丝分裂和减数分裂，在子代细胞中可精确地分配，因此有良好的稳定性，但拷贝数只有一个，转化率为每微克 DNA 10^3～10^4个转化子。

④ YIp 类（yeast integrative plasmid，酵母整合型质粒）。因这类载体含有可与酵母染色体重组的序列，所以可以完全整合到染色体中。它依赖酵母染色体的复制而复制，具有很好的稳定性。拷贝数也只有一个，转化率为每微克 DNA 1～100 个转化子。

（2）表达载体

在克隆载体中插入酵母的表达盒（expression cassette）和终止子等调控序列，即可构建成酵母的表达载体。表达盒包括酵母菌强启动子多克隆位点的 3′端非编码区。在啤酒酵母中，只有分泌型的蛋白质才能够糖基化。所以需要糖基化才有生物功能的重组蛋白都必须是分泌型的蛋白质。要使蛋白质分泌，只要在外源 DNA 上游加上编码酵母交配类型因子α1 的前导肽（leader peptide）的 DNA 序列（又称α1 因子的前体序列）即可。前导肽的作用是引导表达产物穿过膜，分泌到壁膜间隙。用啤酒酵母表达分泌型外源蛋白时，要求在前导肽的 C 端是 Lys-Arg，因为酵母的内切蛋白酶可以识别 Lys-Arg 位点并切除前导肽，得到除去前导肽后正确的蛋白质分子。

例如，有研究采用含有α1 因子前导肽基因的附加型质粒载体，在酵母细胞中成功表达了具有活性的水蛭蛋白——水蛭素（hirudin）。水蛭素是水蛭产生的一种强抗凝剂，在人体中没有免疫副反应，有望成为有效的溶栓药物。

4.5.3.2　影响外源基因在酵母中表达的因素

外源基因在酵母中的高效表达与外源基因的拷贝数、表达效率、外源蛋白糖基化、和宿主菌株的影响等有关。

① 外源基因的拷贝数。外源基因通常是构建在多拷贝的质粒载体上，再导入宿主细胞，所以质粒的拷贝数和在宿主细胞中的稳定性对外源基因的高效表达至关重要。有些质粒导入宿主细胞后，在传代培养中很容易丢失，而不能用于工业生产。利用整合质粒将外源基因整合到宿主染色体上，虽然很稳定，但通常仅有

一个拷贝，不能高效表达。高度稳定的高拷贝数质粒可使外源基因高效表达，但往往会引起细胞生长量的降低；而单拷贝数的质粒对细胞获得最大生长量没有影响，因此也有可能达到较高效表达。

② 外源基因的表达效率。外源基因在酵母中表达效率主要与启动子、分泌信号和终止序列有关。

使用酵母菌的启动子时，必须将外源基因克隆到酵母菌表达载体的启动子和终止子之间，构成“表达框架”，才能进行表达。酵母菌的启动子有上游激活序列和保留的近端启动子组成。近端启动子含有一个转录必需的 TATA 序列和 mRNA 起始转录位点即起始密码子。终止子区含有终止 mRNA 转录所需的信号。

在酵母菌中常用的启动子有组成型启动子和诱导型启动子（表 4-2）。组成型启动子原则上在酵母菌的各个生长时期都能发挥作用，但当外源基因产物的过量产生对酵母菌细胞生长造成不利影响的情况下，过早表达该基因常使酵母菌生长不良以致影响了总表达量。遇到这种情况时，通常采用改变各种培养条件的方法，如改换碳源、改变温度等来控制代谢，达到部分缓解这类问题的目的。

表 4-2 常使用的酵母菌启动子

启动子类型	所用的基因	基因缩写
组成型	磷酸甘油激酶	PGK
	烯醇酶	ENOL
	3-磷酸甘油醛脱氢酶	GAPDH
	乙醇脱氢酶 1	ADH1
	磷酸三糖异构酶	TRI
	信息素α1 因子	MFα1
诱导型	细胞色素 c	CYC1
	酸性磷酸脂酶	PHO5
	半乳糖激酶	GAL1
	UDP-D-半乳糖 ;4-差向酶	GAL10

诱导型启动子的表达受诱导物或诱导条件的特异性影响，可以在较大范围内人为地改变表达效率。例如，PHO5 启动子的表达受培养基中无机磷调节，控制培养基中无机磷的含量就能控制该基因的表达水平。在低磷酸盐浓度时，表达效率可以提高 19～100 倍以上。

分泌信号包括信号肽部分和前导肽部分的编码序列，它帮助表达产物分泌出酵母细胞，并在分泌过程中被胞内蛋白酶加工切割，产生正确的表达产物。表达产物分泌到细胞外，既可避免对酵母细胞可能产生的不利影响，又可简化纯化步骤，不必破碎细胞，防止杂蛋白质对分离造成的困难。由于酵母对表达蛋白的分泌、转运和加工方式与高等真核生物相似，所以许多哺乳动物的蛋白质都能在酵母中正确加工并分泌到胞外。酵母菌也能利用异源的分泌信号，但利用酵母菌自身的分泌信号一般较利用异源的分泌信号效率更高。

终止序列保证了转录产物在适当的位置终止，并加上 poly（A）尾巴，这样的 mRNA 比较稳定，可被有效地翻译。人工合成的基因一般不含有终止序列，必须外加终止序列或利用载体上的终止序列。常用的外加终止序列有 ADH1、CYC1、MFα1 和 PGK。对终止序列不适当地删除会导致终止功能的明显下降，因此一般不要对终止序列作特殊的剪切。

③ 外源蛋白的糖基化。与哺乳动物细胞相同，酿酒酵母也能使表达的外源蛋白在分泌过程中发生 *N*-糖苷键和 *O*-糖苷键连接的两种糖基化。所分泌出来的异源蛋白糖基化产物与天然产物完全相同。酵母菌合成的外源蛋白经氨基末端修饰、二硫键形成、蛋白质折叠和糖基化后，可以分泌到培养基中，便于分离纯化。

④ 宿主菌株的影响。酵母菌株及其生理状况不同，明显影响外源基因的表达。用于表达外源基因的酵母宿主菌株应具备生长能力强、菌体内源蛋白酶较弱、菌株性能稳定、分泌能力强等特点。使用非分泌型启动子时，外源基因的表达产量直接与酵母菌的细胞密度有关，选择生长能力强的菌株有利于增加细胞的生长密度。外源基因表达产物容易受到酵母细胞内蛋白酶的分解，内源蛋白酶活力低的菌株造成的破坏较小。常用的宿主菌株几乎都是突变株，应避免使用回复突变率高的不稳定菌株。最好使用二倍体或多倍体菌株。例如，酵母宿主菌株的倍体性和 MAT（matrix-attachment site，基质附着部位）位点结构对附加体质粒（YEp）有丝分裂稳定性和 *HBsAg* 基因表达有影响。例如，质粒 YEp、pYF19 和 YEp13＋HBsAg 在三倍体和大部分二倍体菌株中有丝分裂的稳定性明显高于单倍体菌株。大部分含 YEp13＋HBsAg 的多倍体酵母转化子中，HBsAg 的产量高出单倍体 2～4 倍。不同菌株的分泌能力有所差别，在使用分泌型启动子时，应该选用分泌能力强的菌株。

4.5.4 基因工程菌的稳定性

基因工程菌在传代中常出现质粒不稳定现象。质粒不稳定可分为分裂不稳定和结构不稳定两种情况。质粒的分裂不稳定是指基因工程菌分裂时，出现一定比例不含质粒的子代菌。质粒的结构不稳定是指外源基因从质粒上丢失、碱基重排或缺失，引起基因工程菌性能的改变。由于这类菌与带有质粒的菌相比有一定的生长优势，因此在培养中能逐渐代替带有质粒的菌成为优势菌，以致减少了外源基因的表达产量。

4.5.4.1　质粒不稳定的产生原因

质粒不稳定常见的是分裂不稳定，它主要与两个因素有关：一是含质粒菌产生不含质粒子代菌的频率；二是这两种菌的比生长速率差异的大小。含低拷贝数的工程菌产生不含质粒子代菌的频率较高，因此增加工程菌中的质粒拷贝数有利于提高质粒的稳定性；含高拷贝数质粒的工程菌产生不含质粒子代菌的频率较低，但是大量外源质粒的产生，造成含质粒菌的比生长速率明显低于不含质粒菌，所以一旦产生了不含质粒菌，能较快地取代质粒菌成为优势菌，因此进一步提高质粒的拷贝数反而会增加含质粒菌的生长负势，影响质粒的稳定性。

菌体生长对质粒拷贝数有一定的影响，质粒的拷贝数除与工程菌本身的特性有关外，还与培养条件有关。有报道，在高比生长速率时质粒拷贝数下降，但质粒稳定性明显增加。例如，表达β-半乳糖苷酶的工程菌 JM103 在连续培养中，比生长速率从 $0.2h^{-1}$ 增加到 $0.4h^{-1}$，质粒拷贝数则从 950 降到 40。又如将质粒复制必需的 RepA 蛋白克隆在 P_R 启动子的下游，质粒拷贝数受温度诱导后，质粒浓度从 60μg/g（细胞）增加到 1900μg/g（细胞），使外源基因的表达产量明显增加。但是在含高拷贝数质粒的工程菌中，质粒拷贝数的增加与产物的增加往往不成正比，这也许是含高拷贝数质粒的菌中，蛋白质的限速步骤是转录和翻译，基因的大量复制加重了转录和翻译的负担，反而减慢了转录和翻译的速度。

4.5.4.2　提高质粒稳定性的方法

工程菌的培养一般采用分成两阶段培养法来提高质粒的稳定性。在培养的第一阶段以增加菌体的生长达到一定密度为目的，外源基因不表达，从而使工程菌与质粒丢失菌的比生长速率的差别减小，增加了质粒的稳定性；第二阶段再诱导外源基因的表达。可以在培养基中加入选择性压力，如抗生素等，以抑制质粒丢失菌的生长。

控制适当的培养条件也能使工程菌具有优势的比生长速率，可调控的培养条件有温度、pH、培养基组分和溶解氧等。有些含质粒的菌对发酵环境改变的反应比不含质粒的菌要慢，通过间歇改变培养条件可以改变两者的比生长速率，达到改善质粒稳定性的效果。如间歇供氧和改变稀释速率都可以提高质粒的稳定性。在研究大肠杆菌表达干扰素α-a 中，发现随着稀释度的增加，质粒稳定性明显增加，干扰素的比效价明显增大。

§5 菌种保藏的原理和方法

微生物是具有生命的，其世代周期一般很短，在传代过程中容易发生变异、污染甚至死亡，因此常常造成生产菌种的退化，并有可能使优良菌种丢失。菌种保藏的重要意义就在于如何保持优良菌种其优良性状的稳定，满足生产的实际需要。

菌种是一个国家的重要资源，世界各国都对菌种的保藏极为重视。在开展菌种保藏方法研究的同时，许多国家都建立了专门的菌种保藏机构，世界上现有 700 多家菌种保藏机构，其中国际知识产权组织承认的法定保藏机构仅有 28 家。如美国的标准菌种保藏所（ATCC，American Type Culture Collection，Rockvill，Maryland，USA），保藏各类菌种 1 万株以上。美国农业部农业研究服务部（ARS）菌种保藏所收藏近 2 万株，主要是有关农产品加工所用的菌种，其中酵母近 1 万株。英国国立标准菌种保藏所（NCTC，National Collection of Type Culture）。荷兰霉菌中心保藏所（CBS）保藏各种菌种达 2 万株，其中霉菌有 1 万株以上。还有日本大阪发酵研究所等。我国有中国科学院微生物研究所的普通微生物菌种保藏管理中心（CCGMC）和武汉大学的中国典型培养物保藏中心（CCTCC）。

菌种保藏对于基础研究和实际应用都有非常重要的意义。在基础研究中，菌种保藏可保证研究结果获得良好的重复性。对于有经济价值的生产菌种，可靠的保藏条件可保证菌种的高产稳产。

菌种的保藏方法很多，其基本原理都是根据微生物的生理生化特性，人为地创造条件，使微生物处于代谢不活泼，生长繁殖受到抑制的休眠状态，以减少菌种的变异。一般可以通过降低培养基营养成分、低温、干燥和缺氧等方法，达到防止突变、保持纯种的目的。菌种保藏的方法很多，一种好的保藏方法除了能长期保持菌种原有的优良性状不改变外，还应简便、经济，以便在生产上能广泛使用。

5.1 斜面保藏法和穿刺保藏法

5.1.1 斜面保藏法

斜面保藏法是一种短期的保藏方法，广泛适用于细菌、放线菌、酵母、丝状真菌等的短期保藏。将微生物在适宜的斜面培养基和温度条件下培养并生长良好后，放入 4～5℃冰箱中保藏，一般保存期为 3～6 个月，到期后须重新传种再行保藏。对不同的菌种，其保藏的温度和时间并非绝对相同。有个别菌种甚至在 37℃保藏为宜，也有的需要 1～2 周传代一次。这种保藏方法的弊端在于短期内多次传代容易引起菌种发生变异，杂菌污染的机会也随之增多。采用这种方法保藏菌种时，可以在可能的范围内减少碳水化合物的含量，或者将试管口更好地密封，减少培养基失水和杂菌污染，以延长保藏期。

5.1.2　穿刺保藏法

穿刺保藏法是斜面保藏法的一种改进，常用于各种好气性细菌的保藏。其方法是配置 1%的软琼脂培养基，装入小试管或螺口小管内，高度 1～2cm。121℃灭菌后，不制成斜面而使其凝固，用接种针将菌种穿刺接入培养基的 1/2 处。经培养后，微生物在穿刺处和培养基表面均可生长，然后覆盖 2～3mm 的无菌液体石蜡，放入冰箱保藏，可保藏 6～12 个月。液体石蜡能够防止培养基失水并隔绝氧气，降低微生物的代谢作用，因此保藏效果比斜面要好。如果直接将液体石蜡加入生长好菌种的斜面上，也可以得到相似的效果。在保藏期间如果发现液体石蜡减少，应及时补充。这种方法的适用范围较广，也可用于放线菌和真菌的保藏。

穿刺保藏法和液体石蜡保藏法简便实用，但对不同的微生物种类保藏期有很大的差异，如有的真菌可保藏 10 年之久。对一些形成孢子能力很差的丝状真菌，液体石蜡保藏更有效。液体石蜡法不适用那些能够利用石蜡为碳源的微生物，如固氮菌、分枝杆菌、沙门氏菌、毛霉、根霉等。

5.2　沙土管干燥保藏法

这种保藏法适用于产生孢子的丝状真菌和放线菌，或形成芽孢的细菌。其原理是造成干燥和寡营养的保藏条件。它的制备方法是首先将沙和土分别洗净烘干并过筛（一般沙用 80 目过筛，土用 100 目过筛），按沙与土的比例为（1～2）：1 混合均匀，分装于小试管中，分装高度为 1cm 左右，121℃高压间歇灭菌 2～ 3 次，无菌实验合格后烘干备用。也有只用土或只用沙作载体进行保藏的。菌种可制成浓的菌或孢子悬液加入，放线菌和真菌也可直接刮下孢子与载体混匀。接种后置干燥器真空抽干封口（熔封或石蜡封口），放在干燥器中在 5℃冰箱内保藏。保藏期一般为两年，有的微生物可保藏长达 10 年之久。

除了用沙、土作为载体外，还可用硅胶、磁珠或多孔玻璃珠来代替。适于这些载体保藏的微生物不多，保存期亦较短，所以不及沙土更为实用。

5.3 真空冷冻干燥保藏法

由于这种菌种保藏方法的保藏期长、变异小、适用范围广，是目前较理想的保藏方法，是各保藏机构广泛采用的主要保藏方法。例如，曾报道 ATCC 保藏的 6500 多株菌种中，仅有不到 100 株无法用这个方法保藏。病原菌中 98.5%可以用这一方法保藏。其原理是创造干燥和低温的保藏环境。基本方法是在较低的温度下快速将微生物细胞或孢子冻结，保持菌种的细胞完整，然后在减压情况下使水分升华，这样使细胞的生长代谢等生命活动处于停止状态，得以长期保藏。这种方法的基本操作程序如下：

① 安瓿管的处理。安瓿管的内径一般为 8～10mm，长度不小于 100mm。先用毛细管加入洗涤液浸泡过夜，再用蒸馏水洗干净后烘干，瓶口加棉花塞好，并用纸包上，121℃灭菌 30min，取出在 60℃烘箱中干燥备用。

② 保护剂。其作用是保持菌种细胞的生命状态，尽量减少冷冻干燥时对微生物引起的冻结损伤。保护剂还可以起支持作用，使微生物疏松地固定在上面。保护剂可采用低分子和高分子化合物，如氨基酸、有机酸、糖类、蛋白质、多糖等。常用的有脱脂牛奶和血清。如脱脂牛奶或马血清加入 7.5%的葡萄糖。保护剂用之前采用适当的方法灭菌。

③ 菌悬液制备。应该用最适的培养条件（如培养基、温度、培养时间等）培养菌种，以获得良好的培养物用于长期保藏。培养时间应掌握在生长后期，因为对数生长期的细胞对冷冻干燥的抵抗力较弱；产孢子的微生物须适当延长培养时间以期获得成熟的孢子。一般细菌培养 24～48h，酵母 72h，放线菌和丝状真菌 7～10 天以上。操作时，在无菌条件下先将少量保护剂加入斜面，轻轻刮下菌苔或孢子，制成菌悬液。用毛细滴管取 0.1～0.2ml 菌悬液加进灭好菌的安瓿管中，塞好棉花塞。

④ 冷冻干燥。冷冻温度达－30～－15℃即可。装入菌悬液的安瓿管应尽快冷冻，以防菌体沉淀为不均匀的菌悬液，以及微生物的再次生长或萌发孢子。达到冷冻温度后，立即启动真空泵，在 15min 内使真空度达到 66.661Pa。真空度上升至 13.3322Pa 以上，可以升高温度至 20～30℃。此时由于升华还在继续，样品不会融化。干燥完毕后，关闭真空泵，排气，取出安瓿管在多孔管道上再抽真空并封口。

⑤ 安瓿管的保藏。安瓿管在 4～5℃温度下可保藏 5～10 年，室温下保藏效果不佳。影响保藏效果的因素除菌种、菌龄外，还与样品中的含水量直接有关，通常含水量在 1%～3%时保藏效果较好，5%～6%时保藏效果相应降低，含水量达

到 10%以上，样品就很难保藏。

5.4 液氮保藏法

液氮保藏法保藏菌种的效果好，方法简单，保藏对象也最为广泛。其方法是将浓的菌悬液加入灭菌的保护剂中，如细菌加入终浓度为 10%的甘油或 5%的二甲亚砜（DNSO）作为防冻保护剂。每个安瓿管分装 0.2～1cm 菌悬液，立即封口。封口后要严格检查安瓿管，不能有裂纹，确保液氮不致渗入安瓿管，以免取用时安瓿管破裂。经过检验的安瓿管开始以每分钟降低 1℃的速度冷却至－25℃左右，再放入液氮罐。有的菌种在放入液氮罐之前，须用干冰-乙二醇等制冷剂冷却至－78℃。安瓿管保藏在－196℃的液氮中，保藏期一般为 2～3 年，长的可达 9 年之久。液氮每周的蒸发量大约为 1/10，所以保藏期中要注意液氮的补充，使液氮液面保持在固定的水平。从液氮罐中取出安瓿管应当放入 38～40℃的温水中振荡 1～2min，使之完全融化，这样有利于细胞的复苏，ATCC 的经验认为这样处理后再移种比自然融化的存活率要高。

5.5 悬液保藏法

悬液保藏法的基本原理是寡营养保藏，即将微生物悬浮在不含养分的溶液中，如蒸馏水、0.25mol/L 磷酸缓冲液（pH6.5）或生理盐水中保藏。此方法适用于丝状真菌、酵母状真菌及肠道科细菌，在 10℃或室温（18～20℃）保藏比在低温保藏更好。大部分能保藏一年或更长。在保藏时掌握的关键是试管应密封好，以防水分蒸发。

5.6 低温保藏法

大多数微生物可在－20℃以下的低温中保藏。在密封性能好的螺口小管中，加入 1～2ml 菌液，封口后直接放入低温冰箱保藏即可。一般温度低时保藏效果好，如果低温冰箱发生温度变化，引起悬液融化，会影响保藏效果。应用浓度高的菌悬液为宜，但因微生物不同而异。该法的保藏期约在一年，某些菌可保藏长达 10 年。对容易死亡的无芽孢厌气菌特别适用，大多数能存活数年，对放线菌也很有效。此方法在实际应用中比冷冻干燥法更方便，但要注意低温冰箱的故障和停电事故，可以在低温槽内留有一定的空间，如果发生故障可加入干冰以防止培养物的融化。融化后的菌种不能再用低温保存，要重新移种后再冷藏。

§6 培 养 基

微生物生长、繁殖、代谢和产物合成都需要营养，人工配置的培养基可以为微生物提供所必需的营养。除此之外，培养基还为微生物的生长提供必要的生长环境条件。因此，培养基的组成和配比合适与否，对微生物的生长发育、产品的产量、提炼工艺的选择和成品质量都会产生相当大的影响。培养基通常应该满足生产的一些基本要求，如必须含有供细胞生长繁殖和合成细胞成分的原料；满足产物生成的需要；能够维持一定的 pH 条件；来源丰富、价格低廉、质量稳定等。

6.1 培养基的成分

培养基的成分大致分为碳源、氮源、无机盐、微量元素、特殊生长因子、促进剂、前体和水等几大类。对不同的微生物、微生物不同的生长阶段、不同的发酵产物以及不同发酵工艺条件等，所使用的培养基都是不同的，这些也都是培养基配置需要考虑的因素。

6.1.1 能源物质

微生物生长、繁殖、合成、分解、运动、热的产生等，即微生物的一切行为都需要消耗能源。所以必须为微生物提供能源物质。各种微生物所能利用的能源物质种类繁多，大多数都来源广泛，价格便宜。

如光能是光能自养微生物的能源，这是最便宜的能源，现在已有不少利用光能自养微生物发酵的例子，像利用小球藻、螺旋藻生产单细胞蛋白，利用嗜盐藻生产甘油、β-胡萝卜素和单细胞蛋白，利用极端嗜盐菌进行海水淡化等，都是利用光作为能源。

氢、硫、氨、亚硝酸盐、亚铁盐等是化能自养微生物的能源，如在工业生产上利用细菌炼铜，所使用的氧化亚铁硫杆菌，就是为它提供亚铁盐作为能源物质。

碳水化合物等有机物、石油、天然气及石油化工产品是异养微生物的能源物质，同时也是碳源物质。

6.1.2　碳源物质

碳源物质是组成培养基的主要成分之一，这是因为碳源物质在微生物的细胞中含量相当高，通常可占细胞干物质的 50%左右。碳源物质为细胞提供能源，组成菌体细胞成分的碳架（如蛋白质、糖类、脂类、核酸等），构成代谢产物。常用的碳源物质包括糖类、脂类、有机酸、低碳醇等。

葡萄糖、蔗糖、麦芽糖、乳糖、糊精、淀粉等糖类物质，是细菌、放线菌、霉菌、酵母善于利用的碳源。其中葡萄糖是碳源中最容易利用的单糖，几乎所有的微生物都能利用葡萄糖。所以葡萄糖常作为培养基的一种主要成分，并且也作为促进细胞快速生长的一种有效的糖类物质。它被广泛用于抗生素、氨基酸、有机酸、多糖、甾体转化等发酵产品的生产中。但在过多葡萄糖或通气不足的情况下，葡萄糖不完全氧化的中间产物如丙酮酸、乳酸、乙酸等，会导致培养基的 pH 下降，从而影响微生物的生长和产物的合成。

蔗糖、麦芽糖、乳糖等双糖常用于抗生素、氨基酸、有机酸、酶类等的发酵中，这些糖类可以使用其纯化产品，也可以使用含有这些糖类的糖蜜和乳清。糖蜜是制糖厂生产甜菜或甘蔗糖的结晶母液，是蔗糖生产的副产物，含有丰富的糖、氮素、无机盐和维生素等，主要含蔗糖，总糖含量可达 50%～75%，是工业上物美价廉的原料。在酒精生产中，若用糖蜜代替甘薯粉，还可以省去许多工序，如原料蒸煮、制曲、糖化等，大大简化了生产工艺。

糊精、淀粉及其水解液等多糖也是常用的碳源。利用淀粉可以克服葡萄糖代谢过快产生的弊病，同时其来源丰富，价格也比较低廉。常用的淀粉有玉米淀粉、小麦淀粉、燕麦淀粉和甘薯淀粉等。玉米淀粉及其水解液是抗生素、核苷酸、氨基酸、酶制剂等发酵常用的碳源，小麦淀粉、燕麦淀粉和甘薯淀粉等常在有机酸、醇等发酵中使用。

脂类如各种植物油和动物油也能被许多微生物用做碳源和能源。这些能利用脂类的微生物具有比较活跃的脂肪酶，一般在培养基中糖类物质缺乏或微生物生长的某一阶段，微生物可以利用脂类生长。微生物利用脂类作为碳源时，所消耗的氧量增加，因此要提供比糖代谢更多的氧，否则大量的脂肪酸和代谢中产生的有机酸积累，会引起培养基 pH 的下降。常用的脂类有豆油、菜油、葵花子油、猪油、棉子油、玉米油、亚麻子油、橄榄油等。

许多微生物对各种有机酸，如乳酸、醋酸、柠檬酸、延胡索酸等有很强的氧化能力，因此有机酸或它们的盐及醇也能作为微生物碳源。例如，甘油也常常用做抗生素和甾体转化的碳源。有机酸也可以对发酵液的 pH 起到调节作用。

其他碳源物质，如碳酸气、石油、正构石蜡、天然气、甲醇、乙醇等石油化工产品，也是许多微生物的碳源。例如，嗜甲烷棒状杆菌（*Corymebacterium methanophium*）可以利用甲醇为碳源生产单细胞蛋白，对甲醇的转化率可达 47%以上。乳糖发酵短杆菌（*Bacterium lactofermentum*）以乙醇为碳源生产谷氨酸，对乙醇的转化率为 31%，产率达 78g/L。正烷烃（十四～十八碳的直链烷烃混合物）已被用于有机酸、抗生素、维生素、氨基酸、酶制剂、单细胞蛋白等的工业生产，都取得了令人满意的结果。例如，裂烃棒杆菌的青霉素抗性突变株用十六烷作为碳源生产谷氨酸，在发酵中加入一定浓度的青霉素，谷氨酸产量达 84g/L。用正十四烷生产α-酮戊二酸的产率甚至高于其他碳源。某些以乙醇作为碳源的菌体得率比用葡萄糖作为碳源还高。有研究发现，自然界中能够同化乙醇的微生物与能同化糖质原料的微生物同样普遍，种类也相当多。

6.1.3 氮源物质

氮源物质构成菌体细胞结构物质，如氨基酸、蛋白质、核酸等；为微生物提供能源；合成含氮代谢产物，如青霉素中含有缬氨酸、半胱氨酸。在碳源不足的时候，也可以用氮源。常用的氮源有两大类，即有机氮源和无机氮源。

常用的有机氮源如花生饼粉、黄豆饼粉、棉子饼粉、酵母粉、麦麸、鱼粉、蚕蛹粉、玉米浆、蛋白胨、尿素、废菌体、酒糟等。有机氮源除含有丰富的蛋白质、多肽和游离氨基酸外，还含有糖类、脂肪、无机盐、维生素及某些生长因子，因而微生物在含有机氮的培养基中表现出生长旺盛、菌丝浓度生长迅速的特点。某些微生物对氨基酸有特殊的需要，如在培养基中加入缬氨酸，可以提高红霉素的发酵单位。在螺旋霉素发酵中加入色氨酸，可使螺旋霉素产量明显提高，但赖氨酸的加入则会完全抑制了螺旋霉素的生物合成。在赖氨酸生产中，甲硫氨酸和苏氨酸的存在可提高赖氨酸的产量。

玉米浆是玉米淀粉生产的副产品，其中固体物质含量在 50%以上，是一种非常容易被微生物利用的氮源，它含有丰富的氨基酸、还原糖、磷、微量元素、生长素等，还含有有机酸如乳酸，所以其 pH 一般在 4 左右。这是一种良好的氮源。例如，其中含有的磷酸肌醇对红霉素、链霉素、青霉素、土霉素等的生产有积极的促进作用。

根据油脂的含量可将黄豆粉分为三类，即全脂黄豆粉（油脂含量在 18%以上）、低脂黄豆粉（含油脂量 9%以下）和脱脂黄豆粉（含油脂量 2%以下）。黄豆粉是发酵上常用的有机氮源。棉子饼粉可以由低温和高温两种不同的加工方法获得，棉子饼粉在青霉素等多种产品的生产中，都效果颇佳。

蛋白胨、酵母粉、鱼粉等亦是良好的有机氮源。蛋白胨可用各种动物组织和植物水解制备，再加上加工方法不同，质量不稳定，所含氨基酸的种类和含量差异较大。酵母粉主要由啤酒酵母和面包酵母制得，其质量和含量与酵母品种有关。蚕蛹粉、石油酵母、菌体蛋白也是发酵中常用的有机氮源。例如，在制霉菌素生产中，就是以蚕蛹粉为氮源的。

尿素因其成分单一，所以不具有其他有机氮源的特点。但在青霉素和谷氨酸等生产中仍常被采用。在谷氨酸生产中，尿素可以使α-酮戊二酸还原并氨基化，提高谷氨酸的产量。

有机氮源除了作为菌体生长繁殖的营养外，有的还是某些产物合成的前体。例如，甘氨酸是 L-丝氨酸合成的前体，缬氨酸、半胱氨酸和α-氨基己二酸是青霉素和头孢霉素合成的主要前体。如上所述，各种有机氮源并非仅仅含有氮素，往往还含有其他成分，所以在配制培养基时，应该将其他物质的含量充分考虑进去。

发酵中常用的无机氮源有氨水、铵盐和硝酸盐，一般情况下是作为辅助氮源。微生物对无机氮源的吸收利用要比有机氮源快，而对无机氮源的吸收利用速度也不一样。例如，在各种无机氮源中，NH_4OH 最容易利用，$(NH_4)_2SO_4$ 比硝酸盐易于利用，这是因为硝酸盐，如 $NaNO_3$、KNO_3 等中的氮原子必须先被还原成氨以后，才能被微生物吸收利用。

6.1.4　无机盐和微量元素

各种微生物在生长繁殖和产生代谢产物中，需要磷、镁、硫、铁、钾、钠、铅、氯、锌、钴、锰等无机盐和微量元素作为酶的激活剂、生理活性物质的组成或生理活性作用的调节剂。这些物质一般在较低浓度时对细胞的生长和产物合成有促进作用，而在高浓度时常表现出显著的抑制作用。通常它们在各种培养基原料中已有足够含量，无需再加入。但不同菌种对无机盐和微量元素需要程度是不同的，同一种微生物的不同生长阶段对这些物质的最适需求量也会不同，因此必须根据试验结果区别予以控制。

磷酸盐是所有微生物生长所必需的，细胞中许多化学成分如核酸和蛋白质都含有磷，它也是许多辅酶的组成元素。高能磷酸键在能量的储存和传递中有重要的作用。磷还有利于糖代谢的进行，因此它对微生物的生长有明显的促进作用。但在有的发酵中，磷的过量常抑制许多产物的合成。例如，在谷氨酸生产中，若磷的浓度过高，菌体生长旺盛，但会抑制 6-磷酸葡萄糖脱氢酶的活性，导致谷氨酸的产量很低，代谢转向缬氨酸方向。其他如链霉素、土霉素、新霉素、柠檬酸等的发酵都受磷浓度的影响。除此之外，许多次级代谢产物的产生多受磷酸盐浓度的影响，所以必须严格控制。但也有一些产物的生产需要较高浓度的磷酸盐，如用黑曲霉、地衣芽孢杆菌生产α-淀粉酶时，高浓度的磷酸盐能显著提高α-淀粉酶的产量。磷酸盐也是重要的缓冲剂。

硫是许多含硫氨基酸的组成成分，如胱氨酸、半胱氨酸、甲硫氨酸中都含有硫。还是许多酶的辅酶的活性基，如辅酶 A、硫锌酸、谷胱甘肽等。在某些产物中如青霉素、头孢霉素等分子中，硫也是组成元素。所以在这些产物的生产培养基中，需要加入硫酸钠、硫代硫酸钠等含硫化合物作为硫源。

铁是细胞色素、细胞色素氧化酶、过氧化物酶等组成成分，是微生物有氧氧化必不可少的元素。一般工业上多使用碳钢制做的发酵罐，因此发酵液中即使不加任何含铁化合物，铁离子的浓度已达到 30μg/ml。再加上天然培养基原料中的铁，所以发酵培养基一般不另加铁化合物。不同的微生物对铁的敏感性极为不同，如青霉素生产的最适铁含量在 20μg/ml 以下。在柠檬酸发酵中，无铁培养基中的产酸率比加铁培养基提高近 3 倍，这是因为铁离子会激活顺乌头酸酶，使柠檬酸进一步转化为异柠檬酸，这样不仅降低了柠檬酸的产量，还给提炼带来困难，使产品质量受到影响。在啤酒生产中，糖化时使用的水若铁离子浓度高，会降低酵母的发酵活性，引起啤酒的混浊，降低啤酒的质量。但也有对铁离子有特殊需要的例子，如青霉菌 Q176 生产大量青霉素时，所需铁离子比正常生长所需量高出 100 倍。由此可见，准确控制铁离子的浓度，可以收到提高产量的显著效果。

镁、锌、钴、铜、锰等微量元素是某些酶的辅酶或激活剂。例如，镁是已糖磷酸化酶、柠檬酸脱氢酶、羧化酶等的激活剂，它还可以影响基质的氧化和蛋白质的合成，能够提高一些氨基糖苷类抗生素产生菌菌体对自身所产生的抗生素的耐受能力，如卡那霉素、链霉素、新生霉素等产生菌。锌是链霉素发酵的必需元素，微量的锌能够促进菌体生长和链霉素的生物合成；对青霉素发酵也有促进作用，但过量就会产生抑制作用。钴是维生素 B_{12} 的激活剂，维生素 B_{12} 又能够促进一碳单位的代谢速度，因此一定量的钴有刺激产物合成的作用。例如，一定量的钴（4～8μg/ml）不仅能够延长庆大霉素发酵周期，还能成倍提高抗生素的产量。

钾、钠、钙等离子虽不是细胞的组成成分，但仍是微生物发酵所必需的成分。这些都与维持细胞一定的渗透压和细胞透性有关，并且还是许多酶的激活剂。例如，钾、钠离子有维持细胞渗透压的功能；钾、钙离子能够影响细胞膜的透性；钙离子还能影响培养基中磷酸盐的浓度，即当培养基中的钙盐过多时，会形成磷酸钙沉淀，从而降低了可溶性磷的含量。

6.1.5 前体

某些化合物被加入培养基后，能够直接在生物合成过程中结合到产物分子中去，而自身的结构并未发生太大变化，却能提高产物的产量，这类小分子物质被称为前体。

前体最早是在青霉素发酵中发现的。人们发现加入玉米浆后，青霉素的单位从 20U/ml 增加到 100U/ml。经进一步研究，证明玉米浆中的苯乙胺并不是菌体的营养成分，苯乙胺及其衍生物和一些脂肪酸可以被优先结合到青霉素分子中去，它们是青霉素分子的组成部分。并且加入的这类分子不同，除可以提高产量外，还可以形成不同的青霉素。表 6-1 列举了一些生产中添加前体的例子。

表 6-1　几种常用的前体

产物	前体	产物	前体
青霉素 G	苯乙酸、苯乙酰胺等	灰黄霉素	氯化物
青霉素 O	烯丙基-巯基乙酸	放线菌素 C_3	肌氨酸
青霉素 V	苯氧乙酸	维生素 B_{12}	钴化物
链霉素	肌醇、甲硫氨酸、精氨酸	胡萝卜素	β-紫罗兰酮
金霉素	氯化物	L-色氨酸	邻氨基苯甲酸
溴四环素	溴化物	L-异亮氨酸	α-氨基丁酸、D-苏氨酸
红霉素	丙酸、丙醇、丙酸盐、乙酸盐	L-丝氨酸	甘氨酸

6.1.6　促进剂和抑制剂

促进剂是一类刺激因子，它们并不是前体或营养，这类物质的加入或可以影响微生物的正常代谢，或促进中间代谢产物的积累，或提高次级代谢产物的产量。常用的促进剂种类繁多，它们的作用机制也不相同。

例如，加入微量的“九二〇”或其他植物刺激剂，可以促进某些放线菌的生长，缩短发酵周期，提高抗生素的产量，因此起到了生长因素的作用。例如，巴比妥能够增加链霉素产生菌的抗自溶能力，达到推迟菌体自溶的目的，自溶时间推迟了，必然会增加抗生素的积累。有的物质加入后可以降低产生菌的呼吸。例如，在四环素发酵中加入硫氰化苄，菌体呼吸强，糖代谢快，而抗生素合成受阻，所以降低菌体的呼吸，产量就会提高。在培养基中加入一些表面活性剂，如聚乙烯醇、聚丙酸钠等，可以改变发酵液的物理条件，达到改善通气效果、增加细胞渗透性的目的。例如，谷氨酸棒状杆菌生产赖氨酸时，加入红霉素可提高产量 25%以上；加入表面活性剂则可以增加产量 30%。某些物质能与产物形成复盐，产生的这些复盐往往都是不溶于水的，所以可以由发酵液中沉淀下来，从而降低了发酵液中产物的浓度，其结果是解除了反馈调节作用，使产量增加。例如，在四环

素发酵中加入 *N*，*N'*-二苄基乙烯二胺。

在发酵过程中加入抑制剂会抑制某些代谢途径的进行，同时刺激另一代谢途径，以致可以改变微生物的代谢途径。例如，酵母厌氧发酵中加入亚硫酸盐或碱类，可以促使酒精发酵转入甘油发酵。表 6-2 列举了一些改变代谢途径的抑制剂。

表 6-2 某些代谢产物的抑制剂

产物	被抑制的产物	抑制剂
链霉素	甘露糖链霉素	甘露聚糖
去甲基链霉素	链霉素	乙硫氨酸
四环素	金霉素	溴化物、硫脲
去甲基金霉素	金霉素	硫磺化合物、乙硫氨酸
头孢霉素 C	头孢霉素 N	L-蛋氨酸
利福霉素 B	其他利福霉素	巴比妥药物

6.1.7 水分

水占了细胞重量的绝大部分，也是一切化学反应和营养物质传递的介质，所以水的质量对微生物的生长繁殖和产物合成极为重要，因此要注意水质对发酵的影响。例如，水的硬度太大，往往会引起某些营养成分的沉淀。

培养基除上述基本成分外，消沫剂也是一个重要的添加剂，有关的内容在以下章节中专门介绍。

6.2 营养物质的调节

以上各种物质对微生物生长代谢及产物合成都很重要，但在为微生物提供营养物质时，必须严格掌握各种营养物质的浓度和比例，这不仅仅是为了维持正常的渗透压，或是节约原材料，还在于营养物质的浓度和比例直接影响菌体的繁殖和产物的积累。

6.2.1 不同碳源的利用速度

不同菌种能够利用的碳源往往是不同的，同一个菌种对不同碳源的利用速度也是不同的。例如，霉菌和放线菌可以利用各种碳源，包括葡萄糖、麦芽糖、乳糖、糊精、淀粉、脂类、乳酸盐、醋酸盐等，但利用的速度不同。青霉素产生菌利用葡萄糖的速度比利用乳糖的速度要快，如果以乳糖为碳源发酵，乳糖在 6 天消耗完，青霉素产量在6～7天达到高峰。而使用葡萄糖时，发酵30～40h后即用完，青霉素在50h达到顶点。表面上看，葡萄糖利用快，菌体生长快，可以提前积累青霉素，其实不然。这是因为葡萄糖的迅速利用，首先会产生大量的有机酸，使pH不能上升，而过低的pH不利于青霉素的产生。其次，碳源的迅速消耗，会引起菌体的过早自溶。一般单糖的利用速度要比双糖和多糖快，但有的单糖，如甘露糖的利用速度也比葡萄糖慢，其原因是多方面的。我们将能够被微生物快速利用的碳源称为速效碳源，反之为迟效碳源。一般葡萄糖的利用速度最快，乳酸次之，乳糖利用速度比前两者都慢。

6.2.2　氮源利用及与碳源利用的关系

不同氮源的利用速度也是不同的。例如，某些无机氮源，如铵氮和硝基氮相比，铵氮比硝基氮更容易利用。另外，氨的浓度过高或过低，对产物（如青霉素）的形成都有不良影响，特别是过高时会造成减产。

氮源利用速度与碳源利用速度是很有关系的，各种糖的代谢速度不同，氨及铵盐的利用速度也随之改变。例如，葡萄糖的利用速度快，氨的利用速度也随之加快；乳糖的代谢慢，氨的利用也推迟。这是因为糖代谢的许多中间产物都是氨基酸合成的前体，如α-酮戊二酸是谷氨酸合成的前体，乙醛酸是甘氨酸的前体。糖代谢快，中间产物积累多，也就是氨基酸合成的前体多，氨基酸的合成速度加快，消耗氮源的速度就快。某些微生物还有优先利用蛋白质为碳源的特点，因此往往引起发酵前期发酵液的pH上升。

6.2.3　碳氮比例的调节

除了碳、氮源利用之间有密切关系外，碳源和氮源之间的比例也能够直接影响微生物的生长和发酵产物的积累。例如，谷氨酸发酵时，C∶N为4∶1（2%葡萄糖，0.5%尿素）时，菌体大量繁殖，而谷氨酸积累却非常少。当C∶N为3∶1时，产生大量的谷氨酸，菌体繁殖却受到抑制。一般酵母细胞的碳氮比约为100∶20，霉菌细胞的碳氮比约为100∶10。因为碳源既是碳架又做能源，用量要比氮源多，所以发酵培养基的碳氮比为100∶0.2～2.0。但在氨基酸发酵中，因产物的含氮量高，所以碳氮比也要相对高一些。例如，谷氨酸生产中的碳氮比为100∶15～21，否则会只长菌体，几乎不产生谷氨酸。发酵产物是产生菌在代谢过程中产生的，产物量在一定条件下与细胞量是呈正比的，因此为了积累产物，必须首先繁殖细胞。在生产上多采用控制碳氮比例以满足菌体的大量繁殖，同时又能大量形成产物。

6.2.4 前体的控制

有许多因素会影响前体的利用或渗入产物分子。例如，加入同一前体，对某些菌种的产量影响很小，但对另一些菌种则可以提高产量数倍。青霉素发酵中，加入 0.1%的苯乙酸使旧菌种的青霉素产量提高很少，至多提高 0.5～1 倍，但能使杂交菌种提高产量 3～7 倍以上。高产菌株可以将 60%～70%的前体用于合成青霉素，而低产菌株只能将 2%～4%的前体用于合成产物，其余都作为一般碳源氧化了。

不同的前体具有不同的效果。例如，在合成培养基中加入 0.1%青霉素 X 的前体对羟基苯乙酸，青霉素的产量几乎没有增加；而加入 0.1%苄青霉素的前体苯乙酸，产量增加 2～4 倍。某些前体虽然加入量少，但作用显著的，称为强前体；另一些即使加入量大，但作用仍很小，称为弱前体。有两种前体同时存在时，其效果并不是两前体效果的加和，而是两前体之间发生竞争，较强的前体排斥较弱的前体进入产物分子。

某些菌种有好几种前体可以使其增加产量，但是除了前体本身的性质引起的效果差异外，前体的使用方式不同，也会收到不同的效果。例如，一般情况下，苯乙酰胺一次加入的效果较苯乙酸要好，不仅使苄青霉素的总产量增高，而且苄青霉素含量的比例也增高。

一般培养基中前体的浓度越大，增产越多。但是大多数前体对菌体是有毒的，所以只能加入少量。例如，苯乙酰胺的浓度超过 0.1%就有毒性，所以通常用量不大于 0.1%。

前面讲过前体可以被菌体作为一般碳源而氧化，所以要保证合成产物对前体物质的需要，必须在发酵过程中不断加入，一般是每隔 12h 加入 0.05%～0.1%。又由于某些前体如苯乙酸在酸性环境中，对菌体是有毒的，所以必须在 pH 稍微升高后再开始加入。

6.2.5 补料

目前生产上多采用丰富培养基来提高产量，随着丰富培养基的运用，又带来了新的问题。过于丰富的碳、氮源会使菌体大量繁殖，营养物质都消耗在菌体生长上，到了产物合成阶段，一则由于营养消耗，二则由于菌体过早衰老、自溶，反使产量降低。并且基础料的浓度过高，会使培养基过于黏滞，致使搅拌动力消耗增加，消沫困难，溶解氧下降，渗透压过高等，以致不利于细胞的生长。如何解决这个矛盾呢？人们发明了中间补料的方法，来解决这个问题。例如，抗生素生产中，中间补料的量为基础料的 1～3 倍。四环素发酵中，基础料为 16.7%，中间补料为 27.5%，补料是根据还原糖的变化，中途补加葡萄糖，以延长四环素合成的旺盛阶段，使发酵单位提高了 50%～80%。

发酵中途补料起到了重要的作用，如丰富了培养基，避免了菌体过早衰老，使产物合成的旺盛期延长；控制了 pH 和代谢方向；改善了通气效果，避免了菌体生长可能受到的抑制；发酵过程中因通气和蒸发，使发酵液体积减小，因此补料还能补足发酵液的体积。

补料的物质包括碳、氮、水及其他物质。碳源有葡萄糖、饴糖、蔗糖、糊精、淀粉、作为消沫剂的油脂等。例如，四环素发酵补的是淀粉和糊精，一般多补葡萄糖。补料的氮源有 NH_4OH、$(NH_4)_2SO_4$、$NaNO_3$、蛋白胨、花生饼粉、黄豆饼粉、玉米浆、尿素等。其他如硫酸盐、磷酸盐、前体等。

补料需要有正确的方法，其关键在于控制补料的时间、速率和配比。其目的是不使菌体生长繁殖过快，仅仅维持呼吸，即处于半饥饿状态，但是仍能合成产物。例如，在红霉素发酵中，以玉米浆、黄豆饼粉、蔗糖为培养基，红霉素的合成是在菌体生长达到最高峰时开始的。如果在培养基中蔗糖消耗完时补加蔗糖，红霉素的合成重新开始，但是蔗糖与黄豆饼粉和其他氮源同时加入时，则对红霉素的合成没有促进作用。

6.3　培养基的类型

培养基的种类很多，可以根据组成、状态和用途等进行分类。例如，按照培养基的组成成分，有合成培养基和天然培养基。合成培养基多用于研究和育种，但这种培养基的营养单一，价格较高，不适合于大规模的工业生产，因此工业上普遍使用天然培养基。天然培养基的原料是一些天然动植物产物，如黄豆饼粉、蛋白胨等，这种培养基的特点是营养丰富，价格低廉，适合于工业生产。按照培养基的状态可分为固体、半固体和液体培养基。固体培养基主要用于菌种的培养和保存，也广泛用于产生子实体真菌的生产，如香姑、黑木耳、白木耳等。半固体培养基主要用于菌种鉴定、细菌运动性观察和噬菌体效价滴定等。液体培养基有利于大规模工业生产，因为它有利于氧和物质的传递。也可以按照用途将培养基分为孢子培养基、种子培养基和发酵培养基。

6.3.1　孢子培养基

孢子培养基配制的目的是供菌种繁殖孢子的，常采用的是固体培养基。对这类培养基的要求是能使菌体生长迅速，产生数量多而且优质的孢子，并且不会引起菌种变异。为要达到这一目的，必须创造有利于孢子形成的环境条件。首先，培养基的营养不要太丰富，碳、氮源不宜过多，特别是有机氮源要低一些，否则孢子不易形成。例如，灰色链霉菌在含葡萄糖、硝酸盐等盐类的培养基上能够很好地生长，并形成丰富的孢子，如果在这种培养基中加入 0.5%的酵母膏或酪蛋白，就不形成孢子，但菌丝生长非常丰富。其次，无机盐的浓度要适当，否则会影响孢子的颜色和孢子的数量。此外还应注意培养基的 pH 和湿度。

生产上常用的培养基包括麸皮培养基、小米培养基、大米培养基、玉米培养基以及用葡萄糖、蛋白胨、牛肉膏和 NaCl 等配制的琼脂斜面培养基。麸皮、小米等一类物质含的碳、氮源量并不丰富，但又含有生长素和微量元素，有利于孢子的大量形成。大米和小米疏松，且表面积大，常用来配制霉菌孢子培养基。

6.3.2 种子培养基

种子培养基是供孢子发芽、生长和菌体繁殖的。对这类培养基碳源应该提供速效碳源，如葡萄糖等；氮源也要提供一些易于利用的，如无机氮源$(NH_4)_2SO_4$、有机氮源尿素、玉米浆、酵母膏、蛋白胨等；磷酸盐的浓度可以适当高一些；总之要相对丰富、完全，并要考虑能够维持稳定的 pH。最后一级种子培养基的成分应该较接近发酵培养基，以便种子进入发酵培养基后，能迅速适应发酵环境，快速生长。

6.3.3 发酵培养基

对于发酵培养基既要有利于生长繁殖，防止菌体过早衰老，又要有利于产物的大量合成，所以必须从各方面加以考虑和调整。要求这类培养基的组成应丰富、完全，碳、氮源要注意速效和迟效的互相搭配，少用速效营养，多加迟效营养；还要考虑适当的碳氮比，加缓冲剂稳定 pH；并且还要有菌体生长所需的生长因子和产物合成所需要的元素、前体和促进剂等。若生长和合成所需要的最佳条件不同，则可以考虑采用补料的方式来分段满足。

§7　发酵工艺控制

微生物发酵生产的水平最基本的是取决于生产菌种的性能，但有了优良的菌种之后，还需要有最佳的环境条件，即发酵工艺加以配合，才能使其生产能力充分表现出来。因此必须研究生产菌种的最佳发酵工艺条件，如营养要求、培养温度、pH 条件、对氧的需求等，据此设计合理的发酵工艺，使生产菌种处于最佳的产物合成条件下，才能取得优质高产的效果。

由于微生物发酵是多达数十步甚至数百步的生物化学反应，其过程远比化学反应过程复杂，往往环境条件的微小变化，就会对微生物的生产能力产生明显影响。所以，为了控制整个发酵过程，必须了解微生物在发酵过程中的代谢变化规律，这是通过各种检测方法，测定各种发酵参数如细胞浓度、碳氮源等物质的消耗、产物浓度等随时间变化的情况，以便能够控制发酵过程，使生产菌种的生产能力得到充分发挥。

7.1　温度对发酵的影响及其调节控制

温度是影响有机体生长繁殖最重要的因素之一，因为任何生物化学的酶促反应都是直接与温度变化有关的。对微生物发酵来说，温度的影响是多方面的，可以影响各种发酵条件，最终影响微生物的生长和产物形成。

7.1.1　温度对发酵的影响

温度对发酵的影响是多方面且错综复杂的，主要表现在对细胞生长、产物形成、发酵液的物理性质和生物合成方向等方面。

7.1.1.1　温度对微生物细胞生长的影响

随着温度的上升，细胞的生长繁殖加快。这是由于生长代谢以及繁殖都是酶促反应，根据酶促反应的动力学来看，温度升高，反应速度加快，呼吸强度加强，必然最终导致细胞生长繁殖加快。但随着温度的上升，酶失活的速度也越快，菌体衰老提前，发酵周期缩短，这对发酵生产是极为不利的。

7.1.1.2 温度对产物形成的影响

有研究测定了不同的温度（13～35℃）对青霉菌生长速率、呼吸强度和青霉素生产速率的影响（图 7-1、图 7-2、图 7-3）。从图中可以看到温度对参与生长繁殖、呼吸和青霉素形成的各种酶的影响是不同的。

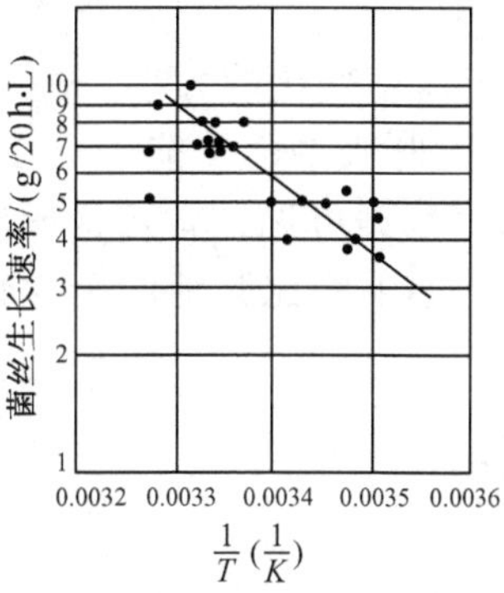

图 7-1 温度对青霉菌生长速率的影响

（参考俞俊棠等，1997）

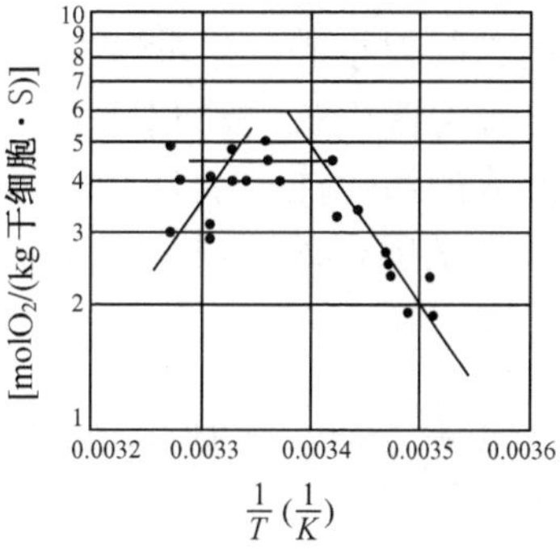

图 7-2 温度对青霉菌呼吸强度的影响

（参考俞俊棠等，1997）

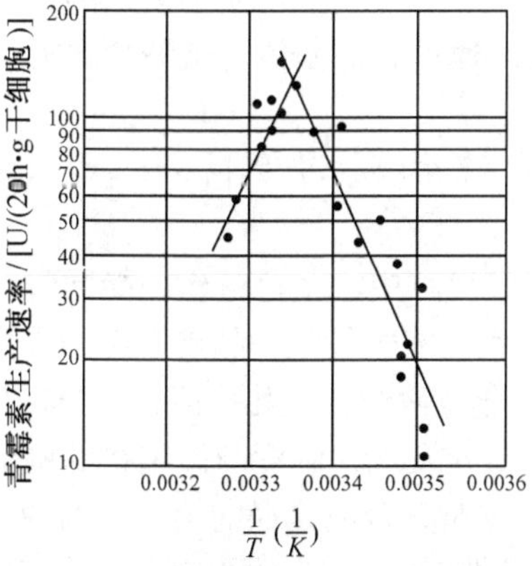

图 7-3 温度对青霉菌生产速率的影响

（参考俞俊棠等，1997）

根据阿累尼乌斯方程式

$$\frac{\mathrm{d}\ln k_{\mathrm{r}}}{\mathrm{d}T}=\frac{E}{RT} \qquad (7\text{-}1)$$

细胞生长代谢反应的活化能

$$E=\frac{2.303R\log\dfrac{k_{r1}}{k_{r2}}}{\dfrac{1}{T_1}-\dfrac{1}{T_2}}=\frac{4.6\log\dfrac{k_{r1}}{k_{r2}}}{\dfrac{1}{T_1}-\dfrac{1}{T_2}} \tag{7-2}$$

式中 R——气体常数；

T——热力学温度（K）；

k_r——反应速率。

活化能 E 的大小表明温度变化引起酶反应速率变化的大小。根据式（7-2）可以计算出青霉菌生长的活化能 E＝34kJ/mol，呼吸的活化能 E＝71kJ/mol，而青霉素形成的活化能 E＝112kJ/mol。从以上数据可见，青霉素形成速率对温度反映最为敏感，偏离最适温度引起的生产率下降比其他两个参数的变化更为严重。

7.1.1.3 温度影响发酵液的物理性质

温度除了影响发酵过程中各种反应速率外，还可以通过改变发酵液的物理性质，间接影响微生物的生物合成。例如，温度对氧在发酵液中的溶解度就有很大的影响，随着温度的升高，气体在溶液中的溶解度减小，氧的传递速率也会改变。另外温度还影响基质的分解速率，如菌体对硫酸盐的吸收在25℃时最小。

7.1.1.4 温度影响生物合成的方向

例如，在四环类抗生素发酵中，金色链丝菌能同时产生四环素和金霉素，在低于30℃时，它合成金霉素的能力较强。随着温度的提高，合成四环素的比例提高。当温度超过35℃时，金霉素的合成几乎停止，只产生四环素。

对微生物代谢调节的研究发现，温度与微生物的调节机制关系密切。例如，在20℃时，氨基酸末端产物对其合成途径的第一个酶的反馈抑制作用，比在其正常生长温度37℃时更大。根据这一发现，可以考虑在抗生素发酵的后期降低温度，加强氨基酸的反馈抑制作用，从而提前一些使蛋白质和核酸的合成途径关闭，使代谢更有效地转向抗生素合成。

当然，除了温度对产物形成有影响外，其他因素，如生长速率、溶解氧浓度等都与产量有直接的关系，但温度的影响仍是不可忽视的重要因素。

7.1.2 影响发酵温度的因素：发酵热

发酵过程中，随着微生物对营养物质的利用，以及机械搅拌的作用，将产生一定的热能。同时因为罐壁散热、水分蒸发等也会带走部分热量。所谓发酵热，即发酵过程中释放出来的净热量，以 J/（m^3·h）为单位，它是由产热因素和散热因素两方面所决定的

$$Q_{发酵}=Q_{生物}+Q_{搅拌}-Q_{蒸发}-Q_{显}-Q_{辐射} \quad (7\text{-}3)$$

（1）生物热（$Q_{生物}$）

微生物在生长繁殖过程中，本身产生的大量热称为生物热。这种热主要来源于营养物质，如碳水化合物、蛋白质和脂肪等的分解产生的大量能量，这些能量部分被用于合成高能化合物，并被消耗在各种代谢途径中，如合成新的细胞组分、膜的运输功能、细胞物理和化学完整性的维持、运动性细胞器的活动、合成次级代谢产物等，除此之外，在一些代谢途径中，高能磷酸键能可以以热的形式散发出去。

生物热产生的大小有明显的阶段性，在孢子发芽和生长初期，生物热的产生是有限的，当进入对数生长期以后，生物热就大量产生，成为发酵过程热平衡的主要因素。此后生物热的产生开始减少，随着菌体的逐步衰老、自溶，愈趋低落。例如，四环素发酵的发酵热最大是在 20～50h，最高可达 29 330kJ/（m^3·h），其他时段的最低值约为 8380kJ/（m^3·h）。生物热的大小与菌体的呼吸强度呈正相关，呼吸强度越大，所产生的生物热也越大。

并且生物热也随着培养基成分的不同而变化。在相同条件下，培养基成分越丰富，营养被利用的速度越快，产生的生物热就越大。

（2）搅拌热（$Q_{搅拌}$）

在好气发酵中，机械搅拌是增加溶解氧的必要手段，所以好气培养的发酵罐都装有大功率的搅拌器。搅拌带动液体做机械运动，造成液体之间、液体与设备之间发生摩擦，这样机械搅拌的动能以摩擦放热的方式，使热量散发在发酵液中，即搅拌热。搅拌热可以下式近似地计算

$$Q_{搅拌}=(P/V)\times 3600 \quad (7\text{-}4)$$

式中 P/V——通气条件下，单位体积发酵液所消耗的功率（kW/m^3）；

3600——热功当量［kJ/（kW·h）］。

（3）蒸发热（$Q_{蒸发}$）

通气时，进入发酵罐的空气与发酵液可以进行热交换，使温度下降。并且空气带走了一部分水蒸气，这些水蒸气由发酵液中蒸发时，带走了发酵液中的热量，也使温度下降。被排出的水蒸气和空气夹带着部分显热（$Q_{显}$）散失到罐外的热量称为蒸发热。因为空气的温度和湿度随着季节的变化而不同，所以蒸发热和$Q_{显}$也会随之变化。蒸发热可按下式计算

$$Q_{蒸发}=G\left(I_{出}-I_{进}\right) \tag{7-5}$$

式中 G——通入发酵罐的干空气质量流量（kg/h）；

$I_{出}$、$I_{进}$——分别为发酵罐排气（干）和进气（干）的热焓（kJ/kg）。

（4）辐射热（$Q_{辐射}$）

因发酵罐温度与罐外温度不同，即存在着温差，发酵液中有部分热量通过罐壁向外辐射，这些热量称为辐射热。辐射热的大小取决于罐内外的温差，受环境温度变化的影响，冬天影响大一些，夏季影响小些。

7.1.3 发酵热的测定

发酵热一般可以通过下列方法进行测定和计算：

① 通过测量一定时间冷却水的流量和冷却水的进、出口温度，由下式计算出发酵热

$$Q_{发酵}=G\cdot c_{w}\cdot\left(t_2-t_1\right)/V \tag{7-6}$$

式中 G——冷却水的流量（kg/h）；

c_w——水的比热［kJ/（kg · ℃）］；

t_1、t_2——分别为冷却水的进、出口温度（℃）；

V——发酵液的体积（m^3）。

② 通过发酵罐温度的自动控制，先使罐温达到恒定，再关闭自动控制装置，测定温度随时间上升的速率，按下式计算发酵热

$$Q_{发酵}=\left(M_1c_1+M_2c_2\right)\cdot S \tag{7-7}$$

式中 M_1——系统中发酵液的质量（kg）；

M_2——发酵罐的质量（kg）；

c_1——发酵液的比热［kJ/（kg · ℃）］；

c_2——发酵罐材料的比热［kJ/（kg · ℃）］；

S——温度上升速率（℃/h）。

③ 根据化合物的燃烧热值计算发酵过程中生物热的近似值。根据 Hess 定律，热效应取决于系统的初态和终态，而与变化的途径无关，反应的热效应等于产物的生成热总和减去作用物生成热总和。可以用燃烧热来计算热效应，如有机物的燃烧热可以直接测定，反应热效应等于作用物的燃烧热总和减去产物的燃烧热总和。可用下式计算反应热：

$$\Delta H=\sum(\Delta H)_{\text{作用物}}-\sum(\Delta H)_{\text{产物}}$$

式中　ΔH——反应热效应（kJ/mol）；

$\sum(\Delta H)_{\text{作用物}}$——作用物燃烧热；

$\sum(\Delta H)_{\text{产物}}$——产物燃烧热。

7.1.4　最适温度的选择与发酵温度的控制

选择最适发酵温度应该考虑两个方面，即微生物生长的最适温度和产物合成的最适温度。不同的菌种、菌种不同的生长阶段及不同的培养条件，最适温度都会不同。

在抗生素发酵中，细胞生长和代谢产物积累的最适温度往往不同。例如，青霉素产生菌生长的最适温度为 30℃，但产生青霉素的最适温度是 24.7℃。至于何时应该选择何种温度，则要看当时生长与生物合成哪一个是主要方面。在生长初期，抗生素还未开始合成，菌丝体浓度很低时，以促进菌丝体迅速生长繁殖为目的时，应该选择最适于菌丝体生长的温度。当菌丝体浓度达到一定程度，到了抗生素分泌期时，此时生物合成成为主要方面，就应该满足生物合成的最适温度，这样才能促进抗生素的大量合成。在乳酸发酵中也有这种情况，乳酸链球菌的最适生长温度是 34℃，而产酸的最适温度不超过 30℃。因此需要在不同的发酵阶段选择不同的最适温度。

最适发酵温度的选择实际上是相对的，还应根据其他发酵条件进行合理地调整，需要考虑的因素包括菌种、培养基成分和浓度、菌体生长阶段和培养条件等。例如，溶解氧浓度是受温度影响的，其溶解度随温度的下降而增加。因此当通气条件较差时，可以适当降低温度以增加溶解氧浓度。在较低的温度下，既可使氧的溶解度相应大一些，又能降低菌体的生长速率，减少氧的消耗量，这样可以弥补较差的通气条件造成的代谢异常。最适温度的选择还应考虑培养基成分和浓度的不同，在使用浓度较稀或较易利用的培养基时，过高的培养温度会使营养物质过早耗竭，而导致菌体过早自溶，使产物合成提前终止，产量下降。例如，玉米浆比黄豆饼粉更容易利用，因此在红霉素发酵中，提高发酵温度使用玉米浆培养基的效果就不如黄豆饼粉培养基的好，提高温度有利于菌体对黄豆饼粉的利用。

因此，在各种微生物的培养过程中，各个发酵阶段的最适温度的选择是从各方面综合进行考虑确定的。例如，在四环素发酵中，采用变温控制，在中后期保持较低的温度，以延长抗生素分泌期，放罐前 24h 提高 2～3℃培养，能使最后 24h 的发酵单位提高 50%以上。又如，青霉素发酵最初 5h 维持 30℃，6～35h 为 25℃，36～85h 为 20℃，最后 40h 再升到 25℃。采用这种变温培养比 25℃恒温培养的青霉素产量提高 14.7%。

工业上使用大体积发酵罐的发酵过程，一般不须要加热，因为释放的发酵热常常超过微生物的最适培养温度，所以需要冷却的情况较多。通常是利用发酵罐的热交换装置进行降温，如果气温较高，冷却水的温度也比较高时，多采用冷盐水进行降温，才能保持在最适温度下进行发酵。

7.2　pH 对发酵的影响及控制

发酵液的 pH 变化，与发酵的关系极为密切，对菌体的生长繁殖和产物积累的影响极大，因此是一项重点检测的发酵参数。任何微生物在进入生产之前，都必须进行生长和产物形成最适 pH 的研究和试验，以便掌握发酵过程中 pH 变化的规律，及时对其进行监测，并加以合理的控制。

7.2.1　pH 对发酵的影响

微生物生长和生物合成都有其最适和能够耐受的 pH 范围，大多数细菌生长的最适 pH 范围在 6.3～7.5，霉菌和酵母生长的最适 pH 范围在 3～6，放线菌生长的最适 pH 范围在 7～8。有的微生物生长繁殖阶段的最适 pH 范围与产物形成阶段的最适 pH 范围是一致的，但也有许多是不一致的。表 7-1 列举了几种生长最适 pH 范围与产物形成最适 pH 范围不一致的例子。

表 7-1　几种抗生素发酵的最适 pH 范围

产品	菌生长最适 pH 范围	产物形成最适 pH 范围
青霉素	6.5～7.2	6.2～6.8
链霉素	6.3～6.9	6.7～7.3
四环素	6.1～6.6	5.9～6.3
土霉素	6.0～6.6	5.8～6.1
红霉素	6.6～7.0	6.8～7.3
灰黄霉素	6.4～7.0	6.2～6.5

pH 还会影响菌体的形态。例如，产黄青霉细胞壁的厚度随 pH 的增加而减小；当 pH 低于 6 时，菌丝的长度缩短，直径为 2～3μm，当 pH≥7 时，直径为 2～18μm，酵母状膨胀菌丝的数目增加。pH 下降后，菌丝形态又恢复正常。pH 还影响细胞膜的电荷状态，引起膜的渗透性发生改变，进而影响菌体对营养物质的吸收和代谢产物的形成。pH 对产物的稳定性同样有影响，如在噻纳霉素的发酵中，pH 在 6.7～7.5 之间时，抗生素的产量相近，稳定性未受到影响，半衰期也无太大变化。但 pH 超出这个范围即或高或低，合成就受到抑制；当 pH＞7.5 时，抗生素的稳定性下降，半衰期缩短，产量也下降。有认为其发酵单位下降与产物的稳定性下降有关。

除此之外，pH 对某些生物合成途径有显著影响。例如，丙酮丁醇发酵中，细菌增殖的 pH 范围是 5.5～7.0 为好，发酵后期 pH4.3～5.3 时积累丙酮丁醇，pH 升高则丙酮丁醇产量减少，而丁酸、乙酸含量增加。又如，黑曲霉在 pH2～3 时产生柠檬酸，pH 近中性时，积累草酸和葡萄糖酸。谷氨酸发酵中，pH7 或微碱时形成谷氨酸，pH 酸性时产生 *N*-乙酰谷酰胺。从以上看出，为要更有效地控制生产过程，必须充分了解微生物生长和产物形成的最适 pH 范围。

7.2.2 影响发酵 pH 的因素

发酵过程中，pH 的变化是微生物在发酵过程中代谢活动的综合反映，其变化的根源取决于培养基的成分和微生物的代谢特性。

有研究表明，培养开始时发酵液 pH 的影响是不大的，因为微生物在代谢过程中，迅速改变培养基 pH 的能力十分惊人。例如，以花生饼粉为培养基进行土霉素发酵，最初将 pH 分别调到 5.0、6.0 和 7.0，发酵 24h 后，这三种培养基的 pH 已经不相上下，都在 6.5～7.0 之间。但是当外界条件发生较大变化时，菌体就失去了调节能力，发酵液的 pH 将会不断波动。

引起这种波动的原因除了取决于微生物自身的代谢外，还与培养基的成分有极大的关系。一般来说，有机氮源和某些无机氮源的代谢起到提高 pH 的作用，如氨基酸的氧化

$$\underset{\displaystyle NH_2}{R-\underset{|}{CH}-COOH} + [O] \xrightarrow{\text{氨基酸氧化酶}} NH_3 + R-\underset{\displaystyle \overset{\|}{O}}{C}-COOH$$

硝酸钠的还原

$$NaNO_3 + 4H_2 \longrightarrow NH_3 + 2H_2O + NaOH$$

玉米浆中的乳酸被氧化等，这类物质被微生物利用后，可使 pH 上升，这些物质被称为生理碱性物质，如有机氮源、硝酸盐、有机酸等。而碳源的代谢则往往起

到降低 pH 的作用。例如，糖类氧化不完全时产生的有机酸，脂肪不完全氧化产生的脂肪酸、铵盐氧化后产生的硫酸等。这类物质称为生理酸性物质。也就是说，凡是导致酸性物质的生成或碱性物质的消耗的代谢过程，就会引起 pH 的下降。反之，凡是导致碱性物质的生成或酸性物质的消耗的代谢过程，就会引起 pH 的上升。

此外通气条件的变化、菌体自溶或杂菌污染都可能引起发酵液 pH 变化。所以确定最适 pH 以及采取有效的控制措施，是使菌种发挥最大生产能力的保证。

7.2.3　最适 pH 的选择和调节

选择最适 pH 的原则是既有利于菌体的生长繁殖，又可以最大限度地获得高的产量。一般最适 pH 是根据实验结果来确定的，通常将发酵培养基调节成不同的起始 pH，在发酵过程中定时测定、并不断调节 pH，以维持其起始 pH，或者利用缓冲剂来维持发酵液的 pH。同时观察菌体的生长情况，菌体生长达到最大值的 pH 即为菌体生长的最适 pH。产物形成的最适 pH 也可以如此测得。

图 7-4 表示的是微生物生长最适 pH 与产物形成最适 pH 相互关系的四种情况。第一种情况是菌体的比生长速率（μ）和产物的比生产速率（Q_p）都有一个相似的并且较宽的最适 pH 范围（图 7-4a）；第二种是 Q_p（或μ）的最适 pH 范围很窄，而μ（或 Q_p）的范围较宽（图 7-4b）；第三种是μ和 Q_p 有相同的最适 pH 范围，但范围很窄，即对 pH 的变化敏感（图 7-4c）；第四种，μ和 Q_p 都有各自的最适 pH 范围（图 7-4d）。属于第一种情况的发酵过程比较易于控制，第二、三模式的发酵 pH 须要严格控制，最后一种情况应该分别严格控制各自的最适 pH。

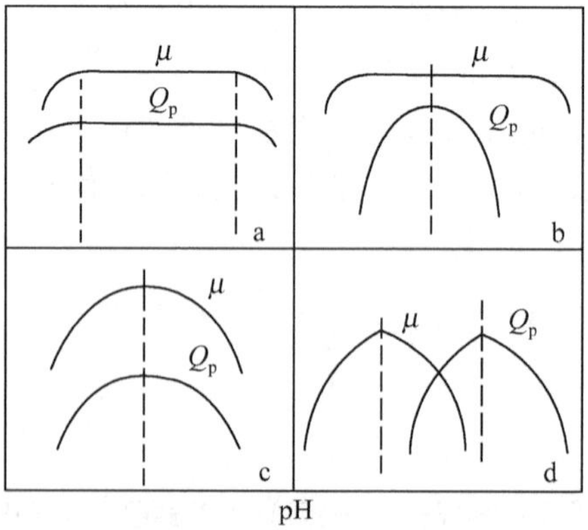

图 7-4　pH 与μ和 Q_p 之间关系的几种不同模式
（参考熊宗贵，2001）

在测定了发酵过程中不同阶段的最适 pH 要求之后，便可以采用各种方法来控制。在工业生产中，调节 pH 的方法并不是仅仅采用酸碱中和，因为酸碱中和虽然可以迅速中和培养基中当时存在的过量酸碱，但是却不能阻止代谢过程中连续不断发生的酸碱变化。即使连续不断地进行测定和调节，也是徒劳无益的，因为这没有根本改善代谢状况。因为发酵过程中引起 pH 变化的根本原因如上所述，是因微生物代谢营养物质的结果，所以调节控制 pH 的根本措施主要应该考虑培养基中生理酸性物质与生理碱性物质的配比，然后是通过中间补料进一步加以控制。

补料也不是仅仅加入酸碱来控制，仍然常用生理酸性物质如 $(NH_4)_2SO_4$ 和生理碱性物质如氨水来控制，这些物质不仅可以调节 pH，还可以补充氮源。当 pH 和氨氮含量均低时，补加氨水；若 pH 较高，而氨氮较低时，应该补加 $(NH_4)_2SO_4$。在青霉素发酵中，采用自动化补料工艺，通过控制葡萄糖的补加速率来控制发酵的 pH。如图 7-5 所示，采用按需补糖和恒速补糖两种方法，按需补糖是根据 pH 的变化来决定补糖速率，恒速补糖则通过加入酸碱来控制 pH，总补糖量均为 9%。虽然这两种方法均能达到控制 pH 的目的，并且糖耗速率几乎相等，但前者可维持长久的青霉素高产，最终比后者的产量提高了 25%。

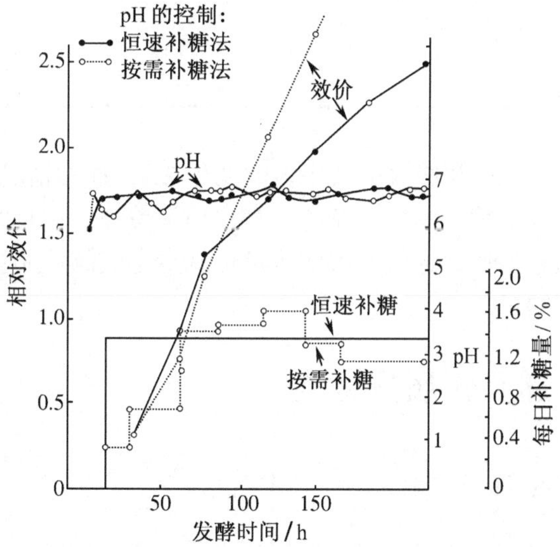

图 7-5 不同调节 pH 的方法对青霉素 G 合成的影响

（参考熊宗贵，2001）

7.3 氧对发酵的影响

在好氧深层培养中，氧气的供应往往是发酵能否成功的重要限制因素之一。

随着高产菌株的广泛应用和丰富培养基的采用，对氧气的要求更高。即使培养基是被空气饱和，它所储存的氧量仍然是很少的，在发酵旺盛时期，一般也只能维持正常呼吸 15～30s，其后微生物的呼吸就会受到抑制。氧是一种难溶于水的气体，在 25℃，1×10^5Pa 条件下，氧在纯水中的溶解度仅为 1.26mmol/L（表 7-2），空气中的氧在纯水中的溶解度更低（0.25mmol/L）。培养基因含有大量的有机和无机物质，氧的溶解度比水中还要更低。这就决定了大多数微生物深层培养需要适当的通气条件，才能维持一定的生产水平。

表 7-2　纯氧在水、盐或酸中的溶解度（1×10^5Pa 条件下）

温度/℃	在水中的溶解度/（mmol/L）	在 25℃溶液中的溶解度/（mmol/L）			
		溶液浓度＼溶液名称	盐　酸	硫　酸	氯化钠
0	2.18	0	1.26	1.26	1.26
10	1.70				
15	1.54	0.5	1.21	1.21	1.07
20	1.38				
25	1.26	1.0	1.16	1.12	0.89
30	1.16				
35	1.09	2.0	1.12	1.02	0.71
40	1.03				

实际上，生物氧化中氧吸收的效率多数低于 2%，通常情况下常常低于 1%。也就是说，通入发酵罐约 99%的无菌空气被白白浪费掉。而且大量无用空气还是引起过多泡沫的因素。所以通气效率的改进可减少空气的使用量，从而减少泡沫的形成和杂菌污染的机会。

7.3.1　氧的传递和传质方程式

7.3.1.1　氧传递的各种阻力

在深层培养中进行通气供氧时，氧气从气泡传递至细胞内，需要克服一系列阻力，这些阻力的相对大小取决于流体力学特性、温度、细胞的活性和浓度、液体的组成、界面特性以及其他诸种因素。这些阻力包括供氧方面的阻力（图 7-6，1～4），和耗氧方面的阻力（图 7-6，5～9）。当细胞以游离状态存在于液体中时，阻力 7 消失；当细胞吸附在气液界面上时，阻力 4、5、6、7 消失。

氧从空气泡到达细胞的总传递阻力，为上述各阻力之和，即

$$\frac{1}{K_t}=\frac{1}{K_G}+\frac{1}{K_I}+\frac{1}{K_L}+\frac{1}{K_{LB}}+\frac{1}{K_{LC}}+\frac{1}{K_{IS}}+\frac{1}{K_A}+\frac{1}{K_W}+\frac{1}{K_R} \quad (7\text{-}8)$$

式中 $1/K_G$——气相主体到气液界面的气膜传递阻力；

$1/K_I$——气液界面的传递阻力；

$1/K_L$——从气液界面通过液膜的传递阻力；

$1/K_{LB}$——液相主体的传递阻力；

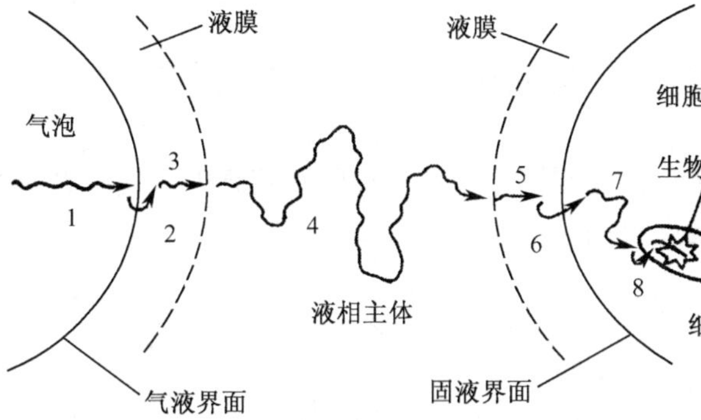

图 7-6 氧传递的各种阻力示意图

（参考梅乐和等，1999；俞俊棠等，1997）

$1/K_{LC}$——细胞或细胞团表面的传递阻力；

$1/K_{IS}$——固液界面的传递阻力；

$1/K_A$——细胞团内的传递阻力；

$1/K_W$——细胞壁的阻力；

$1/K_R$——反应阻力。

氧在进行传递过程中，需要损失推动力以克服上述阻力。传递过程的总推动力就是气相与细胞内的氧分压差和浓度差。当氧的传递达到稳态时，总的传递速率与串联的各步传递速率相等，这时通过单位面积的传递速率为

$$n_{O_2}=\frac{推动力}{阻力}=\frac{\Delta p_i}{1/K_i} \quad (7\text{-}9)$$

式中 n_{O_2}——氧的传递通量［mol/（m^3·s）］；

Δp_i——各阶段的推动力（分压差）（Pa）；

$1/K_i$——各阶段的传递阻力（N·s/mol）。

由于氧是难溶于水的气体，所以在供氧方面液膜是一个控制过程，即 $1/K_L$ 是比较显著的。使气泡和液体充分混合而产生的湍动可以减小这一阻力。

在供氧方面，液相主体和细胞壁上氧的浓度相差很小，也就是说氧通过细胞周围液膜的阻力是很小的，但此液膜阻力是随细胞外径的增加而增大的。在有搅

拌的情况下，菌丝体结团的现象很少，液体和菌丝间的相对运动增加，减少了膜厚，因此也减少了阻力。通常需氧方面的阻力主要来自于菌丝细胞团和细胞壁的阻力，即 $1/K_A$ 和 $1/K_W$，搅拌可以减少逆向扩散的梯度，因此也可降低这方面的阻力。至于反应阻力 $1/K_R$ 可随下列因素任意一种而产生：

① 培养基成分与其相应的酶的作用失活；

② 某些生理条件如温度、pH 等不适合于酶的反应；

③ 一些代谢物的积累或未能及时从反应处移去。

7.3.1.2　气液相间的氧传递和氧传质方程式

如上所述，氧传递的主要阻力存在于气膜和液膜中，气液界面附近的氧分压或溶解氧浓度变化情况见图 7-7。

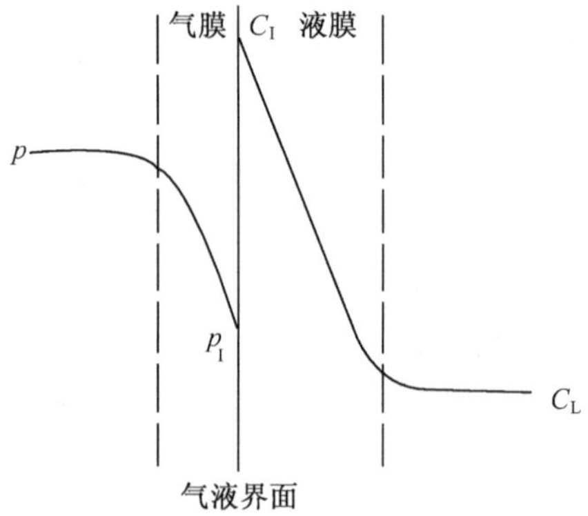

图 7-7　气液界面附近的氧分压或溶解氧浓度变化
（参考梅乐和等，1999；俞俊棠等，1997）

当气液传递过程处于稳态时，通过液膜和气膜的传递速率相等，即

$$n_{O_2}=\frac{p-p_I}{1/K_G}=\frac{p-p^*}{1/K_G}=\frac{C_I-C_L}{1/K_L}=\frac{C^*-C_L}{1/K_L} \tag{7-10}$$

式中　p——气体主体氧分压（Pa）；

p_I——气液界面氧分压（Pa）；

C_I——气液界面氧浓度（mol/m^3）；

C_L——液相主体氧浓度（mol/m^3）；

p^*——与 C_L 平衡的气相氧分压（Pa）；

C^*——与 p 平衡的液相氧浓度（mol/m^3）；

K_G——以氧分压为推动力的总传递系数［$mol/(m^2 \cdot s \cdot Pa)$］；

K_L——以氧浓度为推动力的总传递系数（m/s）。

在一定的压力下，氧的溶解度与氧的分压有关，氧的分压高，则氧的溶解度大。氧的溶解度可以下式表示

$$C=\frac{p}{H} \tag{7-11}$$

得到亨利定律

$$p=HC \tag{7-12}$$

式中　H——亨利常数（Pa·L/mmol）。

由式（7-10）可得

$$\frac{1}{K_G}=\frac{1}{k_G}+\frac{H}{k_L} \tag{7-13}$$

$$\frac{1}{K_L}=\frac{1}{k_L}+\frac{1}{Hk_G} \tag{7-14}$$

式中　k_G——气膜传递系数［mol/（m^2·s·Pa）］；

k_L——液膜传递系数（m/s）。

对于难溶气体（如氧），气膜传递阻力与液膜传递阻力之比可以忽略不计，即 $1/Hk_G << 1/K_L$，因此 $k_L \approx K_L$。在稳定情况下，氧分子从气体主体扩散到液体主体的传递速率即氧的传质方程式为

$$\text{OTR}=K_La（C^*-C_L） \tag{7-15}$$

式中　OTR——单位体积培养液中的氧传递速率［mol/（m^3·s）］；

a——比表面积（m^2/m^3）。

通常 K_L 和 a 合并作为一个项目处理，称为容积传递系数（s^{-1}）。以上公式同样适用于其他气体的传递，如二氧化碳从气相到液相的传递。

微生物对氧的需要速率，即为了避免氧成为限制因素而必须满足的供应速率是

$$C_c Q_{O_2}=K_La（C^*-C_L）$$

移项后得

$$K_La=\frac{C_c Q_{O_2}}{C^*-C_L} \tag{7-16}$$

式中　C_c——菌体细胞的浓度（g/L）；

Q_{O_2}——微生物的呼吸强度［mol/（kg·s）］。

式（7-16）只适用于稳定状态时，若氧的供应大于需求时，则有

$$K_La（C^*-C_L）>C_c Q_{O_2} \tag{7-17}$$

培养物若处于充裕的通气情况下，这时 C_L 会逐渐接近 C^*。反之 C_L 逐渐下降而趋于 0，这时氧传递速率最大，因此将 C^*-C_L 称为推动力。

7.3.2　影响微生物对氧需求的因素

不同的微生物对于氧的需求不同，供氧不足，会抑制好氧微生物的生长代谢。兼性微生物，如酵母、乳酸菌在无氧情况下，通过酵解获得能量。而氧对绝对厌氧微生物则是一种毒害。

微生物的耗氧速度常用单位质量的细胞（干重）在单位时间内消耗氧的量，即比耗氧速率（或呼吸强度）来表示。当氧是限制性基质时，比耗氧速率为

$$Q_{O_2}=(Q_{O_2})_m\frac{C_L}{K_0+C_L} \tag{7-18}$$

式中　Q_{O_2}——比耗氧速率或呼吸强度［mol/（kg · s）］；

$(Q_{O_2})_m$——最大比耗氧速率［mol/（kg · s）］；

C_L——溶解氧浓度（mol/m^3）；

K_0——氧的米氏常数（mol/m^3）。

表 7-3 和表 7-4 分别列出了一些微生物的 K_0 和（Q_{O_2}）$_m$ 的值。

表 7-3　一些微生物的 K_0 值

微生物	K_0/（mol/m^3）
好气气杆菌	3.10×10^{-5}
巨大芽孢杆菌	5.97×10^{-4}
弱氧化醋酸菌	1.57×10^{-3}
啤酒酵母	1.57×10^{-3}
德巴利酵母	1.57×10^{-3}
副流感嗜血菌	2×10^{-3}

表 7-4　一些微生物的（Q_{O_2}）$_m$ 值

微生物	（Q_{O_2}）$_m$/［mol/（kg 干细胞 · s）］
黑曲霉	8.3×10^{-4}
灰色链霉菌	8.3×10^{-4}
产黄青霉菌	1.1×10^{-3}
产气克雷伯氏菌	1.1×10^{-3}
啤酒酵母	2.2×10^{-3}
大肠杆菌	3.0×10^{-3}

单位体积培养液，在单位时间内消耗的氧量称为摄氧率。摄氧率与比耗氧速

率有如下关系

$$r=Q_{O_2}\cdot X \tag{7-19}$$

式中　r——摄氧率 [mol/（ $m^3\cdot s$ ）];

X——细胞浓度（ kg/m^3 ）。

各种微生物的呼吸强度是不同的，并且呼吸强度是随着培养液中溶解氧浓度的增加而加强，直至达到一个临界值为止。这个临界值称为“临界氧浓度”。图 7-8 表示的是酵母的呼吸强度与溶解氧浓度之间的关系。可以看到，如果不存在其他限制性基质时，当溶解氧浓度高于临界值，微生物的呼吸强度保持恒定，与培养液中溶解氧的浓度无关；当溶解氧浓度低于这个临界值，微生物的呼吸强度受到溶解氧浓度影响，即随溶解氧浓度的增加而提高，也随溶解氧浓度的降低而下降，这时细胞的代谢活动会因溶解氧浓度的限制受到影响。微生物的临界氧浓度是饱和浓度的 1%～25%，表 7-5 列出了一些微生物的临界氧浓度值。

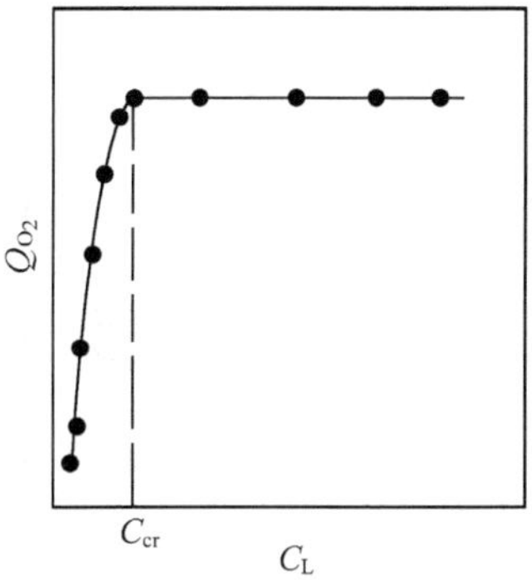

图 7-8　酵母呼吸强度与溶解氧浓度的关系
（参考梅乐和等，1999；熊宗贵等，2001）

表 7-5　一些微生物的呼吸临界氧浓度 C_{cr} 值

微生物	温度/℃	C_{cr}/（ mol/m^3 ）
维涅兰德固氮菌	30	1.8×10^{-2}～4.9×10^{-2}
大肠杆菌	37.8	8.2×10^{-3}
	15	3.1×10^{-3}
黏质沙雷氏菌	31	-1.5×10^{-2}
脱氢假单胞菌	30	-9×10^{-3}
酵母	34.8	4.6×10^{-3}
	20	3.7×10^{-3}
产黄青霉菌	24	-2.2×10^{-2}
	30	-9×10^{-3}
米曲霉	30	-2.0×10^{-3}
卵状假单胞菌	30	3.4×10^{-3}
产朊球拟酵母	30	6.3×10^{-3}

细胞浓度直接影响培养液的摄氧率，在分批发酵过程中，摄氧率的变化很大。在对数生长的初期，尽管比耗氧速率达到最大值（图 7-9），但这时细胞浓度很低，摄氧率并不高。随着细胞浓度的迅速增加，摄氧率也迅速增高，在对数生长期的

后期达到峰值。在对数生长阶段结束时，虽然细胞浓度仍有增加，但由于培养基中营养物质的消耗，以及培养装置氧传递能力的限制，比耗氧速率下降，摄氧率亦下降。最后随着基质耗尽和细胞的自溶，摄氧率便迅速下降。

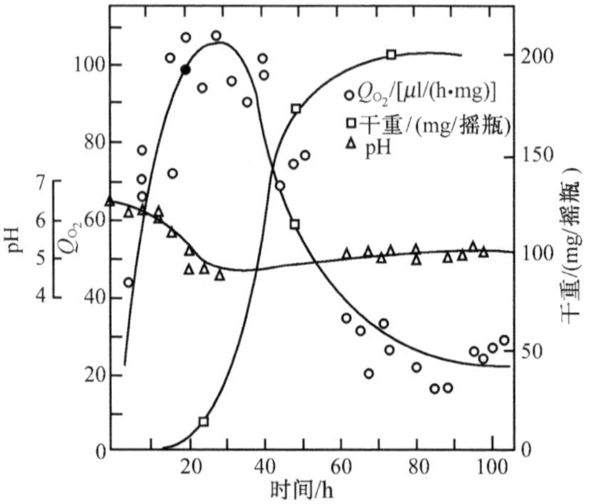

图 7-9　疣孢漆斑霉在分批培养时比耗氧速率的变化

（参考梅乐和等，1999）

培养基的成分和浓度显著地影响微生物的摄氧率。例如，碳源种类对细胞的需氧量有很大的影响，一般微生物利用葡萄糖的速度比其他种类的糖要快，因此在含葡萄糖的培养基中表现出较高的摄氧率。例如，产黄青霉在含葡萄糖、蔗糖和乳糖的培养基中，最大摄氧率分别为 3.72×10^{-3}、1.9×10^{-3} 和 1.4×10^{-3}mol/（$m^3\cdot s$）。在发酵过程中若进行补料或加糖，可使微生物的摄氧率为之增加。如链霉素发酵 70h 时补糖、氮前，摄氧率为 34.3×10^{-3}mol/（$m^3\cdot s$），补料后 78h 测得摄氧率为 40.9×10^{-3}mol/（$m^3\cdot s$），在 92h 以后，下降到（15～20）$\times10^{-3}$mol/（$m^3\cdot s$）。表 7-6 所示为不同碳源对青霉菌摄氧率的影响。

表 7-6　各种有机物对音符型青霉菌摄氧率的影响*

有机物	摄氧率的增加/%	有机物	摄氧率的增加/%
葡萄糖	130	蔗　糖	45
麦芽糖	115	甘　油	40
半乳糖	115	果　糖	40
纤维糖	110	乳　糖	30
甘露糖	80	木　糖	30
糊　精	60	鼠李糖	30
乳酸钙	55	阿拉伯糖	20

* 表中数值为与内源呼吸比较增加的百分数，内源呼吸作为 100%。

实验证明，微生物呼吸强度的临界值还与一些培养条件，如 pH、温度等有关。在一定范围内，温度越高，营养成分越多，临界值也相应增高。有毒物质的形成和积累，如 NH_3、CO_2 等，如不能及时从培养液中排出，也会抑制微生物的呼吸。此外，挥发性中间物如糖代谢中挥发性有机酸，因大量通气而引起损失，会影响微生物的呼吸。

有时溶解氧浓度对细胞生长和产物生成的影响可能是不同的，即对于细胞生长的最佳氧浓度，不一定就是形成产物的最佳氧浓度。溶解氧浓度与临界氧浓度之比称作氧的满足度。如有研究溶解氧浓度对黄色短杆菌生产各种氨基酸的影响，各种氨基酸的生产与氧的满足度的关系如图 7-10。对于谷氨酸、天门冬氨酸类氨基酸的生产，当溶解氧浓度低于临界氧浓度时，氨基酸的产量下降；但对于苯丙氨酸、缬氨酸和亮氨酸的生产，则在低于临界氧浓度时，获得最大生产能力，它们的最佳氧浓度分别是临界氧浓度的 0.55、0.60 和 0.85。这是因为谷氨酸和天门冬氨酸的产生是由三羧酸循环提供前体，而苯丙氨酸、缬氨酸和亮氨酸的前体则是酵解产物丙酮酸和磷酸烯醇式丙酮酸。

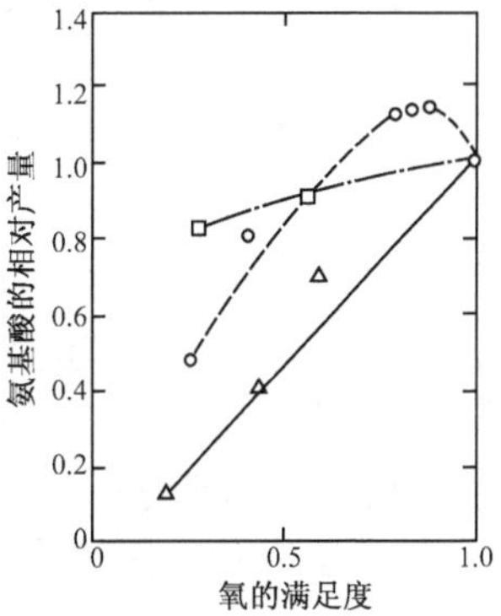

图 7-10　氨基酸的相对产量与氧的满足度之间的关系
—△—，L-谷氨酸；—□—，L-赖氨酸；—○—，L-亮氨酸
（参考熊宗贵，2001）

微生物的许多次级代谢产物生产亦有类似情况。例如，头孢菌素和卷须霉素产生菌的临界氧浓度分别为饱和氧浓度的 0%～7%和 13%～23%，但头孢菌素的生产在氧浓度低于饱和浓度的 10%～20%时受到抑制，而卷须霉素的生产则在低于饱和浓度的 8%时才受到抑制。所以头孢菌素生产的氧浓度应高于临界值，卷须霉素的生产可以低于临界值。

7.3.3　培养基的流变特性

研究培养基的流变特性是因为它直接影响动量、热量和质量等的有效传递，继而影响到各种发酵条件，如溶氧速率、气体交换、发酵温度、营养物的补充、pH 的调节等。培养液是一多相体系，由液相、固相（包括菌体细胞和不溶性培养基组分）和气相（通气培养时）构成。一般细菌或酵母的培养液黏度较低，流变性比较好，在深层培养中的动量、热量和质量传递较为容易。而利用放线菌和丝状真菌生产抗生素、酶、有机酸等发酵产品，特别是现在常采用丰富培养基，培养基中含有大量的菌丝体和未被利用的不溶性培养基成分，致使培养液十分黏稠，表现为非牛顿流变特性。还有利用细菌生产多糖，这些高分子物质使培养液成为非常黏稠的非牛顿流体。此外，细菌、酵母的高浓度细胞培养液则会使黏度大大增加。这些黏性的非牛顿流体的流变性差，导致动量、热量和质量传递困难，容易发生因混合不充分，气液相间的质量传递以及热量传递不良，最终影响代谢产物的生产。所以有必要了解培养液的流变特性。

7.3.3.1　牛顿流体和非牛顿流体

在两块相互靠近的平行板之间充满流体，下板固定不动，给上板施加一作用力 F，使上板以一定的速度 w 运动（图 7-11）。其中与上板接触的流体层以与上板相同的速度一起运动，与下板接触的流体则保持静止，中间各层因流体的内摩擦产生速度不等的平行运动，在流体层中产生速度梯度。当剪应力（单位流体面积上的切向力 F/A）与速度梯度成正比时，可以用牛顿黏性定律来表示

$$\tau=\mu\left(\frac{\mathrm{d}w}{\mathrm{d}x}\right)=\mu\gamma \tag{7-20}$$

式中　τ——剪应力（$\mathrm{N/m^2}$ 或 Pa）；

$\mathrm{d}w/\mathrm{d}x=\gamma$——速度梯度或切变率（$\mathrm{s^{-1}}$）；

μ——黏度（Pa · s）。

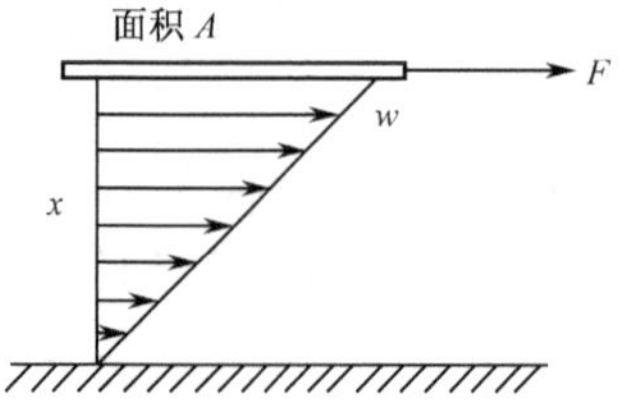

图 7-11　在切向力作用下平行板内液体的速度分布

（参考俞俊棠等，1997）

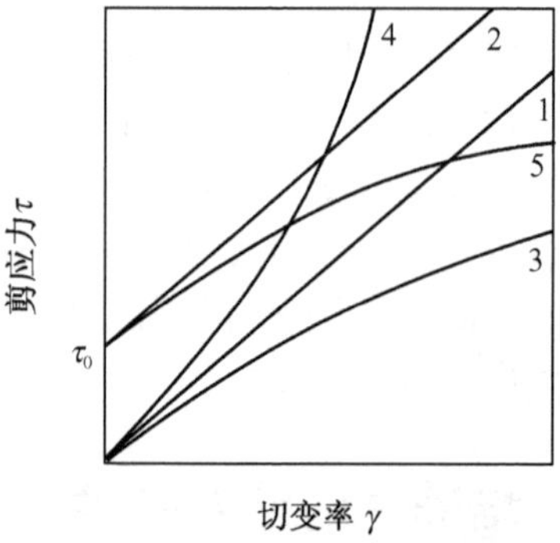

图 7-12　牛顿流体及一些非牛顿流体剪应力 τ 与切变率 γ 的关系

1-牛顿流体；2-平汉塑性流体；3-拟塑性流体；4-涨塑性流体；5-凯松流体

（参考俞俊棠等，1997；熊宗贵，2001）

将剪应力对切变率作图，得到一条通过原点的直线，其斜率为黏度的比例常数 μ（图 7-12）。

牛顿型流体服从牛顿黏性定律，其主要特征就是其黏度 μ 只是温度的函数，与流变状态无关，因此是一常数（如气体、低分子的液体或溶液），即意味着发酵罐

中搅拌转速的快慢对黏度没有影响，并且在同一搅拌转速下，在发酵罐的全培养液中的任何局部的黏度相同。而非牛顿型流体不服从牛顿黏性定律，其黏度μ不是常数，它不仅是温度的函数，而且随流动状态而异，因此没有固定的黏度值。根据非牛顿型流体的剪应力与切变率之间的关系，可分为几种类型。

（1）拟塑性（pseudoplastic）流体

拟塑性流体的主要特征是其黏度随着剪应速率的增高而降低。因此在同一流体中，不同搅拌转速下，所显示出的黏度不一样；在同一搅拌转速下，培养液中的剪应速率随着离开搅拌涡轮的径向距离，按指数倍数降低，所以离开涡轮的径向距离愈远，黏度愈高。拟塑性流体的流态线见图7-12，可表示为

$$\tau=K(\mathrm{d}w/\mathrm{d}x)^n=K\gamma^n,\ 0<n<1 \qquad (7\text{-}21)$$

式中 K——稠度系数（Pa·s）；

n——流动特性指数。

$n=1$时即为牛顿型流体，这时稠度系数K就等于牛顿流体的黏度μ。n越小于1，其拟塑性越强。许多高分子化合物，如黄原胶、聚丙烯酸钠、羧甲基纤维素等的水溶液；许多丝状菌，如青霉、曲霉、链霉菌等的培养液都表现出拟塑性的流变特性。

（2）平汉（bingham）塑性流体

平汉塑性流体的主要特征是当剪应力小于屈服应力时，液体不发生流动，只有当剪应力超过屈服应力时才发生流动。它的流态曲线是不通过原点的直线（图7-12）。其流变特性可用下式表示

$$\tau=\tau_0+\eta\gamma \qquad (7\text{-}22)$$

式中 τ_0——屈服应力（Pa）（在纵轴上的截距）；

η——刚度系数（Pa·s）。

早期的一些研究指出黑曲霉、产黄青霉、灰色链霉菌等丝状菌的发酵液为平汉塑性流体。

（3）涨塑性（dilatant）流体

涨塑性流体的流态曲线的主要特征是它的黏度随着剪应力的增高而升高（图7-12）。与拟塑性流体相似，它的流变特性也具有指数规律

$$\tau=K\gamma^n \quad n>1 \qquad (7\text{-}23)$$

但流动特性指数$n>1$。n的数值越大，非牛顿特性就越显著。链霉素、四环素和庆大霉素的前期发酵液，很稀的酵母悬浮液呈涨塑性。

（4）凯松流体（Casson body）

其流动模型为

$$\tau^{\frac{1}{2}}=\tau_C^{\frac{1}{2}}+K_C\gamma^{\frac{1}{2}} \tag{7-24}$$

式中　τ_C——屈服应力（Pa）；

K_C——凯松黏度（$Pa^{\frac{1}{2}}\cdot s^{\frac{1}{2}}$）。

有研究表明青霉素发酵液为凯松流体，还指出产黄青霉菌发酵液的屈服应力和凯松黏度与菌体的浓度和形态有关（图 7-12）。

非牛顿型流体没有确定的黏度值，通常把一定切变率下剪应力与此切变率之比称为表观黏度，即

$$\mu_a=\frac{\tau}{\gamma} \tag{7-25}$$

式中　μ_a——表观黏度（Pa · s）。

平汉流体、拟塑性流体和凯松流体的表观黏度随切变率的增大而减小，涨塑性流体的表观黏度则随切变率的增大而增大（图 7-12）。

7.3.3.2　非牛顿流体的搅拌功率

在发酵罐中的非牛顿流体的平均切变率与搅拌转速成正比

$$\bar{\gamma}=kN \tag{7-26}$$

式中　$\bar{\gamma}$——平均切变率（s^{-1}）；

N——搅拌器转速（s^{-1}）；

k——无因次常数。

对于不同的非牛顿流体，采用不同型式和大小的搅拌器，比例常数 k 值在 10～13 之间，对两层的涡轮式搅拌器可取 11.5。

在发酵过程中，培养液流动模型参数会随着细胞浓度、形态的变化，培养基物质的消耗，代谢产物的积累以及补料等发生明显的变化，表现出时变性。图 7-13 是金色链霉菌发酵液的稠度系数 K、流变特性指数 n 随发酵时间变化的曲线。此外，发酵液的流变特性类型也可发生变化。

7.3.4　影响供氧的因素

根据气液传递速率方程式

$$\mathrm{OTR}=K_La(C^*-C_L) \tag{7-27}$$

可知，凡影响推动力 C^*-C_L、比表面积 a 和传递系数 K_L 的因素都会影响氧的传递速率。此外发酵罐中液体体积与高度、发酵液的物理性质等也对供氧有影响。

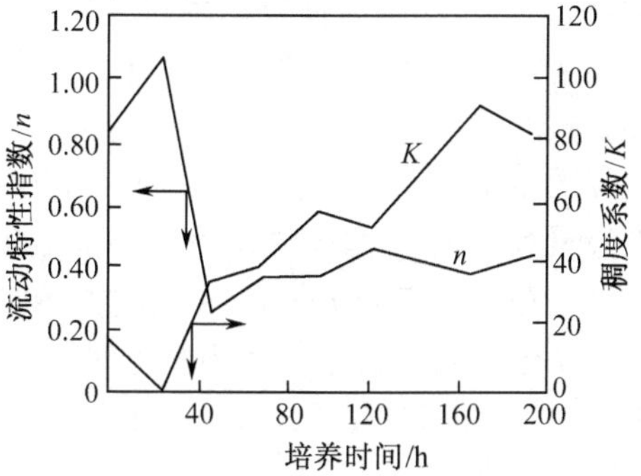

图 7-13 金色链霉菌培养液的黏度系数、流变特性指数随培养时间的变化

（参考俞俊棠等，1997）

7.3.4.1 影响 K_La 的因素

对一定的培养基和培养条件来说，C^*是一常数，因此要想提高氧的传递速率，关键是设法提高 K_La 值。可以从操作条件、液体的性质以及其他条件等方面来改进 K_La 值。

（1）搅拌

对于装有机械搅拌器的发酵罐，搅拌器可以从多方面改善通气效率，对物质传递的作用包括：可将通入培养液的空气打散成细小的气泡，防止小气泡的凝集，从而增大气液相的有效接触面积；使液体形成涡流，延长气泡在液体中的停留时间；增加液体的湍动程度，减少气泡外滞流液膜的厚度，从而减小传递过程的阻力；使培养液中的成分均匀分布，细胞在培养液中均匀地悬浮，有利于营养物质的吸收和代谢物的及时分散。对于没有搅拌器的通气发酵罐，则是利用空气带动液体运动，产生搅拌作用。

实验指出，K_La 值与单位体积所消耗的功率、表观空气线速度关系如下

$$K_La=K\left(\frac{P_G}{V}\right)^{\alpha}\omega_s^{\beta} \quad (7\text{-}28)$$

式中 K——常数；

P_G——搅拌功率；

V——培养液体积；

ω_s——通气的表观线速度。

其中α和β为指数。有研究采用硫酸氧化法测定 K_La 值，研究通气和搅拌的影响，得出α=0.95，β=0.67，这说明增大搅拌功率对增加 K_La 值的效果更为明显。当然搅拌功率也并非越大越好，因为过于激烈的搅拌，产生很大的剪切力，可能对细胞造成损伤。另外激烈的搅拌还会产生大量的搅拌热，增加传热的负担。

单位体积液体的搅拌功率指数α与发酵罐的体积直接相关，罐体积越大，α的数值就越小。如发酵液液量为 9L 的发酵罐的α为 0.95，液量 500L 的中型发酵罐的α为 0.67，27～54m^3 的发酵罐，其α仅有 0.50。指数α和β也随通气搅拌罐的形状和结构而变化。例如，用伍式发酵罐培养啤酒酵母时，α为 0.72，β仅为 0.11。搅拌器的形式不同，也会影响α和β的数值，表 7-7 是带有两层搅拌器的小型发酵罐中，不同形式搅拌器的α和β值。

表 7-7　不同形式搅拌器的 α 和 β 值

搅拌器形式	α	β
六平叶涡轮	0.933	0.488
六弯叶涡轮	1.00	0.713
六箭叶涡轮	0.755	0.578

一般带搅拌器的发酵罐中，都装有 4～6 块档板，或以蛇管兼做档板。如没有档板，则液体在搅拌时形成中心下降的旋涡。档板能使液体形成轴向运动，因此提高了混合效果。据报道，增设一块档板，通气效率增加 20 倍之多。

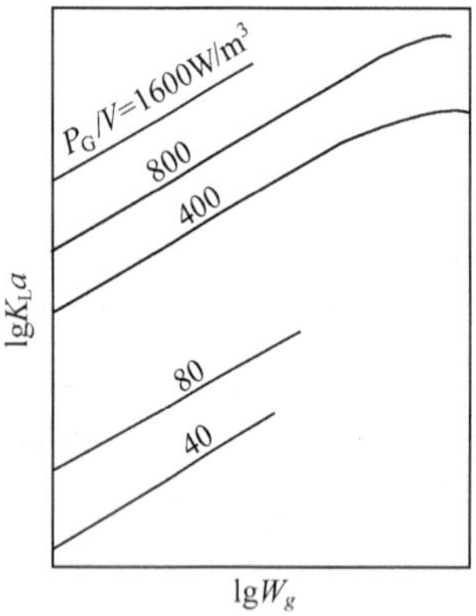

图 7-14　表观空气速度与 K_La 的关系

（参考梅乐和等，1999）

（2）空气流量

在通气培养中，空气为微生物提供氧气外，还能带走发酵废气。装有搅拌器的发酵罐其 K_La 与表观空气速度的关系见图 7-14。可以看到，K_La 值随着空气流量的增加而增加，但并非没有限度。实际上通气量的影响是有一定限度的，如果超过这一限度，搅拌器就不能有效地将空气泡分散到液体中，而在大量空气泡中空转，发生“过载”现象。此时叶轮不能分散空气，气流形成大的气泡，沿轴的周围逸出。当气流流量超过过载速度后，这时搅拌功率会大大下降，K_La 也不能再提高。

（3）培养液性质的影响

在发酵过程中，微生物自身的生长繁殖和代谢可引起发酵液的性质，如密度、黏度、表面张力、扩散系数等的不断变化，这些性质的变化都会影响 K_La 值。在其他条件相同（如发酵罐体积、操作条件等）时，如果液体的性质有较大的不同，K_La 也会不同。液体的黏度增大时，由于滞流液膜厚度增加，传质阻力就增大，同时黏度也影响扩散系数，致使通气效率降低。例如，小分子的溶质在低分子液体中的扩散系数与黏度的关系可由 Wilke-Chang 关联式表示

$$D_L=7.38\times10^{-15}\frac{T(xm)^{\frac{1}{2}}}{\mu V_m^{0.6}} \tag{7-29}$$

式中　D_L——扩散系数（m^2/s）；

T——绝对温度（K）；

m——溶质相对分子质量；

x——溶剂的缔合因子；

μ——液体的黏度（Pa·s）；

V_m——溶质沸点下的分子体积（m^3/mol）。

水的缔合因子为 2.6，氧和二氧化碳的 V_m 分别为 25.6m^3/mol 和 34.0m^3/mol。

综合操作条件和流体性质对 K_La 的影响，可列为

$$K_La=f(D_i,\ N,\ \omega_s,\ D_L,\ \mu,\ \rho,\ \sigma,\ g) \tag{7-30}$$

式中　D_i——搅拌器直径（m）；

N——搅拌器转速（s^{-1}）；

ρ——液体密度（kg/m^3）。

通过因次分析，可得出以下准数式

$$\frac{K_LaD_i^2}{D_L}=a_1\left(\frac{\rho ND_i^2}{\mu}\right)^{\alpha_2}\left(\frac{N^2D_i}{g}\right)^{\alpha_3}\left(\frac{\mu}{\rho D_L}\right)^{\alpha_4}\left(\frac{\mu\omega_s}{\sigma}\right)^{\alpha_5}\left(\frac{ND_i}{\omega_s}\right)^{\alpha_6} \tag{7-31}$$

式中　$\frac{K_LaD_i^2}{D_L}$——Sherwood 准数；　$\frac{\rho ND_i^2}{\mu}$——Renolds 准数；

$\frac{N^2D_i}{g}$——Froude 准数；　$\frac{\mu}{\rho D_L}$——Schmidt 准数；

$\frac{\mu\omega_s}{\sigma}$——气流准数；　$\frac{ND_i}{\omega_s}$——通气准数。

有用小型通气搅拌罐进行研究，对甘油水溶液和淀粉水溶液等牛顿流体得到以下关联式

$$\frac{K_LaD_i^2}{D_L}=0.06\left(\frac{\rho ND_i^2}{\mu}\right)^{1.5}\left(\frac{N^2D_i}{g}\right)^{0.19}\left(\frac{\mu}{\rho D_L}\right)^{0.5}\left(\frac{\mu\omega_s}{6}\right)^{0.6}\left(\frac{ND_i}{\omega_s}\right)^{0.32} \tag{7-32}$$

而对非牛顿流体 CMC 和 NaPA 水溶液则有

$$\frac{K_L a D_i^2}{D_L} = 0.06\left(\frac{\rho N D_i^2}{\mu}\right)^{1.5}\left(\frac{N^2 D_i}{g}\right)^{0.19}\left(\frac{\mu}{\rho D_L}\right)^{0.5}\left(\frac{\mu\omega_s}{6}\right)^{0.6}\left(\frac{N D_i}{\omega_s}\right)^{0.32}\times \left[1+2.0(\lambda N)^{0.5}\right]^{-0.67} \quad (7\text{-}33)$$

式中　λN——非牛顿流体黏弹性的 Deboralz 准数。

（4）微生物生长的影响

由图 7-15 中黑曲霉细胞浓度与 $K_L a$ 值变化的关系中可以看到，随着微生物的生长，发酵液中细胞浓度的增加，会使 $K_L a$ 值逐渐变小。菌丝体的形态不同也明显影响 $K_L a$ 值。例如，球状菌悬液的 $K_L a$ 值是相同浓度丝状菌悬液的两倍。主要是不同形态菌悬液的流动特性有较大的差别，丝状菌悬液的稠度指数是球状菌的 10 倍，流动特性指数几乎为 0；球状菌的流动特性指数约为 0.4。丝状菌悬液非常稠厚，非牛顿特性更为明显，因此气液传递效果差得多。如果将丝状菌悬液加水稀释 10%～15%，稠度指数降低至原来的一半，可以明显提高通气效率和液相的氧浓度。

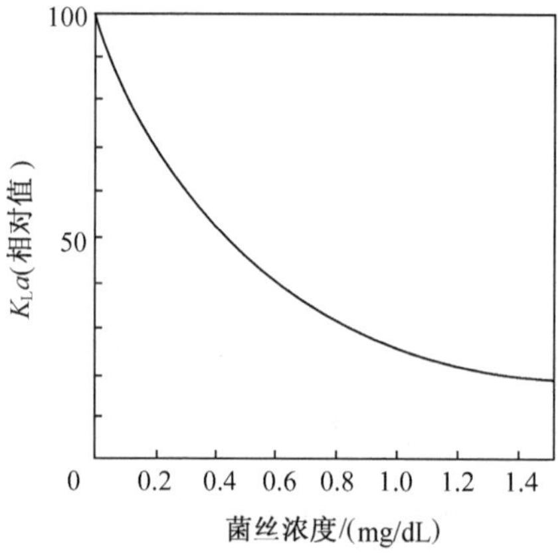

图 7-15　黑曲霉菌丝体浓度对 $K_L a$ 值的影响
（参考梅乐和等，1999；俞俊棠等，1997）

（5）消沫剂的影响

在发酵过程中加入的消沫剂，会分布在气液界面，增大传递阻力，使 K_L 下降。图 7-16 表示的是在水中加入表面活性剂月桂基磺酸钠（$NaLSO_4$）后，对 $K_L a$、K_L 和 d_B（泡沫直径）的影响。可以看到，少量加入后，$K_L a$ 和 K_L 会急剧下降，虽然气泡直径也有相当的减小，导致比表面积增加，但下降的影响超过增大的作用，所以仍然有很大的下降。随着浓度的增加，直到达到最低后，稍有增大的趋势。

发酵过程中，各种原因可以使发酵液产生泡沫，其中发酵性泡沫中氧分压很低，而二氧化碳分压则很高，这类泡沫相当稳定且不易破碎，对发酵产生许多不利影响，也是逃液的主要原因。加入消沫剂是消除泡沫的重要手段。使用的消沫剂是表面活性物质，尽管会引起溶解氧浓度的暂时下降，但最终会有效地改善发酵液的通气效率。

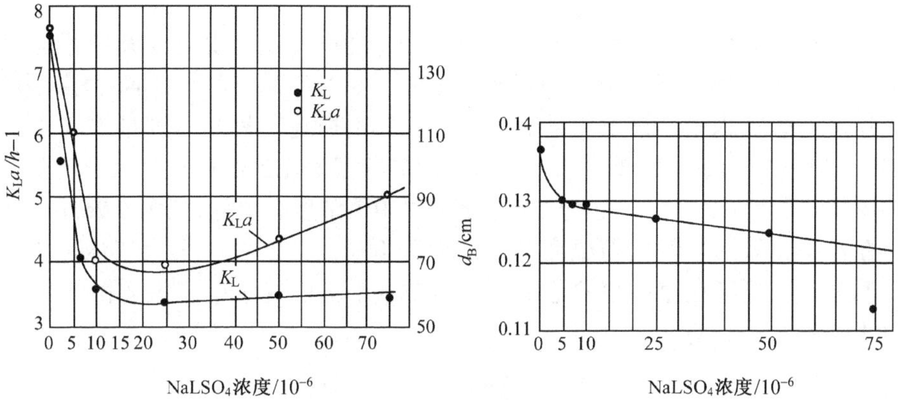

图 7-16　月桂基磺酸钠浓度对 K_La、K_L 和 d_B 的影响
（参考梅乐和等，1999；俞俊堂等，1997）

（6）离子强度的影响

电解质溶液中生成的气泡比在水中的要小得多，所以有较大的比表面积。在同样条件下，电解质溶液的 K_La 值也比水中的大。并且随着电解质浓度的增加，K_La 值也有较大的增加。从图 7-17 中可以看到，当盐浓度达到 5kg/m^3 时，电解质溶液的 K_La 值就开始表现出比水大。盐浓度在 50kg/m^3 以上时，K_La 值迅速增大。

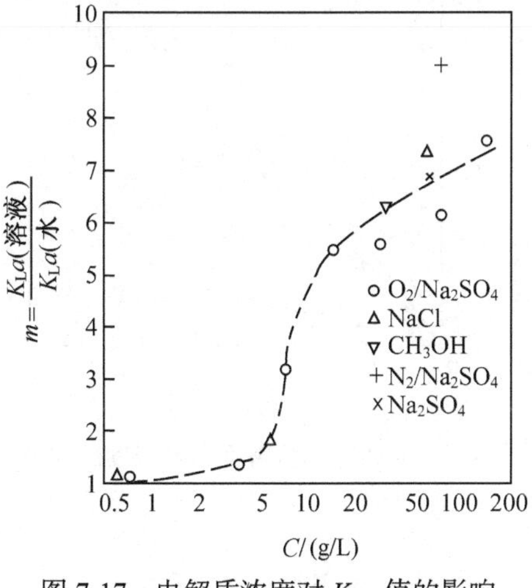

图 7-17　电解质浓度对 K_La 值的影响
（参考梅乐和等，1999；俞俊棠等，1997）

一些有机溶剂如丙酮、乙醇、甲醇等也有类似情况。

7.3.4.2　影响推动力的因素

提高发酵设备的氧传递能力，除了提高 K_La 值外，还可以考虑影响推动力的因素。提高推动力实际上是增加氧的饱和度 C^*，要了解哪些因素对推动力有影响，首先还应对氧在水中的溶解特性有所了解。如前所述，氧是一种难溶气体，在 25℃，1.01×10^{-5}Pa 条件下，氧在纯水中的溶解度为 1.26mol/m^3。因为氧在空气中的体积分数是 0.21，所以与空气相平衡的水中氧浓度就更低，仅为 0.265mol/m^3。

在水中，氧的溶解度随温度的升高而降低（表 7-2），一个大气压（1.01×10^{-5}Pa）下，温度在 4～33℃范围内，与空气平衡的纯水中，氧的饱和浓度可由以下经验公式计算

$$C_W^*=\frac{14.6}{t+31.6} \tag{7-34}$$

式中　C_W^*——水中与空气平衡的氧浓度（mol/m^3）；

t——温度（℃）。

在电解质溶液中，氧的溶解度因盐析作用而降低。氧在电解质溶液中的浓度可由 Sechenov 公式计算（图 7-18）。

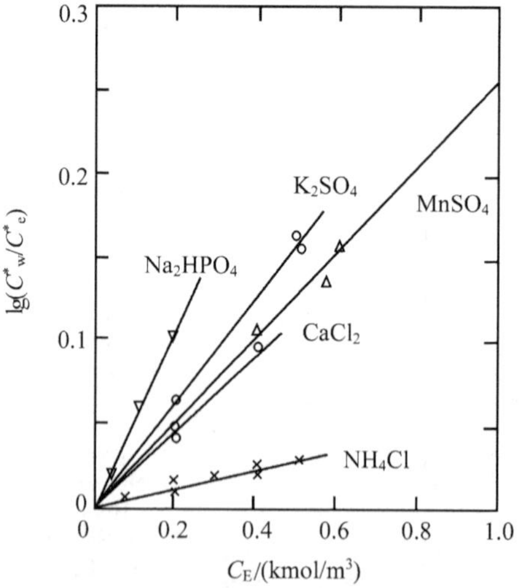

图 7-18　氧的饱和溶解度与盐浓度的关系

（参考梅乐和等，1999）

$$\lg\frac{C_W^*}{C_e^*}=KC_E \tag{7-35}$$

式中　C_e^*——氧在电解质中的溶解度（mol/m^3）；

C_E——电解质溶液的浓度（$kmol/m^3$）；

K——Sechenov 常数。

式（7-33）亦适合其他气体。

Sechenov 常数会随着气体的种类、电解质种类和温度的不同而发生变化。如果是含有几种电解质的混合溶液，则可根据溶液的离子强度来计算

$$\lg\frac{C_W^*}{C_e^*}=\sum_I h_i I_i \tag{7-36}$$

式中　h_i——第 i 种离子的常数（$m^3/kmol$）；

$I_i=（1/2）z_i C_{Ei}$——离子强度（$kmol/m^3$）；

z_i——第 i 种离子的价数；

C_{Ei}——第 i 种离子的浓度（$kmol/m^3$）。

表 7-8 是根据 25℃时，氧在一些电解质溶液中的 Sechenov 常数回归出来的某些离子的 h 值。此值也可用来计算 10～40℃时，氧在混合电解质溶液中的溶解度。

表 7-8　一些离子的 *h* 值（$m^3/kmol$）

离子	h	离子	h	离子	h
H^+	−0.774	Ca^{2+}	−0.303	ClO_4^-	0.888
Li^+	−0.664	Ba^{2+}	−0.297	HCO_3^-	1.058
Na^+	−0.550	Mn^{2+}	−0.311	$H_2PO_4^-$	1.037
K^+	−0.596	F^-	0.982	$C_6H_5OCH_2COO^-$	0.764
Rb^+	−0.662	Cl^-	0.844	SO_4^{2-}	0.453
Cs^+	−0.666	Br^-	0.820	CO_3^{2-}	0.485
NH_4^+	−0.264	I^-	0.821	HPO_4^{2-}	0.485
$N(C_2H_5)^+$	−0.912	OH^-	0.941	SO_3^{2-}	0.477
Mg^{2+}	−0.314	NO_3^-	0.802	PO_4^{-3}	0.320

在非电解质溶液中，氧的溶解度与在电解质溶液中一样，随着溶质浓度的增加而下降，也可以表示为

$$\lg\frac{C_W^*}{C_n^*}=KC_N \tag{7-37}$$

式中　C_n^*——氧在非电解质溶液中的溶解度（mol/m^3）；

C_N——非电解质或有机物质浓度（kg/m^3）。

表 7-9 表示的是各种有机物溶液在一定浓度范围内的 Sechenov 常数。表中蔗糖的 K 值仅适用于低于 $200kg/m^3$ 的溶液，如果浓度高于 $200kg/m^3$ 的溶液，则应用下式计算

表 7-9　各种有机物溶液的 Sechenov 常数

有机物	浓度范围/（kg/m^3）	温度/℃	K/（$10^{-4}m^3/kg$）
葡萄糖	0～450	25	6.58
乳糖	0～250	25	5.71
蔗糖	0～200	25	4.36
糖蜜	0～240	25	4.03
淀粉	0～200	37	6.35
葡萄糖酸	0～500	25	3.92
糖原	0～250	37	6.59
葡萄糖胺	0～300	37	11.23
葡萄糖磷酸脂	0～200	37	11.87
ADP	0～200	37	6.35
ATP	0～200	37	7.10
柠檬酸	0～200	25	5.09
尿素	0～300	37	3.74
甘油	0～190	15	5.77
	0～190	25	4.74
	0～300	37	4.07
白蛋白（牛）	0～200	37	1.81
（鸡）	0～200	37	3.23
血红蛋白	0～250	37	−0.30
α-球蛋白	0～100	37	3.05
甘氨酸	0～200	37	12.46
赖氨酸	0～300	37	13.45
胱氨酸	0～60	30	4.3
肉膏	0～60	30	5.7
酵母膏	0～60	30	6.2
精制棉子饼粉	0～80	25	1.5

$$\frac{C_W^*}{C_n^*}=1-9.04\times10^{-4}C_N \tag{7-38}$$

对于既含有电解质又含有非电解质的发酵液，氧的溶解度可用下式计算

$$\lg\frac{C_W^*}{C_m^*}=\sum_i h_i I_i+\sum_i \lg\frac{C_W^*}{C_{nj}^*} \tag{7-39}$$

式中　C_m^*——氧在混合液中的溶解度（mol/m^3）。

表 7-10 展示了氧在一些有机溶剂中的溶解度。可以看到，氧在这些有机化合物中的溶解度比在水中要高。

表 7-10　氧在一些有机溶剂中的溶解度

溶剂	温度/℃	溶解度/（$10^3kg/m^3$）
乙醇	16.0	61.0
正己烷	16.0	90.0
苯	12.0	62.1
甲乙酮	15.0	74.1
	22.5	118.0
豆油	16.0	33.3
油压油	20.0	38.3
切削油	20.0	52.7
蒸馏水（对照）	15.0	10.1

提高气液传递推动力还可以通过提高发酵罐罐压，或提高空气中的氧分压的方法，增加氧的饱和度 C^*，但都不是最可取的方法。因为增加罐压，溶解氧浓度增加了，其他气体的浓度（如二氧化碳）也增加。而且二氧化碳的溶解度比氧的溶解度大得多，在高的罐压下，不利于液相中二氧化碳的排出。并且罐压过大，对细胞的渗透压有不利影响。因此增加罐压有一定的限度。用纯氧来增加氧分压的方法又称富氧通气，有几种制备富氧空气的主要方法。例如，深冷分离法可制得纯度 99.6%～99.8%的氧，再按一定比例与空气混合后使用。另一种吸附分离法是令空气通过装有吸附剂的柱子，使氮和二氧化碳被吸附。还有膜分离法，是利用有机高分子膜制备含氧 30%的富氧空气。这三种方法都使成本提高，不够经济。

7.3.5　液相体积氧传递系数 K_La 的测定

测定发酵过程中发酵液溶解氧浓度、摄氧率和液相体积氧传递系数 K_La 的变化，随时掌握发酵过程的供氧、需氧情况，并为准确判断设备的通气效果提供可

靠数据，进而才能有效控制发酵过程。发酵液溶解氧浓度的测定，目前多采用复膜氧电极来测定，有关复膜氧电极的结构、测定原理等在第 8 章将作详细介绍。本节对摄氧率和液相体积氧传递系数 $K_{\mathrm{L}}a$ 的测定方法作些介绍。

7.3.5.1　摄氧率的测定

发酵过程中，摄氧率的变化是非常快的，所以要求测定的方法敏感和响应时间快。可以采用复膜氧电极进行测定。其测定的方法是在测定前先用纯水标定电极，得到单位电流值代表的溶解氧浓度。

$$\frac{C^*}{i_{饱}-i_{残}}$$

式中　C^*——饱和溶解氧浓度（mmol/L）；

$i_{饱}$——在饱和溶解氧浓度时的电流值（mV）；

$i_{残}$——残余电流，即溶解氧浓度为 0 时的电流值（mV）。

标定后的电极即可用来测定。测定时，关闭通气，保持搅拌，用氮气将发酵罐上部空气驱除。这时由于细胞的耗氧，培养基中的溶解氧浓度不断下降，仪表反应出电流值也在不断降低。摄氧率 r 可由下式求出

$$r=\frac{C^*}{i_{饱}-i_{残}}\times\left(-\frac{\Delta i}{\Delta t}\right) \tag{7-40}$$

式中　Δt——停止供气后溶解氧浓度下降至最低点所用时间（h）；

Δi——在时间 Δt 内电流的变化值（mV）。

7.3.5.2　液相体积氧传递系数 $K_{\mathrm{L}}a$ 的测定

以往是采用亚硫酸法、排气法或取样法测定发酵液的体积氧传递系数 $K_{\mathrm{L}}a$ 值，这三种方法测定的数据都不能真实反映发酵过程中 $K_{\mathrm{L}}a$ 值的实时变化。目前采用的直接测定法和动态测定法可以正确地表示 $K_{\mathrm{L}}a$ 值的变化状况。直接测定法在第 8 章中进行介绍，在此仅介绍动态测定法。

动态测定法也可以用复膜氧电极测定。其方法是在发酵过程中突然停气，保持搅拌，马上用氮气将发酵罐上部空气驱出罐外。随着微生物细胞的呼吸作用，使发酵罐中溶解氧浓度迅速下降，一定时间后，溶解氧浓度下降速度减慢。待溶解氧浓度达到一个较低点时，再恢复通气。以溶解氧浓度为纵坐标，以测定时间为横坐标制图，如图 7-19 的 *abcd* 曲线。*ab* 段是一条明显下降的直线，表明在停气后，由于微生物的呼吸作用使发酵液中溶解氧浓度迅速下降。当溶解氧浓度降

至 b 点以下，因溶解氧浓度过低，对细胞的呼吸产生了一定的抑制作用，因此 b 点的溶解氧浓度可以认为是微生物呼吸的临界氧浓度。cd 段的溶解氧浓度为恢复供气后溶解氧浓度变化，反映出微生物的呼吸在受到短时间抑制后，供氧与需氧之差。在停气后，发酵液中溶解氧浓度的变化率 $\mathrm{d}C_L/\mathrm{d}t$ 可表示为

$$\frac{\mathrm{d}C_L}{\mathrm{d}t}=K_La(C^*-C_L)-Q_{O_2}\cdot X \tag{7-41}$$

$$C_L=\frac{1}{K_La}\left(\frac{\mathrm{d}C_L}{\mathrm{d}t}+Q_{O_2}\cdot X\right)+C^* \tag{7-42}$$

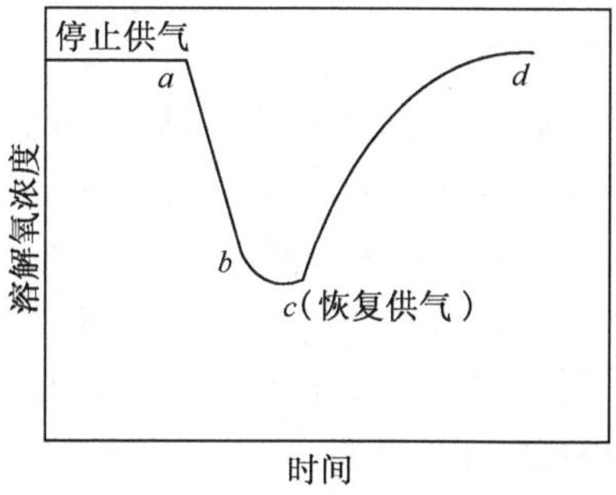

图 7-19　溶解氧浓度与通气变化的关系
（参考熊宗贵等，2001）

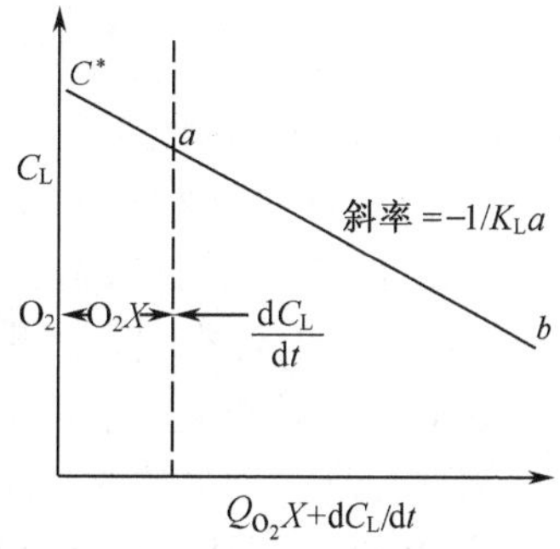

图 7-20　K_La 的求值
（参考熊宗贵等，2001）

以 C_L 为纵坐标，以（$\mathrm{d}C_L/\mathrm{d}t+Q_{O_2}\cdot X$）为横坐标作图如图 7-20。直线 ab 的斜率即为 $-1/K_La$，当 $\mathrm{d}C_L/\mathrm{d}t=0$ 时，

$$C^*=C_L+\frac{Q_{O_2}\cdot X}{K_La} \tag{7-43}$$

也可以将 ab 直线延长与纵轴相交，其截距即为 C^*。

7.4　二氧化碳对发酵的影响及控制

7.4.1　二氧化碳的来源及对发酵的影响

CO_2 是微生物的代谢产物，同时也是某些合成代谢的一种基质，它是细胞代谢的重要指示。溶解在发酵液中的 CO_2 对氨基酸、抗生素等微生物发酵具有刺激或抑制作用。

例如，环状芽孢杆菌等已经发芽的孢子在开始生长的时候，对 CO_2 有特殊需要。CO_2 还是大肠杆菌和链霉菌突变株的生长因子，菌体有时需要含 30% CO_2 的气体才能生长。这种现象被称为 CO_2 效应。

通常 CO_2 对菌体生长具有抑制作用，当排气中 CO_2 的浓度高于 4%时，微生物的糖代谢和呼吸速率下降。例如，发酵液中 CO_2 的浓度达到 1.6×10^{-1}mol，就会严重抑制酵母菌的生长；当进气口 CO_2 的含量占混合气体的 80%时，酵母活力与对照相比降低 20%。当 CO_2 的分压达到 0.08×10^5Pa，青霉素比合成速率会降低 50%；其菌丝体的形态也会随 CO_2 含量的不同而异，若 CO_2 含量在 0%～8%时，菌丝体主要呈丝状，CO_2 含量上升到 15%～22%时则呈膨胀，CO_2 的分压达到 0.08×10^5Pa 时，则出现酵母状膨胀菌丝，同时青霉素合成受阻。

CO_2 对微生物发酵也有影响，如牛链球菌发酵生产多糖，最重要的发酵条件是提供的空气中要含有 5%的 CO_2。精氨酸发酵也需要一定量的 CO_2，才能获得最大产量，通常 CO_2 的最适分压约为 0.12×10^5Pa，或高或低产量都会下降。CO_2 对某些发酵还能产生抑制作用，如对肌苷、异亮氨酸、组氨酸、抗生素等的发酵，特别是抗生素发酵中。例如，CO_2 能够抑制紫苏霉素的合成，在通气中加入 11% CO_2，产生菌对基质的代谢极慢，菌丝生长速率降低，紫苏霉素产量比不加 CO_2 时下降 33%。CO_2 对红霉素合成也有明显抑制作用，若在发酵 15h 后，按通气量的 11%加入 CO_2，对产生菌生长无不良影响，但红霉素产量减少 60%。在四环素发酵中，需要控制一个最佳的 CO_2 分压，才能获得最高产量。

CO_2 及 HCO_3^- 主要是影响细胞膜的结构，它们分别作用于细胞膜的不同位点。溶解于培养液中的 CO_2 主要作用于细胞膜的脂质核心部位，HCO_3^- 则影响细胞膜的膜蛋白。当细胞膜的脂质相中 CO_2 的浓度达到临界值时，膜的流动性及表面电荷密度就发生改变，使许多基质的膜运输受到阻碍，影响了细胞膜的运输效率，导致细胞生长受到抑制，形态发生改变。CO_2 对微生物发酵的影响如抑制红霉素的生物合成，可能是因为对甲基丙二酸前体合成产生反馈作用，而降低了红霉素的发酵单位。CO_2 除影响菌体生长、形态及产物合成外，或影响发酵液的酸碱平衡，使发酵液的 pH 下降，或与其他化学物质发生化学反应，或与生长必需金属离子形成碳酸盐沉淀，或氧的过分消耗引起溶氧浓度下降等原因，造成间接作用而影响菌体生长和产物合成。

7.4.2　二氧化碳浓度的控制

CO_2 在发酵液中的浓度变化不像溶解氧那样有一定的规律，它的大小受到许多因素的影响，如细胞的呼吸强度、发酵液的流变学特性、通气搅拌程度、罐压大小、设备规模等。由于 CO_2 的溶解度比氧气大，所以随着发酵罐压力的增加，其含量比氧气增加的更快。大容量发酵罐的发酵液的静压力可达 1×10^5Pa 以上，再加上正压发酵，致使罐底部压强达 1.5×10^5Pa。如果当 CO_2 浓度增大时，若通气搅拌不改变，CO_2 不易排出，在罐底形成碳酸，使 pH 下降，进而影响微生物细胞的呼吸和产物合成。有时为了防止“逃液”而采用增加罐压消泡的方法，会增加 CO_2 的溶解度，不利于细胞的生长。

对 CO_2 浓度的控制主要看其对发酵的影响，如果对发酵有促进作用，应该提高其浓度；反之应设法降低其浓度。通过提高通气量和搅拌速率，在调节溶解氧的同时，还可以调节 CO_2 的浓度，通气使溶解氧保持在临界值以上，CO_2 又可随着废气排出，使其维持在引起抑制作用的浓度之下。降低通气量和搅拌速率，有利于提高 CO_2 在发酵液中的浓度。有研究报道，利用 $3m^3$ 发酵罐进行四环素发酵试验，发酵 40h 之前，通气量维持在 $76m^3/h$，搅拌转速为 80r/min，使 CO_2 浓度提高；40h 以后通气和搅拌分别提高至 $110m^3/h$ 和 140r/min，以降低 CO_2 浓度；如此控制使四环素的产量提高 25%～30%。

CO_2 的产生与补料控制有密切关系。例如，在青霉素发酵中，补糖可增加排气中 CO_2 的浓度，并降低培养液的 pH。因为菌体生长、繁殖、青霉素合成等方面，都消耗糖而产生 CO_2，增加发酵液中的 CO_2 浓度，而致使 pH 下降。可见补糖、CO_2 浓度和 pH 之间有相关性，作为青霉素补料工艺控制的重要参数，其中排气中 CO_2 的变化比 pH 的变化更为敏感。

7.5　泡沫对发酵的影响与控制

7.5.1　泡沫产生的原因

在微生物好气培养中，发酵液往往产生许多泡沫，这是正常现象。其原因是由几方面因素造成的，其中包括外力、微生物代谢及培养基的成分等。所谓外力是指通气和搅拌，空气进入发酵液后，为了增加氧溶解速度，可以通过搅拌使大气泡变为小气泡，以增加气体与液体的接触面积，导致氧传递速率增加，这样也有利于二氧化碳气体的逸出。为了达到充分的气体交换目的，气泡应该在发酵液中有一定的滞留时间。所以在通气搅拌下产生一定数量的小气泡是增加氧溶解速度的必要手段。但是过多的泡沫就对发酵不利了。微生物细胞生长代谢和呼吸也会排出气体，如氨气、二氧化碳等，这些气体使发酵液产生的气泡也称为发酵性泡沫。在这些泡沫产生的原因中，培养基物理化学性质对泡沫形成起了决定性作用。因为纯水的表面张力很低（$\sigma=0.072Nm^{-1}$），气体通过纯水的气液界面时形成的气泡稳定性为 0，因此只能维持几分之一秒，这是由于能学上的不稳定性和围绕气泡的液膜强度很低所致。泡沫的稳定性主要与液体的表面性质如表面张力、表观黏度和泡沫的机械强度有密切的关系。培养基中的花生饼粉、玉米浆、皂苷、黄豆饼粉、糖蜜等中所含的蛋白质，以及微生物菌体等具有稳定泡沫的作用。许多起泡物质是表面活性物质，这些物质能降低发酵液的表面张力，而使发酵液容易起泡。这些物质在水中，其分子的极性端向着水，而非极性端向着空气，分子就这样力图在表面层做定向排列，使泡沫的机械强度增加。当起泡剂在气泡表面上恰好形成单分子层时，泡沫的机械强度最大。起泡剂分子的链越长，链间的范德华引力也越大，泡沫的机械强度也越大。蛋白质分子间，除了范德华引力外，在羧基和氨基之间尚有氢键引力，也加强了气泡的机械强度。液体的黏度越大，气泡液膜的黏度也大，泡沫则较稳定。因为较大的表观黏度可以减缓气泡间液膜的液体流失，使气泡稳定。但黏度太大，膜中起泡剂分子不能自由运动，膜局部受损时，不能及时弥和“伤口”，反而使泡沫易碎。此外，培养基的浓度、温度、酸碱度及泡沫的表面积对泡沫的稳定性也有一定的影响。

7.5.2 泡沫对发酵的危害

尽管泡沫是好氧发酵中的正常现象,但过多的泡沫仍然给发酵带来负面影响，主要表现在由于过多的泡沫生成，若不加控制，会引起“逃液”，造成损失。为防止逃液，必须降低发酵罐的装料系数。大多数发酵罐为了留出容纳泡沫的空间，装料系数仅为 0.6～0.7。发酵液体积的减少，直接影响了收率。泡沫升至罐顶，顶至轴封或逃液，都增加了杂菌污染的机会。并且泡沫液位的上下变化，使部分菌体黏附到罐顶或罐壁上，不能再回到发酵液中，使发酵液中的菌体量减少。泡沫形成后，泡沫中的代谢气体不容易被带走，从而使菌体的生活环境发生了改变，妨碍了菌体的呼吸，造成了代谢异常，导致菌体提前自溶。菌体自溶会促使更多的泡沫形成。生产上为了减少因通气搅拌引起的泡沫产生，常采用降低通气量乃至“闷罐”的措施，但同时影响了溶解氧的浓度。此外，还通过加入消沫剂来消除泡沫，但消沫剂的加入给提取工艺带来困难。

泡沫是气体被分散于液体中的胶体体系，在发酵液中，其分散相是无菌空气或代谢气体，连续相是发酵液。根据发酵液性质的不同，存在有两种类型的泡沫。一类是存在于发酵液的液面上，这类泡沫气相所占比例特别大，泡沫与与泡沫之间仅有很薄的液膜分开，并且泡沫层与下面的液体之间有明显的界限。这种泡沫在稀薄的前期发酵液或种子培养液中最常见。另一类是存在于黏稠的菌丝发酵液中，这种泡沫均匀而细，比较稳定，其气相所占比例由下而上逐渐增加，气泡与液面没有明显的界限，此类泡沫又称为流态型泡沫。

7.5.3 泡沫的消长规律

根据泡沫产生的原因，可以找到一些泡沫消长的规律，它与许多因素有关。首先，泡沫的产生与通气、搅拌的剧烈程度有关，图 7-21 表示的是不同搅拌速度和通气量对泡沫产生的影响。从图中可见，泡沫随着通气量和搅拌速度的增加而增加，并且搅拌所引起的泡沫比通气来得大。所以当泡沫过多时，可以通过减少通气量和搅拌速度作消极预防。

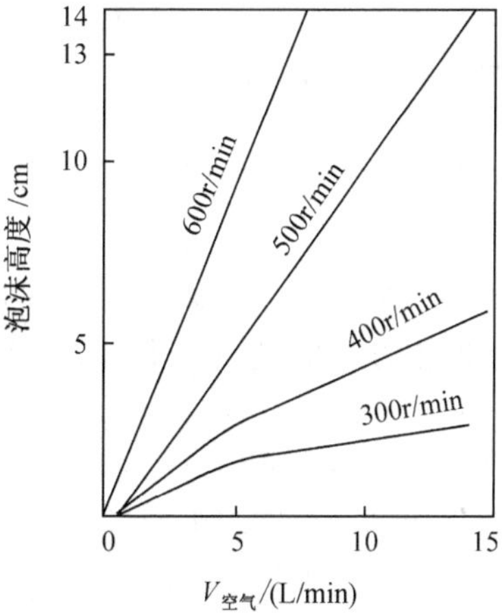

图 7-21 不同搅拌速度和通气量对泡沫的影响

另外，与培养基所用原材料性质有关。蛋白质原料如蛋白胨、玉米浆、花生饼粉、黄豆饼粉、酵母粉、糖蜜等是主要的发泡物质，其起泡能力随着品种、产地、储藏加工条件和配比而不同。如丰富培养基特别是含有花生饼粉或黄豆饼粉的培养基，黏度较大，产生的泡沫多而又持久。在同一浓度下，起泡能力最强的是玉米浆，其次是花生饼粉，再其次是黄豆饼粉。糖类物质本身起泡能力很差，但在丰富培养基中，较高浓度的糖类物质增加培养基的黏度，而有利于泡沫的稳定。例如，葡萄糖在黄豆饼粉溶液中的浓度越高，起泡能力也越强。此外，培养基的灭菌方法也会改变培养基的性质，从而影响培养基的起泡能力。例如，随着糖蜜培养基灭菌温度从 110℃上升至 130℃，灭菌时间为 0.5h，发泡系数 q_m 几乎增加 1 倍。这可能是因为形成大量的蛋白黑色素和 5-羟甲基糖醛的缘故。

在发酵过程中，培养基的性质随着细胞的代谢活动在不断变化，因此影响泡沫的消长。图 7-22 表示的是霉菌在发酵过程中的液体表面性质变化与泡沫稳定性的关系。可以看出，发酵初期泡沫的高稳定性与高的表观黏度和低表面张力有关。随着霉菌对碳、氮源的利用，培养基的表观黏度下降，促使表面张力上升，泡沫

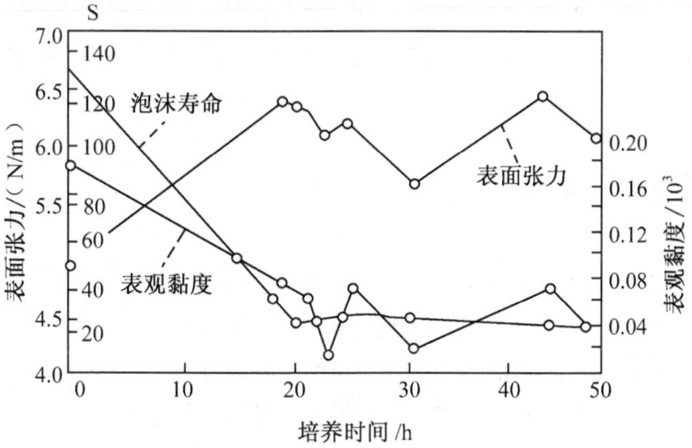

图 7-22 霉菌在发酵过程中，液体表面性质与泡沫稳定性的关系

培养基成分：1.5%玉米浆，5%葡萄糖，6%接种量

（参考俞俊棠，1997；梅乐和等，1999）

的寿命逐渐缩短，泡沫减少。到了发酵后期，菌体自溶，培养基中可溶性蛋白浓度增加，又促使泡沫的稳定性上升。

7.5.4 泡沫的消除和防止

了解发酵过程中泡沫的消长规律，方可有效地控制泡沫。消除和控制泡沫的方法主要包括机械消沫和消沫剂消沫两大类，同时还可以考虑从减少起泡物质和产泡外力着手。如起泡物质多为表面活性物质，可以适当予以减少；通气使氧的含量达到临界值即可，不一定要达到饱和度。此外，也可以从菌种的选育方面考虑，例如，单细胞蛋白的生产中，选育在生长期不产生泡沫的突变株。还有报道利用几种微生物如产碱菌、土壤杆菌和莫拉氏菌进行混合培养，能够控制发酵过程中泡沫的形成，这主要是因为一种菌种产生的泡沫物质可以被另一种协同菌种所利用的缘故。

7.5.4.1 机械方法消沫

机械消沫是利用物理作用，靠机械的强烈振动或压力的变化促使泡沫破碎。机械消沫的方法有多种，一种是在罐内将泡沫消除，最简单的是在搅拌轴的上部安装消沫桨，当消沫桨随着搅拌轴转动时，将泡沫打碎。另一种是将泡沫引出罐外，通过喷嘴的加速作用或利用离心力消除泡沫后，液体再返回罐内。

机械消沫的优点是不需要引入外来物质，可节省原材料，减少杂菌污染的机会，也可以减少培养液性质的变化，对提取工艺无任何副作用。其缺点是效率不高，对黏度较大的流态型泡沫几乎没有作用，也不能消除引起泡沫稳定的根本原因，所以仅作为消沫的辅助方法。也有在罐内装设超声波或超声波汽笛进行消沫的。

7.5.4.2 消沫剂消沫

因为形成泡沫的因素很多，所以选择消沫剂的作用机制也是多样的，消沫剂一般是采用表面活性物质。当泡沫的表面存在有极性表面活性物质形成的双电层时，另一种极性相反的表面活性物质的加入，可以中和电性，破坏泡沫的稳定性，使泡沫破碎。或者加入更强极性的物质与发泡剂争夺泡沫表面上的空间，而引起力的不平衡，并使液膜的机械强度降低，促使泡沫破碎。当泡沫的液膜具有较大的黏度时，可加入某些分子内聚力小的物质，以降低液膜的表面黏度，使液膜的液体流失，导致泡沫破碎。

一般好的消沫剂最好能同时具备降低液膜的机械强度和表面黏度这两种性能。此外，为了使消沫剂易于分散于泡沫表面上，消沫剂应具有较小的表面张力和较小的溶解度。同时，还应该考虑对微生物细胞是无毒的，不影响氧的传递，能够耐高温高压，浓度低而效率高，并且对产品质量和产量无影响，成本低、来源广泛等因素。

常用的消沫剂有天然油脂、聚醚类、高级醇、硅酮类、脂肪酸、亚硫酸、磺酸盐等。其中使用最多的是天然油脂和聚醚类。

常用的天然油脂有玉米油、米糠油、豆油、棉子油、菜子油、猪油和鱼油等。天然油脂不仅用于消沫，还可以作为碳源和发酵中间控制的手段。由于油脂分子中无亲水基团，在发泡介质中难以铺展，所以消泡能力较差。使用时应该注意油脂的新鲜程度，碘价和酸价高的油脂，消沫能力差，并对发酵有不利影响。油脂作为消沫剂的用量大，如 50t 土霉素发酵罐，若不用合成消沫剂，每批发酵需耗玉米油 2t 左右，所以常用合成消沫剂取代。

聚醚类消沫剂的种类很多，应用较多的是聚氧丙烯甘油（GP）和聚氧乙烯氧丙烯甘油（GPE），它们以一定比例配制的消沫剂又称泡敌。其用量仅为 0.03%～0.035%，但消沫能力是天然植物油的 10 倍以上。如果使用得当，对细胞生长、产物合成几乎没有影响。此外还具有性能稳定、操作简便、容易控制、用量少而成本低等优点。它们的结构通式如下

$$
\begin{array}{l}
CH_2—O(C_3H_6O)_mH \\
| \\
CH—O(C_3H_6O)_mH \\
| \\
CH_2—O(C_3H_6O)_mH
\end{array}
\qquad\qquad
\begin{array}{l}
CH_2—O(C_3H_6O)_m—(C_2H_4O)_mH \\
| \\
CH—O(C_3H_6O)_m—(C_2H_4O)_mH \\
| \\
CH_2—O(C_3H_6O)_3—(C_2H_4O)_mH
\end{array}
$$

聚氧丙烯甘油　　　　　　聚氧乙烯氧丙烯甘油

GP 的亲水性能差，分散系数小，在发泡介质中的溶解度小，其抑泡性能比消泡性能好，适宜于在配制培养基时加入，能够在整个发酵过程中抑制泡沫的产生。如在链霉素发酵中，加入基础培养基，抑泡效果明显，可完全取代天然油脂，消泡效果相当于豆油的 60～80 倍，对发酵无不良影响。而 GPE 的亲水性好，在发泡介质中容易铺展，作用迅速且消泡能力强，但其溶解度相应地较大，消泡活性维持的时间较短，所以在黏稠发酵液中的使用效果较好。

其他消沫剂，如高级醇中十八醇是较常用的一种消沫剂，可以单独或与载体一起使用。它与冷榨猪油一起在青霉素发酵中使用的效果不错。另外，聚二醇也具有消沫效果持久的特点，尤其适合于霉菌的发酵。硅酮类消沫剂较适用于微碱的细菌发酵液。

消沫剂多数是溶解度较小、分散性较差的高分子化合物，消沫的效果与使用

方法很有关系。所以消沫剂在发酵罐中能否起作用取决于它们的扩散能力。增效剂起到帮助消沫剂扩散和缓慢释放的作用，可以加速和延长消沫剂的作用，减少其黏性。使用的增效方法很多，如加入载体增效，即用惰性载体（包括矿物油、植物油等）将消沫剂溶解分散；消沫剂的并用增效，取各种消沫剂的优点互补，如 GP 和 GPE 按 1∶1 混合使用；乳化消沫剂增效，将乳化剂与消沫剂混合制成乳剂，以提高分散能力等。另外还可以使用化学和机械方法联合控制泡沫，及采用相应的自动控制系统。

消沫剂的持久性除由其本身的性能决定外，还与加入量和时间有密切的关系。同样用量的消沫剂少量多次的持久效果与少次多量的大不一样。少量多次或滴加可以收到有效防止泡沫产生和节省用量的双重效果。消沫剂的实际使用还需要在应用之前进行对比实验，找出特定培养基中对微生物生理特征影响最小、对终产物无太大影响、成本低和消沫效果最好的条件。当然，消沫是一种消极的方法，一般是万不得已才用。

7.6 发酵终点的判断与自溶现象的检测

7.6.1 发酵终点的判断

正确掌握发酵终点，对保证高水平产物回收，提高产品质量，减轻分离纯化成本和难度等，极为重要。不同的发酵类型和发酵目标，对发酵终点也有不同的判断标准。例如，对在整个生产成本中原材料和发酵成本占了主要部分的发酵种类而言，主要追求的是提高产率（kg/m^3）/ h，得率（即转化率）（kg 产物/ kg 基质）和发酵系数［（kg 产物/ m^3 罐容积）/ h］。如果下游加工成本占了生产成本的主要部分或产品价值高，则除了要求高产率和发酵系数外，还要求较高的产品浓度，则应以放罐发酵单位除以总的发酵时间（包括发酵周期和前一批放罐、洗罐、配料和灭菌直至接种前所需时间），来计算总的体积产率［（g 产物/ L 发酵液）/h］，如图 7-23 所示。

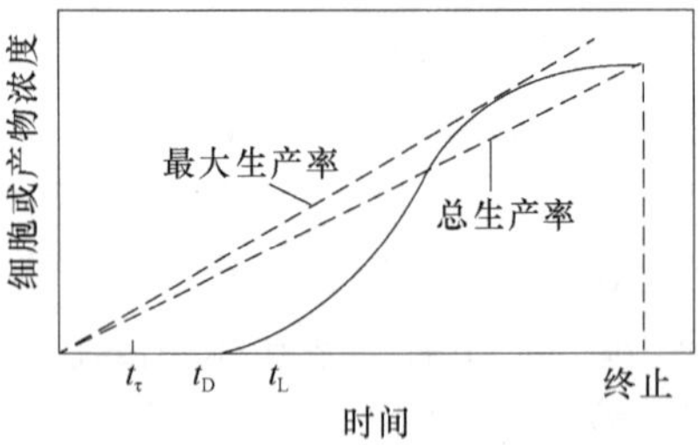

图 7-23 分批培养的产率计算

总的产率可用从发酵终点到下一批发酵终点的斜率表示；最高产率则可用从原点与产物浓度曲线相切的一段直线斜率表示。一般切点处的产物浓度比终点的最大值要低。根据式(7-44)可计算出发酵总的生产周期。

$$t=\frac{1}{\mu_m}\cdot\ln\frac{X_1}{X_2}-t_\tau+t_D+t_L \quad (7\text{-}44)$$

式中 t_{τ}——放罐检修工作时间；

t_{D}——洗罐、打料和灭菌时间；

t_{L}——生长停滞时间；

X_1——起始细胞浓度；

X_2——放罐细胞浓度；

μ_m——最大比生产速率。

如此可见，如要提高总的产率，必须缩短发酵周期，即在产率降低时及时放罐。因为如果延长发酵时间虽能略微提高产物浓度，但是产率会下降，并且消耗每千瓦电力和每吨冷却水所得产率也会下降，从而造成成本提高。而且放罐时间对下游加工工序影响很大。放罐时间过早，会残留过多的糖、脂肪、可溶性蛋白质等培养基成分，这类物质会促进溶剂萃取的乳化作用或影响树脂的交换容量，而增加了提取工艺负担。若放罐太晚，出现菌体自溶，不仅会降低过滤速度，延长过滤时间，还有可能造成不稳定产物降解，产物浓度下降，干扰提取工段的作业计划。

因此，在临近放罐时，加糖、补料或加消沫剂均要慎重，因为这些残留物对提取工艺有不良影响。补料可根据糖耗速率准确计算到放罐时允许的残留量范围来控制。如对抗生素发酵来说，一般在放罐前 16h 应停止加糖或消沫剂。

判断放罐时间的指标主要有产物浓度、过滤速度、菌丝形态、氨基氮浓度、pH、DO（溶氧浓度）、发酵液黏度和外观等。一般菌丝自溶前有一些指标会发生改变，如氨基氮、DO 和 pH 开始上升，菌丝碎片增多，黏度增加、过滤速度下降。其中过滤速度下降尤为重要。但是不同的发酵，会有不同的放罐时间考虑。

例如，老品种的抗生素发酵放罐时间一般都按作业计划进行，但在发酵出现异常情况下，放罐时间就需根据实际情况当机立断，及时放罐，以免导致倒罐，造成更大损失。新品种发酵更需要探索合理的放罐时间。绝大多数抗生素发酵放罐时间掌握在菌体自溶之前，极少数品种可在菌丝部分自溶后放罐，以便使胞内抗生素释放出来。总之，发酵终点的判断需要综合多方面因素统筹考虑。

在实际操作中，需要对过程步骤与放罐时间的动态安排进行优化。例如，与历史数据进行比较，将现行批次分成好、正常与坏三种不同情况。采用提前终止坏批次、延长好批次的处理方法，可在不改变工艺条件的情况下，达到提高效益的目的。

7.6.2 细胞自溶的监测

发酵后期密切监视菌体的自溶情况对稳定和提高下游加工工段的产物回收率有着重要的意义。所谓自溶，通常是把微生物因营养缺乏或处于不利生长环境下，受其自身代谢调节作用，导致细胞开始裂解的过程称为自溶。一些真菌的自溶与蛋白酶、β-葡聚糖酶及壳多糖酶有关。有研究酵母菌自溶的基本过程和细胞内部结构的变化表明，蛋白质水解是自溶的基本动力，而细胞壁的降解起次要作用。其典型特征是膜功能的丧失，区室化的破坏及自溶酶的释放。造成自溶的外源因素也有许多，包括化学物质如高浓度的乙醇、碳氮源，或是氧气的缺乏等。

目前已采用化学分析、分光光度计分析、成像分析技术及酶学分析法等监测细胞自溶程度。例如，常规方法监测生物量、产物浓度及氨基酸脱氨产生 NH^+等，用于反映菌体自溶情况；用计算机辅助的成像分析技术对菌体形态作定量描述，监测有自溶征兆的菌体所占比例；监测在自溶作用中的一些关键酶的活性，如蛋白酶、β-1,3-葡聚糖水解酶等的活性。

7.6.3　影响自溶的因素

例如，在青霉素发酵中后期，如果 NH^+供给不足（0.25g/L），青霉素的合成会终止，菌丝自溶加剧。NH^+的限制，可能是诱导或刺激细胞自溶的外在因素。除了菌株间的遗传差异外，菌龄则是影响自溶的内在因素。氧的限制可显著降低青霉素V的合成速率，出现自溶的时间比控制DO大于40%空气饱和度的发酵更早。在120h发酵后，大多数菌丝出现自溶征兆，并伴有菌量和表观黏度的下降，以及 NH^+的上升。在自溶的初期（120～148h），碳源、能源继续消耗，CO_2释放速率（CER）上升，DO仍停留在限制水平（0饱和度）。呼吸熵（RQ）值从1.0（72～120h）上升至2.0，这反映出菌体的代谢从好氧呼吸转向了厌氧呼吸。在120h后青霉素V开始降解，142h时，发酵单位可降至0，此期间的平均降解量为0.023g/（L·h）。

广泛的蛋白质水解是自溶初期的普遍现象。主要是因为胞内蛋白酶被活化，液泡中的水解酶在碳、氮源限制下被解除了阻遏作用，或间室化的破坏而释放出水解酶。某些酵母在自溶过程中是β-葡聚糖酶起了重要作用。

7.7　发酵染菌的防治与处理

保持纯种培养，防止杂菌污染是工业发酵稳产的关键条件。行业中把发酵过程中污染杂菌的现象简称为染菌。染菌对工业发酵的危害不容忽视，轻则影响产品的质量和产量，重则造成倒罐，颗粒无收，严重影响企业效益。染菌现象的发生不仅有技术问题，更有生产管理方面的问题。为了克服染菌现象，除了加强生产和设备管理外，还可以选育抗杂菌污染能力强的生产菌株。同时还可以改进培养基灭菌方法，利用化学药剂来控制污染。

7.7.1　染菌途径分析

从技术上分析，染菌途径非常多，表 7-11 是日本人经过调查统计出的染菌分析结果。通过表 7-11 来看，在发酵生产的各个环节都不能有疏漏，才能保证发酵过程的纯种培养目标。例如，种子带菌的检查，要从保藏的菌种、斜面、摇瓶直到种子罐。保藏的菌种要定期做复壮、单孢子分离和纯种培养。斜面、摇瓶和种子罐种子可以用斜面、平板或液体培养基做无菌试验，也可用显微镜观察菌丝形态是否正常。培养基和设备原因造成的染菌原因是多方面的，需要找到真正的原因，常见的如蒸汽压力或灭菌时间不够；培养基配料混合不均匀，存在结块现象；设备未清洗干净等。设备方面包括夹层或蛇管、轴封和管道泄露，空气除菌设备效果差、管道安装不合理，存在死角等。过程控制方面包括接种、中途补料和取样是否严格按照操作规程操作，摇瓶接种、罐与罐之间的移种前管道冲洗或灭菌操作等是否严格。

表 7-11　染菌原因的系统分析

染菌原因	所占百分比/%	染菌原因	所占百分比/%
1. 种子带菌或怀疑种子带菌	9.64	8. 接种管穿孔	0.39
2. 接种时罐压降至 0 磅	0.19	9. 阀门泄漏	1.45
3. 培养基灭菌不透	0.79	10. 搅拌轴封泄漏	2.09
4. 总空气系统带菌	19.96	11. 罐盖泄漏	1.54
5. 泡沫升至罐顶	0.48	12. 其他设备泄漏	10.13
6. 夹层穿孔	12.36	13. 操作问题	10.15
7. 蛇管穿孔	5.89	14. 原因不明	24.91

7.7.2　染菌判断与防治

除了采用各种措施防止染菌外，如能及时发现杂菌的侵袭，采取适当的措施是可以防止其发作，减轻染菌造成的损失的。杂菌的污染常用的方法是镜检和无菌培养试验。在染菌的初期，镜检是很难发现的，如能通过镜检发现杂菌，表明染菌已经很严重了。无菌培养试验通常也需要十多个小时才能发现，再作处理为时已晚。特别是发酵前一级种子罐是否染菌的确认非常重要，如能技术检出，则可避免带菌接种，大大减少损失。所以，可以从某些状态参数，如溶氧浓度的变化规律，作为染菌预报的依据。例如，发酵过程中污染好气杂菌，溶氧浓度会出现反常，在短时间内（2～5h）会下降到接近 0，且长时间不回升，这便预示着可能染菌。当然也不是染菌就一定会使溶氧浓度降到 0，这要看杂菌的种类和数量，有时会出现染菌后溶氧浓度反而升高的现象。这主要取决于杂菌与生产菌谁是优势菌。当然补料或加油也会引起溶氧浓度迅速下降，但在低谷处维持 1～3h 即可回升，这与染菌造成的溶氧浓度变化的规律是不同的。

噬菌体污染常表现为发酵液变稀，发酵液黏度下降，甚至比接种时的黏度还要低，还表现出溶氧浓度迅速回升。噬菌体污染造成的后果非常严重，常常导致发酵失败。

严格生产技术管理对染菌防止也是非常重要的，如加强生产技术管理，严格工艺操作规程，分清岗位责任，注意车间清洁卫生，防止跑冒滴漏等，都是防止染菌的重要措施。

§8　发酵过程的参数检测和自动控制

微生物工程的基本任务是高效地利用微生物所具有的内在生产能力，以较低的能耗和物耗最大限度地生产生物产品，因此必须对发酵过程实现有效的控制。发酵动力学为这一目的提供了部分理论依据，但在实际生产中，还必须解决一些工程学方面的问题。发酵过程是通过各种参数的检测，对生产过程进行定性和定量地描述，以期达到对发酵过程进行有效控制的目的。

8.1　发酵过程的参数检测

微生物的生长代谢过程是动态变化过程，属于开放系统，即细胞是在不断地与外界环境进行各种物质交换。过程检测的只是环境中的状态或操作量的变化值，通过进一步的分析，可得到反映细胞水平代谢变化的信息。

发酵参数可以正确地反映发酵条件和代谢的变化。根据参数的性质特点，可以分为三类，即物理参数、化学参数及间接参数。表 8-1 至表 8-4 列举了一些常用的和有待发展的参数项目。

表 8-1　发酵过程物理参数检测项目

参数名称	单位	测定方法	测定意义
温度	℃，K	传感器	维持生长和产物形成
压力	Pa	压力表	维持罐压，增加溶氧浓度
搅拌转速	r / min	传感器	物料混合，提高 K_{La} 值
搅拌功率	kW	传感器	反映搅拌情况，提高 K_{La} 值
空气流量	VVM, m^3/ h	传感器	供氧，排出废气，提高 K_{La} 值
泡沫水平		传感器	反映发酵代谢情况
加料速率	kg / h	传感器	反映基质利用情况
前体或中间体速率	kg / h	传感器	反映前体和基质利用情况
加消沫剂速率	kg / h	传感器	反映泡沫情况
培养液体积	m^3，L	传感器	反映发酵液体积
黏度	Pa · s	黏度计	反映菌体生长情况
密度	g / cm^3	传感器	反映发酵液性质
浊度	透光率%	传感器	反映菌体生长情况

表 8-2　发酵过程化学参数检测项目

参数名称	单位	测定方法	测定意义
pH		传感器	反映发酵代谢情况
溶解氧浓度	$\times 10^{-6}$	传感器	反映氧的供应和消耗情况
氧化还原电位	mV	传感器	反映发酵代谢情况
溶解 CO_2 浓度	饱和度%	传感器	了解 CO_2 对发酵的影响情况
排气 O_2 分压	%	传感器	反映发酵耗氧情况
排气 CO_2 分压	%	传感器，红外吸收	反映菌体呼吸情况
总糖、葡萄糖、蔗糖、淀粉	kg / m^3	取样	了解基质变化
前体或中间体浓度	mg / mL	取样	反映产物生成情况
氨基酸浓度	mg / mL	取样	了解氨基酸含量变化情况
金属离子浓度（Mg^{2+}，K^+，Ca^{2+}，Na^+，Fe^{2+}，SO_4^{2-}，PO_4^{2-}）	%	取样，离子选择电极	了解离子含量对发酵的影响

表 8-3　发酵过程生物学学参数检测项目

参数名称	单位	测定方法	测定意义
菌体浓度	g（DCW*）/ L	取样	了解菌体生长情况
菌体中 DNA、RNA 含量	mg（DCW）/ L	取样	了解菌体生长情况
菌体中 ATP、ADP、AMP 量	mg（DCW）/ L	取样	了解菌体能量代谢情况
菌体中 NADH 量	mg（DCW）/ L	取样	了解菌体生长情况
效价或产物浓度	mg（DCW）/ L	取样	了解产物生成情况
细胞形态		传感器，红外吸收	了解菌体生长情况

*DCW（dry cell weight）表示细胞干重。

表 8-4　发酵过程的间接参数项目

监测项目	所需基本参数	换算公式
摄氧率（r）①	空气流量 V（mmol / h），发酵液体积 W（L），进气（C_{O_2in}）和尾气 O_2 含量（C_{O_2out}）⑤	$r=V(C_{O_2in}-C_{O_2out})/W=Q_{O_2}\cdot X$
氧的得率系数（$Y_{X/O}$）②	Q_{O_2}，μ	$Q_{O_2}=Q_{O_2m}+\mu/Y_{X/O}$
二氧化碳生成率（CER）	空气流量 V（mmol / h），发酵液体积 W（L），进气（C_{CO_2in}）和尾气 CO_2 含量（C_{CO_2out}）⑥	$CER=V(C_{CO_2in}-C_{CO_2out})/W=Q_{O_2}\cdot X$
呼吸强度（Q_{O_2}）③	r，菌体浓度 X	$Q_{O_2}=r/X$

续表

监测项目	所需基本参数	换算公式
呼吸熵（RQ）	进气和尾气的 O_2 和 CO_2 含量	$RQ=CER/r$
比生长速率（μ）④	Q_{O_2}，$Y_{X/O}$，Q_{O_2m}⑦	$\mu=(Q_{O_2}-Q_{O_2m})Y_{X/O}$
细胞浓度（X_t）	Q_{O_2}，$Y_{X/O}$，X	$X_t=[e^Y(Q_{O_2}-Q_{O_2m})_t]X$
体积氧传递系数（K_La）	r，C^*⑧，C_L⑨	$K_La=r/(C^*-C_L)$

①摄氧率（r）：单位体积发酵液，单位时间的耗氧量/[(mmol/L)h]；②氧的得率系数（$Y_{X/O}$）：耗氧量所得的细胞量，$Y_{X/O}=\Delta X/\Delta C$；③呼吸强度（$Q_{O_2}$）：单位质量干细胞，单位时间的耗氧量；④比生长速率（μ）：单位重量细胞，单位时间增长的细胞量，$\mu=dx/xdt$；⑤C_{O_2in}，C_{O_2out}：分别为进出口 O_2 含量；⑥C_{CO_2in}，C_{CO_2out}：分别为进出口 CO_2 含量；⑦Q_{O_2m}：$\mu=0$ 时的呼吸强度；⑧C^*：液体中的饱和 O_2 浓度；⑨C_L：液体中的 O_2 浓度

这些参数可以通过传感器或其他检测系统，以各种方式把非电量信号转换成电量信号变化，方便地通过二次仪表显示、记录或送电子计算机处理和控制。

发酵过程的参数测量形式又可以分为：就地信号系统、在线测量系统和离线测量。就地信号系统对发酵过程不发生影响，如 pH、溶解氧浓度和罐压的测量。所谓在线测量是利用连续的取样系统与相关的分析器连接，取得测量信号，例如尾气取样的气体分析器，微孔氟塑料管扩散的培养液挥发成分分析系统，流动注射式分析器（FIA）等。离线测量是指在一定的时间内离散取样，采用常规的化学分析和自动的分析系统，在发酵罐外进行样品的处理和分析测量。

由于微生物纯种培养的需要，培养前的高温灭菌和培养过程的严密性，增加了参数检测的难度和复杂性。例如，插入发酵罐内的传感器必须能耐受高温灭菌；菌体及其他固体物质附在传感器表面，会影响传感器的使用性能；罐内气泡对测量产生干扰；传感器结构容易产生灭菌死角；化学成分分析是重要的检测内容，但电信号转换困难等。

为了克服这些困难，主要在灭菌或取样方式上采取补救方法，避开高温对传感器的破坏。主要包括传感器采用化学试剂灭菌；采用连续采样或罐外循环；用微孔氟塑料管扩散导气法，检测培养液中挥发性成分；利用培养液连续透析器法检测，防止杂菌返回罐内等。

8.1.1 物理参数检测

物理参数是一类直接参数，主要有温度、生物热、搅拌转速和搅拌功率、通气量、罐压、发酵液黏度、消沫剂和发酵液计量等。

8.1.1.1　温度测量

各种微生物都有各自的最适生长温度范围，而且有许多微生物细胞生长和代谢产物产生的最适温度范围并不一致。温度除了影响微生物的生长繁殖、生物合成外，还直接影响溶解氧浓度。为获得最大生产率，必须控制发酵温度。因此温度是发酵中一个重要的检测参数和控制参数。温度检测系统主要有以下几个部分组成。

（1）感温元件

由于热电偶在 500℃以下的中低温区的热电势很小，以及自由端温度变化不易得到全补偿，所以较多使用热电阻检测器（RTD）进行发酵温度的检测。热电阻的特点是精度高，线形较好，能够满足发酵温度检测和控制的要求。

普遍使用的热电阻有两种：铂电阻和铜电阻。铂电阻的特点是精度高，稳定性好，性能可靠，但价格贵。其中 Pt100 热电阻最常用。铜电阻在－50～150℃范围内对温度有较好的线形响应的电阻值，价格也便宜。但由于它的电阻率小，需制成细长且体积稍大的电阻丝，在超过 100℃时使用，铜容易被氧化。也有选用半导体热敏电阻作为感温元件，它灵敏度高、体积小、热惯性小、结构简单、寿命长，且耐腐蚀性能好。但由于它的电阻值与温度呈非线形变化，并且互换性差，所以较少使用。

感温元件一般装置在金属套管中，再插入发酵液中安装或沿发酵罐罐壁固定，安装时必须注意保证发酵罐的无菌状态。

（2）二次仪表

各种不同型号的热电阻须配置不同的二次仪表。因此在选择二次仪表时，除考虑温度范围外（应考虑到消毒灭菌时的温度显示，一般可选用 0～150℃），还要与选用的热电阻型号相匹配。规定的分度号铜电阻是 G，铂电阻有 BA_1、BA_2，一般常用 Pt100。

随着电子技术的高速发展，各种二次仪表都趋于小型化和多功能智能化，并与计算机连机，进行温度测量、显示、记录和控制。

8.1.1.2　热量测量

（1）热量测量的意义

各种微生物在发酵过程中都会产生生物热，这种生物热多属于“微热量”的测量范畴，所以要使用测量“微热量”的仪器。“微热量”测量仪器不仅可以定性地估计生物反应的菌体生成热，而且可定量地研究各种微生物的特征，给出有关菌体复杂代谢过程的线索，并可用热力学原理观察生物热的变化，找出生长周期中不同时期生物热变化的规律。

热力学数据与代谢变化之间的规律可以用于生物反应热力学研究、生物热和细胞代谢特性研究、生物代谢及反应动力学的计算和发酵过程的控制等方面。

（2）生物热的测量

如图 8-1 所示，当热交换器传热面积足够的话，即能保持发酵罐温度（T）恒定时，可通过测量冷却水进出口水温 $t_{进}$、$t_{出}$及用量 W 计算发酵热。计算方法已经在第 7 章作过介绍。

但这种方法很难与外界隔绝成为一孤立系统。实际的发酵热 $Q_{生成}$可以用下式表示

$$Q_{生成}=Q+Q_{散}+Q_{显}-Q_{搅拌}+C\frac{\mathrm{d}T}{\mathrm{d}t} \qquad (8\text{-}1)$$

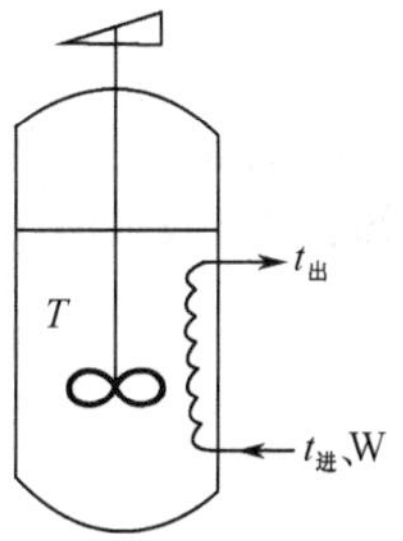

图 8-1 热交换器发酵热测量示意图
（参考俞俊棠，1997）

式中 $Q_{散}$——发酵罐散热；

$Q_{显}$——空气或逃液带走的显热；

$Q_{搅拌}$——搅拌产生的热量；

T——发酵罐罐温；

C——水的比热；

t——时间。

由式（8-1）可见，$Q_{散}$、$Q_{显}$、$Q_{搅拌}$等对 $Q_{生成}$均有影响，并对 $Q_{生成}$的测量造成很大误差。给微热量测量带来困难的还有发酵罐的罐温、罐温控制的滞后现象等。所以这种生物热测量的方法只能进行定性分析和粗略估计，缺乏热力学意义。因此必须使用专门的生物微热测量装置，才能进行精确的生物热量分析。

微热量测定仪器应该满足以下要求，即长时间使用的稳定性；适合微生物培养的各种需要，如搅拌、通气、补料等；能连续记录和计算生成热的变化等。根据这些要求设计的微热量测量装置介绍如下。

① 绝热量热计。这是一种尽可能把微生物发酵罐与外界环境隔绝，以减少热量损失所造成的测量误差的装置。图 8-2 表示的是绝热式微热量器测量的原理图。

当由生物热造成发酵罐升温时，计算平衡罐与发酵罐温度相等所需的加热功率，即可得到发酵罐中生物热热量的大小。

$$Q_{生成}=\int_0^t\frac{V^2}{R}\,\mathrm{d}t=\int_0^t I^2R\,\mathrm{d}t \qquad (8\text{-}2)$$

式中 V——加热电压（V）；

R——加热丝电阻（Ω）；

I——加热电流（A）。

记录所供应的电能，可实现生物热的连续测量。

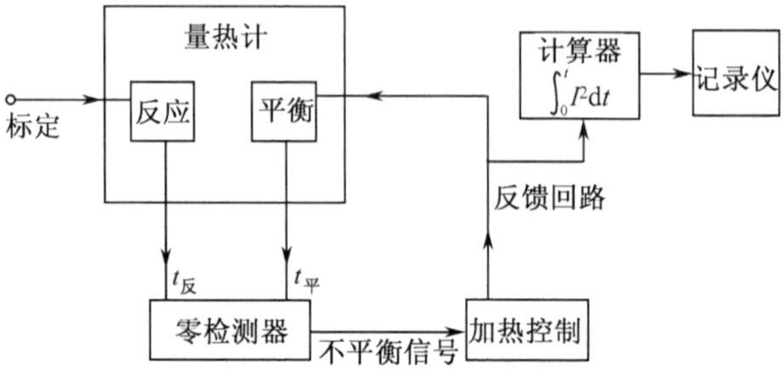

图 8-2　绝热式微热量器原理图

② 热流量热计。与孤立的绝热量热计不同的是允许热量沿着一定的途径流到一个冷阱（或热源）中去，所传过的热量速率可以通过检测所形成的温度梯度得到

$$\frac{dQ}{dt}=K\cdot F(t_2-t_1) \tag{8-3}$$

则

$$\Delta t=t_2-t_1=\frac{1}{KF}\frac{dQ}{dt}=R\frac{dQ}{dt} \tag{8-4}$$

图 8-3 是 Calvet 热流量热计的结构图。由于采用了多点（1000 个以上接点）热电偶串联，其灵敏度非常高，可以对百万分之一的温差敏感。例如，10ml 的微生物样品可测量 4.186J/h，甚至能够测量到 0.04186J/h 的漂移。在微生物糖酵解时，响应值约为 0.3μmol/（ml · h）的葡萄糖变化速率；在氧化时的灵敏度为 0.01μmol/（ml · h），对氧的灵敏度为 0.1μmol/（ml · h）。

为了使测量稳定准确，可利用双杯量热平衡原理，将测量单元与平衡器进行比较，所记录的就是热流速率 dQ/dt 。

③ 流通式量热计。流通式量热计（图 8-4）测量的原理，是把器内的培养液与器外的培养液进行交换，器外的培养液可以是来自于连续发酵罐或分批发酵罐，因此试剂或样品的加入是在量热器外进行，而不致影响量热器的测量。影响流通式量热计测量的主要问题是壁生长（即菌体在罐壁上的生长）和由于旁路管中供氧不足造成的。

其他生物热测量的方法还很多，如动态量热法（直接利用在发酵罐内，按间隔时间内控温脉动所造成的动态变化来测量生物热）、补偿法连续测量（即控温超调所造成的补偿热流测量）等在实验室和生产上的利用均有报道。

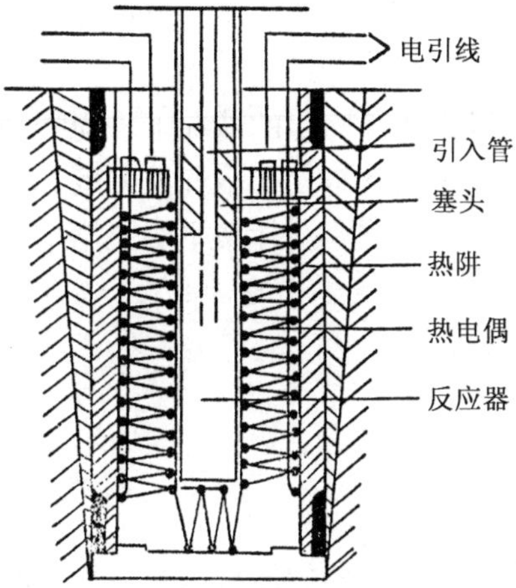

图 8-3 Calvet 微量热器的反应剖面图
（参考俞俊棠等，1997）

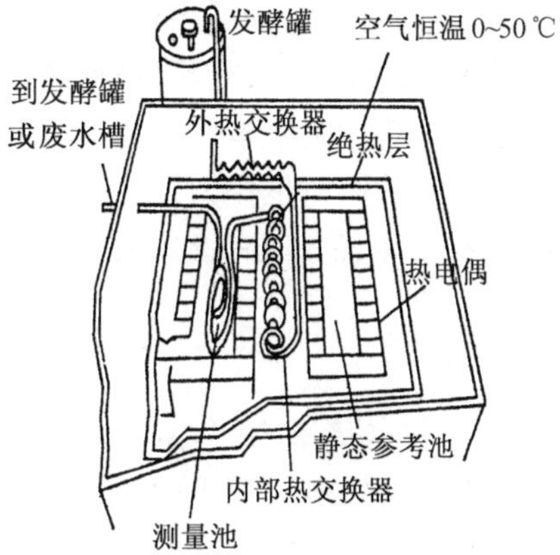

图 8-4 流通式量热计
（参考俞俊棠等，1997）

8.1.1.3 搅拌转速和搅拌功率的测量

在发酵过程中，搅拌起着传递功率，加强液体翻动混合，促进热量、质量和动量传递，提高溶氧速率，增加 K_La 值的作用。

在发酵罐放大时，为了保证单位体积功率相同（或搅拌转速或 K_La 相同），小型发酵罐的搅拌转速要比大型发酵罐高得多。即使在同一发酵过程的不同阶段，也会出现对搅拌转速有不同的要求。例如，在对数生长期，菌体耗氧量大，为了增加溶氧速率，除提高通气量外，提高搅拌转速，对提高 K_La 值更为经济有效。又如，有时为了减小对新形成的菌丝的剪切力，有利于特定菌丝形态的形成，要求降低搅拌转速。所以发酵罐应该配用变速电动机或机械变速装置，以满足微生物对不同搅拌转速的需要。这样既可满足不同阶段微生物生长的要求，又能尽可能降低能耗。

应用在线计算机技术，可使搅拌转速综合发酵的有关检测参数（如溶解氧浓度），按照一定的数学模型和理论，自动连续地改变。这是过程最优化中的一个重要手段。

一般应用磁感应式、光感应式或测速发电机来实现搅拌转速的检测。磁感应式和光感应式检测器是通过计测脉冲数来测量转速。安装在搅拌轴或电动机轴上的切片切割磁场或光速而产生脉冲电信号，一定时间间隔内的脉冲频率反应了搅拌转速的大小。测速发电机是安装在搅拌轴或电动机轴上的小型发电机，它的输出电压与转速之间有良好的线形对应关系。现在大型发酵罐可以采用变频控制器来调节交流电动机的转速，也可以采用直流电动机进行调速。小型机械搅拌式发酵罐的搅拌转速都是可调的。

轴搅拌功率是主要的测量参数，在设备和操作条件固定的情况下，搅拌功率随着发酵过程中发酵液性质的不同而发生变化，如菌丝浓度、培养液黏度和泡沫情况等。因此有时也作为发酵工艺正常与否的判断依据。搅拌功率明显增加氧的传递系数，与 K_La 值有正比关系

$$K_La \propto \left(\frac{N}{V}\right)^{0.95} \tag{8-5}$$

式中　N——功率消耗（kW）；

V——发酵液体积（L）。

常用功率表来测量电动机进线功率，但由于减速机构的能量消耗、机械磨损等原因，容易造成较大的误差。还有几种比较精确的测定方法，如电机反转矩测定法、轴功率和应片法，多数是测定力矩来求得功率。

8.1.1.4　空气流量测定

在微生物深层培养中，通入无菌空气起到供应氧气、提高 K_La 值以及排出废气的重要作用。通气量的大小直接影响发酵液中氧的传递。根据作用原理，测量空气流量的流量计分成两大类：体积流量型和质量流量型。

（1）体积流量型

这是一类根据流体动能的转换以及流体流动类型的改变而设计的测量装置。这种装置会引起流体能量不同程度的损失，而且测量值还会受温度和压力变化的影响。其主要型式有以下两种。

① 同心孔板压差式流量计。其原理是由节流产生压差，用压差变送器加以检测，再转换成电信号或气压的标准信号送到调节器或显示仪表。孔板式压差测量主要用于管道直径在 25mm 以上，*Re* 数在 250 以上的测量，一般在大于 500L 的大中型发酵罐上使用，不仅可以测量流量，而且还可以用来计算。在Φ50mm 管道条件下，已有标准的设计和制造规范。

② 转子流量计。转子流量计具有结构简单、流体压降损失小、并具有线性刻度，使用简便、价格便宜等优点，所以得到了广泛地应用。可根据实际的流量范围，选择不同的转子流量计。转子流量计一般是按 20℃，103.32kPa 状态下的空气或水的流量来刻度的，实际使用中应加以校正。

根据转子流量计的原理，能够很容易地把转子的位移通过差动变速器实现流

量与电流之间的转换。但这种方法由于差动线圈的非线性特性，在低限和高限流量测量时，会引起读数误差。转子流量计多用于中试和实验室发酵罐的空气流量指示。

（2）质量流量型

这是根据流体的固有性质，如质量、导电性、电磁感应性、离子化、热传导性能等设计的流量计。比如，可根据气体的热传导性能测量气体流量，这种测量没有能量损耗，不受温度和压力变化的影响，可以直接读出气体的质量流量。

图 8-5 所示为小口径薄壁测量管，它的外壁绕制两对对称的具有较高温度系数的电阻丝组成电桥，电阻丝既能加热，又是测量元件，由测量供给恒定电流。无空气流过时，在测量管轴方向上的温度分布如图 8-6 虚线所示；有空气通过时，上游温度下降，下游温度上升，导致测量管中温度分布发生畸变，如图 8-6 实线所示。

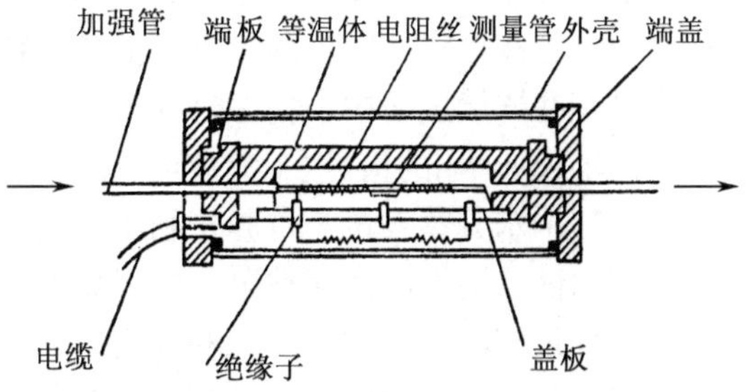

图 8-5　热质量流量传感器结构示意图
（参考俞俊棠，1997）

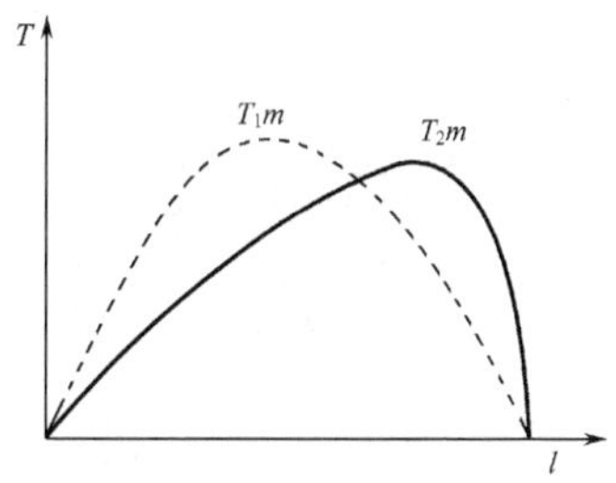

图 8-6　随流量变化的温度分布
（参考俞俊棠等，1997）

不平衡电桥输出的电势 E 可用下式表示

$$E = bcM \quad (8\text{-}6)$$

式中　b——系数；
　　c——介质比热容；
　　M——质量流量。

当气体比热容恒定时，流量信号与质量成正比。

8.1.1.5　罐压测量

发酵过程中维持一定的罐压，是防止杂菌污染的重要措施。同时罐压对培养液中氧和二氧化碳的溶解度有很大的影响。所以是一个基本而又重要的参数。罐压测量除最常用的就地指示外，也可将压力信号转变为电信号远传。各种压力信号转换器很多，如电阻式、电感式、电容式和半导体式等。

在选择测压点和控制点时，还应考虑以下因素：

① 首先要注意防止染菌，尽可能选用与发酵罐隔离的硅油不锈钢膜片传压系统，安装时，注意压力敏感膜、控制阀门以及与发酵罐之间都要避免死角，以防培养液中固形物堆积，影响蒸汽灭菌效果。

② 如无硅油隔离装置，为减少杂菌污染机会，测压点与控制点要远离发酵罐。

③ 注意气源波动对压力的影响，特别是小型发酵罐，可采用减压稳压阀稳压。

8.1.1.6　料液计量与液位控制

在微生物深层培养中，往往是通过补料达到控制发酵的目的，如流加葡萄糖、氨水以补充碳源、氮源和调节 pH，加入消沫剂控制泡沫形成，加入前体物质促进产物合成等。在连续发酵中，稳态时的流量值反映了比生长速率μ的值。这个参数可以反应出发酵过程中水分蒸发量、营养物利用、菌体生长和菌体自溶等的变化情况，所以流加量的精确计量和发酵罐中料液量的计量，在发酵过程控制和动力学研究上具有重要意义。料液计量的方法和原理主要有以下几种。

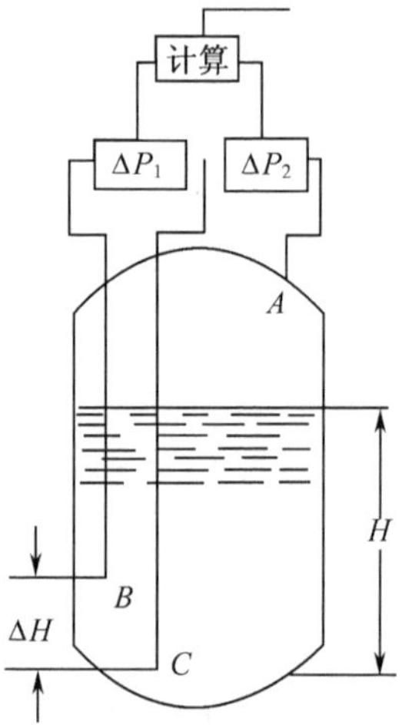

图 8-7　压差法测量液位及液体视密度
（参考俞俊棠等，1997）

（1）压差法

如图 8-7 所示，压差法是利用发酵罐中，上下两点或三点不同压力的大小，计量出料液的量和它们的视密度。培养基的视密度为 r，则

$$r=\frac{\Delta P_1}{\Delta H} \tag{8-7}$$

式中　ΔP_1——B、C 点的压差；

ΔH——B、C 间的距离。

$$H=\left(\frac{\Delta P_2}{\Delta P_1}\right)\cdot \Delta H \tag{8-8}$$

式中 ΔP_2——AC 点间压差；

H——发酵液液位。

通过计算，可以得到发酵液的真实液位和视密度。

假设在相当长的时间内，真质量 r'（即无通气情况下的发酵液重度）变化量很小，接近于恒定，代入式（8-8），得

$$H=\frac{\Delta P_2}{r'}=K\Delta P_2 \tag{8-9}$$

式中 $K=1/r'$，所测得的液位就相当于没有气泡时发酵液的液位。无论通气程度如何，测量值 ΔP_2 值不变，计算值 H 也不变，即真实液位。

这种差压变送器的传感元件一般是根据力矩平衡原理，把被测压差通过弹性敏感元件（膜盒或膜片）转换成作用于主杠杆的力位移检测片移动，然后通过位移检测器和电子线路放大后，得到需要的电信号。经过不断改进，差压变送器的精度已能达到 0.2 级以上，而且也有了测量小于 10mmH_2O 的微压差传感器。

（2）直接重量测量法

用压差法测量时，由于通气搅拌的影响，使发酵液测量点的动压头部分转变为静压头，尤其在通气发酵罐中易受通气量和搅拌转速的影响。因此有设计将整个发酵罐装置在称重器上，称为 load cell，并已有应用。这种装置给半连续发酵中的物料平衡、中间补料、放料计量提供了很大方便。现随着固态传感器技术的发展，采用各种应变片或硅膜片技术，可直接用来测量发酵液负荷量。这种测量仪器具有体积小，测量精度高，有优异的静态和动态特性，高的可靠性等特点。但在实施时尚存在困难，所有与发酵罐连接的管道必须是挠性连接，这给设备改造、安装和无菌要求提出了更高的要求。

（3）体积计量法

以恒定的流速，或以单位时间中体积量的累计来计算投入发酵罐中各种营养物的量。这种计量方法一般都是通过泵或阀门来实现的。

常用的泵有各种计量泵、微量泵和蠕动泵。无论哪种泵，都要求其能使培养基的流量操作范围较宽（至少 20：1）；对给定的流量值不应有大于百分之几的波动；系统中所有与培养基接触的部分必须能用高压蒸汽或化学试剂预先灭菌；运转中，料液输送管道能严格保持无菌，以保证长期可靠运行。阀门可以采用隔膜阀，包括手动、电动或气动各种类型的；同样应具有耐高温灭菌、无泄露、合适的通道面积和阀门结构等性能。有时也用具有一定容积的定量阀门或泵来累计所通过的料液量。

（4）流量计计量

除常用的转子流量计以外，液体质量流量计是非常好的一种流量测量装置。这种流量计具有压差损失小，流通能力大，测量不受流体温度、压力和种类等因素影响，精度高、响应快等特点。其他如电磁流量计和旋涡流量计因其全封闭和耐高温灭菌性能好，可用来测量无菌补料。

（5）液位探针

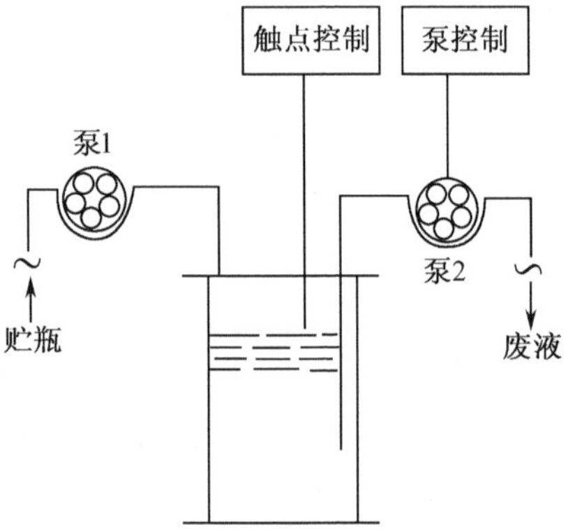

图 8-8　连续培养液面的电触点控制
（参考俞俊棠等，1997）

液位探针主要用于连续发酵中以稳定液面和通气发酵中判断泡沫产生这两种情况。如图 8-8 所示为连续发酵中电触点液面的控制方案。当然也常用溢流法来控制。

电触点探针也是通气发酵中最常用的泡沫检测装置，当泡沫产生使液面上升至电触点时，它将导通，使控制器发出消沫信号，控制消沫剂的加入进行消沫。消沫探针（电极）与仪表在设计时应该注意几个问题。如防止探针被飞溅的培养液或短暂的泡沫接触，在电极表面的“架桥”现象产生的假信号造成控制器误动作。在设计时可以在电路中采用延时方法，以判断泡沫的存在。当发酵罐内泡沫架桥造成误动作，或由于加油量比人工加油量多时，可以采用多支液位探针组成不同高度的液面检测机构，通过逻辑或智能仪器计算，按泡沫产生程度适量加入消沫剂。

8.1.1.7　发酵液黏度测定

发酵液黏度特性与培养液成分、微生物细胞浓度、菌体形态和产物浓度等因素有关，它又直接影响质量传递、动量传递和扭矩传递，如它的大小表示了氧的传递阻力，与 K_La 值成正比。因此掌握它的基本特性，对于发酵过程中的操作控制、过程设计和设备放大都具有重要意义。有多种形式的黏度测量仪器。对于具有非牛顿特性的发酵液，不能采用一般的工业黏度计或油品黏度计，需要使用能够精确表达发酵液特征的专门黏度计，以便分析测量数据，确定流体类型，再推算在特定发酵条件下发酵液表观黏度等流变特性。常用的黏度计有以下几种。

（1）毛细管黏度计

它由一根开口的毛细管与受压储筒相连，毛细管的半径 R 与长度 L 均要十分精确计算（图 8-9），整个系统处于恒温状态。被测物料置于储筒中，在恒定压差 Δp 下，使料液从毛细管排出，其流量为 Q，根据 Hagen-Poiseuille 方程式，此料液若属非牛顿型，则其剪应力为

$$\tau=\frac{\Delta p \cdot R}{ZL} \tag{8-10}$$

其剪切率

$$\frac{\mathrm{d}u}{\mathrm{d}\gamma}=\frac{C+3}{4}\left(\frac{4Q}{\pi R^3}\right) \tag{8-11}$$

其中

$$C=\frac{\mathrm{dlog}\,\frac{4Q}{\pi R^3}}{\mathrm{dlog}\,\frac{\Delta p R^3}{2l}} \tag{8-12}$$

（2）回转式黏度计

主要有同轴圆柱型、锥体平板型等黏度计。同轴圆柱型黏度计（图 8-10）是将发酵液置于不同长的同轴圆柱体之间，其中之一在做不同转速的转动时，另一

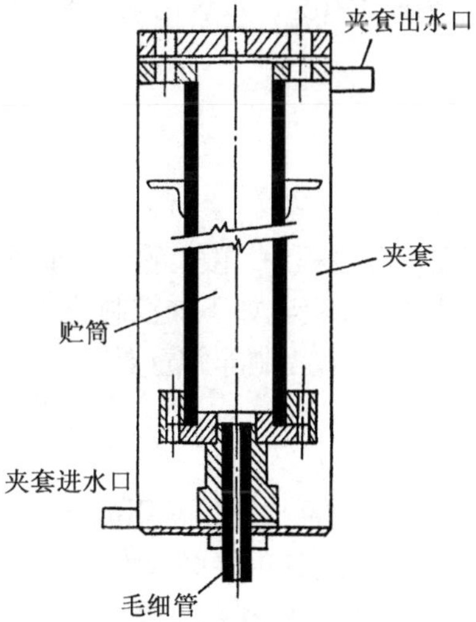

图 8-9　毛细管黏度计示意图
（参考俞俊棠等，1997）

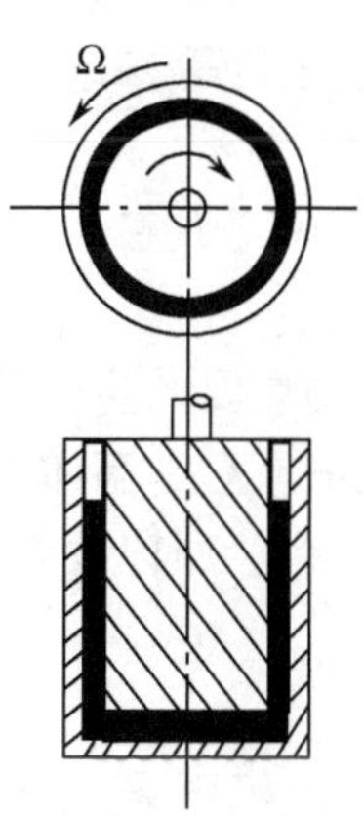

图 8-10　同轴圆柱型黏度计
（参考俞俊棠等，1997）

圆柱上的转矩可被测量，这种转矩随转速的变化，可以被转化成剪应力和剪应变之间的关系，从而了解发酵液的流变特性。

（3）涡轮旋转黏度计

上述两种黏度计测量发酵液的黏度，常会遇到一些问题，如发酵液菌丝团或培养基颗粒较大时，容易产生凝聚或成珠现象，干扰读数，引起测量波动；发酵液中蛋白质物质在圆筒内壁或转子外壁结成膜；发酵悬浮液易于沉降、分层、形成非均匀流体，使测量无法进行等。

为了解决这些问题，在工业上有采用 100mm 叶径的标准式涡轮搅拌器，用 3L 容积的大烧杯做容器，接装同步电机以挠性轴带动旋转，并与旋转式黏度计的转矩指示器系统相连，直接读数。在搅拌器的滞留区进行测定，再逐渐改变转速，根据非牛顿型流体的在搅拌条件下剪切率与转速的一定比例关系，可以分别取得剪应力和剪切率的数据。

尽管现场测定非牛顿型流体料液的流变特性仪器已经出现，但由于发酵液流变特性的测定必须在脱气之后才能进行，实际使用还存在困难。但许多研究表明，如在发酵过程中随时测定搅拌功率的变化，在通气条件和发酵液比重不变的情况下，也可以推算出发酵液的表观黏度以及一定转速条件下的剪切率等特性。

8.1.2 化学参数检测

化学参数亦是直接参数，包括 pH、溶解氧浓度、二氧化碳浓度、细胞浓度、基质浓度、产物浓度等参数。

8.1.2.1 pH 的测量

pH 是微生物重要的生长环境条件。在发酵过程中，微生物的代谢活动会明显改变发酵液的 pH。对于菌体生命过程发生的 pH 变化如不加控制的话，必然要干扰发酵的正常进行。所以发酵过程中的 pH 测量和控制非常重要。

（1）复合 pH 电极

结构紧凑的电极更能适应发酵过程 pH 测量的需要，故常用把指示电极和参比电极合二而一的复合型电极（图 8-11）。这种复合 pH 电极必须满足如下特殊要求：首先要能高温灭菌，但过高的灭菌温度对玻璃膜材质和参比电极性质产生不良影响，造成不可逆转的破坏。因此也有把电极在罐外进行冷消毒（即化学消毒剂消毒），避免高温，以延长电极使用寿命。其次还要求电极具有长时间稳定性，应保证转换系数和不对称电位能适应发酵长周期、中途不能更换和不能标定的要求。另外还要求一定的液络部流通，维持液接界电位（$E_{接界}$）的稳定，防止使用过程中液络部被含硫物、蛋白质和非水溶液污染，造成电极测量漂移。并且还应该便于安装和耐受一定的压力（0.2MPa）。玻璃电极一般应加不锈钢护套或工程塑料护套后，安装在发酵罐中使用。

复合电极的基本特性参数有电极转换系数、电极不对称电位、电极内阻（一般为 100～200MΩ，并随着时间和灭菌次数的增加而增加）、参比电极、电极响应时间和耐高温冲击次数等。这些参数在若干个发酵周期之后会发生变化。

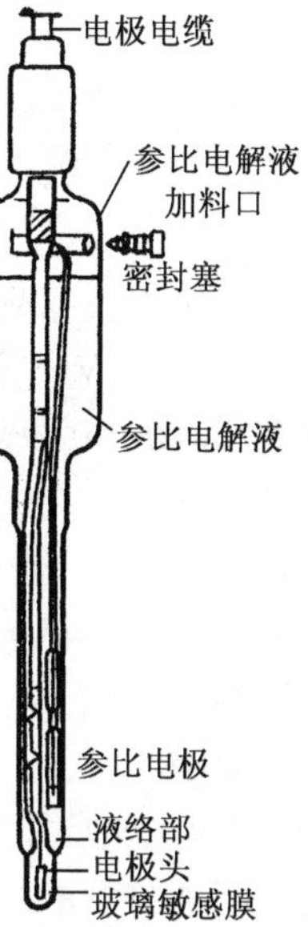

图 8-11　复合 pH 电极的结构
（参考俞俊棠等，1997）

（2）pH 测量仪器

因为 pH 电极具有很高的内阻，所以为了达到精确测量，要求测量仪器具有高的输入阻抗（一般为 10^{11}～10^{12}Ω）和较强的抗干扰能力。在测量仪器放大器、连接电缆、接地线和接线端子以及使用环境等多方面均有较高要求，如放大器必须具有专门设计的“浮地”电路或等电位方法等。pH 测量仪器具有自动或手动的温度补偿功能。pH 测量成功的关键在于 pH 电极和仪表的日常正确使用和维护。

8.1.2.2　溶解氧（DO）的测量

溶解氧浓度直接影响微生物的代谢，它的大小与氧的传递速率、微生物的摄氧率等有关。所以也是一个重要的参数。在发酵过程中，常用以电化学为基础的电极法进行溶解氧的测量。由溶氧电极所获得的数据，不仅可以给出微生物生理生化的动态信息，也是研究发酵罐传质能力、设计放大和中间控制等的基础。

（1）电极法测量溶解氧的原理

某一溶氧浓度的溶液系统中，当在某一贵金属（如铂、金或银）电极与合适的参比电极（甘汞或 Ag-AgCl）之间施加一个氧的极谱电压（0.6～0.8V 负电压）时，溶液中的氧就在阴极被还原。当所产生的电流与溶液中氧含量成正比时，此时的电极电流称为饱和电流，此时的电压称为极谱电压。

氧电极的电化学是根据氧在阴极的电化学反应

$$O_2 + 2H_2O + 2e \longrightarrow H_2O_2 + 2OH^-$$
$$H_2O_2 + 2e \longrightarrow 2OH^-$$

根据发生在电极上反应的性质，凡是发生还原反应的就被定义为阴极。贵金属制成的阴极仅起着传递电子的作用，并不参与电极反应。如果在电极系统中选用一个电位比阴极低或相等的阳极作参比电极时，就需要外加一个电压，使之维持在－0.6～－0.8V 的氧极谱电压内，这种电压称之为电解型（极谱型）电极。例如，阴极和阳极都用银制成，参比电解液为 KCl 溶液时，则电极反应为

阳极　$Ag + Cl^- \longrightarrow AgCl + e$

阴极　$O_2 + 2H_2O + 4e \longrightarrow 4OH^-$

电极反应　$4Ag + O_2 + 2H_2O + 4Cl^- \longrightarrow 4AgCl + 4OH^-$

由于 OH^- 随着反应进行而交换出氯离子，当电解液中氯离子耗尽时，要补充方能继续使用。

在电极系统中，如果选用的阴极电位高于阳极电位的参比电极（如碱金属等），氧就能在阴极自发地被还原，产生电动势，接上电流表就有电流产生。这种电极称为原电池型电极。常用的阳极材料有铅、锌、锡或镉等。

银铅原电池型电极的电子反应如下

阴极　$O_2 + 2H_2O + 4e \longrightarrow 4OH^-$

阳极　$Pb \longrightarrow Pb^{2+} + 2e$

电极反应　$2Pb + O_2 + 2H_2O \longrightarrow 2Pb(OH)_2$

可以看出，与电解型电极不同的是电解质不参与电极反应，而阳极表面被不断氧化，原电池型电极的寿命仅取决于阳极可被利用表面积的大小。上述电极均属于电流型电极。

（2）复膜氧电极

氧浓度与饱和电流的正比关系，实质上与稳定的氧扩散电流密切相关。当在一被测溶液中插入电极时，就在阴极表面发生电极反应，使溶液中距电极表面越近的氧被还原。这时电极表面的氧浓度与液流主体中的氧浓度之间就形成了一个浓度梯度，此时电极反应速度是受氧扩散控制的。由于这个氧浓度梯度是随时间而减小的，并且还容易受到搅拌程度等物理因素的影响，造成电极输出信号不稳定，致使整个电极测量难以进行。

由此可见，一个基本的 DO 电极测量系统不仅要具备指示电极和参比电极形成的电位差（即氧的极谱电位），使此时只有氧在电极上发生反应，而且要使电极表面与液流主体间有一个稳定的氧扩散梯度。

克拉克（Clark）复膜氧电极是将电极的阳极、阴极和电解质用一层聚分子膜（如聚四氟乙烯）与被测溶液隔开，这层薄膜只允许氧分子通过，其他离子和分子

均不能通过。这样在一定条件下当膜成为氧扩散的控制因素时，氧分压的变化与电流输出的稳态对应式如下

$$I_S = NFA\left(P_m/d_m\right)P_{O_2} \quad (8\text{-}13)$$

式中 I_S——电极电流；

N——电子数；

F——法拉第常数；

A——阴极表面积；

P_m——氧在复膜中的穿透系数；

d_m——膜厚；

P_{O_2}——被测溶液中的氧分压。

膜阻控制系统就是通过选择适当的膜厚度，使从阴极表面到液流主体的氧扩散梯度固定在一定的范围内，不受时间和液流主体湍流的影响，满足了电极在实际测量中的要求。图 8-12 表示的是复膜氧电极的基本结构。

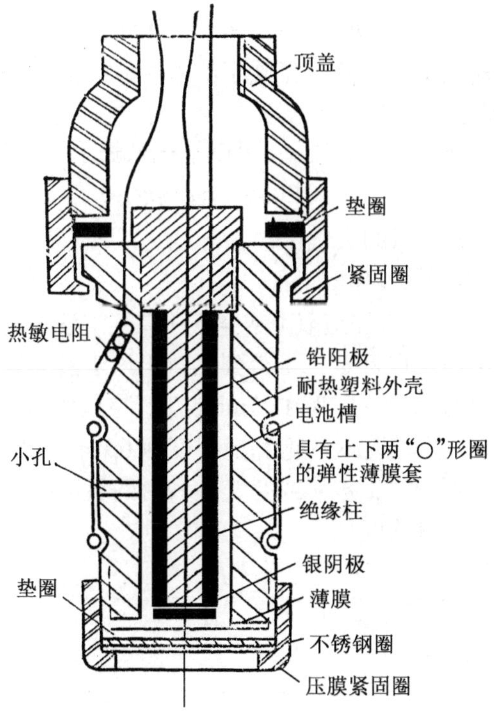

图 8-12 附有压力和温度补偿的复膜溶氧测定电极的结构

（参考俞俊棠等，1997）

(3) 电极的指示读数

① 百分饱和浓度表示法。实际使用DO电极测量时，由于缺乏氧（或空气）在不同发酵液中饱和溶解度的确切数据，因此常用氧（或空气）在发酵液中饱和时的电极电流输出值为100%，残余电流值为0来进行标定，测量过程中的氧浓度以饱和度的百分数（%）来表示。例如，在发酵条件恒定时，设无氧耗情况下的氧浓度为100%，读出发酵过程中氧的百分数来表示相对氧含量。这种表示法是比较常用的。

② 氧分压表示法。当某一溶液与氧分压气相平衡时（即饱和），气相和液相中该物质的化学位应相等，即

$$\mu_{O_2}^{0}+RT\ln f_{O_2}^{g}=\mu_{O_2}^{0}+RT\ln f_{O_2}^{L}+RT\ln\alpha_{O_2} \tag{8-14}$$

式中　$\mu_{O_2}^{0}$——氧的标准化学位；

$f_{O_2}^{g}$、$f_{O_2}^{L}$——分别为氧在混合气相中的逸度和氧在纯液体中的逸度。

在一定温度下且氧的混合气相处于常压态时，有

$$RT\ln\alpha_{O_2}=A\cdot RT\ln p_{O_2} \tag{8-15}$$

可见DO电极输出电流实际上反映了溶液中氧的活度，即在平衡时，气相氧分压p_{O_2}的大小不是溶液中的实际浓度。

如果空气被水平衡，则氧分压p_{O_2}可以下式来表示

$$p_{O_2}=0.2095(p_B-p_{H_2O}) \tag{8-16}$$

式中　p_B——经温度校正后的大气压；

p_{H_2O}——饱和水蒸气分压。

③ 氧浓度表示法。如果知道氧（或空气）在某溶液中的饱和溶解度，就可以对DO电极的输出电流加以标定，可得到相对于该溶液中氧含量的相对浓度。如25℃时，氧在纯水中的饱和浓度为1.27mmol/L，空气为0.267mmol/L。一般可粗略地估计，空气通入发酵液时氧的饱和溶解度为0.2mmol/L。

但当培养液组分不同时，被氧或空气饱和时的氧浓度是不同的，可用亨利定律求得不同氧分压时的氧浓度

$$C=\frac{p_{O_2}}{H} \tag{8-17}$$

式中　p_{O_2}——氧分压；

H——亨利常数。

不同组分培养液中氧浓度不同，则亨利常数和饱和溶解度不同，因此用氧浓度来表示发酵液中的氧含量具有很大的局限性。而氧分压是不随组分改变而变化的。

溶解氧电极的质量标准包括电极的灵敏度、响应时间、温度效应和残余电流等，此外还有能否耐高温灭菌，使用寿命长短的问题。

8.1.2.3 溶解二氧化碳测量

发酵液中二氧化碳的浓度，指示的是菌体的呼吸熵，呼吸熵实际上反映出微生物的代谢强度。发酵液中二氧化碳分压（p_{CO_2}）可用 Sevezinghaus 复膜式电极进行测量。如果二氧化碳扩散在水或碳酸氢钠的水溶液中，它们的 pH 会依据下列的式子而改变

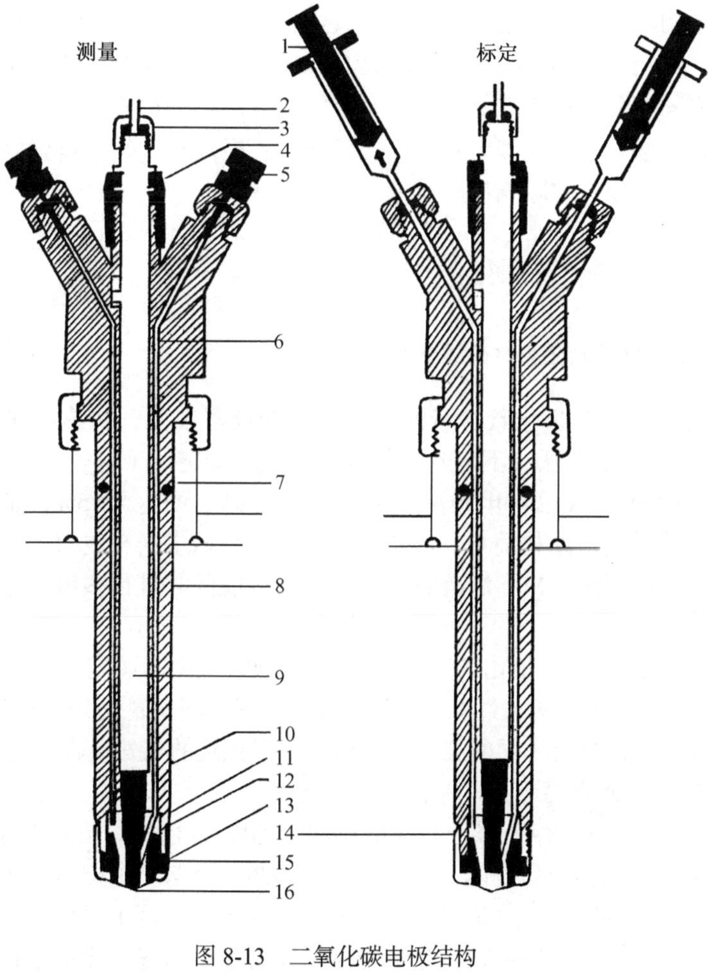

图 8-13 二氧化碳电极结构

1—20ml 针筒；2—耐高温同轴电缆；3—电缆压帽；4—电极芯盖帽；5—闷头；6—液流管；7—安装座；8—导管（电极体）；9—电极座；10—pH 电极；11—参比电极；12—CO_2电解液；13—膜托架；14—标定缓冲液；15—玻璃膜；16—硅橡胶膜（参考俞俊棠等，1997；熊宗贵等，2001）

在纯水中　$pH=常数-\lg\sqrt{p_{CO_2}}$　（8-18）

在碳酸氢钠溶液中　$pH=常数-\lg p_{CO_2}$　（8-19）

测量碳酸氢钠溶液中的二氧化碳，能方便地确定 pH 和p_{CO_2}之间的对应关系。其方法是使用特殊的气体渗透膜，它能够选择性地让二氧化碳扩散到碳酸氢钠溶液中去。溶液中 pH 变化就是二氧化碳实际压力的测量值。这种 pH 的细微变化可用复合 pH 电极精确测量。

图 8-13 是根据上述原理设计的p_{CO_2}电极结构，表示的是电极结构和测量标定时的不同结构状态。首先用含有一定二氧化碳浓度的缓冲液注满 pH 电极和膜之间的空间，标定与已知 CO_2浓度相对应的 pH 电极的电位测量值。实际测量时，电极和膜之间的空间用碳酸氢钠来填充，以代替p_{CO_2}分压的测量。

商品化的溶解二氧化碳电极，已经具有了长时间稳定性和良好的耐高温灭菌性能，可以满足生产实际测量的要求。

8.1.2.4　发酵尾气的在线分析

（1）尾气中二氧化碳浓度的在线分析

用以测定尾气二氧化碳含量的方法和检测仪器很多，如热导式气相色谱法（GC）、二氧化碳电解法、不分光红外线二氧化碳测定仪（IR）和质谱仪（MS）等。较为常用的是 IR 法和电极法。IR 法精确度高，可达±0.5%，量程的线性范围大。二氧化碳电极结构简单、紧凑，虽然精确度较差（5%左右），但已能满足一般发酵的使用要求。MS 法有着响应速度快，能同时进行多组分分析的优点，但仪器价格昂贵。

① 不分光红外线二氧化碳气体分析仪。其原理是除了单原子气体（如氖、氩等）和具有对称结构又无极性的双原子气体（如氧、氢、氮等）外，几乎所有的气体都在近红外波段具有不同的红外吸收谱，二氧化碳的红外吸收峰在 2.6～2.9μm 和 4.1～4.5μm 之间有两个吸收峰。

图 8-14 是 IR 法二氧化碳分析仪的结构原理图。检测时，在测量室 M_1 中通入含有二氧化碳的被测样品气体，参比室 M_2 内封装有与被测样品气体具有相同性质但不含二氧化碳的参比气体，当红外光分别通过上述两个气室时，由于测量室中二氧化碳气体的吸收作用，测量室光束强度弱于参比室，接受器 E 接受不同光强的光束后，使接受器内部气室的平衡气体之间产生一个微压差 Δp，此 Δp 经检测元件 E_4、E_5 的转换，并经过电信号调制和放大，就能获得所需数值。根据郎伯比尔定律

$$I = I_0 e^{-KCL} \tag{8-20}$$

式中　I_0——入射光强度；

C——被测气体浓度；

K——气体对该波长红外吸收系数；

L——气体层厚度。

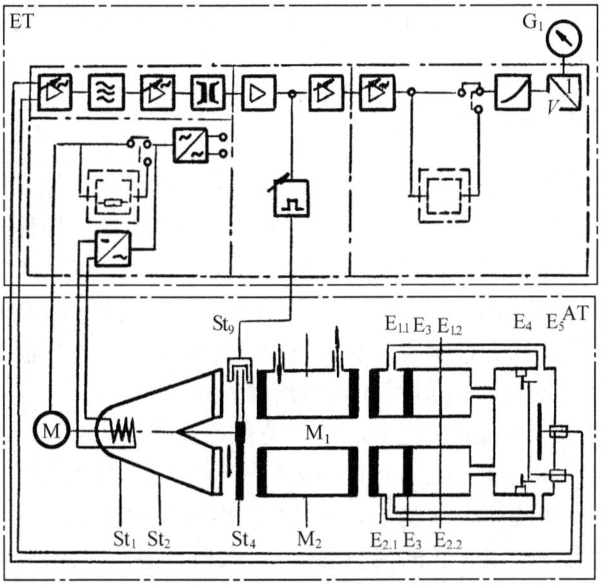

图 8-14　不分光红外线二氧化碳分析仪的原理图

AT—分析部分；E—接受器；$E_{1.1}$—接受器前测量室；$E_{1.2}$—接受器后测量室；$E_{2.1}$—接受器前参比室；$E_{2.2}$—接受器后参比室；E_3—半透半反窗；E_4—金属膜片；E_5—电极；M—测量气室；M_1—测量气室的分析室；M_2—测量气室的参比室；St_1—电光源线圈；St_2—光源组件；St_4—切光片；St_9—遮光片；ET—电子部分；G_1—指示表（参考俞俊棠等，1997）

二氧化碳浓度越高，则 I 就越小，转换后的电信号越大。

郎伯比尔定律只适用于单色光，但样品吸收波长具有叠加作用，因此不分光红外的光吸收比单色光灵敏度高得多，并能使信噪比提高，有较好的稳定性。其主要缺点是当样品气体组分与二氧化碳有重叠吸收峰时，会干扰测量。这可通过增加干扰滤波室或在参比室内充有相同干扰成分的背景气体等来克服。

② 二氧化碳电极测量法。二氧化碳的红外测定精度高，但仪器的体积大，价格高，因此在使用要求不是很高的小型发酵罐情况下，常采用二氧化碳电极法测量发酵尾气中的二氧化碳含量。

二氧化碳气体电极的原理与溶解氧二氧化碳电极类似，在 pH 玻璃电极上覆有一层疏水性聚分子膜（如硅橡胶膜等），当二氧化碳气体透过这层半透膜后，与膜内的电解质发生反应，引起电解液 pH 发生改变，化学反应如下

$$\begin{array}{c} CO_2+H_2O \rightleftharpoons H_2CO_3 \\ \Updownarrow \\ 2H+CO_3^{2-} \rightleftharpoons H+HCO_3^- \end{array} \tag{8-21}$$

二氧化碳电极测量的主要性能是体积分数范围 0%～10%，精度 ± 2.5%（FS），响应时间（90%）约 2min。

（2）尾气中氧浓度的在线测量

对气相氧含量敏感的物理因素很多，这些因素可以用来作为气体中氧含量的测量。主要有磁氧分析、固体电解质、极谱电位和质谱法。固体电解质是利用氧化锆对氧的敏感响应实现的，但由于必须在高温下使用，以及对数响应，因此在发酵上使用困难。现普遍使用的有磁氧分析仪，其精度可达 ± 0.5%（FS），而且具有相当好的稳定性和线性响应。极谱电极法虽然精度较差，但由于与二氧化碳电极法测量相同，常被用来测量气体中的氧含量。

① 磁氧分析仪。氧是顺磁性的，由于它的磁化率较大，在所有气体中占有重要位置。大多数气体具有抗磁性并且磁化率较小，只有氮氧化物（如 NO、NO_2）在很小程度上具有顺磁率，这些气体在常规发酵尾气中几乎不存在。

对一气体化合物来说，总的体积磁化率 η_{res} 等于各气体组分 K 的体积磁化率乘以各组分浓度 C_K 之后的和

$$\eta_{res}=\sum_{K=V}^{n}\eta_K\frac{C_K}{100} \tag{8-22}$$

含氧的被测气体磁化率 η_M 由氧的体积磁化率 η_{O_2} 和背景气体磁化率 η_B 组成，同时各浓度含量相对应得

$$\eta_M=\eta_{O_2}\cdot\frac{C_{O_2}}{100}+\eta_B\cdot\frac{C_B}{100} \tag{8-23}$$

式中 $C_B=100-C_{O_2}$，由此可得

$$\eta_M=(\eta_{O_2}-\eta_B)\cdot\frac{C_{O_2}}{100}+\eta_B \tag{8-24}$$

即测量气体的磁化率 η_M 与氧浓度 C_{O_2} 有线性关系。

将测量气体导入磁场，在非均匀磁场范围内，作用在气体分子上的力可导致压力的变化，即无磁场空间和均匀磁场之间存在压差 Δp，

$$\Delta p=\frac{1}{2}\mu_0 H^2\cdot\eta_M \tag{8-25}$$

式中　H——磁场强度；

μ_0——常数。

测量出压差 Δp，就可得知 η_M，由线性关系式（8-24）可得 C_{O_2}，磁压式氧分析仪就是根据上述原理设计的（图 8-15）。

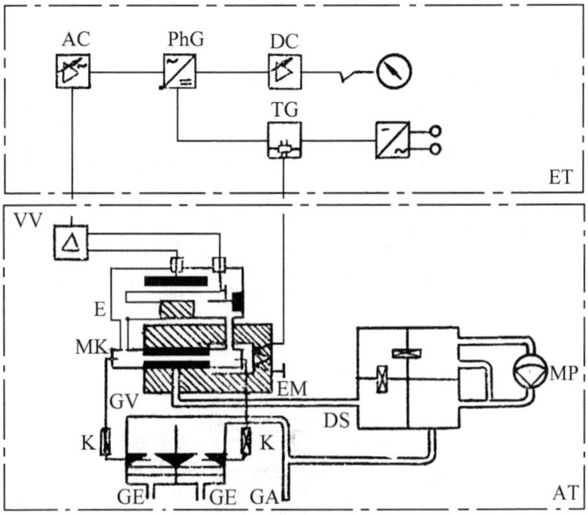

图 8-15　磁压式氧分析仪原理示意图

AT—分析部分；ET—电子部分；MP—膜片泵；DS—缓冲系统；GA—气体出口；K—毛细管；GV—气体分配器；EM—电磁铁；MK—测量气室；E—接受器；VV—前置放大器；AC—交流放大器；PhG—相敏整流；DC—直流放大；TG 脉冲直流电压源；GE—气体进口（参考俞俊棠等，1997）

在标有 N 和 S 极的磁靴之间的磁隙中，导入来自相反方向的测量气体（MG）外，还导入了磁化率为 η_V 的参比气体（VG）。在这种情况下，磁场外的这两种气体（MG 和 VG）之间有效压差 Δp 与测量气体和参比气体的体积磁化率之差（$\eta_M-\eta_V$）成正比，由式（8-24）和式（8-25）中可导出该压差 Δp 为

$$\Delta p=\frac{1}{2}\mu_0\cdot H^2\left[(\eta_{O_2}-\eta_B)\cdot\frac{C_{O_2}}{100}+\eta_B-\eta_V\right] \tag{8-26}$$

该 Δp 信号可通过接受器转换成电信号，并显示和记录。该电信号指示值与参比背景气的浓度无关，而与测量气体中的氧浓度严格地成线性关系。只要测量气体的体积磁化率 η_M 和参比气体的体积磁化率 η_V 相等（即 $\eta_M=\eta_V$），指示值就等于零。这个点被称为参考点。在不改变氧分析仪灵敏度的情况下，更换参比气体，可使参考点位移。因此，适当选择参比气体，可抑制量程。在发酵过程中，可选用空气作参比气体。当指示值为零时，则测量气体中氧含量和空气中的氧含量相等。

② 极谱氧电极法。复膜 DO 电极也可以用来测量气相中的氧含量，但在设计电极测量系统时，应该注意以下几个方面，即为保证测量系统的恒温条件，复膜 DO 电极与二次仪表间必须有温度补偿功能；应保证系统的衡压条件，控制一定的进气流量，进行压力补偿，以提高测量精度；氧电极的响应时间应与排气流中氧含量的迅速变化相适应，这需要选用合适的复膜氧电极结构，使其有快的响应时间（在 30～120s 之间）。

③ 质谱分析仪。质谱仪的优点是响应速度快（＜1s），灵敏度高，选择性好，能够同时分析多种气体组分，以获得大量检测数据供实时分析用。可以配有多路接口和计算机，与多个发酵罐相连，每分钟内可同时分析 4 个样品中的 5 个组分，如 CO_2、O_2、NH_3、N_2、Ar。

其基本原理是根据物质在真空中形成的带电分子和亚分子，按照质量电荷比 *M/e* 进行分离，质谱就是这些粒子的相对密度作为 *M/e* 的函数所得的记录。图 8-16 为一种多收集器质谱仪的原理示意图。

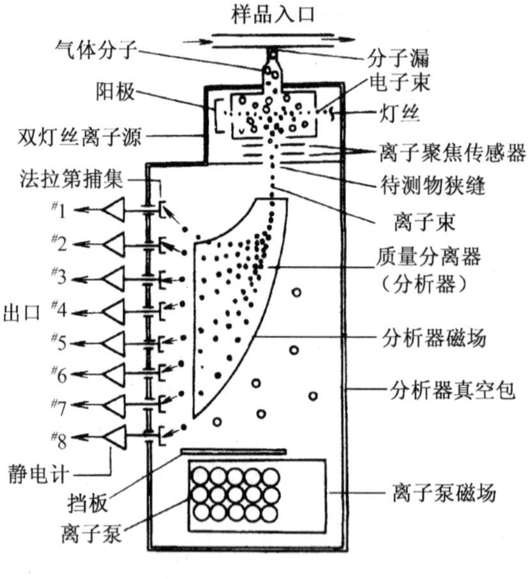

图 8-16　非扫描多捕集器磁扇形工业质谱仪的原理示意图
（参考熊宗贵等，2001；俞俊棠等，1997）

发酵罐中，气相或液相中的挥发组分在线分析对质谱仪的基本要求是：要有线性响应，即输出电信号与被分析组分的浓度成正比；离子（或质量）峰出现的快慢与控制电压成正比。这样的质谱仪可在计算机控制下，按顺序测量不同化学组分，检测所选择的离子峰，克服干扰并进行标定。常用的有四极质谱仪和磁扇型质谱仪。

可设计专门的取样接口进行发酵罐尾气的取样，尾气通过膜上的分子微孔进入质谱系统中的真空部分。另外还发展了对液相成分进行测量的浸没式取样系统，由载体气体把液相成分带入质谱仪中进行测量。

8.1.2.5　菌浓度的测量

微生物在生命活动中总是伴随着增殖和增长，前者是指细胞个数的增加，后者是指细胞质量和组成的变化。有关菌量的测量方法很多，如称重法、离心叠集法、浊度法、细胞蛋白质测定法、核酸测定法、ATP 测定法、染色计数法、平板计数法等直接测量方法。但这些一般只能用于离线取样分析。现在已经发展了一些在线连续菌量测量方法，如浊度法、荧光测量法、电容测定法、排气分析法等。下面对有关方法作一些介绍。

（1）浊度法

常用的流通式浊度计的原理，是使发酵罐中的发酵液进入一流通式薄层比色杯，用波长 500～600nm 的光束测量发酵液的光密度，然后发酵液再返回发酵罐中，所测度的 OD 值与细胞浓度成线性关系。装置流程如图 8-17 所示。

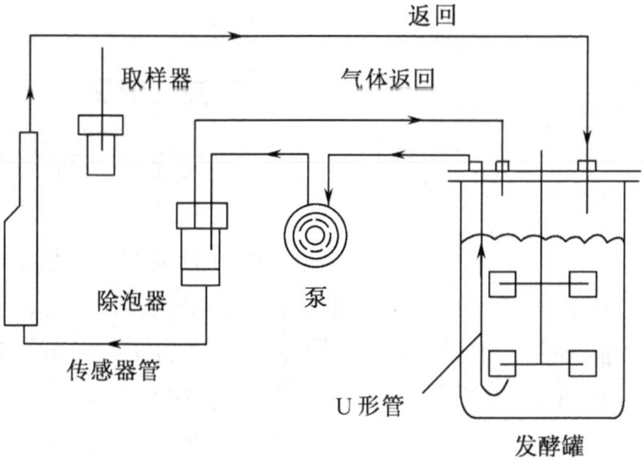

图 8-17　流通式浊度计
（参考俞俊棠等，1997）

流通式浊度计适用于无固体颗粒培养基的单细胞微生物（如细菌）浓度的测量。在设计和使用时应该注意几个问题。首先传感器（流通式薄层比色杯）壁生长问题，这是因为长时间连续使用，菌细胞会在传感器壁上生长或形成吸附菌体

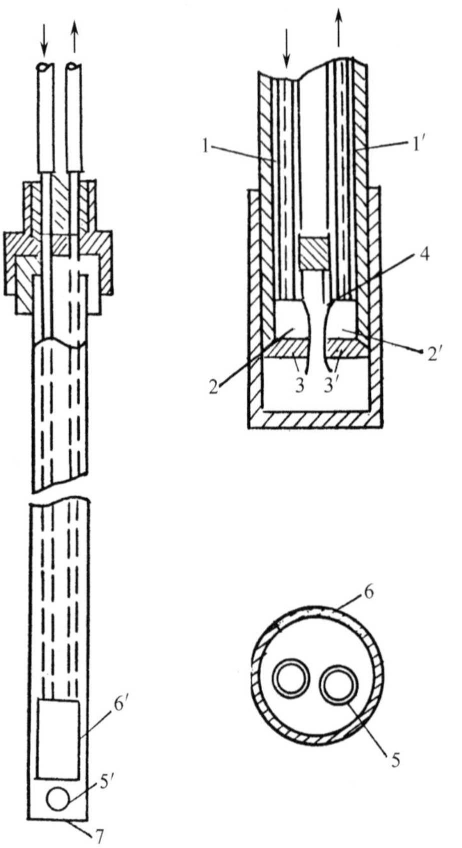

图 8-18　插入式生长传感器

1，1′—光纤；2，2′—光镜；3，3′—乳白玻璃；4—悬浮液；5，5′—流入口；6，6′—流出口；7—不锈钢丝网（参考俞俊棠等，1997）

层，严重影响测量精度。解决此问题的办法有提高发酵液通过比色杯表面的速度，或采用将壁生长因素考虑在内的光电补偿结构。其次是发酵中产生的气泡和空气进入传感器，对浊度测量有影响。遇到这种情况可以采用气液分离器，使分离出的气体回到发酵罐中，除气后的发酵液进入比色杯。在浊度计中采用滤波技术也能克服一些气泡的影响。此外流通式浊度计实质上是一发酵液循环装置，应预先进行消毒灭菌，严格保持无菌状态下操作。

连续流通式浊度计也可以设计成插入式传感器（图 8-18），它依靠发酵罐搅拌器的推动力，使培养液连续地从入口外进入传感器内，入口处装有不锈钢丝网用来除去气泡。器件采用了传输型光纤，提高了灵敏度，结构紧凑，并可避免杂菌污染。

（2）荧光测量

荧光是某种化学物质在吸收某一波长光之后，激发出另一波长的光所具有的特性。许多物质都具有这种特性，但只有极少数在微生物发酵中有重要的实际意义，在活体细胞中普遍存在的有烟酰胺腺嘌呤二核苷酸的还原形式 NADH。它可以在细菌、霉菌、植物和动物细胞等所有活体测量中应用。在微生物培养的一定时期内，产生的 NADH 的量是不变的。例如，在细胞呈对数生长时，NADH 的浓度与细胞生物量成线性关系。这种情况下，荧光探测法能够在线测量生物细胞的量。

测量装置是采用一个低压水银蒸气灯作为光源，经一滤波片保证最佳的激光光波长通过，用光导纤维将此光束引入发酵罐，此处用一光学装置以确保最佳的辐射条件；产生的荧光再被光导纤维捕获，通过滤光片进入检测器，得到相应的最大峰值（图 8-19）。测量信号被处理后所显示的毫伏数，可表示菌量浓度的相对值。这种方法的灵敏度比一般比色法高得多，并具有较好的选择性，因为采用光纤作为光发射和接收的探头，所以有良好的耐高温性能。

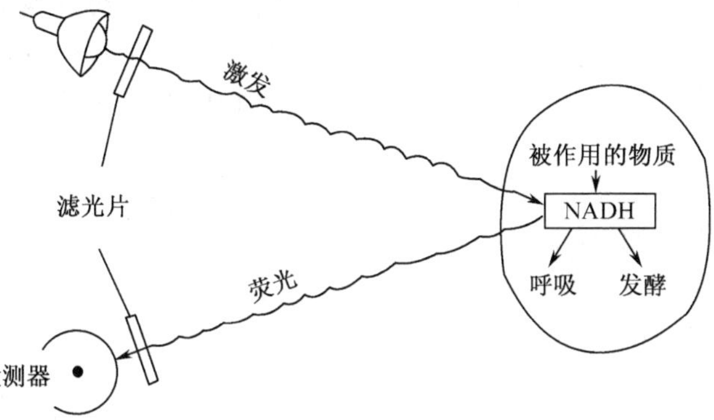

图 8-19 荧光测定示意图
（参考俞俊棠等，1997）

有一些发酵条件对荧光分析有一定的影响，如温度和 pH 会影响分子的荧光效应；低水平的溶氧阻碍从 NADH 到 NAD 的氧化过程，造成 NADH 的积累；碳源的限制会使细胞中的 NADH 耗尽等。在单细胞蛋白的生产中，用荧光分析法来控制乙醇的流加，荧光强度可作为乙醇加入合适时间的指示，这可以提高单细胞蛋白的生产率。

（3）其他方法

除以上几种在线测量方法外，还有许多其他方法在特定的发酵中使用，现介绍如下。

排气分析法：利用菌体细胞在代谢过程中所形成的某种气体成分的分析，来间接估算菌体细胞量。

电容测定法：把每个细胞当作低容值的电容器，测定该电容与菌量的关系。

热量衡算法：释放的生物热与菌量成比例的关系。

黏度测定法：培养液黏度测量值与生长或形态变化的关系。

酶电极法：测定与菌体生长量成比例的某代谢物。

恒电位电极法：测定一定极谱电压下的电流与菌量的关系。

在发酵液成分分析中，也使用了各种生物传感器，它们由固定的生物材料与一适当的换能器件密切接触而构成检测器件，换能器可以将生化信号转换成一可定量的电信号。用于生物传感器的生物材料主要有酶、微生物、抗体、抗原、生物体组织和微小器官、结合蛋白、植物凝血素、激素受体等。但这些生物敏感膜并不产生界面电势，而仅与待测物质发生催化反应，生成一种使生物膜层下面的敏感层产生响应的物质，所以也称为二次反应膜或二次响应。用于生物传感器中产生二次响应的换能器包括各种电化学电极、热敏电阻、离子场效应管、光纤和压电晶体等。由此可组成种类繁多的生物传感器，除了酶电极外，还有微生物电极、免疫敏电极、酶热敏生物电极、离子敏场效应管、光学生物传感器等。

8.1.3　间接参数检测

8.1.3.1　数据处理

在微生物培养过程中，可以通过前面所获得的直接参数进一步计算，获得有关培养过程的信息，这些信息就是间接参数。这些间接参数一般是通过在线计算机数据处理、显示或储存。图 8-20 表示的是由"入口"传感器计算得到的各种间接参数，也可以由这些参数计算得到更复杂的间接参数或变量估计，达到正确反映微生物代谢过程的规律，并找到调节控制发酵过程的依据，以获得最佳的发酵效果。

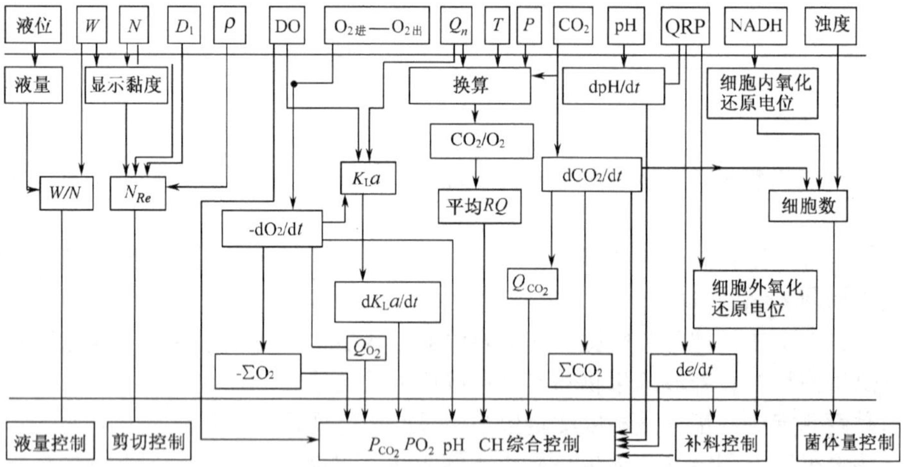

图 8-20　检测参数的选择设计

W—功率；N—搅拌速度；D_1—搅拌叶直径；ρ—密度；DO—溶解氧浓度；Q_n—呼吸速率；T—温度；P—罐压；N_{Re}—雷诺数；QRP—氧化还原电位；NADH—烟酰胺腺嘌呤二核苷酸；K_La—氧传递系数

（参考俞俊棠等，1997）

8.1.3.2　间接数据的获得

表 8-1 中所列的许多间接参数可以分成质量传递速率、成分比率、质量传递系数、热传递系数和能量平衡等几方面进行计算，这些间接参数可以反映微生物细胞的生理特性或对象的工程特性。下面将分别进行讨论。

(1) 质量传递速率

从发酵罐中输出的和输入的某化学物质的量，是一重要的间接参数。一般可以发酵罐内的物质传递为基准进行平衡计算。稳态时的数学表达式为

传递＝输入－输出

$$W=\sum_{i=1}^{n} F_i c_i-\sum_{j=1}^{m} F_j c_j \tag{8-27}$$

式中　F_i，F_j——分别为输入和输出的体积流量；

c_i，c_j——分别为输入和输出的浓度；

n——输入的流体种类量；

m——输出的流体种类量。

W 为速率（如 mol/h）或过程循环的计量总量。质量传递速率亦可以单位体积为准计算 [mol/（L·h）]。

在通气情况下，对于进气和排气，则式（8-27）可简化为

$$W=F_{\text{in}}c_{\text{gin}}-F_{\text{out}}c_{\text{gout}} \tag{8-28}$$

式中“in”为进气，“out”为排气。

以氧为测量对象时，则 W 为氧的传递速率（OTR）。由于一般发酵液中的氧浓度变化相对较慢，所以可认为 OTR 与菌体细胞的氧吸收率（OUR）相等。OUR 定义为单位体积发酵液每小时的耗氧量 [mol/（L·h）或 g/（L·h）]。OUR 与呼吸强度（Q_{O_2}）的关系可用下式表示

$$\text{OUR}=Q_{O_2}X=\frac{F_{\text{in}}}{V}\left[c_{O_2\text{in}}-\frac{c_{\text{惰in}}-c_{CO_2\text{in}}}{1-(c_{O_2\text{out}}-c_{CO_2\text{out}})}\right]\cdot f \tag{8-29}$$

式中　X——菌体干重（g/L）；

F_{in}——进气流量（mol）；

$c_{\text{惰in}}$、$c_{O_2\text{in}}$、$c_{CO_2\text{in}}$——分别为进气中惰性气体、氧和二氧化碳浓度（%）；

$c_{O_2\text{out}}$、$c_{CO_2\text{out}}$——分别为排气中氧和二氧化碳浓度（%）；

V——发酵液体积（L）。

$$f=\frac{273}{273+t_{in}}\cdot p_{in}\cdot\frac{1}{1+h}\times 10^{-5}$$

式中　p_{in}——进气的绝对压强，大气压（Pa）；

t_{in}——进气温度（℃）；

h——进气的相对湿度（%）。

一般可取 $c_{惰in}$ 为 79.02%，c_{O_2in} 为 20.95%，c_{CO_2in} 为 0.03%，只要连续测定排气中的 c_{O_2out} 和 c_{CO_2out}，就可计算出菌体细胞不同时间的 OUR。OUR 也可用溶氧电极在发酵罐内采用动态法进行测量（如第 7 章中介绍的）。

二氧化碳传递速率与二氧化碳释放率（CER）之间也有类似关系。CER 表示的是单位体积发酵液每小时产生的二氧化碳量［mol/（L · h）或 g/（L · h）]，可用下式计算：

$$\mathrm{CER}=Q_{CO_2}X=\frac{F_{in}}{V}\left[\frac{c_{惰in}\cdot c_{CO_2out}}{1-(c_{O_2out}-c_{CO_2out})}-c_{CO_2in}\right]\cdot f \tag{8-30}$$

式中　Q_{CO_2}——比二氧化碳释放率［mol/（L · h）或 g/（L · h）]。

其余与式（8-29）同。有时用二氧化碳释放量来估计菌体量。为了克服分批发酵补料操作引起的体积变化带来的误差，可采用总二氧化碳释放率 CPR（mol/h 或 g/h）来表示。

（2）组分比率

微生物在代谢过程中所形成的二氧化碳与所消耗的氧的比率称为呼吸熵（RQ），可用下式计算

$$RQ=\frac{\mathrm{CER}}{\mathrm{OUR}}=\frac{Q_{CO_2}}{Q_{O_2}} \tag{8-31}$$

表 8-5 列出了各种碳源完全氧化时的 RQ 值。RQ 值是表征好气微生物的发酵生理特征的重要参数。当发酵中的 RQ 值偏离完全氧化时的 RQ 值时，表明与产物形成有关的代谢途径发生了变化。例如，某些微生物代谢乙醇形成二氧化碳和水时，$RQ=0.67$；而如果形成乙酸和水，则 $RQ=0$；若 RQ 小于 0.67，则表明这两个途径同时存在。在通气条件下，高的 RQ 值表明葡萄糖转化为乙醇，低的值表明积累的乙醇被完全氧化成二氧化碳和水（$RQ=0.67$）。

表 8-5　各种碳源完全氧化时的 *RQ* 值

碳源	分子式	RQ 值
碳水化合物	$C_nH_{2n}O_n$	1.00
烷烃	C_nH_{2n+2}	$2n/3n+1$

续表

碳源	分子式	RQ 值
甲烷	CH_4	0.5
醇	$C_nH_{2n+2}O$	0.67
甲醇	CH_4O	0.67
乙醇	C_2H_6O	0.67
羧酸	$C_nH_{2n+2}O_2$	$2n/3n-1$
乙酸	C_2H_6OH	0.80
丙酸	$C_3H_8O_2$	0.75
乳酸脂	$C_3H_6O_3$	1.00
甘油	$C_3H_8O_3$	0.75
柠檬酸	$C_6H_8O_7$	1.33
甲酸	CH_2O_2	0.50
草酸	$C_2H_2O_4$	4.00
乙二醛	$C_2H_3O_3$	2.00

积累呼吸熵（CRQ）指示出整个发酵过程偏离完全呼吸时的程度，其定义为

$$\mathrm{CRQ}=\frac{\int \mathrm{CER}\mathrm{d}t}{\int \mathrm{OUR}\mathrm{d}t} \tag{8-32}$$

其他常监测的成分比率是流加的碳、氮、磷、钾等的积累量的比率，通常与产物的形成呈比例关系。其偏差表示出营养物的失效、过剩或副产物的积累。

（3）质量传递系数

体积氧传递系数 K_La 是氧在气相和液相之间的质量传递效率，即“通气效率”。在小发酵罐中如果不考虑气泡里的扩散阻力，其氧传递系数可表示为

$$W=K_La(c^*-c) \tag{8-33}$$

式中 c——整体液相中的溶解氧浓度；

c^*——与气相氧分压平衡时的液相氧浓度。

c^*一般可由亨利定律从气相浓度中计算得到

$$c^*=K\cdot c_g \tag{8-34}$$

K 取决于温度和培养液中其他成分的浓度，c^*一般可粗略地取为 0.2mmol/L。在小发酵罐中混合较好时，可以把排气时的氧浓度（c_{gout}）看成为 c^*。

在大罐中，液相被认为是充分混合的，而气相的 c_{gin} 和 c_{gout} 之间的变化取决于发酵罐里的位置。这种情况的传递速率可用下式表示

$$W=K_{L}a\,(c^{*}-c)_{\log 平均} \tag{8-35}$$

其中

$$(c^{*}-c)_{\log 平均}=\frac{(c^{*}-c)-(c_{out}^{*}-c)}{\ln\dfrac{(c_{in}^{*}-c)}{(c_{out}^{*}-c)}}$$

式中 c_{in}^{*}和c_{out}^{*}分别采用进、排气时的氧浓度测量值。

（4）热传递系数

热传递系数在发酵罐工程放大时，具有重要的意义，它定义为

$$Q_{C}=KF\frac{(T-T_{in})-(T-T_{out})}{\ln\dfrac{(T-T_{in})}{(T-T_{out})}} \tag{8-36}$$

式中 Q_C——主发酵期发酵液每小时放出的最大热量［kJ/（h·℃）］；

F——发酵罐冷却传热面积（m^2）；

K——换热装置的传热系数［kJ/（m^2·h·℃）］；

T_{in}——冷却水进口温度（℃）；

T_{out}——冷却水出口温度（℃）；

T——维持的发酵罐温度（℃）。

根据经验，夹套冷却的 K 值为 4.186×（150～250）kJ/（m^2·h·℃），蛇管冷却的 K 值为 4.186×（300～450）kJ/（m^2·h·℃）。

若设反应器是在绝热条件下，则可用下式计算

$$Q_{C}=F_{in}\Delta H_{in}^{0}-F_{out}\Delta H_{out}^{0} \tag{8-37}$$

式中 F_{in}、F_{out}——分别为冷却介质的进出流量；

ΔH_{in}^{0}、ΔH_{out}^{0}——分别为进出冷却介质的热函。

（5）其他间接参数

通过计算得到的间接参数还有很多，如搅拌功率、搅拌叶尖速度、发酵液体积、通气准数、雷诺数等。

搅拌功率 P 由安装在搅拌轴上的剪切应变仪测得，按下式计算

$$P=\frac{2\pi nM}{60\times 102} \tag{8-38}$$

式中 n——转速（r/min）；

M——扭力矩（N·m）。

搅拌叶尖速度对丝状真菌、放线菌等培养是很重要的参数，这些微生物对剪切力十分敏感，所以必须对搅拌叶尖速度加以控制。这一参数可通过搅拌转速和

搅拌叶径计算得到。

发酵液体积可以通过测量发酵液质量和比重计算得到。

通气准数 N_A 反映了通气速率对搅拌叶尖速度的无因次数，可以用来估计无通气时相同转速时的功率消耗，定义为

$$N_A = \frac{F}{nD_i^3} \tag{8-39}$$

式中 F——通气速率（m^3/min）；

n——转速（r/min）；

D_i——搅拌叶半径（m）。

功率准数 N_p 也是无因次数，代表搅拌反应器内的外作用力和内作用力的比例，可以通过无通气时的功率 P_0 和密度 ρ 按下式计算

$$N_P = \frac{P_0}{N^3 D_i^5 \rho} \tag{8-40}$$

搅拌雷诺数 N_{Re} 代表内作用力与黏滞力的比例，是另一个无因次数，定义为

$$N_{Re} = \frac{ND_i^2 \rho}{\mu} \tag{8-41}$$

μ是显示黏度，当 $N_{Re}<10$ 时为滞流区，$N_{Re}>10\ 000$ 时为湍流区，中间值时为过渡区。当 N_{Re} 已经建立后，知道 N、D_i 和 ρ 以后，就可以从上式计算得到显示黏度。

8.2 发酵过程的自动控制

发酵过程的自动控制是根据对过程变量的有效测量和对发酵过程变化规律的认识，借助于有自动化仪表和计算机组成的控制器，控制一些发酵的关键变量，达到控制发酵过程的目的。发酵过程的自动控制包括三方面内容：

① 与发酵过程的未来状态相联系的控制目标，如需要控制的温度、pH、生物量和浓度等。

② 一组可供选择的控制动作，如阀门的开或关、泵的开动或停止等。

③ 能够预测控制动作对过程状态影响的模型，如用加入基质的浓度和速率控制细胞生长率时，表达两者之间关系的数学式。

这三者是互相联系、相互制约的，组成具有特定自动控制功能的自控系统。

8.2.1 基本的自动控制系统

发酵过程采用的基本自控系统主要有前馈控制、后馈控制和自适应控制。

8.2.1.1　前馈控制

如果被控对象动态反应慢，并且干扰频繁，则可通过对一种动态反应快的变量（称为干扰量）的测量来预测被控对象的变化，在被控对象尚未发生变化时，提前实施控制。这种控制方法叫做前馈控制。例如，对发酵罐温度的控制，在这个系统中，冷却水的压力被测量但不控制，当压力发生变化时，控制器提前对冷却水控制阀发出控制动作指令，以避免温度的波动。前馈控制的控制精度取决于干扰量的测量精度，以及预报干扰量对控制变量影响的数学模型的准确性。

8.2.1.2　反馈控制

反馈控制系统如图 8-21 所示，被控过程的输出量 $x(t)$ 被传感器检测，以检测量 $y(t)$ 反馈到控制系统，控制器使之与预定的值 $r(t)$（设定点）进行比较，得出偏差值 e，然后采用某种控制算法根据偏差 e 确定控制动作 $u(t)$。根据算法的不同，可分为开关控制、PID 控制、串级反馈控制、前馈/反馈控制。

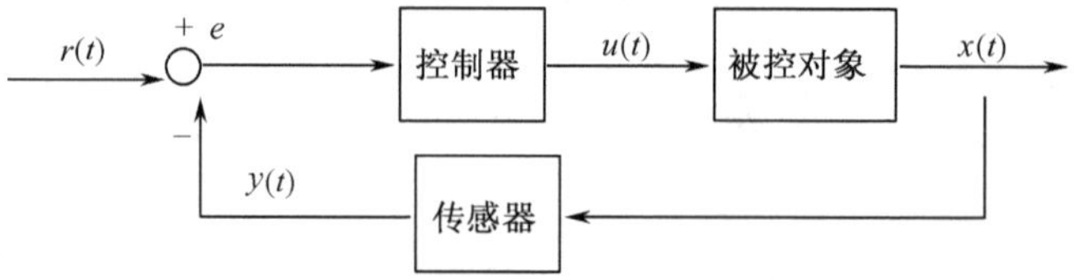

图 8-21　反馈控制系统
（参考熊宗贵等，2001）

开关控制是最简单的反馈控制系统。如发酵温度的开关控制系统是通过温度传感器检知发酵罐内温度，如果温度低于设定点，冷水阀关闭，蒸汽或热水阀打开；如果温度高于设定点，蒸汽或热水阀关闭，冷水阀打开。控制阀的动作是全开或全关，所以称为开关控制。

当负荷不稳定时，可采用比例（P）、积分（I）、微分（D）控制算法，即 PID 控制。P、I、D 控制器的控制信号，分别正比与被控过程的输出量与设定点的偏差、偏差相对于时间的积分和偏差变化的速率。PI 和 PID 控制器广泛用于发酵过程的控制。

串联反馈控制是由两个以上控制器对一种变量实施联合控制的方法。例如溶解氧在发酵罐中的检知，作为一级控制器的溶氧控制器根据检测结果，由PID算法计算出控制输出 $u_1(t)$，但不用它来直接实施控制动作，而是被作为二级控制器的搅拌转速、空气流量和压力控制器当作设定点接受，二级控制器再由另一个 PID 算法计算出第二个控制输出，用于实施控制动作，以满足一级控制器设定的溶氧水平。当有多个二级控制器时，可以是同时或顺序控制。如图 8-22 所示，先改变搅拌转速，当达到某一预定的最大值时，再改变空气流量，最后是调节压力。

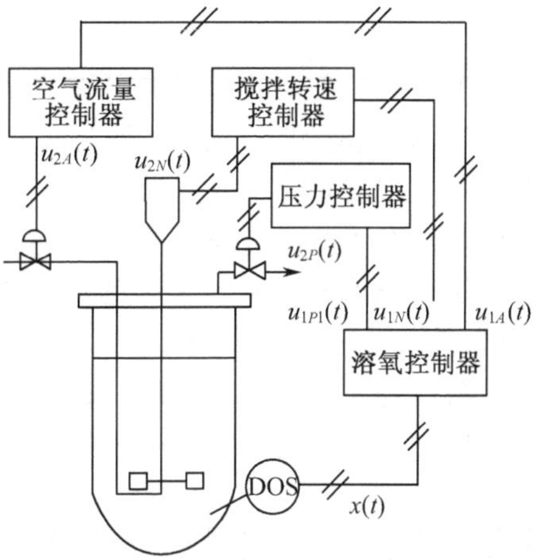

图 8-22 溶解氧水平的串联反馈控制

DOS：溶解氧传感器；$x(t)$：检测量；$u_1(t)$：级控制输出；$u_2(t)$：二级控制输出；P_o：压力；N：搅拌转速；A：空气流量（参考熊宗贵等，2001）

前馈控制所根据的数学模型大多数是近似值，加上一些干扰量难于测量，所以限制了其他的单独应用。通常它是与反馈控制相结合使用。如图 8-23，前馈/反馈控制应用于污水处理的系统。假设作为干扰量的输入废水中悬浮固体含量，随时间发生变化，通过在线分析仪测定后，信号前馈到排放控制器，使排除液的悬浮固体含量保持在设定点上。同时，还根据排放液含量的直接检测量，对排放率进行反馈控制。

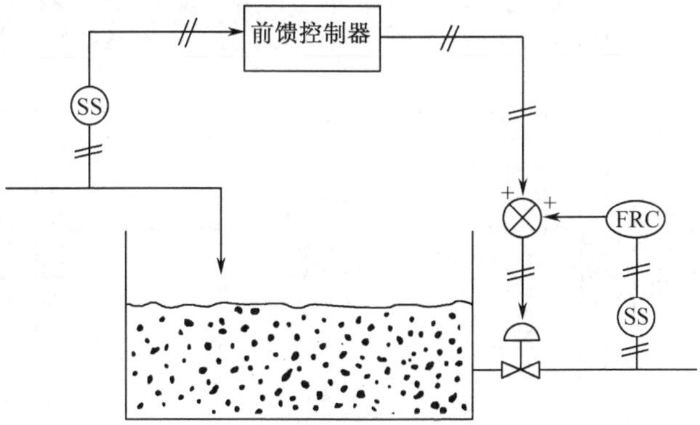

图 8-23 污水处理的前馈/反馈控制系统

SS：悬浮固体含量传感器；FRC：流量记录和控制器

（参考熊宗贵等，2001）

8.2.1.3　自适应控制

发酵过程是复杂的和不确定的过程，而上述自控系统的数学模型结构和参数都是确定的，过程的输入信号均为时间的函数，过程的输出响应也是确定的，所以对发酵过程动态特性无法确定数学模型，过程的输入信号也含有许多不可测的随机因素。对于这样过程的控制，须要提取有关的输入、输出信息，对模型和参数不断进行辨识，使模型逐渐完善，同时自动修改控制器的控制动作，使之适应于实际过程。这样的控制系统称为自适应控制系统。

发酵过程虽然总的来说是不确定过程，但对一些单个变量的变化规律而言，又有确定的一面。因此，对这些变量控制并非一定都要采用自适应控制算法。

8.2.2　发酵自控系统的硬件组成

发酵自控系统由传感器、变送器、执行机构、转换器、过程接口和监控计算机组成（图 8-24）。除了直接用于发酵过程检测的传感器外，一些根据直接测量数据对不可测变量进行估计的变量估计器，也称为传感器。这种广义传感器叫做“网间”传感器或“算法”传感器。

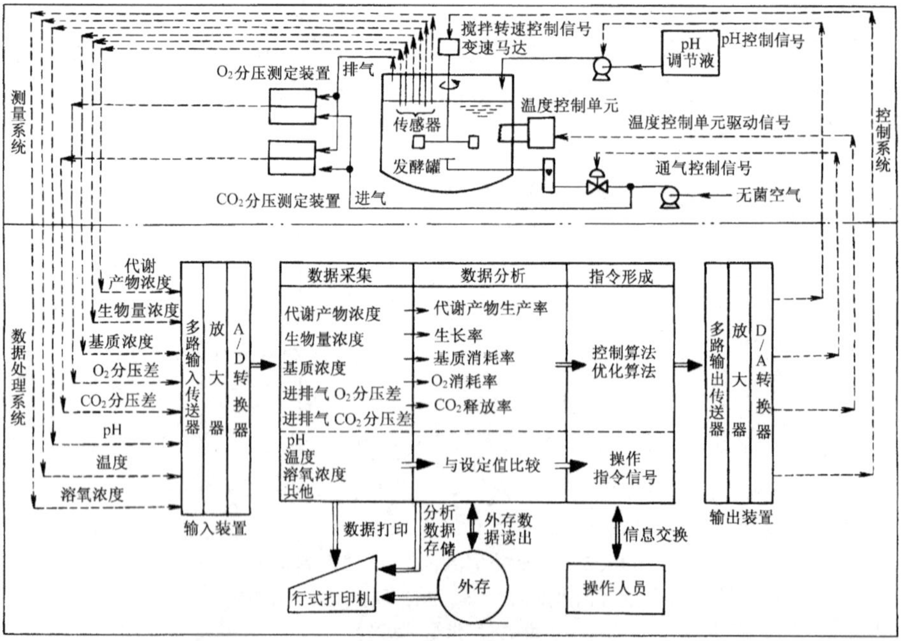

图 8-24　发酵自动控制系统的硬件组成

（参考熊宗贵等，2001）

传感器获取的信息需要特殊的电路（惠斯通电桥、放大器等）将其转变为标准输出信号，才能被控制器所接受。这种电路装置称作变送器。传感器和变送器有时安装在同一个装置内。常采用的标准输出信号为：①连续的 0～10V 或 4～20mA 直流电模拟输出信号，为避免接地，信号应该隔离输出；②二进制编码十进制输出信号应该用标准 RS232、RS423 或 IEEE488 接口及通讯协议传送。

执行机构是直接实施控制动作的元件，如电磁阀、气动控制阀、电动调节阀、变速电机、步进电机、正位移泵、蠕动泵等。这些元件受控并反应于控制器的输出信号或操作者手动干预而改变的控制变量值。执行机构可以连续动作（如马达或泵的转速，控制阀的开启位置等），也可以间歇动作（如阀的开、关，泵或马达的开、停等）。与发酵罐物料直接接触的执行机构还应该无渗漏、无死角、耐高温、便于精确计量等。控制器的输入信号即是反应器的输出信号，对于常规的电子控制器，连续的模拟输出信号可以直接与控制器连接。当涉及到计算机时，控制器输入信号必须转化成数字当量，而与执行机构连接的模拟输出信号必须有数字当量产生。所以对于计算机控制系统，必须使用 A/D 和 D/A 转换器。但如果控制器的输入信号为离散信号时，可直接使用数字输入和输出。

在发酵工业的监测和控制中，通常使用的是条形记录仪和模拟控制器。条形记录仪用于描绘发酵过程中各变量的曲线，如温度、pH、溶解氧、尾气成分等，模拟控制器将这些变量控制在合适的范围内。但记录仪和控制器不能有效地监测和控制那些不能直接测量的变量，如氧消耗率、基质消耗率、比生长速率等。计算机和某些数字化仪表，可用来估计和监测这类间接变量。过程监控计算机的作用包括采集和存储发酵过程中的数据；用图形和列表方式显示存储的数据；对存储的数据进行各种处理和分析；与检测仪表和其他计算机系统进行通讯；对模型及参数进行辨识；实施复杂的控制算法。有了以上的硬件，就可组成发酵自控系统，对发酵过程实施有效的监测和控制。

§9 微生物反应动力学

微生物反应动力学是研究各种环境因素与微生物代谢活动之间相互作用随时间而变化即生物反应速度的规律。其研究的重要方法是用数学模型定量地描述发酵过程中细胞生长速率、基质利用速率和产物生成速度等因素的变化，达到对发酵过程有效的控制，从而提高产品的产率及降低生产成本的目的。

9.1 发酵类型

发酵类型即动力学模型是为了描述菌体生长、碳源利用与代谢产物形成速度变化，以及它们相互之间的动力学关系。已经发展出了好几种动力学分型，在这里介绍一种称为发酵过程的动力学分型。这种动力学分型方法讨论的是产物形成与底物利用的关系，即碳源利用与产物形成速度的关系，它将微生物发酵过程分成了三个类型（表 9-1）。

表 9-1 发酵过程的动力学分型

类型	特定的速率关系
Ⅰ	产物形成直接与碳源利用有关
Ⅱ	产物形成间接与碳源利用有关
Ⅲ	产物形成表面上与碳源利用无关

9.1.1 第Ⅰ型

第Ⅰ型又称为与生长相关型，这一型的特点是菌体生长、碳源利用和产物形成几乎都在相同的时间出现高峰，即表现出产物形成直接与碳源利用有关（图 9-1a）。这一型中又分为两种情况，即菌体生长和代谢产物。

所谓菌体生长类型指的是终产物就是菌体本身，菌体增加与碳源利用平行，且两者之间有定量关系。如酵母、蘑菇菌丝、苏云金杆菌等的培养。在单细胞微生物中，菌体增长与时间的关系多为对数关系。在一定的培养条件下，菌体产量与碳源消耗之比称作“产量常数”。酵母培养中，其产量常数显著地受到碳源浓度的影响，大肠杆菌培养中受 C/N 比的影响。酵母生产就是根据对数生长关系和菌体产量常数计算加糖速度，以防止过量糖的加入引起酒精产生。

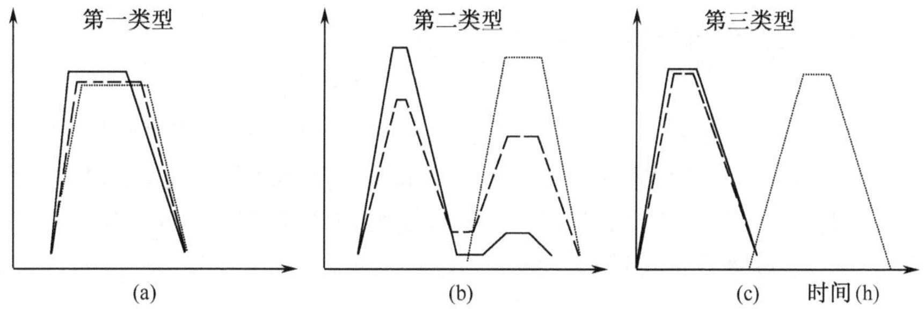

图 9-1 发酵类型

（a）第Ⅰ型；（b）第Ⅱ型；（c）第Ⅲ型

— 比生长速率，g/（g·h）；------ 碳源利用比速率，g/（g·h）；······ 产物形成比速率，g/（g·h）

（参考熊宗贵等，2001）

代谢产物类型指的是产物的积累与菌体增长相平行，并与碳源消耗有准量关系。如酒精、乳酸、山梨糖、葡萄糖酸、α-酮戊二酸等，这些都是碳源的直接氧化产物。另外，氯霉素和杆菌肽这两种次级代谢产物的发酵也属于第Ⅰ型。

9.1.2 第Ⅱ型

第Ⅱ型也称与生长部分相关型，它的特点是在发酵的第一时期菌体迅速增长，而产物的形成很少或全无；在第二时期，产物以高速度形成，生长也可能出现第二个高峰，碳源利用在这两个时期都很高（图 9-1b）。从生源来看，这一类型发酵产物不是碳源的直接氧化，而是菌体代谢的主流产物，所以一般产量较高。也可以分为如下两类：

① 产物的形成是经过连锁反应的过程。如丙酮丁醇、丙酸等发酵。

② 产物的形成不经过中间产物的积累。如酵母体内脂肪、延胡索酸、谷氨酸等。其菌体生长与产物积累分在两个明显的时期，如柠檬酸。

9.1.3 第Ⅲ型

第Ⅲ型的特点是产物形成一般在菌体生长接近或达到最高生长时期，即稳定期。产物形成与碳源利用无准量关系，产量远低于碳源的消耗量。所以也称为与生长不相关型（图 9-1c）。次级代谢产物如抗生素、维生素多属于此类，最高产量一般不超过碳源消耗量的 10%。抗生素中的土霉素、氯霉素和杆菌肽不属于这一类型。

9.2　分批培养动力学

所谓分批培养指的是一次投料，一次接种，一次收获的间歇培养方式。这种培养方式操作简单，发酵液中的细胞浓度、基质浓度和产物浓度均随时间而不断变化。就细胞的浓度 X 的变化而言，在分批培养中要经历延迟期、对数生长期、减速期、稳定期和衰亡期各阶段（图 9-2）。

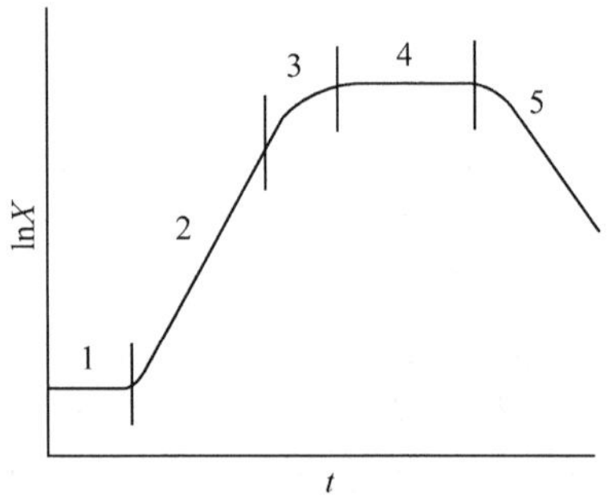

图 9-2　分批培养中细胞浓度的变化

1—延迟期； 2—对数生长期；3—减速期；4—稳定期；5—衰亡期

（参考俞俊棠等，1997）

9.2.1　分批培养中细胞的生长动力学

9.2.1.1　延迟期

微生物在接种后，常有一段延迟期，这段时间内细胞浓度的增加不明显。延迟期的长短与菌龄和接种量的大小有关。菌龄短的菌种延迟期较短，对菌龄相同的菌种，接种量越大则延迟期越短。而培养基的浓度对延迟期的长短影响不大（图 9-3）。

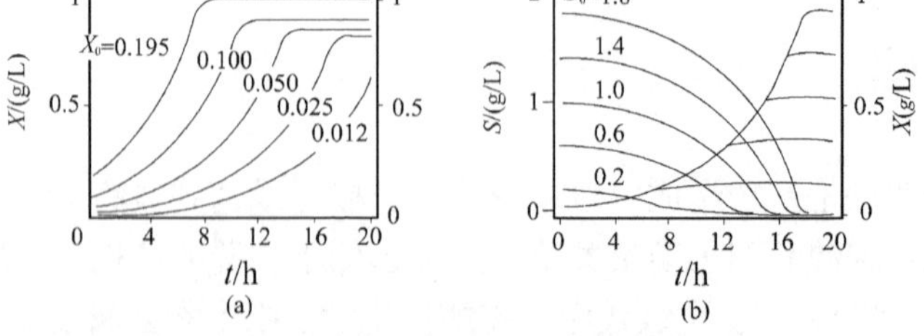

图 9-3　接种量和培养基浓度对延迟期的影响

（a）限制性基质浓度 S_0 一定，细胞初浓度 X_0 不同；

（b）细胞初浓度 X_0 不变，限制性基质浓度 S_0 不同

（参考俞俊棠等，1997）

9.2.1.2　对数生长期

在这一阶段中，由于培养基营养物质丰富，有毒代谢物少，细胞的生长不受限制，因此细胞浓度随培养时间呈指数增长，细胞浓度的变化率与细胞浓度成正比

$$\frac{\mathrm{d}X}{\mathrm{d}t}=\mu X \tag{9-1}$$

式中　X——细胞干重浓度（$\mathrm{kg/m^3}$）；

t——时间（s）；

μ——比生长速率（s^{-1}）。

比生长速率μ与微生物种类、培养温度、pH、培养基成分及限制性基质浓度等因素有关。在对数生长阶段，细胞的生长不受限制，因此比生长速率达到最大值μ_{m}，有

$$\frac{\mathrm{d}X}{\mathrm{d}t}=\mu_{\mathrm{m}} X \tag{9-2}$$

如在时间 t_1 时的细胞浓度为 X_1，则在 t_2 时的细胞浓度 X_2 为

$$X_2=X_1\exp\left[\mu_{\mathrm{m}}(t_2-t_1)\right] \tag{9-3}$$

因此在对数生长期，细胞浓度随时间呈指数增长。细胞浓度增长 1 倍所需时间称为倍增时间（doubling time，t_{d}），根据式（9-3），t_{d} 为

$$t_{\mathrm{d}}=\frac{\ln 2}{\mu_{\mathrm{m}}}=\frac{0.693}{\mu_{\mathrm{m}}} \tag{9-4}$$

细菌的倍增时间一般为 0.25～1h，酵母为 1.15～2h，霉菌为 2～6.9h。

9.2.1.3　减速期

经过对数生长期细胞的大量繁殖，培养基中营养物质迅速消耗，有害物质逐渐积累，细胞的比生长速率逐渐下降，即进入减速期。当培养基中不存在抑制细胞生长的物质时，细胞的比生长速率和限制性基质的浓度 S 有如下关系

$$\mu=\frac{\mu_{\mathrm{m}} S}{K_{\mathrm{s}}+S} \tag{9-5}$$

式中　S——限制性基质浓度（$\mathrm{mol/m^3}$）；

K_{s}——饱和常数（$\mathrm{mol/m^3}$）。

式（9-5）称为 Monod 方程式，是一个经验公式，它的形式和米氏方程式十分相似。当限制性基质浓度很低时，增加该基质的浓度能明显提高细胞的比生长

速率；但若该基质浓度与 K_s 十分相近时，再增加其浓度就不能明显增加细胞的比生长速率。除了 Monod 方程式，还有许多有关细胞比生长速率与限制性基质浓度关系的方程式，但因 Monod 方程式比较简单，在多数情况下可得到令人满意的结果，所以得到广泛地应用。

有时高浓度的基质会对细胞的生长产生抑制，即发生基质抑制现象。如以醋酸为基质培养产朊假丝酵母，用亚硝酸盐培养基培养硝化杆菌等。这时细胞的比生长速率可用下式表示

$$\mu=\frac{\mu_m}{1+\frac{S}{K_s}+\frac{S}{K_{is}}} \tag{9-6}$$

式中　K_{is}——抑制常数。

如果微生物的某些代谢产物对细胞的生长有抑制作用，尽管这时培养基中限制性基质浓度还相当高，细胞的比生长速率也会随着这种代谢产物的积累逐渐下降。下面是几个描述产物抑制的方程式：

$$\mu=\mu_m\left(\frac{S}{K_s+S}\right)(1-kP) \tag{9-7}$$

$$\mu=\mu_m\left(\frac{S}{K_s+S}\right)\exp(-kP) \tag{9-8}$$

$$\mu=\mu_m-k_1(P-k_2) \tag{9-9}$$

式中　P——产物浓度；

k、k_1 和 k_2——常数。

9.2.1.4　静止期

在静止期阶段，因营养物质耗尽及有害物质的大量积累，细胞的浓度达到最大值，不再增加，此时的细胞比生长速率为 0。

9.2.1.5　衰亡期

细胞开始死亡，活细胞的浓度不断下降，这一阶段为衰亡期。因多数分批培养在衰亡期前即结束，所以有关衰亡期的研究不多。在衰亡期中可以有

$$X=X_m\exp(-at) \tag{9-10}$$

式中　X_m——静止期细胞浓度（kg/m^3）；

a——细胞比死亡速率（s^{-1}）；

t——进入衰亡期时间（s）。

9.2.2 分批培养中基质的消耗动力学

9.2.2.1 得率系数

微生物细胞内的生化反应极为复杂，总的反应可用下式表示

碳源＋氮源＋氧⟶细胞＋产物＋CO_2＋H_2O

菌体的生长量相对于基质消耗量的收得率称为生得率 $Y_{X/S}$，其定义为：以消耗的基质为基准的细胞得率系数 $Y_{X/S}$ 可用下式表示

$$Y_{X/S}=\frac{\Delta X}{-\Delta S} \tag{9-11}$$

式中 $Y_{X/S}$——相对于基质消耗的实际生长得率［(g/mol) 或 (g/g)］;

ΔX——干细胞的生长量 (g);

$-\Delta S$——基质的消耗量 (mol 或 g)。

如果对于氧，其细胞得率系数为

$$Y_{X/O}=\frac{\Delta X}{\Delta O_2} \tag{9-12}$$

$Y_{X/O}$ 的倒数表示生成单位质量细胞所需氧的质量。表 9-2 列出的是某些微生物的 $Y_{X/S}$ 和 $Y_{X/O}$。

表 9-2 某些微生物的得率系数

微生物	基质	$Y_{X/S}$/(g/mol)	$Y_{X/O}$/(g/mol)
产朊假丝酵母	葡萄糖	91.8	42.2
	乙醇	31.2	19.5
	醋酸	21.0	22.4
产气克雷伯氏菌	葡萄糖	70.2	
	琥珀酸	27.1	
球形红假单胞菌	葡萄糖	81.0	46.7
啤酒酵母	葡萄糖	90.0	31.0
粪链球菌	葡萄糖	57.6	
	葡萄糖（厌气）	21.6	
甲基单胞菌	甲醇	15.4	16.4
假单胞菌	甲醇	13.1	14.1
	甲烷	12.8	6.9

在培养过程中，细胞产生除二氧化碳和水以外的产物时，以消耗的基质为基准的产物得率系数 $Y_{P/S}$ 可用下式表示

$$Y_{P/S}=\frac{\Delta P}{-\Delta S} \tag{9-13}$$

式中　$Y_{P/S}$——相对于基质消耗的实际，产物得率［(mol/mol) 或 (g/g)］;
ΔP——产物生成量（mol 或 g）。

9.2.2.2　基质消耗速率

分批培养时，培养基中基质的减少是因为细胞和产物的生成。根据物料衡算有

$$-\frac{\mathrm{d}S}{\mathrm{d}t}=\frac{\mu X}{Y_{X/S}} \tag{9-14}$$

如果限制性基质是碳源，所消耗掉的碳源中一部分形成细胞物质，一部分形成产物，一部分产生能量，即

$$-\frac{\mathrm{d}S}{\mathrm{d}t}=\frac{\mu X}{Y_{\mathrm{G}}}+mX+\frac{1}{Y_{\mathrm{P}}}\frac{\mathrm{d}P}{\mathrm{d}t} \tag{9-15}$$

式中　Y_{G}——细胞的生长得率系数（g/mol）;
m——细胞的维持系数［mol/（g · h）］;
Y_{P}——产物得率系数（mol/mol）。

维持系数是微生物菌株的一种特性值，对于特定的菌株、特定的基质和特定的环境因素（如温度、pH 等）是一个常数，故又称为维持常数。维持系数越低，菌株的能量代谢效率越高。其定义单位质量干菌体在单位时间内，因维持代谢消耗的基质量，可表示为

$$m=\frac{1}{X}\left(\frac{-\mathrm{d}S}{\mathrm{d}t}\right)_{\mathrm{M}} \tag{9-16}$$

式中　m——以基质消耗为基准的维持系数，mol/（g · h）;
X——细胞干重（g）;
S——限制性基质浓度（mol 或 g）;
t——发酵时间（h）;
M——表示维持。

$Y_{X/S}$ 和 $Y_{P/S}$ 是对碳源的总消耗而言，Y_{G} 与 Y_{P} 则分别是对用于生长和产物生成所消耗的基质而言。

如果用比速率来表示基质消耗和产物生成，即

$$q_{\mathrm{S}}=-\frac{1}{X}\frac{\mathrm{d}S}{\mathrm{d}t} \tag{9-17}$$

$$q_{\mathrm{P}}=\frac{1}{X}\frac{\mathrm{d}P}{\mathrm{d}t} \tag{9-18}$$

q_{S} 和 q_{P} 分别为基质比消耗速率和产物比生成速率，则式（9-17）和式（9-18）可

分别写作

$$q_S=\frac{\mu}{Y_{X/S}} \tag{9-19}$$

$$q_S=\frac{\mu}{Y_G}+m+\frac{q_P}{Y_P} \tag{9-20}$$

若产物生成可以忽略不计，合并式（9-14）和（9-15）得

$$\frac{1}{Y_{X/S}}=\frac{1}{Y_G}+\frac{m}{\mu} \tag{9-21}$$

Y_G和m很难直接测定，而$Y_{X/S}$则容易测出。只要测出细胞在不同比生长速率下的$Y_{X/S}$，根据式（9-21）即可用图解法求出Y_G和m（图9-4）。利用连续培养法，很容易求出$Y_{X/S}$与μ的关系，进而求出Y_G和m。

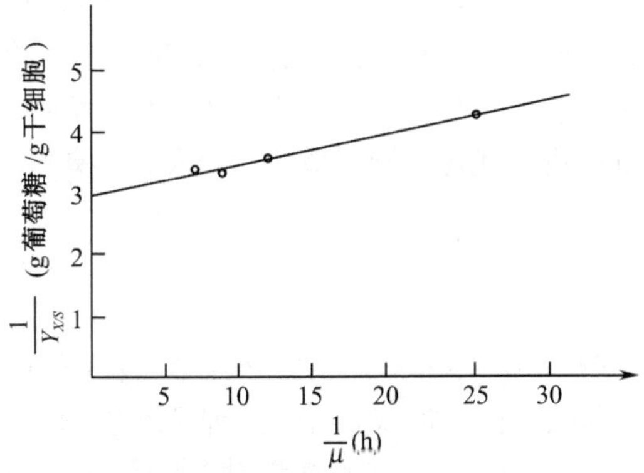

图9-4　DNA重组的大肠杆菌$Y_{X/S}$与Y_G、m的关系

$Y_G=0.33$g/g；$m=0.052$g/（g·h）

（参考俞俊棠等，1997）

9.2.3　产物的生成动力学

产物的生成情况比较复杂。属于发酵类型Ⅰ型的，其培养过程中产物的生成与细胞的生长相关，产物的生成速率为

$$\frac{dP}{dt}=Y_{P/X}\frac{dX}{dt} \tag{9-22}$$

式中　$Y_{P/X}$ —— 以细胞为基准的产物得率系数。

有些培养过程，产物的生成与细胞的生长部分相关，属于发酵类型Ⅱ，其产物的生成速率为

$$\frac{dP}{dt}=\alpha\frac{dX}{dt}+\beta X \tag{9-23}$$

式中　α——与生长关联的细胞生产能力；

　　　β——非生长关联比生长速率。

若用比速率表示，则上式可写作

$$q_P=\alpha\mu+\beta \tag{9-24}$$

发酵类型Ⅲ的发酵过程中，产物的生成与细胞生长不相关联。在细胞处于生长阶段时，无产物积累，当细胞的生长停止时，产物大量开始积累。对这一类型，产物的生成速率原则上可写作

$$\frac{dP}{dt}=q_P X-kP \tag{9-25}$$

式中　k——不稳定产物的失活常数。

以上由细胞生长、基质消耗和产物生成的微分方程构成的微分方程组，反映了分批发酵中细胞、基质和产物浓度的变化。对各种不同的微生物分批发酵过程，通过实验研究这三个参数的变化规律，建立适当的微分方程组，就可以对分批发酵过程进行模拟，进而进行优化控制，最终达到大大提高生产效率的目的。

9.3　连续培养动力学

连续培养或连续发酵是指在培养过程中，连续地向发酵罐中加入培养基，同时以相同流速从发酵罐中排出含有产品的培养基，这种操作方式称为连续培养。一般连续培养方式可归纳为两种基本方式：一种是罐式或搅拌发酵罐，另一种是管式反应器。

9.3.1　连续培养的优点

在任何分批培养中，微生物细胞群体在整个培养过程中都要经历五个时期，即延迟期、对数生长期、减速期、稳定期和衰亡期。但对特定的微生物发酵产品，目标产物的合成都仅仅在某一个期，如属于第Ⅰ型的发酵，产物的积累出现在对数生长期，而属于第Ⅲ型的发酵，产物的积累则是在稳定期。那么其余几个时期就是多余的，并且浪费时间。同时分批发酵周期中，辅助时间和微生物多余的生长期所占时间相当长，为此人们设计了连续培养。连续培养与分批培养相比，有以下优点：

① 可以提高设备的利用率和单位时间产量，只保持一个期的稳定状态。

② 发酵中各参数趋于恒值，便于自动控制。

③ 易于分期控制。可以在不同的罐中控制不同的条件。

连续培养的方法很多，而且可以从不同的角度上来分类。如从设备上可分为

罐式和管式；从控制方法上可分为恒成分培养和恒浓度培养；所使用的菌种可以是循环式或非循环式；还可以是单级或多级的连续培养方式。

9.3.2 单级连续培养

在进行任何连续培养的开始，都要先做分批培养，让微生物在接种后生长繁殖达到一定细胞浓度，并进入产物合成期，然后才开始以恒定的流量向发酵罐流加培养基，同时以相同的流量排放出培养液，使发酵罐内培养液的体积保持恒定，微生物能持续生长并持续合成产物。如果在发酵罐中进行充分的搅拌，则培养液中各处的组成相同，与流出液的组成相同，即为一连续流动搅拌发酵罐。各种物质的物料平衡可按下式计算

流入速率＝流出速率＋消耗速率＋积累速率

由于加入的培养基中不含有细胞，因此有

$$0=XF-V\left(\frac{\mathrm{d}X}{\mathrm{d}t}\right)_{\mathrm{G}}+\mathrm{V}\frac{\mathrm{d}X}{\mathrm{d}t} \qquad (9\text{-}26)$$

式中 F——液体流量（m^3/s）；

V——发酵罐培养液体积（m^3）；

$(\mathrm{d}X/\mathrm{d}t)_{\mathrm{G}}$——因细胞生长造成的细胞浓度变化率［$kg/(m^3 \cdot s)$］；

$\mathrm{d}X/\mathrm{d}t$——培养液中细胞浓度变化率［$kg/(m^3 \cdot s)$］。

上式可以整理为

$$\frac{\mathrm{d}X}{\mathrm{d}t}=\left(\frac{\mathrm{d}X}{\mathrm{d}t}\right)_{\mathrm{G}}-\frac{F}{V}X\left(\mu-\frac{F}{V}\right)X \qquad (9\text{-}27)$$

式中流量与培养液体积之比称为稀释率，用 D 表示

$$D=\frac{F}{V} \qquad (9\text{-}28)$$

单位为 1/s，其含义是单位时间内加入的培养基体积占发酵罐内培养基体积的分率；D 的倒数 t 表示培养液在发酵罐内的平均停留时间（s）。于是有

$$\frac{\mathrm{d}X}{\mathrm{d}t}=(\mu-D)X \qquad (9\text{-}29)$$

开始连续培养一段时间（为平均停留时间的 3～5 倍）以后，过程进入稳态，培养液中的细胞、基质和产物浓度保持恒定，不再随时间变化。所以连续培养亦称恒化（chemostat）培养。达到稳态时，$\mathrm{d}X/\mathrm{d}t=0$，这时

$$\mu=D \qquad (9\text{-}30)$$

单级连续培养的一个重要特性，就是进入稳定状态后，细胞的比生长速率与稀释率相等。此外分批培养时，细胞的比生长速率是无法人为控制的；而连续培

养时，稳态下细胞的比生长速率可以通过改变培养基的流加速率而加以改变。但稀释率的大小有一定的限制，即有一临界稀释率。若设流加液中的限制性基质浓度为 S_0，根据式（9-5），临界稀释率

$$D_C=\frac{\mu_m S_0}{K_s+S_0} \tag{9-31}$$

若稀释率超过临界稀释率 D_C，细胞的比生长速率小于稀释率，随着时间的延长，细胞的浓度不断降低，最后细胞从发酵罐中被洗光。

当 $D<D_C$ 时，发酵罐中限制性基质的稳态浓度为

$$S=\frac{K_s D}{\mu_m-D} \tag{9-32}$$

关于限制性基质，可以有以下物料平衡关系

$$FS_0=FS-V\left(\frac{dS}{dt}\right)_C+V\frac{dS}{dt} \tag{9-33}$$

式中　$(dS/dt)_C$——因细胞消耗造成的限制性基质浓度变化率［$kg/(m^3\cdot s)$］；

dS/dt——培养液中限制性基质变化率［$kg/(m^3\cdot s)$］。

整理得

$$\begin{aligned}\frac{dS}{dt}&=D(S_0-S)+\left(\frac{dS}{dt}\right)_C\\&=D(S_0-S)-\frac{\mu X}{Y_{X/S}}\end{aligned} \tag{9-34}$$

在稳态时，$dS/dt=0$，发酵罐中的细胞浓度为

$$\begin{aligned}X&=Y_{X/S}(S_0-S)\\&=Y_{X/S}\left(S_0-\frac{K_s D}{\mu_m-D}\right)\end{aligned} \tag{9-35}$$

细胞的生产速率为

$$DX=DY_{X/S}\left(S_0-\frac{K_s D}{\mu_m-D}\right) \tag{9-36}$$

图 9-5 是 $S_0=10g/L$，$\mu_m=1h^{-1}$（$2.78\times10^{-4}s^{-1}$），$Y_{X/S}=0.5kg$ 细胞/kg 基质，$K_s=0.2g/L$ 时，细胞浓度 X、限制性基质 S、细胞生产率 DX 与稀释率 D（h^{-1}）的关系。当 $d(DX)/dD=0$，即

$$D=\left(1-\sqrt{\frac{K_s}{K_s+S_0}}\right)\mu_m \tag{9-37}$$

时，细胞的生产速率最大，为

$$(DX)_m=Y_{X/S}\,\mu_m S_0\left(\sqrt{\frac{K_s+S_0}{S_0}}-\sqrt{\frac{K_s}{S_0}}\right)^2 \tag{9-38}$$

如果 $S_0 \gg K_s$，则

$$(DX)_m=Y_{X/S}\,\mu_m S_0 \tag{9-39}$$

有的微生物连续培养的结果会与图 9-5 所示情况发生差异。例如，当限制性基质为碳源时，消耗的碳源中有一部分用于能量释放以供细胞维持生命活动之需，因此在低稀释率时，细胞浓度明显偏低（图 9-6a）。以氮或硫为限制性基质时，细

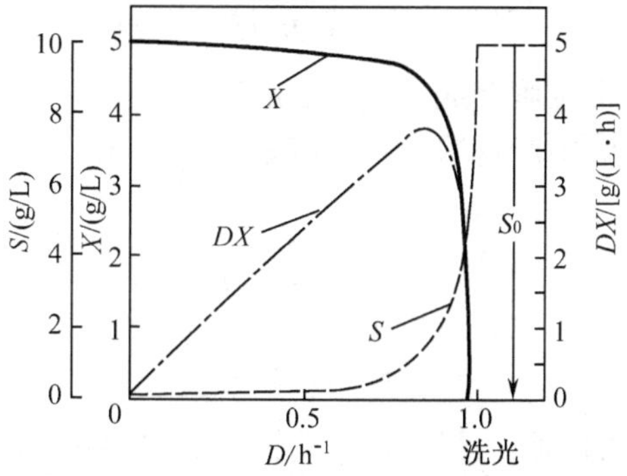

图 9-5 连续培养时细胞浓度、限制性基质浓度、细胞生产率与稀释率的关系

（参考俞俊棠等，1997）

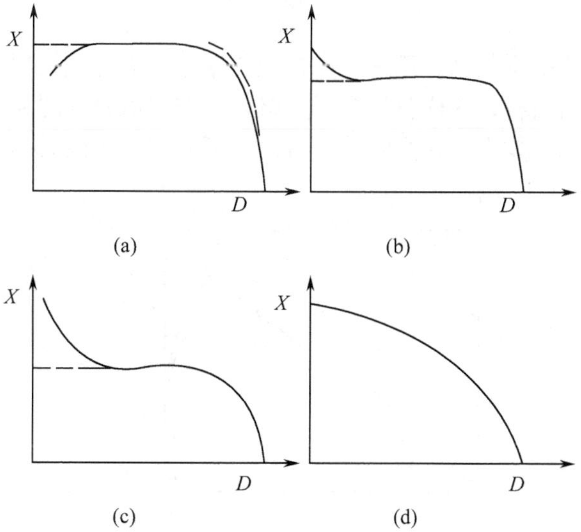

图 9-6 限制性基质种类对连续培养的影响

（a）碳源限制；（b）氮或硫限制；（c）Mg、P、K 限制；（d）复合培养基（参考俞俊棠等，1997）

胞在低稀释率下可能积累多糖、脂肪或β-羟基丁酸，细胞浓度会偏高（图 9-6b）。以镁、磷或钾作为限制性基质时，与氮、硫为限制性基质时的情况相似，只是原因不同。这时细胞内镁、磷或钾的含量可能下降，$Y_{X/S}$ 增大，表现为细胞浓度偏高（图 9-6c）。在采用复合培养基时，往往较难确定哪一种是限制基质，并且随比生长速率的变化，限制性基质可能发生改变，因此表现为细胞浓度随稀释率增大而下降（图 9-6d）。

关于产物，有如下物料恒算式

$$FP_0 = FP - V\left(\frac{dP}{dt}\right)_P + V\frac{dP}{dt} \tag{9-40}$$

式中　$(dP/dt)_P$——由细胞合成产物引起的产物浓度变化速率［kg/（m^3 · s）］；

dP/dt——培养液中产物浓度变化速率［kg/（m^3 · s）］。

式（9-40）整理后得

$$\begin{aligned}\frac{dP}{dt} &= \left(\frac{dP}{dt}\right)_P - D(P - P_0)\\ &= q_P X - D(P - P_0)\end{aligned} \tag{9-41}$$

当连续培养处于稳态时，且加料中不含产物（$P_0 = 0$）时，

$$DP = q_P X \tag{9-42}$$

9.3.3　多级串联连续培养动力学

把多个发酵罐串联起来，第一罐的情况与单罐培养相同，以后下一罐的进料便是前一发酵罐的出料，这样就组成了多级串联连续培养（图 9-7）。多级串联连续培养可以提高生产能力。在实际培养时，也可向第二级以后的各级发酵罐补充

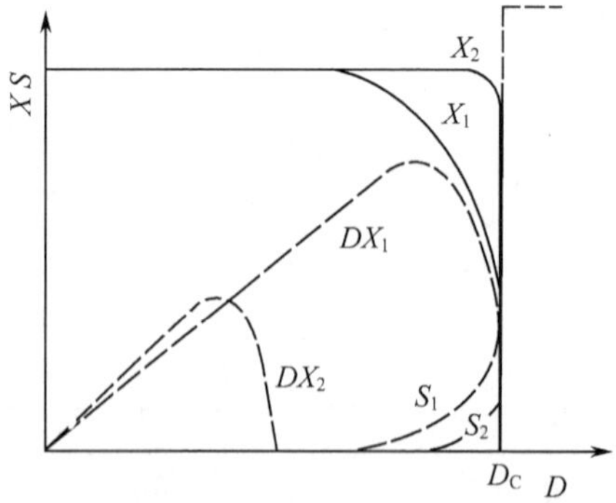

图 9-7　二级连续培养中不同稀释率下稳态时细胞浓度、限制性基质浓度和细胞生产率的变化

（参考俞俊棠等，1997）

新的培养基。如果各级发酵罐的培养基体积相同，并且第二级以后的发酵罐中不加入新培养基，那么根据各级发酵罐的物料平衡，可得出稳态下 n 发酵罐中的细胞浓度、比生长速率、限制性基质浓度和产物浓度。

$$X_n=\frac{DX_{n-1}}{D-\mu_m} \tag{9-43}$$

$$\mu_n=D\left(1-\frac{X_{n-1}}{X_n}\right) \tag{9-44}$$

$$S_n=S_{n-1}-\frac{\mu_n X_n}{DY_{X/S}} \tag{9-45}$$

$$P_n=P_{n-1}+\frac{q_P X_n}{D} \tag{9-46}$$

由于前一级发酵罐流出液中的限制性基质浓度已经有所降低，因此在后一级发酵罐中细胞的增长就不多了，这样从第二级开始，细胞的比生长速率不再与稀释率相等。在第二级发酵罐中细胞的比生长速率为

$$\mu_2=D\left(1-\frac{X_1}{X_2}\right) \tag{9-47}$$

$$X_2=Y_{X/S}(S_0-S_2) \tag{9-48}$$

根据 Monod 方程

$$\mu_2=\mu_m\frac{S_2}{K_s+S_2} \tag{9-49}$$

合并式（9-35）、（9-47）、（9-48）和（9-49）可得

$$(\mu_m-D)S_2^2-\left(\mu_m S_0-\frac{K_s D^2}{\mu_m-D}+K_s D\right)S_2+\frac{K_s^2 D^2}{\mu_m-D}=0 \tag{9-50}$$

解此方程可得第二级发酵罐中稳态时限制性基质浓度 S_2，再由式（9-48）确定 X_2。图 9-7 是进行二级连续培养时 X_1、X_2、S_1、S_2、DX_1 和 DX_2 随稀释率变化的情况。可以看到，在第一、二级发酵罐中的细胞在同样的 D_C 下被洗光。当 $D<D_C$ 时，X_2 恒大于 X_1；即使在接近 D_C 时，S_2 也比 S_1 低得多，这表明在二级连续培养时，限制性基质的利用比较完全。

9.3.4 细胞循环使用的单级连续培养动力学

进行单级连续培养时，有细胞循环使用和不循环使用两种方法。经连续培养后，流出的培养液进行固液分离，经浓缩后的细胞悬浮液再被送回发酵罐中，也

称为细胞回流的连续培养（图 9-8）。这种方法相当于不断进行接种，这样不但提高了发酵罐中的细胞浓度，也有利于提高连续培养系统的操作稳定性。对这种连续培养方式可作出以下关于细胞的物料平衡式

$$0+\alpha FcX=(1+\alpha)FX-\mu XV+V\frac{\mathrm{d}X}{\mathrm{d}t} \tag{9-51}$$

式中　c——分离器中细胞的浓缩倍数；

α——回流比。

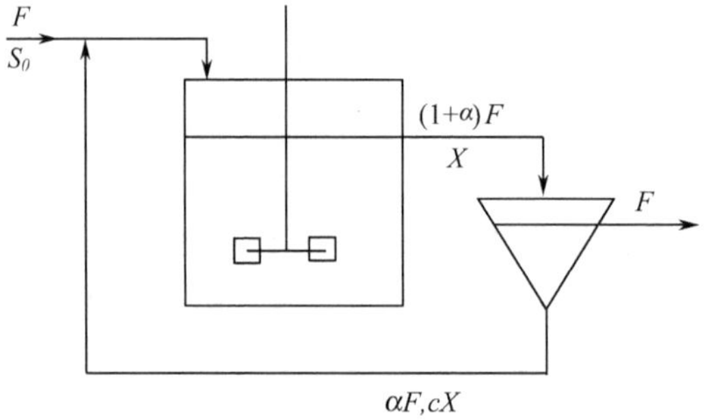

图 9-8　细胞回流的单级连续培养示意图

（参考俞俊棠等，1997）

达到稳态时，$\mathrm{d}X/\mathrm{d}t=0$，上式可整理为

$$\mu=(1+\alpha-\alpha c)D \tag{9-52}$$

这时发酵罐中细胞的比生长速率不再与稀释率相等。由于细胞的浓缩倍数 c 恒大于 1，$1+\alpha-\alpha c$ 的值在 0～1 之间，因此μ小于 D。

关于限制性基质有以下物料平衡

$$FS_0+\alpha FS=(1+\alpha)FS+\frac{\mu XV}{Y_{X/S}}+V\frac{\mathrm{d}S}{\mathrm{d}t} \tag{9-53}$$

达到稳态时，$\mathrm{d}S/\mathrm{d}t=0$，上式可整理为

$$X=\frac{D}{\mu}Y_{X/S}(S_0-S) \tag{9-54}$$

将式（9-52）代入

$$X=\frac{X_{X/S}(S_0-S)}{1+\alpha-\alpha c} \tag{9-55}$$

所以发酵罐中的细胞浓度为不回流时的 $1/(1+\alpha-\alpha c)$ 倍。根据式（9-32）有

$$S=\frac{K_s\mu}{\mu_m-\mu}=\frac{K_sD(1+\alpha-\alpha c)}{\mu_m-D(1+\alpha-\alpha c)} \tag{9-56}$$

$$X=\frac{Y_{X/S}}{1+\alpha-\alpha c}=\left[S_0-\frac{K_s D(1+\alpha-\alpha c)}{\mu_m-D(1+\alpha-\alpha c)}\right] \tag{9-57}$$

假定在发酵罐中不发生细胞的生长和基质的消耗，则有以下关于细胞的物料平衡

$$(1+\alpha)FX=FX_c+\alpha cFX \tag{9-58}$$

式中　X_c——分离器流出液中的细胞浓度。整理后得

$$X_c=(1+\alpha-\alpha c)X \tag{9-59}$$

将式（9-57）代入，

$$X_c=Y_{X/S}\left[S_0-\frac{K_s D(1+\alpha-\alpha c)}{\mu_m-D(1+\alpha-\alpha c)}\right] \tag{9-60}$$

当$\mu_m=1.0h^{-1}$，$Y_{X/S}=0.5g/L$，$K_s=0.2g/L$，$S_0=10g/L$，$c=2$，$\alpha=0.5$ 时（图9-9），由式（9-57）和（9-60）计算得到 X、X_c 及 DX 与 D 的关系。图中还给出了不进行细胞回流时，X、DX 与 D 的关系对比。可以看出，在进行细胞回流时，临界稀释率增大，发酵罐可在高于细胞比生长速率的稀释率下操作，从而提高了细胞的生产速率，同时也加快了基质的消耗速率。在废水的生化处理中，广泛采用这种方法。

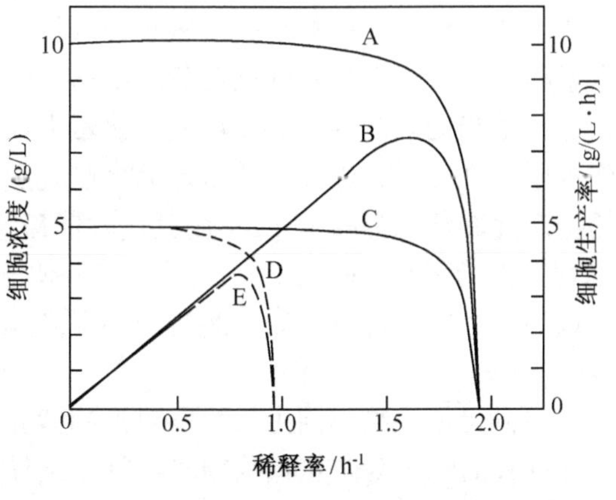

图 9-9　细胞回流与不回流的单级连续培养的比较

A—细胞回流时的稳态比较；B—细胞回流时的稳态 DX；C—细胞回流时的稳态 X_c；D—细胞不回流时的稳态 X；E—细胞不回流时的稳态 DX（参考俞俊棠等，1997）

9.3.5　连续培养的实施

如果用单级连续培养，细胞的最大生产速率式（9-38）与同样限制性基质初

浓度 S_0 下分批发酵时的细胞的生产速率相比，假设分批发酵的指数生长期延续到限制性基质耗尽，这时达到的最大细胞浓度为 X_F，接种后的细胞浓度为 X_0，则每一个生产周期为

$$t_B = t_L + \frac{1}{\mu_m}\ln\frac{X_F}{X_0} + t_R + t_P \tag{9-61}$$

式中　t_B —— 分批培养一个生产周期所需时间；

t_L——延迟期所占时间；

t_R——放出培养液所用时间；

t_P——清洗发酵罐、重新加入培养基、灭菌、冷却等辅助操作所需时间。

因此分批培养的细胞生产率 P_{CB} 为

$$P_{CB} = \frac{X_F - X_0}{t_B} = \frac{Y_{X/S}S_0}{\dfrac{1}{\mu_m}\ln\dfrac{X_F}{X_0} + t_L + t_R + t_P} \tag{9-62}$$

设连续培养的细胞最大生产速率为 P_{CC}，将式（9-39）与式（9-62）相除，得

$$\frac{P_{CC}}{P_{CB}} = \ln\frac{X_F}{X_0} + \mu_m(t_L + t_R + t_P) \tag{9-63}$$

由式（9-63）可见，细胞的比生长速率越大，辅助操作时间越长，连续培养的优势就越大。例如，抗生素连续培养的稀释率一般较小，但较分批培养仍具有较大的生产能力。像青霉素连续发酵的产量是分批发酵的 1.65 倍。

在连续培养中，选择适当的限制性基质，可使产物量大大提高。例如，采用氮或磷代替葡萄糖作为限制性基质，连续培养链球菌生产乳酸，使葡萄糖的转化率大大提高，乳酸的生产速率分别提高了 4.2（用氮代替葡萄糖作为限制性基质）和 12.8（用磷代替葡萄糖作为限制性基质）倍。用巨大芽孢杆菌生产青霉素酰胺酶，以硫酸盐代替氮或磷作为限制性基质时，酶的产率提高几倍，提取的酶纯度也高。

多级连续培养方法可满足微生物不同生长阶段对不同营养的需求。例如，用红曲霉发酵生产β-半乳糖苷酶时，为防止葡萄糖对半乳糖诱导作用的抑制，可采用二级连续培养，即在第一级罐中加葡萄糖为碳源，以促进菌体生长；第二级罐中用半乳糖诱导酶的生产，可使酶的生产速率提高 57%。在许多抗生素生产中，菌体生长期和抗生素生产期需要控制不同的培养条件，如温度、营养、pH 等。在连续培养中，可以在不同级的发酵罐里设定不同的培养条件，这样既可以满足微生物整个发酵过程的需要，又可恒定各级罐中的各种发酵条件，以利自动控制。

连续培养中也有一些需要特别注意的问题，如由于发酵周期长，杂菌污染的机会甚多，所以防止杂菌的污染十分重要。如果发现流出液中有杂菌污染，首先

要查清污染的原因，然后采取适当的措施。一般在广谱抗生素的连续培养中，杂菌可在生长一个阶段后逐渐被产生的抗生素杀灭或被洗出。也可用另一些抗生素或合成杀菌剂进行保护。杂菌和生产菌的生长速率对污染情况有很大影响，若杂菌生长速率比生产菌快，情况就会恶化。反之，杂菌最终会被稀释掉，使情况好转。也可以通过调节营养成分，使其适合生产菌的生长而不利于杂菌生长，最终淘汰掉杂菌。另外，加强设备检修，采用高严密度的罐体和管件，培养基的充分灭菌等，对防止杂菌污染都甚为重要。另一方面，长时间的培养，也就是多次数的传代，培养条件的变化，容易引起菌的变异而使生产能力下降。可以采用的补救方法如尽量减少培养条件的波动，添加某些防止衰老的物质等，都是防止菌变异常采用的措施。

第二部分　微生物工程下游加工工程

§10　微生物工程下游加工工程概论

在微生物工程产品的生产中，分离和纯化是最终获得商业产品的重要环节，其所需费用也占了成本的很大部分。例如，在抗生素、乙醇、柠檬酸等的生产中，分离和精制部分占企业投资费用的 60%，而在基因工程菌的发酵生产中，纯化蛋白质的费用可占整个生产费用的 80%～90%。并且这种偏向还有继续加剧的趋势。因此分离纯化技术的落后，会严重阻碍微生物工程技术的发展，使实验室成果无法转化成生产力。分离纯化技术的进步，对于提高微生物工程产品在国际经济市场的竞争力至关重要。为表明其在微生物工程中的地位和重要性，常相对于菌种选育和发酵生产这些上游技术，把分离纯化技术称为下游加工工程（downstream processing）。

10.1　微生物工程下游加工工程的特点和重要性

发酵液是复杂的多相系统。分散在其中的固体和胶状物质具有可压缩性，其密度又和液体相近，加上黏度很大，属非牛顿性液体，从如此复杂的体系中分离所需固体物质困难很大。

表 10-1　几种产品在发酵液中的浓度

产品	典型浓度/（g/L）
抗生素	25
氨基酸	100
酒精	100
有机酸	100
酶	20
R-DNA 蛋白质	10

微生物工程产品的分离纯化不同于化学品的纯化生产，其主要特点是一般所

需代谢产物在培养液中的浓度很低（表 10-1），并且稳定性低，对热、酸、碱、有机试剂、酶以及机械剪切力等均十分敏感，在不适宜的条件下很容易失活或分解。而培养液中杂质含量却很高，如含有微生物细胞碎片、代谢产物、残留的培养基和超短纤维等，特别是基因工程菌多是用于生产外源蛋白质，发酵液中常常伴有大量性质相近的杂蛋白质。在这样一个复杂的多相体系中，为了提取出高纯度的产品，可见研究先进的下游加工工程的确是微生物工程工业化的关键。

另一特点是下游加工过程的代价昂贵，其回收率往往不会很高，像抗生素在精制后一般要损失 20%左右。这样，下游加工的成本就成了制约生产者提高经济效益的重要因素。下游加工工程研究的目的就是提高产品回收率，降低分离纯化成本，否则微生物工程就不可能有工业化经济效益。

下游加工技术的重要性使人们认识到，上游技术的发展应该注意到下游方面的困难，否则即使发酵液的产物浓度提高了，却仍然得不到产品。所以上游要为下游提取方便创造条件。例如，如何选育不产或少产与目标产物性质相近的杂质的菌种；将原来胞内产物变为胞外产物或可以分泌到围膜间隙；在细胞内形成包涵体，在细胞破碎后，在低离心力条件下即能沉降；利用基因工程技术给尿抑胃素接上若干个精氨酸残基，使其碱性增加，容易被阳离子交换剂吸附等。这些都是针对下游加工工艺困难，从选育菌种着手的成功例子。

10.2 微生物工程下游加工工程的基本原理

生物物质的分离方法与一般化学方法虽然有许多不同特点，但在原理上又有许多是相同的，这充分说明近代生物化学的发展与化学和物理学的密切关系。用于生物化学分离的制备技术大都是根据混合物中不同组分分配率的差异，将其分配于可用机械方法分离的两个或几个物相中（如溶剂提取、盐析、结晶等），或将混合物置于某一物相中（主要是液相），外加一定的作用力，使各组分分配于不同区域，而达到分离纯化的目的（如电泳、超离心、超滤等）。除了小分子物质如氨基酸、脂肪酸、固醇类及某些维生素外，几乎所有有机体中的大分子物质都不能融化和蒸发，只限于分配在固相和液相中。因此可以人为地创造一定的条件，让这些大分子物质在这两相中交替转移，而达到纯化的目的。

表 10-2 列举了各种主要的分离纯化方法的操作原理，以方便技术的选择。

表 10-2　某些单元操作原理与特点

序号	技术名称	原理	设备	特点	缺点
1	絮凝	利用电荷中和及大分子桥联作用形成更大的粒子	连续式、批式	使固形物颗粒增大，容易沉降、过滤、离心，提高固液分离速度和液体澄清度	条件严苛，放大困难，引入的絮凝剂可能干扰以后分离纯化
2	离心	在离心产生的重力场作用下颗粒沉降速度加快而沉淀	高速冷冻离心机	适于粒度小，热不稳定的物质回收，适于实验室应用	容量小，连续操作困难，大规模工业应用性差
			碟片式离心机	适于大规模工业应用，可连续，也可批式操作，操作稳定性较好，易放大，推广	半连续或批式操作时，出渣清洗烦杂；连续操作固形物含水高，总的分离效率低
			管式离心机	批式操作，转速高，固形分离效果较好，含水低，易放大推广	容量有限，处理量小，拆装频繁，噪声大
			倾析式离心机	连续操作，易放大，易工业应用，操作稳定	对很小颗粒固形物回收困难，设备投资高
			篮式离心机	为离心力作用下的过滤，适于大颗粒固形物的回收，放大容易，操作较简单、稳定，适于工业应用	批式操作或半连续操作，转速低，分离效果较差，操作繁重，离心的设备投资高，操作成本高
3	过滤	依据过滤介质的孔隙大小进行分离	板框式过滤机，平板（真空）过滤机，真空旋转过滤机，管式过滤机，蜂窝式过滤器，深层过滤器，涂层过滤器	设备简单、操作容易，适合大规模工业应用	分离速度低，分离效果受物料性质变化的影响，劳动强度大
			微孔过滤：平板、卷曲、中空纤维、管式滤器	主要用于分离细胞，操作简便，效果好，可无菌操作，适用性好，易放大	较易污染，分离效果与操作技巧关系密切，需精心保养、清洗，不适合精确分离
			超滤：平板、卷曲、中空纤维、管式滤器	用于粗分离，脱盐、浓缩更换缓冲系统，可无菌、批式或连续操作，适用性好，易放大	膜易污染，分离效果与物料处理及性质密切相关，需精心保养、清洗

续表

序号	技术名称	原　理	设　备	特　点	缺　点
4	膜分离	依据被分离的分子大小和膜孔大小进行分离	反渗透：平板、卷曲、中空纤维膜滤器	主要用于无盐、无热源的水的制备和小分子物质浓缩	需要高压操作，对设备要求高，其他同上
			电渗析：半透膜型离子半透膜型	平板式设备，使用广泛，可连续进行带电荷的物质分离，也可用于纯水制备	电渗过程产生热量，对生物活性有影响
5	**细胞破碎：** X-press	压力释放时液固剪切	压力破碎机	操作简便，可连续操作，适于不同细胞	加压放热需冷却，否则活性物质失活，破碎率较低，压力不稳定，需反复破碎
	珠磨破碎	固体剪切	细胞珠磨破碎机	操作简便稳定，可连续、批式操作，破碎率可控制，易放大，适于工业应用	珠磨放热，需高效冷却，不同细胞的破碎条件不同
	超声破碎	超声造成空穴产生压力冲击	超声破碎仪	操作简便，可连续或批式操作	超声产热，需冷却，破碎率低，需反复进行，应用面窄
	渗透休克： 有机溶剂法	渗透压突变造成细胞内压力，差引起细胞破碎		适用于位于胞间质的产物释放，细胞破碎率低，但产物释放好，纯度较高	操作比较复杂，条件严格，只适于小量处理，费用高
	表面活性剂法	改变细胞壁或膜的通透性，使产物释放		方法简单，细胞内含物释放少，产物较纯，可大规模应用	适用性有限，只适合对有机溶剂、表面活性剂稳定的产物
	碱或酶处理法	经碱或酶使细胞壁或膜破坏，使产物释放		方法简单，可大规模应用	适用性有限，只适合对碱或酶稳定的产物
6	**萃取：** 有机溶剂萃取	依靠在水和有机溶剂中的分配系数差异进行分离	搅拌混合或柱混合-离心分相机，离心萃取机，逆流萃取仪	适于有机化合物及结合有脂质或非极性侧链的蛋白质；反胶团系统较适于生物活性物质萃取	萃取条件严格，安全性低，活性收率低
	双水相萃取	依靠分离物在不相容性的高分子水溶液形成的两相中的分配系数不同而分离		连续或批式萃取，设备简单，萃取容易，操作稳定，极易放大，适合大规模应用，将离子交换基团，亲和配基，疏水基团结合到高分子载体上形成的萃取剂可改进分配系数及萃取专一性	成本较高，纯化倍数较低，适合粗分离

续表

序号	技术名称	原　理	设　备	特　点	缺　点
6	超临界萃取	利用某些流体在高于其临界压力和临界温度时具有很高的扩散系数和很低的黏度，但具有与流体相似的密度的性质，对一些液体或固体物质进行萃取的方法	超临界萃取机	萃取能力大、速度快，且可通过控制操作压力和温度，使其对某些物质具有选择性，正开始应用于生物工程中	设备条件要求高，规模较小
7	**沉淀法：** 有机溶剂法	破坏蛋白质分子的水化层，使之聚集成更大的分子团而沉淀		沉淀各种蛋白质，分级沉淀，达到粗分和浓缩的目的，应用广，简便，可大规模应用	需低温下进行，沉淀时会发生蛋白质变性失活
	盐析	破坏蛋白质分子水化层，电荷中和，使之聚集成更大分子团		用于蛋白质分级沉淀或沉淀，粗分离及浓缩作用，对活性有保护作用，简便，可广泛大规模应用	蛋白质回收率一般，产生的废水含盐高，对环境有影响
	化学沉淀法	通过化学试剂与目的产物形成新的化合物，改变溶解度而沉淀		可针对性沉淀目的产物	通用性差，需分离沉淀，回收目的产物
8	**层析法：** 离子交换	利用被分离的各组分的电荷性质及数量不同、与离子交换剂的吸附和交换能力不同而达到分离的目的		适于带有电荷的大、中、小及生物活性或非生物活性物质分离纯化，纯化效率较高，应用广泛，可用于实验室和工业生产，可柱式操作，也可搅拌式操作	操作较复杂，测试消耗较大，成本高，有稀释作用，放大困难，离子交换剂须再生后方可再用
	吸附层析	依靠范德华力，极性氢键等作用将分离物吸附于吸附剂上，然后改变条件洗脱，达到纯化目的		吸附剂种类繁多，可选择范围和应用范围广，吸附和解吸条件温和，不需复杂的再生，可柱式或搅拌式操作	选择性低，柱式操作放大困难

续表

序号	技术名称	原理	设备	特点	缺点
8	亲和层析	依据目的物与专性配基的相互作用进行分离		选择性极高,纯化倍数和效率高,生物活性收率高,可从较复杂的混合物直接分离目的产物	成本高,配基亲和稳定性差,使用寿命有限,亲和材料制备复杂,放大困难
	染料亲和层析	依据染料分子与目的产物之间的结合专一性进行分离		选择性高、成本低,使用稳定性好,寿命长	有染料配基污染产物的可能,放大困难
	疏水层析	依靠疏水相互作用进行分离		应用广,选择性较好,使用稳定性好	成本较高,放大困难,需较严格控制条件,以保证活性收率
	凝胶层析	依据分子大小进行分离		适合生物大分子的分离纯化,分离条件温和,活性收率较高,选择性和分辨率高,应用广,可工业应用	放大较困难,稀释度高,操作不易掌握
	反相层析	以有机溶剂为固定相,含水的溶剂为流动相所进行的层析分离技术		反相层析可用来分离非极性、极性和离子化合物,分离效果好、速度快,后处理比较方便	易造成蛋白质构象的变化和失活,采用乙腈、甲醇等价格高且有一定毒性的试剂,使其应用受到限制
9	干燥: 真空干燥	在一定真空度下增加溶剂分子挥发速度	真空干燥器	适合生物活性物质干燥,干燥物性状较差	耗能高、慢
	真空冷冻干燥	在高真空度下加速固态水的挥发进行干燥	真空冷冻干燥机	适合生物活性产物干燥,产物不起泡,不黏结、蓬松,易溶,活性收率高	能耗高,过程需控制严格,操作复杂,设备投资高
	流化床干燥	在热气流吹动下固形物半悬浮状态连续干燥	流化床干燥器	干燥速度快,易大规模使用,适于制备颗粒状产物	不适合热稳定性差的产物,设备投资较高
	喷雾干燥	依靠喷雾形成的含产物的小液滴,在热气流中迅速干燥	喷雾干燥机	干燥速度快,部分生物活性物可以干燥,可大规模生产	干燥能力小,占地面积大,产品密度低,粒度小,能耗高

10.3　微生物工程下游加工工程的一般程序

由于所需的微生物代谢产品不同，如有的需要菌体，有的需要初级代谢产物，有的需要次级代谢产物等，而且对产品的质量也有不同的要求，所以分离纯化步骤可以有各种组合。但大多数微生物产品的下游加工过程，常常按生产过程的顺序分为四个大框架步骤，即发酵液的预处理和过滤、提取、精制、成品加工（图 10-1）。

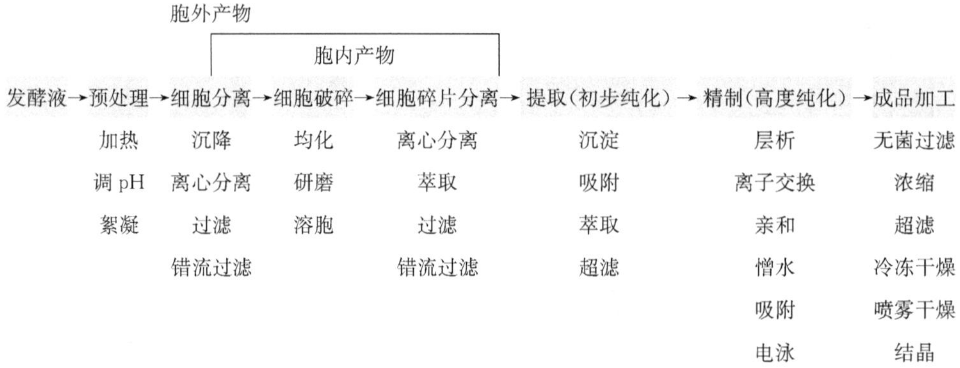

图 10-1　微生物工程下游加工的工艺流程和技术

发酵液的预处理和过滤是采用凝聚和絮凝等技术来加速固、液两相分离，提高过滤速度。为了减少过滤介质的阻力，可以采用错流膜过滤技术。如果是胞内产物，需要首先进行细胞破碎，再分离细胞碎片。

初步纯化，即提取的目的是除去与目标产物性质有很大差异的杂质，这一步可以使产物浓缩，并明显地提高产品质量。常用的分离方法有沉淀、吸附、萃取、超滤等。

高度纯化，即精制常采用对产品有高度选择性的分离技术，以除去与产物化学和物理性质相近的杂质。典型的纯化方法有层析、电泳、离子交换等。

成品加工是为了最终获得质量合格的产品，浓缩、结晶和干燥是重要的技术。

总之，最终获得微生物的代谢产物，必须先进的下游加工技术做保障。以下将对各种分离纯化方法进行逐一介绍。

§11　发酵液的预处理和过滤

微生物经过适当条件的培养后，菌体大量生长繁殖，并合成和积累了相当浓度的代谢产物，这时便可以进入下游加工过程。在分离纯化目标产物时，无论代谢产物是积累在胞内还是胞外，都要首先进行发酵液的预处理和过滤，将固、液两相分离开，才能进一步采用各种物理、化学方法分离纯化代谢产物。

11.1　发酵液的预处理

所需要的目标产品在发酵液这一复杂的多相体系中往往浓度很低，并与大量可溶的和悬浮的杂质混合在一起，所以在进行固液分离之前，必须进行预处理。

发酵液预处理的目的就是改变发酵液的物理性质，加快悬浮液中固形物沉降的速度；尽可能使产物转入便于以后处理的相中（多数是液相）；能够除去部分杂质。

从悬浮液中分离固形物的速度，取决于该液体的物理性质。不同菌种和不同培养条件的发酵液，其流变特性不同，细菌和放线菌菌体细小，所以它们的发酵液黏度大，不能直接过滤。同时由于菌体自溶，核酸、蛋白质及其他有机物质的存在，会造成发酵液浑浊，使滤速极慢。在预处理中常采用絮凝和凝聚的方法，使悬浮液中的固体粒子增大，沉降速度提高；或采用稀释、加热等方法降低发酵液黏度，以利于过滤。

发酵液中杂质多且成分复杂，其中对纯化影响最大的是高价无机离子（Ca^{2+}、Mg^{2+}、Fe^{2+}）和杂蛋白等，如果进一步采用离子交换法提取，高价无机离子会影响树脂的交换容量。杂蛋白质的存在会降低离子交换树脂和大网格树脂的吸附量，如采用溶剂法萃取，会发生乳化，影响两相分离。此外，在常规过滤和膜过滤时，还会使滤速下降，使膜受到污染。

11.1.1　高价无机离子的去除方法

除去钙离子常用草酸。草酸是一种弱酸，对发酵产物的破坏也较小。草酸的溶解度较小，在需要较大用量时，可用其可溶性盐，如草酸钠。草酸与钙形成的草酸钙沉淀还能促使蛋白质凝固，有利于提高滤液的过滤速度。草酸的价格较贵，应采用一定的方法回收。回收的一种方法是在废液中加入硫酸铅，于

60℃条件下生成草酸铅，再于 90～95℃下用硫酸分解，经过滤、冷却、结晶后回收草酸。

草酸不能除尽镁离子，因为草酸镁的溶解度较大。除镁应用三聚磷酸钠。三聚磷酸钠与镁形成可溶性络合物：

$$Na_5P_3O_{10}+Mg^{2+}=MgNa_3P_3O_{10}+2Na^+$$

在环丝氨酸等的提炼中，用磷酸盐也能大幅度降低钙、镁离子的浓度。

除去铁离子用黄血盐。黄血盐与铁离子形成普鲁士蓝沉淀：

$$3K_4Fe(CN)_6+4Fe^{3+}=Fe_4[Fe(CN)_6]_3\downarrow+12K^+$$

11.1.2　可溶性杂蛋白质的去除方法

蛋白质和氨基酸一样，是两性物质，所以其稳定性也与所带电荷有关。蛋白质所带电荷可因溶液 pH 的不同而变化，在酸性溶液中带正电荷，在碱性溶液中带负电荷。而在某一 pH，蛋白质所带正、负电荷恰好相等，净电荷为零，即处于等电点时，蛋白质迅速结合成聚集体，极易沉淀析出。因为羧基的电离度比氨基大，故蛋白质的酸性性质通常强于碱性，所以大多数蛋白质的等电点都在酸性范围内（pH 4.0～5.5）。但仅靠调节 pH 还不能使大部分蛋白质沉淀，必须与其他的方法共用。例如，一般蛋白质在酸性溶液中能与一些阴离子物质，如三氯醋酸盐、水杨酸盐、钨酸盐、苦味酸盐、鞣酸盐、过氯酸盐等形成沉淀；在碱性溶液中能与一些阳离子，如 Ag^+、Cu^{2+}、Zn^{2+}、Fe^{3+}、Pb^{2+}等形成沉淀。

可溶性蛋白质一般以胶体状态存在于发酵液中，其胶体粒子与水有很大的亲和力，所以又是亲水胶体。这些蛋白质分子的周围都有水化层，它们的溶解度与其分子高度水化有关。所以蛋白质亲水胶体粒子的稳定性与其水化层密切相关。如果破坏水化作用，就可以降低蛋白质的溶解度，使其从发酵液中沉淀下来。例如，在预处理时加入碱金属中性盐作为脱水剂，可使蛋白质沉淀。

蛋白质的另一特点是热敏感性，一般在 70～80℃发生不可逆的变性，有的蛋白质甚至在 50℃就会变性。蛋白质因变性从有规则的排列到不规则排列，其溶解度就会降低直至沉淀。所以可在目标产物本身耐热性允许的范围内，采用加热处理发酵液的方法，可以达到除去可溶性杂蛋白质的目的。加热处理还能降低发酵液黏度，加快过滤速度。在抗生素生产中，常采用加热的方法去除杂蛋白质。例如，在链霉素提炼中，采用的方法是调节 pH 至 3.0，加热到 70℃，保持 0.5h 后过滤，能使滤液黏度降低至原来的 1/6（$1.1\times10^{-3}\sim1.2\times10^{-3}$Pa·s），过滤速度提高到 10～100 倍，除去了大量的杂蛋白质。又如，采用 80℃以上温度处理柠檬酸发酵液，使蛋白质变性凝固，并降低了发酵液黏度，大大提高了过滤速度。

使蛋白质变性的其他方法还有加有机溶剂（如乙醇、丙酮等）或表面活性剂等。

在分离生物活性物质时，也常常使用絮凝剂。无机絮凝剂有硫酸铝、氯化钙、氯化铁、碱式氯化铝和一些高分子无机聚合物（如聚合硫酸亚铁、聚合氯化铁等），它们可使胶体的排斥电位（ξ）降低而发生沉淀，称之为凝聚。有机絮凝剂如聚丙烯酰胺、聚丙烯酸钠、聚季胺酯等中性、阴性和阳性的絮凝剂，这些高分子化合物长链的架桥作用使胶体成团聚结而沉淀，称之为絮凝。有机高分子化合物还含有许多离子化基团（—NH_2、—COOH、—OH 等），分子中电荷密度很高，中和电性的能力也很强，所以能同时起到凝聚作用。由于细胞表面常带负电，所以常用阳离子絮凝剂处理发酵液。但有时细胞表面也可以吸附阳离子变成带正电，这时可以用阴离子或非离子絮凝剂处理。应该注意，絮凝剂的相对分子质量对絮凝效果有很大影响。絮凝剂与无机电解质或热处理相比，能在比较温和的条件下进行发酵液的预处理，不仅絮凝效果好，使用剂量小，还能减少溶液中的色素。例如，有报道在β-半乳糖苷酶发酵液中，利用脱乙酰壳多糖（chitosan）和聚乙烯亚胺（polyethyleneimine）阳离子絮凝剂以及氯化钙无机电解质，分别在细胞破碎前后处理发酵液。有机絮凝剂按 640ppm（640×10^{-6}）用量在细胞破碎前预先加入，氯化钙在细胞破碎后加入，用量为 40mmol，调节到一定的 pH 后，可使细微的细胞碎片粒子聚集沉淀。絮凝处理不仅大大改善了分离后滤液的澄清度，使细胞碎片的去除率提高到 10 倍，并凝固了部分可溶性杂蛋白质，将滤液总蛋白含量降低了 40%，而且对β-半乳糖苷酶的活性并无影响。

此外，还可以利用吸附作用除去蛋白质。例如，在提取四环类抗生素中，采用黄血盐和硫酸锌的协同作用生成亚铁氰化锌钾 $K_2Zn_3[Fe(CN)_5]_2$ 的胶状沉淀，可吸附蛋白质。在枯草芽孢杆菌发酵液中，常加入氯化钙和磷酸氢二钠，这两者本身形成庞大的凝胶，将蛋白质、菌体和其他不溶性粒子吸附并包裹在其中而沉淀。

11.1.3　色素及其他物质的去除

发酵液中的色素物质可能是由微生物生长代谢过程分泌的，也可能是培养基（如糖蜜、玉米浆等）带来的，色素物质化学性质的多样性增加了脱色的难度。常用的脱色方法有离子交换剂、离子交换纤维、活性炭等吸附法。例如，利用盐型强碱性阴离子交换剂进行解朊酶和果胶酶溶液的脱色，活性损失不超过 15%～20%。DEAE-纤维素从含酶溶剂中吸附色素物质时，通常可同时除去非活性蛋白质，提高纯化倍数 2～5 倍。

经过上述各种方法进行发酵液的预处理后，就可以采用不同的方法和设备来进行固液分离，为下一步的提取和精制提供好材料。

11.2　发酵液的过滤

11.2.1　发酵液的过滤特性和滤饼的比阻值

微生物发酵液多属于非牛顿型液体，滤渣为可压缩性的。衡量过滤特性的主要指标是滤饼的质量比阻力 r_B，它表示的是单位滤饼厚度的阻力系数，与滤饼的结构特性有关。对于不可压缩滤饼，比阻力值是常数。对于可压缩性滤饼，比阻力是操作压力差的函数，可用下式表示：

$$r_B = r(\Delta p)^m \tag{11-1}$$

式中　r——不可压缩滤饼的比阻，对一定的料液其值为常数；

m——压缩性指数，一般取 0.5～0.8，对不可压缩性滤饼为 0。

Δp——压力差（Pa）。

发酵液滤饼的比阻力与一般可压缩滤饼相比，有其特殊性。一般可压缩性滤饼的比阻力是操作压力差的函数，在不变的压差之下，滤饼比阻力是一定值，即在不变压力差下过滤时，过滤速度的逐渐下降是由于滤饼厚度的逐渐增加所致，而作为单位滤饼厚度的过滤阻力即滤饼比阻力是不变的。但对于发酵液滤饼，即使在恒定的操作压差之下，当滤饼中所含固形物浓度达到某一界限值时，滤饼的比阻力就不是一定值，而会突然升高，因此过滤速度不但随滤饼厚度的增加而下降，还会因滤饼比阻力的突然升高而额外下降。奥尔洛夫斯基很早以前曾提出过假设，认为这是由于有机物质的胶体粒子借静电吸引而结合的水分子所致。对发酵液进行预处理，也可以降低结合水的百分率，提高自由水的百分率，使发酵液滤饼更接近一般可压缩滤饼的性质。

对于可压缩滤饼，如果过滤介质的阻力相对较小，可以忽略不计，则恒压下的过滤方程式为

$$q^2 = 2\frac{\Delta p}{\mu r_B X_B} \cdot \tau \tag{11-2}$$

式中　q——到瞬间 τ 时，通过单位过滤面积的滤液量（m）；

Δp——过滤压力差（Pa）；

μ——滤液黏度（Pa · s）；

r_B——滤饼的质量比阻（m/kg）；

X_B——通过单位体积滤液所形成的滤渣质量（kg/m^3）；

τ——过滤时间（s）。

质量比阻可根据式（11-2），利用图解法求得，以 τ/q 为纵坐标，以 q 为横坐

标所得的直线斜率为 M，则 r_B 可按以下方程式计算：

$$r_B = \frac{2M\Delta p}{\mu X_B} \tag{11-3}$$

根据滤饼的质量比阻值，可以衡量各种不同发酵液过滤的难易程度。

11.2.2　影响发酵液过滤的因素

发酵液的过滤速度与菌体细胞体积、各种发酵条件，如培养基的组成、未利用完的培养基浓度、消沫剂、发酵周期等有关。

菌种对过滤速度影响很大。从表 11-1 可见，不同的抗生素产生菌发酵液的过滤特性参数相差很大，可达几个数量级。一般真菌的菌丝体比较粗大，像产黄青霉的菌丝直径为 10μm，因此质量比阻值 r_B 仅为（0.15～0.20）$\times 10^{12}$m/kg，发酵液不需特殊处理就很容易过滤。放线菌菌丝细而分支，交织成网格状，如链霉菌菌丝直径仅 0.5～1.0μm，发酵液还含有大量糖类物质，黏度高，因此质量比阻值 r_B 约为 2×10^{15}m/kg，过滤较困难，发酵液需要进行预处理，凝固蛋白质等胶体物质，提高过滤速度。细菌的菌体更细小，发酵液如不用絮凝等方法预处理，往往很难用常规过滤设备进行过滤操作。

表 11-1　各种生产菌培养液的过滤特性参数

生产菌种	抗生素	培养基主要成分	培养基干重/%	质量比阻值（r_B）/（$\times 10^{12}$m/kg）
灰色链霉菌	链霉素	葡萄糖玉米浆	8.5	15～20
（*S.griseus*）	链霉素	葡萄糖黄豆粉	8.5	50～70
红色链霉菌（*S.erythreus*）	红霉素	葡萄糖玉米浆	17.7	20～50
龟裂链霉菌（*S.rimosus*）	土霉素	淀粉黄豆粉	16.5	25～35
产金链霉菌（*S.aureo facience*）	四环素	玉米粉玉米浆	14.5	10～25
降红小单胞菌（*M.purpurea*）	庆大霉素	淀粉黄豆粉	8.3	20～40
产黄青霉	青霉素	乳糖玉米浆	24	0.25～0.35
（*P.chrysogenum*）	青霉素	乳糖玉米浆糖蜜	11	0.15～0.20

培养基的组成很明显地影响过滤速度。如用黄豆饼粉、花生饼粉做氮源，淀粉做碳源，会增加过滤难度。在链霉素发酵液的培养基中，若以黄豆饼粉代替玉米浆，则比阻值增大 1 倍以上（表 11-1）。在青霉素发酵培养基中加入酵母蛋白，

比阻值也会提高很多。

此外，正确地判断发酵终止时间，对过滤会有很大的帮助。例如，在发酵后期要少加消沫剂和少进行补料，防止消沫剂和未用完的培养基增加过滤难度。放罐时间应在菌体发生自溶之前，因菌体自溶释放出的代谢产物会增加发酵液黏度，使过滤困难。总之，延长发酵时间能够使发酵单位有所提高，但发酵时间的延长会致使发酵液色素和胶状杂质增多，过滤困难，最终导致产品质量下降，反而得不偿失。

11.2.3　提高过滤性能的方法

在生产中常常会遇到难以过滤的发酵液，因此需要通过改善过滤性能，降低滤饼比阻值的方法，来提高过滤速度。除上面已经介绍过的方法（等电点、蛋白质变性、吸附、凝聚和絮凝等法）外，加入助滤剂、添加填充凝固剂、酶降解等方法，也可用于改善发酵液的过滤性能。

助滤剂是一种不可压缩的多孔微粒，它能使滤饼疏松，从而增加滤速。常用的助滤剂有硅酸盐粉末（硅藻土）、珍珠岩（成分为二氧化硅）、纸浆等。应注意所选择的助滤剂必须不吸附或少吸附目标产品。有两种助滤剂加入的方法：一种方法是预先在滤布上铺上一层 1～2mm 的助滤剂，另一种方法是直接把助滤剂加入发酵液中。前者会使滤速降低，但滤液透明度明显增加；后一种方法主要是助滤剂的加入量，一般助滤剂的用量若等于悬浮液中固体含量时，过滤速度最快。

某些反应剂，它们或者能够相互作用，或者与某些可溶性盐类反应生成不溶性沉淀，如 $CaSO_4$、$AlPO_4$ 等。这些沉淀物本身就是助滤剂，并且还能使胶状物质和悬浮物凝固，另外沉淀物能防止菌丝体黏结，使菌丝形成块状结构。例如，在新生霉素发酵液中加入氯化钙和磷酸钠，生成的磷酸钙可作为填充凝固剂，一方面起到助滤剂的作用，另一方面可使某些蛋白质凝固，同时还能除去钙、镁离子。采用这种方法不会在发酵液中引入其他阳离子，因此不会影响产物的离子交换吸附。若能正确地选择反应剂和反应条件，可使过滤速度提高 2～9 倍。

当发酵液中有不溶性多糖时，会使发酵液的黏度增大而影响过滤速度。常常用酶将其转化成可溶性单糖，以提高滤速。例如，在万古霉素发酵中，用淀粉作为培养基，预处理时加入淀粉酶水解未利用完的淀粉，可以使过滤速度加快。

发酵液污染杂菌后，会含有许多细菌菌体，以及其他类型的杂质，造成过滤困难。污染杂菌的种类不同，对过滤的影响不同。一般霉菌污染对过滤的影响较小，影响最大的是产气杆菌，一旦污染便很难过滤。遇到这种情况，可以采用一些补救措施，如升高温度，增加纯化剂的用量，加入助滤剂等。例如，染菌的四环素发酵液可以采用升温至 40～50℃，增加黄血盐、硫酸锌用量，以未污染的正常发酵液的滤渣作为助滤剂等来提高滤速。

11.3　微生物细胞的破碎和分离

微生物的代谢产物并非都是分泌型的：少数可以直接分泌到细胞外，如某些细菌产生的碱性蛋白酶、果胶酶、半纤维素酶等，霉菌产生的糖化酶、纤维素酶等；多数是存在于细胞内部，如青霉素酰化酶、碱性磷酸脂酶等。特别是许多基因工程菌在细胞内形成的包涵体是不分泌的。对于产生胞外产物的发酵液，可以很方便地进行预处理及过滤，获得澄清的滤液，进行下一步的纯化。但对于形成胞内产物的，则需要先收集菌体，进行细胞破碎，让目标产物转入液相，再将细胞碎片与液相分离开。当然有的微生物胞内代谢产物也可不须进行细胞破碎，采用其他方法将胞内产物提取出来。如制霉菌素是一胞内脂溶性产物，生产时首先进行过滤分离，再用乙醇直接从细胞内浸出制霉菌素，回收含有制霉菌素的乙醇溶液，经减压蒸馏浓缩，除去乙醇，得到制霉菌素。

11.3.1　微生物细胞壁的组成和结构

微生物细胞与外界环境之间的屏障包括细胞壁和细胞膜，它们起着保护细胞质和维持正常细胞形态的作用。细胞膜主要由蛋白质和脂类组成，强度比较差，在受到渗透压冲击时很容易破碎。细胞壁的强度比细胞膜大得多，因此细胞破碎的主要阻力是来自于细胞壁。不同的微生物其细胞壁的组成和结构是不同的，而适当的细胞破碎方法的选择与细胞壁的组成和结构有关。

11.3.1.1　细菌细胞壁的组成和结构

细菌的细胞壁由坚固的肽聚糖骨架组成。其短肽一般由 4～5 个氨基酸组成，聚糖链由 *N*-乙酰葡萄糖胺(*N*-acetylucosamine)和 *N*-乙酰胞壁酸(*N*-acetylmuramic)交替地通过β-1, 4-糖苷键连接而成。聚糖链借短肽交联成网状结构，包围在细胞周围，使细胞具有一定的形状和强度。

虽然几乎所有的细菌细胞壁都具有肽聚糖网状结构，但革兰阴性菌的细胞壁结构与革兰氏阳性菌有很大的区别。革兰氏阴性菌的肽聚糖层较薄，在 1.5～2.2nm 之间，最外层还有一层 8～10nm 较厚的外壁层，外壁层主要由脂蛋白和脂多糖组成。而革兰氏阳性菌的细胞壁较厚，15～50nm，肽聚糖占 40%～90%，

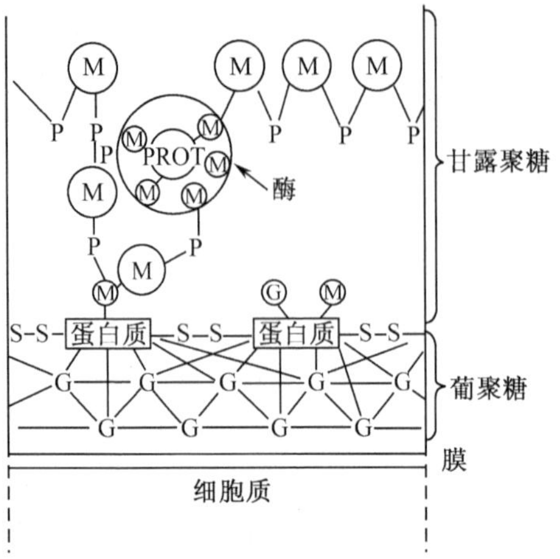

图 11-1　酵母细胞壁的结构示意图

M：甘露聚糖；P：磷酸二酯键；G：葡聚糖

（参考俞俊棠等，1997；卫扬保，1983）

其余为多糖和磷壁酸。

细菌细胞破碎的主要阻力是肽聚糖的网状结构，其网状结构的致密程度和强度取决于聚糖链上肽键的数量和交联程度。交联程度大，则网状结构就致密。

11.3.1.2　酵母细胞壁的组成和结构

酵母细胞壁的主要成分是葡聚糖、甘露聚糖和蛋白质等，厚度比革兰氏阳性菌的稍厚。例如，面包酵母的细胞壁约厚 70nm，并且其厚度随菌龄增加而增加。有研究表明，酵母细胞壁的刚性和强度可能部分与厚度有关。

酵母细胞壁的最里层是由葡聚糖的细纤维组成，它构成了细胞壁的刚性骨架，使细胞维持一定的形状。在葡聚糖细纤维上面覆盖着一层糖蛋白，最外层是由甘露糖的 1, 6-磷酸二酯键共价连接而成的网状结构的甘露聚糖（图 11-1）。与细菌细胞壁一样，破碎酵母细胞壁的阻力主要取决于壁结构交联的紧密程度和它的厚度。

11.3.1.3　其他真菌的细胞壁组成和结构

真菌细胞壁主要是由多糖组成，还含有较少量的蛋白质和脂类。不同真菌细胞壁的组成有很大的区别，大多数真菌的多糖壁是由几丁质和葡聚糖构成。有报道红面包霉菌的细胞壁具有同心圆层状结构（图 11-2），其中主要存在三种聚合物：以 β-1, 3 或 β-1, 6 糖苷键连接的葡聚糖，以

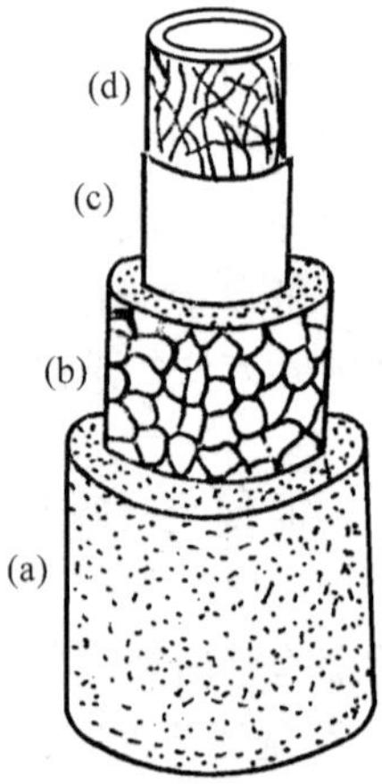

图 11-2　红面包霉菌细胞壁的结构示意图

（a）α 和 β 葡聚糖混合物外层；（b）糖蛋白网状结构，葡聚糖结合在蛋白质材料中；（c）主要蛋白质物质；（d）几丁质内层区，几丁质微纤维嵌入蛋白质材料中

（参考俞俊棠等，1997；卫扬保，1983）

微纤维状态存在的几丁质和一些糖蛋白。

与细菌和酵母细胞壁一样，真菌细胞壁的强度与聚合物的网状结构有关，它所含的几丁质和纤维素的纤维状结构，也使细胞壁的强度有所增加。

11.3.2　微生物细胞破碎的方法

细胞破碎的方法很多，根据外加作用力的方式可分为机械法和非机械法两大类（表 11-2）。机械法已经在实验室和工业生产被广泛采用；超声波法则主要是实验室中普遍使用的方法。非机械法则大多数处于实验室应用阶段，如酶解法、化学渗透法目前开发研究相当活跃。其他如压榨法、冷冻融化法等也是实验室经常使用的方法，但因受到诸多因素的限制还没有工业化应用。人们现在还在寻找新的方法，如激光破碎法、高速相向流撞击法、冷冻喷射法等。

表 11-2　细胞破碎的方法

机械法					非机械法		
液体剪切		固体剪切		脱水	溶胞作用		
超声波	机械搅拌压力	研磨杆和球磨机	压力 Hughes 压榨机 “X”压榨机	空气干燥 真空干燥 冷冻干燥 溶剂干燥	物理法	化学法	酶法
					渗透冲击 压力释放 冻结和融化	阳离子和阴离子洗涤剂 抗生素 甘氨酸	溶菌酶和有关的酶 噬菌体溶胞 抗生素

11.3.2.1　机械法

机械法的处理量大，细胞破碎速度较快，是微生物细胞常常选择的方法。其原理是因细胞受到高压产生的高剪切力，与玻璃珠一起的高速搅拌或超声波的作用而破碎。但在使用这些方法时，为避免消耗机械能而产生的过多热量，应采取冷冻措施，以防止生物物质的破坏。常用的机械法有高压匀浆法和研磨法。

（1）高压匀浆法

高压匀浆器是大规模破碎细胞常用的机器（图 11-3），主要是利用高压使细胞悬液通过针型阀，由于突然减压和高速冲击撞击环，造成细胞破碎。对于酵母等难以破碎的、浓度高的或处于生长静止期的细胞，可采用多次循环的操作方法进行破碎。

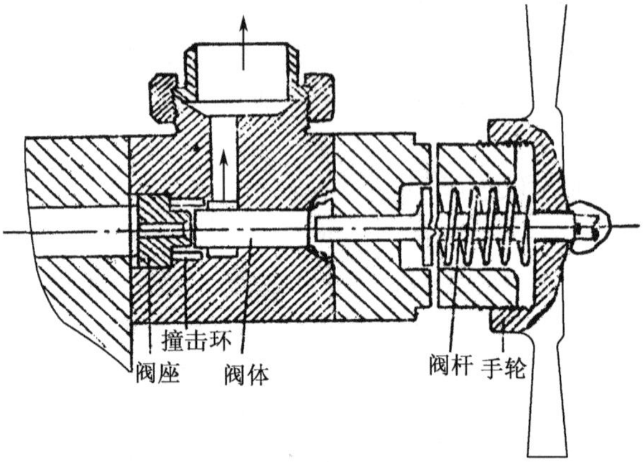

图 11-3　高压匀浆器的排出阀结构
（参考俞俊棠等，1997；严希康，1998）

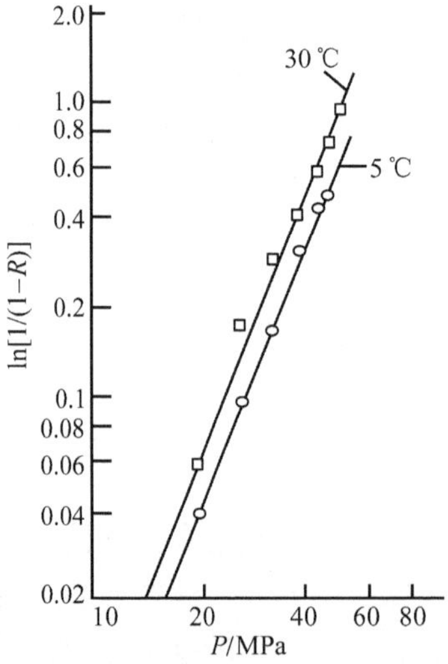

图 11-4　破碎率与操作压力的关系
（参考俞俊棠等，1997）

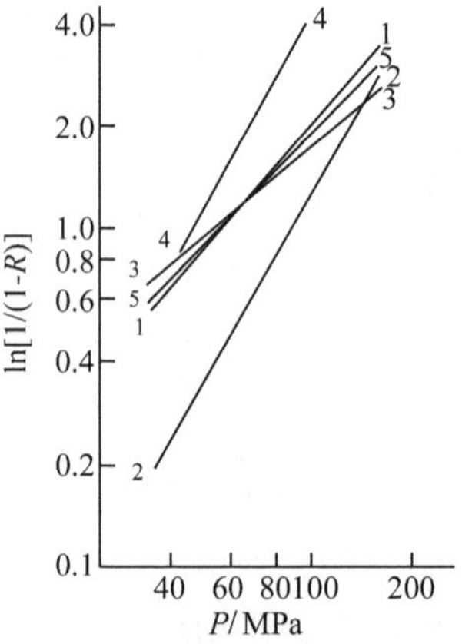

图 11-5　微生物种类和培养条件对撞击破碎的影响

1—产朊假丝酵母，分批培养，$\mu=0.5h^{-1}$；2—产朊假丝酵母，连续培养，$D=0.1h^{-1}$；3—酿酒酵母，好氧连续培养，$D=0.1h^{-1}$；4—被排放的啤酒酵母；5—枯草杆菌，连续培养，$D=0.2h^{-1}$；μ—比生长速率；D—稀释率（参考俞俊棠等，1997）

其破碎属于一级反应速度过程，被破碎的细胞的分率符合下列公式：

$$\ln \frac{1}{1-R} = KNP^{a} \tag{11-4}$$

式中　R——破碎率；

K——与温度有关的速度常数；

N——操作压力；

a——与微生物种类有关的常数；

P——悬浮液通过匀浆器的次数。

有报道，酵母细胞破碎的 a 值可取 2.2。

由式（11-4）可见，影响细胞破碎的主要因素是压力、温度和循环次数。破碎率与压力之间的关系如图 11-4。但也有研究认为，升高压力有利于破碎，但当压力超过一定值后，破碎率增加很慢。所以通常采用的为 55～70MPa。破碎率也随微生物的种类和培养条件不同而异。表 11-3 和图 11-5 分别说明菌种和培养条件对破碎率的影响。另外，高压匀浆器中阀门的设计也影响细胞的破碎，如阀座呈刀口状比平面阀座破碎效率高。

表 11-3　各种微生物一次通过高压匀浆器的破碎率

微生物	压力/MPa	破碎率/%
面包酵母	53	62
啤酒酵母	55	61
大肠杆菌	53	67
解脂假丝酵母	55	43

（2）X-press 法

X-press 法或 Hughes press 法是一种改进的高压法，其操作方法是将浓缩的菌体悬浮液冷冻至－30～－25℃形成冰晶，利用 500MPa 以上的高压冲击，将冷冻细胞从高压阀小孔中挤出。由于冰晶体的磨损，造成包埋在冰晶体中的微生物变形而引起细胞破碎。有研究表明，高浓度的细胞、低温、高的平均压力等因素能促进细胞破碎。此方法适用范围广，破碎率高，细胞碎片的粉碎程度低，活性保留率高。但是不能用于对冷冻融解敏感的生物物质。

（3）超声波法

这是一种常用的细胞破碎方法。通常采用的超声波破碎机的频率是 15～25kHz，细胞的破碎是由于超声波的空穴作用，由于这种空穴泡又受到超声波的迅速冲击而闭合，从而产生一个极为强烈的冲击波压力，由此引起的黏滞性旋涡在介质中的悬浮细胞上造成了剪切应力，促使细胞内液体发生流动，造成细胞破碎。超声波振荡容易引起温度的剧烈上升，所以操作时可以在细胞悬浮液中投入冰块或在夹层中通入冷却水进行冷却。各种不同菌种的发酵液，超声波处理的效果不同。一般杆菌比球菌容易破碎，革兰氏阴性细菌的细胞比革兰氏阳性细菌容易破碎，酵母的破碎效果较差。

11.3.2.2 非机械法

适用于微生物细胞破碎的非机械方法有许多，包括酶解法、渗透压冲击法、冻结和融化法、热处理、化学溶胞法等。

非机械法中，酶解法是一种应用较广泛的方法。它是利用酶反应分解破坏细胞壁成分的特殊化学键，达到使细胞破碎的目的。酶解法的优点是专一性强，酶解处理条件温和。应用酶解法需要选择合适的酶、酶反应系统、反应条件等。还常与其他方法复合应用，如辐射、高浓度盐或加入 EDTA 等。溶菌酶是应用最多的酶，它专一性地分解细胞壁上糖蛋白分子的β-1, 4-糖苷键。经过溶菌酶处理后的细胞只要移至低渗溶液中，就可使细胞破碎。由于酶水解的费用较高，一般只适用于小规模的发酵中，但也有报道在酵母的工业化生产中，用溶菌酶溶胞的例子。

酶解法的另一种方式是利用微生物的自溶作用，即溶胞的酶是微生物自身产生的。大多数微生物在代谢过程中，都能产生一种可以水解自身细胞壁上聚合结构的酶，以利生长过程继续进行下去。当改变一定的环境条件时，可诱发这种酶的过量产生或激发其他自溶酶产生，而发生自溶现象。影响自溶作用的因素有温度、时间、pH、缓冲液浓度、微生物代谢调节等。也可以采用加热或干燥的方法促使微生物细胞发生自溶。例如，谷氨酸产生菌的细胞破碎是用 0.028mol/L 的 Na_2CO_3 和 0.018mol/L 的 $NaHCO_3$，pH 10 的缓冲液，制成 3%菌悬液，70℃保温并搅拌 20min，菌体即可自溶。酵母细胞的自溶则是在 45～50℃下保持 12～24h。自溶法可以用于工业规模的生产，但要注意不能用于容易发生蛋白质变性的产品。自溶处理后细胞培养液的过滤速度会有所降低。

微生物细胞壁是影响细胞破碎的主要原因，如能抑制细胞壁的生物合成，可达到类似于酶解的效果。已知某些抗生素，如青霉素、环丝氨酸等能抑制新细胞壁物质的合成。抑制剂的加入应在细胞生长后期，生物合成还在继续进行时，对溶胞作用最为有利。因为这时细胞分裂阶段的细胞壁就会存在缺陷，细胞则容易破碎。但此法因需使用较多的抗生素，故费用较高。

渗透压冲击法是将细胞先放入高渗透压的介质中，如高浓度的甘油或蔗糖溶液，在达到平衡后，介质被突然稀释，或将细胞转入水或缓冲液中，水就会迅速进入细胞内，致使细胞膨胀，引起细胞壁的破裂。例如，从大肠杆菌中提取亲水性酶时，首先将细胞用 30mmol/L 的 Tris-HCl, pH 7.0 缓冲液洗涤，再用 30mmol/L 的 Tris-HCl，0.1mmol/L EDTA，pH 7.2 的 20%蔗糖溶液悬浮并搅动细胞，离心后，菌体冷却至 4℃，迅速投入冷水中，剧烈搅拌 10min，各种水溶性酶如磷酸酯酶、门冬氨酸酶Ⅱ、核糖核酸酶 I 即可释放出来。此法适用于细胞壁比较脆弱的，或者细胞壁预先用酶处理过的，或细胞壁合成受到抑制的微生物。

反复冻结融化的物理法，是将细胞反复在低温下突然冷冻后在室温下融化，最后引起细胞破碎。低温冷冻一方面能使细胞膜的疏水键结构断裂，从而增加细胞的亲水性能；另一方面胞内水结晶使细胞内外溶液浓度发生变化，引起细胞突然膨胀而破裂。可采用此法处理细胞壁较脆弱的菌体，但通常破碎率较低，有时即使反复如此处理仍不能提高破碎率。此外还可能引起对冻融敏感的蛋白质变性。

干燥破碎可采用空气干燥、真空干燥、喷雾干燥和冷冻干燥等。干燥过程能使细胞膜渗透性改变，再用丙酮、丁醇或缓冲液等处理时，胞内物质就容易被抽提出来。酵母适宜用空气干燥处理，因为在空气干燥过程中，部分酵母可能产生自溶，所以比用冷冻干燥和喷雾干燥容易抽提其代谢产物。一般用 25～30℃的气流吹干，再用水、缓冲液或其他溶剂抽提。真空干燥适用于细菌细胞。冷冻干燥适用于较不稳定的生物物质，可将冷冻干燥后的菌体在冷冻条件下磨成粉状，然后用缓冲液抽提。此外还可用有机试剂如丙酮、二氧六环（dioxans）等使细胞脱水干燥。例如，在菌体悬浮液中缓慢加入 10 倍体积预冷至－20℃的丙酮，搅拌使之脱水，还能溶解膜上部分脂肪，使抽提更容易。干燥法处理一般条件变化比较剧烈，容易引起蛋白质或其他组织变性。

一些化学方法也可以用来溶解细胞或提取细胞成分。例如酸、碱或表面活性剂等处理，可使蛋白质水解，细胞溶解或某些代谢产物从细胞内渗漏出来。如提取胞内异淀粉酶，可加入 0.1%十二烷基硫酸钠或 0.4% Triton X-100，30℃振荡 30h，能比较完全地将异淀粉酶抽提出来，所得酶活力比机械破碎要高。

11.3.3　细胞破碎率的测定

常采用的测定细胞破碎程度的方法有直接测定法、测定释放的蛋白质质量或酶活力，以及测定导电率等。

11.3.3.1　直接测定法

细胞的破碎率可以利用显微镜或电子微粒计数器，直接计数破碎前后完整细胞的量。测定中，破碎过程中细胞释放出来的某些物质，如 DNA 和其他聚合物组分，可能会干扰计数。这时可以采用染色法，将完整细胞与破碎细胞区分开来。例如，破碎的革兰氏阳性菌常可被染色成革兰氏阴性菌的颜色，用革兰氏染色法染色，使未受损伤的酵母细胞呈紫色，受损伤的酵母细胞呈亮红色。

11.3.3.2　测定释放的蛋白质质量或酶活力

胞内的蛋白质或有些酶释放到胞外的增加量，可以用来估算细胞破碎率。一般把破碎后的细胞悬液离心分离上清液，测定其中的蛋白质含量或特定酶的活力，直接与 100% 破碎时的标准数值进行比较。

11.3.3.3　测定导电率

这是一种利用细胞破碎前后悬液导电率的变化，来测定破碎程度的快速方法，其原理是当细胞内含物被释放到水相时，会引起导电率的变化。导电率与细胞破碎率有线形关系，随着破碎率的增加而增加。因为导电率的读数取决于微生物的种类、处理条件、细胞浓度、温度和悬液中电解质的含量等因素，所以应预先采用其他方法来标准化。

§12 沉　淀　法

沉淀是通过改变条件或加入某种试剂，使溶液中的溶质由液相转变为固相析出的过程。这是一种最古老和最常用的生物物质分离和纯化的方法，因它简单方便，现在仍是工业上广泛采用的方法。由于其浓缩的作用大于纯化的作用，所以常被用作初步分离的一种手段，以从经过预处理并过滤除去了菌体碎片等的发酵液中，沉淀获得生物物质，然后再做进一步的纯化。沉淀法具有成本低、设备简单、收率高、浓缩倍数高和操作简单等优点。根据所加入的沉淀剂不同，可以分成以下几类。

① 盐析法：多用于分离纯化各种蛋白质和酶。

② 有机溶剂沉淀法：多用于生物小分子、多糖及核酸等产品的分离纯化，也有用于蛋白质的沉淀。

③ 等电点沉淀法：用于氨基酸、蛋白质及其他两性物质的沉淀。

④ 非离子型聚合物沉淀法：用于生物大分子分离的例子很多。

⑤ 聚电解质沉淀法：酶和食品蛋白质的沉淀。

⑥ 生成盐复合物沉淀法：用于多种化合物，特别是小分子物质的沉淀。

⑦ 热变性及酸碱变性沉淀法：也称为选择性变性沉淀，可有选择地除去某些不耐热或在一定 pH 条件下易变性的杂蛋白。

⑧ 其他沉淀法：只针对某一种或某一类物质产生沉淀的方法。

12.1　盐析法

盐析法又称中性盐沉淀法。一般来说，所有的固体溶质都可以因在溶液中加入中性盐而被沉淀析出，这一过程称为“盐析”。中性盐的加入，能够破坏蛋白质、酶等的胶体性质，中和微粒上的电荷，促使蛋白质等沉淀。

12.1.1　盐析原理——Cohn 方程式

高浓度的中性盐能够促使蛋白质等发生沉淀或絮凝现象。蛋白质的溶解度与盐浓度之间的关系可用 Cohn 方程式来表示：

$$\log \frac{S}{S_0} = -K_S \cdot I \tag{12-1}$$

式中　S——离子强度为 I 时的蛋白质的溶解度（g/L）；

S_0——纯溶剂（即 $I=0$）时，蛋白质的溶解度（g/L）；

K_S——盐析常数，与温度和 pH 无关；

I——离子强度，等于 $\frac{1}{2}\sum m_i Z_i^2$；

m_i——离子 i 的摩尔浓度；

Z_i——所带电荷。

当温度一定时，S_0 对于某一溶质是一个常数，即

$$\log S_0=\beta$$

所以式（12-1）可以改写为

$$\log S=\beta-K_S \cdot I \qquad (12\text{-}2)$$

β值的大小取决于溶质的性质，不可能直接测定，是假定溶解度在 $I=0$ 时，用外推法求出的。故β值带有经验性质。

有时为了便于计算，也可以用浓度代替离子强度，则上式可写作

$$\log S=\beta-K_S \cdot m \qquad (12\text{-}3)$$

式中　m——盐的摩尔数。

图 12-1 表示的是用（NH_4）$_2SO_4$ 沉淀碳氧血红蛋白（carboxyhemoglobin）时，$\log S$ 与离子强度之间的关系。可以看到，在一定的盐析范围内（图中 CD 间），的确是服从于式（12-1）的。

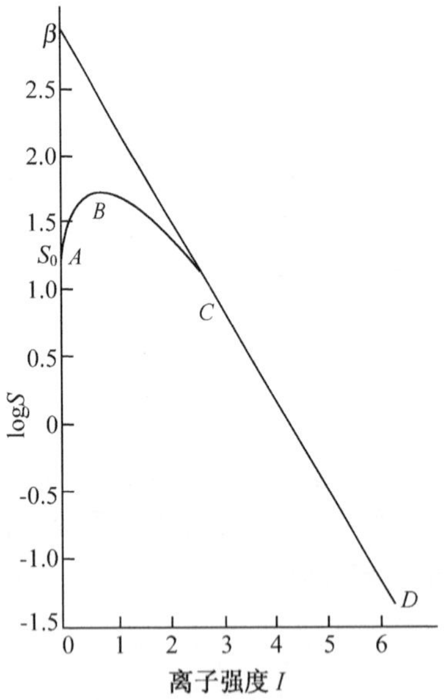

图 12-1　用（NH_4）$_2SO_4$ 沉淀碳氧血红蛋白（carboxyhemoglobin）时，$\log S$ 与离子强度之间的关系

pH6.6，温度 25℃，$\log S_0$=17g/L

（参考严希康，1998；俞俊棠等，1997）

常数 K_S 代表图中直线的斜率；β代表截距，即当离子强度为 0 时，也就是纯水中的假想溶解度的对数。可以看出，K_S 与温度和 pH 无关，但与蛋白质与盐的种类有关，但这种变化不是很大。例如，硫酸铵为沉淀剂时，对不同的蛋白质而言，K_S 值的变化不会超过 1 倍。

β值是溶质的特征常数，对于蛋白质而言，其大小主要取决于不同蛋白质的性质，它也与溶液的温度和 pH 有关，但与盐的种类无关。

因此用盐析法分离蛋白质时，可以分为两类：

① 在一定的 pH 和温度下，改变离子

强度或盐浓度的沉淀方法，称作“K”分级盐析法。

② 在一定离子强度下，改变溶液的 pH 及温度的沉淀方法，称为“β”分级盐析法。

12.1.2 影响盐析的主要因素

12.1.2.1 蛋白质浓度与盐析的关系

利用盐析法分步分离蛋白质各组分时，与溶液中蛋白质的实际浓度有很大关系。例如，某种蛋白质在溶液中的浓度为 S_1，加入中性盐浓度直至离子强度等于 I_1 时，蛋白质开始沉淀，式（12-2）可以写作

$$\log S_1 = \beta - K_S \cdot I_1 \quad (12\text{-}4)$$

I_1 是蛋白质开始沉淀时的离子强度。但若溶液中此种蛋白质的含量较低（设其浓度为 S_2），则须要加入较多的中性盐，蛋白质才能开始沉淀。设此时离子强度为 I_2，则有

$$\log S_2 = \beta - K_S \cdot I_2 \quad (12\text{-}5)$$

将式（12-4）与（12-5）相减，得

$$\log \frac{S_1}{S_2} = K_S(I_2 - I_1) \quad (12\text{-}6)$$

假定用硫酸铵沉淀碳氧肌红蛋白（carboxymyoglobin，COMb），其起始浓度为 30g/L，硫酸铵的盐析曲线如图 12-2。当硫酸铵饱和浓度达到 58%时，COMb 开始沉淀，大部分蛋白质在硫酸铵饱和度范围在 58%～65%之间沉淀析出；如果 COMb 溶液稀释 10 倍，当饱和度达到 66%时，才开始沉淀，而相应的沉淀范围是 66%～73%。羧基肌红蛋白的浓度在 30g/L，硫酸铵达到 66%饱和度时，90%的蛋白质可沉淀析出，但羧基肌红蛋白的浓度在 3g/L，58%饱和度时，不会产生沉淀，直到达到 66%饱和度时，才开始产生沉淀。因此计算出，如果蛋白质浓度减低为 1/10，应增加大约 7%的硫酸铵饱和度进行沉淀。

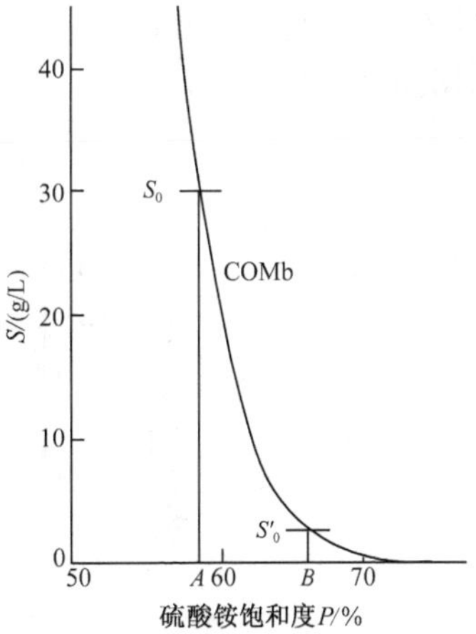

图 12-2 碳氧肌红蛋白（COMb）的溶解度曲线

S_0—蛋白质起始浓度 30g/L；S_0'—蛋白质起始浓度 3g/L（参考俞俊棠等，1997）

由此可见，对不同蛋白质浓度的溶液，应使用不同的硫酸铵饱和度范围。高浓度蛋

白质溶液可以减少盐的用量，但许多蛋白质的β和 K_S 常数十分相近，若蛋白质浓度太高，会发生严重的共沉作用。用低浓度蛋白质溶液进行盐析，需用较多的盐，但共沉作用比较少。因此应该在两者之间进行适当的选择。一般倾向于选择稀一些的蛋白质浓度，即使需要多加一些盐，但可将共沉作用降至最低限度。常采用2.5%～3.0%的蛋白质浓度，如果蛋白质浓度太低，消耗的中性盐太大，对蛋白质的回收也有一定影响。

蛋白质性质对 K_S 值也有一定影响，组成相近的蛋白质，其相对分子质量越大而分子不规则（如纤维素原），K_S 值越大，沉淀所需盐的量越少；蛋白质分子不对称性越大，也越容易沉淀。

12.1.2.2　离子强度和种类的影响

蛋白质物质在低盐浓度下发生盐溶现象，即许多蛋白质比在纯水中的溶解度大大增加。但当溶液中离子强度不断增加时，各离子间及离子与溶质分子间相互争夺水分子，导致蛋白质的溶解度逐渐降低，而发生盐析现象。也就是说，离子强度越大，蛋白质的溶解度越低。

图 12-3 所示为几种蛋白质在不同离子强度下的盐析效果。可以看到，当硫酸铵饱和度达到 20%时，纤维蛋白原首先析出；饱和度增至 28%～33%时，血红蛋白析出；饱和度增至 33%～35%时，拟球蛋白析出；饱和度 50%以上，清蛋白析出；最后饱和度达到 80%时，肌红蛋白析出。可见不同蛋白质发生盐析所需离子强度是不同的。这样可以采用不同的盐浓度逐一将各种不同的蛋白质分别沉淀析出。

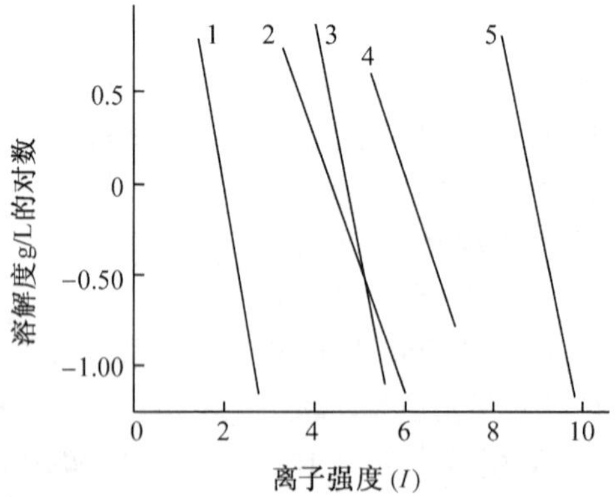

图 12-3　几种蛋白质在不同离子强度下的盐析效果

1—纤维蛋白原；2—血红蛋白；3—拟球蛋白；4—血清清蛋白；5—肌红蛋白（参考苏拔贤，1998）

可用于盐析的盐析剂种类很多，不同种类的盐对蛋白质溶解度的影响是不同的，其原因可用 Hofoneister 理论来解释，即离子半径小并且电荷很高的离子对盐析作用的影响较强；反之离子半径较大而电荷低的离子的影响较弱。不同种类的盐对溶解度的影响，主要是对 K_S 值的影响。K_S 值越大，就表示该盐的盐析效果越好。离子的价数对 K_S 值的影响比较重要，由于蛋白质的表面有很多亲水基团，是一个偶极离子，需要较高的 I 值才能从溶液中析出，所以蛋白质的 K_S 常数很高，比一般小分子物质的高出 10～20 倍。表 12-1 列举了一些蛋白质的盐析常数。

表 12-1 一些蛋白质的 K_S 常数

蛋白质	NaCl	$MgSO_4$	$(NH_4)_2SO_4$	Na_2SO_4	磷酸盐	柠檬酸盐
β-乳球蛋白				0.63		
马血红蛋白		0.33	0.71	0.76	1.00	0.69
人血红蛋白					2.00	
马肌红蛋白			0.94			
卵清蛋白			1.22			
纤维蛋白原	1.07		1.46			

图 12-4 表示的是不同盐类对一氧化碳血红蛋白 K_S 值的影响其中，阴离子的

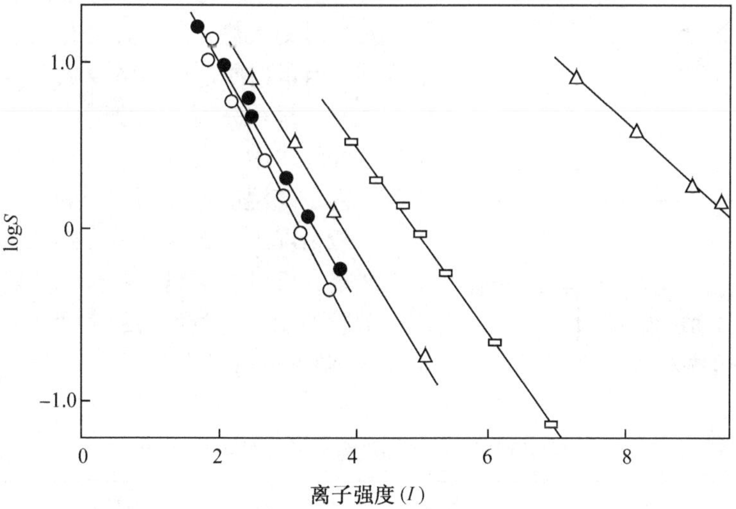

图 12-4 一氧化碳血红蛋白在不同电解质中的盐析效应（pH 6.6）

● Na_2SO_4；□ $(NH_4)_2SO_4$；▲ $MgSO_4$；△柠檬酸三钠；○ $KH_2PO_4+K_2HPO_4$

影响较显著，而阳离子的影响其次。含高价阴离子的盐效果比 1 价的盐要好。阴离子的盐析效果依以下顺序递减：柠檬酸盐＞PO_4^{3-}＞SO_4^{2-}＞CH_3COO^-＞Cl^-＞NO_3^-＞SCN^-。但高价的阳离子不如低价的阳离子影响大，如硫酸镁的效果就低于硫酸铵。对于 1 价阳离子则按以下顺序递减：NH_4^+＞K^+＞Na^+。生产中最常用的盐析剂包括硫酸铵、硫酸钠、磷酸钾、磷酸钠等。其中硫酸铵的溶解度大，在 2～3mol/L 浓度中，可以防止蛋白酶和细菌的分解作用，使蛋白质稳定保存数年，是最常用的盐析剂。但硫酸铵水解后，在高 pH 下会释放出氨；对设备的腐蚀性强；如用于食品中，少量残留的硫酸铵也会影响其口味，如在药物中残留有毒性，因此必须尽量除去。

12.1.2.3　温度对盐析的影响

表 12-2 展示的是碳氧血红蛋白的盐析常数。可以看到β值与盐的种类基本无关，但与温度和 pH 有关。温度是影响溶质溶解度的重要因素，升高温度可以增加许多无机盐和小分子有机化合物的溶解度。但在高盐浓度中，蛋白质等生物大分子物质的溶解度随温度的升高反而减小。许多蛋白质在高离子强度溶液中，25℃时的溶解度比 0℃时明显减小（图 12-5）。这主要是因为蛋白质分子在水化时要吸热，失水时则放热，温度升高有利于蛋白质失水沉淀。但蛋白质这种溶解度随温度升高而降低的现象，只在高离子强度时才发生。在低离子强度和纯水中，大多数蛋白质的溶解度在一定范围内是随温度增加而增加的。

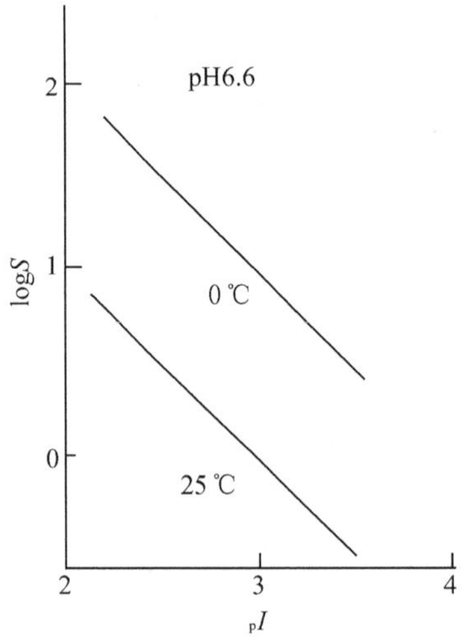

图 12-5　温度对碳氧血红蛋白盐析曲线的影响
（参考俞俊棠等，1997）

一般情况下，蛋白质的盐析对温度的要求不太严格，可以在室温下进行。但某些对温度比较敏感的酶，为避免酶的失活，要求在 0～4℃的低温下进行操作。

表 12-2　碳氧血红蛋白在各种盐中的 β 和 K_S 值

	磷酸钾	硫酸钠	硫酸铵	柠檬酸钠	硫酸镁
β	3.01	2.53	3.09	2.60	3.23
K_S	1.00	0.76	0.71	0.69	0.33

12.1.2.4 pH 对盐析的影响

β值除与蛋白质和温度有关外，还与pH有关。图12-6表示的是分别以磷酸盐或硫酸铵为盐析剂时，pH对碳氧血红蛋白或卵清蛋白β值的影响。由于β值代表溶解度的对数，故pH变化一个单位，则溶解度就变化10倍。通常β值在等电点附近有最小值。从图12-6可见，这两种蛋白质的相对溶解度随pH的改变而发生很大变化。例如，当pH从5变至6时，在一定盐浓度下，两者溶解度之比的变化可达几千倍。

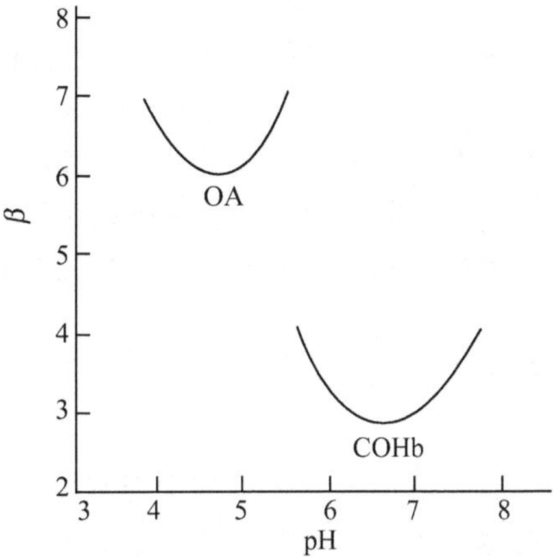

图12-6 COHb（磷酸盐沉淀）和OA（硫酸铵沉淀）盐析时pH对β值的影响

COHb：碳氧血红蛋白；OA：卵清蛋白

（参考俞俊棠等，1997）

从图12-5可以看到，图中直线都相互平行，说明K_S不随pH和温度而变化。β值的变化曲线是沿纵轴方向移动（图12-6）。由K_S值也可以计算出当β值增加一个单位，要达到原先的溶解度，硫酸铵的饱和浓度须增加7%左右。

盐析pH的选择要以不降低产物的活性为原则。由于蛋白质物质在等电点时最易沉淀，故可选择等电点的pH作为盐析的pH。但为防止pH对产物稳定性的不良影响，一般是通过试验选择产物稳定的pH范围进行盐析。

12.2 等电点沉淀法

等电点沉淀法是利用两性电解质在电中性时溶解度最低的原理进行分离纯化。在低离子强度下，调节pH至等电点，可以使各种两性电解质所带净电荷为零，能大大降低其溶解度。不同的两性电解质具有不同的等电点，而可以将其分离开。抗生素（土霉素、四环素等）、氨基酸、核苷酸等小分子生物物质，以及蛋白质、酶、核酸等生物大分子物质都是两性电解质。本方法适用于憎水性较强的两性电解质，如蛋白质等。例如，酪蛋白在等电点时能够形成粗大的凝聚物。但对一些亲水性强的蛋白质，如明胶，在低离子强度溶液中，调节pH至等电点并不产生沉淀，所以需要加上其他沉淀因素才能析出。

在Cohn方程式中pH与常数β值有关，在等电点附近变化尤为明显。通常当中性盐的浓度增加时，相应于最低溶解度的pH向偏酸方向移动，同时最低溶解度会有所增大。

等电点沉淀法的主要优点是许多蛋白质的等电点都在偏酸性的范围内，而许多无机酸的价格低廉，并能为食品标准允许，如磷酸、盐酸、硫酸等，因此常可无需除掉残余的酸，而直接进行下一步纯化操作。其主要的缺点是酸化时，容易引起蛋白质失活，因为蛋白质对低 pH 比较敏感。

不少蛋白质与金属结合后等电点会发生偏移，如胰岛素的等电点为 5.3，在与 Zn^{2+}结合后形成胰岛素锌盐，其等电点上升为 6.2。故加入金属离子后选择等电点沉淀时，要考虑到这一点，注意调整 pH。等电点沉淀法常和盐析法、有机溶剂法和其他沉淀剂联合使用，以提高沉淀效果。

12.3　有机溶剂沉淀法

有机溶剂沉淀法是利用与水可以互溶的有机溶剂使产物沉淀的方法，这个方法在酶制剂、氨基酸、抗生素等发酵产物提取中被广泛采用。

12.3.1　有机溶剂沉淀的原理

许多有机溶剂，如丙酮、乙醇、甲醇等能使溶于水的小分子生物物质以及核酸、多糖、蛋白质等生物大分子发生沉淀作用。这种沉淀作用是多种效应的结果，但其主要作用是降低水溶液的介电常数。当有机溶剂浓度增大时，水对蛋白质等分子表面上荷电基团或亲水基团的水化程度降低，或者是说溶剂的介电常数降低，因而静电吸引力增大。例如，20℃时，水的介电常数是 80，而 80%的乙醇溶液的介电常数为 40。按库仑定律的原理认为，带电离子基团之间作用力随介电常数的减小而增大，离子之间不断接近，两带电基团之间的距离也随之减小，因此带电溶质便互相吸引凝集。对于具有表面水层的生物分子，有机溶剂与水的作用，使这些分子表面水层厚度不断压缩，最后使这些分子脱水而相互聚集析出。不同浓度的有机溶剂可以使不同的溶质沉淀即分步沉淀法，而达到分离纯化的目的。

有机溶剂沉淀法的优点是分辨能力比盐析法高，一种溶质只在一个比较窄的有机溶剂范围内沉淀；沉淀不需脱盐；有机溶剂密度低，与沉淀物密度差大，容易进行固液分离；而且有机溶剂容易蒸发，不会在成品中残留，因此适用于食品、药品的制备。

其缺点是容易引起蛋白质变性失活，并且有机溶剂易燃、易爆，对安全要求较高。所以在应用时，应注意降低温度，以增加收率和减少蛋白质的变性。溶剂加入水中，常为放热反应，操作时需要进行冷却。如用乙醇沉淀血浆蛋白是在－10℃下进行。对同一种溶剂，蛋白质的相对分子质量越大，沉淀所需有机溶剂的量越少。

12.3.2 有机溶剂的选择和使用浓度计算

用于生物物质沉淀的有机溶剂必须能与水互溶，但对蛋白质无作用，如乙醇、丙酮、甲醇、二甲基甲酰胺、二甲基亚砜、乙腈、氯仿、乙醚和2-2, 4-戊二醇等。乙醇是核酸、糖类、氨基酸和核苷酸等物质最常用的沉淀剂，核酸的有机沉淀剂还有异丙醇和α-二氧基乙醇。乙醇、甲醇和丙酮都可以用来沉淀蛋白质和酶，但甲醇和丙酮对人体有一定毒性。

使溶液中溶质沉淀需要达到一定的有机溶剂浓度，所需有机溶剂浓度和体积的计算如以下公式

$$V=V_0\frac{S_2-S_1}{100-S_2} \tag{12-7}$$

式中 V——所需100%浓度的有机溶剂体积；

V_0——需沉淀的原溶液体积；

S_1——原溶液中有机溶剂的浓度；

S_2——要求达到的有机溶剂浓度。

由于上式未考虑混合后体积的变化和溶剂的挥发情况，所以存在着一定的误差。有时精确度要求不高或仅为了获得沉淀时，可用溶液体积的倍数如一、二、三倍等来表示。

12.3.3 影响有机溶剂沉淀的因素

影响有机溶剂沉淀的因素较多，如溶剂的种类和用量、沉淀时的温度、pH和时间、离子强度、吸附剂的性质和用量等。

12.3.3.1 有机溶剂的种类

有各种有机溶剂可供选择，其原则是所选择的溶剂必须能与水互溶，但与产物如蛋白质等不发生反应。常用的是乙醇和丙酮，其中丙酮为最佳，乙醇次之，甲醇再次之。往往需要通过实验来确定。

在沉淀过程中，乙醇与水混合时放出大量的稀释热，使溶液的温度显著升高，这对热稳定性较差的产物影响较大。实际应用中，应采用少量多次加入和勤搅拌的方法，以避免温度的骤然上升对产物的破坏。

12.3.3.2　温度

多数生物物质在有机溶剂与水的混合液中的溶解度是随温度的降低而降低的。因此降低温度可以增加收率。同时许多生物分子如蛋白质、核酸等对温度特别敏感，温度稍有升高，便发生变性。所以低温沉淀还能减少生物分子的变性反应。在操作中，加入的有机溶剂一般首先预冷至较低温度。有些小分子生物物质如核苷酸、氨基酸、生物碱、糖类等对温度的要求没有生物大分子那么敏感，这是因为小分子物质结构比较稳定，不容易被破坏。但低温仍可以降低它们的溶解度，有助于提高沉淀效果。

12.3.3.3　pH

在产物结构稳定范围内，选择溶解度最低时的 pH，有助于提高沉淀效果。因此在接近等电点处，以引起沉淀所需有机溶剂的量较少。合适的 pH 也可大大提高分离的分辨能力。例如，用乙醇沉淀糖蛋白绒膜激素（HCG），当蛋白质浓度为 1%，乙醇浓度为 55%时，仅部分 HCG 被沉淀出来。加入一定量的醋酸铵后，将乙醇浓度增至 66%，没有沉淀产生，在调节 pH 至 5.7 左右，HCG 则在非常狭窄的乙醇浓度下沉淀下来。

12.3.3.4　样品浓度和相对分子质量

样品的浓度对有机溶剂沉淀有影响。低浓度样品需要使用有机溶剂的量较大，但共沉作用小，有利于提高分离的效果；但低浓度样品损失较大，回收率小，具有生理活性的样品容易产生稀释变性。而高浓度样品使用有机溶剂的量较少，减少了变性的危险，但共沉作用大，分离效果较差。一般认为蛋白质浓度为 5～20mg/ml，黏多糖在 1%～2%浓度范围内较为合适，再加上选择适当的 pH，可获得较好的效果。

此外，蛋白质的相对分子质量越大，产生沉淀所需加入的有机溶剂量越少。例如当用丙酮作为沉淀剂时，蛋白质的相对分子质量与丙酮的用量有如下关系

$$\text{丙酮用量}=1.8-0.12\ln(\text{蛋白质的相对分子质量})$$

12.3.3.5　金属离子和离子强度的影响

一些阳离子如 Mn^{2+}、Fe^{2+}、Co^{2+}、Cu^{2+}、Zn^{2+}、Cd^{2+}等能与蛋白质中的羧基、

氨基和含有氮杂环的化合物结合；Ca^{2+}、Ba^{2+}、Mg^{2+}、Pb^{2+}能与羧基结合；Ag^{+}、Hg^{2+}、Pb^{2+}能与巯基结合形成复合物；某些有机化合物能与生物大分子形成难溶的复合物。这类复合物在水或有机溶剂中的溶解度都大大降低，而不影响蛋白质的生物活性，同时还能降低有机溶剂的用量。如使用0.005～0.02mol/L的Zn^{2+}，可以使沉淀蛋白质的有机溶剂用量减少 1/3～1/2。又如四环类抗生素在碱性条件下能与Ca^{2+}、Mg^{2+}、Ba^{2+}等金属离子形成沉淀；青霉素可与*N*, *N*-二苄基乙二胺、三乙胺、*N*-乙基吡啶、环己胺等有机碱形成难溶的盐；新霉素可与强碱性表面活性剂，环杆菌素可与阴离子去污剂形成难溶的复合物等。在这些金属离子中，使用较多的是Zn^{2+}、Ca^{2+}、Mg^{2+}、Ba^{2+}等的硫酸盐。Ca^{2+}、Zn^{2+}和Ba^{2+}的存在，也可以提高黏多糖乙醇分步沉淀的效果。

这些金属离子与蛋白质、核酸、有机酸、多肽等结合后形成的不溶性物质中，有些是不可逆反应，特别是与巯基的结合。在使用时还应注意，金属离子加入后引起的 pH 变化，不应与蛋白质的等电点相差过大；须事先加有机溶剂除去杂蛋白；在沉淀后尽可能避免这些离子残存于蛋白质中等。例如，使用Zn^{2+}时，溶液中不能含有磷酸盐，以免形成的磷酸锌沉淀与蛋白质等不容易分离开来。

离子强度是影响溶质在有机溶剂和水的混合液中溶解度的一个重要因素，盐浓度过大或过小都会对分离产生不利影响。对于蛋白质和多糖的沉淀，有机溶剂中盐的浓度以不超过5%为宜，使用的乙醇量也以不超过2倍体积比较合适。

总之，有机溶剂沉淀法适用的对象产物是比较广泛的。要获得好的沉淀效果，应选择合适的有机溶剂，注意调整溶质的浓度、温度、pH和离子强度等各方面因素。还要注意由盐析法制得的蛋白质，若用有机溶剂沉淀法进一步纯化，事先必须经过去离子操作。再者有机溶剂沉淀获得的固体样品，如果不是马上进行下一步纯化操作，应尽量抽干残余的有机溶剂，以免影响样品的生物活性。

12.4 非离子型多聚物沉淀法

非离子多聚物是20世纪60年代迅速发展起来的一类沉淀剂，包括各种不同相对分子质量的聚乙二醇（PEG）、壬苯乙烯化氧（NPEO）、葡聚糖右旋糖酐硫酸钠等，应用最多的是PEG。由于其具有操作条件温和，不易引起生物大分子变性；同时具有极高的沉淀效能，所以很少量的沉淀剂就可以使相当多的生物大分子沉淀；沉淀后的多聚物也容易除去；无毒，不可燃性；对大多数蛋白质有保护作用等优点，因此可以广泛用于核酸、蛋白质、细菌和病毒等的分离纯化。

对于多聚物作用的机制，有不少假设，如认为能够降低生物大分子水化度；与大分子发生共沉作用；与大分子形成复合物；或通过空间位置排斥，使液体中的微粒被迫聚集而沉淀等。

PEG 亲水性强，有各种不同相对分子质量的产品，使用较多的是 PEG6 000～20 000，相对分子质量超过 20 000 以上的 PEG，具有很高的黏性，操作不方便，很少使用。使用浓度通常为 2%，浓度再高，会使黏度增大，造成沉淀后回收困难。PEG 对后续分离纯化影响较小，因此可以不必除去。蛋白质溶解度与 PEG 浓度之间的关系可以用下式表示

$$\log S = \log S_0 - K\,[\mathrm{PEG}] \tag{12-8}$$

式中 S——在 PEG 存在时的蛋白质溶解度；

S_0——为无 PEG 存在时的蛋白质溶解度；

K——常数，与蛋白质和 PEG 的分子大小有关。

PEG 的沉淀效果除与沉淀剂浓度有关外，还受离子强度、pH 和温度的影响。例如，多聚物沉淀作用主要与多聚物的浓度和被沉淀的分子大小有关，相对分子质量越小，所需引起沉淀的沉淀剂浓度越高；反之，使大生物分子沉淀，要求的多聚物浓度较小。在沉淀蛋白质中，PEG 的使用浓度还与溶液中盐的浓度成反比，在一定 pH 下，盐浓度越高，所需 PEG 的浓度越低。当溶液 pH 越接近产物的等电点时，沉淀所需 PEG 浓度越低。此外，PEG 相对分子质量的大小也与沉淀效果有直接关系，在一定范围内，较高相对分子质量的 PEG 沉淀的效果较好。

12.5 聚电解质沉淀法

一些聚电解质物质，如离子型的多糖化合物、阳离子聚合物和阴离子聚合物，可以用来沉淀蛋白质物质，其作用方式与絮凝剂类似，同时还兼有一定的盐析和简单水化的作用。

在离子型的多糖化合物中，酸性多糖用的较多，像羧甲基纤维素、海藻酸盐、果胶酸盐、卡拉胶等。沉淀作用主要是靠静电引力。例如，羧甲基纤维素能在蛋白质的等电点附近，使蛋白质沉淀。但加入量不能太多，否则引起胶溶作用，而使蛋白质重新溶解。

一些阴离子聚合物，如聚丙烯酸、聚甲基丙烯酸和阳离子聚合物，如聚乙烯亚胺、以聚丙乙烯为骨架形成的季铵盐用于沉淀乳清蛋白，其沉淀效果与 pH 有密切关系。例如，聚丙烯酸在 pH 2.8 时，能够将 90%以上的蛋白质沉淀下来；聚丙乙烯季胺盐能够在 pH 10.4 时，沉淀 95%以上的蛋白质。聚乙烯亚胺能够与蛋白质的酸性区域形成复合物，常作为絮凝剂进行污水处理，也用于酶的纯化。

§13　溶剂萃取法

在微生物代谢产物的分离纯化中，溶剂萃取法是一个重要而有效的纯化和浓缩方法。采用这一方法既能进行固液之间的萃取，又能进行液液萃取。溶剂萃取法比化学沉淀法分离程度高；比离子交换法选择性好，传质速度快；比蒸馏法生产能力大，能耗低，生产周期短，便于连续操作，容易实现自动化控制等，所以得到了广泛应用。这种方法不仅可以采用有机溶剂萃取法进行分离（如抗生素、有机酸、维生素、激素等），也发展出了许多新的萃取技术，如逆胶束萃取（reversed micelle extraction）、超临界萃取（supercritical fluid extraction）、液膜萃取（liquid membrane extraction）等以适应基因工程产物的分离要求，来提取各种酶、蛋白质、核酸、多肽、氨基酸等生物活性物质。

13.1　溶剂萃取的原理

13.1.1　分配定律

溶剂萃取法是以分配定律为基础的，即是利用各种物质在不同的溶剂中具有不同的溶解度的原理，来达到将不同物质分离纯化的目的。

在溶剂萃取中，含有溶质的未被提取过的溶液称为料液（F），用于进行萃取的溶剂称为萃取剂（S），经萃取后含有溶质的萃取剂称为萃取液（L），而被萃取过失去溶质的料液称为萃余液（R）。

当料液和萃取剂充分混合后，静置分层形成两相，达到平衡时，根据相律有

$$F=c-P+2 \tag{13-1}$$

式中　F——自由度；

c——组分数；

P——相数。

若系统中除含有两种溶剂外，只含有一种溶质，则 $c=3$。因为 $P=2$，代入相律公式得 $F=3$。当温度和压力一定时，$F=1$，即一个变量就能决定整个系统，即如果一相的浓度固定了，另一相的浓度亦应固定，它们之间的关系可用分配定律表示，即在一定的温度和压力下，溶质分配在两不相溶的溶剂中，达到平衡时，溶质在两相的浓度之比为一常数

$$K=\frac{C_{\mathrm{L}}}{C_{\mathrm{R}}}=\frac{\text{萃取液浓度}}{\text{萃余液浓度}} \tag{13-2}$$

上式即为分配定律，K 为分配常数。在常温下 C 为常数；C 的单位通常为 mol/L 或单位/ml。K 的大小反映出溶质在不同溶剂中溶解度的差异，以及在此系统中的选择性。分配系数 K 可以通过实验室萃取操作求得，也可采用纸层析求得。

应用式（13-2）时，应注意以下条件，即必须是稀溶液；溶质对两溶剂的互溶度没有影响；必须是同一种分子类型，即不发生缔合或解离。例如，青霉素在两溶剂相中同时存在着两种平衡，一种是青霉素游离酸分子在有机相和水相间的分配平衡，另一种是青霉素游离酸在水中的电离平衡（图 13-1），只有两相中的游离酸分子才符合分配定律。所以前者用分配系数 K 来表征，后者用电离常数 K_{P} 来表征。弱碱性物质也有类似情况。另外对发生缔合的情况，如塞孢霉素（cephalothin）在醋酸丁酯中形成两分子的缔合物，只有两相中除缔合物之外的单分子化合物的浓度才符合分配定律。

$$\text{青}\cdot\mathrm{COOH}\ (C'_{\mathrm{HA}}) \qquad \text{有机溶剂}$$

$$K_0 \ \big\Updownarrow$$

$$\text{青}\cdot\mathrm{COOH}\ (C_{\mathrm{HA}}) \underset{}{\overset{K_{\mathrm{P}}}{\rightleftharpoons}} \text{青}\cdot\mathrm{COO^-}\ (C_{\mathrm{A^-}}) + \mathrm{H^+}\ (C_{\mathrm{H^+}}) \qquad \text{水}$$

图 13-1　青霉素的分配平衡和电离平衡

C'_{HA}：有机溶剂相中青霉素游离酸的浓度；C_{HA}：水相中青霉素游离酸的浓度；
$C_{\mathrm{A^-}}$：水相中青霉素负离子的浓度；$C_{\mathrm{H^+}}$：氢离子的浓度

微生物发酵的料液中一般都会含有多种溶质。若某料液中同时含有 A、B 两种溶质，但 A、B 两者的分配系数不同，则萃取相中 A 和 B 的相对浓度就不同于萃余相 A 和 B 的相对浓度。假如 A 的分配系数比 B 的大，萃取相中 A 的浓度就比 B 的高，这样溶质 A 和 B 就得到一定程度的分离。萃取剂对溶质 A 和 B 分离能力的大小可用分离因素β来表示

$$\beta=\frac{(C_{\mathrm{LA}}/C_{\mathrm{LB}})}{(C_{\mathrm{RA}}/C_{\mathrm{RB}})}=\frac{K_{\mathrm{A}}}{K_{\mathrm{B}}} \tag{13-3}$$

式中　β——分离因素；

C_{LA}、C_{LB}、C_{RA}、C_{RB}——分别为萃取相和萃余相中溶质 A 和 B 的浓度。

由上式可见，β是分配系数之比，β越大，则分离效果越好，得到的产品纯度越高。

13.1.2　弱电解质萃取的分配平衡

弱酸和弱碱在水中存在着电离平衡，弱酸的电离平衡通式为 $AH \rightleftharpoons A^- + H^+$，弱碱的电离平衡通式为 $BH^+ \rightleftharpoons B + H^+$，可分别用电离常数方程式来表示

$$K_p = \frac{[A^-][H^+]}{[AH]} \tag{13-4}$$

$$K_p = \frac{[B][H^+]}{[BH^+]} \tag{13-5}$$

式中　$[AH]$、$[A^-]$、$[H^+]$——水中游离酸、此酸的负离子和质子浓度；

$[B]$、$[BH^+]$——水中游离碱、此碱的正离子浓度。

在有机相中，若物质不发生缔合而呈单分子形式，单分子化合物的浓度符合分配定律

$$K_0 = \frac{[\overline{AH}]}{[AH]} \tag{13-6}$$

$$K_0 = \frac{[\overline{B}]}{[B]} \tag{13-7}$$

式中　$[\overline{AH}]$、$[\overline{B}]$——分别为游离酸和游离碱在有机相中的浓度。

一般的分析方法测定的是游离酸和其负离子或游离碱和其正离子的总浓度，所以根据式（13-4）和（13-5），将式（13-6）和（13-7）以总浓度来表示

$$K_0 = \frac{[\overline{AH}](K_p + [H^+])}{C[H^+]} \tag{13-8}$$

$$K_0 = \frac{[\overline{B}](K_p + [H^+])}{C \cdot K_p} \tag{13-9}$$

式中　C——水相中实际测得的物质总浓度。

$$C = [AH] + [A^-] \tag{13-10}$$

$$C = [B] + [BH^+] \tag{13-11}$$

由式（13-8）和（13-9）解得$[\overline{AH}]$和$[\overline{B}]$，可得有机相物质浓度和水相中总浓度与pH之间的关系：

$$[\overline{AH}] = K_0 \cdot C\frac{[H^+]}{K_p + [H^+]} \tag{13-12}$$

$$[\overline{B}] = K_0 \cdot C\frac{K_p}{K_p + [H^+]} \tag{13-13}$$

从以上几个关系式中可以导出表观分配系数，即

$$K = K_0\frac{[H^+]}{K_p + [H^+]} \tag{13-14}$$

$$K=K_0\frac{K_P}{K_P+[H^+]} \tag{13-15}$$

例如，已知青霉素的电离常数 $K_P=10^{-2.75}$，当 pH<1.0 时，青霉素在有机相和水相之间的分配接近于不电离的青霉素游离酸的分配。而在 pH>5 时，分配系数 K 随着［H^+］浓度的下降而成比例下降。在 1.0<pH<5.0 范围内，分配常数取决于水相的 pH，可由关系式（13-14）来计算求得。

13.2　有机溶剂的选择

选择萃取用的溶剂应该考虑对产物有较大的溶解度和良好的选择性。分离因素可以表征溶剂的选择性如何，溶解度则由相似相溶的分子极性所决定。

介电常数是一个化合物摩尔极化程度的量度，通过这一数值，可以预知一个化合物是极性化合物还是非极性化合物。若已知某一物质的介电常数 D，可用此物质于一个电容器中二极板之间所测得的静电容量 C 来量度。

如果 C_0 是完全真空时同一电容器中的静电容量值，则

$$D=\frac{C}{C_0} \tag{13-16}$$

一般介电常数是用一个充满已知液体电容器的电容值，与同一个电容器中一已知介电常数的标准液体电容值相比较而求得的。如果 D_1 和 D_2 分别是测试液体和标准液体的介电常数，C_1 和 C_2 分别是一个电容器内分别充满上述两种液体时的静电容量，则有

$$\frac{D_1}{D_2}=\frac{C_1}{C_2} \tag{13-17}$$

D_1 是已知值，C_1 和 C_2 为测量值，这样就可以求出 D_2 值。表 13-1 是数种溶剂的介电常数值。了解了各种溶剂的介电常数后，就可测定被萃取的产物的介电常数，来寻找极性相当的溶剂，以获得萃取能力强、选择性高的溶剂分离体系。

表 13-1　各种溶剂的介电常数（25℃）

溶剂	介电常数/（$F\cdot m^{-1}$）	溶剂	介电常数/（$F\cdot m^{-1}$）
己烷	1.90（极性最小）	1-丁醇	17.8
环己烷	2.02	1-戊醇	20.1
四氯化碳	2.24	丙酮	20.7
苯	2.28	丙醇	22.2
甲苯	2.37	乙醇	24.3
二乙醚	4.34	甲醇	32.6
氯仿	4.87	甲酸	59.0
乙酸乙酯	6.02	水	78.54（极性最强）
2-丁醇	15.8		

选择溶剂除了以上要求外，还应该注意溶剂与被萃取液的互溶度要小，黏度低，界面张力适中，对相的分散和相的分离有利；溶剂的化学稳定性高，回收和再生容易；价格低廉；安全性好，如闪点高、毒性低等。在微生物代谢产物的提取中，常使用乙酸乙酯、乙酸丁酯、丁醇等。

13.3　影响水相溶质溶解度的因素

影响溶剂萃取效果的因素很多，包括离子强度、pH、温度、去垢剂、带溶剂等。

13.3.1　离子强度

离子强度主要影响物质的溶解度。有些物质在高离子强度下溶解度增加（如DNA-蛋白）；有些则在低离子强度下溶解度增加，在高离子强度下溶解度反而降低（如RNA-蛋白）。绝大多数蛋白质和酶在低离子强度的溶液中，都有较大的溶解度。如在纯水中加入少量中性盐，蛋白质的溶解度比在纯水时大大增加，出现如前所述的“盐溶”现象。但中性盐增加至一定浓度时，蛋白质的溶解度又逐渐下降，直至析出沉淀，即“盐析”现象（图 13-2）。

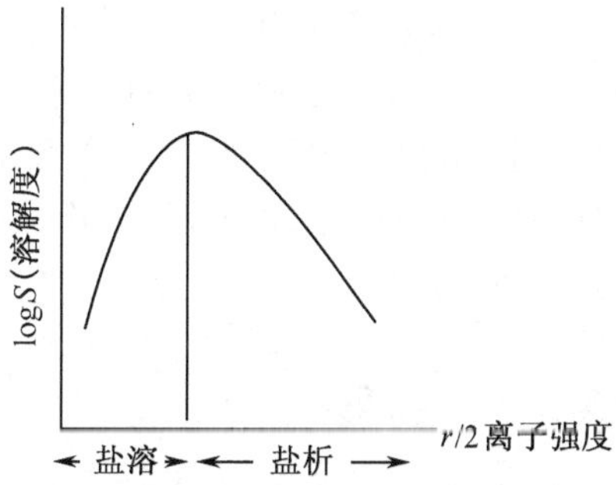

图 13-2　溶液离子强度与蛋白质溶解度的关系

（参考苏拔贤，1998）

盐溶现象的主要原因是少量离子的活动，减少了偶极溶质分子间极性基团的静电吸引力，增加了溶质和溶剂相互作用的结果。盐溶现象不仅在水中，而且在低介电常数的溶剂（如乙醇）中也同样发生。低离子强度溶液还对一些生物物质的生理活性有稳定作用，所以稀盐溶液常用于大多数生化物质的提取。

盐析作用可以降低许多生化产物在水中的溶解度，另一方面也能减少有机溶剂在水中的溶解度。若在维生素 B_{12} 的提取中，加入中性盐硫酸铵，有利于 B_{12} 自水相转移到有机溶剂中。在提取青霉素时加入 NaCl，对青霉素从水相转移到有机溶剂相有利。中性盐的用量要适当，用量过大，会使杂质被带入有机溶剂相。

13.3.2　pH

许多生物分子都是两性物质，当所处的溶液 pH 在其等电点时，整个分子所带总电荷为 0，溶解度最低。而 pH 远离等电点两侧时，溶解度增大。当 pH 很低时，酸性物质大部分呈非解离分子状态，而碱性物质则大部分呈阳离子状态；若 pH 很高时，酸性物质大部分呈阴离子状态，而碱性物质则呈非解离分子状态。离子状态的物质包括阳离子和阴离子都易溶于水，非解离分子则易溶于有机溶剂。所以当酸性物质处于低 pH 或碱性物质处于高 pH 时，都可以转溶于有机溶剂。但有些两性物质如氨基酸在等电点以外任何 pH，均呈离子状态存在，因此一般不用有机溶剂提取（除稀的乙醇外）。

pH 在萃取中影响分配系数。如当 pH 9.8 时，弱碱性抗生素红霉素在乙酸戊酯与水相间的分配系数为 44.7；而在 pH 5.5 时，红霉素在水相与乙酸戊酯间的分配系数为 14.4。另一方面 pH 对选择性也有影响。如酸性物质一般在酸性下萃取到有机溶剂相，而碱性杂质则成盐留在水相。如杂质也是酸性，可根据其酸性的强弱，选择合适的 pH，就可以除去酸性杂质。再比如青霉素在 pH 2 萃取时，醋酸丁酯萃取液中青霉烯酸可达青霉素的 12.5%，若将 pH 提高至 3，则可将青霉烯酸的含量降至 4%。此外，pH 的选择还应注意尽量在使产物稳定的 pH 范围内。

13.3.3　温度

升高温度可以增加物质的溶解度，降低溶液的黏度，因此也会影响分配系数。一般微生物的产物在较高温度下多不稳定，故萃取多维持在室温或较低温度下进行，一般萃取温度选择在 0～10℃范围。但提高温度对提取是有利的，这叫热提取法，多用于一些小分子生物物质，萃取温度常控制在 50～70℃。热提取法虽然萃取效率高，但所获萃取液含杂质较多，不如冷提法含杂质少。某些情况下，如低温对萃取速度影响较大时，也可适当升高温度来提高萃取速度。因此温度范围的选择不但应使溶质有较好的溶解度，还应防止生物产物变性，以及注意提高产品质量。

13.3.4　带溶剂的使用

有的产物水溶性很强，在常用的有机溶剂中溶解度都很小。这类产物仍然可以采用溶剂萃取法提取，主要是借助于带溶剂。即使水溶性不强的产物，为了提高其收率和选择性，也可考虑采用带溶剂。带溶剂是一类能和所提取的生物物质形成复合物，而易溶于溶剂的物质，且此复合物在一定条件下容易分解形成原来的生物物质。

例如，链霉素是水溶性较强的碱，可与脂肪酸（如月桂酸）形成复合物，此复合物能溶于乙醇、醋酸丁酯、异辛醇中，而被萃取到有机相；在酸性条件下（pH 5.5～5.7）又分解成链霉素而转溶入水相。在中性下，链霉素能与二异辛基磷酸酯结合形成复合物，可从水相萃取到三氯乙烷中，将 pH 调至酸性后，又可反萃取到水相。链霉素还能与二元酸的单酯化合物如 2-乙基己基邻苯二甲酸单酯形成能溶于异戊醇的复合物。

正负离子结合成对的萃取，被称为离子对萃取。如青霉素是一酸性化合物，可采用脂肪碱作为带溶剂。又如青霉素能与正十二烷胺、四丁胺等形成可溶于氯仿的复合物。土霉素在碱性条件下形成负离子，能与溴代十六烷基吡啶相结合形成复合物，而溶于异辛醇，再在酸性下萃取到水相。这种情况可以将土霉素看作负离子与溴离子相交换后，而溶于异辛醇中，因此有时把这种溶剂称作液体离子交换剂。

一些有机酸如柠檬酸，在酸性条件下可与磷氧键类萃取剂如磷酸三丁酯（TBP）形成中性络合物（$C_6H_8O_7 \cdot 3TBP \cdot 2H_2O$），而被萃取到有机相，这种情况也称为反应萃取。

13.4 乳化与去乳化

在溶剂萃取过程中，经常会出现一种液体分散到另一种本不相溶的液体中，即乳化现象。乳化现象会造成有机溶剂相和水相分层困难，出现两种情况的夹带。一种是发酵液提取废液中夹带有机溶剂微粒，则导致产品的损失；另一种是有机溶剂相中夹带发酵液微粒，会将杂质带入产品中，以至最终影响产品的质量。有时产生的乳浊液即使施加外力，仍不能使两相完全分离开来。因此必须首先了解乳浊液形成的原因和稳定条件，才能采取有效的措施破坏乳浊液。

13.4.1 乳浊液的形成原因和稳定条件

将油（有机溶剂）与水混合在一起时，因两者的互不相溶性，能很快分层，并不能形成乳浊液。只有在表面活性剂存在时，才容易发生乳化现象。所以称这类表面活性剂为乳化剂。通常可能产生两种形式的乳浊液，一种是油滴分散在水中，称为水包油型或 O/W 型乳浊液；另一种是水滴分散在油中，称为油包水型或 W/O 型乳浊液。

由于乳化剂的两性性质，所以能够将本不相溶的油与水连在一起，但其分子处于任何一相中都是不稳定的，只有处在两相界面上时，即亲水基团对着水，疏水基团对向油，在相的界面上形成单分子层时，比较稳定。

另一方面，表面活性剂能够降低表面张力，这可由吉布斯（Gibbs）吸附方程式得出：

$$\Gamma = -\frac{c}{RT}\frac{d\gamma}{dc} \tag{13-18}$$

式中 Γ——表面层与溶液主体浓度的相差，或称为表面过剩浓度（mol/m^2）；

c——溶液主体浓度（mol/L）；

γ——表面张力（N/m）；

T——热力学温度（K）；

R——气体常数，8.314［J/（K·mol）］。

由于表面活性剂的加入，降低了表面张力，所以 $d\gamma/dc$ 是负值，则 Γ 是正值，即表面活性剂一定是积聚在溶剂表面上。表面张力也可以表示为增加单位表面积所需之功，即 $\gamma = W/\Delta S$，式中 W 为功，ΔS 为表面积的增加值。表面张力降低，液体容易分散成微滴而发生乳化。在乳浊液中，界面积大，物系的自由能大，故为热力学不稳定系统。随着时间的延长，乳浊液会自行破碎。因此要在一定的稳定条件下，才能形成乳浊液。

影响乳浊液稳定性的因素包括是否在界面上形成保护膜，液滴的带电性质以及介质的黏度。其中保护膜的形成是最主要的因素，如表面活性剂分子聚集在界面上，在分散相液滴周围形成保护膜。保护膜若具有一定的机械强度，不易破碎，就能防止液滴碰撞而引起的聚沉。如是离子型的表面活性剂，除了形成保护膜外，还会使分散相液滴带电荷。例如，脂肪酸钠或钾，能使分散相带负电荷，使液滴相互排斥，而使乳浊液稳定。介质黏度较大时，能增加保护膜的机械强度。

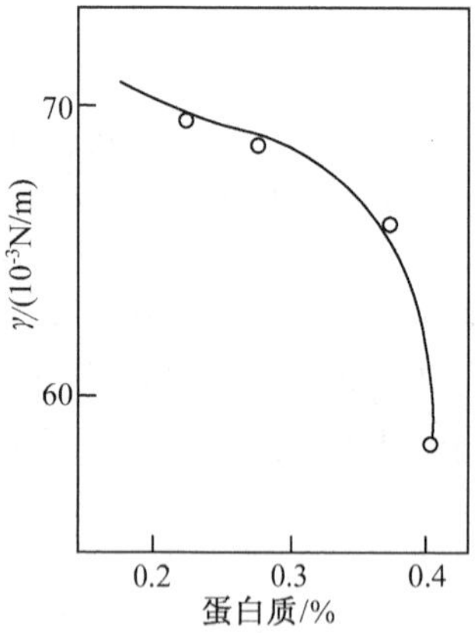

图 13-3 蛋白质含量对表面张力的影响
（参考严希康，1998）

在微生物发酵液中，蛋白质物质对表面张力的影响最为明显（图 13-3）。从图中可见，随着蛋白质含量的上升，表面张力明显下降，即 $d\gamma/dc<0$，由此引起的乳浊液是相当稳定的，构成形式多为 W/O 型。

13.4.2　去乳化的方法

根据乳浊液形成的原因和稳定因素，可以采取各种方法来破坏乳浊液即去乳化。常用的方法有如下几种：

① 离心分离法。当乳化现象不很严重时，可采用离心分离的方法。即分散相在重力场或离心力场中运动时，常可发生碰撞而引起聚沉，致使两相分层。轻轻地搅动乳浊液也可促使其破坏。

② 提高温度。如上所述，黏度是乳浊液稳定的一个因素，提高温度可使溶液的黏度下降，从而促使乳浊液破坏。对热稳定性较高的产物，可以用加热的方法来破乳化。

③ 稀释法。在乳浊液中加入连续相，降低乳化剂的浓度，来减轻乳化现象。

④ 电解质破乳化。离子型乳化剂所形成的乳浊液的稳定性，是因其分散相带有电荷，当加入电解质时，可以中和其电性，而促使聚沉。常用的电解质有 NaCl、NaOH、HCl、Al^{3+}等。

⑤ 吸附法。例如，$CaCO_3$易被水所润湿，而不能被有机溶剂所润湿。将乳浊液通过 $CaCO_3$层时，乳浊液中的水分则被吸附。

⑥ 顶替法。加入表面活性更强但不能形成保护膜的物质，将原有的乳化剂从界面上顶替出来，但其自身由于不能形成坚固的保护膜，而不能形成乳浊液。常用的顶替剂是戊醇，它的表面活性很强，但碳链很短，不能形成保护膜。

⑦ 转型法。前面介绍了乳浊液存在着两种不同的形式，即 O/W 型和 W/O 型。如果在 O/W 型乳浊液中加入亲脂性的乳化剂，则乳浊液有从 O/W 型转变为 W/O 型的趋势，但因在转变过程中，其他条件还不允许形成 W/O 型乳浊液，而使乳浊液遭到破坏。同样在 W/O 型乳浊液中，加入亲水性乳化剂，也会使乳浊液破坏。

用作去乳化剂的表面活性剂的种类很多，除了根据 HLB 数来选择外，主要是由实验数据来决定。HLB 数是用来表示表面活性剂亲水与亲脂的相对强弱的。它可以用一些经验公式来计算，也可以用实验方法来测定。HLB 数表示的是亲水与亲油平衡程度，HLB 数越大，亲水性越强，形成 O/W 型乳浊液；HLB 数越小，亲油性越强，形成 W/O 型乳浊液（表 13-2）。常用的去乳化剂有两种。一种是阳离子表面活性剂溴代十五烷基吡啶，它在水中的溶解度约为 6%，在有机溶剂中溶解度较小，因此适用于 W/O 型乳浊液的破乳化，其使用方法是先溶解在热水中，用量为 0.01%～0.05%，去乳化效果良好。另一种是阴离子表面活性剂十二烷基磺酸钠，这是一种易溶于水，微溶于有机溶剂的洗涤剂，价格低廉，也适用于 W/O 型乳浊液的破乳化。

表 13-2 不同 HLB 数的表面活性剂的用途

HLB 数	用途
3～6	W/O 乳浊液
7～9	润湿剂
8～15	O/W 乳浊液
13～15	洗涤剂
15～18	助溶剂

在选择去乳化剂时，除考虑去乳化能力外，还应注意不能破坏目标产物和影响成品质量。例如，用丁酯进行红霉素的提取，在碱性条件下红霉素被萃取到丁酯相，若用溴代十五烷基吡啶作为去乳化剂，因溴代十五烷基吡啶是碱性物质，在碱性下易混入丁酯相。而改用十二烷基磺酸钠，因其是酸性物质，在碱性下留在水相中，使最后的成品色泽有所改进。

上述方法都是在乳化形成后的破乳化方法，尽管有一定的效果，但都需要耗费一定的能量或外加一些物质。因此，发酵液经过预先处理，降低其中表面活性物质如蛋白质等的含量，是消除水相乳化的最有效措施。例如，对某种有机酸发酵液进行酸化处理后，蛋白质含量由 0.3969%下降到 0.181%，但其他物性变化甚少，再进行溶剂萃取时，便不出现乳化现象。

13.5 萃取方法和理论得率计算

溶剂萃取过程包括三个步骤，即混合、分离和溶剂回收。所谓混合步骤是指料液与萃取剂充分混合，并形成乳浊液，使所需物质自料液转入萃取剂中；分离步骤是将乳浊液再分开形成萃取相和萃余相；溶剂回收步骤是从萃取相或萃余相中回收萃取剂。这三个步骤需要一定的设备来完成。用于混合的设备有最简单的搅拌罐；也可以用管道混合器将料液和萃取剂以湍流方式混合，称作管道萃取；或用喷射泵以涡流方式混合，称为喷射萃取。分离步骤通常利用碟片式或管式离心机进行，或是将混合与分离在同一个设备内完成，如各种对向交流萃取机（Podbielniak 和 Alfa-Laval 萃取机）。溶剂回收可以利用化工中的液体蒸馏技术进行。

根据混合分离的操作方式，可以分为单级萃取和多级萃取。多级萃取中又有错流萃取和逆流萃取两种操作流程。还可以将错流和逆流结合操作。

各种萃取操作理论收得率的计算是假定萃取相和萃余相之间能很快达到平衡，即每一级都是理论级；并且两相完全不互溶，能够完全分离。以下讨论各种操作方法和理论得率的计算方法。

13.5.1　单级萃取

只包括一个混合器和一个分离器的萃取流程称作单级萃取。如图 13-4 所示，其流程是将料液（F）和萃取剂（S）一起加入混合器中，经充分混合接触达到平衡后，进入分离器分离，得到萃取液（L）和萃余液（R）。

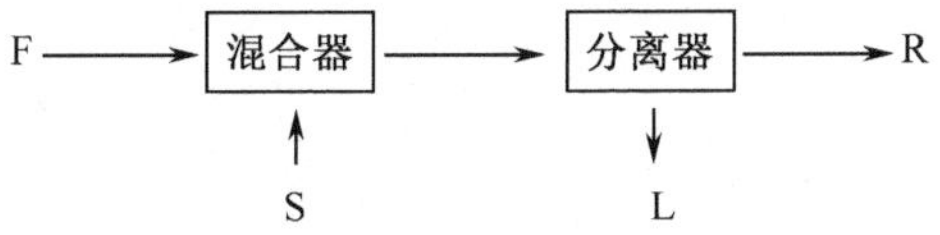

图 13-4　单级萃取

若设分配系数为 K，料液体积为 V_F，萃取剂体积为 V_S，经过萃取后，溶质在萃取液和萃余液中质量或摩尔浓度之比为

$$E=K\left(\frac{V_S}{V_F}\right)=\frac{K}{m} \tag{13-19}$$

$$m=\frac{V_F}{V_S} \tag{13-20}$$

式中　E——萃取因素；

m——浓缩比。

由萃取因素 E 可求得未被萃取的分率 ϕ 和理论得率 $1-\phi$

$$\phi=\frac{1}{(E+1)} \tag{13-21}$$

$$1-\phi=\frac{E}{(E+1)} \tag{13-22}$$

例如，赤霉素在 10℃和 pH 2.5 时的分配系数为 35，若用等体积的乙酯进行单级萃取一次，则

$$E=35\times\frac{1}{1}=35$$

理论得率为

$$1-\phi=\frac{35}{(35+1)}=97.2\,\%$$

因为这种流程只萃取一次，所以一般萃取效率不高，产物在萃余相的含量仍然较高。如果增加溶剂的用量，会造成萃取相产物浓度过低，增加产物回收的能耗和成本，也会增加溶剂回收的工作量。为克服这些缺点，工业上多采取多级萃取的流程。

13.5.2 多级错流萃取

此方法的操作流程是料液经过萃取后的萃余液与新鲜的萃取剂混合，再进行下一次萃取。图 13-5 所示为三级错流萃取流程，第一级的萃余液作为第二级的料液，与新鲜的萃取剂混合进行萃取。第二级的萃余液再作为第三级的料液，又与新鲜的萃取剂混合进行萃取。

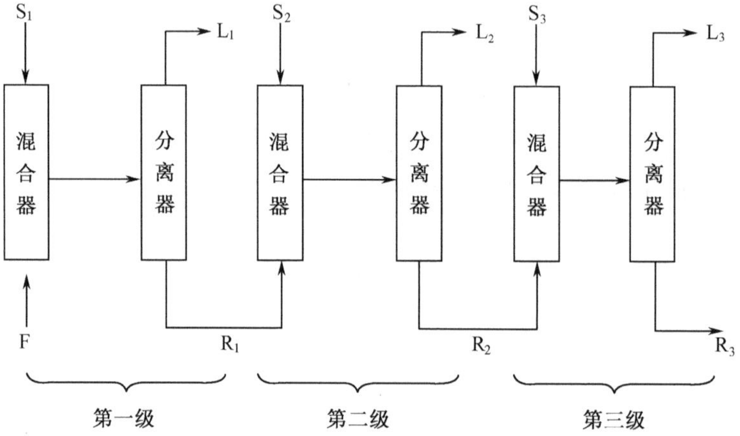

图 13-5 多级错流萃取流程

设第一级萃取因素为 E_1，经过一级萃取后，未被萃取的分率 ϕ_1 为

$$\phi_1=\frac{1}{(E_1+1)} \tag{13-23}$$

设第二级萃取因素为 E_2，经过二级萃取后 ϕ_2 为

$$\phi_2=\phi_1\frac{1}{(E_2+1)}=\frac{1}{(E_1+1)(E_2+1)} \tag{13-24}$$

依次类推，经过 n 级萃取后，萃余率为

$$\phi_n=\frac{1}{(E_1+1)(E_2+1)\cdots(E_n+1)} \tag{13-25}$$

经 n 级萃取后，总的理论收率为

$$1-\phi=1-\frac{1}{(E_1+1)(E_2+1)\cdots(E_n+1)} \tag{13-26}$$

例如，对赤霉素采用二级错流萃取时，K 为 35，第一级用 1/2 体积乙酯，第二级用 1/10 体积乙酯，则有

$$E_1=35\times\frac{1/2}{1}=17.5\qquad E_2=35\times\frac{1/10}{1}=3.5$$

$$1-\phi=1-\frac{1}{(17.5+1)(3.5+1)}=98.79\%$$

可以看到，在二级错流萃取中，当乙酯总用量为 3/5 体积时，理论得率为 98.79%，比乙酯用量为 1 体积的单级萃取得率 97.2%还要高一些。

多级错流萃取的特点是在每级中都加入新鲜的溶剂，故萃取推动力较大，萃取较完全且效果好。缺点是溶剂用量大，萃取液平均浓度较稀，溶剂回收需要消耗较多的能量。

13.5.3　多级逆流萃取

此流程是在第一级中加入料液，并逐级向下一级移动，从最后一级排出；萃取剂则从最后一级进入，逐级向上一级移动，最后从第一级排出。料液移动的方向与萃取剂移动的方向相反（图 13-6），所以称为多级逆流萃取。在逆流萃取中，萃取剂仅在最后一级中加入，与错流萃取相比，萃取剂的用量较少，因此萃取液的平均浓度较高。

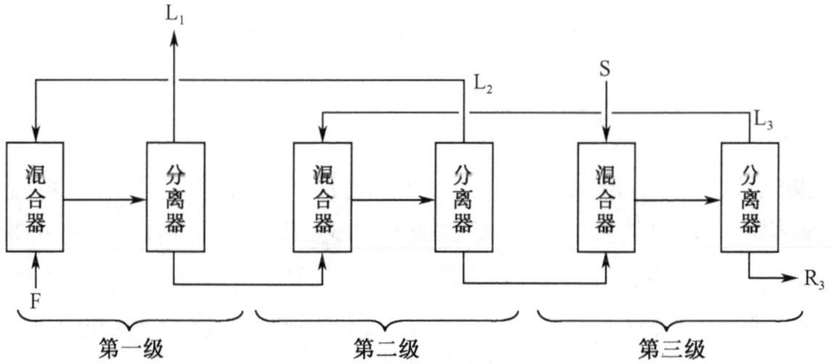

图 13-6　多级逆流萃取流程

其理论得率的计算如下。设萃取因素为 E，萃取级数为 n，萃余率和理论得率分别为

$$\phi=\frac{E-1}{E^{n+1}-1}\tag{13-27}$$

$$1-\phi=\frac{E^{n+1}-E}{E^{n+1}-1}\tag{13-28}$$

例如，赤霉素二级逆流萃取的 K 为 35，乙酯用量为 1/2 体积，则有

$$E_1=35\times\frac{1/2}{1}=17.5\qquad n=2$$

$$1-\phi=\frac{(17.5)^3-17.5}{(17.5)^3-1}=99.7\%$$

可以看到，这三种萃取流程中，以逆流萃取收率最高，溶剂用量最少，因而是工业上普遍采用的流程。

13.5.4　萃取计算诺模图

萃取分离和浓缩过程的主要指标是产物由一相转入另一相的完全程度、浓缩倍数和萃取的选择性等，这是由一系列物理、化学和工艺因素，如所用的有机溶剂、水相的 pH、萃取温度、相的体积比、所采用的设备效率等决定的。必须恰当地了解影响过程效率的主要因素，才能选择合理的萃取条件和相应的设备。

有建议用未被萃取的分率 ϕ、浓缩倍数 m、水相 pH 和使用设备的理论级数 n 定量连接的诺模图来完成上述选择，预测逆流萃取的合理条件。

诺模图的制作主要依据下列几个函数关系式

$$K=f(\text{pH})\tag{13-29}$$

$$E=K\cdot\frac{1}{m}\qquad E=\frac{1}{K}\cdot\frac{1}{m}\ （反萃取）\tag{13-30}$$

$$\phi=\frac{E-1}{E^{n+1}-1}\tag{13-31}$$

分析上面三式可见，m 和 n 是可以任意选择的，主要是求取一定温度下的分配系数 K 和溶液 pH 的关系，其他参数就可以求出，然后利用计算机进行运算，用对应的数值绘制成诺模图，即可根据生产实际要求选择最佳萃取条件。

例如，用醋酸丁酯萃取红霉素发酵液，求得分配系数与 pH 的关系式如下

$$K=-1.47+0.382(\text{pH})（萃取）$$

$$K=2.65-0.234(\text{pH})（反萃取）$$

加上式（13-30）和（13-31），利用算法语言编制程序，计算机运算，得到 pH、K、E、ϕ等一系列数值，进行描点绘图（图 13-7）。

由图 13-7 可见，整个诺模图分成三个部分，Ⅰ和Ⅲ部分绘出的是萃取因素 E 在不同的 $1/m$ 时，与 pH 的关系。Ⅱ部分给出的是未被萃取的分率 ϕ与萃取因素 E 的关系。

在一定的相比、pH 和 n 条件下，可以确定 ϕ值。例如，红霉素发酵液，当 pH＝9.5，醋酸丁酯与料液的体积比 m＝0.3，所选用的设备理论级数为 1 时，求 ϕ值。其方法是在诺模图Ⅲ部分的横坐标上找到 pH＝9.5 的点，在纵坐标找

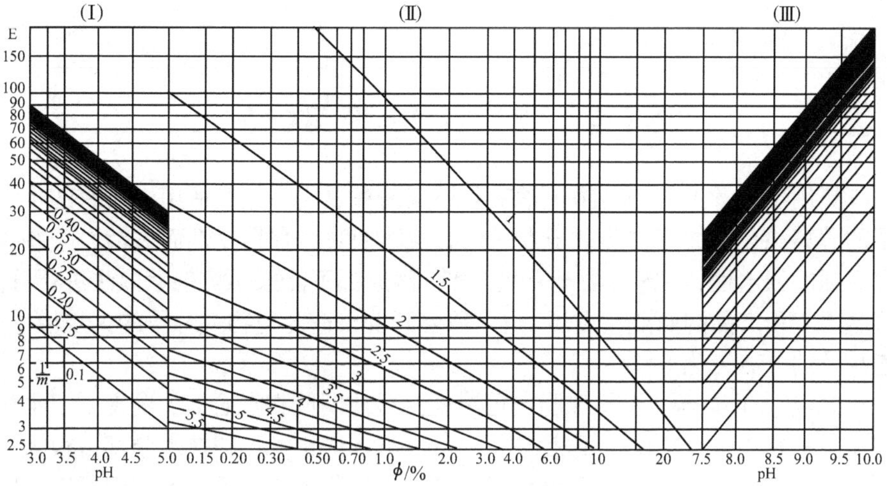

图 13-7　红霉素萃取计算诺模图

（Ⅰ）$E=f$（pH，m），适用于红霉素自丁酯相反萃取到水相；（Ⅱ）$\phi=f$（E，n）；

（Ⅲ）$F=f$（pH，m），适用于红霉素自水相萃取到丁酯相（参考严希康，1998）

出与 $1/m=0.3$ 曲线相交的点，从交点作与横坐标轴平行的直线到诺模图中间部分Ⅱ与 $n=1.0$ 曲线相交，从交点再作垂直线与横坐标轴相交，其相交的点即为水相中未被萃取的分率 $\phi=2.5\%$。若醋酸丁酯的流量下降到 20%，则红霉素在平衡水相中的含量增加至 3.7%。

诺模图同样可以用来确定浓缩比 m，理论级数 n 等。

§14 双水相萃取法

广泛用于化学工业和生物化学工业的溶剂萃取法，并非适用于所有的生物大分子的分离纯化。如蛋白质分子在遇到有机溶剂时，容易变性而失活；某些蛋白质有很强的亲水性，不能够溶于有机溶剂，因此都不能采用溶剂萃取法进行分离。随着基因工程产品的商业化发展，迫切需要开发出适合生物大分子的大规模生产、快速高效的分离纯化方法。

1896 年，Beijernek 在将琼脂与可溶性淀粉或明胶相混合时，发现了双水相萃取现象，称其为聚合物的“不相溶性”（incompatibility），即在水分都占很大比例（85%～95%）的两相中，不会引起蛋白质或细胞器等的失活，但它们可以不同比例分配于两相中。20 世纪 70 年代中期，Kula 和 Kroner 等人首先采用双水相系统从细胞匀浆液中提取蛋白质和酶，大大改善了胞内酶的提取效果。

双水相萃取技术（two-aqueous phase system）又称水溶液两相分配技术（partition of two aqueous phase system），此项技术现在已被广泛地应用于数十种酶的中试规模的纯化中。

14.1 水相体系

14.1.1 双水相的形成

绝大多数亲水聚合物的水溶液，在与另一种亲水性聚合物混合并达到一定浓度时，就会形成两相，两种聚合物分别以不同的比例溶于互不相溶的两相中。如等量的 1.1%的右旋糖酐和 0.36%的甲基纤维素溶液混合，静止后形成两相，上相含右旋糖酐 0.39%和甲基纤维素 0.65%，下相含右旋糖酐 1.58%和甲基纤维素 0.15%。

当两种聚合物溶液混合时，能否分层或混合成一相，取决于两个因素，一为分子间作用力，另一为熵的增加。两种聚合物混合时熵的增加与所涉及的分子数有关，因此如以摩尔计算，小分子间与大分子间的混合，熵的增加是相同的。分子间的作用力应为分子中各基团间相互作用之和，分子越大，作用力也越大。由此可见，对大分子而言，若以摩尔为单位，则分子间的作用力与分子间的混合熵相比占主要地位，即决定混合的结果。

两种聚合物分子间如有斥力存在，同种分子会集聚在一起，而排斥异种分子，在达到平衡时，则有可能分成两相，两种分子分别进入不同的相，即前面所述的不相容现象。如果两种聚合物间存在引力，而且引力很强，如带有相反电荷的两种聚电解质之间，则会相互结合存在于共同的相中。若两种聚合物之间不存在较强的斥力或引力，两者则能相互混合。现在发现某些聚合物溶液与一些无机盐溶液相混合时，只要浓度达到一定范围，也会形成两相，有认为是盐析作用，如聚乙二醇（PEG）与碱性磷酸盐或硫酸盐之间形成的两相。

表 14-1 列举了各种典型的双水相系统。其中 A 类为两种非离子型聚合物；B 类为其中一种带电荷的聚电解质；C 类为两种均是聚电解质；D 类为一种聚合物，另一种是无机盐。

表 14-1　几种典型的双水相系统

类型	聚合物 1	聚合物 2 或盐
A	聚丙二醇	聚乙二醇 聚乙烯醇 葡聚糖
	聚乙二醇	聚乙烯醇 葡聚糖 聚乙烯吡咯烷酮
B	DEAE 葡聚糖 · HCl	聚丙二醇　NaCl 聚乙二醇　Li_2SO_4
C	羧甲基葡聚糖钠盐	羧甲基纤维素钠
D	聚乙二醇 聚乙二醇 聚乙二醇	磷酸钾 硫酸铵 硫酸钠

用于生物物质分离的体系有 PEG/葡聚糖和 PEG/无机盐，这两种聚合物是无毒性的，它们的多元醇或多糖结构还能使高分子稳定。

14.1.2　相图

水溶性两相的形成条件和定量关系常用相图来表示。图 14-1 所示是由两种聚合物和水组成的体系（如 PEG/Dextran 体系，这两种聚合物都能与水无限混合），以聚合物 PEG 的浓度（重量%）为纵坐标，以聚合物 Dextran 的浓度（重量%）为横坐标所作相图。只有在这两种聚合物达到一定浓度时才会形成两相。图中曲线 *TCB* 把均匀区域和两相区域分隔开来，称作双节线。处于双节线下面的区域时是均

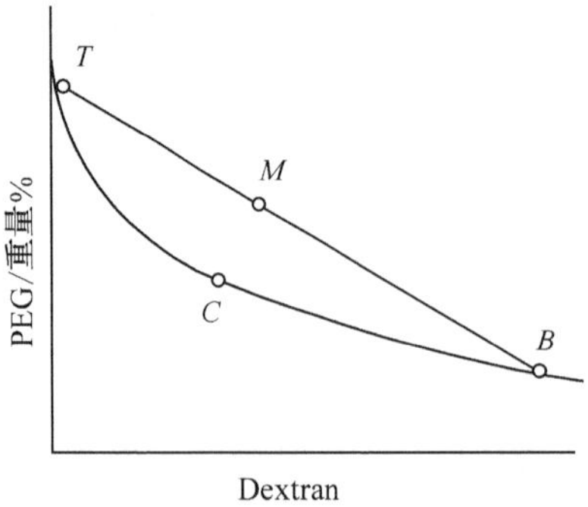

图 14-1　PEG/Dextran 体系的相图
（参考严希康，1998；俞俊棠等，1997）

匀的，当它们的组成位于上面的区域时，体系才会分成两相。例如，点 M 代表整个系统的组成，轻相（或上相）组成用 T 点表示，重相（或下相）组成用 B 点表示。T、M、B 三点在一条直线上，其连接的直线称系线，T 和 B 代表成平衡的两相。在同一条系线上的各点分成的两相，具有相同的组分，但体积比不同。若令 V_T、V_B 分别代表上相和下相的体积，则有

$$\frac{V_T}{V_B}=\frac{BM(B\text{点与}M\text{点之间的距离})}{MT(M\text{点与}T\text{点之间的距离})} \tag{14-1}$$

即服从于习知的杠杆规则。若总组成点在双节线的下方，体系只能形成均一的一相。

在以上的双水相系统中，各种细胞、噬菌体等的分配系数或大于 100，或小于 0.01；蛋白质或酶的分配系数在 0.1～10 之间；无机盐的分配系数一般接近于 1.0。这种不同物质分配系数的差异，构成了双水相萃取分离的基础。

14.2　分配理论

14.2.1　表面自由能的影响

与溶剂萃取法相同，蛋白质等大分子物质在两水相间的分配，由分配系数 K 决定，即

$$K=\frac{C_1}{C_2} \tag{14-2}$$

式中　C_1，C_2——分别为上相和下相中溶质的浓度。

当相系统固定时，分配系数 K 是一常数，与溶质的浓度无关。当达到平衡时，溶质的分配总是选择两相中相互作用最充分或系统能量达到最低的那一相。根据两相平衡时化学位相等的原则，分配系数 K 服从 Brownstedt 方程式：

$$\ln K=\frac{\Delta E}{k\mathrm{T}}=\frac{M\cdot\lambda}{k\mathrm{T}} \tag{14-3}$$

式中　M——物质相对分子质量；

λ——系统的表面特性系数；

k——波尔兹曼常数；

T——温度。

其中$\lambda = \gamma_{P_1} - \gamma_{P_2}$

γ_{P_1}——聚合物与相 1 间的表面张力；

γ_{P_2}—— 聚合物与相 2 间的表面张力。

因为大分子物质的 M 值很大，λ的微小变化会引起分配系数的很大改变。因此利用不同的表面性质（表面自由能），可以达到分离大分子物质的目的。在表面能中，除了表面张力外，还有很多形式的力对表面能有贡献，但表面张力是最主要的影响因素。

14.2.2　表面电荷的影响

如果粒子带有电荷，并在两相中分配不相等时，就会在相间产生电位，称为道南电位（Donnan Potential）。可用下式表示：

$$U_2 - U_1 = \frac{RT}{(Z^+ + Z^-)\ F} \ln \frac{K_B^{Z-}}{K_A^{Z+}} \tag{14-4}$$

式中　U_1，U_2——分别为相 1 和相 2 的电位；

Z^+，Z^-—— 分别为一种盐的正、负离子的离子价；

K_A^{Z+}，K_B^{Z-}——分别为当正、负离子不带电时在两相间的分配系数；

F——法拉第常数，F；

R——气体常数［J/（mol · K）］；

T——热力学温度（K）。

当一种盐的正、负离子对两相有不同的亲和力，即 K_A^{Z+} 与 K_B^{Z-} 不相等时，就会产生电位差。正、负离子的离子价之和越大，其电位差就越小。电位差的变化会直接影响分配系数。

综合以上表面能和电荷这两种影响分配系数的主要因素，可用 Gerson 提出的下列公式表示：

$$-\lg K = \alpha \Delta \gamma + \delta \Delta \varphi + \beta \tag{14-5}$$

式中　α——表面积；

δ——电荷数；

$\Delta\gamma$——两相表面自由能之差；

$\Delta\varphi$——电位差；

β—— 一个热力学量，是由标准化学位和活度系数等组成的常数。

从上式中可见，分配系数与表面自由能和电位差成指数关系。实际上影响分配系数的因素很多，并且各因素之间又互有影响，因此目前尚不能定量地关联分配系数与能够独立测定的蛋白质的一些分子性质之间的关系，合适的操作条件只能通过实验来得到。

14.3　影响物质分配的因素

影响物质平衡的参数主要有聚合物的种类及浓度，聚合物的平均相对分子质量，盐的种类和浓度，体系的 pH 和温度，菌体或细胞的种类及含量等。通过最适条件的选择，可以达到较高的分配系数和选择性。双水相萃取法的一个重要特点是不须分离细胞碎片，可直接从细胞破碎悬浮液中萃取蛋白质，而达到固液分离和纯化两个目的。如果改变体系的 pH 和电解质浓度，还可进行反萃取。

14.3.1　聚合物及其相对分子质量的影响

不同聚合物的水相系统显示出不同的疏水性，各种聚合物在水溶液中的疏水性依下列次序递减：聚丙三醇＞聚乙二醇＞聚乙烯醇＞甲基纤维素＞羟丙基葡聚糖＞葡萄糖＞甲基葡萄糖＞葡萄糖硫酸盐，这种疏水性的差别对目标产物与相的相互作用十分重要。

同一类聚合物的疏水性随相对分子质量的增加而增加，其大小的选择性取决于萃取过程的目的方向。如使用 PEG 聚合物时，若欲在上相获得较高的蛋白质收率，应降低它的平均相对分子质量。相反，若欲在下相获得较高的蛋白质收率则应增加平均相对分子质量。

以双水相萃取糖化酶为例，其结果（表 14-2）表明，PEG 平均相对分子质量增大，分配系数降低。当相对相对分子质量为 400 时，$K>1$，酶主要分布于上相；当相对相对分子质量大于 400 时，$K<1$，酶主要分布于下相。这是因为随着 PEG 相对分子质量的增加，其端基数目减小，而疏水性增加，使糖化酶在上相的表面张力增大，而使$\lambda<0$，从而转入下相。可见为了让酶积聚于上相，应选用平均相对相对分子质量为 400 的 PEG。

表 14-2　PEG 平均相对分子质量对分配平衡的影响

系统	K	R	Y/%
PEG400（31.36%）/（NH_4）$_2SO_4$（14.05%）	6.28	4.75	96.8
PEG1000（21.77%）/（NH_4）$_2SO_4$（12.76%）	0.26	3.0	43.5
PEG4000（12.67%）/（NH_4）$_2SO_4$（12.14%）	0.30	4.1	59.8
PEG6000（15.76%）/（NH_4）$_2SO_4$（12.34%）	0.03	1.2	2.1

注：表中 K 为分配系数；R 为相体积；Y 为产率。

14.3.2　系线长度对分配平衡的影响

相图中系线长度由组成的总浓度决定。在临界点附近，系线的长度趋于 0，上相和下相的组成相同，因此分配系数应该为 1。随着聚合物和成相盐浓度的增大，系线长度增加，上相和下相相对组成的差别就增大，酶等产物在两相中的表面张力差别也增大，并极大地影响分配系数，使酶浓缩在上相中。

以 PEG400/（$(NH_4)_2SO_4$）系统双水相萃取糖化酶为例，来看两种物质的变化对分配系数的影响。在（$(NH_4)_2SO_4$）浓度不变时，增加 PEG400 的浓度，有利于酶在上相的分配；当 PEG400 浓度在 25%～27%条件下，分配系数可高达 47.3，但浓度过高则不利于分配。若 PEG400 浓度固定为 26%，增加（$(NH_4)_2SO_4$）的浓度，分配系数也增大，这主要是由于增强了（$(NH_4)_2SO_4$）盐析作用的缘故。最适（$(NH_4)_2SO_4$）浓度为 16%，过高则酶蛋白反而会因盐析作用过强而产生沉淀。

14.3.3　离子环境对分配的影响

各种正负离子在双水相系统中会有不同的分配系数（表 14-3）。由于电中性的约束，因而两相间存在一穿过相界面的电位差，它是影响荷电大分子如蛋白质和核酸等在两相系统中分配的主要因素。例如，在 PEG/Dextran 系统中加入 NaCl 或 KI，可增加上相对带电物质的亲和效应，并迫使带负电的物质进入下相。若加入 Li_3PO_4，则获得与上述效应相反的结果。故只要设法改变界面电势，就能控制蛋白质等荷电大分子转入某一相。

表 14-3　一些正负离子的分配系数

离子	$\lg K^+$	离子	$\lg K^-$
K^+	−0.084	I^-	+0.151
Na^+	−0.076	Br^-	+0.083
NH_4^+	−0.036	Cl^-	+0.051
Li^+	−0.015	F^-	+0.040

注：相系统为 8%（*W/W*）PEG4000 和 8%（*W/W*）Dextran，20℃，界面电位等于零。

例如，加入 pH＞7 的磷酸缓冲液，由于 HPO_4^{2-}离子在 PEG/Dextran 系统中分配系数相当低，磷酸缓冲液能很方便地改变电位差（或界面电势），而使带负电荷的蛋白质转入富 PEG 的相中。

14.3.4　pH 的影响

体系 pH 可影响蛋白质分子中可以电离基团的电离度，因而改变蛋白质所带表面电荷，从而影响分配系数。当系统一定时，分配系数 K 与荷电数 Z 的关系可表示为

$$\log K_i^* = \log K_i + \gamma Z_i \quad (14\text{-}6)$$

式中　K_i^*——荷电粒子的分配系数；

K_i——当该粒子不带电荷或在等电点时的分配系数；

γ—— 表面自由能；

Z_i——荷电数。

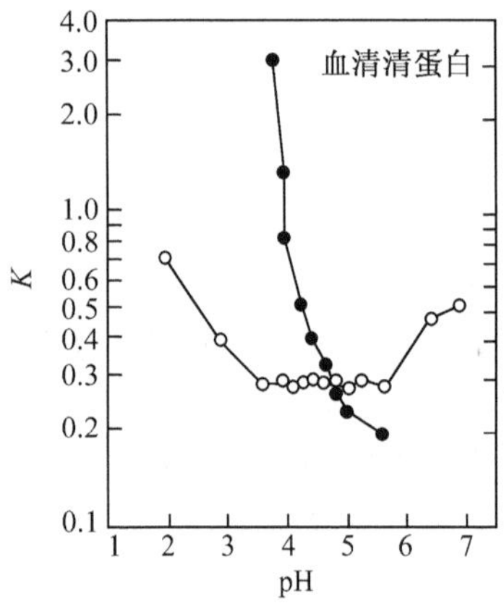

图 14-2　血清蛋白的交错分配，在两种盐系统中，分配系数与 pH 的关系
—●— 0.1mol/L NaCl；—○— 0.05mol/L Na_2SO_4
（参考俞俊棠等，1997）

γ与系统的组成、加入的盐类和温度有关。对一些已知 pH 与荷电数之间关系的蛋白质如溶菌酶和卵蛋白，确实符合上式。

pH 也影响磷酸盐的解离程度，若改变 $H_2PO_4^-$ 和 HPO_4^{2-}之间的比例，也会使相间电位发生改变，而影响分配系数。pH 的微小变化，有时会使蛋白质的分配系数改变 2～3 个数量级。

如加入不同的盐类，则电位差不同，分配系数与 pH 的关系也不相同。但在等电点时，得到的是不带电荷分子的分配系数；对不同的盐类系统，这个值应该是相等的。因此在不同的盐系统中，分配系数与 pH 的关系曲线的交点即为等电点。这种等电点的测定方法称为交错分配（cross partitioning）。如图 14-2 是血清蛋白的交错分配。

14.3.5　温度的影响

温度对相图的影响最为显著的是在临界点附近，因而在临界点附近也影响分配系数。但当离开临界点较远时，这种影响较小，分配系数对温度的变化也就不敏感。这是因为成相聚合物对蛋白质有稳定作用，所以不会引起损失。同时室温操作黏度比低温（4℃）时低，有利于相的分离，因而收率很高。大规模生产中，常采用室温下操作，还能节约冷冻费用。

14.4　双水相萃取技术的应用

双水相萃取技术可用于多种生物物质的分离和纯化（表 14-4），如应用于胞内酶的提取。现在已知的胞内酶数千种，但因提取困难，投入生产的很少。胞内酶提取的第一步是破碎细胞，但一般得到的匀浆液黏度很大，且存在着微小的细胞碎片，靠离心分离十分困难。若用双水相系统可除去细胞碎片，还可进行酶的精制。下面介绍一些具体的分离纯化例子。

表 14-4　双水相萃取技术的应用举例

生物物质种类	典型例子	相体系	分配系数	收率/%
酶	过氧化氢酶	PEG/Dextran	2.95	81
核酸	有活性的 DNA	PEG/Dextran		
生长素	人生长激素	PEG/盐	6.4	60
病毒	脊髓病毒和线病毒	PEG/NaDS（硫酸葡聚糖）		90
干扰素	β-干扰素	PEG-磷酸酯/盐	630	97
细胞组织	含有胆碱受体的细胞	三甲胺-PEG/Dextran	3.64	57

14.4.1　酶的分离纯化

双水相系统的应用始于酶的分离纯化。由于 PEG/Dextran（精）体系价格昂贵，而粗的 Dextran 黏度又过大，因此实际应用较多的是 PEG/盐体系。常用的实例见表 14-5。

表 14-5　双水相系统分离胞内酶的示例

菌种	酶	相系统	细胞浓度/%	分配系数	收率/%
Candida Boidinii	过氧化氢酶	PEG4000/粗 Dextran		2.95	81
	甲醛脱氢酶	PEG4000/粗 Dextran	20	11.0	94
	甲酸脱氢酶	PEG4000/粗 Dextran	20	7.0	91
	甲酸脱氢酶	PEG1000/磷酸钾盐	33	4.9	90
	异丙醇脱氢酶	PEG1000/磷酸钾盐	20	19	98
Saccharomgces cerevisiae	α-硫代葡萄糖苷酶	PEG4000/Dextran T500	30	2.5	95
	葡萄糖-6-磷酸脱氢酶	PEG1000/磷酸钾盐	30	4.1	91
	乙醇脱氢酶	PEG1000/磷酸钾盐	30	8.2	96
	己糖激酶	PEG1000/磷酸钾盐	30		92

续表

菌种	酶	相系统	细胞浓度/%	分配系数	收率/%
Escherichia coli	异亮氨酰-tRNA-合成酶	PEG6000/磷酸钾盐	20	3.6	93
	延胡索酸酶	PEG1550/磷酸钾盐	25	3.2	93
	天门冬氨酸酶	PEG1550/磷酸钾盐	25	5.7	96
	青霉素酰化酶	PEG4000/粗 Dextran	20	1.7	90
	β-半乳糖苷酶	PEG/盐	12	6.2	87
	亮氨酰-tRNA 合成酶	PEG6000/磷酸钾盐		0.8	75
	苯丙氨酰-tRNA 合成酶	PEG6000/磷酸钾盐		1.7	86

注：均为由破碎的细胞中提取酶。

在这些体系中，酶主要分配在上相，菌体碎片在下相或界面上。料液中湿细胞含量可高达 30%，酶的回收率在 90%以上。如果条件选择得合适，不仅可将发酵液中的酶和菌体分开，而且还能将不同的酶分离开来。

14.4.2 核酸的分离纯化

分离核酸可采用 PEG/Dextran 体系。萃取时，盐组成的微小变化会引起分配系数的急剧变动（图 14-3）。从图 14-3 中可见，有活性的 DNA 与无活性 DNA 的分配系数差别较大。这可能是因为双螺旋 DNA 失活解链形成的单链 DNA 有更多未配对的碱基暴露在外有关。有报道，采用逆流萃取法，可以将两者完全分开。

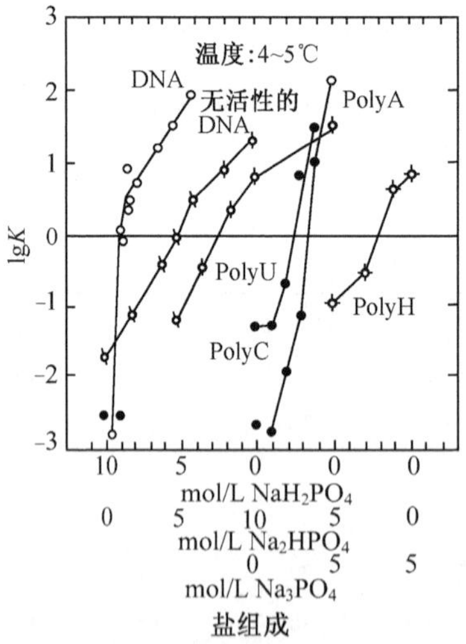

图 14-3　盐组成对不同核酸分配系数的影响
体系：4% PEG6000/5% Dextran（*m*/*m*）
（参考严希康，1998）

14.4.3 人生长激素的提取

采用 6.6% PEG4000/14% 磷酸盐体系，从大肠杆菌细胞碎片中提取人生长激素（hGH），pH 为 7，菌体含量为 1.35%（*m* 干细胞/V）时，混合 5～10s 后即可达到萃取平衡，分配系数高达 6.4，人生长激素分配在上相，相比为 0.2，收率大于 60%，对蛋白质的纯化系数是 7.8。若采用三级错流萃取，总收率可达 81%，纯化系数为 8.5。

14.4.4　β-干扰素的提取

β-干扰素是合成纤维细胞或小鼠体内细胞的分泌物，在采用超滤或沉淀法提取时容易失活。双水相系统特别适合于像β-干扰素这类不稳定物质的提取和纯化。当培养基中总蛋白浓度为 1g/L 时，β-干扰素的浓度仅 0.1mg/L。因此用一般的 PEG/Dextran 体系不能将其与其他主要的杂蛋白分开，必须使用具有带电基团的 PEG 衍生物，如 PEG-磷酸酯与盐系统，才能使β-干扰素分配在上相，杂蛋白完全分配在下相。并且β-干扰素的浓度越高，分配系数越大，纯化系数可高达 350。当β-干扰素为 1×10^9U 时，回收率可达 97%，β-干扰素的特异活性≥1×10^6U/mg 蛋白。这一方法还可与层析技术结合使用，组成双水相萃取层析纯化联合流程。

14.4.5　病毒的分离纯化

在双水相系统中，病毒在上相和下相间也会发生选择性分配，表现一定的分配系数（表 14-6）。控制不同的 NaCl 浓度，可以使病毒完全分配在上相（当 NaCl 浓度为 1mol 时）、完全分配在下相（当 NaCl 浓度为 0.15mol 时）或彼此分开（当 NaCl 浓度为 0.3～0.5mol 时），得以实现各种病毒的提取、纯化和反萃取。例如用 PEG6000（0.5%）/NaDS（0.2%）-NaCl（0.3mol）体系，可使脊髓灰质炎病毒浓缩 80 倍，活性收率≥90%。对某些病毒若一次萃取后，浓度或纯度达不到要求，可采用多次萃取工艺。

表 14-6　某些病毒在 PEG/NaDS/NaCl 体系中的分配

相体系			分配系数/K		
PEG6000/%（m/m）	NaDS68/%（m/m）	NaCl/mol	仿病毒	线病毒	噬菌体 T2
1.4	4.8	1.0	$10^{2.6}$	$10^{0.2}$	
2.0	3.0	1.0	$10^{0.4\sim0.6}$	$10^{1.2}$	$10^{2.75}$
3.0	3.0	0.5	$10^{-0.4}$	$10^{1.2}$	$10^{0.8}$
4.0	4.0	0.3	$10^{-2.0}$	$10^{0\sim0.6}$	
7.0	6.0	0.15	$10^{-2.2}$	$10^{-2.6}$	$10^{-2.45}$

14.4.6　双水相分析技术

双水相分析技术（partition affinity assay，PALA）已经成功地应用于免疫分析、生物分子间相互作用的测定和细胞数的测定中。例如，强心药物异羟基毛地黄毒苷（简称黄毒苷）的免疫测定是用 I^{125} 标记的黄毒苷与含有黄毒苷的血清样品混合，加入一定量的抗体，保温后加入双水相系统（7.5%PEG/22.5% $MgSO_4$）混合分相后，抗体分配在下相，黄毒苷分配在上相，这时测定上相的放射性，即可得到免疫效果。这种分析方法不是依靠抗体和抗原之间达到一定的平衡来分析的，而是利用分配系数的不同为基础进行分析。

由此可见，利用双水相分析技术分析各种生物分子，常需要另一种与其定量结合的分子，只要复合物与反应物之一能在双水相系统中具有不同的分配系数，并能分配在不同的相中，就可以采取这种方法进行分析。

14.5　双水相萃取技术的发展

由于双水相萃取技术用途广泛，不仅可用于生物物质的分离纯化，还是一种有用的分析测试技术，因此受到了广泛的重视和研究，并取得了新的进展。最为显著的成果是提高分离效率和廉价双水相体系的开发两个方面。

14.5.1　提高分离效率的双水相萃取技术

14.5.1.1　双水相系统与生物转化相结合方法

将双水相系统与生物转化结合在一起使用，可以解决生物转化中存在的两个问题。一方面是由于双水相系统对微生物和各种生物物质没有毒性，同时又可将代谢产物及时萃取到上相，从而可解除产物的抑制作用；另一方面，分布在下相的细胞或酶可以循环使用，相当于固定化细胞和固定化酶的效果。例如，将木质素经过酶水解后生产乙醇的工艺流程就是很好的例子（图 14-4）。

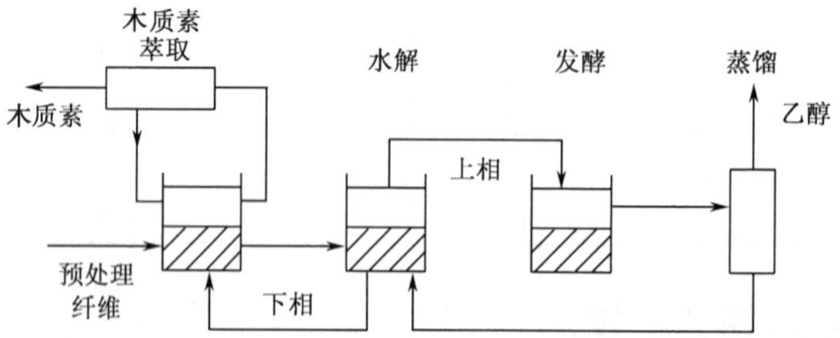

图 14-4　利用双水相系统将木质素转化为乙醇的工艺流程
（参考严希康，1998）

14.5.1.2　双水相系统与膜分离技术结合的方法

与膜分离技术结合起来，可以解决双水相体系容易发生乳化及生物大分子在两相界面上吸附等问题，还能加快萃取速率。表 14-7 展示了几种双水相萃取与膜分离技术结合使用的例子。

表 14-7　几种双水相萃取与膜分离技术结合使用的例子

萃取物	内侧流体	外侧流体	分配系数	内侧流速/（cm/s）	外侧流速/（cm/s）	传质系数/（cm/s）
细胞色素 c	磷酸盐	PEG	0.18	16.3	6.6	5.5×10^{-6}
肌红蛋白	磷酸盐	PEG	0.009	4.0	5.0	7.5×10^{-7}
过氧化氢酶	磷酸盐	PEG	0.12	16.3	5.0	2.8×10^{-5}
尿激酶	磷酸盐	PEG	0.65	16.3	5.0	2.0×10^{-4}

由表中可见，蛋白质或酶的分配系数较大，传质系数与溶剂萃取过程相差不大，都在 10^{-6}～10^{-4}范围内，但由于中空纤维膜的传质面积大，因而大大加快了萃取传质速率。

14.5.1.3　亲和双水相萃取

为了提高分配系数和萃取效率，将亲和层析法与双水相萃取法结合起来的方法，称为亲和萃取或亲和分配（affinity partitioning），即在一种成相聚合物（如 PEG 或 Dextran）上接上一种亲和配基（ligand），这种配基与欲提取的蛋白质有很强的亲和力。配基可以是液体离子交换剂（如 DEAE-葡聚糖）、憎水性的酯（如 PEG-棕榈酸）或生物特异性的配基。这样使体系不但具有双水相处理量大的优点，而且具有亲和层析专一性高的优点。

根据配基性质不同，亲和双水相可分为三类：基团亲和配基型、染料亲和配基型和生物亲和配基型。例如，三嗪染料与蛋白质之间有特殊的亲和力，而且与 PEG 很容易制备衍生物，通过测定蛋白质染料复合物的离解常数，可找出亲和力最强的染料，此方法已经用于脱氢酶和激酶的分离纯化。用亲和层析和亲和双水相两种方法，分离提取葡萄糖-6-磷酸化脱氢酶，其结果如表 14-8。可以看到，无论是在处理量上，还是在回收率上，亲和双水相都比亲和层析效果要好。而且配基可以反复使用，与亲和层析相比，传质速度要快得多。

表 14-8　亲和层析和亲和双水相提取葡萄糖-6-磷酸化脱氢酶分离效果比较

亲和配基	亲和双水相			亲和层析		
	收率/%	处理量/（U/ml）	染料浓度/（μmol/ml）	收率/%	处理量/（U/ml）	染料浓度/（μmol/ml）
Cibacron-Blue2GA	90	120	20～24	60	20	2
Procion-Red HE-3B	95	100	12～15	85	35	4

近年来亲和双水相发展很快，仅在 PEG 上可接的配基达数十种，分离纯化的物质达几十种，产物的分配系数成百上千倍地提高。如用磷酸酯 PEG-磷酸盐双水相系统萃取β-干扰素，分配系数由原来的 1 左右提高到 630。

14.5.2　廉价双水相系统的使用

常用的双水相系统有两种，即高聚物/高聚物和高聚物/盐体系，这两种体系各有优缺点（表 14-9）。从表中可见，高聚物高聚物体系对生物活性物质的变性作用小，界面吸附少，但价格昂贵。为要降低生产成本，需要发展廉价的高聚物高聚物双水相体系。现比较成功的例子是用变性淀粉 PPT（hydroxypropyl derivative of starch）代替昂贵的葡聚糖。PPT/PEG 体系已被成功地用来从发酵液中提取过氧化氢酶、β-半乳糖苷酶等。

表 14-9　高聚物/高聚物和高聚物/盐双水相体系特性比较

体系	优点	缺点
高聚物（PEG）/高聚物（葡聚糖）	盐浓度低，活性损失小	价格昂贵，黏度大，分相困难
高聚物（PEG）/盐	成本低，黏度小	盐浓度高，活性损失大，界面吸附多

PPT-PEG 体系除比 PEG-盐体系稳定，以及与 PEG/Dextran 体系的相图非常相似外，还具有一些特殊的优点：

① 蛋白质溶解度大。蛋白质在 PPT 浓度为 15%以前不会沉淀，但在 PEG 浓度大于 5%时，溶解度明显降低，在盐溶液中的溶解度更小。

② 黏度小。PPT 的动力黏度只是葡聚糖的 1/2，因此可大大改善传质效果。

③ 价格便宜。PPT 每千克价格为几十美元，而粗葡聚糖每千克则要几百美元。

基于上述优点，PPT/PEG 双水相系统应该具有更加广阔的应用前景。

§15 吸 附 法

在微生物工程中，应用选择性吸附法分离精制各种产品如蛋白质、核酸、酶、抗生素、氨基酸等开始得较早。空气的净化、除菌也多采用吸附法。并且还常用吸附剂进行脱色、除热源、去组胺等杂质。早期使用的吸附剂包括高岭土、氧化铝、酸性白土等无机吸附剂、离子交换树脂、活性炭、分子筛和纤维素等。吸附法有着操作简便、安全、设备简单，可不用或少用有机试剂，生产过程中 pH 变化小，适用于稳定性较差的生物产物等优点。其缺点是选择性差，得率不太高，无机吸附剂性能不稳定，不能连续操作等。随着凝胶类吸附剂、大网格聚合物吸附剂的发展应用，克服了以往吸附法的缺点，所以又重新受到重视。

15.1 吸附过程的基础理论

固体表面的分子或原子与液体表面分子一样，处于特殊的状态，具有不饱和的剩余力，即存在着表面力，所以它们能够吸附外界物质如分子、原子或离子，使这些外界物质在吸附剂表面附近形成多分子层或单分子层，而降低表面能，使自身达到稳定状态。人们将物质从流体相（气体或液体）浓缩到固体表面的过程称为吸附作用，把在表面上能够发生吸附作用的固体称为吸附剂，被吸附的物质称为吸附物。不同的固体物质的表面自由能不同，所以对其他物质的吸附能力不同，表面自由能越高，吸附能力越强。

吸附作用力也属范德华力，它是一组分子引力的总称，包括定向力、诱导力和色散力。定向力是极性分子之间产生的作用力，是由于极性分子的永久偶极矩产生的分子间的静电引力。分子的极性越大，定向力也越大，它还与热力学温度成反比。诱导力是指极性分子和非极性分子之间的吸引力，极性分子产生的电场作用会诱导非极性分子极化，产生诱导偶极矩，两者之间相互吸引而发生吸附作用，这种力与温度无关。色散力是非极性分子之间的引力，即当分子由于外围电子运动及原子核在零点附近振动，正负电荷中心出现瞬时相对位移时，产生快速变化的瞬时偶极矩，这种瞬时偶极矩还能使外围非极性分子极化，被极化的分子又反过来影响瞬时偶极矩的变化而产生这种色散力。色散力是普遍存在的，与外层电子数有关，随着电子数的增多而增加，并且也不取决于温度。此外还有氢键力，这是介于库仑引力和范德华力之间的定向力，比诱导力和色散力都大。

固体物质有多孔和非多孔性两类。非多孔性固体比表面积小，可以通过粉碎使其颗粒尺寸变小而增加其比表面积。多孔性固体因颗粒内存在微孔而具有很大的比表面积，甚至可达每克数百平方米。可见非多孔性固体的比表面积仅取决于外表面，而多孔性固体的比表面积由外表面和内表面共同组成，内表面积可比外表面积大数百倍，具有较高的吸附势，所以是多孔性吸附剂。

15.2　吸附类型

按照作用力的不同，吸附作用可分为物理吸附和化学吸附。

15.2.1　物理吸附

吸附剂和吸附物通过分子间的引力产生的吸附称作物理吸附，其特点是吸附作用不仅仅局限于活性中心，而是整个自由界面。分子被吸附后，一般动能降低，所以吸附是放热反应。物理吸附的吸附热较小，吸附物分子的状态变化不大，所需活化能很小，多数在较低的温度下进行。由于在吸附时除吸附剂的表面状态外，其他性质均未改变，所以两相在很短的瞬间即可达到平衡。有时吸附速度慢是因为吸附物在吸附剂空隙中的扩散速度较慢造成的。

物理吸附是可逆的，在吸附的同时，吸附物分子由于热运动会离开固体表面，即解吸。物理吸附可以是单分子层吸附或多分子层吸附。这种吸附作用一般没有什么选择性，一种吸附剂可吸附多种物质，并且吸附速度快，受温度影响小，解吸也较容易。吸附热一般为 （2.09～4.18）$\times 10^4$J/mol。

15.2.2　化学吸附

化学吸附是由于吸附剂与吸附物之间的电子转移而发生化学反应产生的，因此与化学反应相似，需要一定的活化能，并具有显著的选择性，即一种吸附剂只对某种或某几种物质有吸附作用。一般为单分子层吸附，吸附速度较慢，升高温度速度增加，吸附后也较稳定，不易解吸，并且解吸具有选择性。但与通常的化学反应有所不同，即吸附剂表面的反应原子保留了它们原有的格子不变。反应时放出大量的热量，吸附热在（4.18～41.8）$\times 10^4$J/mol。化学吸附与吸附剂的表面化学性质和吸附物的化学性质有关。

物理吸附与化学吸附虽有区别，但有时很难严格划分，也可以在同一体系中同时发生。

15.3 影响吸附的因素

在溶液中，固体吸附剂的吸附要考虑三种作用力，即界面层上固体与溶质之间的作用力，固体与溶剂之间的作用力，以及溶质与溶液之间的作用力。主要与吸附剂的性质、吸附物的性质、溶液的 pH、温度等等因素有关。

15.3.1 吸附剂的性质

吸附剂的物理化学性质对吸附有很大的影响，吸附剂的性质又与其合成的原料、方法和再生条件有关。一般要求吸附剂吸附容量大，吸附速度快和机械强度高。吸附容量主要与比表面积有关，比表面积大，空隙度高，吸附容量就大。吸附速度主要与颗粒度和孔径有关，颗粒越小，吸附速度就越快，但压头损失也大；孔径适当，有利于吸附物向空隙中扩散。而机械强度高的吸附剂使用寿命长。

15.3.2 吸附物的性质

能够降低表面张力的物质，易被表面吸附，所以固体容易吸附对固体的表面张力较小的液体。在溶剂中容易溶解的溶质，吸附量较少；相反，采用溶解度较大的溶剂洗脱比较容易。极性相同的物质容易吸附，即极性吸附剂易吸附极性物质，非极性吸附剂易吸附非极性物质；因此极性吸附剂适宜于从非极性溶剂中吸附极性物质，而非极性吸附剂适宜于从极性溶剂中吸附非极性物质。同系列物质的极性越差，越容易为非极性吸附剂吸附。

15.3.3 溶液 pH 的影响

pH 对吸附的影响主要是因为影响化合物的解离度，一般来说，有机酸在酸性下、胺类在碱性下较容易被非极性吸附剂吸附。但是各种溶质吸附的最佳 pH 常常通过实验测定。

15.3.4 温度的影响

吸附热越大，则吸附过程受温度的影响也越大。例如，物理吸附的吸附热较小，温度变化对吸附的影响就较小。但是有些物质由于温度升高溶解度增大，反而对吸附不利。

15.3.5 溶液中其他溶质的影响

当溶液中存在有两种以上的溶质时，由于溶质的性质不同，可能对吸附产生互相促进、干扰或互不干扰等不同影响。一般吸附剂对具有混合组分的溶质吸附比纯溶质的吸附要差，当溶液中存在其他溶质时，会因为一种溶质的吸附而导致对另一种溶质吸附量的降低。但也有例外，即对混合物的吸附效果反较单一组分要好。

吸附法一般作为初步分离纯化手段。在早期，抗生素曾采用活性炭、酸性白土等吸附剂进行提炼。但由于这些吸附剂容量低，选择性差，现在逐渐被其他的方法所替代。还有一些吸附剂，如氧化铝、硅胶等仍然广泛地在抗生素的精制中应用。另外，许多具有物理吸附特性的吸附剂多用于吸附热源、色素、杂质等。

现在合成的聚合物吸附剂——大网格聚合物吸附剂越来越受到重视，并在广泛应用。

15.4 大网格聚合物吸附剂

某些离子交换树脂也可用做吸附剂，如很早用做脱色的酚甲醛缩合树脂，用来提取某些产物，如维生素 B_{12} 的丙烯酸二乙烯苯羧基树脂等。在这种情况中，并不发生离子交换，而是依靠树脂骨架与溶质分子之间的分子吸附。大网格离子交换树脂去其功能基团，仅保留其多孔骨架，不能发生离子交换，其性质与活性炭、硅胶等吸附剂相似，就称其为大网格聚合物吸附剂。

与活性炭等吸附剂相比，大网格吸附剂具有选择性好、容易解吸、机械强度高、可反复使用、流体阻力小等优点。其孔隙大小、骨架结构和极性可按需要，通过原料和合成条件的改变而获得，可用于各种有机物的吸附纯化。在发酵工业中，已成功地用于头孢菌素、维生素 B_{12}、林可霉素等的提纯中。对于不能用离子交换法提纯的弱电解质或非离子型的物质，都可以考虑采用大网格吸附剂。

按照大网格聚合物吸附剂骨架的极性强弱，分为非极性、中等极性和极性吸附剂三类。非极性吸附剂是用苯乙烯和二乙烯聚合而成，故也称为芳香族吸附剂。中等极性吸附剂是以多功能团的甲基丙烯酸甲酯作为树脂结构，也称作脂肪族吸附剂。极性吸附剂是用氧化氮类、乙烯、吡啶等好骨架聚合而成的。

大网格吸附剂是非离子型共聚物，通过范德华力吸附溶液中各种有机物质。吸附特性与树脂化学结构和物理性能有关，还与溶质及溶液性质有关。一般非极性吸附剂用于从极性溶剂中吸附非极性物质；高极性吸附剂则用于从非极性溶剂中吸附极性物质。而中等极性吸附剂在以上两种情况下都具有吸附能力。

大网格吸附剂还用于含酚、氯、硝基化合物的污水处理，造纸、印染、洗涤剂废水处理；作为色谱法的载体分析痕量物质；食品工业上进行糖浆脱色等。

§16 离子交换法

离子交换法因其具有设备简单、操作方便、容易实现自动化控制，以及高效率等优点而广泛在生物物质的分离纯化、脱盐、浓缩、转化、中和、脱色等工艺操作中应用。离子交换树脂是人工合成的不溶于酸、碱和有机溶剂的高分子聚合物，它的化学性质稳定，并具有离子交换能力。其分子可以分为两部分：一部分为不能移动的高分子基团，它构成树脂的骨架，起着保持树脂不溶性和化学稳定性的作用；另一部分为能够移动的离子，称为活性离子，起着与外界离子交换或吸附的作用。其通式是：R-活性基团。

各种生物物质只要能在某种条件下形成阳离子、阴离子或偶极离子的，即在水中能够溶解的物质都可以采用这个方法进行分离纯化，甚至可以不起交换作用，仅仅利用树脂表面能的吸附作用，达到分离纯化的目的。

16.1 离子交换树脂的分类

离子交换树脂的活性离子决定了树脂的主要交换性能，所以树脂的分类是按照活性基团的性质进行分类的，即活性离子是阳离子，这种树脂能够与阳离子发生交换，称为阳离子交换树脂；活性离子若是阴离子的，即为阴离子交换树脂。阳离子交换树脂的活性基团是酸性基团，阴离子交换树脂的则是碱性基团。功能基团的电离程度决定树脂酸性或碱性的强弱程度，通常据此将树脂分成强酸性、弱酸性阳离子交换树脂和强碱性、弱碱性阴离子交换树脂这四大类。

16.1.1 强酸性阳离子交换树脂

其活性基团一般是磺酸基（$—SO_3H$），因为是强酸性基团，所以其特性是电离程度不受外界 pH 的影响，在 pH 1～14 范围内均能够起交换作用，一般没有使用 pH 的限制。以与 NaCl 的交换为例，其交换过程如下

$$R—SO_3H + NaCl \rightleftharpoons R—SO_3Na + HCl$$

其再生是用 NaOH 处理并水洗至 pH 8～9，再用 HCl 处理并水洗至 pH 5，备用。

另外，还有以磷酸基$—PO(OH)_2$和次磷酸基$—PHO(OH)$作为活性基团的中等强度的酸性阳离子交换树脂。

16.1.2　弱酸性阳离子交换树脂

有以羧基（—COOH）、酚羟基（—OH）等为活性基团的弱酸性阳离子交换树脂，其交换性能与溶液的 pH 有很大的关系，这是因为这种树脂的电离度很小。例如，羧基树脂交换 pH＞7，酚羟基树脂交换 pH＞9。在酸性溶液中，这类树脂几乎不发生交换反应，其交换能力随着溶液的 pH 增高而提高（表 16-1）。

表 16-1　甲基丙烯酸二乙烯苯羧基阳离子交换树脂交换容量与 pH 的关系

pH	5	6	7	8	9
交换容量/（mmol/g 干树脂）	0.8	2.5	8.0	9.0	9.0

典型的交换反应如下

$$RCOOH + NaOH \rightleftharpoons RCOONa + H_2O$$

此反应生成的盐 RCOONa 很容易水解并使溶液呈碱性，故钠型树脂不可能水洗到中性，一般只能洗到 pH 9～10。弱酸性树脂与氢离子的结合能力很强，再生成氢型较容易，所以耗酸量少。

16.1.3　强碱性阴离子交换树脂

强碱性阴离子交换树脂有两种，一种含有三甲胺基，称为强碱Ⅰ型，另一种含有二甲基-β-羟基乙基胺基团，称为强碱Ⅱ型，分子式如下

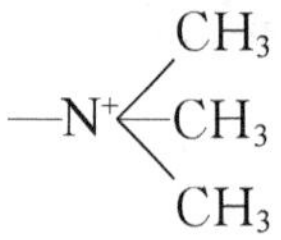

Ⅰ型

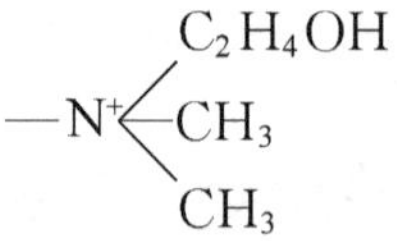

Ⅱ型

Ⅰ型比Ⅱ型的碱性强，但再生困难。Ⅱ型树脂的稳定性则较差。强碱性阴离子交换树脂与强酸性阳离子交换树脂一样，没有使用 pH 范围的限制。典型的交换反应如下

$$RN(CH_3)_3Cl + NaOH \rightleftharpoons RN(CH_3)_3OH + NaCl$$

16.1.4　弱碱性阴离子交换树脂

活性基团有伯胺基$-NH_2$、仲胺基$=NH$、叔胺基$\equiv NH$ 和吡啶基等。这类树脂与弱酸性阳离子树脂一样，交换能力随 pH 的变化而变化，pH 越低，交换能力

越大。其典型的交换反应如下

$$RNH_3OH + HCl \rightleftharpoons RNH_3Cl + H_2O$$

生成的盐 RNH_3Cl 很容易水解，这类树脂与 OH^- 的结合能力较强，容易再生成羟型，耗碱量也少。

除以上树脂外，还有一些特殊的树脂，如螯合树脂、两性树脂（既含有酸性的活性基团，又含有碱性的活性基团）、氧化还原树脂，但实际应用的例子较少。另有一种大孔树脂，如第 15 章所介绍的其特点是比通常的凝胶树脂孔隙大，树脂内部的表面积大，适宜于吸附大分子和用做催化剂。并且因孔隙大，使有机离子可以自由通过，当被有机物污染后容易再生。其机械强度较好，更适合用于连续的离子交换操作中。

16.2　离子交换树脂的命名法

离子交换树脂的命名由分类号、骨架号、顺序号和交联度数值排列组成。如表 16-2 所示，为了区别各种离子交换树脂，产品的型号主要用三位阿拉伯数字组成，第一位数字代表树脂的分类；第二位数字代表骨架的区别；第三位数字为序号，由生产单位所定；在“×”号后面的数字是交联度，若是二次聚合或交联度不清楚时，可采用近似值或不予表示。凡是大孔树脂则在第一位数字前以字母“D”表示。

表 16-2　离子交换树脂分类

树脂性质分类		骨架分类	
分类号	树脂种类	骨架号	骨架材料
0	强酸性	0	苯乙烯系
1	弱酸性	1	丙烯酸系
2	强碱性	2	酚醛系
3	弱碱性	3	环氧系
4	螯合性	4	乙烯吡啶系
5	两性	5	尿醛系
6	氧化还原	6	氯乙烯系

离子交换树脂命名法图解如下

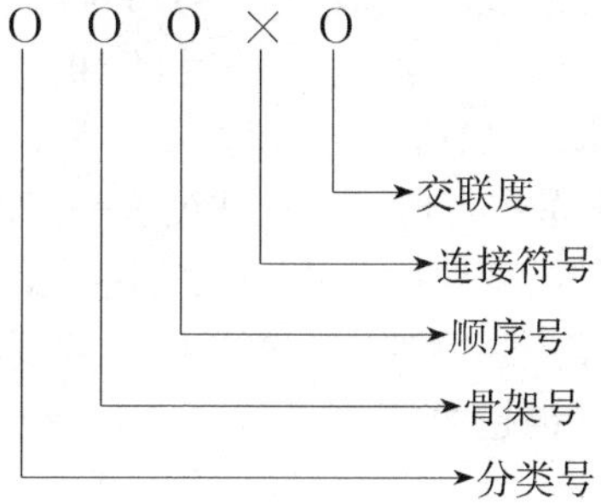

16.3　离子交换树脂的物理化学性能测定

一般树脂在使用之前，应该了解和测定其主要的物理化学性能，掌握一些会影响离子交换效果的参数，才能合理地选择适当的设备和有效地使用各种树脂。例如，树脂的交联度、膨胀度、交换容量都是重要的物理化学性能。

16.3.1　交联度

树脂的性质与合成时所用交联剂（如二乙烯苯）的含量有关。合成树脂时，单体中二乙烯苯的含量百分数称为交联度，通常为 8%～12%。但在合成时，通过改变它与苯乙烯的混合比，可制备出不同含量的树脂。一般二乙烯苯含量越高，即交联度越大，树脂就越坚固，机械强度越好，在水中不易膨胀。而二乙烯苯含量越低，交联度越小，树脂变得柔软，容易膨胀，能很好地吸附比较大的离子，达到交换平衡的速度就大，但机械强度差，吸附的选择性变小。

树脂的交联度如下式计算

$$\text{交联度}=\frac{W_d \times P}{W_m}\times 100\% \tag{16-1}$$

式中　W_d——二乙烯苯质量；

P——二乙烯苯纯度（%）；

W_m——单体相总质量。

16.3.2　膨胀度

各种离子交换树脂由于交联后具有立体型的网状结构，因此不溶于水。但又都含有极性很强的活性基团，所以亲水性极强，具有亲水凝胶性质，一吸水就会膨胀，脱水就收缩。膨胀的程度随树脂的交联度、相反离子的种类和浓度、外部溶液的浓度而变化，一般树脂每克干树脂可吸收 0.5～1.0g 的水分，交联度较低的树脂，每克能吸附 1.0～3.0g 水。其测定方法是将 10～15ml 风干树脂放入量筒，加入欲实验的溶剂（多为水），然后不时摇动，24h 后，测定树脂的体积。前后体积之比称为膨胀系数，膨胀系数与树脂的交联度有一定的关系，交联度大的树脂，膨胀系数小，因而交换条件的变化引起膨胀度的差异就小。而交联度小的树脂，会显著膨胀或收缩，给操作带来困难。反离子的水合度越大，或水合离子的形状尺寸越大，则树脂的膨胀度也越大。

16.3.3 交换容量

交换容量是表征树脂性能的重要指标，是指一定量树脂中，可交换基团的毫克当量数。通常采用酸碱滴定等方法测定，并以每克（或每毫升）树脂的毫克当量数（meq）表示。一般苯乙烯系的强酸性树脂的交换容量为 4～5meq/g，浸在水中的树脂，因树脂颗粒也含有水，所以表观体积的交换容量约为 2meq/g；而除去树脂颗粒间的水分，固相的树脂约为 3meq/g。这样的树脂可以认为是相当于 3N 的强电解质溶液。有机大离子因为在树脂内的扩散速度剧烈减小，所以其交换容量比理论值要小。

若将树脂装柱进行操作，流出液中产物离子达到某一浓度时，操作即应停止，树脂进行再生后再使用。这一浓度称为漏出点。在漏出点时，树脂所吸附的量叫做工作交换容量。

16.4 离子交换过程的机制

16.4.1 离子交换静力学

离子交换过程是按化学当量关系进行的，平衡状态与过程的方向无关。以磺酸树脂对赖氨酸的吸附为例，交换过程如下：

$$2RSO_3H + Lys^{2+} \rightleftharpoons (RSO_3)_2Lys + 2H^+$$

在非膨胀性树脂上，离子交换方程式可写成

$$\frac{1}{Z_1}A_1 + \frac{1}{Z_2}\overline{A_2} \rightleftharpoons \frac{1}{Z_1}\overline{A_1} + \frac{1}{Z_2}A_2 \tag{16-2}$$

式中 A_1，A_2——液相中的离子；

$\overline{A_1}$，$\overline{A_2}$——吸附在树脂上的离子；

Z_1，Z_2——分别表示离子 A_1、A_2 之价数。

在稀溶液时，两种离子在树脂相的浓度比与在溶液中的浓度比呈线性关系，即

$$\frac{m_1^{1/Z_1}}{m_2^{1/Z_2}} = K\frac{c_1^{1/Z_1}}{c_2^{1/Z_2}} \tag{16-3}$$

式中 K——离子交换常数；

m_1、m_2、c_1、c_2——分别表示两种离子在树脂上和溶液中的浓度。

研究表明，上式完全适用于无机离子的交换过程，但若是有机大离子的吸附，必须按下式加以修正

$$\frac{m_1^{1/Z_1}}{(m-m_2)^{1/Z_2}}=K\frac{c_1^{1/Z_1}}{c_2^{1/Z_2}} \tag{16-4}$$

式中　m——对有机大离子的交换容量。

16.4.2　离子交换动力学

以阳离子交换过程为例，在溶液中的盐中，阳离子 B^+（B^+S^-）与一个完全解离的树脂盐（A^+R^-）上的阳离子 A^+可发生下列交换反应

$$A^+ + RB \rightleftharpoons RA + B^+$$

由于放入水中的树脂表面始终存在一层薄膜，起交换的离子只能借助分子扩散通过这层膜，所以离子交换过程一般包含以下五个步骤：

① A^+自溶液扩散至树脂表面；

② A^+从树脂表面扩散至树脂内部的活性中心；

③ A^+与树脂上的 B^+发生交换反应；

④ 解吸 B^+自树脂内部扩散到树脂表面；

⑤ B^+从树脂表面扩散到溶液中。

其中①和⑤称为外扩散，②和④称为内扩散，③为化学反应。根据化学反应动力学的原理，在多步骤化学反应中，反应速度是由慢步骤的速度控制的。在离子交换过程中，化学反应由树脂盐（A^+R^-）和（B^+R^-）之间的化学电位差所决定，速度很快，有时甚至快到难以测定，所以除极个别情况外，化学反应多是快步骤，一般不是控制步骤。而扩散才是控制步骤。至于究竟内扩散和外扩散哪一个是控制步骤，是由操作条件决定的，并且随着操作条件的改变而变化。例如，液相流动速度快，或搅拌激烈，树脂颗粒大（表面积大），吸附弱，浓度稀，那么外扩散速度快，内扩散速度慢，内扩散则成为控制步骤；相反，液相流速慢，浓度高，树脂颗粒细，吸附强，外扩散速度慢，则趋向于外扩散是控制步骤。因为大分子在树脂内扩散速度慢，所以内扩散常常是控制步骤。

16.5　树脂的选择和操作条件控制

16.5.1　树脂的选择

理论上，在水中能够溶解的物质都可以考虑用离子交换法进行分离纯化，但选择合适的树脂仍是有效利用离子交换法的关键，这主要取决于产物的性质。

首先考虑的应该是产物的酸碱性质，如强酸性物质应该选用弱碱性阴离子交换树脂，这主要是从是否容易解吸的角度来考虑的，因为强碱性阴离子交换树脂

固然也能够吸附强酸性物质，但洗脱困难。弱酸性物质则应该选用强碱性阴离子交换树脂，如用弱碱性阴离子交换树脂则不易吸附。反之亦然，强碱性物质须选用弱酸性阳离子交换树脂，弱碱性物质则应采用强酸性阳离子交换树脂。

树脂还应该有一定的交联度，大分子物质要选择交联度低一些的树脂；而小分子物质要选择高交联度的树脂。但交联度太小，会影响树脂的选择性，树脂的机械强度也较低，容易破碎，造成树脂的破碎流失。所以交联度选择的原则是在不影响交换容量的条件下，尽可能提高交联度。

16.5.2 操作条件的控制

16.5.2.1 交换条件的控制

最重要的是控制交换时的 pH。合适的 pH 应该从三个方面考虑，即应在被吸附物质稳定的 pH 范围；能够使被吸附物质离子化；同时能使树脂离子化。

在使用之前，树脂还须要处理成一定的型式，对于弱酸性和弱碱性树脂，为了使其能够离子化，应采用钠型或氯型；而强酸性和强碱性树脂可以采用任何形式，但若产物在酸性或碱性条件下容易破坏的，则不能采用氢型或羟型；对于偶极离子的有机物，应该采用氢型树脂。

溶液中产物的浓度对交换有影响。例如，当产物分子是低价离子时，增加浓度有利于交换上柱；高价离子则应在较低浓度条件下容易被吸附。此外，上柱时，还应注意溶液中竞争性离子要少。

16.5.2.2 洗脱条件的控制

洗脱条件应该正好与上柱条件相反。例如，对 pH 范围的选择方面，若酸性上柱，则应在碱性条件下洗脱；若碱性上柱，就采用酸性条件洗脱。为了使洗脱过程中 pH 不致变化太大，也可采用缓冲液作为洗脱剂。如果产物在碱性条件下容易破坏，可以采用氨水等较缓和的碱性洗脱剂。洗脱时，应该增加竞争性离子的强度。使用后的树脂，可以洗涤再生，反复使用，有的甚至可使用上千次。

§17 结 晶 法

物质从液态（液体或熔融体）或气态形成晶体的过程叫结晶。结晶是一个物质分离纯化比较古老的方法，现在仍然普遍使用。大多数生物物质的结晶都是在一定条件下，从液态形成晶体的。结晶过程具有高度的选择性，物质能否结晶主要取决于物质自身的性质，但具有结晶能力的物质还必须在一定的条件下才能形成晶体。

17.1 晶体的一般性质

根据一般结晶化学的原理，所谓晶体应该是具有一定形状的固态物质，这种固态物质由许多性质相同的粒子（包括原子、离子和分子）有规律地排列而成。但并不是所有固态物质都是晶体，如玻璃和树脂其外观像晶体物质，实际上是熔体过冷形成的无定形物质，只因黏度太大不易变形。而某些液体表面上看不像晶体，但内部结构明显地具有晶体空间排列规律性，如某些棒状大分子晶体受热转为液体，或生物分子中所结合的水层都具有此种规律性，这种液体称为液晶或液态晶体。

晶体与非晶体的主要区别是晶态物质的许多性质，如光学和电学等都具有方向性，即在同一方向上具有相同的性质，在不同方向上具有相异性，称为晶体各向相异性，非晶体则不具此性质。此外，晶体物质具有一定的对称性。因此晶体的定义是，许多性质相同的粒子在三维空间有规律地排列成格子状固体的物质称为晶体。

晶体内部有规律的结构，规定了晶体的形成必须是相同的离子或分子，才能按一定距离周期性地定向排列而成，所以能形成晶体的物质是比较纯的。生物物质中许多小分子物质，如有机酸、单糖、核苷酸、氨基酸、维生素、辅酶等，由于其结构比较简单，分离至一定纯度后，绝大多数都可以定向聚合形成分子型或离子型的晶体。至于一些生物大分子，如多糖、蛋白质、酶和核酸等，由于相对分子质量大，结构复杂，不易定向聚集，获得晶体就困难得多。但生物大分子都是有相同的或相似的小分子单体聚合而成，如蛋白质和酶是由 20 余种氨基酸通过肽键组成，多糖类由一种或多种单糖通过糖苷键组成，核苷酸是由 4 种核苷酸通过磷酸二酯键连接而成。因此生物大分子也具有形成晶体的能力，但这种能力和大分子的结构和外形有很大关系。一般分子支链较少、对称的比支链多、相对分子质量小的不对称分子容易结晶，相对分子质量越大则越难结晶。例如，大多数球蛋白、酶蛋白、大小均匀的病毒（如植物球状病毒）比较容易结晶。高度不对称的核酸大分子比蛋白质更难结晶。还有一些结构复杂、不对称的核酸、蛋白质和多糖至今尚未获得晶体。

大多数物质结晶都是在溶液中进行的，所以形成的晶体中常含有一定量的结晶水。晶体的水含量与晶体蒸汽压强有关，当晶体蒸汽压强高于大气蒸汽压强时，则风化失去结晶水；当晶体蒸汽压强低于周围大气压强时，则晶体吸收空气中的水分而潮解。生物分子，如许多蛋白质和酶的结晶水含量常达 10%～50%，原肌球蛋白的长角片晶中水分可高达总质量的 90%。所以一定的水分对维持晶体的结构是十分重要的。

17.2 生物物质形成晶体的条件

使各种生物物质形成晶体的条件包括样品纯度、溶液的饱和度和溶剂的性质等三个主要条件，其中样品纯度和溶液的饱和度是起决定因素的。

17.2.1 样品纯度

无论大分子或小分子物质要从溶液中析出形成晶体，均需要达到一定纯度才能发生。究竟纯到什么程度才能结晶，则并无一定的标准，而是依物质的不同而异。有些物质尽管纯度不高，若条件合适，也能从溶液中析出结晶，如毛发水解液中的胱氨酸。但对于大多数蛋白质而言，一般要求纯度达到 50%以上才能形成晶体。这是因为结晶过程具有高度的选择性，样品的纯度影响结晶过程的选择性之故。杂质的存在有的影响待结晶溶质在晶面上的定向排列，使结晶无法进行或进行得很慢；有的杂质还能与结晶溶质化合或结合形成络合物。所以，在结晶前提高溶质的纯度是能否形成晶体的先决条件。

有些杂质吸附在晶体表面，只影响晶体色泽，但不影响晶体的形成，这类晶体杂质可以通过加入少量活性炭、硅藻土、活性白土等（1%～2%）除去。因为色素杂质一般具有较多的双键与发色基团，容易被这些吸附剂吸附而脱色。但使用时需要防止吸附剂对样品的吸附。

17.2.2 溶液的饱和度

结晶形成的另一个条件是溶解度的改变，合适的浓度才能增加分子的碰撞机会，使其能以一定的速度作定向排列聚集而形成晶体。浓度过高达到饱和状态时，溶质分子在溶液中聚集析出的速度太快，超过这些分子形成晶体的速率，只能获得无定型固体颗粒，而得不到晶体，或获得的晶体中共沉物（杂质）含量很高。浓度过低，样品溶液处于不饱和状态，晶体形成的速率远低于晶体溶解的速率，就不可能得到晶体。因此，只有控制在稍稍过饱和状态或低过饱和状态，即晶体形成速率略大于晶体溶解的速率情况下，才能获得晶体。如图 17-1 所示，要获得良好的结晶应控制在饱和区以上、过饱和区以下的稳定区范围内。

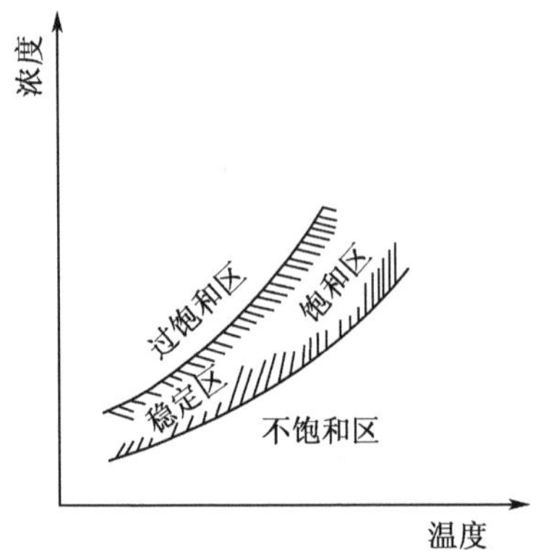

图 17-1　晶体形成的浓度区域图
（参考苏拔贤，1998）

在晶体形成时，如何控制结晶液正好处于低过饱和状态呢？在生产中常将结晶母液浓缩到一定程度，或加入各种沉淀剂如盐或有机溶剂，直至溶液出现乳白色混浊，这时可认为是过饱和度状态而可以放置结晶。这种粗略估计方法，对于制备一般试剂药品用途的生物分子结晶已经可以满足要求。

17.2.3　溶剂的性质

溶剂对晶体能否形成以及晶体质量有明显影响。因此要对物质的一些性质如溶解度、稳定性及温度系数等进行研究。大多数小分子生物物质多使用水、乙醇、甲醇、丙酮、氯仿、乙酸乙酯、异丙醇、丁醇、乙醚、*N*-甲基甲酰胺。例如，乙醇既具亲脂性，又具亲水性，并且价格便宜，安全无毒，所以应用最为广泛。许多小分子物质结晶使用混合溶剂，如水-乙醇、醇醚、水-丙酮、石油醚-丙酮等。选择结晶溶剂应注意以下几个方面：

① 所使用的溶剂不能与结晶物质发生化学反应。

② 应对结晶物质有较高的温度系数，以便利用温度变化进行结晶。

③ 应对杂质有较大的溶解度，或在不同温度下结晶物质与杂质有不同的溶解度。

④ 选择时还应考虑安全、成本或是否容易回收等。

17.3　结晶的方法

制备过饱和溶液的方法有多种，如浓缩结晶、冷却结晶、化学反应结晶、盐析结晶等。

所谓浓缩结晶是将含有产品的溶液减压蒸发浓缩，使溶液达到过饱和，结晶析出溶质。这种方法适用于那些溶解度随温度变化不大的物质。例如，制霉菌素是菌体的胞内产物，提取时用乙醇将制霉菌素浸出，然后滤液经过减压真空浓缩、冷却后即结晶析出。又如灰黄霉素经丙酮萃取的萃取液，通过真空浓缩除去丙酮，即可获得结晶。

冷却结晶适用于那些溶解度随温度变化很大的物质，其方法是首先加热使其溶解，然后冷却便可析出晶体，如肌苷酸的纯化采用的就是冷却结晶法。有的物质溶解度是随着温度的上升而降低的，如红霉素。这种物质可以在低温下用缓冲液溶解，调节 pH 至 9.8～10.2，然后提高温度到 45～50℃，使其结晶析出红霉素碱，趁热过滤，分离出晶体。

化学反应结晶系指微生物某些代谢产物在加入反应剂或调节 pH 后，可以产生新的物质，当其浓度超过它的溶解度时，就会有晶体析出。例如，将土霉素经脱色后的酸性滤液调节 pH 至 4.5，即可析出土霉素游离碱结晶。又如，在青霉素醋酸丁酯提取液中，加入乙醇醋酸钾溶液，因形成的青霉素钾盐难溶于醋酸丁酯，就有结晶析出。

盐析结晶是因为某些物质可以使溶质的溶解度降低，形成过饱和溶液而结晶。这类物质可以是一种溶剂或盐类。例如，卡那霉素有不溶于乙醇的性质，在卡那霉素脱色液中加入 95%的乙醇，使终浓度达到 60%～80%，经过一段时间的搅拌，卡那霉素硫酸盐即结晶出来。在普鲁卡因青霉素结晶时，加入一定量的食盐，可以使晶体更容易析出。

第三部分 微生物工程生产设备

§18 培养基灭菌及灭菌设备

生物化学反应过程，特别是各种培养过程，往往要求在没有杂菌污染的情况下进行，这是由于生物反应系统中通常含有比较丰富的营养物质，因而很容易受到杂菌污染，进而产生各种不良后果，如

① 由于杂菌的污染，使生物反应的基质和产物，因杂菌的消耗而损失，造成生产能力的下降；

② 由于杂菌所产生的一些代谢产物，或在杂菌生长后改变了发酵液的某些理化性质，使产物的提取变得困难，造成收得率降低，或使产品质量下降；

③ 污染的杂菌可能会分解产物，而使生产失败；

④ 污染的杂菌大量繁殖，会改变反应介质的 pH，从而使生物反应发生异常变化；

⑤ 发生噬菌体污染，微生物细胞被裂解，而使生产失败等。

某些培养过程，由于培养基中的基质不易被微生物利用，或者温度、pH 不适于一般微生物生长，因而可在不很严格的条件下生产。但是多数培养过程要求在严格的条件下进行纯种培养，具体采取以下措施：

① 使用的培养基和设备须经灭菌；

② 好气培养过程中使用的空气应经除菌处理；

③ 设备应严密，生物反应器中要维持高于环境的压力；

④ 培养过程中加入的物料应经过灭菌；

⑤ 使用无污染的纯粹种子等。

18.1 灭菌的方法

所谓灭菌，就是使用物理或化学方法杀灭或去除物料或设备中一切有生命物质的过程，常用的灭菌方法有以下几种：

① 化学药剂灭菌。一些化学药剂能与微生物发生反应而具有杀菌作用。常用的化学药剂有甲醛、氯（或次氯酸钠）、高锰酸钾、环氧乙烷、季铵盐（如新

洁尔灭）等。由于化学药剂也会与培养基中的一些成分作用，而且加入培养基后不易去除，所以不用于培养基的灭菌。

② 射线灭菌，即利用紫外线、高能电磁波或放射性物质产生的高能粒子进行灭菌的方法。波长为2100～3100Å的紫外线有灭菌作用，最常用的波长为2537Å的紫外线。但紫外线的穿透力低，所以仅用于表面消毒和空气的消毒。除了紫外线，也可利用0.06～1.4Å的X射线或由Co^{60}产生的γ射线进行灭菌。

③ 干热灭菌。常用的干热灭菌条件为在160℃下保温1h。进行干热灭菌时，微生物主要是由于氧化作用而死亡。干热灭菌不如湿热灭菌有效，其Q_{10}（即温度升高10℃，灭菌速度常数增加的倍数）为2～3，而湿热灭菌对耐热的芽孢可达8～10，对营养细胞则更高。一些要求保持干燥的实验器材和材料（如培养皿、接种针、牙签、吸管等）可以进行干热灭菌。

④ 湿热灭菌，即利用饱和蒸汽进行灭菌。由于蒸汽有很强的穿透力，而且在冷凝时放出大量潜热，很容易使蛋白质凝固而杀灭各种微生物。将饱和蒸汽通入培养基中灭菌时，冷凝水会使培养基的浓度下降，所以在配制培养基时应扣除冷凝水的体积，以保证培养基在灭菌后保持应有的浓度。蒸汽的价格低廉，来源方便，灭菌效果可靠，所以湿热灭菌方法为最基本的灭菌方法。通常用蒸汽对培养基灭菌的条件是在120℃（表压约1×10^5Pa）维持20～30min。

⑤ 过滤除菌，即利用过滤方法阻留微生物，达到除菌的目的。本方法只适用于澄清流体的除菌。工业上利用过滤方法大量制备无菌空气，供好气微生物的沉没培养过程使用。在产品提取过程中，也可利用无菌过滤方法处理料液，以获得无菌产品。

以上几种灭菌方法，有时可以结合使用。

18.2　培养基的灭菌

对于大量的培养基和发酵设备的灭菌，最有效、最常用的灭菌方法是蒸汽灭菌（即湿热灭菌）。衡量热灭菌的指标很多，最常用的是“热死时间”，即在限定的温度下杀死原有微生物中一定比例所需的持续时间。影响热灭菌的温度和时间的因素很多，包括微生物的种类、性质、浓度及培养基的性质、浓度等。

18.2.1　热灭菌的原理

18.2.1.1　微生物的热阻

各种微生物都有一定的最适生长温度范围，如嗜冷微生物的最适生长温度为

5～10℃，常温微生物的最适生长温度为 25～37℃，嗜热微生物的最适生长温度为 50～60℃，甚至更高。当微生物处于其最适生长温度的下限时，代谢作用几乎停止而处于休眠状态。当温度超过微生物最适生长温度的上限时，微生物细胞中的蛋白质会发生不可逆的凝固变性变化，在很短时间内引起微生物的死亡。热灭菌即是利用微生物的这一特性进行的。一般常温微生物在 60℃，10min 即可死亡。而芽孢杆菌的芽孢能耐受较高的温度，在 100℃温度下，要经数分钟至数小时才能杀灭。某些嗜热微生物能在 120℃温度下，耐受 20～30min。一般衡量灭菌彻底与否，是以能否杀灭芽孢细菌为标准。

杀死微生物的极限温度称为致死温度。在致死温度下，杀死全部微生物所需的时间称为致死时间。在致死温度以上，温度越高，致死时间越短。由于无芽孢细菌和有芽孢细菌、微生物细胞和微生物孢子对热的抵抗能力不同，它们的致死温度和致死时间也有很大的差别。微生物对热的抵抗能力常用"热阻"表示，即指微生物在某一特定条件下（主要是温度）的致死时间。相对热阻是指某一微生物在某一条件下的致死时间与另一微生物在相同条件下的致死时间之比。表 18-1 列出的是某些微生物的相对热阻。

表 18-1　某些微生物对湿热的相对热阻（与大肠杆菌相比较）

微生物	相对热阻
细菌和酵母的营养体细胞	1
细菌芽孢	$3\times10_6$
霉菌孢子	2～10
病毒及噬菌体	1～5

18.2.1.2　对数残留定律

对微生物进行湿热灭菌时，培养基中的微生物受热死亡的速率与残存的微生物数量成正比，这就是对数残留定律，其数学表达式为

$$-\frac{dN}{d\tau}=\kappa N \tag{18-1}$$

式中　N——培养基中活的微生物个数；

τ——时间（s）；

κ——比死亡速率（s^{-1}），与灭菌时所采用的温度及微生物的种类有关；

$dN/d\tau$——微生物的瞬时变化率，即死亡速率。

若开始灭菌（$\tau=0$）时，培养基中活的微生物数为 N_0，将式（18-1）积分则可得到，

$$\ln\frac{N}{N_0}=-\kappa\tau \tag{18-2}$$

或

$$2.303\log\frac{N_0}{N}=\kappa\tau \tag{18-3}$$

$$\tau=2.303/\kappa\log\frac{N_0}{N} \tag{18-4}$$

其中 N 为经过时间τ后残留的活微生物数。将存活率 N/N_0 对时间τ在半对数坐标上标绘，可以得到一条直线，其斜率的绝对值即比死亡速率κ。图 18-1 为大肠杆菌在不同温度下的残留曲线，κ值越大，表明微生物较容易死亡。

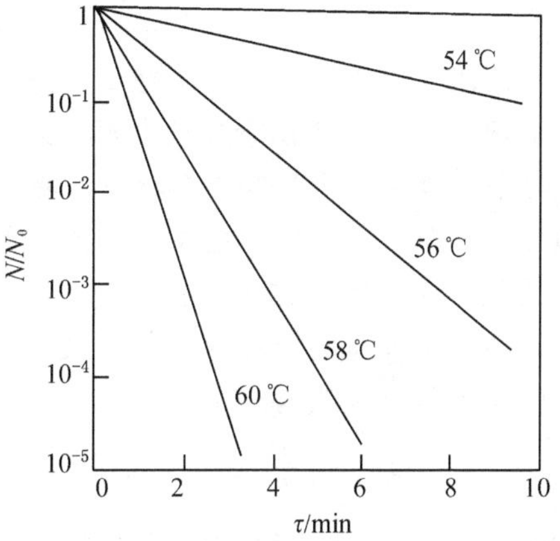

图 18-1　大肠杆菌在不同温度下的残留曲线
（参考俞俊棠等，1997）

在一定温度下，不同的微生物有不同的比死亡速率κ。例如，在 121℃时，枯草芽孢杆菌 FS5230 的κ值为 0.047～0.063s^{-1}，梭状芽孢杆菌 PA3679 的κ值为 0.03s^{-1}，嗜热脂肪芽孢杆菌 FS1518 和 FS617 的κ值为 0.013s^{-1} 和 0.048s^{-1}。

随着温度的变化，比死亡速率κ的值变化很大。温度对κ值的影响，遵循阿仑尼乌斯定律，即

$$\kappa=A\exp^{-\Delta E/RT} \tag{18-5}$$

式中　A——阿仑尼乌斯常数（s^{-1}）；

R——气体常数［8.314J/（mol·K）］；

T——热力学温度（K）；

ΔE——杀死细菌芽孢的活化能（J/mol）；

Exp——2.71。

培养基在灭菌前，存在着各种各样的微生物，它们的κ值各不相同，可以取耐热性芽孢杆菌的κ值进行计算，这时 A 可以取作 $1.34\times10^{36}s^{-1}$，ΔE 可以取 2.844×10^5J/mol，于是式（18-5）可以写作

$$\lg\kappa=\frac{14\ 847}{T}+36.127 \tag{18-6}$$

在对数残留方程式中，如果要达到绝对彻底地灭菌，即 $N=0$，所需灭菌时间τ为∞。这在实际工作中是不可能的。因此在设计上常采用 $N=0.001$，即灭菌失败的概率为千分之一。除了用比死亡速率κ来表示微生物的耐热性外，还可用

使微生物数目降低至最初的 1/10 所需时间 D 来表示，即

$$\ln\frac{1}{10}=-\kappa D \tag{18-7}$$

因此有

$$D=\frac{2.303}{\kappa} \tag{18-8}$$

18.2.2　培养基灭菌温度的选择

在培养基灭菌过程中，除了杂菌死亡外，还伴随着培养基成分的破坏。在高压加热情况下，氨基酸和维生素极易遭到破坏，如仅 20min，50%的赖氨酸、精氨酸及其他碱性氨基酸可被破坏；糖溶液焦化变色；醛糖与氨基化合物反应；不饱和醛聚合；某些化合物水解等。因此必须选择既能达到灭菌目的，又能使培养基的破坏降至最低的工艺条件。

由于培养基的破坏属于分解反应，也可看作是化学动力学中的一级反应，其反应动力学方程式为

$$\frac{\mathrm{d}C}{\mathrm{d}\tau}=-\kappa' C \tag{18-9}$$

式中　C——对热不稳定物质的浓度（mol/L）；

κ'——分解速率常数（s^{-1}），随反应物质种类和温度而不同；

τ——分解反应时间（s）。

在化学反应中，其他条件不变，则分解速率常数 κ' 和温度的关系也可用阿仑尼乌斯方程式表示

$$\kappa'=A'\exp^{-\Delta E'/RT} \tag{18-10}$$

式中　A'——分解反应的阿仑尼乌斯常数（s^{-1}）；

R——气体常数［8.314J/（mol · K）］；

T——热力学温度（K）；

$\Delta E'$——分解反应所需的活化能（J/mol）；

exp——2.71。

表 18-2 列出了一些杀灭某些微生物和某些维生素分解的 ΔE。可以看到杀灭某些微生物的 ΔE 比某些维生素分解的 ΔE 要高。也就是说在任何温度下，杀灭微生物所需要的时间 τ 都将比各种物质分解的时间要长。

那么如何选择既能杀死微生物，又能尽量减少培养基成分破坏的灭菌条件呢？现来研究一下温度从 T_1 上升至 T_2 时，灭菌时的速度常数 κ 和培养基成分破坏时的速度常数 κ' 的变化情况。

表 18-2　杀灭某些细菌芽孢和 B 族维生素分解的 ΔE

名称	ΔE/（J/mol）
叶酸	70.3
泛酸	87.9
维生素 B_{12}	96.7
维生素 B_1 盐酸盐	92.1
嗜热脂肪芽孢杆菌	283
枯草杆菌	318
肉毒梭菌	343
腐败厌气菌 NCA3679	303

在灭菌时，当温度为 T_1 时有

$$\kappa_1 = A\exp^{-\Delta E/RT_1} \tag{18-11}$$

当温度为 T_2 时有

$$\kappa_2 = A\exp^{-\Delta E/RT_2} \tag{18-12}$$

将（18-11）和（18-12）两式相除得

$$\ln\frac{\kappa_2}{\kappa_1} = \frac{E}{R}\left(\frac{1}{T_1} - \frac{1}{T_2}\right) \tag{18-13}$$

同样，在培养基成分破坏上也可得一类似关系

$$\ln\frac{\kappa'_2}{\kappa'_1} = \frac{E'}{R}\left(\frac{1}{T_1} - \frac{1}{T_2}\right) \tag{18-14}$$

再将（18-13）与（18-14）两式相除得

$$\frac{\ln(\kappa_2/\kappa_1)}{\ln(\kappa'_2/\kappa'_1)} = \frac{E}{E'} \tag{18-15}$$

由于灭菌的 E 大于培养基成分分解的 E'，因此 $\ln\kappa_2/\kappa_1 > \ln\kappa'_2/\kappa'_1$，即随着温度的上升，灭菌时的速度常数的增加倍数大于培养基成分破坏的增加倍数。换言之，当灭菌温度上升时，微生物杀灭速度的上升超过培养基成分破坏的速度。根据这一理论，培养基灭菌采用高温短时间的方法，以减少营养成分的破坏。营养成分虽因温度增加，破坏也增加，但因灭菌温度大为缩短，总的破坏量因此减少。表 18-3 列出的是达到完全灭菌的温度、时间和营养成分（以维生素 B_1 为准）破坏量的比较，可以清楚地说明这一个问题。

表 18-3　灭菌温度和灭菌时间对维生素 B_1 破坏量的比较*

灭菌温度/℃	灭菌时间/min	维生素 B_1 破坏量/%
100	400	99.3
110	36	67
115	15	50
120	4	27
130	0.5	8
145	0.08	2
150	0.01	<1

*以杀灭芽孢为准。

18.3　培养基的分批灭菌

培养基的分批灭菌是指将配制好的培养基放在发酵罐中，通入蒸汽进行灭菌的过程，也称实罐灭菌。实罐灭菌不需要专门的灭菌设备，投资少，设备简单，灭菌效果可靠。分批灭菌对蒸汽的要求较低，一般在 3×10^5～4×10^5Pa 就可满足要求。但在灭菌过程中蒸汽用量变化大，造成锅炉负荷波动大。分批灭菌是中小型发酵罐常用的一种灭菌方法。

分批灭菌的过程包括升温、保温和冷却三个阶段，灭菌主要是在保温过程中实现的，在升温的后期和冷却的初期，培养基的温度很高，因而亦有一定的灭菌作用。所以分批灭菌的计算应包括这三个阶段。

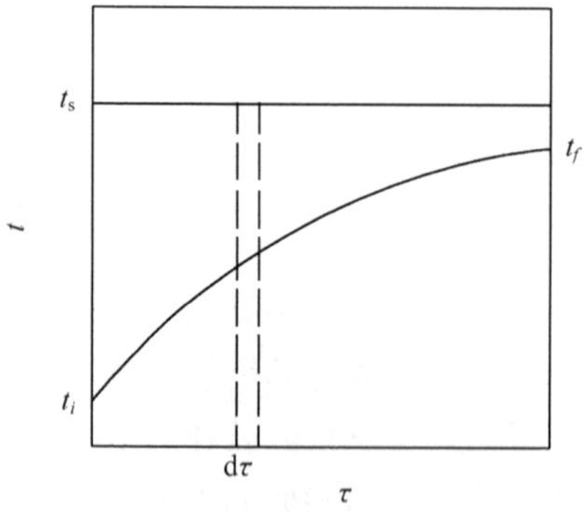

图 18-2　间接加热时传热推动力与加热时间的关系
（参考俞俊棠等，1997）

18.3.1　升温阶段

培养基的升温可由两种方式进行，即在夹套或蛇管中通入蒸汽间接加热，或在培养基中直接通入蒸汽加热。也可以用两种方法同时进行加热。

培养基的间接加热属于不稳定传热过程，因加热时虽然加热蒸汽的温度是不随时间变化的，但被加热的培养基的温度却随时间不断上升（图 18-2）。有实际意义的是计算加热所需时间。设蒸汽温度为 t_s，在时间间隔 $d\tau$中，培养基温度变化为 dt，根据热量平衡，有

$$GCdt=hF(t_s-t)d\tau \tag{18-16}$$

式中 G——培养基的质量（kg）;

C——培养基的热容［J/（kg·℃）］;

h——夹套或蛇管的总传热系数［J/（m^2·s·℃）］;

t——培养基温度（℃）;

t_s——蒸汽温度（℃）;

F——传热面积（m^2）。

假定传热系数 h 随温度的变化忽略不计，式（18-16）积分后可得

$$\tau=\frac{GC}{hF}\ln\frac{t_s-t_i}{t_s-t_f} \tag{18-17}$$

式中 t_i 和 t_f——升温开始和结束时培养基的温度。

在不稳定传热时，传热系数 h 也是变化的，因此只能取平均值进行计算。一般夹套的总传热系数在 230～350J/（m^2·s·℃），蛇管的总传热系数可取 350～520J/（m^2·s·℃）。

如果用直接蒸汽加热，则升温时间为

$$\tau=\frac{GC(t_f-t_i)+Q'}{(\lambda-C_W)S} \tag{18-18}$$

式中 S——通入蒸汽的质量流量（kg/s）;

λ——蒸汽的热焓（J/kg）;

C_W——冷凝水的热容［J/（kg·℃）］;

Q'——操作过程中散失的热量（J）。

以上操作过程中的热量损失 Q'，可以取加热培养基所需热量的 10%～20%。

在升温阶段，由于培养基温度逐渐升高，比死亡速率也不断增大，因此不能用式（18-2）计算升温阶段结束后残留的活菌数。设升温结束时的活菌数为 N_1，则

$$\ln\frac{N_1}{N_0}=-\int_0^\tau \kappa\mathrm{d}\tau=-\int_0^\tau A\exp^{-\Delta E/RT}\mathrm{d}\tau \tag{18-19}$$

培养基温度不太高时，相应κ值非常小，灭菌效果可以忽略不计。因此在升温阶段可以认为只有在温度高于 100℃时才有灭菌效果。Richards 认为，在升温过程中，可将培养基温度看作随时间线性上升，因这样产生的误差并不大。他计算了在每分钟升温 1℃条件下，达到不同温度时嗜热脂肪芽孢杆菌的 $\ln N_1/N_0$ 值。如果升温速度不是每分钟 1℃，则可根据平均升温速度按比例计算出 $\ln N_1/N_0$ 值，这样可大大简化升温阶段灭菌效果的计算。

18.3.2 冷却阶段

在冷却过程中，夹套或蛇管中冷却水的温度及培养基温度都随时间在不断变

化。根据热量衡算，可以得到

$$GC\frac{\mathrm{d}t}{\mathrm{d}\tau}=WC_{\mathrm{W}}(t_{\mathrm{Wo}}-t_{\mathrm{Wi}})=KF\Delta t_{\mathrm{m}} \tag{18-20}$$

式中　t——培养基温度（℃）;

W——降温水的质量流量（kg/s）;

C_{W}——降温水的热容［J/（kg · ℃）］;

t_{Wo}，t_{Wi}——降温水的出口和进口水温（℃）;

Δt_{m}——培养基和降温水的平均温差（℃）。

假定培养基是均匀混合的，则在任一时刻培养基内各处的温度相同，培养基与冷却水之间的平均温差（即传热的平均推动力）为

$$\Delta t_{\mathrm{m}}=\frac{(t-t_{\mathrm{Wi}})-(t-t_{\mathrm{Wo}})}{\ln\frac{(t-t_{\mathrm{Wi}})}{(t-t_{\mathrm{Wo}})}}=\frac{t_{\mathrm{Wo}}-t_{\mathrm{Wi}}}{\ln\frac{(t-t_{\mathrm{Wi}})}{(t-t_{\mathrm{Wo}})}} \tag{18-21}$$

代入式（18-21），则

$$WC_{\mathrm{W}}(t_{\mathrm{Wo}}-t_{\mathrm{Wi}})=KF\frac{t_{\mathrm{Wo}}-t_{\mathrm{Wi}}}{\ln\frac{(t-t_{\mathrm{Wi}})}{(t-t_{\mathrm{Wo}})}} \tag{18-22}$$

整理得：

$$\frac{t-t_{\mathrm{Wi}}}{t-t_{\mathrm{Wo}}}=\exp\left(\frac{KF}{WC_{\mathrm{W}}}\right)=B \tag{18-23}$$

在上式中，K、F、W、C_{W} 均不变，所以 B 也为常数。将式（18-23）代入（18-20），积分得到降温所需时间：

$$\tau=\frac{GC}{WC_{\mathrm{W}}}\left(\frac{B}{B-1}\right)\ln\frac{t_i-t_{\mathrm{Wi}}}{t_f-t_{\mathrm{Wi}}} \tag{18-24}$$

其中 t_{i} 和 t_f 分别为降温开始和结束时的培养基温度。若用绝对温度取代式（18-24）中的相应的摄氏温度，并加以整理，即可得培养基绝对温度与降温时间的关系：

$$T=T_{\mathrm{Wi}}\left[1+\beta\exp(-\alpha\tau)\right] \tag{18-25}$$

$$\alpha=\frac{WC_{\mathrm{W}}}{GC}\left[1-\exp\left(-\frac{KF}{WC_{\mathrm{W}}}\right)\right] \tag{18-26}$$

$$\beta=\frac{T_i-T_{\mathrm{Wi}}}{T_{\mathrm{Wi}}} \tag{18-27}$$

降温前期培养基的温度较高，仍有一定的灭菌作用。设开始降温时培养基中的总菌数为 N_2，结束时为 N_0（可取 0.001）:

$$\ln\frac{N_0}{N_2}=\int_0^{\tau}A\exp^{-\Delta E/RT}\mathrm{d}\tau \tag{18-28}$$

将式（18-25）代入式（18-28），求出其中的积分项后，可以确定 N_2。

18.3.3　保温阶段

在保温阶段，培养基温度衡定，比死亡速率常数不变，所以保温时间可由下式确定：

$$\tau=\frac{1}{\kappa}\ln\frac{N_1}{N_2} \tag{18-29}$$

应该指出，在灭菌时由于有热量的散失，以及装置内某些部位传热效果较差，可能会发生装置或培养基的局部温度偏低的情况。当培养基中含有固体颗粒时，因颗粒的热阻较大，颗粒内的微生物不易被杀灭，因此实际采用的保温时间应比计算值有一定的增加。

18.4　培养基的连续灭菌

培养基的连续灭菌是将配制好的培养基在高温快速的情况下，向发酵罐输送的同时经过加温、保温、冷却的过程，进行灭菌的。连续灭菌时，培养基能在短时间内加热到保温温度，并能很快被冷却，因此，可在比分批灭菌更高的温度下灭菌，而保温时间则很短（见图 18-3，维持罐），这样就有利于减少营养物质的破坏。在培养基连续灭菌过程中，蒸汽用量平稳，但蒸汽压力一般要求高于 5×10^5Pa（表压）。此外，连续灭菌设备比较复杂，投资较大。

培养基采用连续灭菌时，发酵罐应在连续灭菌开始前先进行空罐灭菌，以容纳经过灭菌的培养基。加热器、维持罐和冷却器也应先进行灭菌，然后才能进行培养基连续灭菌。组成培养基的耐热性物料和不耐热性物料可在不同温度下分开灭菌，以减少物料受热破坏的程度。也可将糖和氮源分开灭菌，以免醛基与氨基发生反应，防止有害物质生成。

18.4.1　连续灭菌的流程

连续灭菌的流程图见图 18-3。培养基经配料后，经配料罐放出，用连消泵送入加热器或连消塔底端，料液被加热至灭菌温度，由顶部流出，进入维持罐，维持 10min 左右，由维持罐上部侧面流出，维持罐内最后的培养液由底部排尽，经喷淋冷却器冷却到发酵温度，送去发酵罐。

图 18-4 所示为喷射加热连续灭菌流程。这是由喷射加热，管道维持，真空冷却组成的连续灭菌流程。蒸汽直接喷入喷射加热器与培养基混合，使培养基温

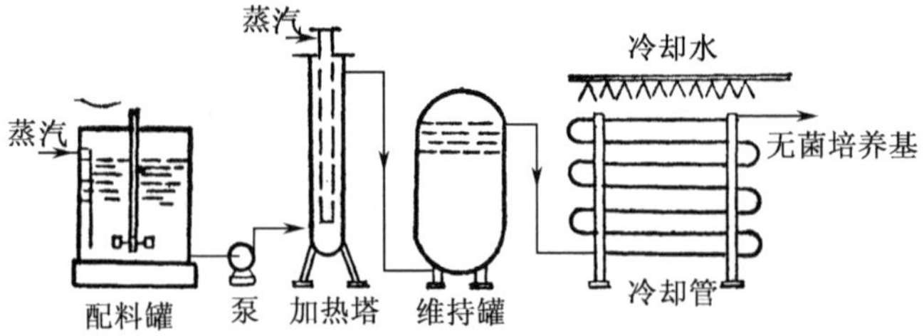

图 18-3　连续灭菌的流程图
（参考熊宗贵，2001；俞俊棠等，1997；华南工学院等，1983）

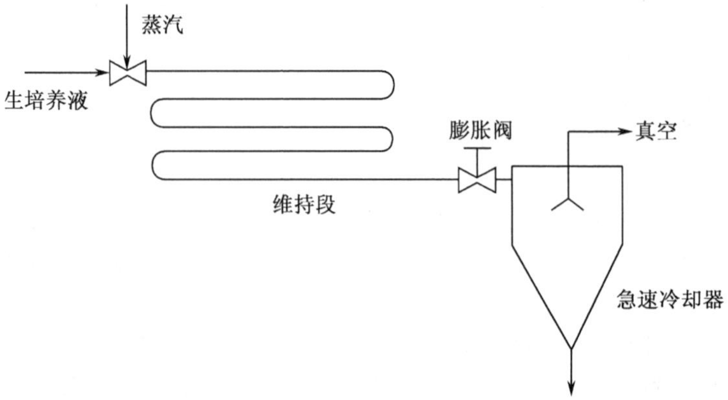

图 18-4　喷射加热连续灭菌流程图
（参考华南工学院等，1983）

度急速上升到预定灭菌温度，在灭菌温度下的保温时间由维持管道的长度来保证。灭菌后培养基通过一膨胀阀进入真空冷却器急速冷却。此流程由于受热时间短，因而不致引起培养基的严重破坏；并能保证培养基先进先出，避免过热或灭菌不彻底现象。注意其真空系统要求严格密封，以免重新污染。

图 18-5 为薄板换热器连续灭菌流程。在此流程里，培养基在设备中同时完成预热、灭菌及冷却过程，蒸汽加热段使培养基温度升高，经维持段保温一段时间，然后在薄板换热器的另一段冷却。虽然加热和冷却所需时间比使用喷射式连续灭菌稍长，但灭菌周期则比间歇灭菌小得多。由于生培养基的预热过程既是灭菌过的培养基的冷却过程，所以节约了蒸汽及冷却水的用量。

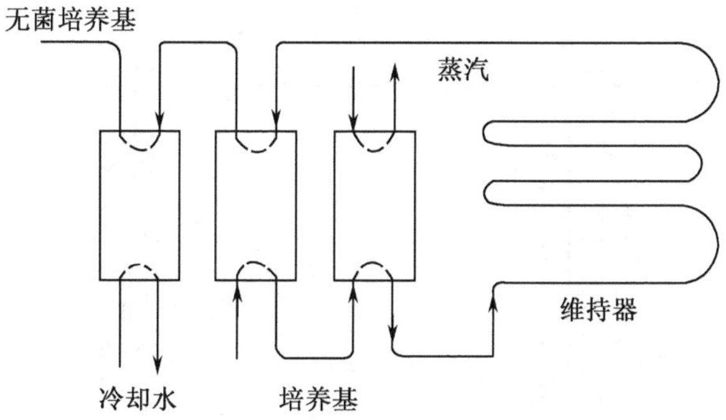

图 18-5　薄板换热器连续灭菌流程图
（参考俞俊棠等，1997）

18.4.2　连续灭菌的设备和计算

18.4.2.1　预热

预热可在培养基配制罐或预热罐中进行，使培养基的温度升到 70℃左右。培养基经过预热后，一些不溶性物料（如淀粉）发生糊化，不易沉淀。经过预热的培养基在用蒸汽进一步加热时，产生的振动噪声也大大减小。

18.4.2.2　加热

在加热器中，培养基与蒸汽混和，温度迅速上升到 130～140℃。连消塔式连续灭菌设备有套管式和气液混合式两类。

套管式连消塔如图 18-6 所示，其内管开有 45° 向下倾斜喷出蒸汽的小孔。为了加工方便，也可水平方向开孔，靠近蒸汽入口位置的孔距要大，随后孔距减小，使蒸汽均匀加热。为防喷孔被堵塞，孔径不易太小，一般为 6mm。培养基由外管下部侧面进入，在两管间向上流动，被内管小孔中喷射出的蒸汽加热后，由外管上部侧面流出。培养基在管间的高温灭菌时间为 15～30s，流动线速度要小于 0.1m/s。

气液混合式连消塔（图 18-7）的料液由下端进入，蒸汽由侧面进入后呈环形加热料液，蒸汽喷出口的高度适宜是防止噪音的关键。上升的料液被圆形挡板阻挡，折转向四周上升，随后又被蒸汽第二次加热。

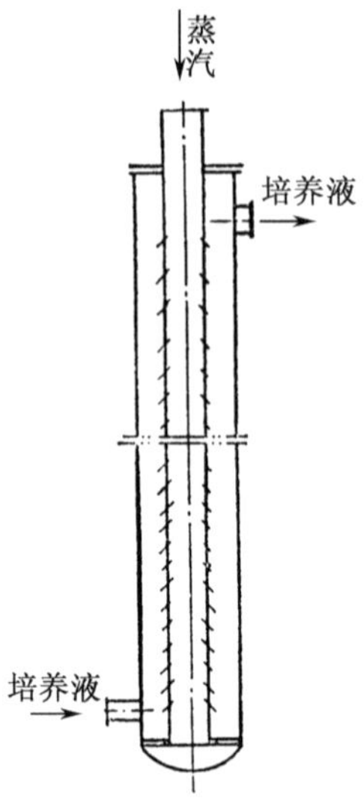

图 18-6　套管式连消塔
（参考华南工学院等，1983）

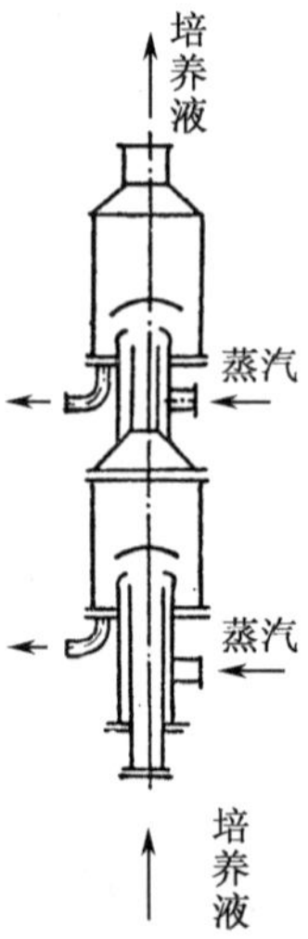

图 18-7　气液混合式连消塔
（参考华南工学院等，1983）

目前应用较多的是喷射式加热器（图 18-8），培养基从下方喷嘴的内管进入，蒸汽则从环隙部分进入，与培养基混合。加热器中的挡板使混合作用更加完全，加热后的培养基从上部流入。这种加热器结构简单，体积小，操作时噪声低。

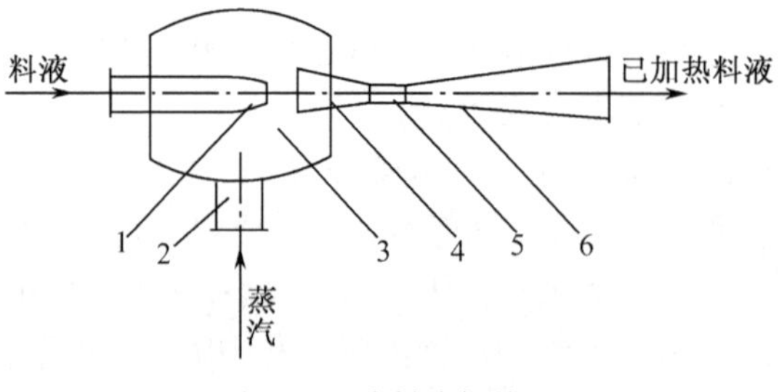

图 18-8　喷射式加热器

1—喷嘴；2—吸入口；3—吸入室；4—混合喷嘴；5—混合段；6—扩大室

（参考华南工学院等，1983）

假设培养基流量为 F_M，进入加热器的温度为 t_P，灭菌温度为 t，根据热量平衡可以得到加热蒸汽的用量

$$S=K\frac{F_{\mathrm{M}}pC(t-t_{P})}{\lambda-C_{\mathrm{M}}t}\tag{18-30}$$

式中　F_{M}——培养基流量（m^3/s）；

S——加热蒸汽的质量流量（kg/s）；

p——培养基的密度（kg/m^3）；

C，C_{M}——培养基和冷凝水的热容［J/（kg·℃）］；

t，t_P——培养基的出口和进口温度（℃）；

λ——加热蒸汽的热焓（J/kg）；

K——安全系数，可取 1.2。

18.4.2.3　保温

培养基在加热器中被加热到预定的灭菌温度后，进入保温设备（也称维持设备中），经过一段时间的保温，使培养基中所含微生物全部杀灭。在保温过程中，不要再向培养基通入蒸汽，以免温度过高引起培养基破坏，但保温设备应该用保温材料包裹，以免培养基因散热而温度迅速下降。

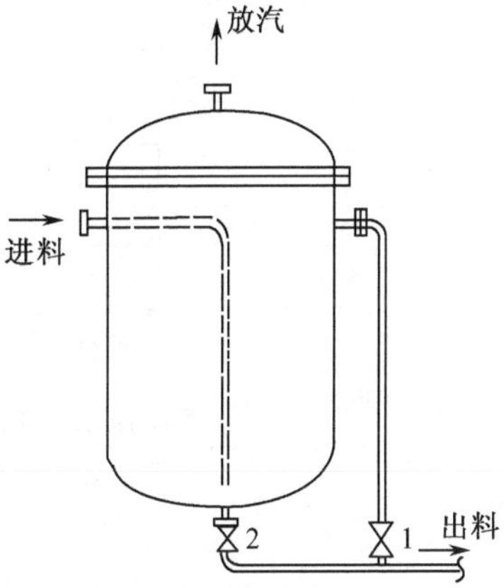

图 18-9　维持罐结构
（参考华南工学院等，1983）

连续灭菌的保温设备有两种形式：一种是罐式保温设备，另一种是管式保温设备。罐式保温设备是一个直立圆筒形容器，并且附有进料、出料管道（图 18-9）。连续灭菌时，关闭阀门 2，开启阀门 1，培养基从罐的下部进入，液面不断上升，然后不断通过阀门 1 离开维持罐进入冷却器。预热罐中的物料输完时，在维持罐中剩下的一罐料应继续保温一段时间后，关闭阀 1，开启阀 2，利用蒸汽压到发酵罐中。培养基的平均停留时间为

$$\bar{\tau}=\left(\frac{V}{F_{\mathrm{M}}}\right)\tag{18-31}$$

式中　$\bar{\tau}$——培养基在维持罐中的平均停留时间（s）；

V——维持罐的体积（m^3）；

F_{M}——培养基的流量（m^3/s）。

培养基在维持罐中的流动不可能非常均匀，可能产生沟流或存在死区，这就造成有一部分培养基在罐内的停留时间少于平均值。如果平均停留时间等于式

（18-2）计算出的灭菌时间，部分培养基就会灭菌不彻底。在设计罐式维持设备时，通常取培养基的平均停留时间为理论值的 3～5 倍。在灭菌温度为 130℃时，实际平均停留时间可取 10min，在 140℃时则可取 3～4min。

在管式维持器中，若培养基流动为活塞流，就可按式（18-2）求出的灭菌时间（即保温时间），根据管式维持器的内径、培养基的流量求出管长。实际上，培养基不可能呈活塞流流动，当培养基处于滞流状态时，管内速度分布呈抛物线（图 18-10a），管中心部位的最大流速为平均流速的 2 倍。当培养基处于湍流时，中间部分的速度分布较为平坦，最大流速为平均流速的 1.22 倍（图 18-10b）。在设计管式维持器时，若以平均流速确定管长，则会造成边缘部分培养基的过热，为了较好地确定管长，可以采用扩散模型（dispersion model），用轴向扩散系数 D_Z 来表示液体流动偏离活塞流的程度。$D_Z=0$ 时，不存在轴向扩散（返混），这时为活塞流。D_Z 越大，返混越严重，越偏离活塞流。当 $D_Z=\infty$ 时，即为全混流。在一长径比很大的管道中，假定流体的平均流速为 $\bar{\omega}$，管道的截面积为 F，在离开进口 l 到 $l+\mathrm{d}l$ 之间的流体微元，对其中的活微生物数量进行物料衡算（图 18-11）。

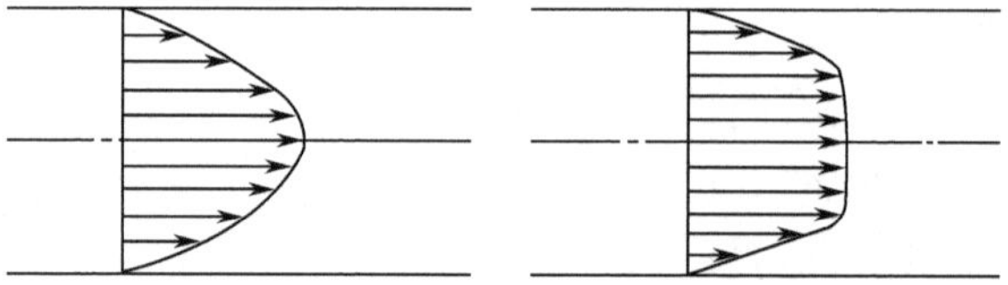

a 滞流　　b 湍流

图 18-10　培养基在直管中流动时的速度分布

（参考俞俊棠等，1997）

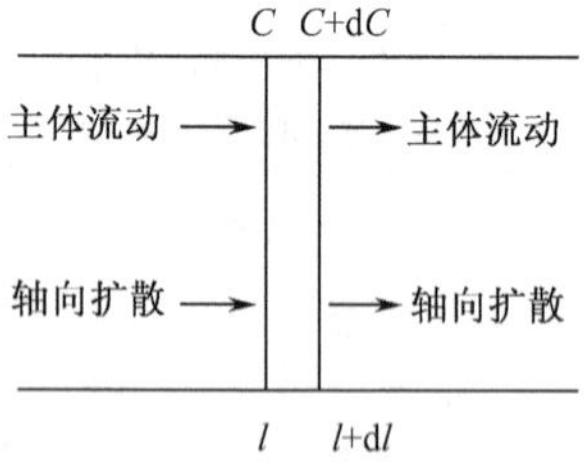

图 18-11　管式保温器的扩散模型

流入	$\bar{\omega}AC$
流出	$\bar{\omega}A(C+\mathrm{d}C)$
扩散进入	$-D_Z A\dfrac{\partial C}{\partial l}$
扩散离开	$-D_Z A\dfrac{\partial}{\partial l}\left(C+\dfrac{\partial C}{\partial l}\right)$
死亡	$kCA\mathrm{d}l$
变化	$A\left(\dfrac{\partial C}{\partial l}\right)\mathrm{d}l$

当过程处于稳态时，根据以上物料衡算可以得出

$$D_Z \frac{\mathrm{d}C^2}{\mathrm{d}l^2} - \bar{\omega}\frac{\mathrm{d}C}{\mathrm{d}l} - kC = 0 \tag{18-32}$$

式中　D_Z——轴向扩散系数（m^2/s）；

C——微生物浓度（个/m^3）

l——离进口的距离（m）；

$\bar{\omega}$——平均流速（m/s）；

k——比死亡速率（s^{-1}）；

A——管道截面积（m^2）。

边界条件为

$$l=0\text{ 时，}\ -D_Z\frac{\mathrm{d}C}{\mathrm{d}l} = \bar{\omega}(C_0 - C) \tag{18-33}$$

$$l=L\text{ 时，}\ \frac{\mathrm{d}C}{\mathrm{d}l} = 0$$

式中　C_0——进料中微生物浓度；

L——管道长度。

取 $x=l/L$，$n=C/C_0$，则式（18-32）和式（18-33）可以无因次化

$$\frac{1}{Pe}\cdot\frac{\mathrm{d}n^2}{\mathrm{d}x^2}\cdot\frac{\mathrm{d}n}{\mathrm{d}x} - k\bar{\tau}n = 0 \tag{18-34}$$

$$x=0\text{ 时，}\ \frac{\mathrm{d}n}{\mathrm{d}x} = Pe(1-n)$$

$$x=1\text{ 时，}\ \frac{\mathrm{d}n}{\mathrm{d}x} = 0 \tag{18-35}$$

式中　$Pe=\dfrac{L\bar{\omega}}{Dz}$——Peclet 准数；

$\bar{\tau}=\dfrac{L}{\bar{\omega}}$——平均停留时间（s）。

式（18-34），式（18-35）的解为

$$n_{x=1} = \frac{C}{C_{0l=L}} = \frac{N}{N_0} \tag{18-36}$$

$$= \frac{4\zeta\exp(Pe/2)}{(1+\zeta)^2\exp(Pe\zeta/2) - (1-\zeta)^2\exp(-Pe\zeta/2)}$$

$$\zeta = \sqrt{1+\frac{4k\tau}{Pe}} \tag{18-37}$$

根据式（18-36），可以求出在不同的 Pe 下，N/N_0 与 $k\bar{\tau}$ 的关系（图 18-12）。

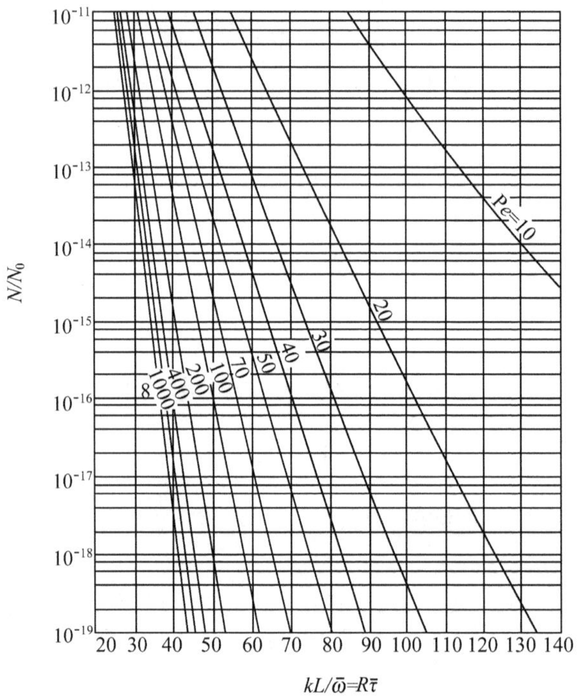

图 18-12　管式保温设备中 N/N_0 与 $k\bar{\tau}$ 的关系

（参考俞俊棠等，1997）

当 $Pe=\infty$时，即为活塞流的情况。对于同样的 N/N_0 值，>1000，这时流体的流动与活塞流比较接近。图 18-13 给出了轴向扩散系数 D_Z 与 Renolds 准数的关系，由此可以计算不同 Re 时的 Pe

$$Pe=\frac{\mathrm{L}\bar{\omega}}{D_Z}=\frac{1}{\left(\dfrac{D_Z}{\bar{\omega}d}\right)}\cdot\frac{L}{d} \tag{18-38}$$

式中　d——管径。

设计管式维持器，可按以下顺序进行：首先确定灭菌后培养基中的活菌数（可取 0.001）。根据 N/N_0 和 $Pe=1000$，由图 18-12 确定 $k\bar{\tau}$，并根据灭菌温度下的 k，确定平均停留时间 $\bar{\tau}$。然后设管道维持器的内径，根据培养基的流量确定 $\bar{\omega}$，根据 $\bar{\tau}$ 确定管长 L。最后进行校核，由 $\bar{\omega}$、d 及物料的黏度μ、密度 P 求出 Re。由图 18-12 和式（18-38）求出 Pe，若 $Pe\geqslant 1000$，则所得到的 d、L 可用，否则需改变管径，重新计算。

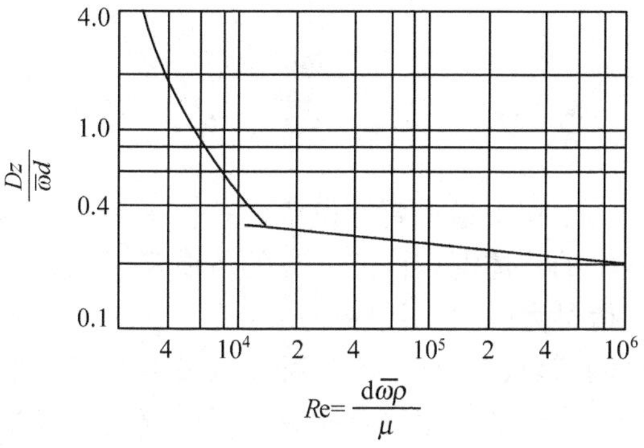

图 18-13 Re 与 $D_Z/\overline{\omega}d$ 的关系
（参考俞俊棠等，1997）

18.4.2.4 冷却

经过灭菌的培养基，可以通过各种冷却设备进行降温，如喷淋冷却器、真空冷却器、板式冷却器、螺旋板冷却器、真空闪冷却器等。喷淋冷却器见图 18-14，它的结构简单，广泛地被用作连续灭菌的冷却设备。培养基从下部进入冷却器，从上部排出。顶部的喷淋装置将冷却水均匀地淋在水平排列的冷却排管上，使培养基温度下降。部分淋下的水滴被高温的管壁加热汽化，带走大量的热量，故传热效率较高，传热系数约为 350J/（m^2·s·℃）。

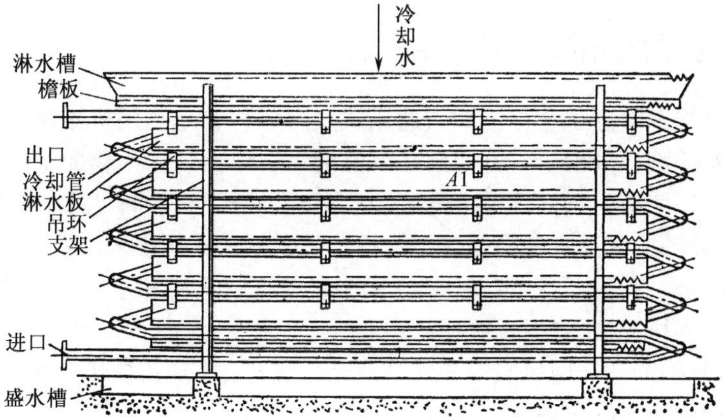

图 18-14 喷淋冷却器（参考华南工学院等，1983）

§19　发 酵 设 备

发酵设备是微生物工程中最重要的设备之一，一个优良的培养装置应设计为具有严密的结构、良好的液体混合性能、高的传质和传热速率，以及可靠的检测及控制仪表，才能获得最大的生产效率。

目前根据微生物的特点，发展了许多种类的发酵设备，如厌氧发酵罐和好氧发酵罐。因用于生产的大多数微生物是好氧的，所以用于好氧发酵的设备种类最多。好氧发酵罐通常采用通风和搅拌来增加氧的溶解速率，满足微生物代谢和产物积累的需要。

按照能量输入的方式，可将好氧发酵罐分成三类：内部机械搅拌型、外部液体搅拌型和空气喷射提升式发酵罐。

① 内部机械搅拌型发酵罐。标准式发酵罐（机械搅拌发酵罐或通用式发酵罐）、伍式发酵罐、机械搅拌自吸式发酵罐均属于此类发酵罐。

② 外部液体搅拌型发酵罐。此类发酵罐依靠外部循环泵来搅拌发酵液，或是在液体进入发酵罐处装有文丘里管，依靠液体的高速流动，吸入空气，使气液混合。

③ 空气喷射提升式发酵罐。此类发酵罐是依靠压缩空气作为能量输入，促使发酵液上下翻动混合。如高位塔式发酵罐和深井曝气污水处理罐。

19.1　机械搅拌发酵罐

19.1.1　发酵罐的基本条件

机械搅拌发酵罐也称标准式或通用式发酵罐，它是利用机械搅拌器的作用，使空气和发酵液充分混合，并溶解在发酵液中，以保证微生物的生长繁殖所需要的氧气。为了使微生物发挥最大的生产效率，发酵罐必须满足几个要求：

① 发酵罐应有适宜的径高比。罐身较长，氧的利用率较高。

② 发酵罐应能承受一定的压力。因为发酵罐在灭菌和正常工作时，要承受一定的压力（气压和液压）和温度。

③ 发酵罐的搅拌通风装置能使气液充分混合，实现传质传热作用，保证微生物发酵过程中所需的溶解氧。

④ 发酵罐应具有足够的冷却面积。

⑤ 发酵罐内应尽量减少死角，避免藏污积垢，保证灭菌彻底，防止染菌。

⑥ 搅拌器的轴封要严密，以减少泄露。

19.1.2 标准式发酵罐的几何尺寸

标准式发酵罐是既有机械搅拌又有压缩空气分布装置的发酵罐，其容积从几立升到几百上千吨的都有，其几何尺寸如下（图 19-1）：

$$\frac{H}{D}=1.7\sim4;$$

$$\frac{d}{D}=1/2\sim1/3;$$

$$\frac{W}{D}=1/8\sim1/12;$$

$$\frac{B}{D}=0.8\sim1.0;$$

$$\left(\frac{s}{d}\right)_2=1.5\sim2.5;$$

$$\left(\frac{s}{d}\right)_3=1\sim2$$

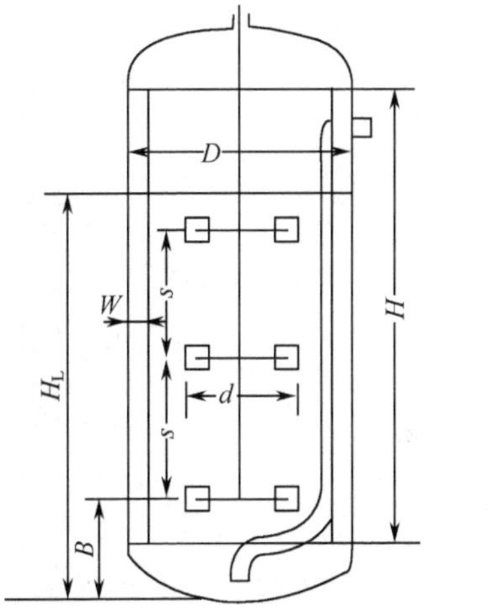

图 19-1 标准式发酵罐的几何尺寸

H—发酵罐筒身高度；*D*—发酵罐内径；*d*—搅拌器直径；*W*—挡板的宽度；*B*—下搅拌桨距底部的间距；*s*—两搅拌桨的间距；H_L—液位高度

（参考华南工学院等，1983；俞俊棠等，1997；梅乐和等，1999）

发酵罐的“公称容积”V_0 是指筒身容积 V_c 和底封头容积 V_b 之和。底封头容积可根据封头的形状、直径及壁厚查有关化工容器设计手册求得，也可近似地用以下公式计算：

$$V_0=V_c+V_b=\frac{\pi}{4}D^2\cdot H+0.15D^2 \tag{19-1}$$

式中 *H*——发酵罐筒身高度（m）； *D*——发酵罐内径（m）；
d——搅拌器直径（m）； *W*——挡板的宽度（m）；
B——下搅拌桨距底部的间距（m）； *s*——两搅拌桨的间距（m）；
H_L——液位高度（m）。

19.1.3 发酵罐的结构

机械搅拌通风发酵罐主要部件包括罐身、搅拌器、挡板、冷却装置、空气分布装置、轴封等，图 19-2 所示为小型发酵罐结构，图 19-3 为大型发酵罐结构。

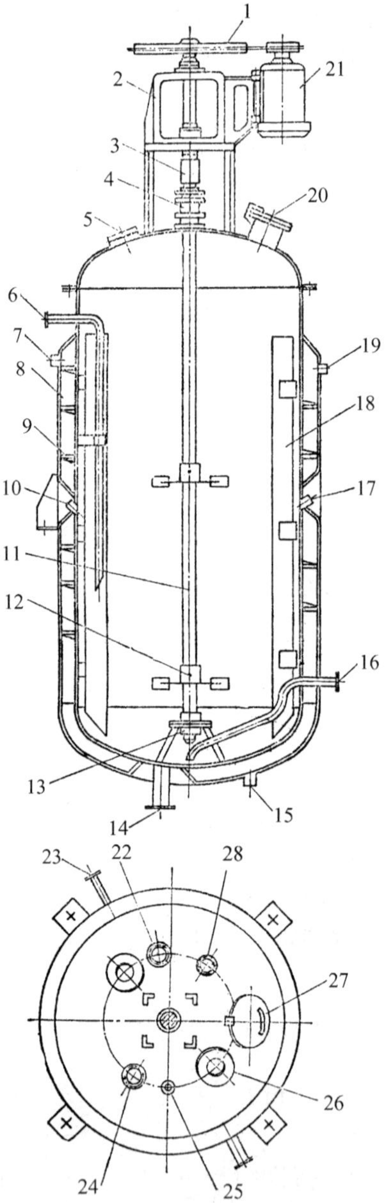

图 19-2　小型发酵罐结构

1—三角皮带转轴；2—轴承支架；3—联轴节；4—轴封；5—窥镜；6—取样口；7—冷却水出口；8—夹套；9—螺旋片；10—温度计接口；11—轴；12—搅拌器；13—底轴承；14—放料口；15—冷水进口；16—通风管；17—热电偶接口；18—挡板；19—接压力表；20—手孔；21—电动机；22—排气口；23—取样口；24—进料口；25—压力表接口；26—窥镜；27—手孔；28—补料口

（参考华南工学院等，1983；俞俊棠等，1997）

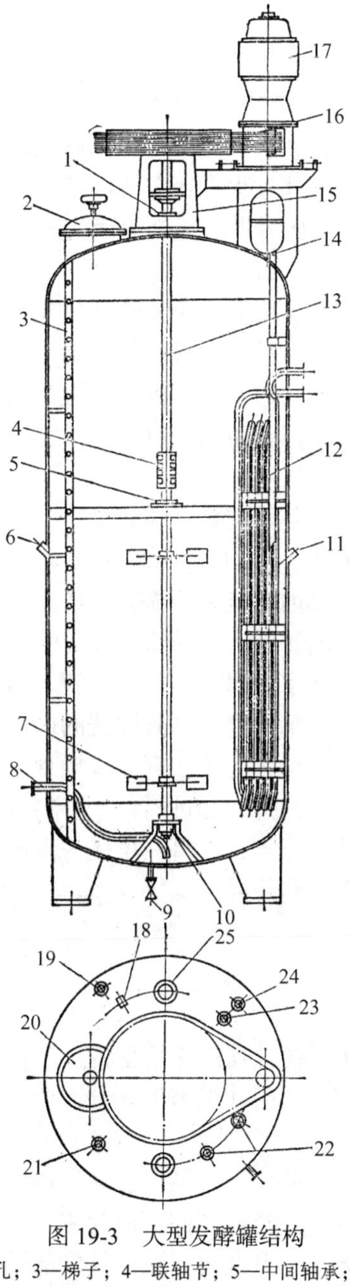

图 19-3 大型发酵罐结构

1—轴封；2—人孔；3—梯子；4—联轴节；5—中间轴承；6—热电偶接口；7—搅拌器；8—通风管；9—放料口；10—底轴承；11—温度计；12—冷却管；13—轴；14—取样口；15—轴承柱；16—三角皮带转轴；17—电动机；18—压力表；19—取样口；20—人孔；21—进料口；22—补料口；23—排气口；24—回流口；25—窥镜

（参考华南工学院等，1983）

19.1.3.1　罐体

罐体是一个培养微生物的巨大容器，为要保持纯种培养，防止污染杂菌，因此要求罐体是密封式的。在发酵过程中还需要保持一定的罐压，同时还需要高压灭菌，所以要求发酵罐是一受压容器。通常灭菌的压力约为 2.5×10^5Pa，罐体应根据最大使用压力来设计。

罐体的形状为圆柱状，两端用椭圆形或碟形封头焊接而成。这种形状的发酵罐受力均匀，死角少，物料容易排出。材料为碳钢或不锈钢。大型发酵罐可用衬不锈钢或复合不锈钢制成，衬里的不锈钢板厚度为 2～3mm。

发酵罐的高度与直径之比一般为 1.7～4∶1，在这个范围内，有利于提高空气的利用率。

在发酵罐的罐体表面装有各种装置。如为了便于清洗、安装、维修，小型发酵罐顶部设有供清洗用的快开手孔，中大型发酵罐则装设有供维修、清洗的入孔。罐顶还装有窥镜和孔灯，在其内面装有压缩空气或蒸汽吹管，用以冲洗玻璃，方便观察罐内情况。接于罐顶的接管有进料管、补料管、排气管、接种管和压力表接管。在罐身上的接管有冷却水进出管、空气进管、温度计管和测控仪器接口。排气管应尽量靠近罐顶的中心轴位置，在其罐盖的内面顺搅拌器转动的方向装有弧形挡板，可以减少逃液。取样管可装在管侧或罐顶。总的原则是在罐体上的接管越少越好，能合并的应尽量归并，如进料口、补料口和接种口可以合并成一个接管口。放料也可利用通风管压出，也可在罐底另设放料口，但放料口位置不应对准通风口，以免空气吹入放料管内。

19.1.3.2　搅拌器

标准式发酵罐内装设机械搅拌器的作用是将空气打碎成小气泡，增加气-液接触界面，提高氧的传质速率；同时使发酵液充分混合，液体中的固形物质保持悬浮状态。

搅拌器可以使液体产生轴向流动和径向流动，不同型式的搅拌器产生两种流向侧重不同。对于发酵而言，希望以径向液流为主，同时兼顾轴向液流的翻动作用。为避免气泡沿着轴的方向上升逸出，在搅拌轴的中央装有圆盘，圆盘上装上搅拌叶。搅拌叶有平叶式、弯叶式和箭叶式三种（图 19-4），叶片一般为 6 个，少至 3 个，多至 8 个。在相同搅拌功率下比较粉碎气泡的能力，平叶搅拌器大于弯叶搅拌器，弯叶搅拌器大于箭叶搅拌器。但径向搅动量即翻动液体的能力则与以上相反。

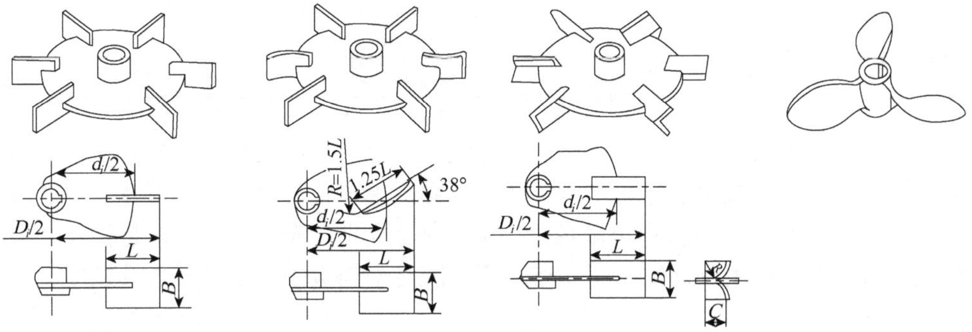

图 19-4 常用的搅拌器

（a）圆盘平直叶涡轮，比例尺寸 $D_i : d_i : L : B=20 : 15 : 5 : 4$；（b）圆盘弯叶涡轮，比例尺寸 $D_i : d_i : L : B=20 : 15 : 5 : 4$；（c）圆盘箭叶涡轮，比例尺寸 $D_i : d_i : L : B : C=20 : 15 : 5 : 4 : 2$，$R=0.5B$；（d）推进式搅拌器

为了使发酵液充分被搅动，应根据发酵罐的容积，在搅拌轴上配置多个搅拌器，配置的数量是根据罐内液位高度、发酵液的特性和搅拌器的直径等因素来决定。

搅拌器的轴功率 P 等于搅拌器施加于液体的力 F 及由此而引起的液体平均流速 ω 之积，即 $P=F\cdot\omega$。若搅拌器的叶片面积为 A，则

$$P=F\cdot\omega=\frac{F}{A}\cdot(\omega A) \tag{19-2}$$

式中 F/A 值为施加于液体内的剪切应力，它相当于单位体积液体中的动能 $\omega^2\gamma/(ag)$ 或动压头 H 及液体密度 ρ 之积，ωA 则可视为搅拌器对液体的翻动量 Q，于是

$$P=H\cdot\rho\cdot Q\propto HQ \tag{19-3}$$

因

$$H\propto\omega^2\propto n^2d^2 \tag{19-4}$$

$$Q\propto\omega d^2\propto nd^2 \tag{19-5}$$

式中 n 为搅拌器的转速。

将式（19-3）、（19-4）代入式（19-2）

$$P\propto n^2d^2 \tag{19-6}$$

若搅拌功率 P 保持不变，以不同 n 及 d 值代入（19-6），可得不同情况下的 Q、H 及 Q/H 值。

搅拌轴一般由罐顶伸入罐内，中间用钢条固定在发酵罐的内壁上，下部固定在发酵罐的底部。但对容积大于 $100m^2$ 的大型发酵罐，也可采用下伸轴。下伸轴式装置可使发酵罐重心降低，轴的长度缩短，稳定性提高，发酵罐操作面的转动噪声大大减弱。罐顶空间可充分用来安装高效的机械消泡沫器及其他自控部件。下伸轴发酵罐对轴封的要求更高，通常采用双断面轴封，并用灭菌空气来进行防漏和冷却。下伸轴的使用给检修也增加了一些难度。

19.1.3.3　挡板

为了克服搅拌器运转时液体产生的涡流，将径向流动改变为轴向流动，促使液体激烈翻动，增加溶氧速率，通常在发酵罐内壁须安装挡板。挡板宽度一般取 0.1～0.12*D*，装设 4～6 块即可满足全挡板条件。所谓"全挡板条件"是指在一定转速下再增加罐内附件而轴功率保持不变。满足全挡板条件的挡板数及宽度，可由下式计算

$$\frac{W}{D}\cdot m_b=0.4 \qquad (19\text{-}7)$$

式中　W——挡板宽度（m）；

D——罐直径（m）；

m_b——挡板块数。

挡板的长度自液面起至罐底为止。挡板与罐壁之间的距离为（1/5～1/8）*W*，以避免形成死角，防止物料与菌体堆积。

由于发酵罐内除挡板外，立式冷却蛇管等装置也起一定的挡板作用，因此一般发酵罐中安装四块挡板，挡板宽度为 1/8～1/12*D* 已足够满足全挡板条件。

19.1.3.4　消泡器

消泡器的作用是将泡沫打破。最常用的形式有锯齿式、梳状式及孔板式。消沫桨装于搅拌轴上，齿面略高于液面。其直径为罐径的 0.8～0.9，以不妨碍旋转为原则。由于泡沫的机械强度较小，当少量泡沫上升时，耙齿就可把泡沫打碎而达到消沫的目的。

至于发酵罐顶部外面的消沫器一般都是利用离心力将泡沫粉碎，液体仍返回罐内。最简单的是离心式消沫器。也可以采用电机带动的碟片式离心消沫器。

19.1.3.5　连轴器及轴承

大型发酵罐搅拌轴较长，常分为 2～3 段，用连轴器使上下搅拌轴成牢固的刚性连接。常用的连轴器有鼓形及夹壳型两种。小型发酵罐可采用法兰将搅拌轴连接。轴的连接应垂直，中心线应对正。为了减少震动，中型发酵罐一般在罐内装有底轴承。而大型发酵罐还装有中间轴承，底轴承和中间轴承的水平位置应能适当调节。罐内轴承不能加润滑油，应采用液体润滑的塑料轴瓦，轴瓦与轴瓦之间的间隙常取轴径的 0.4%～0.7%。

19.1.3.6 变速装置

发酵罐常用的变速装置有三角皮带传动，圆柱或螺旋圆锥齿轮减速装置，其中以三角皮带变速传动较为简便。也可以采用无级变速装置。

19.1.3.7 空气分布装置

空气分布装置的作用是吹入无菌空气，并使空气均匀分布。分布装置的形式有单管及环形管式等，常用的是单管式。管口对正罐底中央，管口与罐底的距离约为 40mm，这样空气分散效果较好。若距离过大，则空气分散效果较差。环形管的分布装置以环径为搅拌器的 0.8 倍较有效，喷孔直径为 5～8mm，喷孔向下，喷孔约等于通风管的截面积。这种空气分布装置的空气分散效果不及单管式分布装置，同时由于喷孔容易被堵塞，已很少被采用。通风管内通常空气流速取 20m/s。为了防止吹管吹入的空气直接喷击罐底，加速罐底腐蚀，在分布装置的下部装置不锈钢的分散器，以延长罐底的寿命。

通风量在 0.02～0.5ml/s 时，气泡的直径与空气喷口直径的 1/3 次方成正比，也就是说喷口直径越小，气泡直径也越小，而氧的传质系数也越大。但是生产实际的通风量均超过上述范围，此时气泡直径与风量有关，而与喷口直径无关，所以单管的分布装置效果并不低于环形管。

19.1.3.8 轴封

轴封的作用是使固定的发酵罐与转动的搅拌轴之间能够密封，防止泄露和杂菌污染。常用的轴封有填料函和端面轴封。

填料函式轴封是由填料箱体、填料底承套、填料压盖和压紧螺栓等零件构成，使旋转轴达到密封的效果。

填料式的宽度可根据转轴的直径决定，其宽度为

$$S=(1.4\sim2)d\ (\mathrm{mm})$$

式中 d——为转轴直径（mm）；填料室的高度为 $H=(4\sim6)S$（mm）。

填料函式轴封的优点是结构简单（图 19-5）。主要缺点是：死角多，很难彻底灭菌，容易渗漏及染菌；轴的磨损情况较严重；填料压紧后摩擦功率消耗大；寿命短，经常维修，耗工时多。因此目前多采用端面式轴封。

端面轴封又称机械轴封，密封作用是靠弹性元件（弹簧、波纹管等）的压力使垂直于轴线的动环和静环光滑表面紧密地相互配合，并做相对转动而达到密封

（图 19-6）。端面轴封的优点是：清洁；密封可靠，在一个较长的使用周期中，不会泄露或很少泄露；无死角，可防止染菌；使用寿命长，质量好的可用 2～5 年不需维修；摩擦功率损耗小，一般为填料式轴封的 10%～50%；轴或轴套不受磨损；对轴的精度和光洁度没有填料轴封要求那么严格，对轴的震动敏感性小。因此广泛应用于工业中。但其结构比填料轴封密封复杂。端面轴封的基本构件是动环和静环，由两者组成的摩擦付是密封最重要的元件。动环和静环是在介质中做相对旋转摩擦滑动，由于摩擦生热、磨损和泄露等现象，因此摩擦付设计应使在给定的条件下，工作负荷最轻，密封效果最好，使用寿命最长。

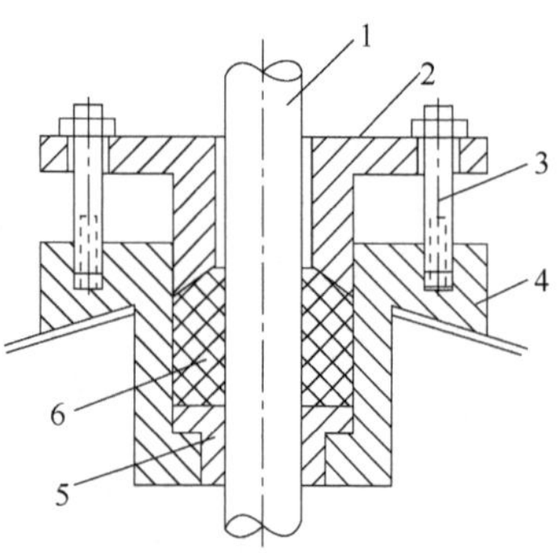

图 19-5　填料函式轴封的结构示意图

1—转轴；2—填料压盖；3—压紧螺栓；4—填料箱体；5—铜环；6—填料

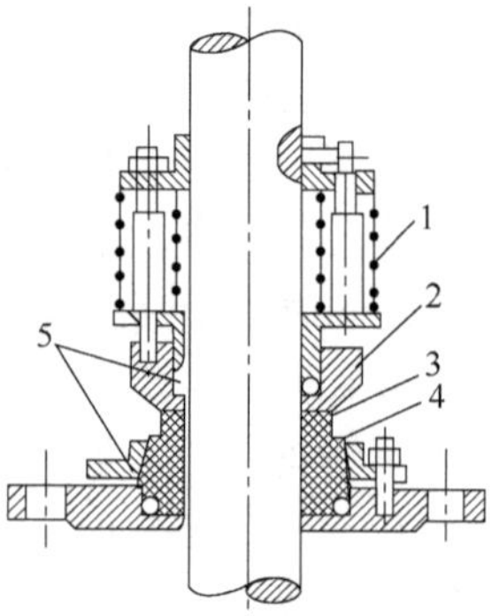

图 19-6　端面式轴封的结构示意图

1—弹簧；2—动环；3—堆焊硬质合金；4—静环；5—O 形圈

19.1.3.9　换热装置

夹层式换热装置多用于容积较小的发酵罐、种子罐。夹层的高度比静止液面高度稍高即可，无须进行冷却面积的设计。这种装置的优点是结构简单，加工容易，罐内无冷却装置，死角少，容易进行清洁灭菌工作。其缺点是传热壁较厚，冷却水流速低，降温效果差。传热系数为 4.186×（150～250）kJ/（m^2·h·℃）。较大型的发酵罐不宜采用这种换热装置。

容积在 $5m^3$ 以上的发酵罐，采用蛇形管换热装置。蛇形管换热装置是将竖式的蛇管分组安装于发酵罐内，根据罐的直径大小有 4 组、6 组或 8 组不等。这种装置的优点是冷却水在管内的流速大，传热系数高，为 4.186×（300～450）kJ/（m^2·h·℃）。

19.1.3.10 发酵罐装料容积的计算

一般情况下,装料高度取罐圆柱部分高度的 0.7 倍,但极少泡沫的物料可达 0.9,对于易起泡的物料可取约 0.6 倍。采用有效的机械消沫装置,可以提高罐的装料量。

19.2 其他类型的发酵罐

在工业上除了采用通用式发酵罐外，用于好氧微生物发酵的其他型式的发酵罐还有自吸式、高位筛板式、空气带升式等发酵罐，下面作一简单的介绍。

19.2.1 空气带升环流式发酵罐

机械搅拌发酵罐设备结构比较复杂，动力消耗较大，而空气带升式发酵罐可以克服上述缺点。这种发酵罐的特点是结构简单，冷却面积小，无搅拌传动设备，节省动力约 50%；节约钢材，操作时无噪音。

料液可充满达 80%～90%，不需加消沫剂；维修、操作及清洗简便，减少了杂菌污染。空气带升环流式发酵罐根据环流管安装的位置可分为内环流式和外环流式两种(图 19-7)。但还不能代替好气量较小的发酵罐，对于黏度较大的发酵液溶氧系数较低。

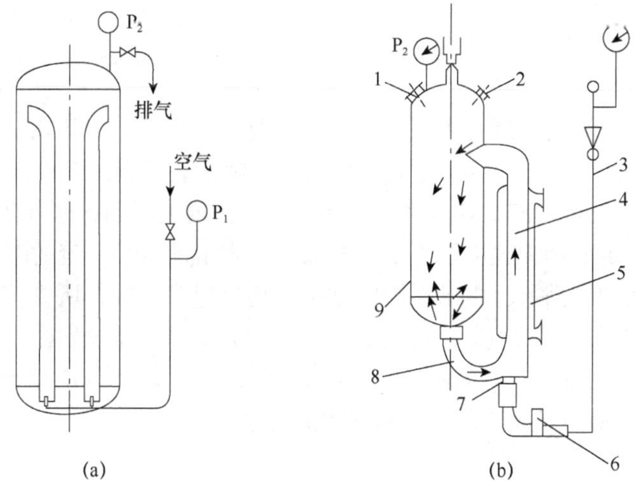

(a) (b)

图 19-7 空气带升式环流式发酵罐

(a) 内循环带升式发酵罐；(b) 外循环带升式发酵罐

1—人孔；2—视镜；3—空气管；4—上升管；5—冷却器；6—单向阀门；7—空气喷嘴；8—带升管；9—罐体；

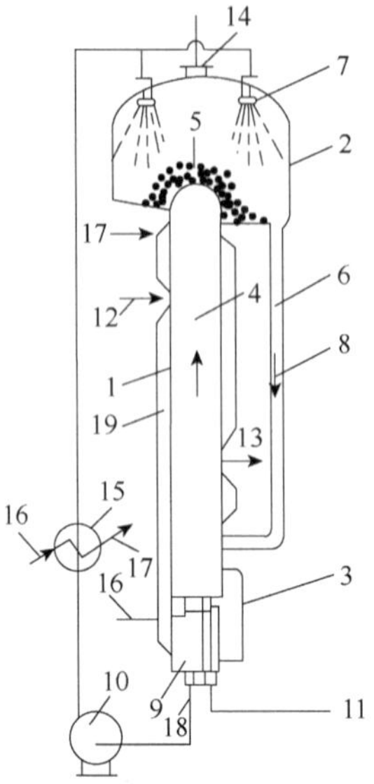

图 19-8　外循环气升式发酵罐的结构示意图
1—发酵罐；2—消泡室；3—气体分布器；4—培养液；5—消泡层；6—下降管；7—喷淋器；8—回流；9—气液分离器；10—循环泵；11—供气管；12—培养液入口；13—培养液出口；14—废气出口；15—热交换器；16—冷却水入口；17—冷却水出口；18—发酵液出口；18—冷却夹套

图 19-8 所示是外循环气升式发酵罐，空气从罐底进入，利用气体分布器 3 使空气分散，并与液体充分混合上升，经下降管 6 回流返回罐底，下部发酵液经循环泵 10、热交换器 15 送至灌顶的喷淋器 7。喷淋器起到消泡的作用。

19.2.1.1　工作原理

空气带升式环流发酵罐的工作原理是在罐外装设上升管，上升管两端与罐底及罐上部相连接，构成一个循环系统。在上升管的下部装设空气喷嘴，空气喷嘴以 250～300m/s 的高速度喷入上升管，借喷嘴的作用将空气泡分割成细泡，与上升管的发酵液密切接触。由于上升管的发酵液轻，加上压缩空气的喷流动能，因此使上升管的液体上升，罐内液体下降而进入上升管，形成反复的循环，供给发酵液所消耗的溶解空气量，使发酵正常进行。

19.2.1.2　性能指标

空气带升式环流发酵罐是否符合工艺要求及经济指标，应从几个方面考虑，如循环周期，压比、压差、环流量之间的关系，喷嘴直径等。

① 循环周期。发酵液在环流管内循环一次所需要的时间，称为循环周期。发酵液必须维持一定的环流速度以不断补充氧，使发酵液保持一定的溶氧浓度，满足微生物生命活动的需要。由于不同的微生物耗氧速率不同，所要求的循环周期也不同。如果供氧速率跟不上，会使微生物的活力下降而减少发酵产率。例如，黑曲霉发酵生产糖化酶时，当菌体浓度为 70%时，循环周期要求 2.5～3.5min，不得大于 4min，否则会造成缺氧而使糖化酶活力急剧下降。

循环周期可按下式计算

$$\tau=\frac{V_L}{Q_C}=\frac{V_L}{\frac{\pi}{4}d^2\omega} \tag{19-8}$$

式中　τ——循环周期（s）；

V_L——发酵罐内发酵液量（m^3）；

Q_C——发酵液环流量（m^3/s）；

ω——发酵液在环流管内流速（m/s）；

d——环流管二内径（m）。

② 压比、压差、环流量之间的关系。发酵液的环流量与通风量之比称为气液比，用 A 表示：

$$A=\frac{Q_C}{Q} \tag{19-9}$$

图 19-9 表示的是气液比 A 与环流管内液体的环流速度ω的实验曲线，环流速度ω一般可取 1.2～1.4m/s。

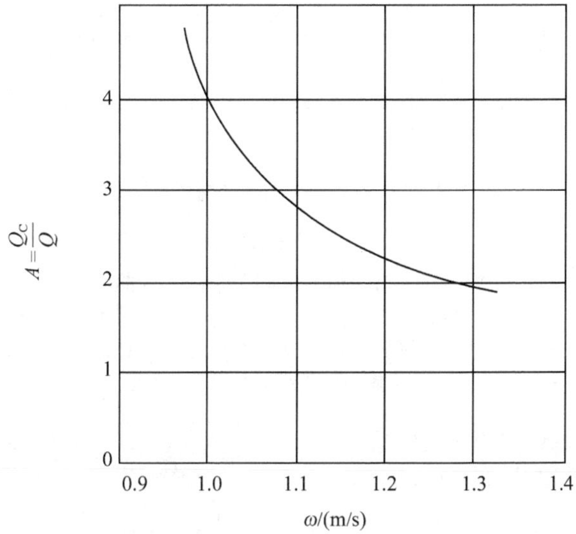

图 19-9　气液比 A 与环流速度ω的关系

喷嘴前后压差 Δp 和发酵罐罐压与环流量 Q_C 有一定关系，当喷嘴直径一定时，发酵罐内液柱高低也不变时，压差 Δp 越大，通风量就越大，相应就增加了液体的循环量。Δp 与 Q_C 之间关系的实验曲线见图 19-10。

③ 喷嘴直径的计算。为了使环流管内气泡分裂成细碎，气液混合达到良好的效果，应使空气自喷嘴出口的雷诺准数大于液体流经喷嘴处的雷诺准数，由此引出

$$\frac{d}{d_0}>A\frac{\mu_g}{\mu_l} \tag{19-10}$$

式中　d_0——喷嘴孔径（m）；

d——环流管直径（m）；

A——气液比；

μ_g，μ_l——分别为空气和液体的黏度（N · s/m²）。

由式（19-10）可知，当环流管直径 d 为定值时，喷嘴孔径 d_0 不宜过大，通风量与喷嘴孔径之间的关系可由下列经验式表示

$$Q = 2.38 \times 10^4 d_0^{2.5} (\Delta p)^{0.6} p_0^{0.3} \tag{19-11}$$

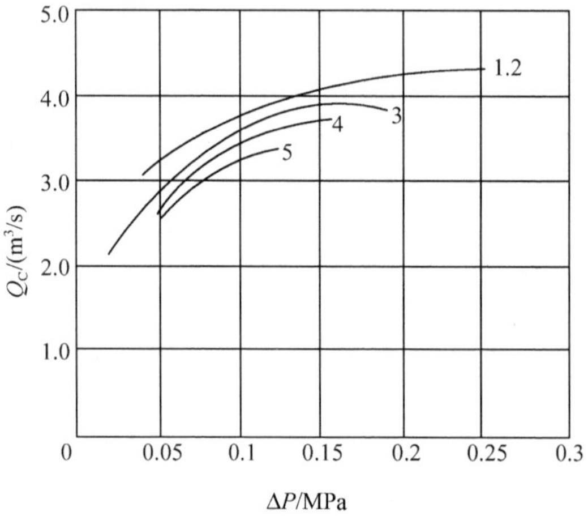

图 19-10　Δp 与 Q_C 之间关系的实验曲线

曲线编号：	1	2	3	4	5
罐压（MPa）：	0	0.03	0.05	0.1	0.15

（参考俞俊棠等，1997）

式中　Q——通气量（m/s）；

d_0——喷嘴口孔径（m）；

Δp——喷口前后空气压力差，$\Delta p = p_1 - \left(p_0 + \frac{H_L}{100}\right)$

p_1——喷嘴前的空气绝对压力（MPa）；

p_0——罐内绝对压力（MPa）；

H_L——液面到喷嘴口液柱高度（m）。

在设计环流式发酵罐时，还应注意到环流管高度对环流效率的影响，实验表明环流管高度应高于 4m。罐内液面也不能低于环流管出口，否则将明显降低效率，但过高的液面高度，可能产生“环流短路”现象，而使罐内溶氧分布不均匀。一般罐内液面不高于环流管出口 1.5m。

喷嘴直径、环流管与发酵罐容积的关系参考值如表 19-1 所示。

表 19-1　喷嘴直径、环流管与发酵罐容积的关系

发酵罐容积/m^3	环流管直径/mm	喷嘴直径/mm
3～4	150	5～6
5～6	175	6～7
7～8	200	8～9
9～10	220	10～10.5
10～15	300	11～12
13～15	400	12～14

19.2.2　机械搅拌自吸式发酵罐

机械搅拌自吸式发酵罐是一种不需要空气压缩机，在搅拌过程中自吸入空气的发酵罐（图 19-11）。这种发酵罐的主要优点是节约空气净化系统中的空气压缩机、冷却器、油水分离器、空气储罐、总过滤器等设备，减少厂房占地面积；减少发酵设备投资 30%左右；设备便于自动化、连续化，降低劳动强度，减少劳动力；设备结构简单，溶氧效率高，操作方便。其缺点是由于罐压低，在某些发酵中，容易引起染菌。

该发酵罐最关键部件是带有中央吸气口的搅拌器，目前采用的自吸式发酵罐中，其搅拌器是带有固定导轮的三棱空心叶轮，直径 d 为罐径的 1/3，叶轮上下各有一块三棱形平板，在旋转方向的前侧夹有叶片。当叶轮向前旋转时，叶片与三棱形平板内空间的液体被甩出而形成局部真空，于是将罐外空气通过搅拌器中心的吸入管而被吸入罐内，并与高速流动的液体密切接触，形成细小的气泡分散在液体之中，气液混合流体通过导轮即转子流到发酵液主体。

导轮由 16 块具有一定曲率的翼片组成，排列于搅拌器的外围，翼片上下有固定圈予以固定。有关三棱搅拌器的各部尺寸比例见表 19-2。

表 19-2　三棱形搅拌器的比例关系

名称	符号	与叶轮比例关系	名称	符号	与叶轮比例关系
叶轮外径	d	1d	翼片曲率	R	$5^2/2^d$
桨叶长度	t	9/16d	翼叶角	a	45
焦点圆径	φ_1	3/8d	间　隙	δ	1～2.5mm
叶轮高度	h	1/4d	叶片厚	b	按强度计算
挡水口卷	φ_2	7/10d	叶轮外缘高	h_1	$H+2b$
导轮外径	φ_3	$1^1/2^d$	导轮外缘高	h_2	h_1+2b

自吸式发酵罐的缺点是进罐空气处于负压，因而增加了染菌机会；其次是这类

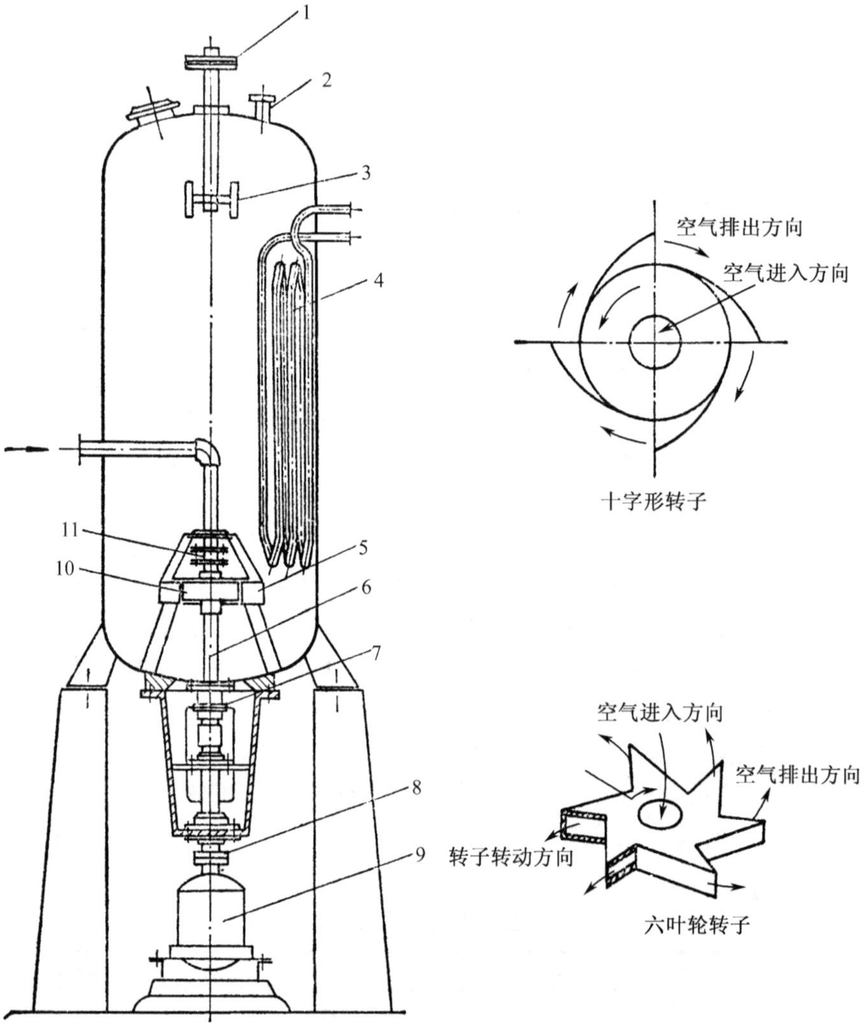

图 19-11　自吸式发酵罐

1—皮带轮；2—排气管；3—消沫器；4—冷却排管；5—定子；6—轴；7—双端面轴封；8—联轴节；9—马达；10—自顺转子；11—端面轴封

（参考华南工学院等，1983；俞俊棠等，1997）

罐搅拌转速甚高，有可能使菌丝被搅拌器切断，使正常生长受到影响。所以在抗生素发酵上较少采用。但在食醋发酵、酵母培养、生化曝气等方面已有成功的实例。

据有关文献报道，三棱形搅拌器的吸气量与液体的流动程度有一定关系，可由下式表示：

$$f(Na,\ Fr)=0 \tag{19-12}$$

式中 Na——吸气准数$\left(Na=\dfrac{Q}{nd^2}\right)$；

Fr——重力准数，即弗鲁特准数$\left(Fr=\dfrac{n^2d}{g}\right)$；

d——叶轮直径（m）；

n——叶轮转速（s^{-1}）；

Q——吸气量（m^3/s）；

g——重力加速度（9.81m/s）。

由实验数据归纳，可绘制成图19-12，由图可知，吸气量的大小是随液体运动的程度而变化的，当液体受到搅拌器的推动时，在克服重力影响达到一定程度后，吸气准数就不受重力准数 Fr 的影响而趋于常数，此点称为空化点。在空化点上，吸气量与搅拌器的泵送量成正比，其比例常数随挡板情况而异。

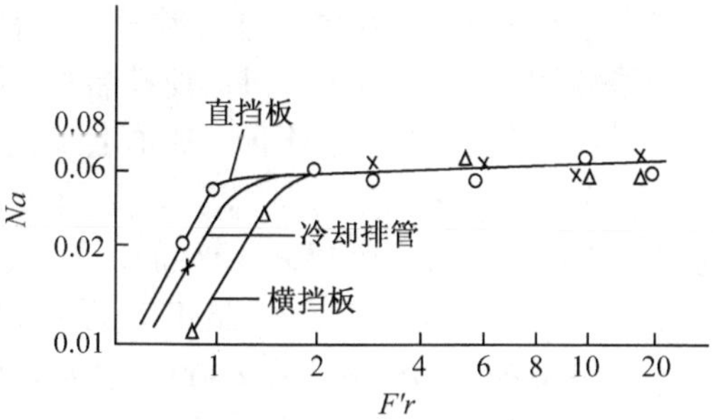

图19-12 吸气准数 Na 与重力准数 Fr 的关系

（参考俞俊棠等，1997）

当 $1.5<Fr<15$，以水为介质时，吸气量可计算如下：

① 对于垂直挡板

$$Q=0.0628nd^2$$

② 对于冷却蛇管兼作挡板

$$Q=0.0634nd^2$$

以发酵液为介质时，其搅拌器的吸气量为上式计算值的70%～80%。

自吸式发酵罐其搅拌功率可由下式计算

$$P = Kn^3d^3p \quad (19\text{-}13)$$

式中　P——不通气时的搅拌器输入功率（W）；

p——液体密度（kg/m^3）

d——搅拌器直径（m）；

K——常数，其值见表 19-3。

表 19-3　*K* 值与挡板关系

挡板形式	挡板宽度	*K* 值
垂直挡板	$B=D/8$	4.49
	$B=D/10$	3.99
	$B=D/12$	3.77
立式蛇管	每组四圈	2.89

注：*B* 为挡板宽度；*D* 为罐径。

19.2.3　高位塔式发酵罐

高位塔式发酵罐是一种类似塔式反应器的发酵罐（图 19-13），其 H/D 值约为 7，罐内装有若干块筛板，压缩空气由罐底导入，经过筛板逐渐上升，气泡在上升过程中带动发酵液同时上升，上升后的发酵液又通过筛板上带有液封作用的降液管下降而形成循环。这种发酵罐的特点是省去了机械搅拌装置，如培养基浓度适宜，而操作得当的话，在不增加空气流量的情况下，基本上可达到通用式发酵罐的发酵水平。

曾有用过容积为 40m^3 高位塔式发酵罐来生产抗生素，该罐直径 2m，总高为 14m，共装有筛板 6 块，筛板间距为 1.5m，最下面的一块筛板有 10mm 直径的小孔 2000 个，上面 5 块筛板各有 10mm 小孔 6300 个，每块筛板上都有φ450mm 的降液管，在降液管下端的水平面与筛板之间的空间则是气-液充分混合区。由于筛板对气泡的阻挡作用，使空气在罐内停留较长时间，同时在筛板上大气泡被重新分散，进而提高了氧的利用率。这种发酵罐由于省去了机械搅拌装置，造价仅为一般通用式发酵罐的 1/3 左右，操作费用也相应降低。

据报道，国外使用高位筛板发酵罐来生产单细胞蛋白质。其罐直径 7m，桶身部分高度 60m，扩大段高度 10m，罐中央有一提升筒，筒内装 9 块筛板，发酵罐容积约为 2500m^3，装液量为 1500m^3，通气比为 1∶1。

也有人在模型罐内进行试验，认为提升罐的截面积与环隙面积之比以 1.6 为好，当筛板的孔径为 2mm 时，筛板开孔率为 20%时，可达到最佳的通气效果。

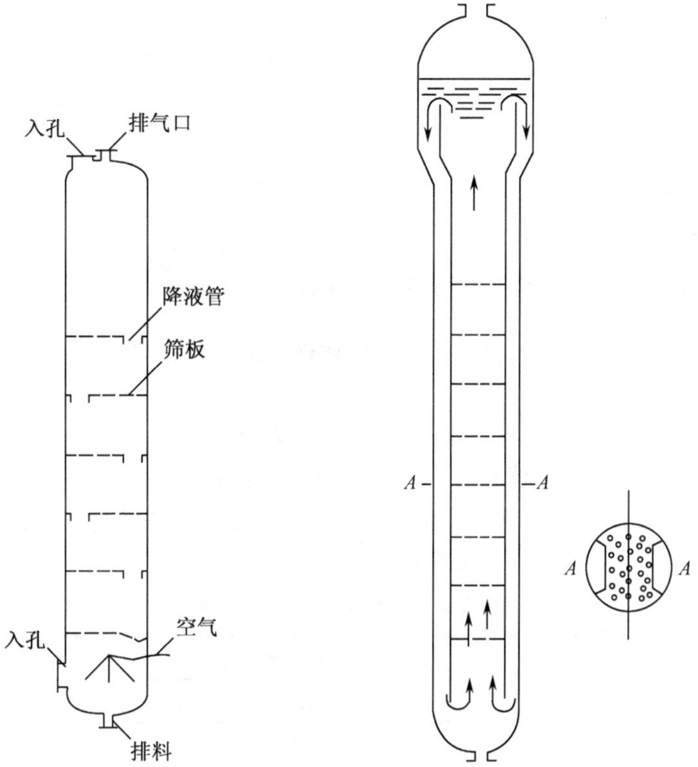

图 19-13 高位塔式发酵罐

（参考华南工学院等，1983）

19.3 搅拌轴功率的计算

在机械搅拌发酵罐中，搅拌器在运转时搅拌功率所消耗的能量克服的各种阻力，包括搅拌液体对桨叶的阻力、挡板、蛇管、罐壁等，所以搅拌器输出的轴功率 P（W）与下列因素有关：发酵罐直径 D（m）、搅拌器直径 d（m）、液柱高度 H_L（m）、搅拌器形式、搅拌器转速 n（r/min）、液体黏度 μ（Pa · s）、液体密度 ρ（kg/m^3）、重力加速度 g（m/s^2）及有无挡板等。因为发酵罐直径 D、液体高度 H_L 与搅拌器直径 d 之间有一定的比例关系，因此可以搅拌器直径 d 来代替，于是有

$$P=\phi(n、d、\rho、\mu、g)$$

通过因次分析与实验证明，对于牛顿型流体而言，可得下列准数关联式

$$\frac{P}{N^3 d^5 \rho}=K\left(\frac{nd^2\rho}{\mu}\right)^x\left(\frac{nd^2}{g}\right)^y \tag{19-14}$$

式中　$\frac{P}{N^3 d^5 \rho}=N_P$——功率准数；

$\frac{nd^2\rho}{\mu}=Re_M$——搅拌情况下的雷诺准数；

$\frac{nd^2}{g}=Fr_M$——在搅拌下的弗鲁特准数；

K——与搅拌器型式和搅拌器几何比例尺寸有关的常数。

故式（19-14）又可改写为

$$N_P=K(Re_M)^x(Fr_M)^y \tag{19-15}$$

由实验证实，在全挡板条件下，液面未出现旋涡，此时指数 $y=0$，即 $(Fr_M)^y=1$。在 $D/d=3$、$H_L/d=3$、$B/d=1$、$D/W=10$ 的比例尺寸下进行实验表 19-4，得出了图 19-14 的关联曲线。

表 19-4　图 19-14 各曲线的说明

曲线编号	搅拌器型式	比例尺寸			挡板	
		D/d	H_L/d	B^*/d	n_b	D/W
1	螺旋桨，螺距＝d	3	3	1	无	—
2	螺旋桨，螺距＝d	2.5～6	2～4	1	4	0.1
3	螺旋桨，螺距＝$2d$	3	3	1	无	—
4	螺旋桨，螺距＝$2d$	2.5～6	2～4	1	4	0.1
5	平桨，$d/b=5$	3	3	1	4	0.1
6	六平叶涡轮式	2～7	2～4	0.7～1.6	无	—
7	六平叶涡轮式	2～7	2～4	0.7～1.6	4	0.1
8	六弯叶涡轮式	2～7	2～4	0.7～1.6	4	0.1
9	六箭叶涡轮式	2～7	2～4	0.7～1.6	4	0.1

*B 为底部涡轮与罐底的距离（cm）。

当 $Re_M<10$，$x=-1$，液体处于滞留状态，

$$\frac{P}{n^3 d^5 \rho}=K\left(\frac{nd^2\rho}{\mu}\right)^{-1} \tag{19-16}$$

$$P=n^2 d^3 \mu \tag{19-17}$$

$Re_M>10^4$，$x=0$，液体处于湍流状态，

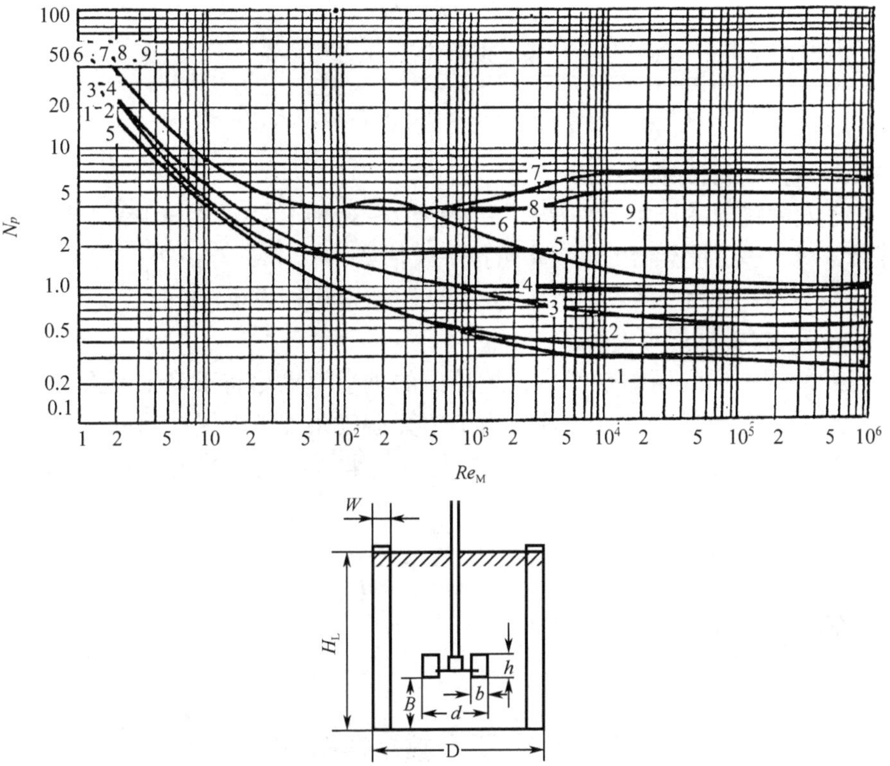

图 19-14　各种搅拌器的 N_P～Re_M 曲线图

（参考华南工学院等，1983，俞俊棠等，1999）

$$\frac{P}{n^3 d^5 \rho}=K \tag{19-18}$$

$$P=Kn^3 d^5 \rho \tag{19-19}$$

不同搅拌器的 K 值如表 19-5 所示。一般情况下，搅拌器大多在湍流状态下操作。而对非牛顿型流体而言，当雷诺准数 $Re_M \geqslant 300$ 时，流体已呈湍流状态，故可用式（19-19）来计算搅拌器的轴功率。

表 19-5　不同搅拌器的 K 值

搅拌器形式	K 值		搅拌器形式	K 值	
	滞流	湍流		滞流	湍流
六平叶涡轮式搅拌器	71	6.3	六弯叶封闭式涡轮搅拌器	97.5	1.08
六弯叶涡轮式搅拌器	71	4.8	三叶螺旋桨，螺距＝2d	43.5	1.0
六箭叶涡轮式搅拌器	70	4.0			

由于一般发酵罐中 $D/d\neq 3$，$H_L/d\neq 3$，搅拌功率可用下式校正

$$P^{*}=f \cdot P \tag{19-20}$$

式中 f 为校正系数，可由以下关系式来确定

$$f=\sqrt{\frac{(D/d)^{*}(H_{L}/d)^{*}}{3\times 3}}=1/3\sqrt{(D/d)^{*}(H_{L}/d)^{*}} \tag{19-21}$$

式中带*号者代表实际搅拌设备情况。

由于发酵罐的高径比（即 H/D）一般为 2～3，所以往往在同一轴上装有多层搅拌器，对于多层搅拌器的轴功率可按下式估算

$$P_{M}=P\,[1+0.6(m-1)]=P(0.4+0.6m) \tag{19-22}$$

式中　m——搅拌器层数。

当发酵罐中通入压缩空气后，搅拌器的轴功率输出将下降到原来的 1/2～1/3。减少量与通气量有一定关系。为了估算通气条件下的搅拌功率，可引入一个通气准数 Na 的概念来说明，该准数代表发酵罐内空气的表观流速与搅拌器叶端速度之比，在数学上可表示为

$$Na=\frac{Q_{g}/d^{2}}{nd}=\frac{Q_{g}}{nd^{3}} \tag{19-23}$$

式中　Q_{g}——工况通气量（m^3/s）；

d——搅拌器直径（m）；

n——搅拌器转速（s^{-1}）。

以 P_{g} 表示通气搅拌功率，P 为不通气搅拌功率，则

$$Na<0.035\text{ 时，}P_{g}/P=1-12.6\,Na \tag{19-24}$$

$$Na\geqslant 0.035\text{ 时，}P_{g}/P=0.62-1.85\,Na \tag{19-25}$$

当发酵罐内发酵液密度为 800～1650kg/m^3，黏度为 9×10^{-4}～0.1Pa · s 时，可用米氏（Michel）公式来估算涡轮搅拌器的通气搅拌功率

$$P_{g}=C\left(\frac{P^{2}nd^{3}}{Q_{g}^{0.56}}\right)^{0.45} \tag{19-26}$$

式中　当 $d/D=1/3$ 时，C＝0.157；

$d/D=2/3$ 时，C＝0.113；

$d/D=1/2$ 时，C＝0.101。

在应用式（19-26）时，因该式为经验公式，故应注意使用的单位。式中 n 为搅拌转速（r/min），Q_{g} 为工况通气量（m^3/s），其他符号与式（19-19）相同。

按发酵罐搅拌功率来选用电动机时，应考虑减速传动装置的机械效率 η，在一级皮带减速传动时，η 可取 0.9，即

$$P=\frac{P_{计算}}{\eta} \tag{19-27}$$

式（19-27）中计算功率 $P_{计算}$应根据不同情况来考虑，若发酵系统培养采用连续灭菌，则 $P_{计算}$选用通气功率 P_g 为好；当发酵罐采用分批实罐灭菌，则 $P_{计算}$应选用接近不通气时的功率。

目前发酵罐所配电动机功率，根据品种不同而异，一般每立方米发酵培养液的功率吸收为 1～3.5kW。

19.4 发酵罐的放大

通常一个微生物技术产品从实验室到工业生产的开发过程中，不可避免地会遇到发酵罐的放大问题。因为在不同大小的发酵罐中进行的生物反应过程虽然是相同的，但在质量、热量和动量的传递上却会有明显的差别，从而导致生物反应速率的差别。发酵罐的放大，就是要使大型发酵罐的性能与小型发酵罐接近，以使大型发酵罐的生产效率与小型发酵罐的相似。现主要有经验放大法、因次分析法、时间常数法、数学模拟法等。下面介绍经验放大法。

经验放大法是依据对已有发酵罐生物反应器的操作经验所建立起来的一些规律进行的放大方法，应该说这些规律的建立多半是定性的，只要一些简单的定量概念。

19.4.1 几何尺寸放大法

几何尺寸放大法是发酵罐各个部件的几何尺寸按比例进行放大，放大倍数实际上就是罐体积的增加倍数，即

$$\frac{H_1}{D_1}=\frac{H_2}{D_2}=A(\text{常数}) \tag{19-28}$$

$$\frac{V_2}{V_1}=\left(\frac{D_2}{D_1}\right)=m \tag{19-29}$$

$$\frac{H_1}{H_2}=m^{1/3}\text{，}\quad \frac{D_1}{D_2}=m^{1/3} \tag{19-30}$$

式中 H——发酵罐的高度（m）；

D——发酵罐内径（m）；

V——发酵罐的体积（m^3）；

D_1——模型罐；

D_2——生产罐；

m——放大倍数。

按几何尺寸放大法放大，即发酵罐体积放大 10 倍时，发酵罐高度和直径均放

大 $10^{1/3}$ 倍。

19.4.2　空气流量放大法

发酵过程中的空气流量一般有以下两种表示法：

① 单位体积培养液在单位时间内通入的空气量 VVM（标准态）

$$\mathrm{VVM}=\frac{Q_O}{V_L}\ [\mathrm{m^3/(m^3 \cdot min)}] \tag{19-31}$$

② 操作状态下的空气线速度 u_g（m/h）

两者相互换算关系为：

$$u_g=\frac{60Q_O(273+t)\times 9.8\times 10^4}{\frac{\pi}{4}D\times 273\times P}=\frac{27465.6\ (\mathrm{VVM})\ (273+t)\ V_L}{D^2\times P}\ (\mathrm{m/h}) \tag{19-32}$$

$$Q_O=\frac{u_g\ PD^2}{27465.6\times(273+t)}\ (\mathrm{m^3/min}) \tag{19-33}$$

$$\mathrm{VVM}=\frac{u_g\ PD^2}{27465.6\times(273+t)\ V_L}\ [\mathrm{m^3/(m^3 \cdot min)}] \tag{19-34}$$

式中　D——发酵罐内径（m）；

t——罐内温度（℃）；

V_L——发酵液体积（m^3）；

P——液柱平均绝对压力（Pa）。

下面介绍几种空气流量的放大方法：

① 以单位培养液体积的空气流量相同的原则进行放大时，有（VVM）$_2$=（VVM）$_1$，即

$$u_g \propto \frac{(\mathrm{VVM})V_L}{PD^2} \propto \frac{(\mathrm{VVM})D}{P} \tag{19-35}$$

因此有

$$\frac{u_{g2}}{u_{g1}}=\frac{D_2}{D_1}=\frac{P_1}{P_2} \tag{19-36}$$

② 空气线速度相同的原则进行放大时，有

$$u_{g1}=u_{g2} \tag{19-37}$$

$$\frac{(\mathrm{VVM})_2}{(\mathrm{VVM})_1}=\frac{P_2}{P_1}\cdot\frac{D_1}{D_2} \tag{19-38}$$

③ 以 K_La 值相同的原则进行放大。在好氧发酵过程中，由于氧在培养液中的溶解度很低，生物反应很容易因溶氧能力的限制受到影响，因此以发酵罐的 K_La 值相同作为放大准则，往往可以收到较好的效果。

K_La 值与操作条件及培养液的物性有关，在进行放大时，培养液性质基本相同，所以可只考虑操作条件的影响。

由于

$$K_La \propto \left(\frac{Q_g}{V_L}\right) H_L^{2/3} \quad (19\text{-}39)$$

其中 Q_g 为操作状态下的通气流量（m^3/min）；H_L 为液柱高度（m）；V_L 为发酵液体积（m^3）。

则

$$\frac{(K_La)_2}{(K_La)_1} = \frac{(Q_g/V_L)_2 (H_L)_2^{2/3}}{(Q_g/V_L)_1 (H_L)_1^{2/3}} = 1 \quad (19\text{-}40)$$

故

$$\frac{(Q_g/V_L)_2}{(Q_g/V_L)_1} = \frac{(H_L)_1^{2/3}}{(H_L)_2^{2/3}} \quad (19\text{-}41)$$

因

$$Q_g \propto u_g D^2,\ V_L \propto D^3, \quad (19\text{-}42)$$

故

$$\frac{u_{g2}}{u_{g1}} = \left(\frac{D_2}{D_1}\right)^{1/3} \quad (19\text{-}43)$$

又因

$$u_g \propto (\text{VVM})\, V_L / PD^2 \propto (\text{VVM})\, D/P \quad (19\text{-}44)$$

故

$$\frac{(\text{VVM})_2}{(\text{VVM})_1} = \left(\frac{D_1}{D_2}\right)^{2/3} \cdot \left[\frac{P_1}{P_2}\right] \quad (19\text{-}45)$$

也有采用下列的表达式进行放大

$$K_La = 1.86 \times (2 + 2.8m) \left(\frac{P_g}{V_L}\right)^{0.56} u_g^{0.7} N^{0.7} \quad (19\text{-}46)$$

式中 m——为搅拌器层数；

P_g——大罐通气时的搅拌功率（kW）；

N——搅拌转速（r/min）。

若以

$$\frac{P_g}{V_L} \propto \frac{N^{3.15} D^{2.346}}{u_g^{0.252}} \quad (19\text{-}47)$$

代入，整理后可得

$$K_La \propto N^{2.45} D^{1.32} u_g^{0.56} \quad (19\text{-}48)$$

按 K_La 相同的原则进行放大，则

$$N_2 = N_1 \left(\frac{u_{g2}}{u_{g1}} \right)^{0.23} \cdot \left(\frac{D_2}{D_1} \right)^{0.533} \quad (19\text{-}49)$$

$$P_2 = P_1 \left(\frac{u_{g_1}}{u_{g_2}} \right)^{0.681} \cdot \left(\frac{D_2}{D_1} \right)^{3.40} \quad (19\text{-}50)$$

$$P_{g2} = P_{g1} \left(\frac{u_{g2}}{u_{g1}} \right)^{0.967} \cdot \left(\frac{D_2}{D_1} \right)^{3.667} \quad (19\text{-}51)$$

④ 搅拌器叶尖速度相同的原则放大。以搅拌器叶尖速度相同的原则进行放大时，即当大小发酵罐中搅拌器的叶尖速度相等时，有 $N_2 D_2 = N_1 D_1$ ，因此

$$\frac{N_2}{N_1} = \frac{D_1}{D_2} \quad (19\text{-}52)$$

⑤ 混合时间相同的准则。混合时间 t_M 是指在反应中加入物料，到它们混合均匀时所需的时间。在小发酵罐中比较容易混合均匀，而在大发酵罐中则较为困难。通过因次分析，得到以下关系

$$t_M = (ND_i^2)^{2/3} g^{1/6} D_i^{1/2} H_L^{1/2} D_i^{3/2} \quad (19\text{-}53)$$

对于几何相似的发酵罐，$t_{M1} = t_{M2}$ 时，从上式可以得出

$$\frac{N_2}{N_1} = \left(\frac{D_1}{D_2} \right)^{1/4} \quad (19\text{-}54)$$

表 19-6 列出了 10L 发酵罐（N=500r/min，通气 1VVM）放大 10 000 L 时，按不同放大原则所得出的结论。

表 19-6　放大方法的比较

方法	放大后的搅拌转速/（r/min）	方法	放大后的搅拌转速/（r/min）
等体积功率		等氧传质系数	79
非通气	107	等叶端速度	50
通气	85	等混合时间	1260

由表 19-6 中可以看到，将某一参数保持不变，作为放大的准则进行放大时，往往带有片面性，这是因为多个参数之间常有联系，照顾了某一个方面，往往会忽略其他方面的作用，而发生悬殊的差别。一般要保证两个参数在放大前后都比较接近，应采用几何不相似的发酵罐。

发酵罐的放大问题现在尚未完全解决，在放大时往往还要凭借经验。据统计，实际放大过程中应用最多的是 P_g/V_L 和 $K_L a$ 相同，放大后的功率和转速与实际经验较吻合。

§20 空气除菌设备

在微生物产品的生产中，好气微生物的培养占绝大多数，通气问题占有极为重要的位置。自然空气中含有灰尘颗粒、水蒸气和各种杂菌。因此空气的除菌就成为好氧发酵成败的一个重要环节。除菌的方法很多，如过滤除菌、热灭菌、试剂灭菌和辐射灭菌等。

各种射线和化学试剂杀菌的方法常用于无菌室、培养室、仓库等的空气除菌。过滤除菌是发酵工业中经济实用的空气除菌方法，此方法是采用定期灭菌的介质来阻截空气中的微生物，以取得无菌空气。常用的过滤介质有棉花、活性炭、玻璃纤维、有机和无机烧结材料（烧结金属、烧结陶瓷、烧结塑料）等。事实上应用的除菌方法往往也不是单一的。例如，使用空气压缩机放出的热量可使空气的温度从常温骤升至 180～198℃，经冷却后再经过空气过滤器除菌。这就是热灭菌和介质过滤两种方法的结合。

20.1 介质除菌的原理

微生物并非一种简单的几何形状，球菌的直径一般在 0.5～2μm，杆菌一般长在 1～5μm，宽在 0.5～1μm，酵母则个体较大。空气溶胶的过滤除菌原理与通常的液体过滤原理是不同的，后者介质间的空隙应小于颗粒直径，而前者介质间空隙往往远大于颗粒直径。例如，棉花纤维直径一般为 16～20μm，充填系数为 8%时，所形成的网格空隙为 20～50μm。微粒随气流通过滤层时，滤层纤维所形成的网格阻碍气流前进，使气流无数次改变运动速度和运动方向，绕过纤维前进。这些改变引起微粒对滤层纤维产生惯性冲击、阻拦、重力沉降、布朗扩散、静电吸引等作用，而将微粒拦截。下面分别介绍这些作用的原理。

20.1.1 惯性冲击滞留作用

带有微生物的空气通过滤层时，仅能从纤维的间隙通过，由于纤维纵横交错，迫使空气要不断改换运动方向和运动速度方能通过滤层。空气中的微粒在运动中与气流具有一致的方向，当达到某一速度时，微粒具有了一定的惯性力。图 20-1 表示的是一条纤维对气流的影响。

图中是直径为 d_f 的纤维断面，当微粒随气流以一定的速度垂直向纤维方向

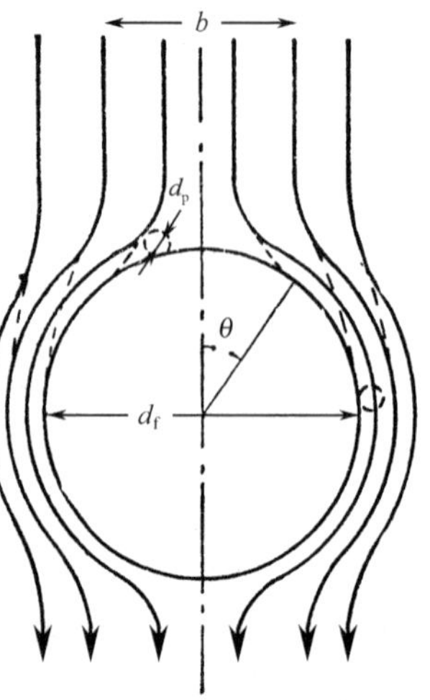

图 20-1　纤维介质截获微粒的机制
（参考华南工学院等，1983）

运动时，空气受阻可改变运动方向，绕过纤维前进。而由于微粒的运动惯性较大，未能及时改变运动方向随气流前进，直冲到纤维表面，被滞留在纤维表面。这种现象称为惯性滞留作用。纤维能滞留微粒的宽度区域 b 与纤维直径 d_f 之比，称为单纤维的惯性冲击捕获效率 η_1

$$\eta_1=\frac{b}{d_f} \tag{20-1}$$

式中纤维滞留微粒的宽度 b 的大小由微粒的运动惯性所决定，微粒的运动惯性越大，它受气流换向干扰越小，b 值就越大。同时实践证明，捕获效率是微粒惯性力的无因次准数 φ 的函数

$$\eta_1=f(\varphi) \tag{20-2}$$

准数 φ 与纤维的直径、微粒的直径、微粒的运动速度的关系为

$$\varphi=\frac{cp_p d_p \upsilon_o}{18\mu d_f} \tag{20-3}$$

式中　c——层流滑动修正系数；
υ_o——微粒（即空气）的流速（m/s）；
d_f——纤维直径（m）；
d_p——微粒直径（m）；
p_p——微粒密度（kg/m^3）；
μ——空气黏度（$N \cdot s/m^2$）。

由式（20-3）可见，空气流速是影响捕获效率的重要参数。在一定条件下（微生物微粒直径、纤维直径、空气温度），改变气流的流速就是改变微粒的运动惯性力。当气流速度下降时，微粒的运动速度随着下降，动量减小，惯性力下降，微粒脱离主导气流的可能性也减少，相应纤维滞留微粒的宽度 b 减少，即捕获效率下降。气流速度下降到微粒的惯性力不足以使微粒脱离主导气流对纤维产生碰撞，即在气流的任一处，微粒也随气流改变方向绕过纤维前进，即 $b=0$ 时，惯性力无因次准数 $\varphi=1/16$，纤维的碰撞滞留效率等于 0，这时的气流速度称为惯性碰撞的临界速度 υ_c。υ_c 是空气在纤维网格间隙的真实速度，它与容器截面的空气速度 V_s 的关系受填充密度 α 的影响

$$\upsilon_c=\frac{V_s}{1-\alpha} \tag{20-4}$$

图 20-2 表示的是不同直径的微粒对不同直径纤维的临界速度。可以看到，临

界速度 V_c 的值随纤维直径和微粒直径而变化。

20.1.2　拦截滞留作用

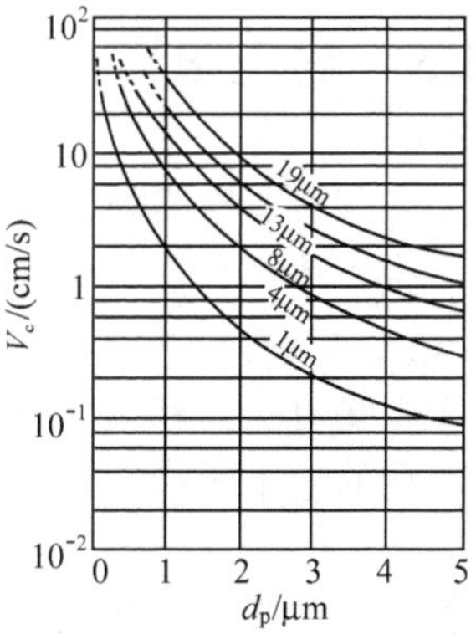

图 20-2　空气的临界速度

（参考华南工学院等，1983；熊宗贵，2001）

气流速度降到临界速度以下，微粒不能因惯性碰撞而滞留于纤维上，捕获效率显著下降。但随着气流速度的继续下降，纤维对微粒的捕获效率又有回升，表明有另一种机制在起作用，即拦截滞留作用。微生物微粒直径很细，质量很轻，它随低速气流流动慢慢靠近纤维时，微粒所在的主导气流流线受纤维所阻而改变方向，绕过纤维前进，并在纤维的周边形成一层边界滞留区。滞留区的气流速度更慢，进入滞留区的微粒慢慢靠近纤维并接触纤维而被黏附滞留。这种拦截滞留作用对微粒的捕获效率 η_2 与气流的雷诺准数和微粒与纤维的直径比的关系为

$$\eta_2=\frac{1}{2\,(2.00-\ln Re)}\left[2\,(1+R)\ln(1+R)-(1+R)+\frac{1}{1+R}\right] \quad (20\text{-}5)$$

式中　R——微粒和纤维的直径比（$R=d_p/d_f$）；

d_p——微粒直径（m）；

d_f——纤维直径（m）；

Re——气流的雷诺数。

20.1.3　布朗扩散作用

直径小于 1μm 的微粒在很慢的气流中能产生一种不规则的直线运动，称之为布朗扩散。其效果往往使较小的微粒凝集为较大的微粒，大大增加了微粒与纤维的接触滞留机会。随之或发生重力沉降或被介质所拦截。

20.1.4　重力沉降作用

无论多么小的微粒都具有重力。当微粒所受的重力大于气流对它的拖带力时，微粒就会沉降。就单一的重力沉降情况下，大颗粒比小颗粒的作用显著，对于小颗粒只有在气流速度很慢时才起作用。一般它是与拦截作用相配合的，即在纤维的边界滞留区内，微粒的沉降作用提高了拦截滞留的捕集效率。

20.1.5　静电吸引作用

干空气对非导体物质相对运动摩擦时，会产生诱导电荷，如纤维和树脂处理过的纤维，特别是合成纤维。空气中的微生物微粒常带有不同的电荷，如枯草杆菌的芽孢 20%带正电荷，15%带负电荷，15%为中性。在介质过滤中，这些带电荷的微生物可被具有相反电荷的纤维介质所吸引，另外也可能是纤维介质被流动的带电荷的粒子所感应，产生相反的电荷而将粒子吸引。

20.2　介质过滤效率和过滤器计算

20.2.1　对数穿透定理

过滤效率η，即滤层所滤去的微粒数与原有微粒数之比，是衡量过滤设备过滤能力的指标

$$\eta=\frac{N_0-N}{N_0}=1-\frac{N}{N_0}=1-P \tag{20-6}$$

式中　N_0——过滤前空气中的微粒含量（个）;

N——过滤后空气中的微粒含量（个）;

N/N_0——过滤前后空气中的微粒数的比值，称为穿透率 P。

空气过滤器的过滤效率主要与微粒的大小、过滤介质的种类和规格（纤维直径）、介质的填充密度、过滤介质层厚度及所通过的空气气流速度等因素有关。

在一定的条件下（包括气流速度、温度、介质种类、填充密度、杂菌种类等），通过单位高度介质层后，杂菌浓度的下降量与进入此介质层的杂菌量成正比，即

$$\mathrm{d}N/\mathrm{d}L=-KN_0 \tag{20-7}$$

式中　$\mathrm{d}N/\mathrm{d}L$——单位滤层所除去的微粒数（个/cm）;

L——滤床厚度（m）;

K——过滤常数或除菌常数（m^{-1}）。

将上式整理并积分

$$-\frac{\mathrm{d}N}{N_0}=K\mathrm{d}L \tag{20-8}$$

$$-\int_{N_0}^{N}\frac{\mathrm{d}N}{N_0}=K\int_0^L\mathrm{d}L$$

$$\ln\frac{N}{N_0}=\ln\frac{C}{C_0}=-KL \tag{20-9}$$

$$\frac{N}{N_0}=e^{-KL} \tag{20-10}$$

式中 C_0，C——进口、出口空气的菌浓度（个/cm^3）。

上式即称为对数穿透定律，表示进入滤层的微粒数与穿透滤层微粒数之比的对数是滤层厚度的函数。若令 $N/N_0=0.1$，即颗粒的 90%被捕获，穿透 10%，相应的滤层厚度可以用 X_{90} 表示。则由式（20-9）得

$$\ln 0.1=-K X_{90}$$

因此

$$X_{90}=\frac{2.303}{K} \tag{20-11}$$

20.2.2　过滤器的计算

对于单位面积宽度为 dx 的纤维床微元，若纤维的填充率为α，则在该体积微元中纤维的根数（假定每根均为单位长度且与气流方向垂直）为

$$\frac{1\cdot\alpha \mathrm{d}x}{1\cdot\frac{\pi}{4}d_{\mathrm{f}}^2} \tag{20-12}$$

因此通过该微元时气流中颗粒浓度的变化为

$$\mathrm{d}C=-bC\frac{4\alpha \mathrm{d}x}{\pi d_{\mathrm{f}}^2} \tag{20-13}$$

整理后得

$$\frac{\mathrm{d}C}{\mathrm{d}x}=-\frac{4\alpha\eta_0}{\pi d_{\mathrm{f}}}C \tag{20-14}$$

与式（20-9）相比，可得

$$K=\frac{4\alpha\eta_0}{\pi d_{\mathrm{f}}} \tag{20-15}$$

单纤维捕获效率η_0为扩散捕获效率η_{D}、拦截捕获效率η_{R}、扩散与拦截的联合捕获效率η_{RD}之和。当气流速度较大时，因颗粒的惯性力造成的捕获效率η_1 也应加以考虑，而重力和静电的影响在一般情况下可以忽略。因此

$$\eta_0=\eta_{\mathrm{D}}+\eta_{\mathrm{R}}+\eta_{\mathrm{RD}}+\eta_1 \tag{20-16}$$

其中

$$\eta_0=2.9Ku^{-1/3}Pe^{-2/3}+0.62/Pe \tag{20-17}$$

$$\eta_{\mathrm{R}}=\frac{1}{2Ku}[2(1+R_{\mathrm{Pf}})\ \ln\ (1+R_{\mathrm{ft}})-(1+R_{\mathrm{Pf}})\ + (1+R_{\mathrm{Pf}})^{-1}+\alpha(-2R_{\mathrm{Pf}}^2-1/2R_{\mathrm{Pf}}^4+1/2R_{\mathrm{Pf}}^5+\cdots)] \tag{20-18}$$

$$\eta_{\mathrm{RD}}=1.24\ Ku^{-1/2}Pe^{-1/2}\ R_{\mathrm{pf}}^{2/3} \tag{20-19}$$

$$\eta_1=0.075\sqrt{2St} \tag{20-20}$$

式中 Ku——Kuwabara 参数，$Ku=-\frac{1}{2}\ln\alpha-\frac{3}{4}+\alpha-\frac{\alpha^2}{4}$； （20-21）

$R_{pf}=d_p/d_f$； （20-22）

P_e——Peclet 准数，$P_e=\frac{\omega_g d_f}{2DP}$；

ωg——气体流速（m/s）；

D_P——颗粒的扩散系数（m^2/s），$D_P=\frac{ckT}{3\pi\mu d_p}$；

k——波尔兹曼常数；

T——空气的热力学温度（K）；

μ——空气的黏度（Pa·s）；

c——校正系数，$c=1+\frac{2\lambda}{d_p}\left[1.257+0.4\exp\left(-\frac{0.55d_p}{\lambda}\right)\right]$； （20-23）

λ——平均自由程（m），$\lambda=\frac{\mu\pi M}{2pRT}$； （20-24）

M——气体相对分子质量；

ρ——气体密度（kg/m^3）；

R——气体常数；

St——Stokes 准数，$St=\frac{d_p^2\rho_p\omega_g}{18\mu d_f}$； （20-25）

ρ_p——颗粒密度（kg/m^3）。

过滤器的效率与操作条件有密切关系，图 20-3 是除菌常数 K 及 X_{90} 与空气流速 ω_g 的关系。过低和过高的空气流速都会使 K 下降。在设计过滤器时应取 K

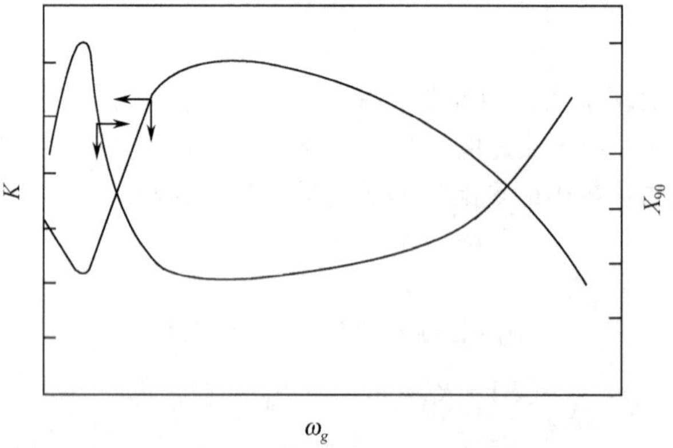

图 20-3 除菌常数 K 及 X_{90} 与空气流速 ω_g 的关系
（参考俞俊棠等，1997；梅乐和等，1999）

最低时的流速，以保证空气过滤器有良好的除菌效率。

例如，一个发酵罐每分钟用空气量为 $10m^3$，空气在过滤器中的线速度为 0.15m/s；这时过滤器的除菌效率 $K=153.5m^{-1}$，空气中的微生物浓度若为 200 个/m^3，发酵周期 100h，则

$$N_0=10\times60\times100\times200=1.2\times10^7\text{（个）}$$

过滤器出口空气中的含菌量取 0.001（即 1000 批操作中允许进入一个微生物），则介质层厚度

$$L=\frac{1}{K}\ln\frac{N_0}{N}=\frac{1}{153.5}\ln\frac{1.2\times10^7}{10^{-3}}=0.151\text{（m）}$$

空气过滤器的直径

$$D=\sqrt{4Q/\pi\omega_g}=\sqrt{4\times10/(3.14\times60\times0.15)}=1.19\text{（m）}$$

若空气流速因故变为 0.03m/s，在此流速下除菌常数变成 $20.0m^{-1}$，这时每分钟进入过滤器的微生物数

$$N'_0=\frac{\pi}{4}\times1.19^2\times0.03\times60\times200=400\text{（个）}$$

每分钟从过滤器出口流出的微生物数

$$N'=N'_0\exp(-K'L)=400\times\exp(-20.0\times0.151)=19.5\text{（个）}$$

在此操作条件下，介质层的厚度应为

$$L'=\frac{1}{200}\ln\frac{400\times60\times100}{10^{-3}}=1.08\text{（m）}$$

20.3　空气除菌设备

20.3.1　压缩空气的预处理

空气的除菌必须配备一定量的空气压缩机和空气除菌设备。大气中的微生物大多依附于空气中的尘埃颗粒上。一般认为高度每上升 10m，大气中的微生物量下降一个数量级，因此空气压缩机的取气口可建在较高的位置。由于经过压缩的空气具有很高的温度，当其冷却后又具有较高的相对湿度，可冷凝为水滴析出，同时经过空压机的空气往往还带有油滴，这些夹杂在压缩空气中的水滴和油滴很容易使空气过滤器的除菌能力下降以至失败。因此在压缩空气进入过滤介质之前，必须进行空气的预处理，以保证过滤器的可靠性。

20.3.1.1　压缩空气的冷却

空气的压缩过程可以近似地看作绝热压缩过程，压缩后的空气温度与被压缩

的程度有关

$$T_2 = T_1\left(\frac{p_2}{p_1}\right)^{\frac{k-1}{k}} \quad (20\text{-}26)$$

式中　T_1，T_2——压缩前、后空气的热力学温度（K）；

p_1，p_2——压缩前、后空气的绝对压强（Pa）；

k——绝热指数，空气为 1.4。

若压缩为多变过程，则可用多变指数 m（对于空气可取 1.2～1.3）代替式（20-26）中的绝热指数 k。例如，20℃的空气由 1×10^5Pa 被压缩到 4×10^5Pa（绝压），且 $m=1.3$ 时，压缩空气的温度达

$$T_1 = (273+20)\left(\frac{4\times10^5}{1\times10^5}\right)^{\frac{1.3-1}{1.3}} = 403\ (\text{K})$$

$$t = 403-273 = 130\ (℃)$$

如果压缩比更大，压缩空气的温度就更高。如此高温度的压缩空气若直接进入空气过滤器，极有可能引起过滤介质的炭化或燃烧，而且增大了发酵罐的降温负荷，给培养温度的控制带来困难。高温空气还会增加发酵液水分的蒸发，影响微生物的生长。因此压缩空气在进入介质过滤器前必须降温。一般用列管式冷却器进行冷却，空气走壳程，冷却水走管程，传热系数在 60～120J/（m^2·s·℃）。新型的翘板式换热器以强制流动的冷空气冷却，总的传热系数可达 350J/（m^2·s·℃）。

20.3.1.2　压缩空气的除油除水

大气中总含有一定量的水分，并以气态存在。当空气中的水蒸气过多，超过饱和度（即相对湿度为 100%）时，或在空气冷却至露点以下时，空气中的水蒸气才会形成水滴析出。

空气中的水蒸气分压与同温度下的饱和蒸汽压之比称为相对湿度或相对湿含量

$$\varphi = \frac{p_w}{p_S} \quad (20\text{-}27)$$

式中　φ——相对湿度；

p_w——空气中水蒸气分压（Pa）；

p_S——同温度下水的饱和蒸汽压（Pa）。

1kg 干空气中所含有水蒸气的质量（kg）称作空气的湿含量或绝对湿含量，用 χ 来表示。若 G_g（千克干空气）含有 G_w（千克水蒸气），则其湿含量

$$\chi = \frac{G_w}{G_g} = \frac{M_w p_w}{M_g p_g} = \frac{M_w}{M_g}\frac{p_w}{p-p_w}$$

$$=0.622\frac{p_w}{p-p_w} \tag{20-28}$$

式中　M_w，M_g——水和空气的相对相对分子质量；

p_g——干空气的分压（Pa）；

p——湿空气的总压强（Pa）。

将式（20-27）和（20-28）合并，有

$$\chi=\frac{0.622\varphi p_s}{p-\varphi p_s} \tag{20-29}$$

整理后

$$\varphi=\frac{p}{p_s}\cdot\frac{\chi}{0.622+\chi} \tag{20-30}$$

$$p_w=\frac{p\chi}{0.622+\chi} \tag{20-31}$$

根据式（20-31），在空气湿含量不变，即 $\chi_2=\chi_1$ 的条件下，导出下列公式

$$\varphi_2=\varphi_1\frac{p_{s1}}{p_{s2}}\frac{p_2}{p_1} \tag{20-32}$$

式中　φ_1、φ_2——原空气、压缩空气的相对湿度；

p_{s1}、p_{s2}——原空气、压缩空气温度下的饱和蒸汽压；

p_1、p_2——原空气、压缩空气的的压力。

从式（20-32）看，压缩后空气的相对湿度 φ_2 除了与原始空气的相对湿度 φ_1、温度 T_1（决定 p_{s1} 的值）及压力 p_2 有关外，也与压缩后的温度 T_2（决定 p_{s2} 的值）有关。若将压缩后的空气冷却至原始气温，即 $T_2=T_1$，$p_{s2}=p_{s1}$ 时，压缩空气的相对湿度 φ_2 仅与压缩后的压力 p_2 有关，如压缩比（p_2/p_1）增大多少倍，相对湿度比（φ_2/φ_1）也增大多少倍，这一点对空气除菌是十分不利的。因为压缩后的空气必须冷却，而冷却后的空气相对湿度将增加，很有可能达到饱和而有水滴析出，这样对空气除菌大有影响。

空气在压缩后的湿含量即绝对含湿量不变，在其未经冷却时，由于温度很高，所以相对湿度很小，但当其冷却时，相对湿度急剧增大。

例如，大气的温度为 15℃，相对湿度 80%，经空压机压缩到 3×10^5Pa 时，温度上升到 120℃，已知 15℃和 120℃时的饱和水蒸气分别为 1710Pa 和 1.987×10^5Pa，因此压缩后的相对湿度为

$$\varphi_2=\varphi_1\frac{p_{s1}}{p_{s2}}\frac{p_2}{p_1}=0.8\frac{1710}{1.987\times10^5}\frac{3\times10^5}{1\times10^5}$$
$$=0.0207$$

此压缩空气在露点时的饱和蒸汽压可由式（20-32）计算

$$p_{s2}=p_{s1}\frac{\varphi_1}{\varphi_2}\frac{p_2}{p_1}=1710\frac{0.8}{1}\frac{3\times10^5}{1\times10^5}=41\ 014\ (\text{Pa})$$

根据温度与饱和水蒸气压的关系，可以查出露点 $T_2=29℃$，高于此温度时，不会有水析出，如将此压缩空气冷却到 40℃，其相对湿度为

$$\varphi_2=\varphi_1\frac{p_{s1}}{p_{s2}}\frac{p_2}{p_1}=0.8\times\frac{1710}{7381}\times\frac{3\times10^5}{1\times10^5}=0.556$$

将此相对湿度为 55.6%的压缩空气送入空气过滤器，可保证过滤器的正常运行。

自然界的空气状态受气候和季节变化的影响很大。如果大气温度为 30℃，相对湿度为 85%，在与以上相同的压缩比时，压缩空气在露点的蒸气压为

$$p_{s2}=p_{s1}\frac{\varphi_1}{\varphi_2}\frac{p_2}{p_1}=4246\times\frac{0.85}{1}\times\frac{3\times10^5}{1\times10^5}$$

$$=1.083\times104\ (\mathrm{Pa})$$

查得露点为 47.4℃。若将此压缩空气冷却到 40℃，就会有水析出。这时可先将压缩空气冷却到 40℃以下（如 30℃，饱和蒸气压 4246Pa），经析水后再加热到 40℃（饱和蒸汽压为 7381Pa），这时相对湿度是

$$\varphi_2=\varphi_1\frac{p_{s1}}{p_{s2}}\frac{p_2}{p_1}=1.0\times\frac{4246}{7381}\times\frac{3\times10^5}{1\times10^5}=0.575$$

用这样相对湿度在 60%左右的压缩空气进行过滤除菌，就不会将过滤器打湿而影响过滤效果。因此空气的除菌流程是按生产对无菌要求具备的参数，根据空气的性质而制定的。其间需要一系列空气处理设备。

20.3.2 空气过滤除菌流程

为保证过滤器有比较高的过滤效率，应维持一定的气流速度和不受油、水的干扰。气流速度可由操作来控制；要保证不受油、水干扰则要有一系列冷却、分离、加热的设备来保证空气的相对湿度在 50%～60%的条件下过滤。图 20-4 表示的是一种空气除菌设备流程。一般包括粗过滤器、空压机、空气贮罐、空气冷却器、气液分离器、空气加热器、空气过滤器等。这些设备有各种不同的型号可供选择，在此仅介绍选择设备的一些原则和计算方法。

20.3.2.1 粗过滤器

粗过滤器是安装在空气压缩机前的过滤设备，主要作用是捕集较大的灰尘颗粒，起到保护空气压缩机，防止其受磨损的作用，同时也可减轻空气过滤器的负荷。对粗过滤器的要求是过滤效率要高，阻力要小，否则会增加空气压缩机的吸入负荷和降低空压机的排气量。通常有布袋过滤器、填料过滤器、油浴洗涤过滤

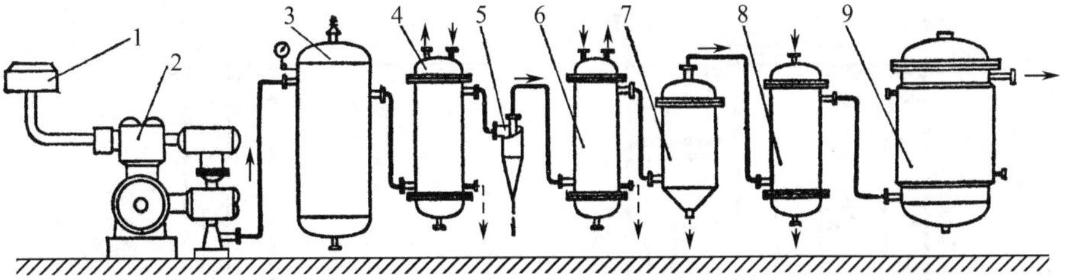

图 20-4　空气除菌设备流程（两级冷却）

1—粗过滤器；2—压缩机；3—贮罐；4，6—冷却器；5—旋风分离器；7—丝网过滤器；8—加热器；9—过滤器

（参考梅乐和等，1999；熊宗贵，2001；华南工学院等，1983）

器和水雾除尘过滤器等形式的粗过滤器。

布袋过滤器结构最简单，是将滤布缝制成与骨架相同形状的布袋，绷紧缝于焊在进风口的骨架上，并缝紧所有会造成短路的空隙。滤布的过滤效率高，但阻力大。多采用毛质绒布或合成纤维滤布。气流速度越大，阻力也越大，过滤效率就低。气流速度一般取 2～2.5m^3/（m^2 · min），空气阻力为 60～120mmHg（8～16kPa）。滤布应定期换洗，以减少阻力和提高过滤效率。

填料式粗过滤器一般用油浸铁回丝、玻璃纤维或其他合成纤维等作填料，过滤效果比布袋过滤器好，阻力损失也较小，但结构比较复杂，占地面积比较大，内部填料经常洗换才能保持一定的过滤作用。

油浴洗涤过滤装置的结构如图 20-5 所示。空气进入装置后要通过油箱中的油层洗涤，空气中的微粒被油黏附而逐渐沉降于油箱低部被除去。经过油浴的空气因带有油雾，需要经过百叶窗式的圆盘，分离大滴油雾，再经气液过滤网分离小颗粒油雾后，由中心管吸入压缩机。这种装置效果较好，当有分离不净的油雾带入压缩机也无影响，阻力不很大，但是耗油量较多。

水雾除尘装置结构如图 20-6 所示。空气从设备底部进口管吸入，经装置上部喷下的水雾洗涤，空气中的灰尘、微生物微粒被黏附沉降，从器底排出。带有细微水雾的洁净空气，经上部过滤网后排出进入压缩机。一般对 0.5μm 的粒子过滤效率为 50%～70%，对 1.0μm 的粒子过滤效率为 55%～88%，对 5μm 以上的粒子过滤效率为 90%～99%。空气流速一般在 1～2m/s，速度太高则带入水雾太多，会降低空压机的排气量。

20.3.2.2　空气贮罐

空气贮罐的作用是消除压缩机排出空气量的脉动，维持稳定的空气压力。同

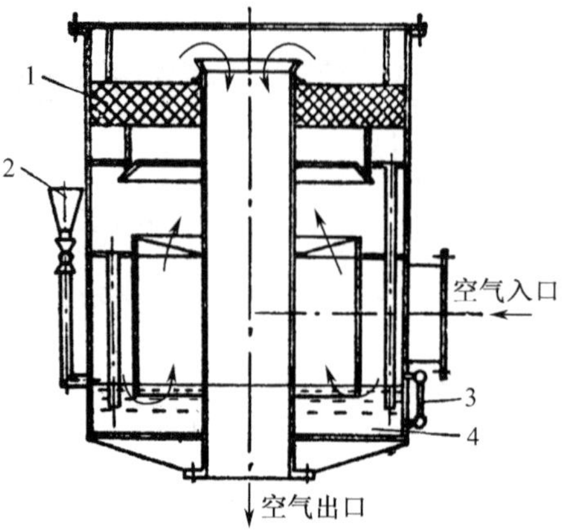

图 20-5　油浴洗涤装置的结构

1—滤网；2—加油斗；3—油镜；4—油层

（参考华南工学院等，1983；梅乐和等，1999）

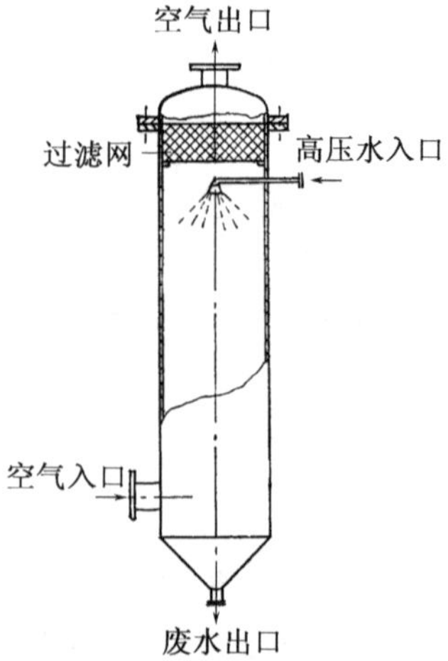

图 20-6　水雾除尘装置结构

（参考华南工学院等，1983；梅乐和等，1999）

时也可以利用重力沉降作用去除部分油雾。大多数贮罐是紧接着空压机安装，虽然由于空气温度较高，容器要求稍大，但对设备防腐、冷却器热交换都有好处。贮罐的大小可用以下经验公式计算：

$$V=0.1\sim0.2W \quad (20\text{-}33)$$

式中　V——贮罐容积（m^3）；

W——压缩机的排气量（m^3/min）。

贮罐的结构简单，如图 20-7 所示，是一个装有安全阀和压力表的空罐壳体，也有的在罐内加装冷却蛇管，利用空气冷却器排出的冷却水进行冷却，以提高冷却水的利用率。也有的在贮罐内加装导筒，使进入贮罐的热空气沿一定路线流过，增加一定热杀菌效果。

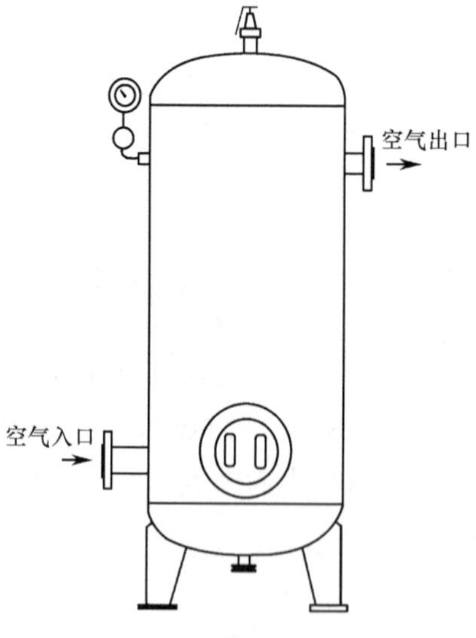

图 20-7　空气贮罐的结构

（参考华南工学院等，1983；梅乐和等，1999）

20.3.2.3　空气冷却器

用于空气冷却的热交换器种类很多，常用的有立式列管式热交换器、沉浸式热交换器、喷淋式热交换器等。由于空气的传热系数很低，设计时应采取恰当的方式来提高传热系数。

提高空气传热系数的最好方法是增加空气的流速。如选择列管式热交换器时，在水质条件允许条件下，可安排空气走管内，做成多程流动，提高空气流速。若水质条件不允许，空气走管外时，可用多加隔板的方法提高空气流速。设计的喷淋式和沉浸式热交换器应保证一定的空气流速。一般选择的空气流速为 5～10m/s。

20.3.2.4　气液分离器

压缩空气的除油除水设备型式很多，常用的有两大类：一种是利用离心力进行沉降的旋风分离器，另一种是利用惯性截留的填料式分离器。

旋风分离器是一种结构简单，阻力小，分离效果较高的气固或气液分离设备。其示意图如图 20-8 所示。空气以切线方向进入旋风分离器，并在器内做圆周运动，水滴和颗粒因比空气质量大得多，所以具有较大的惯性力。故当空气在分离器内做圆周运动时，水滴和颗粒仍做直线运动，当碰在器壁上时即可沉降。其除水效率可达 99%。

随着应用的日渐广泛，旋风分离器的结构种类也越来越多，如蜗壳式、扩散

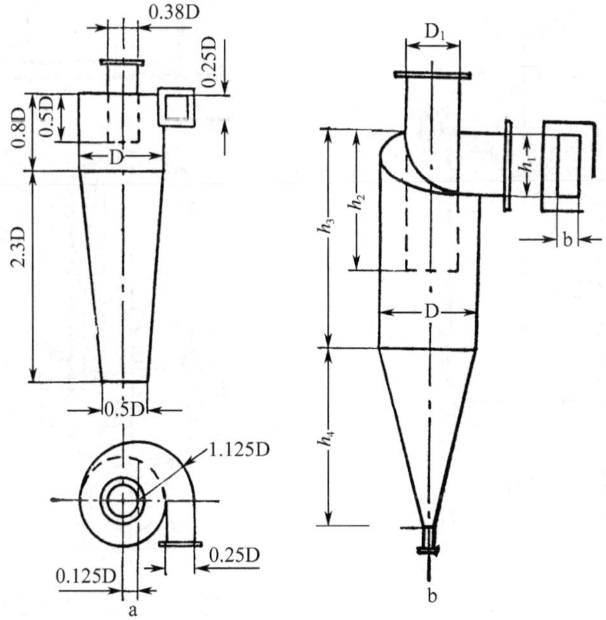

图 20-8　旋风分离器

（参考华南工学院等，1983；梅乐和等，1999）

式、旁路式、平面旋流式、带二次风的旋风式等。对旋风分离器的要求是：直径不宜太大，因气流旋转运动所产生的离心力与分离器的半径成反比，若半径大，分离效率就低；进口的气流速度要适当，旋转气流所产生的离心力与气流速度的平方成正比，所以气流速度小，则分离效果差，但气流速度过大，能量损失多（压力降大），同时也会因产生涡流而降低效果。一般采用的进口空气流速为15～20m/s，排气口气流速度为 4～8m/s；当要分离的空气量很大时，可采用多个分离器并联。

旋风分离器对于 10μm 以上的微粒分离效率较高，但对 10μm 以下的微粒分离较困难。一般冷凝水雾的粒子大小在 10～200μm，适于采用旋风分离器除水。

填料式分离器所用的填料有焦炭、活性炭、瓷环、金属车屑、金属丝网、塑料丝网等。丝网分离器具有较高的分离效率（98%～99%），可除去较细小的雾状微粒（5μm），结构简单，且阻力不大。但对于雾沫浓度较大的空气，会因雾沫堵塞空隙而增大阻力损失。图 20-9 所示的是丝网分离器，其介质层常用高度是150mm，分离细雾时可用 200～300mm，通过介质层的最佳速度为 1～3m/s。

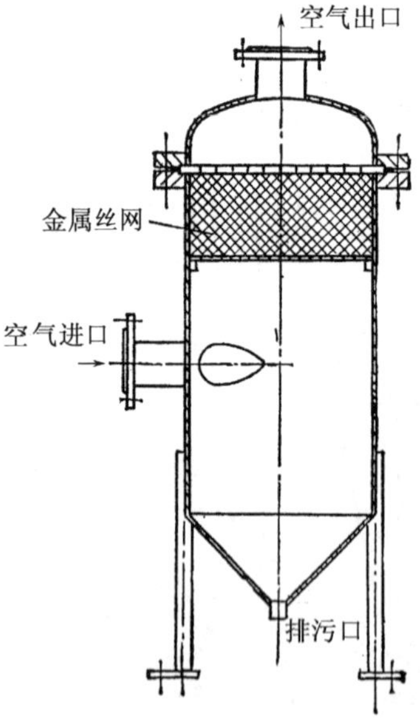

图 20-9　丝网分离器

（参考华南工学院等，1983；梅乐和等，1999）

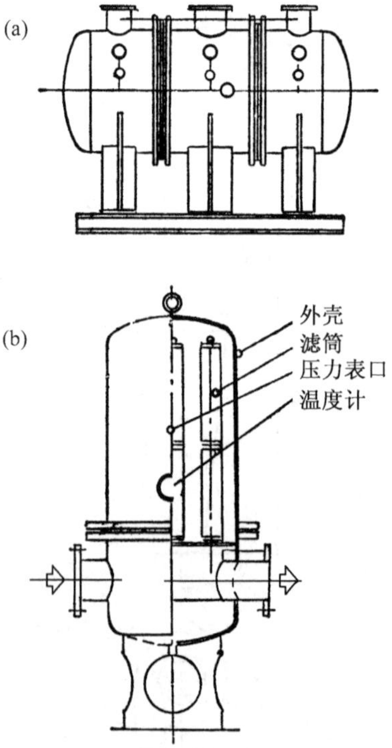

图 20-10　PVA 滤芯过滤器示意图

（a）装入板式滤片；（b）装入管式滤芯

（参考俞俊棠等，1997）

20.3.2.5　空气过滤器

空气过滤器是过滤除菌的关键设备，它的质量好坏不但影响到介质的消耗量、过滤过程动力消耗（压力降）、操作劳动强度、维护管理等，而且还关系到运转过程的可靠性。现已发展出许多种类的过滤介质，按其孔径大小可分为以下两类。

第一类的孔隙小于细菌和孢子，当空气通过时，微生物可以被阻留在介质的一侧，这种介质称为绝对过滤介质。例如，聚乙烯醇缩甲醛树脂（PVF）经耐热处理制成孔径小于 0.3μm 的滤膜，其除菌效果和通气性好，能耐受多种有机溶剂、酸和碱，并且可以用蒸汽灭菌。图 20-10 是 PVA 滤芯过滤器示意图。由于其孔径小于微生物，因此空气中即使会有液滴也不会影响除菌效率。这种过滤介质的使用寿命在一年以上。如在空气无菌过滤前，先经粗过滤器滤去较大的颗粒，可有效地延长过滤器的使用寿命。

另一类是如前所述孔径大于微生物的过滤介质，其中一种是用棉花、玻璃纤维、合成纤维和颗粒活性炭填充的过滤器（图 20-11），它是一个圆筒形容器，内有两层多孔筛板将过滤介质压紧并加以固定。填充时应使介质分布均匀，以避免

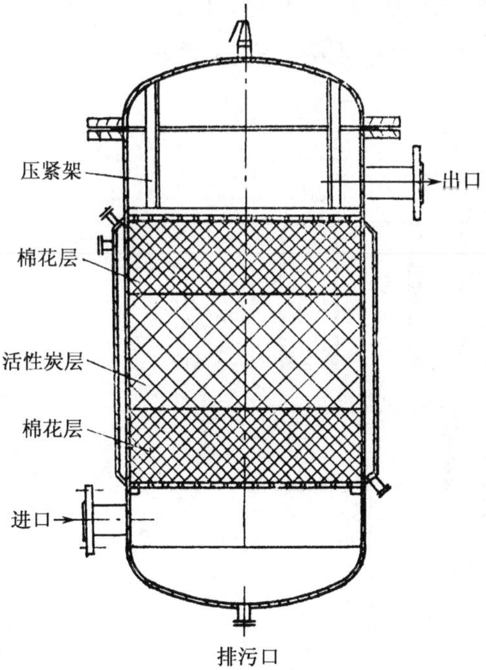

图 20-11　介质层过滤器
（参考华南工学院等，1983；俞俊棠等，1997）

空气走短路或发生介质被吹翻的现象。棉花介质的过滤器一般做为总过滤器，但是还是存在以下一些不足之处。

① 棉花过滤介质的阻力较大，使空气压力损失大，一般压力降会达到0.03～0.05MPa，如果采用两级棉花介质过滤，总的压力降可达0.07MPa，这大大增加了动力消耗。

② 对直径较小的微粒截留率较低，影响了空气除菌的可靠性。

③ 对空气除水要求较高，长期使用或空气湿度过高会导致棉花受潮，使棉花纤维的吸附能力和过滤能力下降，而且受潮后的棉花容易长菌而造成大范围的染菌。

随着材料工业的发展和进步，过滤器的填料介质出现了许多新的材料，如玻璃纤维、聚乙烯纤维、不锈钢纤维等。与棉花纤维相比，玻璃纤维的除菌能力稍差，但也有一些优势。

① 玻璃纤维的阻力较小，产生的压力降会大大降低。

② 玻璃纤维的灰尘容量较大，过滤介质使用寿命更长。

③ 玻璃纤维耐湿性较好，对空气除水要求降低，并且受潮后不易长霉。

目前纤维折叠式生产工艺可以把过滤介质制作成折叠式滤筒（图20-12），这种结构的特点是大大增加了滤器的空气过滤面积，增大了透风量，风阻小，过滤精度高。而且过滤筒（图20-13）是硬化结构，结构紧凑，体积小，占地面积大大减小。在使用中堵塞系数小，过滤阻力小，而灰尘容量大大提高。

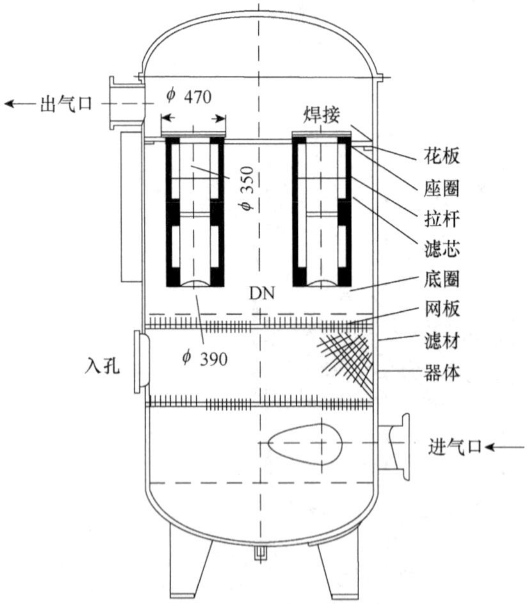

图20-12　折叠式过滤器
（参考陈坚等，2012）

图20-13　空气过滤器

另一种是将过滤材料制成纸、板或管状，如超细玻璃纤维滤纸、金属烧结板等。这种材料不需填充得很厚，但除菌效率较高。图 20-14 是一种超细玻璃纤维纸过滤器，它利用两片多孔板将几张超细玻璃纤维纸夹紧，即可进行无菌过滤，且具有很高的除菌效率和较低的阻力损失。

此外小型发酵罐为节约成本，用涂覆聚四氟乙烯的玻璃纤维折叠滤筒，大型发酵罐多用聚四氟乙烯（PTFE）、偏聚四氟乙烯（PVDF）微孔膜和氟化玻纤膜（FGF）的过滤器，其中尤以聚四氟乙烯过滤器为多。聚四氟乙烯材料的除菌过滤器（图 20-15）可经受反复蒸汽灭菌，并且由于其良好的疏水性，灭菌后可不需要干燥即可进行无菌空气过滤。

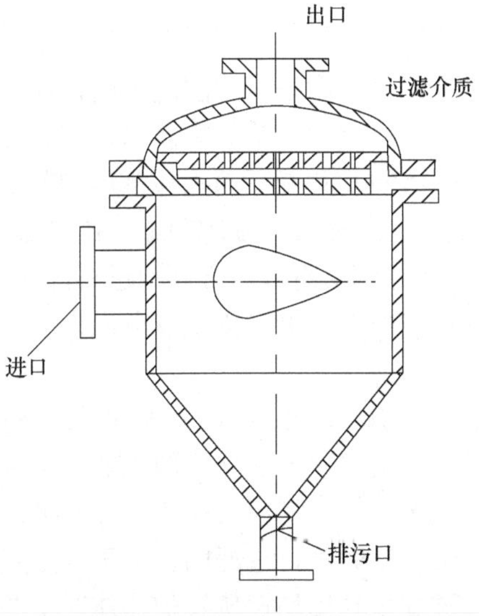

图 20-14　超细玻璃纤维纸过滤器
（参考华南工学院等，1983；俞俊棠，1997）

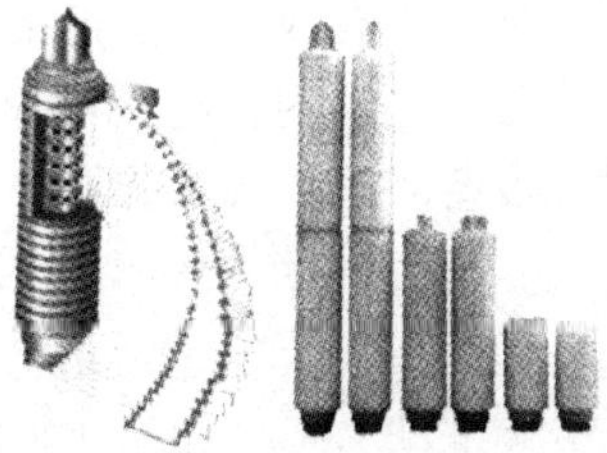

图 20-15　聚四氟乙烯材料的除菌过滤器
（参考陈坚等，2012）

§21 产品纯化设备

在发酵结束后，需要进行一系列的分离纯化工作，才能将有用生物产物从成分复杂的发酵液中提纯出来。提纯除需要相应的工艺之外，还需要有相应的设备。本章将介绍一些常用的提纯设备。

21.1 两相分离设备

两相分离设备是用来进行固液分离或液分离的设备。发酵液中的代谢产物有的分泌在细胞外，溶于液体中，而培养基的残余成分、菌体等固形物则悬浮于发酵液中。通过过滤，就可以得到溶有代谢产物的发酵液，而去掉菌体和其他固体物质。如果是存在于微生物细胞内的代谢物质，或在破碎细胞前或在破碎细胞后，可以通过过滤分离固液两相。若产品就是细胞本身，更可以方便地进行固液分离。在采用溶剂萃取流程中，当两液相混合达到平衡后，可以用液液分离设备来加快两液相的分离，有效地完成产品的纯化过程。

用于分离固液两相的设备很多，根据推动力的不同，可以分为加压过滤设备、真空过滤设备和离心过滤设备。加压过滤设备是利用过滤介质两端的压力差为推动力，产生压力的动力包括泵、高位槽、压缩空气、物料堆积压力和机械压力。真空过滤是利用抽真空造成过滤介质两端压力差而进行过滤的，由于真空度的限制，其最大推动力不会超过100kPa。离心过滤系利用高速旋转的物体产生的离心力作为过滤的推动力，由于离心比重可增大数百倍甚至数万倍，故其过滤分离速度也较大。表21-1列出了常用的一些固液分离设备及设备分离原理。发酵液的过滤特性是多变的，因此选择发酵液的过滤设备最可靠的方法是通过实验。

表21-1 常用的固液分离技术原理及设备

方法	原理	设备
离心	利用高速旋转产生的惯性离心力的作用，加快颗粒的沉降速度	高速冷冻离心机，蝶片式离心机，管式离心机，倾斜式离心机，筐式离心机
过滤	依靠过滤介质的孔径大小，来截获大于介质孔径的颗粒	板框过滤机，平板过滤机，真空过滤机，管式过滤机，蜂窝式过滤机，深层过滤机
膜分离	依据被分离物质的大小，选择小于膜孔径过滤膜进行分离	平板、卷曲、中空纤维、管式微孔过滤机； 平板、卷曲、中空纤维、管式超滤机； 半透膜型离子半透膜性电渗析器

21.1.1 过滤设备

21.1.1.1 板框过滤机

板框过滤机是一种比较老式的过滤设备，但在发酵工业中仍被广泛采用，主要是因为它与其他过滤设备相比具有结构简单、紧凑；过滤推动力大，辅助设备少，动力消耗少；过滤、洗涤质量好；能够分离难以用其他过滤设备过滤的悬浮液；滤饼含水量较少；维修方便等优点。此设备也有一些明显的缺点，如设备笨重，间歇操作，装拆板框及卸渣的劳动强度大，设备占地面积大，辅助时间长，所以降低了生产效率。

（1）板框过滤机的结构及操作

根据滤液的不同排出方式，板框过滤机可分为两种。一种是明流式，其滤液从每一块滤板流出。发酵液过滤大都采用这种过滤机，因为这种方式的板框过滤机有一个优点，就是能够很方便地检查各块滤板中过滤的质量，便于发现有无漏渣。另一种是暗流式，滤液集中从尾板的出液口流出。这种板框过滤机大部分用于成品及无菌过滤，这样可以减少滤液与外界的接触，防止外界杂质污染。

板框过滤机主要由固定端板、滤框、滤板、板框支架、可动端板、支撑横梁和紧压装置组成（图 21-1）。

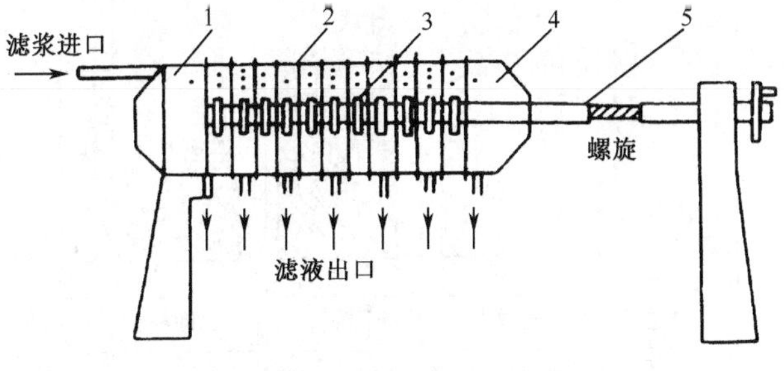

图 21-1 板框过滤机的结构图

1—固定端板；2—滤布；3—板框支架；4—可动端板；5—支撑横梁

· 过滤板 ⁚ 滤框 ⁝ 洗涤板

两根主梁把尾板和紧压装置连在一起构成机架，在机架上靠近紧压装置的一端放置头板，头、尾板之间交替排列滤板和滤框，板和框之间夹着滤布。板框压紧后，滤板与滤框所形成的空间构成过滤室，在过滤时用于积存滤渣。其紧压方式有两种，一种是手动螺旋紧压，另一种是液压紧压。一般过滤面积在 $20m^3$ 以上的板框过滤机大多采用机械或液压紧压装置。

各种不同型式和不同紧压方式的板框过滤机都有可洗和不可洗两种。具有对滤渣进行洗涤结构的称为可洗式（图 21-2），否则为不可洗。

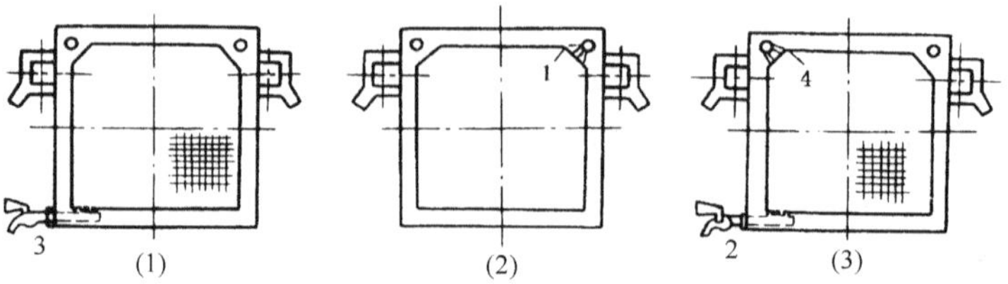

图 21-2 滤板和滤框

（1）滤板；（2）滤框；（3）洗涤板

1—料液通道；2—滤液出口；3—滤液或洗涤液出口；4—洗涤液通道

现在也有一类将板和框合二而一的箱式板框过滤机（图 21-3），箱式过滤机全部由滤板组成，滤板四周突出形成边框，两边框内部凹进去形成盘面。当两个滤板合拢时，滤板四周的边框压紧，中间形成相当于滤框的内腔，在板的中间开孔，装上中央同样有开孔的滤布，形成中央通道，发酵液从中央通道进入相当于框的空间，滤液通过滤布从板的出口流出。

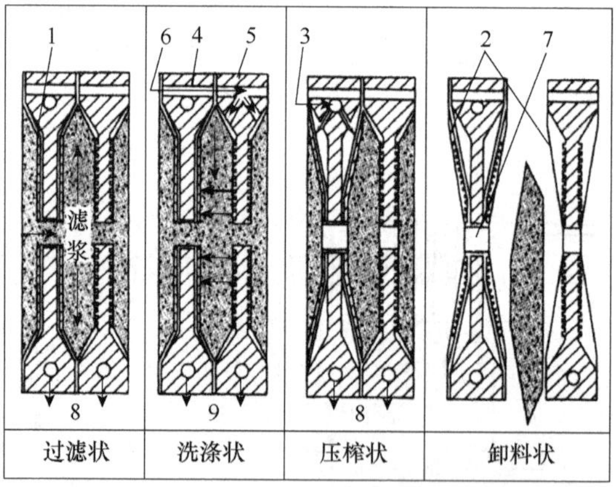

图 21-3 箱式过滤机工作原理示意图

1—橡胶隔膜；2—滤布；3—压榨气体；4—压榨板；5—滤板；6—洗涤水；7—压榨板进料口；8—滤液；9—洗液

箱式过滤机的操作和一般板框过滤机一样，同样可以进行洗涤、压缩空气吹干等操作，但由于滤饼不受滤框的包围，过滤机打开时，滤饼即可自动落下。另外，箱式过滤机还可以在滤板表面覆上一层橡胶薄膜，需要时可以向滤板和薄膜之间通入压缩空气使薄膜鼓起来，对滤饼施加挤压作用，进一步降低滤饼含水量。但是这种板框过滤机的装卸比较困难，有待进一步加以改进。

（2）板框过滤机过滤面的计算

可以根据两种情况进行板框过滤机的计算，一种是已知欲处理的发酵液数量，需要选用某种规格的板框过滤机多少台；或已知某种规格的板框过滤机，验算过滤面够否所需操作时间。

若板框过滤机的框数等于 n，框的总容积为

$$V=n\cdot a\cdot b\cdot c \tag{21-1}$$

式中 a——框内高度（m）；b——框内宽度（m）；c——框的厚度（m）。

以抗生素的发酵液为例，每块框的装料系数 K 为 50%～80%，这样一台板框过滤机所能容纳的滤渣体积为

$$V_{台}=K\cdot V \tag{21-2}$$

若一批滤渣的湿重为 G（kg），其重度为 γ（kg/m^3），则一批操作所得滤渣的体积为

$$V_{批}=\frac{G}{\gamma} \tag{21-3}$$

由于发酵液中含有 10%～20%的固体物质，所以 $V_{批}$也可以下式求得

$$V_{批}=0.1\sim0.2V_{发酵液} \tag{21-4}$$

一批发酵液所需的板框过滤机的台数 m 为

$$m=\frac{V_{批}}{V_{台}}=\frac{V_{批}}{K\cdot V}=\frac{V_{批}}{K\cdot n\cdot a\cdot b\cdot c} \tag{21-5}$$

当 $V_{批}$一定，并且 K 选定为某一值时，m 与 n、a、b、c 等数值有关。对发酵液的过滤常采用 c 为 25mm 厚的板框。一般情况，每小时每平方米过滤面积可过滤发酵液 15～25L。

为了克服间歇操作和劳动强度大的缺点，已发展出能够连续操作的自动板框过滤设备，如 IFP 全自动板框过滤机。如图 21-4 所示，这种板框过滤机的板和框结构与传统式的板框基本一样，过滤程序也和传统式相同。板和框两侧上下各有四只角耳，构成液体和气体通路的孔全部开在板框的角耳上，因此不必在滤布上开孔，这样整个机器使用的滤布全部连在一起，并且首尾相连封闭。

这种过滤机在过滤和洗涤时如图 21-4a，悬浮液从板框上部通道并行进入各个滤框，滤液按箭头方向穿过前后两侧的滤布，从滤板表面进入下部通道，然后流出机外。

过滤和洗涤滤饼完毕后，油压机拉开板框，使板框至既定的距离，用滤框升降架带着全部滤框下降至图 21-4b 所示位置，再启动滤饼推动板，将滤框内的滤饼沿水平方向推出落下。在拉开板框后，即可启动驱动装置牵引滤布循环

行进，有防止滤布歪行的装置自动整位，同时刷洗滤布。滤布再生完毕后，停止循环行进，滤框升降架使全部滤框同时复位，然后重新夹紧进入下一次操作周期。

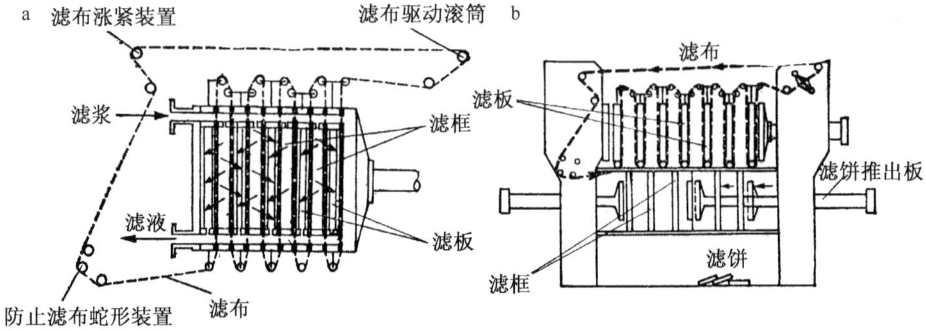

图 21-4　IFP 全自动板框过滤机运转原理图

a. 过滤与洗涤；b. 降框、卸饼及洗刷滤布

（参考华南工学院等，1983）

表 21-2 给出了部分 IFP 全自动板框过滤机的规格，可以根据实际生产量来选择合适的过滤机。这种过滤机的特点除了可以自动装卸和除渣外，滤饼的卸除也不受或少受滤饼状态的限制。

表 21-2　部分 IFP 全自动板框过滤机的规格

框外部尺寸/mm	800×800				1000×1000		1250×1500		
框　数	20	30	35	20	40	60	30	50	60
总过滤面/m^3	19.1	28.6	33.4	31.0	62.0	93.0	104.6	172.3	209.1
框总容积/L	286	428	500	465	929	1394	1568	2614	3136
全　长/mm	3000	5000	6000	3000	7000	8700	5000	7850	8700
全宽/mm	1400				1600		2300		
全　高/mm	2500				3000		4000		

21.1.1.2　真空过滤机

真空过滤机是在负压的情况下进行的。常用的真空过滤机的种类也很多，如转鼓式真空过滤机、叶片式真空过滤机、圆盘翻斗式真空过滤机等。在抗生素工业中，常用的是转鼓式真空过滤机。它把过滤、洗饼、吹干、卸饼等各项操作，全在转鼓的一周循环中依次完成。在转鼓旋转过程中，连续刮去滤饼，同时在刮除了滤饼的滤布处形成新的滤饼。因此不但使过滤过程连续化，滤饼的阻力亦很小。在滤布阻力不变的情况下，实现了恒压和恒滤速操作。

转鼓式真空过滤机的主要构成部件是水平放置的转鼓，转鼓的外周表面镶有若干块长方形的筛板，在筛板上依次铺设金属网丝和滤布，即构成过滤表面。筛板之下的转鼓空间被径向筋片分离成若干个过滤室，每一个过滤室都以单独的孔道与轴颈端面连通，分配头即压在轴颈端面上，分配头的内部被径向隔离块分为3个室，它们分别与盖板上的真空或压缩空气线路连通（图21-5）。

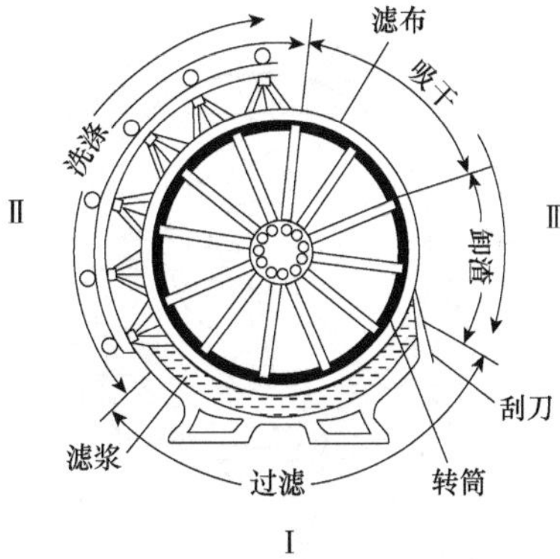

图21-5　真空转鼓过滤机的工作原理示意图
（引自杨昌鹏，生物分离技术，2007）

转鼓部分浸在滤过槽中，由电动机通过皮带传动、减速箱和一对开式齿轮带动旋转。这时转鼓上的每一个过滤室都相继与分配头的Ⅰ、Ⅱ、Ⅲ、Ⅳ室连通，整个转鼓的工作也大致分成4个区域进行：

① 过滤区。此区过滤室与分配头的室Ⅰ相连通，室Ⅰ是与真空线路相通的，在真空负压作用下进行悬浮液的分离。滤液通过滤布进入滤室，经过分配头排出机外。悬浮液中的固体颗粒则被滤布截留在滤布的外表面，形成滤渣层。

② 洗涤与脱水区。过滤室通过此区时，洗涤液通过喷嘴均匀地喷洒在滤渣层上，在真空的作用下，排挤并带走残留在滤渣上的滤液，最后从分配头另一个与真空线路相连的室Ⅱ排出而脱去水分。洗涤脱水后的滤渣进入卸渣区。

③ 卸渣区。压缩空气通过分配头的室Ⅲ进入区内各过滤室，迫使滤渣与滤布分离，然后刮刀将滤渣清除。

④ 再生区。为了除去堵塞在滤布孔隙中的滤渣颗粒，压缩空气或蒸汽由分配头的室Ⅳ进入区内各过滤室，吹落这些颗粒，使滤布得以再生。

一个过滤室每通过以上4个区域一次，就是它的一个工作周期。若干个过滤室在不同时间内陆续通过同一区域，就构成了过滤机的连续工作流程。

转鼓式真空过滤机适用于霉菌发酵液的过滤，如青霉素发酵液、黑曲霉生产柠檬酸发酵液等的过滤。用GP5-1.75A型转鼓式真空过滤机过滤以废糖蜜为主原料的柠檬酸发酵液，此发酵液中含菌丝体为5%～15%，过滤条件在80℃，真空度300～400mmHg，转速0.5～0.8r/min时，过滤速度为300～400L/（m^2·h）。

因为这种过滤机是用刮刀或细钢丝刮除滤渣的，为了不损伤滤布，刮刀或细钢丝不能紧靠滤布，这样就会在滤布表面总是残留一薄层滤渣，所以其过滤速度比完全清洗干净的滤布平均降低约40%，阻力也相应增加，甚至每运转若干个小时后，必须拆下滤布彻底进行洗刷。

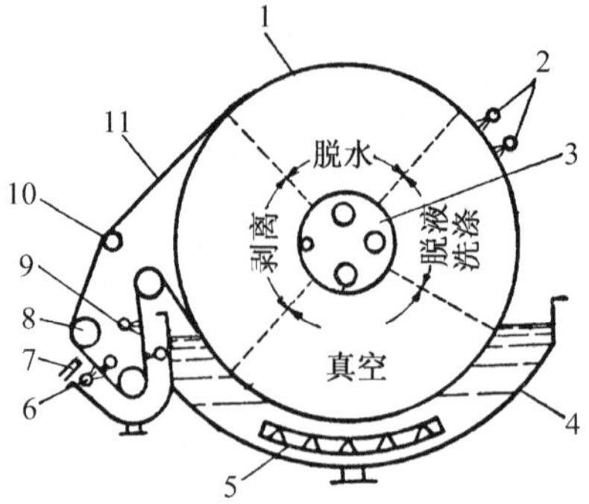

图 21-6　RCF 转鼓真空过滤机工作原理图
1—滤过筒；2—洗涤水；3—真空调整；4—滤过槽；5—搅拌装置；6—洗涤液；7—刮板；8—滤饼剥离滚；9—喷嘴；10—张紧滚；11—滤布
（参考华南工学院等，1983）

为了克服上述缺点，发展出一种滤布循环行进式（RCF）转鼓真空过滤机。图 21-6 是这种过滤机的工作原理图。它在普通转鼓式真空过滤机的滤布表面上，再安装一条由转鼓驱动的首尾相连封闭的滤布带。它和普通的转鼓式真空过滤机一样，依次经过过滤、洗饼、脱水和空气反吹等步骤后，行进的滤布载着滤饼在通过滤饼脱离滚筒时，因为行进方向转折，滤饼被剥离除去。除去滤饼的滤布被正反两面的刷子及高压喷嘴喷洗而再生，再生后的滤布重新进入过滤区。

这种过滤机的过滤速度比普通转鼓式真空过滤机提高了 50%～100%，各种规格过滤机的过滤表面有 3～31.5m^2，被广泛应用于工业废水、城市污水等有机或无机悬浮液的过滤处理。

21.1.2　离心分离设备

上述过滤设备是工业上最常用的固液分离方法，它们都需要借助过滤介质。但是在发酵生产中，许多发酵液的分散度很高，含有具胶体性质的颗粒，若采用过滤分离法分离，容易造成过滤介质堵塞，而无法完成分离。

离心机是利用惯性离心力的作用，使固液两相或液液两相得以分离。许多类型的离心机是不需要过滤介质的，但也有进行离心过滤的离心机，这种离心机是在有孔的转筒内铺有滤布。

离心机最重要的技术指标之一是离心分离因数 f，即离心力与重力之比，或离心加速度与重力加速度之比

$$f=\frac{V^2/R}{g}\approx\frac{Rn^2}{900} \tag{21-6}$$

$$V=\frac{2\pi Rn}{60}\text{(m/s)}$$

式中　V——转鼓的线速度（m/s）；　　g——重力加速度（m/s^2）；

R——转鼓的半径（m）；　　n——转鼓的转速（r/min）。

离心分离因数越高，离心沉降的速度越快，所能分离的颗粒越小。目前常使用的离心机其离心分离因数一般为 6000～11 000，所能沉降分离微粒的最小尺寸

一般大于 0.5μm，所以很难分离细菌菌体。

根据排出沉渣的方式可分为，停机排除沉渣的保留固体式离心机，连续运转、分批自动排出沉渣的排出固体式离心机，以及连续运转、连续排出浓缩液体的喷嘴式离心机以及进行液液分离的离心机或萃取机。

21.1.2.1　保留固体式离心机

保留固体式离心机是在每批分离完成或沉渣积存到一定质量后，需要停机并用人工清除转鼓内的沉渣，转鼓内多可容纳 60～80kg 沉渣（干物质浓度约 20%）。如果悬浮液内固体物质的浓度较高，在很短时间的运转后，必须停机排渣，这样必然影响生产效率。所以这种离心机适用于悬浮固体浓度为 1%左右，固体颗粒大于 0.5μm，小于 500μm 的悬浮液。在发酵工业中，很早就采用这种离心机来澄清啤酒、葡萄酒、麦芽汁等。

图 21-7 所示是保留固体式离心机的碟片式转鼓。固体颗粒在离心力的作用下，可以均匀地黏附在圆柱状的转鼓的内壁上。分离作用发生于碟片间的薄层隙道内，由于其距离较短，要达到高度的澄清，则必须减缓进料速度，从而降低了它的生产能力。

圆筒插入式转鼓的保留固体式离心机（图 21-8）的分离机构，是多只不同直径的同心圆筒间隔而成的环隙通道，这些通道是串联相通的。靠轴越近，液体的流速越大，而颗粒所受的惯性离心力越小，因此悬浮液中大的颗粒才能被分离到直径最小的圆筒内壁上。因为这种转鼓的分离路线较长，所以适合于分离含固体

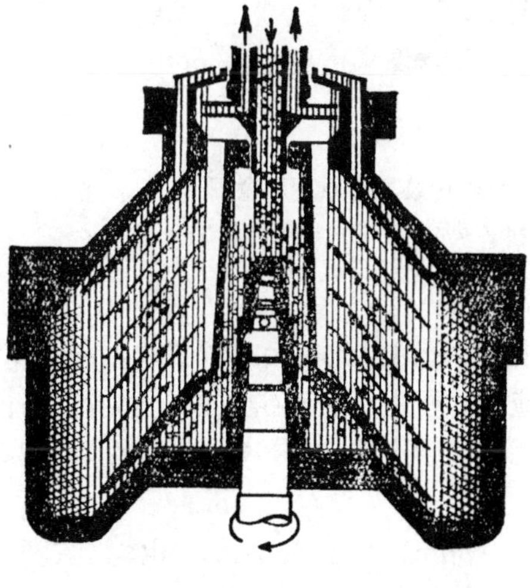

图 21-7　保留固体式离心机的碟片式转鼓
（参考华南工学院等，1983）

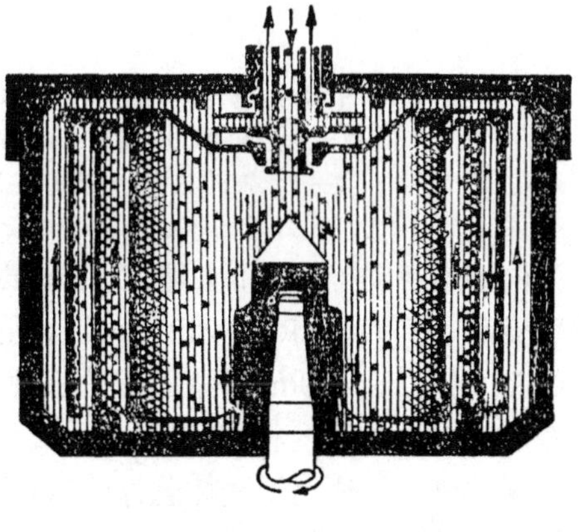

图 21-8　保留固体式离心机的圆筒插入式转鼓
（参考华南工学院等，1983）

物质较多且容易分离的悬浮液，并且有较大的生产能力。

21.1.2.2　分批自动排出固体的离心机

这种离心机的最大优点是克服了上述保留固体式离心机必须停机除渣的缺点，能够连续运转，特别适用于悬浮固体浓度较高的液体的固液分离，所以被广泛地用于以淀粉为原料的霉菌、放线菌、酵母发酵液的固液分离，以及啤酒、葡萄酒、果汁、麦芽汁等的澄清。

这种离心机的转鼓（图 21-9）正常运转时，根据定时器的操纵，定期自动将底部向下开启一定距离，在转鼓最大直径处打开一条狭窄的环隙，使沉渣和洗涤水一起在离心力作用下从此处抛出，并从周围的汇集管里排出离心机外。

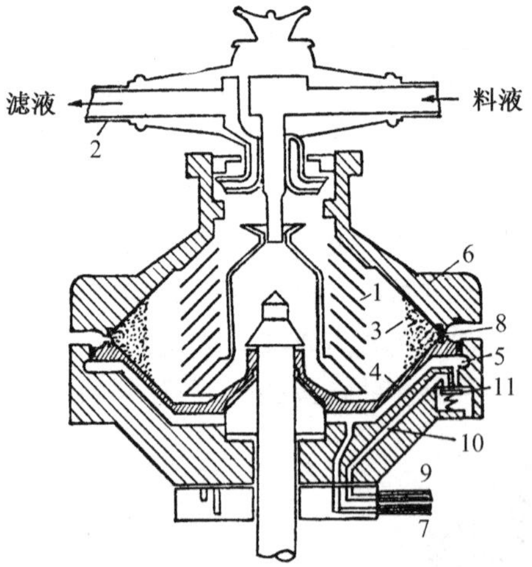

图 21-9　分批自动排出固体的离心机转鼓工作原理示意图

1—碟片；2—接管；3—锥形环隙空间；4—活动底；5—空腔；6—转鼓盖；
7—进水管；8—密封垫圈；9—压力水管道；10—槽道；11—阀门
（参考华南工学院等，1983）

由于是自动排渣，不必停机，排渣时间仅几分钟因此大大节省了非生产时间，效率极高。例如，BRPX-213 分批自动排渣离心机用于分离链霉素发酵液，每台生产能力相当于 400m^2 过滤面积的板框过滤机的生产能力，分离收率前者为 93%，后者为 92%；澄清度相同。

这种离心机适用于固体悬浮物直径大于 0.5μm，小于 500μm，固体物浓度不超过 10%的悬浮液的处理。

21.1.2.3 管式超速离心机

上面介绍的两种离心机，因其沉降速度太慢，离心分离因数在6000～11 000范围内，所以只能分离直径不小于0.5μm的固体颗粒，而不能有效地分离直径小于0.5μm的粒子，如细菌菌体、胶体粒子等。管式超速离心机把转鼓的直径大大缩小，因此成倍地提高了转速，分离因数可以提高至50 000，而不致使转鼓内壁产生过高的周响应力。

管式超速离心机的分离机构是一管式转筒，转筒内有三片互成120°角的长条叶片，转筒上端悬在挠性轴上，下端由轴支撑，通过皮带传动（图21-10）。压力将悬浮液自转筒底部送入，液体在叶片的带动下与转鼓同步旋转。轻重液体因受到的惯性离心力大小不同而分层，重液层贴在转筒的内壁（图21-10中黑色部分），轻液则紧挨着重液（图21-10中浅灰色部分）。由于悬浮液在压力下不断进入，驱使管内分层液体持续向上流动，最后轻液自近轴心的流出孔排出，重液则自离开轴心稍远的流出孔排出。若悬浮液中有少量的悬浮固体物，则沉积在转筒内壁上。

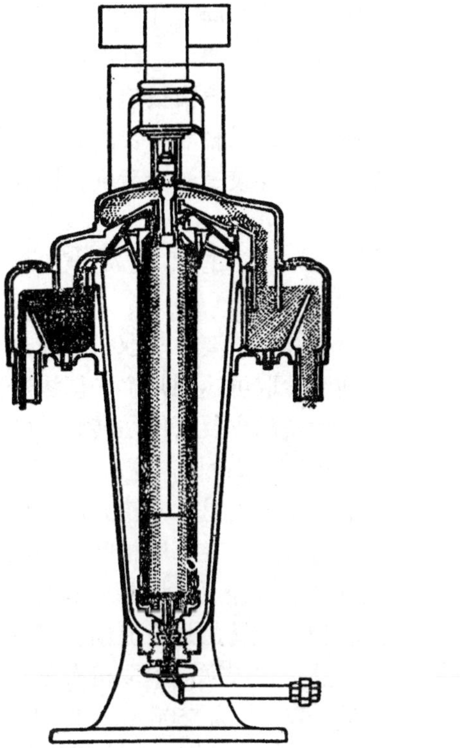

图21-10 管式超速离心机示意图
（参考华南工学院等，1983）

一台这种离心机配有多个轻重液分配盘，每个分配盘上重液流出孔离开轴线的距离不同，可以根据轻重液的不同分率进行选择。如果重液的分率多，应选择重液流出孔距轴线距离近一些的分配盘，反之亦然。

除可以有效地连续进行液液的分离外，它对含有少量微细固体悬浮液固液两相的分离，也有令人满意的效果。这种离心机的转筒中，允许积存的含液固形物不超过6kg，所以适用于固体颗粒浓度不超过0.5%的悬浮液的分离。

21.1.2.4　碟片式离心机

碟片式离心机与保留固体式离心机在构造和分离机制方面非常类似，乳浊液由中央管进入离心机的转鼓中，转鼓内装有几十片碟片（通常有 40～50 片以上，最多可达 100 多片）。它与保留固体式离心机的主要区别在于每只碟片在离开轴线一定距离的圆周上开有几个对称分布的圆孔，许多这样的碟片叠置起来时，对应的圆孔就形成通道。乳浊液进入碟片空间，重液沿碟片的背面向外流动即流向转鼓方向，轻液表面被迫向上和向着轴线流动，最后轻、重液被分离，由不同的出口排出。如果轻液需要较高的澄清度，则碟片上的孔应离开轴线远一些，反之如果重液需要较高的澄清度，则孔应离开轴线近一些。

21.1.2.5　连续逆流离心萃取机

连续逆流离心萃取机传质过程的特点是液体的混合和分离是同时进行的。多数逆流萃取可达到几个平衡级数，即达到多次混合分离的效果。

设备的主要部件是转鼓，转鼓内有一层层同心圆的圆形萃取板，每层萃取板的外周有一圈圈的档板。与碟片式离心机不同的地方是萃取板之间的孔开口不是形成通道，而是相间错开的。两液相流经同心圆筒时，破为小滴，两液相即可充分接触混合。在萃取板间的空间，两液相又可分离，流经每一道档板时，也是一次混合。流经下一块萃取板时，新的接触面又重新形成。重液由近转轴中心处进入转鼓，从转鼓外缘流出。轻液由转鼓周缘进入，由轴心通道流出。

连续多级逆流萃取机有卧式和立式两种。立式萃取机（图 21-11）ABE-216E 型的转鼓直径为 550mm，内有 11 个圆形萃取板，流道长度为 26m，转速为 4400r/min，重液出口有向心泵，机内还附有进口泵。用这种萃取机萃取青霉素时，料液与溶剂的比例为 3∶1，处理量为 $8m^3/h$；轻液入口压力为 $3.5kg/cm^2$，出口压力为 $2.7kg/cm^2$；重液入口压力为 $1.2kg/cm^2$；萃取机的平均级数为 6 级。

21.2　蒸发浓缩设备

蒸发浓缩设备是工业中的常用设备，其作用是使产物浓度较稀的发酵液、滤液或提取液经过一次或多次蒸发浓缩后，变为浓度较高的溶液，以利于后续工序的操作。蒸发过程的必要条件是需要提供足够的热能，以维持溶液的沸腾温度和补充因溶剂汽化所带走的热能；同时促使溶剂蒸汽迅速排除。

由于各种溶液的性质不同，蒸发要求的条件差别很大。所以蒸发设备的选择需要考虑溶液的以下几种特性，以适应不同性质溶液的需要。

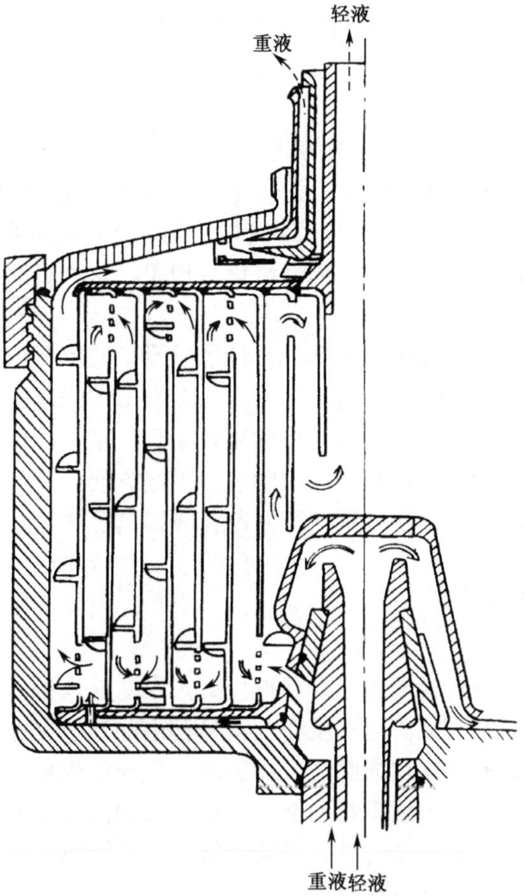

图 21-11 连续逆流离心萃取机示意图

① 耐热性。如果是在高温下容易变性、变质的物质，不宜采用常压浓缩。如谷氨酸钠溶液浓缩时，若温度过高，时间过长，L-谷氨酸就会变成焦谷氨酸而失去鲜味。又如蛋白质物质在高温下浓缩容易变性。所以对热敏性物料的浓缩，需要选择蒸发温度较低、浓缩时间短的薄膜蒸发设备。

② 结垢性。物料受热后，若在加热面形成积垢，会大大降低传热效果，而影响蒸发效能。对容易形成积垢的物料应采用管内流速很大的升膜式蒸发设备，用高流速来防止积垢形成，或者采用方便清洗的蒸发设备。

③ 发泡性。含蛋白质较多的胶体溶液有比较大的表面张力，蒸发时泡沫较多，这会使大量溶液随着二次蒸汽导入冷凝器，造成溶液的损失。这类溶液蒸发时应

降低蒸发器内蒸汽流速，防止跑液现象。或采用管内流速很大蒸发器，用高速气体击破泡沫。

④ 结晶性。在浓缩过程中若有结晶形成，大量结晶沉积会妨碍加热面的热传导。要使有结晶的溶液正常蒸发，也应选择强烈循环或有搅拌的蒸发设备，用外力使晶体保持悬浮状态。

⑤ 腐蚀性。对有较强腐蚀性的溶液，要选择防腐蚀的材料，或结构上方便更换的型式，可以定期更换腐蚀部分。如采用石墨加热管或耐酸搪瓷蒸发器。

⑥ 黏滞性。这类溶液一经浓缩，即变得很稠，流动性能差，以致妨碍了传热面的热传导，造成温差增大，甚至局部结焦等现象。这种溶液要选择强制循环或刮板薄膜蒸发器。

除了用以上溶液的特性作为选择、设计蒸发设备的重要依据外，蒸发设备还应该满足以下几个要求，如能满足工艺要求，有合适的浓缩比，保持溶液的特性不变而有高的收得率；传热系数高，热利用效率高；结构合理紧凑，操作清洗方便，安全可靠；动力消耗小；易于加工制造，维修方便，有足够的机械强度等。发酵工业中常用的的蒸发设备有真空浓缩器和薄膜蒸发器等。

21.2.1　真空浓缩器

真空浓缩器是一种结构简单，易于操作的蒸发浓缩设备。其优点是能够处理黏性较大、容易起泡的溶液。对黏度小、不易起泡的溶液更加适合。其缺点是浓缩时间较长，对产物的破坏比薄膜蒸发器的大。主要结构是一个带夹套的容器即真空蒸发浓缩器，一般用不锈钢材料制成，或用碳钢内部加上一层搪瓷衬里。除真空蒸发浓缩器这个主要的结构外，还要连接一系列附属设备，如旋风分离器、接受器、冷却器、贮罐和真空泵。

溶液在真空状态时，可在较低温度下即沸腾汽化。蒸发温度的高低，取决于真空度的大小。操作时，待浓缩的溶液置于浓缩器内部，真空直接接入浓缩器内部抽真空，蒸汽通入夹套进行加热。由于减压浓缩，所以可以在 50℃以下进行蒸发浓缩。如果蒸发的介质是水蒸气，可以省去冷却器和贮罐，并使用水泵抽真空。若蒸发的介质蒸气是有机溶剂，则必须使用冷却器和贮罐，以便回收有机溶剂。

21.2.2　薄膜蒸发器

对热过程敏感，受热后会引起产物发生物理或化学变化而影响产品质量的物料，称为热敏性物料。发酵产物都是热敏性高分子有机物，或其中含有高分子有机物。这些热敏物料的变化与受热时间有关，若温度较低时，变化很慢；但温度虽然很高，而受热时间很短，变化也会很小。在蒸发浓缩时，为了缩短受热时间，令溶液在蒸发设备的加热器内以很薄的液层通过，使溶液受热升温并汽化而被浓缩，浓缩的溶液迅速离开加热表面，这种方式称为薄膜蒸发。薄膜蒸发时间很短，一般为几秒到几十秒，所以不会或很少引起物料的变化，能够保持了产品原有的质量、风味或颜色。

令溶液形成液膜的方式很多，一般薄膜蒸发器可按膜形成的方法分类，如管式薄膜蒸发器、刮板式薄膜蒸发器和离心薄膜蒸发器。管式薄膜蒸发器根据液膜的流动方向又可分为升膜式蒸发器、降膜式蒸发器和升降膜式蒸发器。

21.2.2.1　升膜式蒸发器

如图 21-12 所示，整套设备由蒸发加热管、二次蒸汽液沫导管、分离器和循环管四部分组成。料液首先经过预热器，预热至低于沸点 1～2℃，然后由加热管的下部进料管进入，液面只需达到加热管的 1/4～1/5。加热管外通入蒸汽，溶液进入加热管即被加热，并受热沸腾后，在加热管中央出现蒸汽流。因为加热管的上部蒸汽被不断移去（减压、冷却），蒸汽密度急剧变小，促使浓缩液与二次蒸汽一并上升，速度极快，而将物料拉成一层液膜，沿管壁迅速上升，继续蒸发至顶部，从加热管上端以切线方向进入分离器，浓缩液从分离器的底部排出，二次蒸汽由分离器的顶部进入冷凝器，经冷却再进入贮罐。

溶液在加热管中出现“爬膜”的条件，是加热蒸汽与物料蒸发温度要有足够的温度差，使蒸发的蒸汽量和蒸汽流速度达到足以带动溶液成膜上升。汽流速度与溶液性质和操作条件有关，通常在常压下，二次蒸汽在管内的流速需达到 20～50m/s。在减压操作下，流速可达 100～160m/s。温度差对蒸发器的传热系数影响很大，温度差太小，料液在管内只有加热作用，液体内部对流运动差，故传热系数很小；温度差太大，会造成“干壁”。所以温度差多控制在 20～35℃范围内。此外，加热蒸汽要维持一定的压力，最好采用蒸汽稳压装置。因为蒸汽压力过高，温度差过大，物料过热而发生干壁；压力过低，则不能形成爬膜过程，管子上部也会干壁。真空也应维持稳定。浓缩倍数一般控制在 4～5 倍，即 100kg 物料浓缩至 20kg。因为倍数过大会造成管子上部物料过浓，不能浸润管壁而干壁。升膜式蒸发器的传热系数是不稳定的，所以总的传热系数很难用一个公式计算，通常多采用实验方法得出。

升膜式蒸发器也有采用大套管形式（图 21-13）。外加热圆筒直径 300mm，内加热圆筒直径 282mm，两个圆筒之间的间隙为 4mm。内外加热面同时通入蒸汽加热时，蒸发料液即在圆筒间隙爬膜上升。

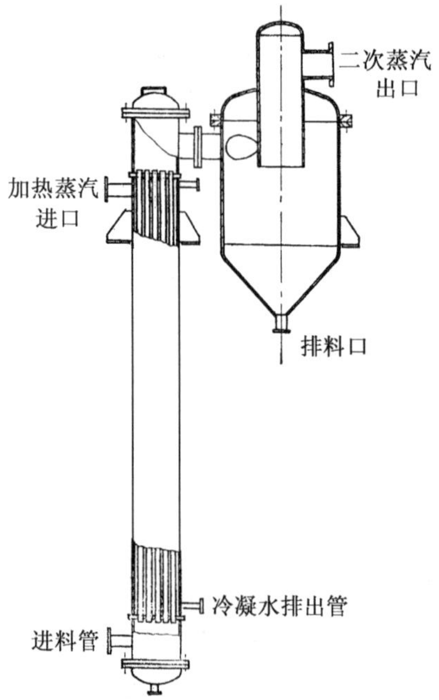

图 21-12　管式升膜蒸发器的结构流程示意图
（参考华南工学院等，1983）

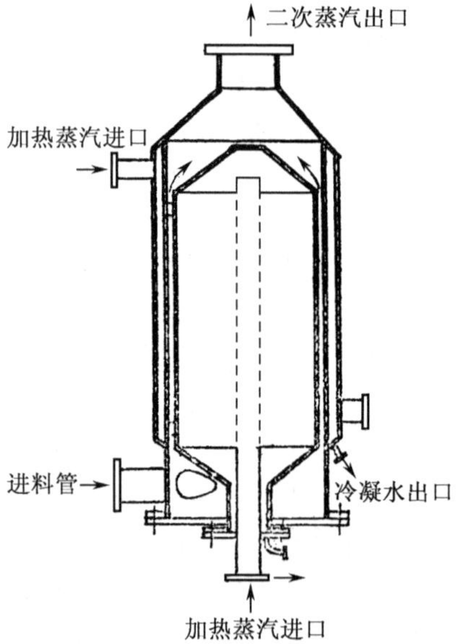

图 21-13　套管型式升膜蒸发器
（参考华南工学院等，1983）

这类蒸发器浓缩物料的时间很短，对热敏物料质量影响很少，特别适用于发泡性黏度较小的热敏物料。但不适用于黏度较大的（50cP 以上）和受热易产生积垢的或浓缩后有结晶析出的物料。

21.2.2.2　降膜式蒸发器

降膜式蒸发器的物料溶液是从加热管上部进入，经分配器导流管分配进入加热管，沿管壁成膜状向下流动。液体的运动是靠本身的重力和二次蒸汽运动的拖带力的作用，下降的速度比较快，因此成膜的二次蒸汽流速可以较小，黏度较高的溶液在这种设备中也较易成膜。在管壁上成膜的关键是料液的分配，当分配不均匀时，则出现有些管子液量很多，液膜很厚，溶液蒸发的浓缩比较小；有些管子液量很小，浓缩比就很大，甚至没有液体流过，而造成局部干壁现象。为了使液体能均匀分布于各加热管中，可采用不同的分配器。如具有齿形溢流口的分配器（图 21-14a），在加热管的上端管口插入导流棒（图 21-14b），加旋液导流器（图 21-14c、d）等。

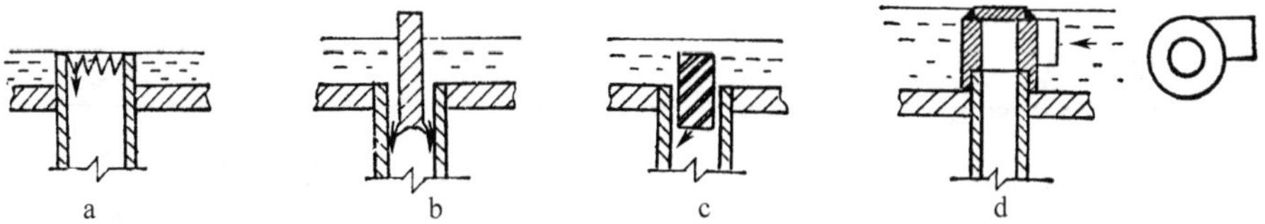

图 21-14　降膜蒸发器的各种分配器

（参考华南工学院等，1983）

降膜式蒸发器由于料液的流动性较好，一般比升膜式蒸发器的传热系数高，可达 4.186×（1500～4000）kJ/（m^2·h）。

21.2.2.3　升降膜式蒸发器

升膜与降膜式蒸发器各有优缺点，而升降膜式蒸发器可以互补其不足。升降膜式蒸发器是在加热器内安装两组加热管，一组作为升膜式，另一组作为降膜式（图 21-15）。物料溶液先进入升膜加热管，沸腾蒸发后，汽液混合物上升至顶部，然后转入另一组降膜加热管进行蒸发，浓缩液从底部进入汽液分离器分离后，二次蒸汽从分离器上部排入冷凝器，浓缩液从分离器下部出料。

升降膜式蒸发器的优点很多。例如，物料在初进入蒸发器时浓度较低，容易达到升膜的要求，物料经升膜浓缩，浓度较大后，进入降膜式蒸发，也能符合降膜式的要求，可以受重力作用沿管壁均匀分布形成膜状。用升膜来控制降膜的进料分配，有利于降膜的均匀分布，便于操作控制。可以提高溶液的浓缩比，减低设备高度。

21.2.2.4　刮板式蒸发器

刮板式蒸发器是通过旋转的刮板使料液形成液膜的蒸发设备，结构如图 21-16 所示，由转动轴、物料分配盘、刮板、轴承、轴封、蒸发室和夹套加热室等构成。

料液从进料管以稳定的流量进入随轴旋转的分配盘中，在离心力的作用下，通过盘壁小孔被抛向器壁，受重力作用沿器壁下流，同时被旋转的刮板刮成薄膜，薄膜溶液在加热区受热、蒸发浓缩并受重力作用向下流，瞬间另一块刮板将浓缩料液翻动下推，再形成新的薄膜。这样物料不断形成新的液膜被蒸发浓缩，直至流到蒸发器底部，完成浓缩过程。浓缩产生的二次蒸汽可与浓缩液并流进入汽液分离器排除，或以逆流方式向上到蒸发器的顶部排出。

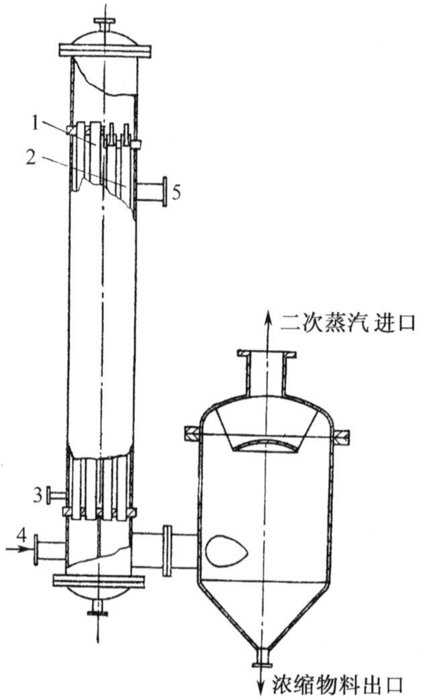

图 21-15　升降膜式蒸发器的结构

1—升膜管；2—降膜管；3—冷凝水排出管；4—进料管；5—加热蒸汽管

（参考华南工学院等，1983）

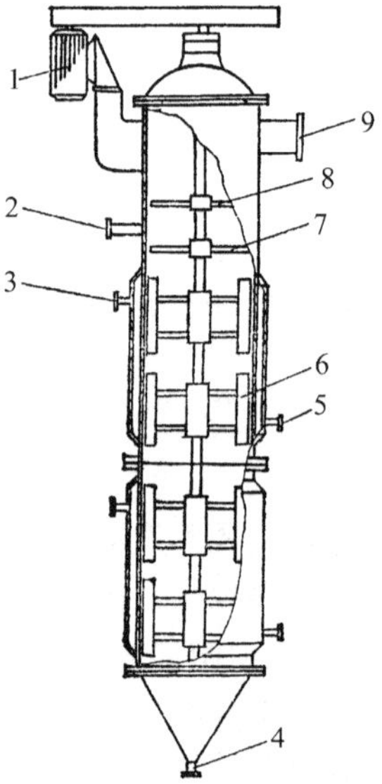

图 21-16　刮板式真空蒸发器的结构

1—马达；2—进料管；3—加热蒸汽；4—排料管；5—冷凝水排出孔；6—刮板；7—分配盘；8—除沫器；9—二次蒸汽排出管

（参考华南工学院等，1983）

这种蒸发器的传热系数较高，一般可达 4.186×（1000～2000）kJ/（m^2 · h）。适用于浓缩高黏度或含悬浮颗粒的料液，而不致出现结焦、结垢等现象。

21.3　干燥设备

工业上要获得固体产品，如味精、酶制剂、抗生素、柠檬酸和酵母等，都需要进行干燥处理，以除去物料中的水分，使产品方便保存、运输和使用。干燥设备的种类繁多，按照热源和供热方式不同，干燥方法有空气干燥、加热面传热干燥、红外线干燥、冷冻干燥、微波干燥等。空气干燥是利用加热后的热空气，将热量带入干燥器并传给物料，使物料的水分汽化，形成水蒸气，同时被空气带走，空气既是载热体，也是载湿体，这是应用最为广泛的方法。按照工作原理不同，空气干燥又可分为沸腾干燥、气流干燥和喷雾干燥。其中气流干燥又分为直管式气流干燥、脉冲式气流干燥、旋风气流干燥等。沸腾干燥分为单层卧式多室沸腾干燥和造粒干燥。喷雾干燥又有气流式、压力式和离心式。本节主要介绍一些空气干燥设备。

21.3.1　气流干燥设备

21.3.1.1　气流干燥原理及设备型式

在潮湿状态时仍能在气体中自由流动的颗粒物料，如味精、柠檬酸、某些抗生素等，可以采用气流干燥。其工作原理是利用热空气与粉状或颗粒状物料在流动过程中充分接触，气体与固体物料之间进行传热与传质，使湿物料得以干燥。其干燥时间极短，一般1～5s。如味精若用箱式干燥器干燥，需要2h以上，而用气流干燥，从加料到卸料整个过程5～7s。气流干燥主要优点有：

① 干燥强度大，由于物料在气流干燥过程中是在热风中呈悬浮状态，每个颗粒周围都被干燥介质（热空气）所包围，使物料最大限度地与热空气接触，改善了气固接触条件。同时气流速度高达10～20m/s，物料与空气之间相对运动剧烈，使汽化表面的干燥介质不断更新，大大降低了传热和传质的气膜阻力，干燥强度和容积换热系数比较大，高达8370～25 000kJ/（h·℃·m^3），故干燥时间很短。

② 由于干燥时间短，因此对于热敏性物料可选择较高介质温度，而不致引起物料的变化，如140℃干燥赤霉素，130℃干燥四环素，均能获得优质产品。

③ 因干燥强度大，整个设备比较紧凑，生产能力大，结构简单，设备投资少，占地面积小，加工方便。

④ 可以将干燥、粉碎、输送、包装等组成一道工序，并密封进行，减少物料飞扬，防止了杂质污染，既改善了产品质量，又提高了收得率。

其缺点是对晶形磨损严重，对物料有一定要求，即物料颗粒必须大小接近。对于黏性物料不易采用。另外，因为干燥时间短，干燥介质与物料接触时间也短，故热能利用率比较低，仅为30%左右。

气流干燥器有长管气流干燥器（长度10～20m）、短管气流干燥器（长度4m左右）、旋风气流干燥器等。其结构原理和流程基本相同。

21.3.1.2　气流干燥设备及干燥流程

图21-17是用于味精干燥的长管气流干燥器设备流程图。味精经离心分离后，约含4%水分的物料经料斗5和螺旋分配器4，进入气流干燥管6的底部；空气被鼓风机3抽吸，经过过滤器1，空气加热器2加热至80～90℃，进入气流干燥管道的底部与物料汇合，再经过10m高的干燥管6和缓冲管7干燥完毕；味精颗粒

由一级旋风分离器 8 收集，经振筛 9 分为粗味精、味精产品和粉末，部分随空气带走的细粉经二级旋风分离器再次收集，不能收集的部分再经过湿式收集器 11 回收，废气由排风机 12 排出去。

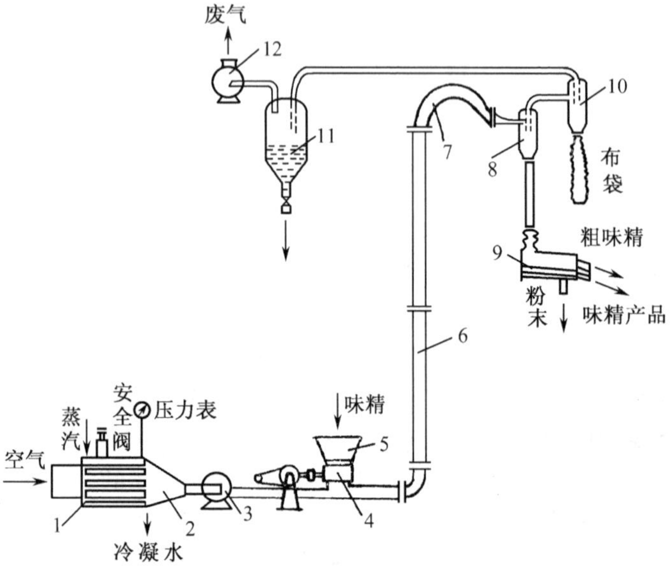

图 21-17　长管气流干燥器设备流程图
（参考华南工学院等，1983）

在空气进入加热器前，要通过空气过滤器，以捕获空气中的尘埃。干燥管一般多采用圆形，也有方形和不同直径交替的所谓脉冲管；可根据物料的不同，选用碳钢、铝管、不锈钢、陶瓷等，常用石棉保温层包裹。加料管有螺旋加料管、文丘里管加料管等。

21.3.2　沸腾干燥

21.3.2.1　沸腾干燥的原理及设备类型

沸腾干燥是利用热空气流体使孔板上的颗粒物料呈液化沸腾状态，使水分迅速汽化而达到干燥的目的。在干燥时，使气流速度与颗粒的沉降速度相等，当压力降与流动层单位面积的质量达到平衡时，粒子呈悬浮状态，并在流动层中自由转动，流动层犹如正在沸腾，这是一种比较稳定的流态化。

沸腾造粒干燥是利用热空气（流化介质）与料液间很高的相对气流速度，使带入流化床的溶液迅速雾化，液滴与原来在沸腾床内的晶体结合，进行沸腾干燥。

这也可以看作是喷雾干燥和沸腾干燥的结合。

沸腾干燥的特点是传热传质速率高，干燥温度均匀，容易控制；干燥、冷却可连续进行，干燥与分级也能同时完成，有利于连续化和自动化控制；由于容积干燥强度较大，所以设备紧凑，占地面积小，结构简单，设备生产能力高，动力消耗少。其缺点是连续操作时，物料在干燥器内停留时间不一，干燥度不够均匀，对结晶物料有磨损作用。

沸腾干燥器有单层和多层之分，单层的沸腾干燥器又有单室、多室和有干燥室、冷却室的两段沸腾干燥，此外还有沸腾造粒干燥等设备。在此仅介绍一种多室沸腾干燥器。

21.3.2.2　沸腾干燥设备的结构和操作

卧式多室沸腾干燥设备如图 21-18 所示，干燥箱内平放有一块多孔金属板，开孔率一般为 4%～13%，热空气通道从金属筛板下方的风门不断送入热空气，物料由上面加料口不断加入，热空气通过筛板上的小孔使固体颗粒悬浮起来，并激烈地形成均匀的混合状态，犹如沸腾一样。干燥温度一般比室温高 3～4℃，热空气使固体颗粒所含水分蒸发，吸湿后的废气从干燥箱的上部经旋风分离器排出，废气夹带走的微粒在旋风分离器的底部收集，被干燥了的物料在箱内沿水平方向移动。在金属筛板上垂直安装数块分隔板，将干燥箱分为多个室，以延长物料在箱内的平均停留时间，同时可借助物料与分隔板的撞击作用，使颗粒获得垂直方向的运动，从而改善物料与热空气的混合效果。为了便于控制卸料速度，以及避免卸料不均匀产生的结疤现象，可在沸腾床上装上往复运动的推料装置。

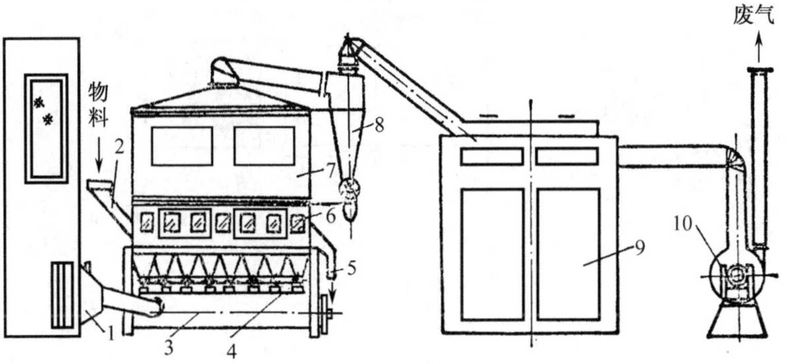

图 21-18　卧式多室沸腾干燥装置

1—空气加热器；2—料斗；3—风道；4—风门；5—成品出口；6—视镜；7—干燥室；8—旋风分离器；9—细粉回收器；10—离心通风机

（参考华南工学院等，1983）

21.3.3　喷雾干燥

21.3.3.1　喷雾干燥的原理和类型

喷雾干燥是利用各种不同的喷雾器，将悬浮液和黏滞的液体喷成雾状，形成具有较大表面积的分散微粒，与热空气发生强烈的热交换，迅速排除自身的水分，在几秒到几十秒内获得干燥。喷雾干燥方法按照液体雾化的方式可分为压力喷雾法、气流喷雾法和离心喷雾法。

压力喷雾法是利用高压泵，以 50～200MPa 的高压将液体从直径 0.5～1.5mm 的喷孔喷出，分散成 50～150μm 的液滴。气流喷雾法是依靠 2.5～6MPa 的压缩空气通过喷嘴时产生的高速度，将液体喷出并雾化。这种喷嘴的孔径较大，一般在 1～4mm，故能够处理悬浮液和黏性较大的液体。离心喷雾法是利用水平方向高速旋转的圆盘给予溶液以离心力，将其高速甩出，形成薄膜或液滴，同时又受周围空气的摩擦、阻碍等作用，形成细雾。在这些方法中，气流喷雾法应用最为广泛，下面做一简单介绍。

21.3.3.2　气流喷雾干燥设备流程

气流喷雾干燥设备主要由喷雾干燥塔、空气加热器、压缩空气系统和空气过滤系统组成（图 21-19）。由空气加热器加热的热风，经过滤器从干燥塔的上部经空

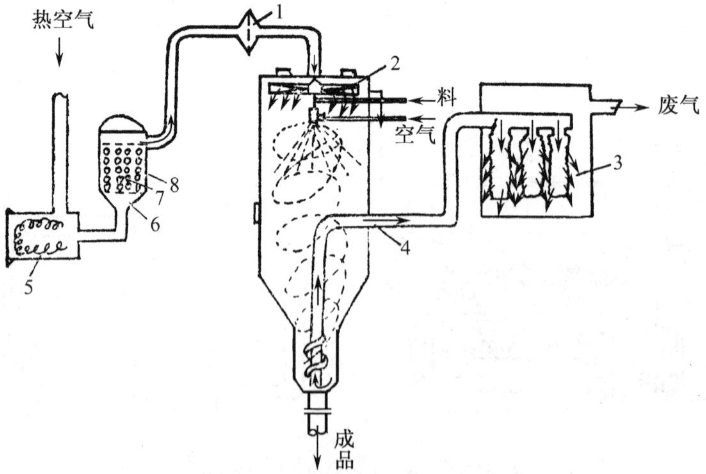

图 21-19　气流喷雾干燥设备流程

1，6—过滤器；2—空气分配盘；3—袋滤布；4—回风管；5—电加热器；7—瓷环；8—棉花

（参考华南工学院等，1983）

气分配盘进入塔内。另有一压缩空气从切线方向进入喷雾器外面的套管，由于喷嘴处有螺旋线，因此形成高速度旋转的圆锥状空气涡流，并在喷嘴处形成低压区，吸引液体在内部或外部混合后，使之微粒化并干燥。干燥后的物料由塔底排出，废气沿回风管导入袋滤器或旋风分离器，收集粉末状产品，然后经排风机排出。

21.3.3.3　气流喷雾干燥塔的结构

气流喷雾干燥塔是由圆柱圆锥形构成（图 21-20），径高比为 1∶2.4～3，直径与锥体高度之比为 1∶1.3～1.6，空塔时的空气流速为 0.15～0.2m/s，回风管空气流速为 10～12m/s。干燥塔的顶部装有空气分配盘或扩散盘，分配盘有旋风扩散式、叶片旋风式（图 21-21），其作用是使空气形成旋流与雾滴接触，以提高干燥效果。塔内还装有气流喷雾器，其型式有内部混合式、外部混合式两种。前者是气体与液体在喷嘴内部混合后，才由喷嘴喷出；后者是气体与液体在喷嘴外混合。常用的是内部混合式，如图 21-22 所示，喷嘴上有螺旋槽，空气经螺旋槽后形成涡流，将料液喷成雾状。在塔的下部装有螺旋排风管，螺旋排风管是在回风管的下部外侧焊上螺旋形的导风板，使气流沿螺旋导风板旋转而下，这样可以增加气流的阻力，使密度较大的颗粒向下沉降，密度较小的粉末随废气沿回风管向上导入袋滤器。此外，塔身上还装有入孔和焊有打击块，供敲击附在壁上的干粉之用。

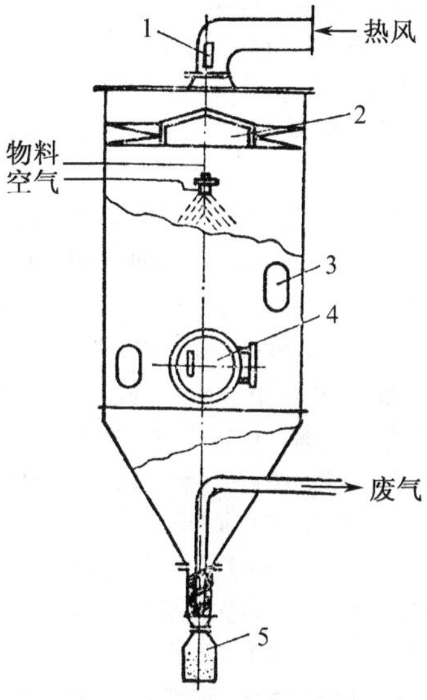

图 21-20　气流喷雾干燥塔

1—温度计；2—扩散盘；3—视镜；4—入孔；5—成品收集器

（参考华南工学院等，1983）

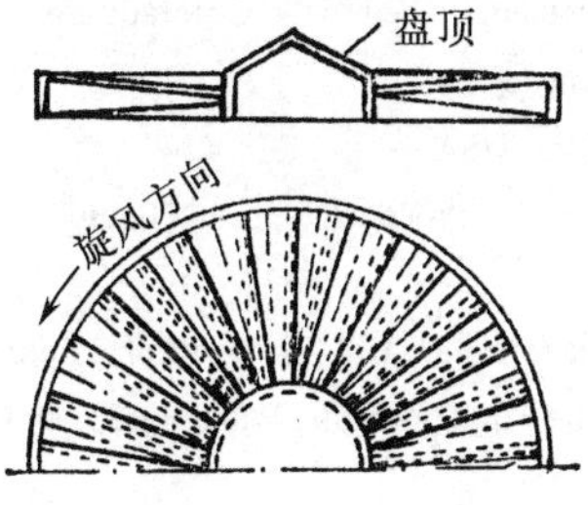

图 21-21　叶片旋风式分配盘

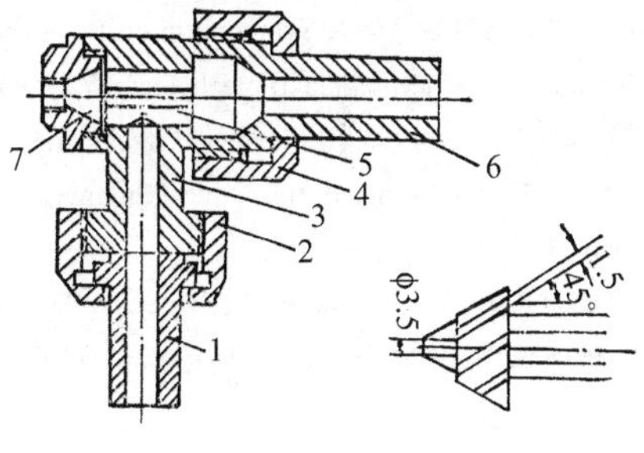

图 21-22　喷嘴

1—空气管；2—压紧锣帽；3—喷嘴座；4—压紧锣帽；5—喷嘴；6—进料管；7—喷嘴口

第一～第三部分主要参考文献

陈坚，堵国庆．2012．发酵工程原理与技术．北京：化学工业出版社
陈陶声．1982．近代工业微生物学．上海：上海科学技术出版社
储炬，李友荣．2006．现代工业发酵调控学．北京：化学工业出版社
方伯山．1997．生物技术过程模型化与控制．广州：暨南大学出版社
何忠效，静国忠，许佐良等．1999．现代生物技术概论．北京：北京师范大学出版社
华南工学院等．1983．发酵工程与设备．北京：轻工业出版社
焦瑞身等．1991．生物工程概论．北京：化学工业出版社
李友荣，马辉文．1989．发酵生理学．长沙：湖南科学技术出版社
梁世中．2005．生物工程设备．北京：中国轻工业出版社
梅乐和，姚善泾，林东强．1999．生化生产工艺学．北京：科学出版社
瞿礼嘉，顾红雅，胡萍等．1998．现代生物技术导论．北京：高等教育出版社及施普林出版社
沈萍．1998．微生物遗传学．武汉：武汉大学出版社
盛祖嘉．1981．微生物遗传学．北京：科学出版社
史荣梅．2000．产黄青霉在分批深层培养中自溶的监测．国外医药（抗生素分册），21（1）：22．
宋思扬，楼士林．1999．生物技术概论．北京：科学出版社
苏拔贤．1998．生物化学制备技术．北京：科学出版社
陶文沂．1997．工业微生物生理与遗传育种学．中国轻工业出版社
卫扬保．1989．微生物生理学．北京：高等教育出版社
熊宗贵．1999．生物技术制药．北京：高等教育出版社
熊宗贵．2001．发酵工艺原理．北京：中国医药科技出版社
严希康．1998．生化分离技术．上海：华东理工大学出版社
姚汝华．1996．微生物工程工艺原理．广州：华南理工大学出版社
俞俊棠，唐孝宣．1997．生物工艺学．上海：华东理工大学出版社
Anke T. 1997. Fungal Biotechnology. London New York: Chapman & Hall
Antranikian G, et al. 1998. Biotechnology of Extremophiles, Berlin; New York: Springer
Barry King R Long, et al. 1998. Practical Environmental Bioremediation: The Field Guidem. Boca Raton: Lewis Publishers
Coombs J, Alston Y R. 2000. The Biotechnology Directory. Macmillan, New York: Grove's Dictionaries
Finkelstein M, Brian H D. 1997. Symposium on Biotechnology for Fuels and Chemicals. Colorado Springs
Glazer A, Nikaido H. 1995. Microbial Biotechology. W. H. Freeman and Company
Harvey W B, Douglas S C. 1996. Biochemical Engineering. Marcel Dekker, Inc, USA
Henry C V. 1983. Fermentation and Biochemical Engineering Handbook-Principle, Process Desihn and Equipment. Noyes Pubilications, USA
James E B, David F O. 1986. Biochemical Engineering Fundamentals. 2nd ed. McGraw-Hill ll Intermetional Editions
Judith A S, Patricia E. 2000. Biotechnology Explorations: Applying The Fundamentals, Washington, D. C: ASM Press
Lcmbreit W W. 2000. Advances in Applied Microbiology. New York: Academic Press
Lisa Y. 2000. Biotechnology and Genetic Engineering. New York: Facts on File
Murray Moo-Young. 1985. Comprehensive Biotechnology. Pergamon Press

Owen P W. 1989. Fermentation Biotechnology, Principle, Processes and Products. Open University Press

Peter F S. 1989. Principle of Fermentation Technology. Pergamon Press

Rehm H J and Reed G. 1998. Biotechnology: Bio-transformations. Weinheim ［Germany］; New York; VCH

Sterckx S. 2000. Biotechnology, Patents,and Morality. 2nd ed. Aldershot, Hants, Ashgate

Yuan J Q, et al.1997. Profit optimization for mycelia fed-batch cultivation, *Journal of Biotechnology*, 54, 175-193

第四部分 微生物工程生产工艺和产品举例

§22 卫生保健产品

抗生素是微生物合成的一类最重要的化合物。抗生素既不是有最大产量的，也不是最有经济价值的品种，然而在过去 60 多年里，它们对改善人类健康的影响是不可估量的。其他由微生物发酵产生的主要卫生保健产品有生物碱、类固醇、毒素和疫苗、维生素、酶以及称作益生菌的微生物细胞制品等。另外，遗传工程技术使微生物有可能产生非常广泛的、具有各种治疗特性的动物蛋白和肽类物质。其中胰岛素、干扰素、人的生长激素和单克隆抗体已经占据了相当大的医药市场份额。除了这些起治疗作用和降低疾病影响的试剂外，还有许多诊断试剂产品也是由微生物产生的，它们被广泛用于测试不同的健康和疾病状态。

22.1 抗生素

抗生素是由生物（包括某些微生物、植物和动物）产生的次级代谢产物，如青霉素、头孢霉素、链霉素、四环素、红霉素等一类化学物质的总称。大多数抗生素是丝状真菌和细菌（特别是放线菌）产生的。现在已经从不同的生物体中分离出 4000 余种抗生素，其中约 50 种是常用的抗微生物化学治疗药物。最著名也是最重要的抗生素是β-内酰胺类（青霉素和头孢霉素），氨基糖苷类（如链霉素）和广谱的四环素。其余的尚不能满足临床的要求，还存在一些问题，如缺乏选择性，对人类和动物存在毒性，或者生产成本太高等。某些抗生素还有抗微生物化学治疗以外的应用。例如，分别由波赛链霉菌（*Streptomyces peucetius*）和头状链霉菌（*S. caespitosus*）产生的放射菌素和丝裂霉素可作为抗肿瘤试剂；部分抗生素可以用于控制农作物疾病，或作为化学和分子生物学研究的工具。有几种抗生素也可以加入动物饲料，作为生长促进剂，例如黄霉素、盐霉素等。由于担心抗药性的发展，某些抗生素已经不再允许在动物饲料中使用。例如，欧盟在 1999 年以后禁止使用杆菌肽锌、螺旋霉素、泰乐菌素和维吉尼亚霉素作为生长促进剂。

22.1.1　抗生素的分类

随着新的抗生素的不断出现，为了便于研究，有必要对抗生素进行适当的分类。可以从各种不同角度对抗生素进行分类，如生物来源、作用、化学结构、作用机制、生物合成途径等方面。表 22-1 所示为抗生素的各种分类方法。

表 22-1　抗生素的分类

分类方法	抗生素种类	产物举例
根据抗生素的生物来源分类	1. 放线菌产生的抗生素	链霉素、四环素等
	2. 真菌产生的抗生素	青霉素、头孢霉素 D 等
	3. 细菌产生的抗生素	多黏菌素
	4. 植物或动物产生的抗生素	蒜素、鱼素等
根据抗生素的作用分类	1. 广谱抗生素	氨苄青霉素等
	2. 抗革兰氏阳性菌的抗生素	青霉素等
	3. 抗革兰氏阴性菌的抗生素	链霉素等
	4. 抗真菌抗生素	制霉菌素等
	5. 抗病毒抗生素	四环类抗生素等
	6. 抗肿瘤抗生素	阿霉素等
根据抗生素的化学结构分类	1. β-内酰胺类抗生素	青霉素类、头孢霉素类等
	2. 氨基糖苷类抗生素	链霉素、庆大霉素等
	3. 大环内酯类抗生素	红霉素、麦迪霉素等
	4. 四环类抗生素	四环素、土霉素等
	5. 多肽类抗生素	多粘菌素、杆菌肽等
根据抗生素的作用机制分类	1. 抑制细胞壁合成的抗生素	青霉素类、头孢霉素类等
	2. 影响细胞膜功能的抗生素	多烯类抗生素等
	3. 抑制病原菌蛋白质合成抗生素	四环素等
	4. 抑制核酸合成的抗生素	丝裂霉素 C 等
	5. 抑制生物能作用的抗生素	抗霉素等
根据抗生素的合成途径分类	1. 氨基酸、肽类衍生物抗生素	青霉素类、头孢霉素类等
	2. 糖类衍生物抗生素	链霉素糖苷类抗生素
	3. 乙酸、丙酸衍生物抗生素	红霉素等丙酸衍生物

22.1.2　抗生素的生产工艺

抗生素一般主要是利用微生物发酵法进行工业化生产，极少数抗生素如氯霉素、磷霉素等可用化学法生产。此外，还可用天然抗生素进行化学结构改造，制成各种衍生物，即半合成抗生素，如氨苄青霉素、甲氧苯青霉素、羧苄青霉素、噻唑霉素、头孢利啶等。

发酵法生产抗生素的主要工艺步骤包括菌种的制备、种子扩大培养、发酵、发酵液的预处理、代谢产物的分离纯化、干燥，最后制得产品。图 22-1 所示为抗生素生产的一般工艺流程图。

22.1.3　β-内酰胺类

现在已经有超过 100 种以上的β-内酰胺类抗生素（主要是青霉素和头孢霉素）被准予人类使用，这占了世界抗生素生产的一半以上。这类抗生素因为其安全性好，所以用途比较广泛。它们特异性靶向是肽聚糖的合成，肽聚糖是一种重要的细胞壁组分，但在真核生物中不存在肽聚糖。β-内酰胺类抗生素抑制交联结合的转肽反应，导致形成不完整的肽聚糖，严重损伤了细菌细胞壁结构，所以具有高度的选择性。

22.1.3.1　青霉素

1928 年，Fleming 发现了青霉素。20 世纪 30 年代后期，Florey Chain 和 Heatley 研究了抑菌化合物——青霉素，并发明了一种制备纯培养物的操作方法。随后对青霉素的性质以及纯化方法进行了研究，最终引发了医药和发酵技术的快速发展。这种快速发展很大程度上是受第二次世界大战对青霉素迫切需要的影响。

青霉素表现出典型的次级代谢产物特性，是在对数生长后期形成的，其形成取决于培养基组分。开始是采用表面培养生产青霉素，最初发现的点青霉只能产生不超过 1mg/L 的抗生素。而在培养基中加入玉米浆后，产量增加了 20～25 倍。这种玉米加工的副产品含有各种氮源、生长因子和侧链前体，一直是大多数青霉素生产的主要成分。在使用了产黄青霉（*P. chrysogenum*）菌种以后，又提高了青霉素产量。最初的产黄青霉是从腐烂的香瓜中分离出来的。在采用沉没发酵生产后，产量又进一步增加。战时对青霉素的需求刺激了大型沉没培养体系，即带搅拌器发酵罐的快速发展。发酵罐用涡轮叶轮推动的垂直轴连续搅拌，并且不断通气。这些技术的发展是整个发酵技术快速发展的主要因素。

（1）青霉素的生产工艺

青霉素的基本结构是 6-氨基青霉酸（6-APA），噻唑烷环与β-内酰胺环融合构成，在β-内酰胺环的 6-氨基位置上带有不同的酰基取代基团（图 22-2）。β-内酰

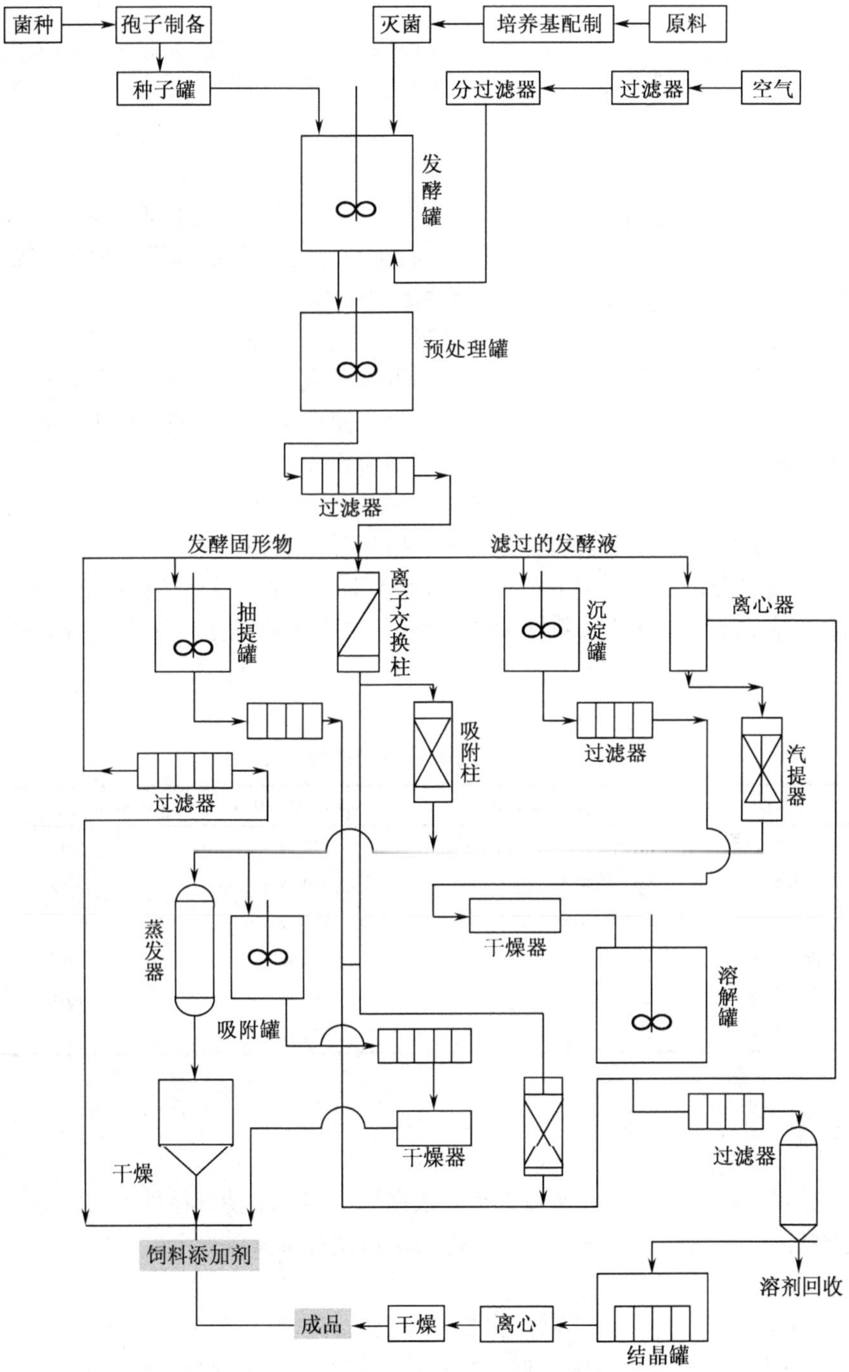

图 22-1　抗生素生产的一般工艺流程图

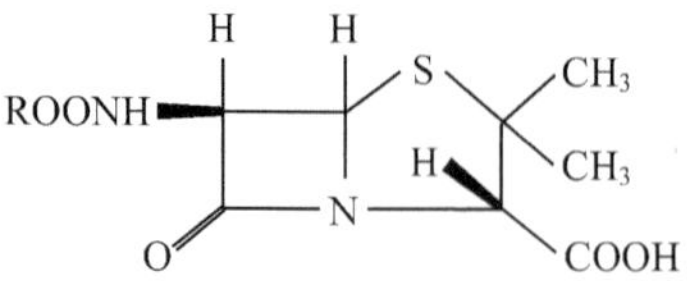

图 22-2 微生物产生的天然青霉素的化学结构

胺–噻唑烷结构是由 L-α-氨基己二酸、L-胱氨酸和 L-缬氨酸合成的，它是青霉素、头孢菌素和头霉素的共同结构。当在发酵过程中不加侧链前体时，产生多种 *N*-酰基取代的青霉素，如青霉素 G（苄基青霉素）、青霉素 X、青霉素 F、青霉素 K、青霉素 V（苯氧甲基青霉素）等（表 22-2），其中只有青霉素 G 和青霉素 V 有临床应用价值。它们具有相同的抗菌谱，对革兰氏阳性细菌的抗性活性最大。青霉素 G 对酸不稳定，只能非肠道给药；青霉素 V 对酸比较稳定，可以口服给药。但是，在发酵培养基中加入不同的侧链前体，则可以形成不同的青霉素；还可以通过化学修饰天然青霉素，产生改进了性质的产物，使青霉素具有更广泛的作用。现在采用化学方法修饰天然青霉素，制备出许多半合成青霉素。其方法是去掉天然青霉素的酰基，留下 6-APA，再加上其他的酰基基团，使青霉素获得新的特性。这些半合成青霉素，如二甲氧基苯青霉素、羧苄青霉素和氨苄青霉素等，其性质有各种不同的改进，包括对胃酸的抗性（能够口服治疗），对青霉素酶的抗性和更广泛的活性（抗某些革兰氏阴性细菌）等。天然青霉素的生产工艺流程如图 22-3 所示。

表 22-2 天然青霉素的生物活性

青霉素	侧链取代基（R）	相对相对分子质量	生物活性/（U/mg 钠盐）
青霉素 G	$C_6H_5CH_2$—	334.38	1667
青霉素 X	（*p*）$HOC_6H_4CH_2$—	350.38	970
青霉素 F	$CH_3CH_2CH{=}CHCH_2$—	312.37	1625
青霉素 K	$CH_3(CH_2)_6$—	342.45	2300
双氢青霉素 F	$CH_3(CH_2)_4$—	314.40	1610
青霉素 V	$C_6H_5OCH_2$—	350.38	1595

（2）菌株

青霉素生产菌株一般为产黄青霉，根据深层培养中菌丝体的形态，分为球状菌和丝状菌。在发酵过程中，产黄青霉的生长发育可分成 6 个阶段。

① 分生孢子的 I 期；

② 菌丝繁殖，原生质嗜碱性很强，有类脂肪小颗粒产生为Ⅱ期；

③ 原生质嗜碱性仍很强，形成脂肪粒，积累贮藏物为Ⅲ期；

④ 原生质嗜碱性很弱，脂肪粒减少，形成中、小空泡为Ⅳ期；

⑤ 脂肪粒消失，形成大空泡为Ⅴ期；

⑥ 细胞内看不到颗粒，并有个别自溶细胞出现为Ⅵ期。

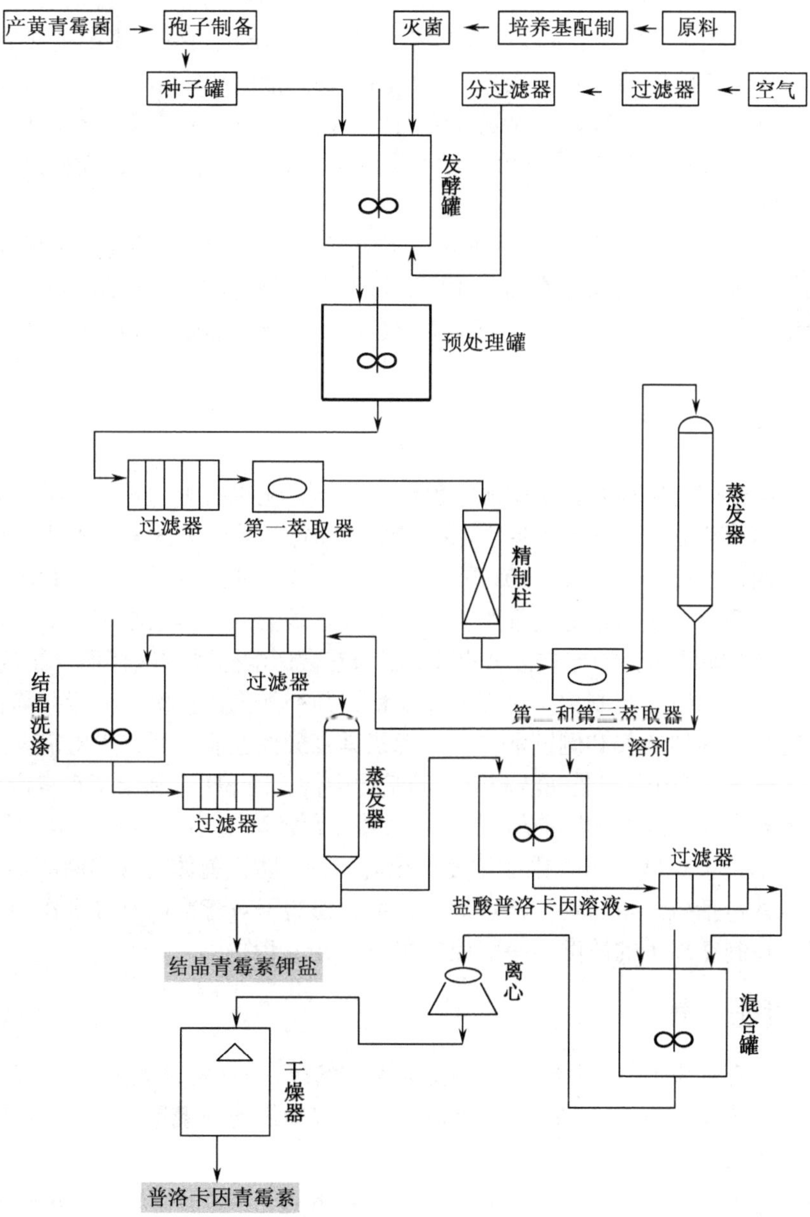

图 22-3 青霉素生产工艺流程

其中Ⅰ～Ⅳ期称为菌丝生长期，菌丝的浓度增加很多，但产生的青霉素较少，处于该时期的菌丝体适于用做发酵的种子。Ⅳ～Ⅴ期是青霉素的分泌期，此时菌丝体生长减缓，并大量产生青霉素。Ⅵ期是菌丝体的自溶期。

从 20 世纪 40 年代以来，通过诱变育种和生产菌株的筛选，青霉素的产率和发酵产量大大提高。改进青霉素产率的传统方法包括随机诱变和高产菌株的筛选。产生的突变株在液体培养基中生长，分析培养物滤液的青霉素产率。因为大量的菌株需要进行测定，所以其工作量非常大。不过自从发现青霉素以来，这种方法是提高产率的关键。现在青霉素的产率已经超过 50g/L，比 Fleming 最初的菌种增加了 50 000 倍。

古典菌株改进方法的贡献，远远超过了所有其他的方法（包括遗传操作技术）。遗传操作技术最大的贡献是增加了我们对青霉素生物合成复杂机制的了解，特别是在遗传工程改进菌株、认识青霉素生物合成的关键（瓶颈）和超产菌株次级代谢调节等方面。

（3）培养基

青霉素生产的培养基包括碳源、氮源、前体、无机盐等。青霉菌可以利用多种碳源，如葡萄糖、乳糖、蔗糖、乙醇和植物油等。其中大约 65%的碳源用于维持细胞代谢，25%用于生长，10%用于产生青霉素。过去使用葡萄糖和乳糖的混合物，葡萄糖可以获得良好的细胞生长，但只有很低的青霉素收率，而乳糖则有相反的效果。碳源的流加方式极其重要，因为它会影响这种次级代谢产物的产量。氮源常选用玉米浆、精制棉子饼粉或麸皮粉，并补加无机氮源。玉米浆除作为氮源外，还提供附加营养和侧链前体。玉米浆具有酸性性质，所以发酵需要加碳酸钙（1%，*W*/*W*），用磷酸缓冲液调节培养基为中性，使 pH 有利于青霉素产生。也可以加入氨水和特定的侧链前体（如苯乙酸或苯氧乙酸）。但是某些前体具有毒性，一次加量不大于 0.1%，或以限制浓度连续流加，以防止前体对青霉菌的毒害。加入的无机盐包括硫、磷、钙、镁、钾等，由于铁离子对青霉菌有毒害作用，所以必须严格控制铁离子的浓度，一般控制在 30μg/mL 以内。

（4）发酵条件控制

尽管青霉素生产有使用气升式发酵体系的情况，但通常是无菌分批发酵工艺，采用的发酵罐体积为 40 000～200 000L。发酵包括最初的繁殖生长阶段，随后是抗生素产生阶段。

接种物的扩大方法一般是将冷冻孢子以 5×10^3 个孢子/mL 的浓度接入小发酵罐。菌丝经过一或两个阶段的生长，直至适合于接种到生产发酵罐。最初，有一个对发展生物量有贡献的繁殖生长期，倍增时间为 6h。头两天一直维持这种高生长比率。为了保证生产期有最佳的青霉素收率，菌丝必须形成松散的球状，这比紧密的形态要好。

发酵过程的条件主要是通过补料来控制的，如根据发酵液中的残糖量、pH、排气中的 CO_2 和 O_2 的含量来控制加糖速率，一般残糖降至 0.6%左右、pH 上升时开始加糖。氮源主要补加硫酸铵、氨水或尿素，发酵液的氨氮控制在 0.05%。前体是在发酵的适当时间添加，使苯乙酰胺等前体的浓度保持在一定范围内。pH 控制在 6.4～6.6 之间，可以通过添加葡萄糖、加酸或加碱来调节。在抗生素生产期间，以低的比率流加碳源，青霉素产量才会增加。这要再维持 6～8 天，需要维持适当的底物流加量。

温度一般在发酵前期控制在 25～26℃，发酵后期控制在 23℃。在整个过程中，氧气水平是非常重要的，但控制起来并不是那么简单的，因为氧气的传递效率是受黏度影响的，而在发酵过程中，黏度是在增加的。通气比控制在 1：0.8VVM，搅拌转速根据发酵不同阶段的需要进行调整，使溶解氧不低于饱和溶解氧浓度的 30%。

通常采用豆油、玉米油或化学合成消沫剂（如还氧丙烯环氧乙烯聚醚类）进行消沫，注意控制用量和加入方式。

（5）青霉素分离和纯化

在发酵结束时，青霉素分泌到培养基中，然后进行回收。青霉素发酵液可以通过各种过滤器，如板框过滤器、转鼓式真空过滤器等进行过滤；过滤效率受培养基组分，特别是蛋白质类物质的影响。回收菌丝在作为动物饲料或肥料之前，要再进行洗涤，以除去残余的青霉素。

一般采用溶剂抽提无细胞发酵液，回收抗生素，收率在 90%以上。其程序是首先加入硫酸或磷酸，将滤液的 pH 降至 2.0～2.5，然后用乙酸戊酯、丁酸乙酯或甲基异丁酮在 0～3℃进行快速两步连续逆流抽提。由于是在低 pH 抽提，所以低温对于降低对青霉素的损害是必要的。或者在 pH5～7 条件下进行离子对抽提，在这个 pH 范围，青霉素是稳定的。随后，通过活性炭处理除去所有色素和痕量的杂质。醋酸丁酯萃取液按照 150～200g/10 亿单位的量加入活性炭，然后过滤除去活性炭。再用醋酸钠或醋酸钾从溶剂中回收青霉素，这可以降低青霉素的可溶性，使其以钾盐或钠盐形式沉淀。产生的青霉素晶体再用转鼓式真空过滤器分离。从分离出的液体和使用的其他材料（如活性炭）中回收溶剂，这对降低生产成本是非常重要的。青霉素晶体与挥发性溶剂混合（通常是无水乙醇，丁醇或异丙醇），以进一步除去杂质。采用过滤和空气干燥等方法收集晶体。在这个阶段，青霉素达到 99.5%的纯度。这种产品可以进一步加工，生产医药产品或用于生产半合成青霉素。

22.1.3.2　半合成青霉素和头孢霉素生产

如上所述，半合成青霉素生产的目的是为了改进化合物的性质，如对酸的稳定性，对酶降解的抗性，广谱活性等。首先去掉青霉素的侧链，产生 6-APA。这是在中性 pH 条件下，青霉素溶液通过固定化青霉素酶（通常从大肠杆菌中获得）的柱子来获得的。例如，青霉素 G 被转化为 6-APA 和苯乙酸。然后 6-APA 用合适的侧链进行化学酰化，产生半合成青霉素。

直接发酵生产头孢霉素的产率比青霉素低得多。因此，6-APA 可以起到头孢霉素前体的作用。青霉素转化为 6-APA，随后通过扩环转化为前体 7-氨基脱乙酸头孢酸（7-ADCA），然后很容易加上合适的侧链。

22.1.3.3　抗生素抗性的出现

20 世纪 40 年代中期，因为青霉素的成功刺激了大量寻找其他产生抗生素微生物的工作。早期最成功例子是从土壤放线菌灰色链霉菌（*Streptomyces griseus*）中发现了链霉素。因此，放线菌特别是链霉菌属的菌种是今天临床医学中使用的抗生素的主要产生菌。但是细菌加速了对抗生素抗性的修饰，因此要求继续寻找治疗微生物疾病的新型抗生素及替代药物。

抗生素抗性不是一个最近才出现的现象，在天然青霉素应用后不久，马上就发现了抗生素抗性现象。抗生素的使用产生了有利于抗性突变株生长的选择性压力，这是由于这些药物的滥用和过量使用引起的。在最近 10 年里，由于对广泛的抗生素有多重抗性的病原细菌不断出现，这种状态更加令人担忧，如发现了多重抗性的金黄色葡萄球菌菌株。某些菌株，特别是抗二甲氧基苯青霉素的金黄色葡萄球菌（MRSA）曾经引起了严重的医院感染。它们几乎抗所有用于抗微生物化学治疗的抗生素，包括二甲氧基苯青霉素，头孢霉素和其他β-内酰胺类抗生素，大环内酯红霉素，氨基糖苷抗生素链霉素和新霉素。唯一一种对葡萄球菌有效的化合物是一种比较老的，并有更高潜在毒性的抗生素——万古霉素。现在甚至已经发现了对这种抗生素有抗性的一些菌株。

许多葡萄球菌的抗生素抗性基因存在于质粒上，这些质粒可以与枯草芽孢杆菌和链球菌属的菌种进行交流，提供了获得外来基因和基因重组的方式。某些抗性基因在转座子上，转座子是在染色体和质粒中都能够存在的 DNA 片段。

22.2　麦角生物碱

生物碱是一些植物和微生物产生的一类不同的小分子含氮有机化合物。许多具有毒性，但有些具有各种治疗特性。丝状真菌麦角菌属（*Claviceps*）的菌种是草类的病原菌，它们可以产生各种生物碱，最著名的是麦角生物碱。当自然发育的麦角菌感染正在发育的谷粒时，黑麦麦角菌（*Claviceps purpurea*）的菌核（子实体）中就产生这些化合物。被感染的谷粒变黑，被称为麦角症。这些结构物含有由四环麦角环体系（图 22-4）衍生出来的吲哚生物碱，这个体系分成两个类群。第一个类群以棒麦角素（clavin）为基础，不含肽类组分。另一些类群的真菌也产生棒麦角素生物碱，包括曲霉和青霉属。其中一些具有抗菌和抗肿瘤活性，但仅有很少数有商品生产。第二类是以麦角酸（lysergic acid，LSA）为基础，并含有三肽或氨醇，这仅在麦角菌属中存在。包括麦角新碱（ergometrine）、麦角日亭宁（ergocristine）、麦角辛宁（ergosine）和麦角胺（ergotamine）。例如，麦角胺是神经递质 5-羟色胺（血液紧张素，serotonin）的结构类似物，是由 LSA 通过一种肽合成酶活性，加上丙氨酸、脯氨酸和苯丙氨酸而形成的。

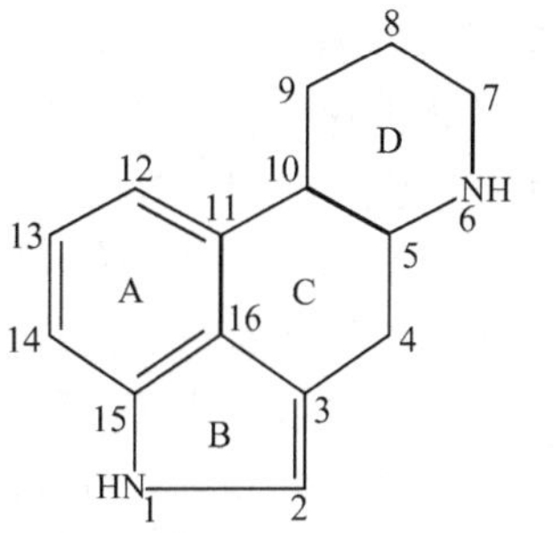

图 22-4　麦角灵（ergoline）的结构

这些以 LSA 为基础的生物碱有药用作用，用作治疗偏头痛的止痛药，迷幻剂和处理血液循环问题。另一些在产科中有特殊用途，用于治疗劳动或产后诱导的子宫平滑肌感染。

以前生物碱是从感染谷粒（常常是用裸麦）发育出的麦角症中提取，或通过化学合成。现在主要是用梭形麦角菌（*Claviceps fusiformis*）、雀稗麦角菌（*C. paspali*）或黑麦麦角菌（*C. purpurea*）进行表面发酵、沉没发酵或固定化细胞生产的。发酵生产的菌种可以用菌丝或分生孢子繁殖。生产培养基含有一种三羧酸循环中的有机酸和一种碳水化合物，如柠檬酸和蔗糖，一般是根据靶生物碱来决定培养基的组合。在发酵后期，有机酸刺激必要的代谢转变，即从 TCA 循环转为乙醛酸循环。生物碱的产生与许多次级代谢一样，表现出受磷酸盐的调节。在营养期和繁殖期，即磷酸盐被利用期间，其合成被延迟。但是磷酸盐的抑制作用，可以通过加入色氨酸或色氨酸的类似物而加以克服，色氨酸或色氨酸的类似物起到了诱导剂或前体的作用。

22.3　类固醇的生物转化

甾体类化合物又称类固醇化合物（steriods），普遍存在于动、植物组织内，对机体起着重要的生理调节功能。在医药上比较重要的甾体激素药物有胆甾醇、麦角甾醇、肾上腺皮质激素、胆酸、强心苷、性激素、甾类皂素、甾类有机碱等。甾体类化合物母核的基本结构如图 22-5，一般在此母核的 C_{10} 和 C_{13} 位置上有甲基，C_3、C_{11} 和 C_{17} 位置上可能有羟基或酮基，A 和 B 环中可能有双键，C_{17} 位置上可能有不同长短的侧链。

甾体类药物有重要的临床治疗作用，如肾上腺皮质激素能够治疗或缓解胶原性疾病、过敏性休克等危险性较高或难以治疗的疾病，也是治疗爱迪森氏等内分泌疾病的重要药物。各种性激素是治疗雄性器官衰退和某些妇科疾病的药物，也是乳腺癌、前列腺癌等的辅助治疗剂，还是口服避孕药的主要成分。

最初是从动物组织提取类固醇或经过复杂的化学合成制备的，这两种方法都是极端昂贵的。甾体类激素，如可的松皮质激素最早（1949 年）是从胆汁中提取脱氧胆酸为原料，历时 2 年之久，经过 30 余步化学反应，才制得醋酸可的松。脱氧胆酸 C_{11} 上的氧原子是治疗关节炎等疾病必需的化学结构，用化学法要经过 10 多步反应才能完成，并且得率极低，约 615kg 脱氧胆酸才能获得 1kg 产品。

1952 年美国科学家首先发现利用少根根霉和黑根霉，仅一步微生物转化反应就能使黄体酮转化为 11α-羟基黄体酮，收得率达 85%以上。很快又发现其他许多微生物，如细菌、酵母、霉菌和放线菌，具有在甾体类化合物不同部位发生有价值转化反应的能力。现在，在类固醇药物加工中，利用微生物进行化合物的生物转化是非常成功的。许多类固醇加工都利用化学和微生物转化结合的方法。这些工艺使用比较便宜的甾酮作为起始原料，多使用从墨西哥山药提取的薯蓣皂苷或豆油加工的副产品豆甾醇。涉及的微生物主要是丝状真菌，如根霉属（*Rhizopus*）、弯孢属（*Curvularia*）、镰刀菌属（*Fusarium*）、曲霉属的菌种和分枝杆菌。悬浮培养或固定化生长的细胞、静息细胞、孢子和无细胞提取液均可使用。微生物完成的关键反应是修饰环戊烷多氢菲这个基本的类固醇结构（图 22-5），包括在 11 和 17 位置的羟基化；不同侧链裂解，加氢和脱氢；扩环（从 5 环扩为 6 环）等。

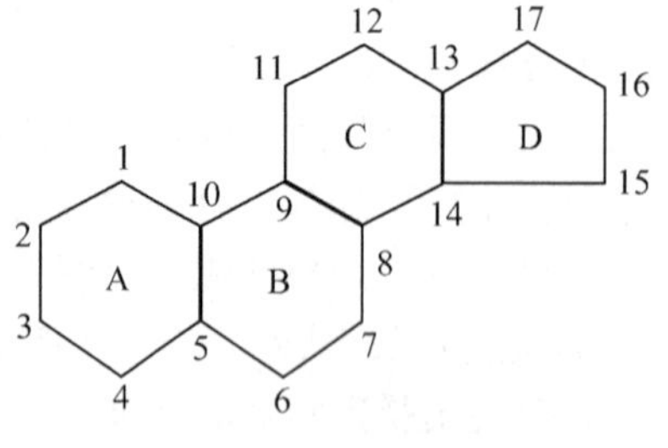

图 22-5　甾体类化合物环戊烷多氢菲母核的基本结构及环和碳原子标记方法

22.3.1　微生物转化的反应类型

目前已经发现的微生物转化甾体类化合物的反应类型包括氧化反应、还原反应、水解反应、酰化反应、异构化反应、卤化反应和 A 环开环反应等。下面仅对较为重要的氧化反应、还原反应、水解反应作简单介绍。

22.3.1.1　氧化反应

微生物的甾体氧化反应有不同的类型，如可以在甾体核上引入伯、仲、叔醇基；将仲醇基氧化或侧链裂解成酮基；在核上脱氢成不饱和化合物或芳香化合物；形成氧化合物等。在此仅介绍部分典型反应。

（1）羟化反应

利用化学法进行加氧是非常困难的，所以羟化反应是甾体类微生物转化中最为重要的反应。各种微生物可以在甾体核的不同位置上进行羟化反应，如在 11α、11β、16α、19 位上进行的羟化反应。表 22-3 所示是一些工业上重要的微生物甾体类转化反应的例子。例如，利用黑根霉将黄体酮转化为 11α-黄体酮；利用弗氏链霉菌或短刺小克银汉霉将 17β，21-二羟基-4-烯-3，20-二酮孕甾（莱氏化合物 S）转化为氢化可的松，转化率达 65%。

表 22-3　工业上重要的微生物甾体类转化反应

反　应	基质→产物	微　生　物
羟化反应	黄体酮→11α-黄体酮	黑根霉（*Rhizopus nigrican*）
11β-羟化反应	莱氏化合物 S→氢化可的松	新月弯孢霉（*Currcularia lunata*）
16α-羟化反应	9α-氟-氢化可的松→9α-氟-16α-氢化可的松	玫瑰产色链霉菌（*Streptomyces roseochromogens*）
1-脱氢反应	氢化可的松→泼尼松	简单节杆菌（*Arthrobacter simplex*）
1-脱氢反应，侧链裂解，D 环扩环	黄体酮→睾丸内酯	生根柱孢（*Cylindrocarpon rudicicola*）
侧链裂解	β-谷甾醇→1，4-二烯-3，17-二酮雄甾和（或）4-烯-3，17-二酮雄甾	分枝杆菌（*Mycobacterium* spp.）

（2）环氧化反应

新月弯孢霉或短刺小克银汉霉等具有 11β-羟化能力，可将 17α，21-二羟基-4，

9（11）-二烯-3, 20-二酮孕甾转化成 9β，11β-环氧化物。

（3）脱氢反应

某些微生物可将甾体类化合物核上的氢脱去，形成不饱和的双键。例如，简单节杆菌通过脱氢反应，将氢化可的松转变为氢化泼尼松；同样也可将可的松脱氢转变为泼尼松。氢化可的松或可的松脱氢后形成的氢化泼尼松或泼尼松，其抗炎作用都更强。

（4）芳环化反应

微生物的 A 环芳香化作用与 1, 2-脱氢反应有密切关系。例如，睾丸素假单胞菌通过环芳化反应，将 19-去甲基睾丸素转变为雌二醇和雌酮。

除上述反应外，氧化反应中还有切断侧链的反应。例如，诺卡氏菌可切断胆甾醇 C_{17} 上的支链，生成 4 种代谢产物。

22.3.1.2　还原反应

微生物催化的甾体类化合物还原反应有各种类型，如将甾体类化合物上的醛基或酮基还原成伯醇或仲醇基；甾体核的 A 或 B 环中的双键被加氢还原成饱和键等。酿酒酵母可以还原 5α-1-烯-3，17-二酮雄甾，形成 5α-烷-3β，17β-二醇雄甾。

22.3.1.3　水解反应

利用微生物进行的水解反应包括脱酰基反应、环氧化物水解反应等。例如，毛棒杆菌能将 21-醋酸妊娠醇酮水解形成去氧皮质酮。酿酒酵母能将 4β，5β-环氧烷-3, 20-二酮孕甾转变为 5α，6β-二醇体。

22.3.2　微生物转化工艺

各种类型的微生物中都有一些具有各种这类转化能力的微生物，如发现有近 20 种微生物能够转化莱氏化合物 S，产生各种羟化或非羟化反应产物。所以首先必须根据不同甾体类底物和所需要的转化反应，对微生物进行筛选。

进行转化反应可以利用不同形式的微生物细胞，如菌体培养物、静止细胞悬液、孢子悬液、干细胞、混合培养物转化、固定化细胞或固定化酶等。

22.3.2.1　生产工艺流程

微生物转化生产甾体化合物往往是化学合成工艺路线的某一步或某二步，一般采用二级培养。例如，生产肾上腺皮质激素的微生物转化工艺流程如下：

投入底物（加入发酵步骤）

菌种→孢子制备→种子培养→发酵→过滤→滤液

过滤→滤饼→溶媒萃取→结晶

如果产物分泌在发酵液中，则取滤液采用离子交换树脂吸附法吸附甾体化合物，洗脱后减压浓缩进行结晶。

22.3.2.2　转化反应工艺控制

当利用活的繁殖细胞进行类固醇生物转化时，培养基应尽可能简单，以方便以后的纯化，甚至可以用简单的合成培养基进行孢子制备，不需要使用消沫剂，否则就会影响产物的提取。为了繁殖细胞，在底物加入之前，培养物生长到对数期，以获得最大的生物量；或者将生物量收集，建立固定化体系。转化工艺一般分为两个阶段，即生长阶段和转化阶段。

生长阶段一般是将菌种接入斜面培养基或小米培养基培养 3～5 天，然后将成熟的菌种细胞或孢子接入摇瓶或种子罐，给予合适的温度、溶解氧浓度、pH 等条件培养，细菌的生长期为 12～24h，真菌为 24～72h，使菌体获得良好的生长。

转化阶段一般是把被转化的甾体类物质直接加到培养物中，或把成熟细胞分离洗涤，然后悬浮于水或缓冲液中，再将底物加入。大多数甾体化合物难溶于水，所以常用的方法是先把底物溶于有机溶剂，如丙酮、乙醇、甲醇、二甲基甲酰胺（饱和溶解度达 10%～20%），浓度在 2%时，对微生物无毒性。或用表面活性剂（如吐温 80）来提高基质溶解度。甾体氧化需要较大的通气量，一般为 1：0.8（*V*/*V*/min），需要 12～72h 便可完成转化，转化率可达 100%。产品加工工艺是根据细胞内积累还是分泌到培养基里而定。转化后的产物大多不溶于水，所以采用溶媒萃取法进行提取，通常是二氯甲烷、氯乙烯或氯仿。下面以犁头霉菌的羟化反应为例，介绍甾体转化的生产工艺。

22.3.3　犁头霉菌的 11β-羟化反应工艺

犁头霉菌可以产生 11β-羟基化酶和 11α-羟基化酶，可将莱氏化合物 S 羟化，生成氢化可的松（图 22-6）。

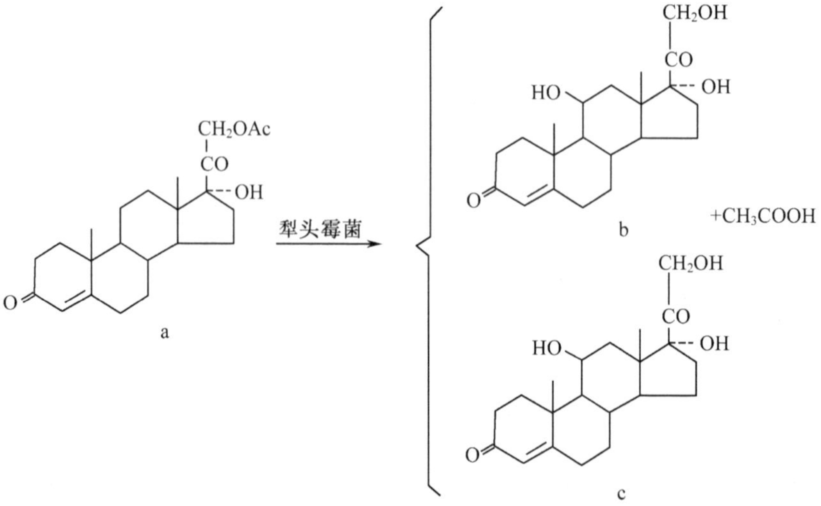

图 22-6　莱氏化合物 S 生物氧化反应式

a. 莱氏化合物 S；b. β体；c. α体

将犁头霉菌接种到土豆斜面培养基，28℃培养 7～9 天，成熟孢子用无菌生理盐水制成孢子悬液。种子培养基用葡萄糖、玉米浆、硫酸铵等配制，pH 为 5.8～6.3，接入孢子悬液后，在通气搅拌下（28±1）℃培养 28～32h。待培养液菌浓度达到 35%以上，无杂菌污染，即可转入发酵罐。

发酵培养基与种子培养基相同。种子液按一定接种量接入后，（28±1）℃通气搅拌下培养至菌体生长末期，pH 下降至 3.5～3.8，菌浓度达到 17%～35%，即可投入 2.5%的莱氏化合物 S 乙醇溶液，氧化 48h，pH 调整在 5.5～6.0。也可以分批加入甾体基质，氧化时间亦可灵活掌握，即在转化过程中，定时取样做比色检测，若不合格，可继续氧化。

转化结束后，氧化液过滤，滤液用醋酸丁酯萃取，萃取液经浓缩、冷却、过滤、干燥，得到氢化可的松粗品。再用溶媒分离得到α体（图 22-6c）和β体（图 22-6b）。β体经过精制得到氢化可的松精品；α体经过乙酰化、氧化，制得醋酸可的松。

22.4　菌苗和疫苗

早期细菌菌苗是用经过加热或甲醛失活的细菌培养物制成的，但现在分成了两类，即活菌苗和失活菌苗（表 22-4）。活菌苗是由毒力减弱的活菌株制成。失活菌苗是由完整细菌细胞，或一种细胞组分或代谢产物（细胞壁抗原，荚膜抗原，毒素等）制成，细胞组分或代谢产物现在可以是重组 DNA 技术的产物。

表 22-4 医用和兽用的菌苗和疫苗举例

活的减毒细菌菌苗	
炭疽芽孢杆菌（*Bacillus anthracis*）芽孢菌苗	炭疽热
流产布鲁氏菌（*Brucella abortus*）S19	普鲁氏菌病
伤寒沙门氏菌（*Salmonella typbi*）	伤寒症
索氏志贺氏菌（*Shigella sonnei*）	志贺氏细菌性痢疾
失活细菌菌苗	
荚膜抗原	
大肠杆菌（*E. coli*）K88，K99，987P	腹泻和食物中毒
脑膜炎奈氏球菌（*Neisseria meningitides*）A&C	脑膜炎
多杀巴斯德氏菌（*Pasteurella multocida*）	出血性败血病
细胞壁抗原	
百日咳博德氏菌（*Bordetella pertussis*）	百日咳
副伤寒沙门氏菌（*Salmonella paratyphi*）	副伤寒
霍乱弧菌（*Vibrio cholera*）	霍乱
类毒素抗原	
产气荚膜梭菌（*Clostridium perfringens*）	食物中毒
破伤风梭菌（*Clostridium tetani*）	破伤风
白喉棒杆菌（*Corynebacterium diphtheria*）	白喉
重组菌苗和疫苗	
细菌	
衣原体属（*chlamydia*）	骨盘颤动疾病
破伤风梭菌（*Clostridium tetani*）	破伤风
白喉棒杆菌（*Corynebacterium diphtheria*）	白喉
原生动物	
疟原虫（*Plasmodium vivax*）	疟疾
病毒	乙型肝炎
	单纯肝炎
	流感
	麻疹
	急性骨髓灰白质炎
	狂犬病
DNA 疫苗	疟疾

微生物蛋白质毒素在用甲醛或加热失活形成类毒素之后，也可以作为菌苗。用抗原类毒素菌苗接种，会导致抗毒素的产生，它中和活性毒素的药理学影响。这些菌苗可以成功地防御引起白喉、破伤风和其他疾病（由梭状芽孢杆菌引起）的革兰氏阳性细菌。同样的类毒素菌苗对革兰氏阴性细菌疾病却影响很小。但是，革兰氏阴性细菌的表面抗原（涉及对上皮组织黏附的表面抗原）可以用来开发有效的菌苗。

菌苗生产要求高度可控操作条件和严格遵守操作规程。一般在不大于 1000L 体积的高精度发酵罐里进行细菌培养。以获得最大抗原收率（细胞或细胞组分）和安全性作为设计发酵的依据，包括非常严格的操作规程，防止细胞释放到环境中。为降低泄漏的危险，发酵罐内部压力绝不能超过大气压，并且发酵罐排出的气体必须通过无菌过滤、焚化或煮沸。

全细胞菌苗发酵的目的是生物量产量最大化。对于失活的全细胞菌苗，下游加工通常利用热处理或加入甲醛使细胞失活。通过离心从培养基中分离出失活的或活的微生物细胞。所有的离心设备必须严格地与微生物的反应器联接着，并且是在室内维持负压状态下进行操作，以保证所有排出物不泄漏出去。获得的活的弱化菌苗一般制成冷冻干燥产品。

生产毒素或表面抗原（细胞壁或荚膜化合物）的菌苗，其生长条件设计的目的是产生最高水平的特异细胞抗原。分泌型的毒素和松散地结合于表面的抗原可以流入培养基，然后从澄清后的培养物中纯化出来，离心下来的细胞要安全地处理掉。如上所述，通常毒素经过加热或甲醛失活，转变成没有毒性的类毒素，但是仍保留了它们的抗原性。但是在某些情况下（如肉毒梭菌的毒素），也制备成有活性的神经毒素用于治疗。

对用于人类免疫的菌苗抗原要求很高的纯度。纯化程序可以包括硫酸铵沉淀技术和几个层析步骤。通常结合亲和层析技术，利用特异性抗体作为配体，最好是单克隆抗体。为了获得最大的菌苗效价，纯化的抗原被吸附到一种佐剂上，以增加免疫效价。佐剂包括无机盐（如氢氧化铝和硫酸铝钾）或油水乳化剂。对于具有多种血清型的疾病，可以用混合抗原作为最终的菌苗。

菌苗制品可以注射或口服使用。失活菌苗一般是注射给药，活菌苗多是口服，特别是用于肠道疾病的治疗。注射菌苗刺激流动血液中抗体的产生，而口服菌苗刺激肠黏膜表面局部的抗体产生。

病毒疫苗以前仅利用活的动物、动物组织或细胞培养物进行培养。但是利用遗传工程技术，可以将重组病毒抗原克隆到适当的宿主微生物中进行生产。例如，乙型肝炎的毒力因子和口蹄疫病毒的病毒蛋白，可以在大肠杆菌中表达，生产有价值的疫苗。乙肝疫苗的市场价值超过 100 亿美元/年。同样，现在也可能用重组菌苗进行有害细菌病原体的安全生产，主要是利用最适于进行大规模发酵生产的有益微生物。还有一个优势就是宿主可以扩大抗原生产（表22-4）。某些乳酸细菌是最合适的宿主，推测可以用于口服免疫。这类细菌被认为是安全的（GRSA），并且只有很低的免疫性，可以用来表达抗原，如破伤风和白喉毒素的DNA片段。

22.5　重组治疗用肽和蛋白质

以前哺乳动物治疗用的蛋白质和肽是从动物或人类组织和体液中制取的，因此可以利用的数量是非常有限的。这类制剂生产极端昂贵，某些还会出现副作用，并且还有被病毒和朊病毒污染的问题存在。重组 DNA 技术使得许多不同来源的重组治疗蛋白可以进行大量生产，这包括400多种有医疗价值的人源蛋白和肽。但至今仅有大约10%获得了美国食品和药品管理部门（FDA）的批准（表22-5）。国际市场重组药物价值大约为每年200亿美元，并且每年以10%的速度在增长。但是人源蛋白的发酵生产规模一般不超过 2000～5000L。与重组菌苗不同，重组菌苗要求保持抗原性，而重组治疗蛋白产品必须没有抗原性。

表22-5　医用重组蛋白举例

抗体	**激素**
组织坏疽因子——α抗体（tissue necrosis factor-α antibody（治疗风湿性关节炎）	人生长激素（human growth hormone）
	胰岛素（insulin）
癌症和病毒疾病	内啡肽（ endorphins）
干扰素（interferons）	神经生长因子（nerve growth factors）
白介素（interleukins）	神经肽（neuropeptide）
组织坏疽因子（tissue necrosis factors）	**疫苗**
转化生长因子（transforming growth factors）	口蹄疫疾病
心脏血管疾病	乙型肝炎
（促）红细胞生成素（erythropoietin,促进血液红细胞增殖）	**伤口治疗和血液凝结因子**
水蛭素（hirudin,从水蛭凝血酶抑制剂）	表皮生长因子（epidermal growth factors）
尿激酶（urokinase,治疗血栓症）	纤维原细胞生长因子（fibroelastic growth factors）
组织血纤维蛋白溶酶原激活剂（tissue plasmodesma activator，血液凝块稀释）	凝血因子Ⅷ（clotting factors，治疗血友病）

22.5.1　DNase

囊肿性纤维化（属于遗传性胰腺病）是一种致命的遗传失调疾病，它引起一种上皮组织障碍。这是由一层很厚的黏液决定的，许多器官都产生这类黏液，特别是肺部，这样会削弱呼吸，增加了微生物感染的危险。感染的结果是噬菌细胞（攻击微生物的）的免疫响应被隔离，这些可以引起感染的微生物包括铜绿假单胞菌（*Pseudomonas aeruginosa*）、伯克氏菌模式种（*Burkbolderia cepacia*）、金黄色葡萄球菌和流感嗜血菌（*Haemophilus influenzae*）。结果是细菌和噬菌细胞两者的自由 DNA 释放到肺里。DNA 是非常黏稠的，可进一步加厚黏液。

现在可以利用遗传工程 DNase 制剂帮助清理这些分泌物。DNase 将长链 DNA 断裂成比较短的分子，降低黏液的黏度。有一种叫做 Pulmozyme 的遗传工程 DNase 是由 Genentech 开发出来的，1996 年获得美国 FDA 的批准。这是一个相对相对分子质量为 37 000Da 的人源糖蛋白，由 260 个氨基酸组成，是用中国地鼠卵巢细胞系（CHO）产生的，产品可以加工成气雾剂。现在这种产品年销售价值超过 11 亿美元。

22.5.2　促红细胞生成素

促红细胞生成素是一种分子质量为 34 000Da 的糖蛋白激素，主要是由肾脏产生的。它是一种造血生长因子，也就是一种控制哺乳动物骨髓红血球产生的调节因子。如果没有适量的促红细胞生成素，体内血液红细胞就会明显下降，导致贫血症。重组促红细胞生成素生产是利用 CHO 细胞系和幼鼠肾（BHK），或人源 B-淋巴细胞，如 Amgen 是它的重组产品。这些产品常常用于治疗与肾脏疾病、癌症和 HIV 感染有关的贫血症，现在市场年销售价值超过 10 亿美元。

22.5.3　人生长激素

人生长激素（hGH）是一种蛋白质激素，是在脑下垂体中合成的。这个激素与控制生长和身高有关。hGH 用于治疗儿童“垂体侏儒症”，这是一种先天性疾病，即脑垂体不能为正常生长分泌适量的 hGH。这种激素不能通过口服给药，而必须通过注射。标准剂量是每周 0.5～0.9IU/kg 体重。此外，hGH 在治疗其他疾病中也有治疗价值，特别是与成熟变老及伤口愈合有关的疾病。

该激素一条蛋白链组成，在体内是以前体形式合成的，叫做前激素（prehormone），由 217 个氨基酸组成。前激素含有 26 个氨基酸的信号肽，酶促切割后才具有生物活性。活性 hGH 相对分子质量是 21 500Da，由 191 个氨基酸组成，在蛋白质的 53 和 165 位、182 和 189 位的半胱氨酸形成二硫键。

1958 年，第一例临床治疗侏儒症使用的 hGH 是从人类尸体的脑垂体中提取的激素。平均一个患者每年需要 40 个脑垂体，因此，产品非常短缺。1985 年，这个产品从市场上退了出去，这是因为这些 hGH 制品的使用与人类脑病——克雅氏病（CJD）的发展直接有关。CJD 的起因一直都不清楚，因为至少提出了两种推测：一种是未知的病毒，或者是与 hGH 一起纯化出来的朊病毒蛋白质。推测朊病毒是一种可以改变其他蛋白质构型的蛋白质，因此改变了构型的蛋白质转变成抗人体中天然蛋白酶的蛋白质，最终导致神经组织中形成特征性的骨髓斑。早在 1980 年前后，被 HIV 感染的血友病患者也发生过同样的现象，HIV 最初是与人类血液中的血液凝集因子Ⅷ一起被纯化出来的。

寻找 hGH 的替代产物是从动物产品开始的，但是研究发现牛和猪的生长激素是无效的。现在更加大量、安全的产品是通过重组的 hGH，是在 20 世纪 70 年代后期开始发展起来的。瑞士的 Kabivitrum 公司和美国的 Genentech 公司共同投资研发重组 hGH。

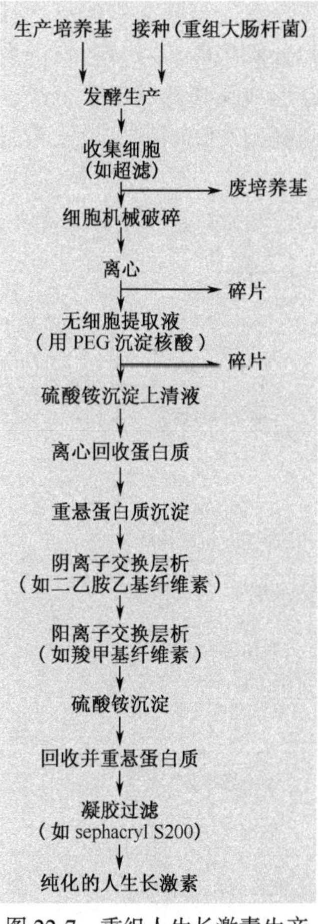

图 22-7　重组人生长激素生产

最初用于生长激素克隆的重组 DNA 体系，是将生长激素 DNA 插入一个质粒载体，然后转化大肠杆菌宿主。产生的蛋白质含有 192 个氨基酸，在蛋白质（也就是 *N*-甲酰甲硫氨酸-hGH）的 *N*-（氨基）末端附加的氨基酸是甲酰甲硫氨酸。在许多细菌中，都是用这个氨基酸起始蛋白质的合成。在某些细菌合成的蛋白质中，这个额外的氨基酸通过后翻译过程被切去，但有的时候却没有切去。这个额外的氨基酸可以是免疫原性的，在患者体内可以引起免疫响应。有人企图开发酶促方法去掉这个额外的氨基酸，但是后来证明这是非常困难的。然而，*N*-甲酰甲硫氨酸-hGH 与垂体产生的 hGH 没有明显的临床差异，所以在 1985 年，Genentech 公司开始出售他们的产品 Protropin。这是继胰岛素之后被批准临床使用的第二个重组药物。重组 hGH 生产的流程图如图 22-7 所示。

另一个生产重组 hGH 的方法是首先克隆含有 217 个氨基酸的前生长激素，然后酶切 26 个氨基酸的信号肽，产生有活性的产物。还有其他的研究者利用不同的宿主，如枯草芽孢杆菌和铜绿假单胞菌，它们可以在细胞周质空间产生可溶性产物。利用老鼠和人类的细胞系进行动物细胞培养，也是一种生产 hGH 的可能途径。

22.5.4　胰岛素

胰岛素是一个分子质量为 5808Da 的多肽激素，由胰腺产生。该激素涉及血液葡萄糖水平和碳水化合物、脂肪、淀粉代谢的调节。它是由两条肽链组成，“A”链由 21 个氨基酸组成，“B”链含有 30 个氨基酸。

曾经用动物分泌的胰岛素（特别是牛和猪的胰岛素）来满足胰岛素依赖型糖尿病患者的需要。但现在重组人类胰岛素已经部分代替了动物来源的胰岛素。Genentech 公司第一个开发出重组产品，由 Eli Lilly 公司推向市场(Humulin)。1981 年被 FDA 批准市场出售，这是第一个被批准的治疗人类疾病的重组产品。生产方法是首先将胰岛素的 A 和 B 链分别克隆出来，在不同的宿主细胞中表达，宿主细胞分别培养。再从各自的发酵液中分别纯化出来，然后采用化学方法将两条链融合形成完整的胰岛素分子。重组产物与人体产生的胰岛素相同。现在可以利用大肠杆菌和啤酒酵母生产重组胰岛素。

22.5.5　干扰素

干扰素（IFN）是细胞浆的成员，这是一个很大的小信号蛋白家族，涉及细胞介导的免疫调节，也包括白细胞干扰素（interleukin），肿瘤坏死因子（TNF），集落刺激因子（CSF），促红细胞生成素和血栓形成素。所有的脊椎动物都产生大量的干扰素，哺乳动物（包括人类）产生三种形式的干扰素：α、β和γ-IFN，它们最初由白细胞产生，是由 165～166 个氨基酸组成的多肽单链。有一些是糖蛋白，它们具有不同数量的碳氢化合物部分，分子质量为 16 000～26 000Da。IFN-α的碳氢化合物部分并不表现任何功能，去掉这部分并不影响它们的活性。这种特性使得 IFN-α可以用原核体系生产，如大肠杆菌。大肠杆菌不能进行翻译后加工形成糖基化多肽（图 22-8）。

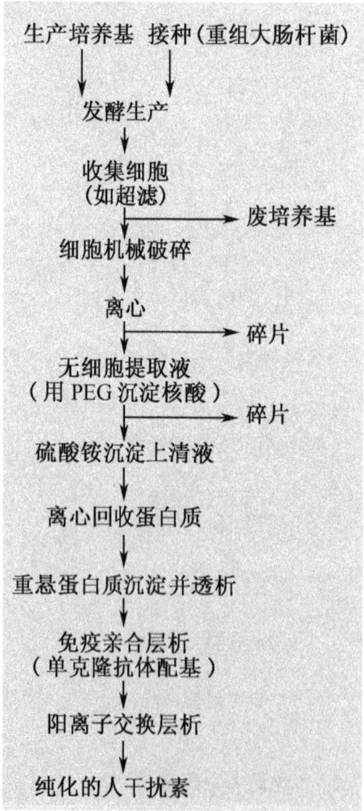

图 22-8　重组人干扰素生产

1991 年，FDA 批准重组 IFN-α用于治疗乙型肝炎。随后又获批准用于治疗众多疾病，包括多毛细胞白血病、肾癌、恶性黑素瘤、骨髓性白血病和生殖器瘤，以及作为鼻腔喷雾剂，防止由鼻病毒引起的感冒。现在有许多公司生产重组 IFN-α，如 Hoffman-La Roche、Schering Plough 等，每年售价超过 75 亿美元。

IFN-β由哺乳动物纤维原细胞天然合成，也可以用重组大肠杆菌生产。可以用来治疗多硬化症的恢复治疗。IFN-γ作为免疫干扰素，由 T-淋巴细胞产生。它是免疫体系中最重要的干扰素，它激活辅助 T 细胞（TH1），天然杀伤细胞（NK），细胞毒素 T-淋巴细胞（CTL）和巨噬细胞，也表现出抗病毒和抗肿瘤特性。大肠杆菌产生的重组 IFN-γ制品用于治疗慢性白血病和肾癌。

22.5.6　白介素

白介素也是细胞浆的亚类。一般为分子质量 8 000～30 000Da 的单链糖基化蛋白质。白介素家族至少有 15 个不同的成员（IL1～IL15）。1992 年，FAD 批准了 Chiron 公司的重组 IL-2 制品，市场名称是 Proleukin，主要用于治疗转移性肾细胞癌症。还有几种其他的白介素也表现出有治疗潜力，它们都正处于不同的开发阶段。

22.5.7　组织血纤维蛋白溶酶原激活剂

组织血纤维蛋白溶酶原激活剂（tPA）是一个丝氨酸蛋白酶，由 572 个氨基酸组成，分子质量为 70 000Da，是由血管内皮天然产生的。丝氨酸蛋白酶涉及纤维蛋白的水解（血液凝集分解），起到血纤维蛋白溶酶原的激活子的作用，血纤维蛋白溶酶原是血纤维蛋白溶酶的糖蛋白前体，分解血纤维蛋白凝集物。Genentech 公司的重组 tPA（Activase）是在 1987 年被批准的，用于治疗由血液凝集物造成的血管阻塞，包括由于心脏血管阻塞引起的心脏病发作，肺部栓塞和发作。重组 tPA 最初用动物细胞培养物生产，现在已经可以用转基因动物乳汁产生。

22.5.8　胶原质

胶原质是人体中最丰富的蛋白质，可以用于外科缝合和修复。一般是从牛或人类尸体内获取的。因此存在着被病毒和朊病毒污染的潜在安全性问题。现在利用酵母菌狭毕赤酵母（*Pichia augusta*）和巴斯德毕赤酵母（*P. pastoris*）分别生产Ⅰ和Ⅲ型胶原质片段，这也是医学和外科安全使用的新来源。

22.5.9　作为治疗药剂的噬菌体

由于抗生素抗性细菌病原菌引起的问题不断增加，现在正在寻找替代抗生素的新途径。其中一种选择方法是噬菌体治疗，直到最近，前苏联以外的国家和地区才对此有所了解。在这个领域中研究最多的是第比利斯（格鲁吉亚共和国首都）的噬菌体研究所，已经进行了 80 余年的研究。噬菌体治疗的优势是细菌不可能改进对其病毒的抗性，因为噬菌体对它们的宿主细菌持续侵染的能力进化得太快。同时它们是特异性的，不会杀死人类或动物天然菌群的有益细菌。这种方法对于治疗霍乱、痢疾、脑膜炎、败血症、肺结核和由金黄色葡萄球菌、弯曲杆菌属（*Campylobacter*）以及假单胞菌属引起的感染特别有用。所需要解决的问题是在合适的宿主细菌中大量培养各种噬菌体。

主要参考文献

Alisky J, Iczkowski K, Rapoport A,et al. 1998. Bacteriophages show promise as anti-microbial agents. *J. Infection* 36, 5～15

Bruggin K A, Roos E C, Vroorn E. 1998. Penicillin acylase in production of β-lactam antibiotics. *Organic Proc Res Devel* 2, 128～133

Crueger W, Crueger A. 1990. Biotechnology: a textbook of industrial microbiology. 2nd ed. Sinauer Associates Sunderland, MA

Datar R V, Cartwright T, Rosert C G. 1993. Process economics of animal cell and bacterial fermentations: a case study analysis of tissue plasminogen activator. *Bio/Technol* 11, 349～357

Demain A L, Davies J E, Atlas R M. 1999. Manual of industrial microbiology and biotechnology. American Society for Microbiology, Washington, DC

Finkelstein D B, Ball C. 1992. Biotechnology of filamentous fungi. Butterworth-Heinemann, Bostdon

Finnie J W, Blumbergs P C, Manavis J, et al. 2002. Effect of long-term mobile communication microwave exposure on vascular permeability in mouse brain. *Pathol* 34, 344～347

Fllis R W. 1992. Vaccines: New approaches to immunological problems. Butterworth-Heinemann, London

Gabor E M, Janssen D B. 2004. Increasing the synthetic performance of penicillin acylase PAS2 by structure-inspired semi-random mutagenesis. *Protein Eng* 17, 571～579

Glazer A N, Nikaido H. 1995. Microbial biotechnology dugs W. H. Freeman, New York

Hutchinson C R, Fujii I. 1995. Polyketide synthase gene manipulation: a structure-function approach engineering novel antibiotics. *Ann Rev Microbiol* 49, 201～238

Johnson E A. 1999. Clostridial toxins as therapectic agents: benefits of nature's most toxic proteins. *Ann Rev Microbiol* 53, 551～575

Johnson I. 1983. Human insulin from recombinant DNA technology. *Science* 219,632～637

Khachatourians G G. 1998. Agricultural use of antibiotics and the evolution and transfer of antibiotic-resisi-tant bacteria. *Can Medic Assoc J*, 159, 1129～1136

Koths K. 1995. Recombinant proteins for medical use: the attractions challenges. *Curr Opt Biotechnol* 6, 681～687

Lux W, Klobeck H G, Danie P B, et al. 2005. *In vivo* and *in vitro* analysis of the human tissue-type plasminogen activator gene promoter in neuroblastomal cell lines: evidence for a functional upstream kappaB element. *J Thrombosis Haemostasis* 3, 1009～1017

Marles T and Sharp R. 2000. Bacteriophages and biotechnology: a review. *J Chem Technol Biotechnol* 75, 6～17

Martineau P, Rambaud J C. 1993. Potential of using lactic acid bacteria for therapy and immunodulation in man. *FEMS Microbiol Rev* 12, 207～220

Nielsen J. 1998. The role of metabolic engineering in the production of secondary metabolites. *Curr Opi Biotechnol* 10, 330～336

Penalva M A, Rowlands R T, Turner G. 1998. Optimization of penicillin biosythesis in fungi. *Trends Biotechnol* 16, 483～589

Pino M F, Ye D Z, Linning K D, et al. 2005. Elevated glucose attenuates human insulin gene promoter activity in INS-1 pancreatic beta-cells via reduced nuclear factor binding to the A5/core and Z element. *Mol Endocrinol* 19, 1343～1360

Rallabhandi P, Yu P L. 1996. Production of therapeutic proteins in yeasts: a review. *Aus Biotechnol* 6, 230～237

Robinson A, Melling J. 1993. Envelope structure and the development of new vaccines. *J Appl Bacteriol:* Supplement 74, 435～515

Roessner C A, Scott A I. 1996. Genetically engineered synthesis of natural products: from alkaloids to corrins. *Ann Rev Microbiol* 50, 467～490

Searnan K B. 1998. Specifications for biotechnology-derived protein drugs. *Curr Opin Microbiol* 9, 319～325

Strohl W R. 1997. Biotechnology of Antibiotics. Marcel Dekker, New York

Wainwright M. 1992. An Introduction to Fungal Biotechnology. Wiley, Chiester

Walsh G. 1998. Biopharmaceuticals: Biochemistry and Biotechnology. Wiley, Chichester

Wiseman A. 1996. Therapeutic proteins and enzymes from genetically yeasts. *Endeavour* 20, 130～132

Xu Y, Hsieh M Y, Narayanan N, et al. 2005. Cytoplasmic overexpression, folding, and processing of penicillin acylase precursor in *Escherichia coli. Biotechnol Pro* 21, 1357～1365

Yu F, Zhu X, Du L. 2005. Developing a genetic system for functional manipulations of FUM1, a polyketide synthase gene for the biosynthesis of fumonisins in *Fusarium verticillioides. FEMS Microbiol Lett* 248, 257～264

Yu M, Ru B. 2004. Enhanced expression of an antibody-targeted plasminogen activator in *Escherichia coli* by fusion to decorsin. *Biotechnol Lett* 26, 717～721

§23 食品和饮料发酵

在长期的人类历史中，微生物在食品和饮料生产中发挥了主要的作用。传统的发酵食品包括：

①酒精饮料，特别是啤酒、葡萄酒和蒸馏酒精，这些都是由糖和淀粉生产出来的。

②奶制品，特别是干酪、酸乳酪、酸奶油和酸乳酒。

③鱼和肉制品，如鱼酱油和发酵香肠。

④植物产品，以谷物为主的面包和发酵水稻产品；发酵果实、蔬菜和豆类，包括橄榄蜜饯和腌黄瓜、泡菜、大豆酱油、豆腐；发酵木薯、可可饮料和咖啡豆等。

这些产品最初的出现，多是由食品保藏的目的而发展起来的。稳定的微生物活性可以降低水活性、改变 pH、产生抑制化合物（酒精、细菌素等），以及除去容易被潜在腐败菌利用的营养等等。重要的是，食品保藏除了能够提供长期的稳定性外，这些发酵过程也产生了悦人的风味、香味和质地。

现在，在这个领域里微生物的作用更加多样化。例如，微生物的生物量用作新的食品，如单细胞蛋白产品，特别是蘑菇等制品；众多的微生物产品已经作为食品添加剂和补充剂使用。另外，广泛利用微生物酶作为食品加工助剂，有一些可以加入动物饲料，以改进营养价值等。

23.1 酒精饮料

在有记录的人类历史中一般都有酒精生产。世界各地都利用当地可发酵原料加工酒精，这些原料的糖类可以来自于果汁、植物体液和蜂蜜，或者来自于谷物和根部淀粉的水解物。有的酒精饮料可以新鲜饮用，但更普遍的是陈放，以改善它们的风味。而另有一些是通过蒸馏增加酒精强度。尽管有的细菌，如发酵单孢菌属（*Zymomonas*）的菌种可以产生某些产物，但主要还是使用酵母，可以是单一菌种培养物，也可以是混和培养物。发酵产物包括乙醇、影响感官的化合物（风味和香味）和 CO_2（为某些产物提供碳酸化作用）。与酒精发酵有关的酵母主要是酿酒酵母（*Saccharomyces cerevisae*），它不能直接发酵淀粉。要求将多糖水解成简单的糖类和小的糊精（不超过 3 个葡萄糖单位），传统上是用植物或真菌的淀粉酶进行水解。这些酶可以是原料中原有的，也可以在加工过程中加入。

23.1.1　啤酒酿造

啤酒是用部分发芽的谷物种子（麦芽）制造的非蒸馏酒精饮料。包括淡色啤酒（较一般啤酒含更多的酒精）、酿造后再储藏成熟的啤酒和烈性啤酒，通常含有 3%～8%（*V*/*V*）的乙醇。其他主要成分有啤酒花（啤酒特征性的风味和香味）、水和酵母。酿造加工基本上分为四个主要阶段（图 23-1）。

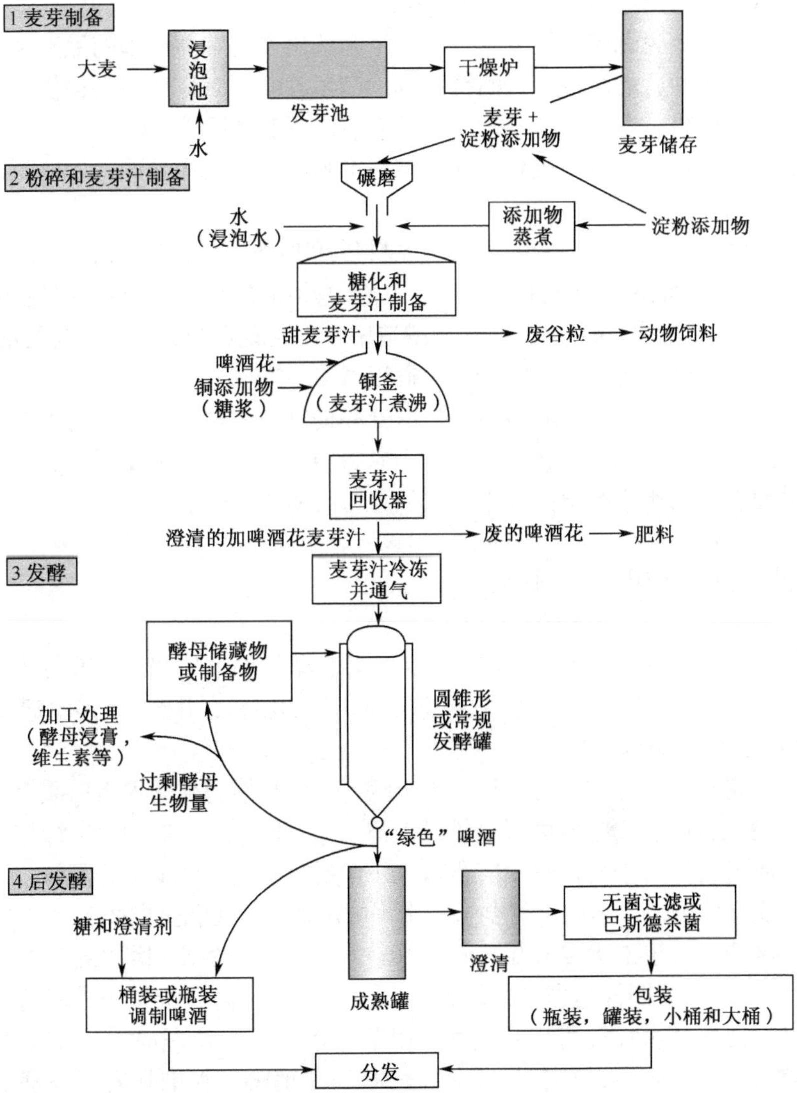

图 23-1　啤酒酿造工艺

①麦芽制备：部分谷物种子经过 6～9 天发芽，形成麦芽。这是主要的啤酒成分，含有的物质大部分是淀粉，还有一些蛋白质和水解酶。以使用发芽大麦为主，但也用发芽小麦制造的，偶尔也用发芽燕麦和发芽高粱。

②糖化和麦芽汁制备：包括含水发酵培养基的生产和酿造。培养基含有可发酵糖类、氨基酸和其他营养，是通过内源水解酶活性水解麦芽成分制备出来的。现在许多国家也加入一些其他添加物，如未发芽的谷物和非谷类淀粉原料，以及糖浆。产生的液体麦芽汁通过煮沸灭菌，同时加入啤酒花，赋予啤酒苦的风味和特征的香味。全部麦芽制备需要花 5～8h。

③酵母发酵：为无菌分批方式，用一个筛选出来的啤酒酵母的酿造菌株作为种子培养物。接种后的麦芽进行酒精发酵，产生乙醇、CO_2 和一些提供风味和香味的次级代谢产物，发酵根据生产啤酒的类型，一般经历 2～7 天。

④后发酵处理：陈放（成熟）或调整新鲜啤酒，为销售做准备，这可以经历一到几周时间。

威士忌酒和麦芽醋的生产中，对生原料包括啤酒花、麦芽汁制备和酵母发酵等，都是相同的，但是主要的目的不同。威士忌酒和醋生产主要目的是在蒸馏和产酸步骤之前，加大酒精产生。在啤酒酿造中，产生低浓度的乙醇是至关重要的，因为发展完全的风味能力和其他质量因素相当重要。

传统上，加工所必需的酶活性都是由麦芽提供的，酵母将产生的麦芽汁组分转化为乙醇、CO_2 和风味化合物。但是当原料中缺乏酶时，也使用商品酶。或者加入商品酶以产生新的产物，或作为加工添加剂和产品稳定剂。

23.1.1.1　麦芽和麦芽制造

麦芽制造需要控制大麦谷粒部分发芽。要将坚硬的玻璃状谷粒改变为易碎的形式（容易碾碎），这种形式的谷粒含有容易降解的淀粉，并产生水解酶类，特别是淀粉酶、β-葡聚糖酶和蛋白酶。

大麦谷粒含有大约 65%的淀粉，位于胚乳。胚乳细胞被嵌入蛋白质矩阵中的淀粉粒充满，它们的细胞壁由混合键的β-葡聚糖（β-1,3；β-1,4）、半纤维素戊聚糖和蛋白质组成。除非细胞壁发生裂解，并且蛋白质矩阵至少部分降解，否则淀粉粒不可能释放出来。因此，需要适当水平的β-葡聚糖酶和蛋白酶。

麦芽制造是从浸泡大麦开始，水温 10～16℃，浸泡 2 天，增加湿含量到 45%（*W/W*）左右。水周期性地渐渐枯竭并通气，这样可以防止厌氧条件引起的胚芽损伤。浸泡使用的水往往可以再利用，以节约水和污水处理成本。大麦在 16～19℃浸泡 3～5 天以后，部分发芽。一般是简单地将谷粒铺在麦芽发芽板上，10～20cm 厚。但是现在用各种机械体系进行操作，这种麦芽床大约 1m 厚。用潮湿的冷冻空气通氧，每 8～12h 机械翻转一次，有助于谷粒呼吸，防止增大热量，否则胚乳可能受到损伤。

谷粒改性有几种方法。磨损（在浸泡前，控制外壳损伤）有利于水和添加剂的接近。使用植物激素赤霉酸，用量为 0.1～0.5mg/kg 大麦，可以增加胚芽天然激素的产生，这种激素刺激某些水解酶重新合成，包括α-淀粉酶。以 24～48μg/kg 大麦的浓度加入纤维素酶（如李氏木霉产生的），使胚乳细胞壁裂解，加速胚乳发芽。添加溴酸盐（100～200mg/kg 大麦），可以抑制不需要的根和芽的生长。

在进行充分改性后，麦芽经过两个阶段干燥。第一阶段在 50～60℃干燥，然后再用 80～110℃干燥。干燥大约需要 2 天，这有几方面作用。干燥抑制了胚芽的生长和酶的活性，同时把酶的失活降至最小，并且使其发展风味和颜色（黑色素化合物）。浅色的储藏麦芽要求产生少许的颜色，这是受温和条件影响的，因此它比有色的麦芽保留了更多的酶活性。深色麦芽是风味所要求的，所以上色黑啤酒有较低的酶活性。最终湿含量为 2%～3%（*W/W*）的麦芽可以保持生物稳定性几个月之久。

23.1.1.2 麦芽汁制备

麦芽汁制备的目的是将麦芽和其他固体成分中含有的可发酵性糖、氨基酸、维生素等抽提到溶液中。一般麦芽可提供大部分可发酵物质和充足的酶，产生出最平衡的培养基。典型的英国啤酒是用 75%的麦芽，25%的非麦芽谷物和非谷物淀粉（称作添加物）制造的。某些情况下，添加物可以是糖浆的形式，在麦芽汁煮沸时加入。在美国，使用 65%以上的添加物，而在欧洲最多加入 40%。但是德国从 1516 年的 Reinheitsgebot 时代开始，就有针对啤酒纯度的法律，一直禁止使用任何添加物。

主要是经济原因才采用添加物替代一些麦芽。不过，某些添加物如水稻产品，可以改善啤酒特性，但对风味和酶活性的贡献很少。其他添加物包括粉碎的生大麦、小麦面粉、粗玉米粉和其他粉碎的和微粉化的谷物。用高温成胶的淀粉原料时，在糖化之前，需要冷却。传统工艺是在冷却期间加入 5%～10%（*W/W*）的麦芽，提供淀粉酶，以加速处理过程。但是现在比较偏爱热稳定的微生物α-淀粉酶。

一般在粉碎之前，需要制粉的麦芽和添加物先进行滚筒制粉。这种方式可以较大程度保持外皮的完整，同时降低残余的粗粉。在随后麦芽汁的分离中，外皮可以起到助滤剂的作用。制粉成分被运进糖化罐，并与热水（酿造液）混合，其组分会最终影响啤酒质量。因此，需要添加或去掉某些离子，并调节 pH。粉碎后，从固体残渣中分离液体浸出液，即为麦芽汁，麦芽汁必须加热煮沸才能稳定。如此获得的麦芽汁应该是一种很好的营养平衡的液体培养基，可以为以后的酵母发酵提供所有的营养需求。

（1）糖化系统

有三种主要的糖化系统。

①浸渍糖化。这是著名的生产淡色啤酒和烈性啤酒的英国方法，使用发育良好的麦芽和比较简单的设备进行加工。固体麦芽成分与酿造液混合，达到 62～65℃糖化温度。在通道中完成混合后，进入一个隔热的、不搅拌的容器（糖化桶），糖化桶直径 7～9m，深 2m（图 23-2）。这些传统的容器，在有的酿酒厂中已经被糖化混合器代替。

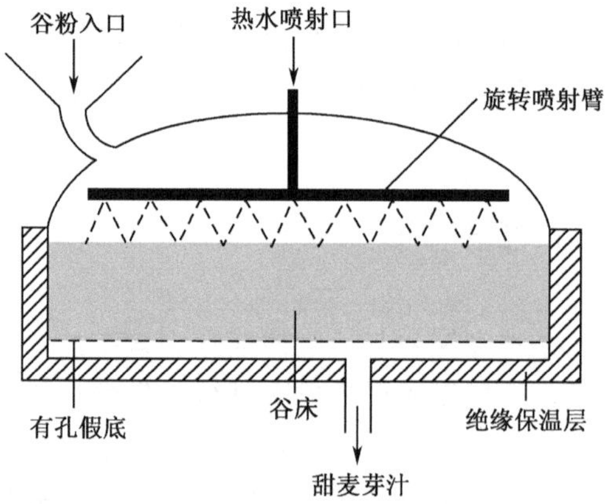

图 23-2　一种糖化浸渍锅

（参考 Waites et al.，2001）

糖化液体与固体的比例约为 3∶1，这种稠的糖化液有助于稳定某些麦芽酶。浸渍糖化温度适宜于淀粉降解，但麦芽β-葡聚糖酶和蛋白酶很快失活；因此要求发育良好的麦芽，其细胞壁和蛋白质在糖化过程中已经基本降解。糖化经历 1～2h，然后进行糖化喷射。糖化喷射是用 70～75℃的喷射水喷在表面上，滤液通过谷粒床，洗出可溶性抽提物。谷床位于糖化罐的假底上，假底有约 1mm 宽度的缝隙。在糖化中，有大的碎壳片能够起到过滤助剂的作用，而使抽提液保持清澈。产生的液体抽提物称作甜麦芽汁。喷射持续到麦芽汁的重力下降到一定的水平，就表明糖化罐中已经没有或只有不多的可溶性糖残留物。

②煎煮糖化。欧洲习惯使用的方法，适用于发育不良的麦芽糖化。最初的糖化温度在 35～40℃，水与谷物比例在 5∶1 以上。开始温度较低，有利于β-葡聚

糖和蛋白质的充分水解。然后移出部分糖化液并煮沸，并且立即返回糖化罐，使温度升到 50～55℃。在保温期间，可以如此重复 1～2 次以上。目的是逐步将温度升至约 65℃，使淀粉降解，并最终达到 75℃。一般经过过滤体系进行麦芽汁分离，用耙子或刀子切开谷床；或者使用糖化过滤体系。

③温度编程糖化体系。许多现代化啤酒厂广泛采用。糖化温度用加热夹层从 40℃左右升到 70℃以上。这样可以更大程度地控制糖化工艺，编制的程序能够适应各种发育程度的麦芽。用现代化过滤装置或糖化过滤器进行糖化液分离。

糖化与使用的体系无关，最终产生的是含水抽提液（甜麦芽汁）（典型的组分见表 23-1）和不可溶的废谷物。不可溶的废谷物是非常容易腐烂的，需要尽快运出去，直接用于家畜饲料。也有用废谷物的纤维素化合物生产可发酵性酿造糖的尝试，如利用酸或酶水解方法。

表 23-1　典型的淡色啤酒麦芽汁成分

	名称	含量
碳水化合物/（g/L）	可发酵性碳水化合物	71
	葡萄糖＋果糖	10
	蔗糖	4
	麦芽糖	42
	麦芽三糖	1.5
	高级葡聚糖	2.3（多数酿造酵母不能发酵）
	总碳水化合物	94
氨基酸/（g/L）		1.5
维生素和生长因子/（mg/L）	生物素	<0.01
	肌糖	60
	烟酸	10
	泛酸	1
	维生素 B_6	0.6
	核黄素	0.45
	维生素 B_1	0.3
无机盐/（mg/L）	Na	20
	K	450
	Ca	40
	Fe	<1
	Mg	100
	Cl	350
	磷酸盐	900
有机酸		总量约 200mg/L 麦芽汁 pH5.2～5.4

（2）糖化的生物化学

① 淀粉水解。

表 23-2　大麦麦芽酶

酶	活性	产物	最适 pH	产生	糖化稳定性
A.淀粉水解酶					
α-淀粉酶（α-amylase，EC 3.2.1.1）	随机内切α-1, 4 糖苷键，主要是糊精化	寡糖混合物	5.5	麦粒发芽时重新合成	仅在 67℃加热 2h 后破坏，Ca^{2+}使其稳定
β-淀粉酶（β-amylase，EC 3.2.1.2）	从非还原末端外切麦芽糖（不能绕过α-1, 6 糖苷键）	麦芽糖＋β-界限糊精	5.2	在大麦中以无活性形式存在，麦芽发芽过程中激活	65℃加热 40～60min 后，大部分失活
边界糊精酶（limit dextrinase，EC 3.2.1.10）	水解β-边界葡聚糖的α-1, 6 糖苷键	直链α-1, 4 糊精	5.0	麦粒发芽时重新合成	比较不稳定
α-葡萄糖苷酶（α-glucosidase，EC 3.2.1.3）	外切水解末端α-1, 4 糖苷键	β-D-葡萄糖	4.8	存在于大麦中，麦芽发芽过程中水平增加	比较不稳定
B. β-葡聚糖降解酶					
β-葡聚糖溶解酶（酸性羧肽酶，β-glucan solubilase）	酯水解作用：裂解β-葡聚糖和细胞壁肽链之间的键	可溶性β-葡聚糖	6.3	存在于生大麦中	65℃糖化时有活性，具有相当高的热稳定性
β-葡聚糖酶（β-glucanase）	内切邻近β-1, 3 键的β-1, 4 键	三糖和四糖	4.7	麦粒发芽时合成	65℃糖化时很少存活，GSH 中稳定
C.蛋白水解酶					
肽链内切酶（endopeptidase）a.SH（90%）b.金属（10%）（EC 3.4.4.-）	内切	肽	a.3.9，5.5 b.5.5，6.9，8.5	某些存在于大麦中，主要在麦粒发芽时合成	70℃加热 15min 失活
羧肽酶（carboxypeptidase，EC 3.4.2.-）	外切：从 C 端	氨基酸	4.8，5.2，5.6	存在于大麦中，麦芽发芽过程中增加	相当稳定
中性氨基肽酶（neutral amino peptidase，EC 3.4.1.-）	外切：从 N 端	氨基酸	7.0，7.2		
亮氨酸氨基肽酶（leucine amino peptidase，EC 3.4.1.-）	外切：从 N 端	氨基酸	8.0～10.0		50℃以上快速失活
二肽酶（dipeptidase，EC 3.4.3.-）	外切：从 N 端	氨基酸	8.0～10.0		

淀粉水解的目的是尽可能多地将麦芽和淀粉添加物转化为可发酵性糖。淀粉是由 25%的直链淀粉和 75%的支链淀粉组成的。涉及淀粉降解的麦芽酶淀粉糖化酶是混合酶，包括α-淀粉酶、β-淀粉酶、少量的糊精酶和α-葡萄糖苷酶（表23-2）。

β-淀粉酶是一种胞外酶，从聚合物的非还原末端水解α-1,4-糖苷键，释放出麦芽糖双糖单位，但它不能绕过α-1,6 分支点。这个酶主要是在由α-淀粉酶启动淀粉糊化后发挥作用。α-淀粉酶也是一种胞外酶，起到随机切割α-1,4-糖苷键的作用，最终产生葡萄糖、麦芽糖和麦芽三糖单位。少量的糊精酶作用于分支糊精的α-1,6 分支点。α-葡萄糖苷酶起了比较次要的作用，它释放单个葡萄糖单位。

最有可能受到限制的麦芽酶是β-淀粉酶和界限糊精酶，它们比α-淀粉酶有更好的热稳定性。发育良好的麦芽一般含有糖化所需要的 3～4 倍的α-淀粉酶。仅在发育非常差的麦芽或低水平麦芽的情况下，才需要补充微生物的α-淀粉酶。商品的β-淀粉酶和一种能够水解α-1,6 分支点的酶（如支链淀粉酶）作为糖化添加剂，可以改善麦芽汁的可发酵性，有助于控制产生的糖种类。

淀粉中一般含有 20%～25%的非发酵性糊精。它们的降解可以进一步改进转化效率，或可以生产低碳水化合物啤酒。常采用去分支酶（如异淀粉酶，支链淀粉酶或淀粉葡萄糖苷酶，即葡萄糖淀粉酶）促进非发酵性糊精的降解。

② β-葡聚糖酶。

在麦芽发芽和糖化过程中，细胞壁β-葡聚糖是可以被β-葡聚糖溶解酶转化为可溶解的，然后被麦芽内源的β-葡聚糖酶降解（表 23-2）。β-葡聚糖的水解是很重要的，因为如果β-葡聚糖没有降解，可以减慢麦芽汁分离速度，导致产生啤酒过滤问题，使啤酒变混浊。另外，β-葡聚糖降解失败，淀粉酶就不能接近淀粉，这会降低糖化浸出液收率。并且β-葡聚糖也是一种葡萄糖来源。

也可以用木霉的纤维素酶复合剂或枯草芽孢杆菌的热稳定β-葡聚糖酶帮助糖化麦芽汁制备和啤酒过滤。添加戊聚糖酶（特别是使用小麦添加物时）对细胞壁戊聚糖的降解有用处。但是，产生的戊糖不能被啤酒酵母发酵。

③ 蛋白质水解。

大麦芽含有多种蛋白酶（表 23-2）。它们在糖化中的作用是降解胚乳细胞壁和矩阵蛋白质。这使淀粉酶可以接近淀粉粒，为后续的酵母发酵产生平衡的氨基酸谱。蛋白酶不太稳定，所以有一些糖化体系开始用比较低的温度（40～50℃）启动蛋白质降解。商品蛋白酶添加剂有助于麦芽汁的分离，并且为酵母代谢提供最适当的氨基酸水平。这是很重要的，因为如果氨基酸缺乏，可以影响啤酒的风味。

④ 麦芽汁煮沸。

糖化获得的甜麦芽汁被转入一个铜锅中，与干啤酒花或啤酒花浸提液一起进行煮沸。啤酒花是雌性啤酒花藤的花种子，含有α-酸和β-酸，主要是葎草酮（humulone）和蛇麻酮（lupulone）。在煮沸时，主要是α-酸异构化为异-α酸，它赋予啤酒苦的风味（图 23-3）。啤酒花的组分有助于抑制某些啤酒腐败细菌，并维持泡沫稳定性。有时可以在煮沸前在麦芽汁中外加其他糖类。

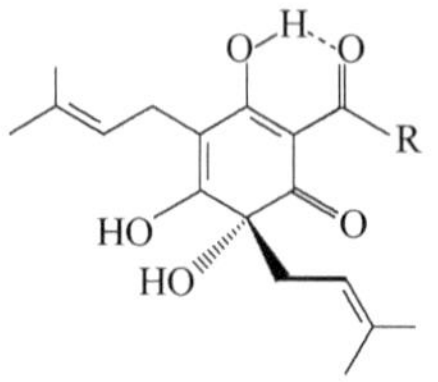

α-酸	R
葎草酮	$CH_3CH(CH_3)_2$
类葎草酮	$CH(CH_3)_3$
聚葎草酮	$CH(CH_3)CH_2CH_3$

图 23-3　啤酒花α酸的结构式

引入煮沸工艺有几方面的原因，包括：

Ⅰ. 将啤酒α-酸异构化，形成更苦味的异-α酸；

Ⅱ. 麦芽汁灭菌；

Ⅲ. 浓缩麦芽汁；

Ⅳ. 中止酶活性（使麦芽酶和其他添加物酶失活）；

Ⅴ. 沉淀不需要的蛋白质；

Ⅵ. 去掉挥发性化合物，这些化合物会影响风味；

Ⅶ. 通过形成黑色素和酚类化合物的氧化，改善风味化合物和颜色。

麦芽汁煮沸以后，用涡流分离器或离心机去掉带正电荷的变性蛋白质和啤酒花碎片，增加带负电荷的多糖（如角叉胶）。在发酵前，澄清的啤酒花麦芽汁被冷冻并通气。

23.1.1.3　发酵

（1）酵母的特性

对啤酒酵母的要求是必须有效地吸收麦芽汁的营养，给予啤酒所要求的风味，并且容易从完成发酵的发酵液中分离出去。经过许多年，已经选育出优良的啤酒酵母菌株，它们表现出与野生菌株不同的特性，如有较高的发酵率，以及更强的酒精耐受能力等。这些酵母也是啤酒制造者根据它们在特定啤酒厂环境中的行为筛选出来的。各啤酒制造者都有自己产生特殊风味特点的酵母菌株，并尽量保持这些菌株的遗传纯度，因为某些突变能够造成啤酒风味的改变。所幸的是，啤酒酿造菌株啤酒酵母是多倍体或非整倍体，它们比单倍体和双倍体更加稳定，只有很小的突变倾向。然而，这使常规菌种改良方法的应用也有问题，现在可以利用遗传工程技术。

在啤酒酿造中，使用两种啤酒酵母菌株，即上部发酵菌株和下部发酵菌株，后者以前分类为卡尔斯伯酵母（*S. carlsbergensis*）或 *S. uvarum*。上部发酵酵母表现出漂浮絮凝行为，主要用于制造淡色啤酒（ale）和烈性啤酒（stout）。下部发酵酵母完成沉积絮凝作用，它们在冷却发酵生产中发挥作用。絮凝酵母细胞的漂浮和沉积行为依赖于发酵容器的尺寸和生理调节，而非酵母菌株本身。这种行为对初级发酵结束时，从啤酒中有效地去除酵母很重要。但是，必须避免过早的分离，否则发酵就不能完成。

上部或“ale”酵母不能发酵双糖蜜二糖（α-1,6-糖苷键的 D-半乳糖和 D-葡萄糖单位），而下部储藏啤酒酵母（lager yeast）因为具有适当的α-半乳糖酶（蜜二糖酶），所以能够利用蜜二糖。

（2）酵母的保藏

酵母用低温保藏或者冷冻干燥保藏。保存样品通过特殊的繁殖方法培养，产生最适的接种量，否则也可以用生产发酵罐菌种进行分流。但是多数酿造是不加入新鲜酵母的，而用前次发酵回收的酵母。在制备新的接种物之前，酵母可以重复使用 5～10 次，有时更多。

发酵产生比进一步发酵所需酵母 4～5 倍的过剩酵母量。过剩的酵母可以用于威士忌酒发酵，也可以干燥作为动物饲料，或加工成酵母膏和维生素 B 补充剂等。有部分也可以进行冷冻保藏。在酵母细胞重新使用之前，可以用酸洗涤，去掉所有的细菌污染物。这种处理是具有选择性的，因为酵母比细菌能够耐受更低的 pH。其方法一般是在 pH2.0～2.5 稀释的磷酸或酸化的过硫酸铵中维持 2h 以上。天然食品防腐剂乳酸链球菌肽（尼生素）可以代替酸洗。它可以杀死破坏啤酒的乳酸细菌，但对酵母仅有很少或没有影响。用于重复接种的可育酵母应该至少有 90%～95%，否则后续发酵速率缓慢。

干燥酵母很容易操作、保藏和运输，广泛用于面包和葡萄糖酒制造，只是最近才提倡用于啤酒酿造。

（3）酵母的营养

酿造酵母需要以下的营养，一般由平衡的麦芽汁供给：

① 碳源和能源，由可发酵性碳水化合物提供。

② 氮源，包含氨基酸和肽。

③ 钙、镁、磷、硫，以及痕量的铜和锌离子。

④ 生长因子，包括生物素和泛酸。

⑤ 在非生长阶段，酵母的贮存碳水化合物提供内源的碳源。例如，酵母在分流进入麦芽汁后，有 4～5h 的延迟期，在这个期间，酵母吸收麦芽汁糖类之前，先利用糖原储备物，因此，糖原被耗尽，但在发酵结束时，又会被重新补充。糖原储备物是厌氧生长细胞主要的贮存碳水化合物，而在好氧条件下，海藻糖是主要的贮存物。

常用的酿造酵母菌株不能直接发酵淀粉和高葡聚糖，因此必须通过麦芽制造和糖化工艺，产生可发酵性糖类。产生的麦芽汁含有葡萄糖、果糖、蔗糖、麦芽糖、麦芽三糖以及线性和分支高级葡聚糖。一般麦芽糖和麦芽三糖是麦芽汁中主要的可发酵性糖类（表 23-1），对提高发酵效率是非常必要的。但某些酵母菌株对这两种糖的利用是受葡萄糖代谢阻遏的。因此在麦芽汁葡萄糖浓度降低到某一水平之前，这两种糖不会被代谢，这可能是一种影响发酵速率的限制因素。

酵母对不同的糖，其吸收模式有所不同（图 23-4）。单糖通过促进扩散机制进入细胞，而蔗糖主要在细胞外，被结合于细胞壁的转化酶水解为葡萄糖和果糖。麦芽糖和麦芽三糖由它们各自的透性酶完整地进行运输，在有的菌株中，这些透性酶是诱导型的，而有的菌株中是组成型的。麦芽糖和麦芽三糖一旦进入细胞，就会被胞内的α-葡萄糖苷酶水解成葡萄糖。

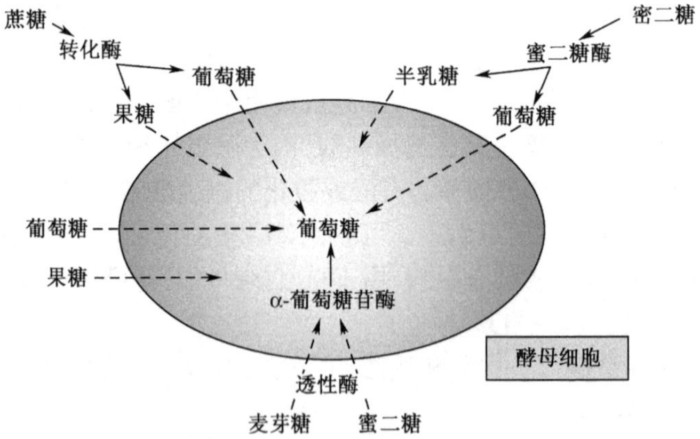

图 23-4　啤酒酵母的糖吸收

麦芽汁中自由氨基氮（FAN）水平大约是 140mg/L。关注麦芽汁氨基酸谱和浓度有两个很重要的原因。首先是蛋白质合成和微生物生长的需要，其次它们对啤酒风味有重要影响，氨基酸可以转化为风味化合物。氨基酸通过数量有限的透性酶被运进细胞，像糖类一样，它们有特定的吸收顺序。

尽管酒精是厌氧发酵，但麦芽汁起始的氧浓度是非常重要的。对氧的需要水平取决于不同菌株，发酵前麦芽汁的最低氧浓度一般是 10mg/L。如果氧浓度不足，酵母生长和乙醇产生一般会减弱。因为甾酮合成需要氧气，这些不饱和脂类是细胞膜必需的成分。预先进行好氧生长的酵母，在初始低氧浓度条件下能够获得令人满意地生长。但是，在许多啤酒发酵中，使用的酵母是从厌氧发酵中获得到，所以在这种条件下，发酵是很差的。

（4）发酵工艺

影响发酵速率和啤酒质量的主要因素包括：

① 用于接种或分流发酵的酵母量；

② 酵母细胞的可育性和酵母质量；

③ 麦芽汁中溶解氧水平；

④ 麦芽汁中可溶性氮源浓度；

⑤ 麦芽汁中可发酵性碳水化合物浓度；

⑥ 温度。

英国传统淡啤酒发酵是用比较浅的、敞开的圆形或矩形容器生产，它们是用木头或石头建造的。一般使用上部发酵酵母，酵母升到表面上，并且可以撇出去。传统的欧洲烈性啤酒发酵使用比较小但比较深的敞开式容器，最终从底部收集酵母。现在，大多数现代化啤酒厂的发酵罐是用不锈钢制造的封闭式圆锥形容器，体积超过 200 000L（图 23-5），一般采用夹层冷却，主要用于生产淡啤酒和烈性啤酒。圆锥形容器的优点包括：

① 改善了发酵速率；

② 因为可以用来生产各种啤酒，所以有更强的适应性；

③ 因为只需要比较少的土木建造工程和占据更少的土地面积，所以建造成本较低；

④ 有更大的发酵能力，可以产生规模经济效益；

⑤ 较低的运转成本；

⑥ 容易从发酵罐顶部收集 CO_2，并且在发酵结束时从圆锥底部收集酵母；

⑦ 将啤酒损失降到最小；

⑧ 有效控制温度；

⑨ 保证产品质量一致；

⑩ 容易清洁；

⑪ 去除酵母后，也可以在同一个容器中进行啤酒成熟。

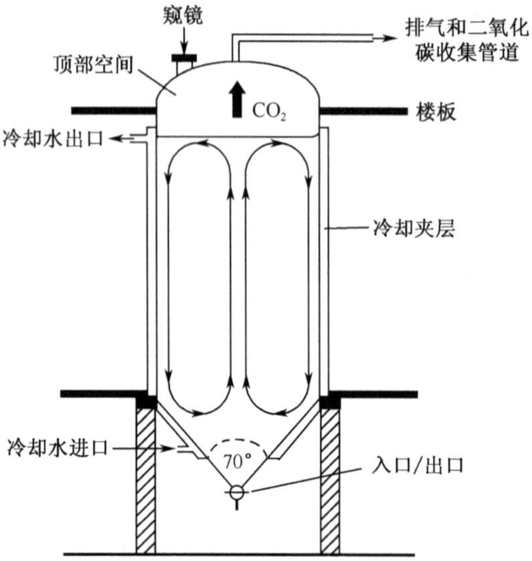

图 23-5　圆锥型发酵罐示意图

（参考 Waites et al，2001）

这种形状的容器有助于加快发酵速度，由于 CO_2 气泡通过很深的发酵罐上升，可以引起更充分的混和效率。发酵主要靠控制温度调节发酵速度。但是应该注意的是，较高的温度可以引起风味损失。在这种容器中，淡啤酒发酵在 12～24℃，历时 2～3 天（图 23-6），而传统的容器需要 4～7 天。烈性啤酒发酵一般在较低的温度下进行（3～12℃），在锥形容器中需要 5～7 天，而传统容器发酵需要 8～10 天。

啤酒发酵可以通过 CO_2 的变化、乙醇产生、热量产生或麦芽汁比重的下降等来监测。用于生产淡色啤酒的麦芽汁比重一般在 1.040 左右，在发酵结束时，下降到约 1.008（图 23-6）。烈性啤酒的麦芽汁最初的比重常比较高，为 1.05。麦芽汁初始 pH 在 5.2 左右，结束时的啤酒降至 pH4.0；而悬浮液中，酵母细胞的量在整个发酵期间是上升的，结束时趋于下降，这是因为形成了酵母凝集物。

（5）酵母的代谢产物

麦芽汁糖类经过 Embden-Meyerhof-Parnas（EMP）途径被代谢，形成丙酮酸，随后脱羧形成乙醛，然后还原成乙醇。除乙醇和 CO_2 外，可能另一个最丰富的产物就是甘油。因为这是 EMP 途径中一个主要的副产物，是从二羟丙酮磷酸转化为甘油的。酵母也可以分泌各种酸性物质，包括醋酸、乳酸琥珀酸和已

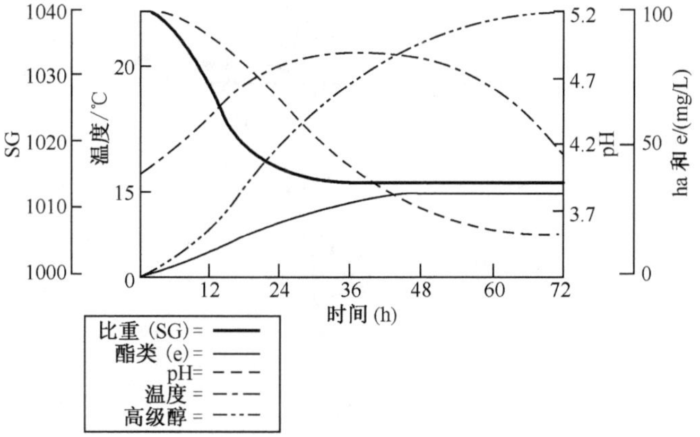

图 23-6　淡色啤酒发酵

酸，这样就引起发酵结束时 pH 下降到 4.0 左右。其他次级代谢产物是重要的啤酒风味化合物（图 23-7）。

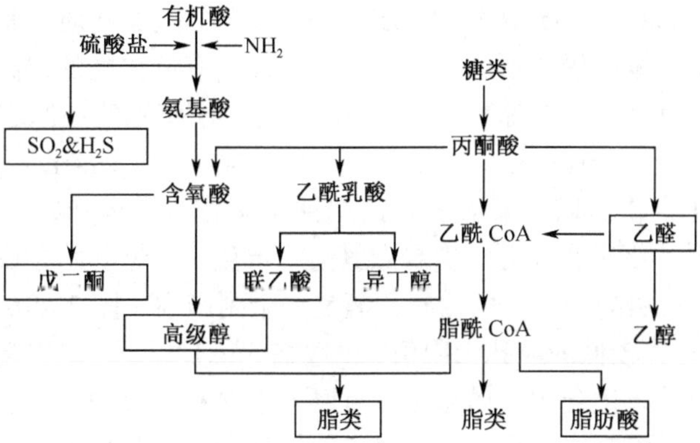

图 23-7　酵母代谢与感观化合物（方框内）产生的关系

① 高级醇类（杂醇油，fusel oils）包括脂肪醇，如丁醇、已醇和丙醇；芳香醇，如 2-苯基乙醇。它们可以由碳水化合物合成，也可以由麦芽汁氨基酸合成（图 23-8）。例如，

缬氨酸——→2-氧-甲基丁酸盐——→2-甲基丙醇（异丁醇）

苯丙氨酸——→苯基丙酮酸——→2-苯基乙醇

通常高温发酵可以产生更多的高级醇类。如果丙酮转化成乙醇的主要途径不充分，高级醇类可以是 NAD^+再生的替代机制的一部分（图 23-8）。这些化合物的风味极限值是 10～600mg/L（可以品尝到的最小浓度）。

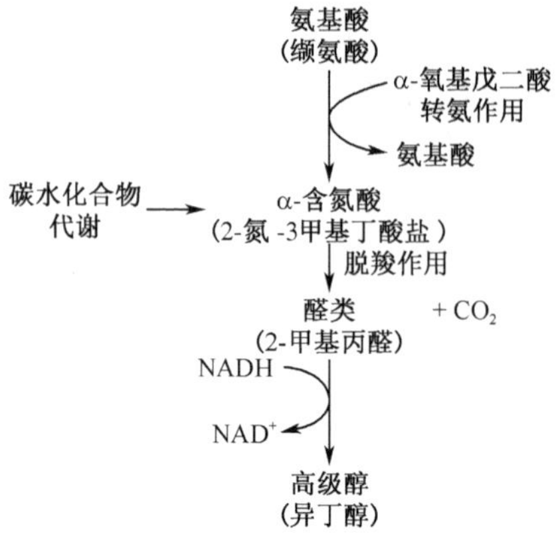

图 23-8　高级醇形成（如缬氨酸形成异丁醇）

② 酯类是通过乙酰 CoA 酯与乙醇的反应合成的。例如，乙酰 CoA 加上乙醇形成乙酸乙酯，它是主要的啤酒酯类，还有乙酸异戊酯、乙酸异丁酯、己酸乙酯和乙酸苯乙酯。它们的风味极限值是 2～2.5mg/L。

③ 乙醛（acetaldehyde，即 ethanal）是最重要的醛类物质，其风味极限值是 15mg/L。它是由丙酮酸脱羧形成的。如果麦芽汁中有低浓度的锌离子，就会产生过多的乙醛，因为锌离子是脱氢酶所需要的，这个酶将乙醛还原成乙醇。

④ 二酮化合物（diketone）。联乙醯和戊-2,3-二酮（pentane-2,3-dione）是啤酒主要的二酮化合物。联乙醯有一种甜奶油糖果香味和风味，其风味极限值是 0.1mg/L。麦芽汁中缬氨酸不足，会导致其过量产生，酵母开始合成缬氨酸是必须的，并伴随着联乙醯的产生，因为联乙醯是一个副产物（图 23-9）。

⑤ 硫化物有比较低的风味极限值，一般在 5μg/L 以下。二甲基硫化物是烈性啤酒一种特殊的风味化合物，尽管酵母可以产生这种化合物，但主要是糖化产生的。如果泛酸或甲硫氨酸不足，某些酵母菌株就会产生高水平氢化硫，这是不希望要的化合物。

23.1.1.4　后发酵处理和成熟

在圆锥形发酵罐中，经过初级发酵产生的啤酒含有比较少的酵母，因为多数酵母沉淀到圆锥底部，并被排出去了。新鲜的或“绿”啤酒在准备出售之前，需要进行成熟或调整。根据不同啤酒的类型，成熟要求的准确特性是不同的。

（1）淡色啤酒的桶装和瓶装调整

传统的方法是在啤酒中加用入浓糖液，使酵母维持在大约 2.0×10^6 个细胞/ml，

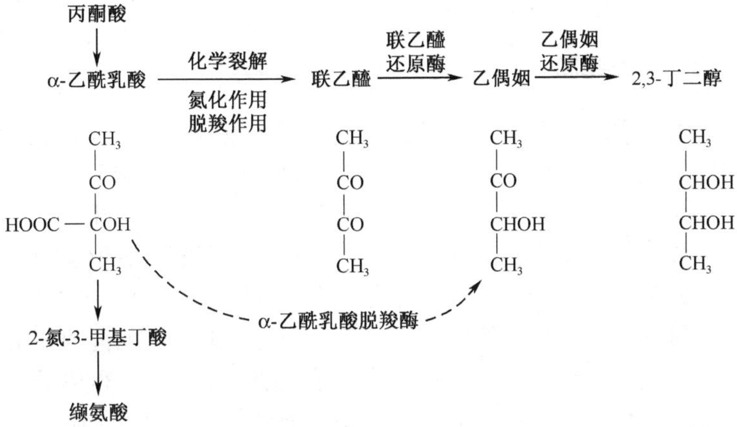

图 23-9　联乙醯的消除

进行次级发酵，并在密封的瓶子或桶中充满二氧化碳。也可以加入其他啤酒添加剂，包括干啤酒花或啤酒花产品，以提高风味。也有的加入明胶澄清剂，这是从鱼鳔胶原质中制备的。这种物质是带正电荷的，可以与酵母细胞壁负电荷多糖化合物静电相互作用，帮助酵母沉淀，使产品澄清。

（2）发酵醪

发酵醪是一种传统的德国工艺，其次级发酵与桶装调整相同，但它是在一种大池子里进行的。由新鲜发酵的麦芽汁（10%，*V*/*V*）（称作发酵醪）提供可发酵糖和酵母。这可以加快醛类和二酮化合物的排除，并且随后密封容器，使二氧化碳的产生。

（3）烈性啤酒

烈性啤酒在槽里维持 8℃达几周或几个月。不加糖类，但是剩余酵母继续缓慢地发酵麦芽汁的残糖。次级发酵初期，产生 CO_2，给啤酒充气，以除去不希望要的挥发性化合物，特别是乙醛和联乙醯。后期密封容器，以维持 CO_2，使啤酒碳酸化。

（4）储存成熟

这是现在多数成熟工艺使用的方法。它是不加入可发酵性糖，并且在初级发酵后，维持非常低的酵母水平。啤酒在低温下（−1～4℃）储存 7～10 天，使啤酒冷藏引起的混浊形成颗粒，以后通过过滤除去。容器也可以用 CO_2 充气，以排出不希望要的挥发性化合物。在这个阶段，碳酸化并不是必需的，因为啤酒的碳酸化主要是在包装进瓶子或罐头时产生，或是用大容器分发时产生。

（5）蛋白质混浊度的控制

1911年，美国就发表了第一个利用植物木瓜蛋白酶控制蛋白质混浊度的专利，但现在更多的是使用从橄榄油假丝酵母（*Candida olea*）和毕赤酵母（*Pichia pini*）中分离的更高纯度的微生物蛋白酶。因为蛋白质是某些啤酒泡沫稳定性和特性的主要因素，所以更加注意它们的应用。蛋白酶加入发酵液或后发酵液中，可以防止啤酒冷藏引起的混浊，否则在 3℃储存就会出现混浊。相反，在室温下延长储藏，形成持久性的混浊，并且不能够再溶解，因此冷藏引起的混浊要加温才能再溶解。混浊主要是由蛋白质和多酚化合物（单宁酸）形成的，可以受某些金属离子存在的影响。避免混浊的稳定方法一般是利用氢化硅、聚乙烯吡咯烷酮或丹宁酸进行处理。

（6）氧化的防止

啤酒中剩余的氧气能够激发啤酒中腐败乳酸细菌的活力。剩余氧气也影响脂肪的氧化，因此影响啤酒风味物质的稳定性和泡沫特性。例如，亚油酸可以被氧化形成羰基化合物。又如反式-2-壬烯醛（trans-2-nonenal），是一种非常低风味值的化合物，产生一种类似腐败纸板的味道。一般可以用维生素 C 和 SO_2 再除去氧，但 SO_2 会产生硫磺的味道。为了去掉氧气，可以利用葡萄糖氧化酶和过氧化氢酶，以避免上述味道。

（7）加速啤酒的成熟

成熟过程，特别是淡味烈性啤酒和淡色啤酒，很大程度上取决于二酮化合物——联乙醯和 2,3-戊二酮的去除速度。它们分别是从α-乙酰乙酸和α-乙酸羟基丁酸衍生出来的，是缬氨酸和异亮氨酸生物合成的中间产物。α-乙酰乙酸是酵母和一些腐败细菌分泌到啤酒中的，在啤酒中进行化学裂解，形成联乙醯，并被酵母缓慢地还原成丙酮和 2,3-丁二醇（图 23-9）。与此相同，2,3-戊二酮最终还原成戊二醇。另外，添加联乙醯还原酶并不能保证成功地加快联乙醯的去除。但是，在发酵之前加入α-乙酰乙酸脱羧酶，它们的前体α-乙酰乙酸在酶的作用下转化为乙酰甲基原醇（乙偶姻，acetoin），可避免联乙醯的形成。

（8）特殊的精加工

近年来，低醇啤酒变得越来越重要。其生产方法是将传统生产的啤酒通过真空蒸发、透析或反渗透方法除去酒精，或者以限制酒精产生的方式进行发酵。现在有三种这类产品：低酒精产品［含有 1.2%（*V*/*V*）以上的乙醇］；去酒精产品［0.05%～0.5%（*V*/*V*）的乙醇］；无酒精产品［低于0.055%（*V*/*V*）的乙醇］。

20 世纪 90 年代中期，冰啤酒占了很大的市场份额。冰啤酒是将啤酒冷却到 −2～−4℃形成冰晶，在这种条件下维持几天，然后过滤去掉冰晶。这样处理后，大约增加 15%的酒精，并改善了风味，特别是去掉了影响“回味”的化合物。因为冰晶可以吸附苦味的单宁酸、蛋白质和多酚。

（9）包装

大多数啤酒都要进行澄清过滤，然后进行无菌过滤或快速巴斯德灭菌，最终装入瓶子、罐头、小桶或大的容器。有的小包装产品常常在包装之后，进行巴斯德灭菌。小包装产品的碳酸化是在包装之前完成的。有的情况下，使用 CO_2 和氮气的混合物来改善啤酒的泡沫稳定性。

23.1.1.5　酿造过程中的微生物学问题

微生物污染会产生不好的风味和芳香气味、黏液和混浊。这些微生物来源于被污染的粗原料，或不干净的设备和容器。在糖化和甜麦芽汁制备过程中，只有嗜热乳酸细菌可能引起污染问题。它们对啤酒花组分敏感，通常在加啤酒花的麦芽汁中，不能存活。冷却的啤酒花麦芽汁营养丰富，含有氧气，有适当的 pH（pH5.0～5.5）。因此有被大肠菌、醋酸细菌、乳酸细菌、肥杆菌属（*Obesumbacterium*）和野生酵母感染的可能。当发酵进行的过程中，环境条件就变得不适合大多数潜在的污染微生物了。啤酒与麦芽汁不同，对大多数微生物而言，是抗性环境，其条件是：

① 低 pH（pH3.5～4.5）；

② 很少或没有氧气；

③ 啤酒花组分有抗微生物特性；

④ 低水平容易利用的碳源；

⑤ 比较高的乙醇浓度。

在最后的啤酒产品中，由于排出氧气，乙酸细菌污染非常罕见。肥杆菌感染淡色啤酒曾经是一个严重的问题，但现在不太常见。现在多数是乳酸细菌感染，如乳杆菌属（*Lactobacillus*）和片球菌属（*Pediococcus*）。有的地区，也发现了革兰氏阴性、专性厌氧菌梳状菌属（*Pectinatus*）和巨球形菌属（*Megasphaera*）的菌种感染烈性啤酒。

23.1.1.6　啤酒生产的发展

早在 100 多年之前，就尝试了啤酒的连续发酵，在 20 世纪 50 年代后期和 70 年代初期，连续发酵有了进一步的发展。然而，尽管连续发酵有多方面的潜在优势，但除了新西兰外，多数还是失败的。连续发酵的优势包括可以降低劳动成本；由于小体积工厂有高的生产能力，因此能够高产；稳定的生产质量；很短的停机时间；较低的清洁成本；更有效的使用粗原料；以及更高的收益率等。现在已经建立的分批体系有过剩的生产能力，并且分批发酵很少需要监控，更加灵活（生产各种产品的能力），以及微生物污染的潜在危险很低。不过在未来，可能会引入利用固定化酵母的连续发酵体系。现在已经有一些利用固定化酵母的反应器，用在加速成熟工艺中。

在酿造中，利用酶的模式也可以采用固定化体系，其优点是不会引入外源蛋白质，以及可以重复使用。这对精制啤酒的处理尤其有利，特别是用淀粉葡萄糖糖苷酶降低葡聚糖水平；用葡萄糖氧化酶和过氧化氢酶排除氧；以及用α-乙酰乳酸脱羧酶处理，防止联乙醯的形成等。现在已经尝试利用猪的固定化胃蛋白酶除去引起混浊的蛋白质，但是产生的啤酒具有较差的“上头”特性（head-retention property）。

现在有关利用多倍体和非整倍体酿造酵母菌株的基因工程技术，以此改善它们的特性的工作已经有了进展。主要目的是降低对商品酶的需要，减少对麦芽酶的依赖。引入适当的酶基因以及分泌酶的能力，能够降低生产成本，增加生产效率。遗传工程的目标包括：

① 淀粉水解酶促进淀粉和葡聚糖水解；现在英国已经应用基因工程酿造酵母进行生产，这个工程酵母含有从酿酒酵母淀粉酶变种（*S. cerevisiae* var. *diastaticus*）中分离的一个葡萄糖淀粉酶——*STA2* 基因。

② 适当控制混浊的蛋白酶。

③ 用于降低混浊和过滤问题的β-葡聚糖酶。

④ 来源于醋杆菌属的α-乙酰乳酸脱羧酶，可以加速成熟。

⑤ 排除氧气的体系。

⑥ 高的比重酿造特性，如改进对乙醇、CO_2 和高渗透压的耐受能力。

⑦ 增加 SO_2 产生，改善风味稳定性。

⑧ 改进酒精乙酰转移酶活性，产生更多的乙酸乙酯，增加风味。

⑨ 产生和分泌 zymocin（某些酵母产生的酵母蛋白类杀伤毒素，可以杀死其他敏感酵母），控制野生酵母菌污染。

⑩ 产生和分泌乳酸乳球菌的尼生素，控制乳酸细菌污染。

⑪ 抗反馈阻遏菌株，克服代谢阻遏，加速发酵。

也有建议从废酵母中回收高附加值的异源蛋白质。

23.1.2　葡萄酒生产

葡萄酒可以用植物提取物和果汁制造，这些原料中含有适当水平的可发酵性糖类。但是大多数葡萄酒是用葡萄藤浆果［主要是酿造葡萄（*Vitis vinifera*）的栽培变种］制造，它们可以在世界大多数不同温度区域生长。这类葡萄酒成为中欧和南欧、北美和南美、南非、澳洲和新西兰等地的主要发酵产品。现在全世界总的产量大约是 10^{10}L/年。

葡萄酒的成功生产，特别得益于葡萄汁的使用，因为它含有酵母成功发酵所需的高水平的可发酵性糖（主要是葡萄糖和果糖，160～240g/L）和其他营养。其自然酸度（pH2.8～3.8）可以抑制污染微生物，这样，在发酵过程中能够获得高水平乙醇。葡萄也含有非常令人愉快的风味和芳香化合物。许多进餐时喝的淡葡萄酒（table wine）一般含有 14%以上的乙醇。但有的地区生产用乙醇增加酒精含量的葡萄酒（以加入酒精或葡萄白兰地的形式），使最终乙醇水平超过 22%（*V*/*V*）。主要的增强葡萄酒（fortified wine）有雪利酒（sherry）、马德拉白葡萄酒（madeira）和味美斯酒（vermouth），它们含有从香草和香料中分离的各种风味添加剂。

现在生产的各种类型葡萄酒，首先可以根据它们的颜色进行分类，从白色—玫瑰红—暗红色；根据甜味分类，也可以非常不同，从非常干的葡萄酒到非常甜的葡萄酒。其他的风味化合物和质量因素受以下因素的影响（图 23-10）：

① 特殊的葡萄品种或者混合使用，如马斯喀特（阿曼首都）葡萄含有很高的特征风味和芳香化合物、萜烯醇（沉香醇和香叶醇）；

② 土壤、当地气候和葡萄培育方式；

③ 葡萄成熟和收获条件；

④ 葡萄加工和压榨方法；

⑤ 初级发酵产生不同量的乙醇、CO_2、高级醇、酯类、醛类和酮类；

⑥ 次级发酵产生葡萄酒碳酸化，或经过苹果酸乳酸发酵降低酸度，由此苹果酸转化成乳酸；

⑦ 后发酵和成熟处理。

23.1.2.1　葡萄汁生产

可以通过手工或机械采收机采摘葡萄，然后运到葡萄酒酿造厂进行压榨。包

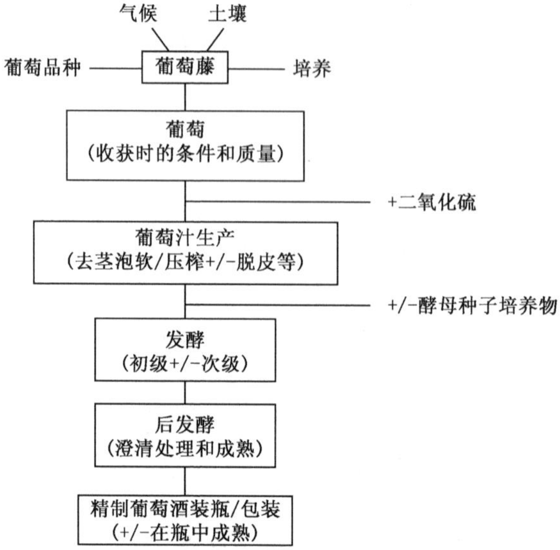

图 23-10　影响葡萄酒性质的因素

括去茎、压碎和榨汁，最后制成葡萄汁。红葡萄酒汁是由浸软的果实制成，而白葡萄酒的葡萄汁只是用澄清果汁发酵。还有一种生产红葡萄酒的压榨方法是碳酸软化，方法是将完整的葡萄在 CO_2 覆盖下保持几天，致使细胞死亡，细胞结构瓦解。在红葡萄酒的生产中，一般直到发酵结束之前，葡萄皮和种子是不去掉的。这使花青素（红色色素，加上收敛性）在发酵过程中从葡萄皮中慢慢浸出。在压榨过程中，可以加入果胶水解酶，这有助于果汁和颜色的浸出。

白葡萄酒可以用红葡萄和白葡萄两种葡萄生产，但去掉提供颜色的葡萄皮。对于白葡萄酒生产，与所使用的葡萄无关，从早期的葡萄皮、种子和植物碎片中分离果汁，对降低收敛性和褐色色素是必要的。棕色色素是由于酚类化合物氧化的结果，可以通过维持厌氧条件防止棕色色素的产生，方法是在压碎过程中或之后用 CO_2 覆盖。加入 SO_2 或浓缩果汁去掉膜结合的酚氧化酶（棕色着色酶），也有助于防止棕色产生。

在有些地区，添加其他可发酵性糖类补充葡萄的糖类，也可以调节酸度，使其成为低酸度葡萄汁。

23.1.2.2　葡萄酒发酵

葡萄酒酒精是用野生酵母或加入种子酵母进行发酵产生的。在发酵过程中，酵母必须生长到一个适当高的细胞密度，才能完成发酵。对于干葡萄酒，要求所有糖转化成酒精。发酵速率受以下条件的影响：

① 使用的种子酵母菌株或弥补天然微生物群落的酵母菌株；

② 温度；

③ pH；

④ 初始糖浓度；

⑤ 葡萄汁的营养物质和其他添加剂，如维生素 B_1、铵盐和固醇可以确保维持整个发酵期间酵母的活性。

传统上，是使用开放的木制发酵容器，但现在大部分已被具有冷却蛇管或夹层的不锈钢圆锥形容器代替了。发酵需要冷却，因为每发酵 10g/L 糖，温度升高 1.3℃，这样温度可升到 38℃。白葡萄酒发酵常常冷却到 10～20℃，以控制一些风味化合物的产生，这要持续 1～4 周。红葡萄酒的发酵一般维持温度在 24～29℃。因此发酵周期较短，仅需 3～5 天。当所有可利用的糖，被代谢完的时候，停止发酵，残糖应低于 1g/L。但是如果需要维持一定的甜度，也可以提前结束发酵。终止发酵可以通过过滤去掉酵母，或通过冷却、加热以及加入代谢抑制剂（如 SO_2）等方法使酵母失活。

（1）葡萄酒传统的自然发酵

果汁一旦从葡萄中释放出来，就会立即进行自然发酵，因为果汁马上暴露于天然存在的微生物群落中。来自葡萄园、酿酒厂环境、葡萄皮、植物残片、土壤、设备表面和空气的微生物都可能进入发酵液。天然微生物群落是传统存在的，一直存在于一些葡萄酒酿造厂的环境中，是发酵酵母唯一的来源。它们在低 pH、高糖浓度和厌氧条件中，获得优越的繁殖。天然发酵导致野生酵母的世代演替，常常是由克氏酵母属（*Kloeckera*）的菌种和其他相关的酒精菌种启动发酵。耐酒精的酿酒酵母占据主要地位。特定的世代演替变化，是取决于当地的天然微生物群落和温度。

由于天然存在的酵母细胞浓度较低，所以传统发酵是相当慢的。它们有某些风味物质和芳香化合物缺陷的倾向，这是由于某些酵母过于活跃的缘故。为保证完全发酵，防止不良风味物质和芳香化合物的产生，需要刺激酿酒酵母的生长优势，如在葡萄汁中加入 30～50mg/L 浓度的 SO_2，抑制非酿酒酵母和污染细菌。如此使酿酒酵母获得优势生长，从开始不足 10^3 个细胞/ml，增加到 10^7～10^8 个细胞/ml，因此统治了整个发酵。另外，它们在葡萄汁中的最适生长温度是 16～20℃。在 14℃以下，有利于其他酵母（如克氏酵母属的菌种）生长，这些菌种产生大量不希望要的醋酸和乙酸乙酯。但是克氏酵母属的某些菌种可以增加葡萄酒风味。在平衡良好的发酵中，所希望的风味和芳香混合物特性得到发展，由于涉及各种微生物，最终能够产生非常优良的复合葡萄酒。

（2）种子培养物的使用

一般比较新的葡萄酒生产地区很少有发育良好的天然微生物群落。因此，通常使用外加种子培养物，这种种子培养物一般是干燥的酿酒酵母制品，来自于高质量的红葡萄酒、白葡萄酒、增强葡萄酒和汽酒。这些酵母通常是同宗配合的双倍体，而啤酒酿造酵母是多倍体或非整倍体。葡萄酒菌株用常规分类方法不容易区分，但现在已经设计出合适的分子技术来进行分类。

种子培养物使用特定质量的啤酒酵母，它具有良好的发育能力，以及所要求的发酵特性，可以加入到葡萄汁里启动发酵。它们也是无污染的培养物（如其他酵母和细菌的污染物）。加入葡萄汁时的起始细胞密度大约是 5×10^6 个细胞/ml，以后生长到 5×10^7 个细胞/ml，占据了发酵液菌种的优势地位。通过加入 30～50mg/L 的 SO_2 和维持发酵温度在 16℃以上，可以抑制任何原有的非酿酒酵母。使用种子培养物有几方面的优势：如保证了发酵的完成，使发酵速率得到控制；有更短的延迟期；更快的发酵速率等。同样，减少了野生酵母和细菌产生不良风味物质的机会，赋予产品更加一致的风味特性和质量。

对种子培养物有一些特性的要求，如对酒精、高糖葡萄汁、SO_2、低温和高温、高压的耐受能力等，特别是发泡葡萄酒的生产，更需要以上特性。另外，很重要的特性是产生少量的醋酸、乙醛、H_2S、硫醇、联乙醯、SO_2 和高级醇。其他的有利特性是少产泡沫、良好的絮凝特性（有助于新鲜葡萄酒的澄清）和稳定性（对干葡萄酒而言），种子培养物可以长期保藏等。

可以用重组 DNA 技术产生出表达多种有利特性的重组葡萄酒酵母菌株。这将可以避免对商品酶的需要。目标包括：

① 产生影响感官的化合物；

② 代谢葡萄汁中大部分的苹果酸；

③ 低的尿素分泌能力；

④ 改善发酵效率；

⑤ 适当的絮凝特性；

⑥ 可控的酯类形成；

⑦ 产生抗污染微生物的抑制物质，如杀死革兰氏阳性细菌的尼生素、杀死野生酵母的 zymocin 等；

⑧ 产生蛋白酶，改善葡萄酒过滤速度；

⑨ 产生葡聚糖酶，释放结合的萜烯，增加芳香化合物；

⑩ 更高的二羟丙酮磷酸还原酶和甘油磷酸酶活性，增加甘油水平。

同样，为此目的也可以使用适合于固定化的菌株，如现在正在发泡葡萄酒生产中试验其利用的可能性。

（3）葡萄酒的连续发酵

与分批发酵相比，连续发酵有潜在的优势。但是只是在有大量葡萄供应，进行连续软化，不断补充葡萄汁发酵液的情况下，才有可能成功。在法国南部，用500 000L体积发酵罐进行了红葡萄酒生产的尝试。每天要加工150 000kg葡萄，可以生产出相应数量的葡萄酒。葡萄酒在发酵罐中的平均停留时间是3天（26～28℃）。

（4）葡萄酒的次级发酵

在初级酒精发酵后，可根据不同的目的，进一步刺激酵母或其他微生物生长。这类次级发酵包括在瓶子或木桶中进行酒精发酵，产生天然的碳酸化发泡葡萄酒；或刺激好氧表面/薄膜酵母生长，产生雪力葡萄酒；或刺激乳酸细菌苹果酸-乳酸发酵。

利用乳酸细菌的活力，能够在葡萄酒中自然进行苹果酸-乳酸发酵，如乳酸杆菌（*Lactobacillus*）、明串珠菌（*Leuconostoc*）和片球菌（*Pediococcus*）属的菌种，它们是葡萄酒中天然存在的微生物。它们的活性并不是许多葡萄酒所希望要的，可以通过加入 SO_2，防止其活力。但是它们对某些葡萄酒是有利的，特别是寒冷气候下的红葡萄酒常常含有高水平的苹果酸。苹果酸-乳酸发酵可以通过这种二羧酸脱羧，形成乳酸（单羧酸），从而降低了酸度（图23-11）。在要求苹果酸-乳酸发酵的时候，可以在酒精发酵结束时，给葡萄酒接种合适的乳酸细菌，如酒明串珠菌（*Leuconostoc oenos*）。这样不仅酸度降低了，并且产生其他有益的风味物质，葡萄酒也变得对微生物更加稳定。在进行苹果酸-乳酸发酵后，葡萄酒中很少有其他微生物会生长。

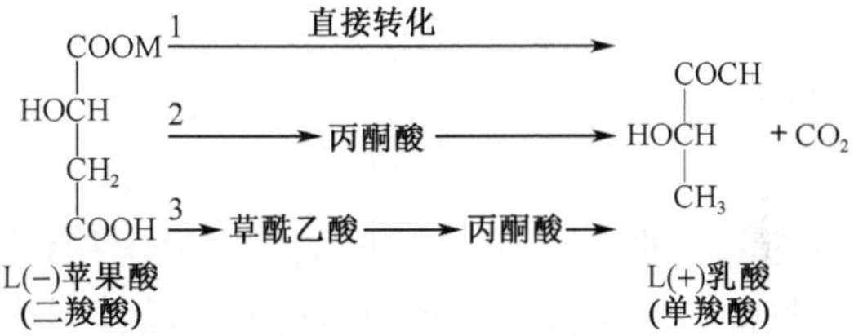

图23-11　L（＋）苹果酸-乳酸转化为L（－）乳酸

苹果酸转化成乳酸的三种酶促途径，导致一个羧基丧失，因此降低了葡萄酒的pH

23.1.2.3　后发酵处理

发酵后，葡萄酒必然面临来自微生物和非微生物（特别是氧化）的损害。稳定的方法如冷却，维持厌氧条件，以及通过沉淀和（从渣滓中）榨出酒的方法进行初步澄清，以除去微生物。此外，葡萄酒制造者可以选择在葡萄酒中保留酵母 2 周到 9 个月，以释放更多的酵母风味物质。加入少量的 SO_2，可以进一步抑制微生物的活性。SO_2 还可以防止化学氧化和乙醛复合体的形成。葡萄酒中 SO_2 最终维持水平通常在 60～200mg/L。有的葡萄酒在木桶里储存几周甚至几年，以此获得附加的风味特性。最终葡萄酒进行过滤、巴斯德灭菌或无菌过滤，然后装瓶或其他方法包装。在储存期间，葡萄酒中化合物继续相互作用，缓慢改善颜色、风味和芳香化合物。

23.1.3　苹果酒生产

苹果酒是一种用苹果汁制造的酒精饮料。它的生产已经经历了 2000 年以上，现在差不多所有生长苹果的地方，都制造苹果酒。例如在英国，年产量超过 450 万升。苹果酒种子工艺与葡萄酒生产非常类似，最终产品种类也很多，有从甜苹果酒到非常干的苹果酒各种类型。一般含有 2%～8%（*V*/*V*）的酒精。传统的苹果酒常常不经过碳酸化，也可以不经过澄清。有一些可以起到天然调节桶装苹果酒的作用，类似于桶装调节淡色啤酒。但是，多数苹果酒是清澈的，并且通过无菌过滤或快速巴斯德灭菌的产物。它们可以人工碳酸化，就像瓶装或小桶装的啤酒。在法国，碳酸化可以通过一种称为“Charmat”的工艺进行。这个技术也用来产生发泡葡萄酒，涉及一种施加压力的散装次级发酵。

23.1.3.1　苹果汁抽提

苹果酒制造开始于苹果的采摘，一般特殊的苹果酒含有高浓度的酚类化合物。有使用单一的苹果品种的，但更多的苹果酒是用混合品种制造的。清洁后的果实粗略地碾碎，产生的苹果泥用大型的圆柱压榨机或连续皮带压榨机提取果汁。由果皮、果仁和果核组成的压榨果渣，可以用于牲畜饲料，或为果酱和糖果加工提取果胶。新鲜压榨的果汁可以马上进行发酵，或者在巴斯德灭菌和去掉果胶后，浓缩 8 倍进行储藏，留待以后发酵。应该小心地进行浓缩，因为有可能形成糠醛（糖降解产物），糠醛可以妨碍后续发酵。

23.1.3.2 苹果汁的成分

不同的苹果品种产生的苹果汁其成分有所不同。与制造啤酒的麦芽汁相比，它有较低的 pH（pH3.0～4.0）；含有低 6～8 倍的可溶性氮；单糖和双糖是仅有的糖类。典型的糖类组分是 75%的果糖、15%的蔗糖和 10%的葡萄糖，只有少量其他简单的糖类、寡聚糖和淀粉。苹果汁也含有可溶性果胶，它是由具有酯化甲醇的半乳糖醛酸聚合物组成的。苹果汁主要的酸类物质是 L-苹果酸（与不定量的石炭酸一起）；奎宁、绿原酸、莽草酸和 CoQA（p-coumarylquinic）。多酚组分是单宁酸（主要是对儿茶酚）、二聚原花色素和三聚原花色素。其他次要组分包括维生素 C、无机盐和酯类（如乙基甲基丁酸）。

23.1.3.3 苹果酒发酵

传统上使用的木制发酵桶，是不控制温度的。而现代容器通常是控制温度的容器，体积在 2000～9000L，用有衬混凝土，有衬低碳钢或不锈钢构建。发酵罐深度超过 14.5m，可以产生 1.5atm 的静水压力，这削弱了苹果酒酵母的性能。

在发酵之前，新鲜果汁或浓缩汁可以补加一些可发酵性糖。甘蔗糖是常用的添加物，其产生的酒精水平不超过 6%（*V*/*V*）。传统发酵由天然存在的酵母完成，它们来自果实的表皮、环境和加工设备。一般完全成熟的苹果，每克果实含有低于 500 个细胞的酵母。主要是柠檬形克勒克酵母（*Kloeckera apiculata*），普鲁兰出芽短梗霉（*Aureobasidum pullulans*）和红酵母（*Rhodotorula*）、拟球酵母（*Torulopsis*）、假丝酵母（*Candida*）和梅奇酵母（*Metschnikowia*）等属的菌种，而酿酒酵母属的菌种和其他产孢子的酵母却很少见。耐酸细菌如葡萄杆菌属（*Gluconobacter*）一般是存在的，但乳酸细菌很少。然而，如果果实落在了地上，特别是苹果皮受到损伤时，则微生物会增加。传统发酵一般是在室温下进行。发酵启动得很缓慢，通常在 1～2 天内开始，持续几周。

在现代商业操作工艺中，果汁用高速离心、无菌过滤或巴斯德灭菌等方法，除去微生物污染物。如果苹果汁是加热处理，果胶酶就会失活。因为果胶没有降解，产生的苹果汁不会是清澈的，除非外加果胶酶。苹果汁一般用 SO_2 处理，SO_2 有抗氧化和抗菌作用，防止氧化产生棕色和抑制杂菌，SO_2 的用量也取决于果汁的 pH：对于 SO_2 的用量而言，越低的 pH，则要求越低的 SO_2。许多国家对 SO_2 最大法定限量是 200mg/L 左右，这个用量可以充分抑制好氧酵母，乳酸细菌和醋酸细菌。

处理好的果汁加入酿酒酵母的种子培养物进行发酵。这些酵母种子最初来自于苹果酒发酵液，或者筛选出的葡萄酒酿造菌株。与啤酒酿造的麦芽汁相比，苹果汁含有低水平的氮源，这导致了比较缓慢的发酵速度，再加上使用低浓度的酵母，使发酵速度更慢。发酵速度常是啤酒发酵的 1/10～1/5，发酵开始时，酵母细胞浓度为 10^6 个细胞/ml；发酵结束时，上升到 5×10^7 个细胞/ml。在果汁中补加铵盐，并不能增加发酵速度，但可以预测发酵的进展。苹果酒发酵一般在 20～25℃进行，历时 1～4 周。理想的苹果酒酵母必须具有以下特性：

① 快速启动发酵；

② 对 SO_2 和高浓度乙醇有耐受能力；

③ 对生长因素要求低；

④ 完全发酵所有糖类的能力；

⑤ 适当的絮凝特性；

⑥ 发展合理感观特性的能力；

⑦ 产生聚半乳糖醛酸酶，降解可溶性果胶。

在酵母发酵过程中，主要由于酵母产生 L-苹果酸，其次是产生各种其他酸性物质，包括葡萄糖酸、乳酸和琥珀酸，单半乳糖醛酸、二聚半乳糖醛酸和三聚半乳糖醛酸（果胶酶解的产物）等，这会导致 pH 降低。高级醇是重要的感观化合物，但它们的实际水平取决于使用的苹果品种、果汁处理方法，所用的酵母菌株，发酵和储藏条件等。一般低 pH 和低水平氮，可增加苹果酒的高级醇水平；而使用澄清苹果汁和加入 SO_2，则产生较低浓度的高级醇。

接近发酵结束时，酵母会向苹果酒中释放含氮化合物（包括氨基酸和肽），泛酸，核黄素和一些磷酸化合物。完成初级发酵后，使酵母沉淀到发酵容器的底部。苹果酒或轻轻倒出，或离心分离澄清液，然后在气膜覆盖下储存几个月。

23.1.3.4　苹果酒成熟

天然碳酸苹果酒是通过进行次级发酵生产的，它只占了比较小的市场份额。更普遍的次级发酵是苹果酸乳酸发酵，这种发酵有时出现得较早，可能发生在初级酵母发酵阶段。苹果酸乳酸发酵是由乳酸细菌完成的，通常是不产生黏液的菌株，如肠膜明串珠菌（*Leuconostoc mesenteroides*）、丘状菌落乳杆菌（*Lactobacillus collinoides*）和啤酒片球菌（*Pediococcus cerevisiae*）。另外，苹果酸转化成乳酸，从而降低了酸度，使奎尼酸转化为二羟基莽草酸，并产生其他风味物质。

成熟结束时，新苹果酒可以与陈的苹果酒混合，使风味适当，这样可以维持产品的风味一致。用添加糖类生产的苹果酒可达到 9%～11%（*V*/*V*）的酒精度，这种苹果酒在进一步加工之前，可以用水稀释。混合苹果酒一般通过离心或过滤澄清，随后无菌过滤或快速巴斯德灭菌（85℃，20s）。在包装时，进行人工碳酸化；为维持稳定性，可以加入化学防腐剂，如 SO_2、苯钾酸钠或山梨酸钾。

23.1.4　蒸馏饮料

蒸馏饮料可以直接用植物提取物的糖和果汁糖发酵制备，也可以用谷物和根部淀粉水解物发酵。酵母发酵通常产生含有最大为 14%（*V*/*V*）乙醇的中间产品。这些中间产品再经过蒸馏，产生其他产品，如用未加酒花的啤酒生产威士忌，用葡萄酒和苹果酒生产白兰地等。有的时候，中间产物并不与饮料的直接产品有关，仅仅是商业利用的终产品。这包括杜松子酒和伏特加酒，它们可以用任何来源的乙醇制造。它们是无色的酒精，仅具有很少的天然风味，但可以用植物材料上色及补充风味，如使用香草和香料。许多蒸馏饮料是自然呈香的，最著名的有葡萄和其他果实白兰地，用麦芽和不同淀粉原料制造的威士忌，以及用甘蔗提取物或糖蜜的糖类发酵产生的朗姆酒。

下面以威士忌酒为例说明生产加工过程。

威士忌酒是用发芽大麦制造的（除了苏格兰和爱尔兰外）；或者加入不同比例的其他谷物淀粉生产出的威士忌，如波旁威士忌酒、粮食威士忌酒和黑麦威士忌酒。苏格兰和爱尔兰威士忌酒是含有谷物和麦芽的威士忌混合物。麦芽和当地使用的其他谷粒抽提液混合，并进行糖化产生麦芽汁（这对啤酒酿造是必须的），但不加入啤酒花。此外，发酵之前通常不进行煮沸，这样可以保留糖化酶活性。有时用全部糖化醪发酵，而不是将废谷物从麦芽汁中分离出来，这称为“in grains”发酵。有的发酵叫做酸性糖化醪，通常是用乳酸细菌（一般用德氏乳酸杆菌，*Lactobacillus delbrueckii*）进行初步发酵。它们在 4～6h 时，可产生 1.5%（*W*/*V*）的乳酸。然后煮沸杀死这些乳酸细菌，再用特殊的酿酒酵母的蒸馏菌株完成发酵，有时可以补加过剩的啤酒酿造酵母。有的威士忌酵母能够发酵麦芽糊精，因为那是酿酒酵母与酿酒酵母淀粉水解变种的杂交种，酿酒酵母淀粉水解变种具有淀粉糖苷酶（葡糖淀粉酶，glucoamylase）活性。发酵初始时，酵母浓度为 2×10^7 个细胞/ml，发酵结束时，增加到 2×10^8 个细胞/ml。发酵历时 30～40h，重点是乙醇浓度。然后产生的啤酒常常不进行酵母分离，就进行蒸馏。蒸馏残渣可以用作动物饲料添加剂。

苏格兰麦芽威士忌酒和爱尔兰威士忌酒是在罐式蒸馏器里，分别进行 2 次或 3 次蒸馏。其他威士忌酒如苏格兰谷物威士忌酒，波旁威士忌酒和黑麦威士忌酒用连续蒸馏器蒸馏。罐式蒸馏器生产的产品约为 110° 标准强度（62.9%，*V*/*V* 乙醇）；而连续蒸馏器产品是 160° 标准强度（91.4%，*V*/*V* 乙醇），一般在成熟之前，稀释到 110° 标准强度（100° 标准强度是与标准配方黑色火药混合时，能够点火的最小水溶液浓度；纯酒精是 170° 标准强度）。

蒸馏物是无色的，颜色是在木桶中进行成熟时产生的，或是加入焦糖着色。一般放在橡木桶里，经过几年，完成成熟过程，最少成熟时间是根据当地特殊的法规而定。可以用新木头制造木桶，常将内壁烧焦，这样制成的木桶更容易起反应。使用过的木桶（曾保存过雪利酒或波旁威士忌酒的木桶）也可以用来赋予威士忌酒特殊的特性。在成熟过程中，木头的组分浸入威士忌酒中，给威士忌酒上色和产生特定的风味。这类化合物包括芳香醛类、内酯、糖醛和丹宁酸等。威士忌在成熟结束后，进行装瓶前，可以进行混合并稀释，一般稀释到 70° 标准强度（40%，*V/V* 乙醇）。

23.2　醋的生产

当可发酵性糖中天然存在有活性的微生物时，一般的结果是酵母先进行酒精发酵，随后细菌将酒精氧化，形成醋酸（醋化）。如果产生了足量的醋酸，就可以分类为醋。这个名称是来源于法语的两个词——vis（wine）和 aigre（sour）。一般将醋分类为调味品，它含有 4%（*W/V*）的醋酸。

人类利用当地可发酵性原料和酒精原料，已经进行了数千年醋的生产。主要用果实和糖汁生产，包括枫蜜、糖蜜和蜂蜜，也可以用糖化的谷类和根部淀粉加工。在有酒精原料（如葡萄酒、苹果酒和烈性酒精）可以直接利用的时候，醋的生产仅仅需要醋化步骤。如果烈性纯酒精作为原料，必须在醋化之前加入其他营养。

在全世界，食醋和陈醋的原料是不同的。在美国，苹果酒醋是主要的来源，而中欧和南欧红葡萄酒醋和白葡萄酒醋占优势，英国一般使用麦芽醋。也有少量其他原料醋的生产，如不同的果实和香脂醋。现在世界醋的年产量大约是 200 亿升。

23.2.1　醋的发酵

23.2.1.1　酒精发酵

酒精发酵是一种厌氧工艺，是用特殊的产醋酵母菌株酿酒酵母葡萄酒变种（*S. cerevisiae* var. *ellipsoideus*）来进行生产的。在一些传统的加工工艺中，比较偏好使用天然存在的酵母，而不是特殊的种子培养物。对于麦芽醋的生产，发酵培养基、麦芽汁和发酵基本上与啤酒酿造相同。发酵产物是乙醇、CO_2 和少量甘油、醋酸，以及高级醇类。

23.2.1.2　醋酸发酵

醋酸发酵是高度好氧过程，主要是醋酸细菌的生物转化，涉及乙醇到醋酸的不完全氧化（图 23-12）。其他次要的产物包括乙醛、乙酸乙酯和乙基丙酮。工业醋酸细菌是醋杆菌属（*Acetobacter*）和葡糖杆菌属（*Gluconobacter*）的菌种，主要有醋化醋杆菌（*A. aceti*）、欧罗巴醋杆菌（*A. europaeus*）、斑氏醋杆菌（*A. bansenii*）、恶臭醋杆菌（*A. rancens*）、木醋杆菌（*A. xylinum*）和氧化葡糖杆菌（*G. oxydans*）。有的情况下，混合菌种比单一菌种更加有效。根据对醋酸的作用，可以把这些细菌分成两种主要类群。超氧化类群的成员（包括醋化醋杆菌和巴氏醋杆菌）可以将醋酸代谢为 CO_2 和 H_2O，而亚氧化类群（如氧化葡糖杆菌）的菌株不能进行所谓的超氧化。某些醋杆菌属的菌种是中间类型，在较低的醋酸浓度下，可以进行一些超氧化过程。

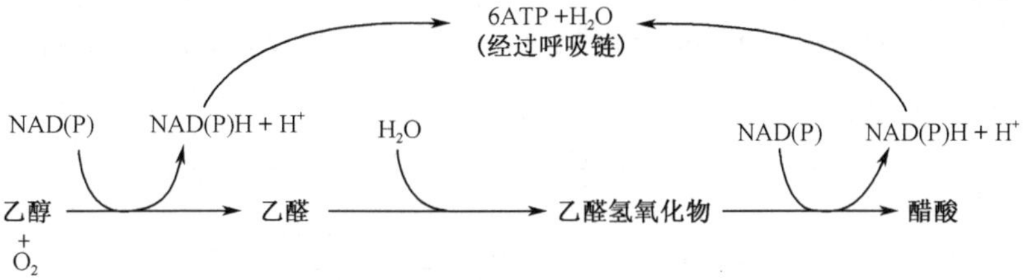

图 23-12　乙醇氧化成醋酸

这些好氧细菌是革兰氏阴性杆菌，常常与酵母一起存在于各种植物原料上。它们类似于假单胞菌，但与假单胞菌的区别是有高的耐酸能力、低的胨水解活性、有限的运动能力，并且缺乏色素。这个类群全都有不完全氧化糖和酒精形成酸的能力。这有利于具有脱氢酶的这个家族成员以酒精、葡萄糖或多元醇作为底物。它们全都有一种不寻常的叫做吡咯喹啉醌（pyrrolquinoline quinone，PQQ）的辅基（与酶结合的非蛋白化学基团），这个辅基是一个电子中间体，将电子传递给脱氢酶。这类脱氢酶位于细胞膜的外表面。

23.2.2　醋的加工方法

酒精转化为醋酸很大程度上是通气技术问题，为了使醋酸细菌与氧气进行氧化，必须使空气密切接触液体。为达到这个目的，使用了以下三种主要的方法。

23.2.2.1　传统表面方法

表面工艺首先利用天然微生物群落进行糖（植物汁液或糖化淀粉中的可发酵性糖类）的酒精发酵。产生的酒精溶液，然后进行自发天然发酵，将乙醇转化为醋酸。这是依靠适当的醋酸细菌自己在乙醇发生氧化的液体表面进行定植。这些传统的分批培养方法一般比较缓慢，并且不可预测。但是在 14 世纪末，奥尔良方法（或法国方法）就是一个早期半连续生产方法的尝试，这是从葡萄酒醋化发展起来的方法。其方法是把以前生产的生醋加入到新鲜葡萄酒中，以此加快醋化微生物群落的定植。直到现在，有些表面方法还在用来生产少量特殊的醋产品。

23.2.2.2　滴流反应器

这类方法是将醋酸细菌吸附在一个支撑膜上，然后使酒精液滴注在膜上并流动，这样就有很好的空气供给，有利于乙醇的氧化（图 23-13）。

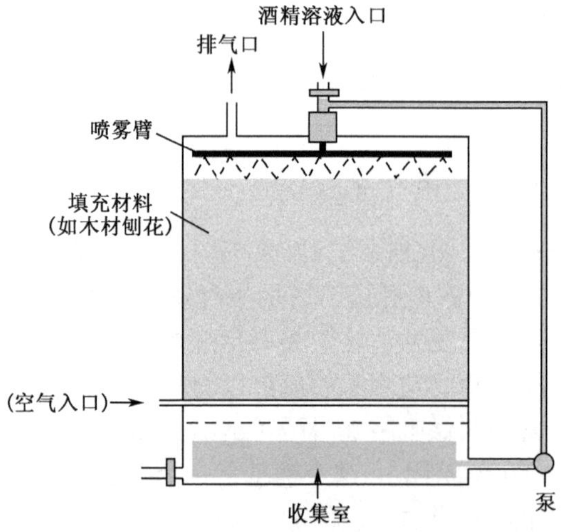

图 23-13　醋反应器示意图
（参考 Waites et al.，2001）

乙醇氧化产生热量：反应器的顶部一般是 29℃，在底部就增加到 35℃。因此需要提供冷却蛇管或夹层，防止过热。加工时间大约是 3 天，最终醋酸浓度为 10%～12%（*V*/*V*）。反应器体积的产量是 10～15kg/（m^3 · 天），对乙醇的收率是 85%。

23.2.2.3　沉没方法

在 20 世纪 40 年代末期，第一次发明出沉没方法。它比滴注方法要快 5 倍，并且只需要很低的资金量。这个技术从几个方面改善了通气效率。有一种 Frings 醋酸反应器，这是高通气不锈钢搅拌罐反应器。反应器用 1450～1750r/min 连续搅拌，一般维持温度 24～30℃，也有报道温度可以超过 40℃。使用筛选出来的醋酸细菌菌株，它在悬浮培养中有良好的功能。在发酵液体中，它们生长在一种非常细的空气泡悬液中。初始细胞浓度在 1.5×10^8 个细胞/ml 左右，循环开始后，上升到 2.25×10^8 个细胞/ml，增加了 1.5 倍。沉没工艺通常是半连续的自动操作方式。每个循环初始培养基含有 7%～10%（*V*/*V*）的醋酸和 5%（*V*/*V*）的乙醇，过高的乙醇浓度是抑制剂。当乙醇浓度降到 0.05%（*V*/*V*）左右时，40%～50%的培养基被移出去，并且用新鲜的初始培养基代替移出的部分。生产菌株对低氧和乙醇浓度非常敏感。如果氧气供应停止或乙醇耗尽，细菌很快死亡。用这种方法最终可以收获 14%（*V*/*V*）的醋酸浓度。产量是 50～60kg/（m^3·天），对乙醇的的收率超过 90%。

23.2.3　精加工工艺

用速度缓慢的表面方法生产的醋，只要求较短的成熟时间。快速方法生产的产品，要在成熟过程中，改善风味和品质。然后进行稀释，用沉淀剂皂土进行澄清并过滤。有的醋产品用亚铁氰化钾脱色。最后在装瓶之前，进行巴斯德灭菌（75～80℃，30～40s），装瓶时可以加入 50～100mg/L 的 SO_2。

醋产品的缺陷和弊病主要包括产生沉淀，或由金属离子引起的混浊。醋酸细菌感染导致黏液产生，某些醋酸细菌可能引起过氧化。一些野生酵母和真菌氧化醋酸。

从低质量或废的醋中回收的醋酸，可以用于化学原料。方法是分级蒸馏和溶剂提取等。

23.2.4　工艺改进

可以通过改良生产菌种或工艺，来改善醋酸生产效率。醋酸细菌遗传修饰的目的包括：导入从其他微生物获得的乙醇脱氢酶（ADH），这样的脱氢酶具有更好的温度、pH 和动力学特性，增加 ADH 活性，以及改善耐热性。进一步的目标是有更好的噬菌体抗性，因为在滴流反应器和沉没培养生产食醋的方法中，都遇到了噬菌体污染问题。关于工艺改良方面，如用固定在有孔过滤器、陶瓷珠或胶珠中的细胞，来增加醋酸产量。但是，高氧浓度可以限制可育细胞结合于支撑物的表面。还有一个更有吸引力的方法是使用膜生物反应器，它有利于细胞的重新循环，以维持高的细胞浓度。同样，也有可能使用回流生物反应器。

23.3　奶制品发酵

各种动物的奶汁（特别是牛、马、绵羊、山羊和水牛）都可以用来生产发酵奶制品，如干酪、黄油、酸奶油、酸乳酒和酸奶酪。这些产品传统上是一种储藏方式，是通过改变水分含量，形成酸和细菌素，达到长期储藏的目的。终产品也提高了品质、风味和芳香味。最近，普及的奶制品包括发酵健康饮料和食品，称作“益生菌”（probiotics）。这些产品含有活细菌，如嗜酸乳杆菌（*Lactobacillus acidophilus*）和双歧杆菌属（*Bifidobacterium*）的菌种，能够改善肠道功能，并且稳定肠道微生物群落。

发酵生产奶制品使用的微生物主要是乳酸细菌，是奶汁中天然存在的细菌。其他最著名的有丝状真菌，它涉及干酪后期成熟加工。种子培养物一般是特定的乳酸细菌混合物，现在主要用巴斯德灭菌的奶液接种，而不是用生奶液接种。使用巴斯德灭菌奶液，不仅可以降低潜在的病原菌生长，也降低了一些奶汁酶的活性，因为这些酶的存在可能会影响奶制品的发酵。

奶制品生产的基本加工工艺非常相似。发酵生产的乳酸修饰了奶汁蛋白质，形成了风味和芳香化合物。用作种子培养物的乳酸细菌有被噬菌体感染的倾向。为克服噬菌体感染，可以使用防腐剂，以及引入抗噬菌体菌株。

23.3.1　黄奶油加工

主要有两种类型的黄奶油，即甜味黄奶油和酸性黄奶油，但只有酸性黄奶油使用微生物。酸性黄奶油的制造，一般是在搅乳（提制奶油）之前，用细菌发酵巴斯德灭菌奶油 24～48h。常使用乳酸乳球菌二乙酰亚种（*Lactococcus lactis* ssp. *diacetylactis*）和嗜柠檬酸明串珠菌（*Leuconostoc citrovorum*），它们可以产酸及产生风味化合物，特别是联乙醯。

23.3.2　酸乳酪生产

酸乳酪是传统的酸奶制品，现在已经成为主要的奶制品。商品酸乳酪通常用全奶制造，也可以补加蛋白质，如脱脂奶粉，这有助于形成蛋白胶状产品。在接种之前，生原料加热，然后冷却；加热是必须的，否则后期蛋白质凝集不能产生平滑的凝胶。接种物是混合种子培养物，含有嗜热链球菌（*Streptococcus thermophilus*）和德氏乳杆菌保加利亚亚种（*Lactobacillus delbrueckii* spp. *bulgaricus*），比例为 1∶1。嗜热链球菌主要产酸，而德氏乳杆菌更多是产生感观化合物（特别是乙醛）。它们的胞外蛋白水解酶和胞外聚合物也有助于蛋白质凝胶形成。酸乳酪可以进行巴斯德灭菌，以改善储藏寿命；或者保持活菌，据说活菌有防腐剂的性质。

23.3.3　干酪生产

现在干酪年产量超过 10^{10}kg，其中大部分生产是用牛奶为原料（5×10^{10}L）。干酪制造主要通过去掉水分，浓缩奶液的脂肪和蛋白质。但是有众多具有不同品质和风味的类型。品质范围从完全柔软的类型到非常坚硬的类型，风味从温和类型到非常强烈类型。造成干酪如此大区别的原因如下：

① 所使用奶液的类型；

② 产奶动物吃的食物，食物受当地土质、植物类型和气候因素的影响；

③ 在生产的各个阶段（包括种子和成熟阶段）接种的微生物菌株，它们提供不同的感观化合物和发展出不同的品质；

④ 使用的加工方法；

⑤ 成熟时的环境条件，特别是温度和湿度。

干酪制造没有标准的方法，这是因为在加工的各个阶段存在无限的变化，并且大量的生产也很少或没有基本的科学依据。但是大多数干酪加工工艺基本包括（图 23-14）：

① 生奶的预处理；

② 固体凝乳的形成；

③ 从凝乳中去掉液体乳清；

④ 凝乳加工；

⑤ 成熟和老化。

加工过程首先要检查生奶的各种化学和微生物质量参数，然后进行巴斯德灭菌。随后利用乳酸细菌[如乳酸乳球菌、嗜热链球菌和乳脂明串珠菌（*L. cremoris*）]的活性生产凝固奶蛋白或凝乳。这些细菌有将乳糖发酵形成乳酸，降低 pH 的能力，这有助于蛋白质凝固。它们也产生风味和芳香化合物，并在后期成熟阶段完成基本的蛋白水解和脂类水解，最终影响产品的风味。

生产常使用由嗜温和嗜热链球菌以及乳酸杆菌组成的混合种子培养物，种子

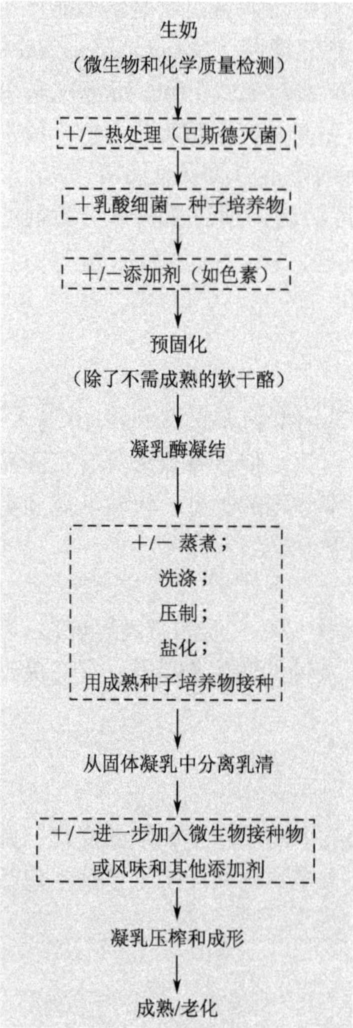

图 23-14　奶酪加工步骤

虚框表示可选择的步骤

可以用热处理牛奶或以乳清为主的培养基培养。使用固定的种子培养物，可以降低不同批次生产的差异，包括生产时间和产酸水平。接种量为 0.5%～2.0%，32℃左右，10～75min 完成发酵。还可以通过控制热处理温度（55℃），进一步抑制嗜温菌，启动嗜热菌的活性。适当种子微生物的选择，种子培养物的接种量，预成熟时间和培养温度都是很重要的，会使最终颜色、风味和芳香化合物产生许多微妙的差异。

可以通过加入特殊的蛋白水解酶，使所有柔软、未成熟的干酪（如松软干酪和奶油干酪）形成凝乳。传统使用的凝乳酶（chymosin，aspartic proteinase EC3.4.23.4）是小牛皱胃的未加工形式，称为牛犊胃内膜（rennet）。由于小牛凝乳酶的短缺，现在也使用与小牛凝乳酶特性相同的真菌蛋白酶。此外，小牛蛋白酶基因已经被引入不同的微生物，可以进行重组酶的商品生产。

与凝乳形成有关的牛奶成分主要是酪蛋白，它是α-1、α-2、β和κ酪蛋白的混合物。κ酪蛋白对维持牛奶蛋白胶状稳定性非常重要。添加凝乳酶导致κ酪蛋白失去表面的糖肽，因此酪蛋白变得不稳定，在钙离子存在下，凝集并形成凝胶。因为凝胶形成，带走了脂肪，最后形成白奶液块（称为凝乳，curd）。沉淀下来的凝乳是柔软的，但是将其包在干酪压制包布中，很容易从液体乳清中分离出凝乳。半干燥的凝乳仍包在干酪压制包布中，进行盐化，并可以添加其他成分，如上色剂、香草，或进一步接种微生物。然后进行压榨，在成形模具中切成块状。许多干酪随后进入成熟或老化阶段，以改善风味和品质。

成熟是用微生物及牛奶的蛋白酶和脂肪酶（在新鲜干酪中残存的）修饰蛋白质和脂肪。有的国家允许通过加入商品酶制剂加速风味修饰。也可以加入溶菌酶，防止成熟后期腐败微生物的生长。此外，在成熟之前可以接入细菌或真菌培养物。例如，费氏丙酸杆菌舍氏亚种（*Propionibacterium freundenreichii* ssp. *shermanii*）。这些微生物的生长可以修饰风味，并产生气泡，使干酪中产生小洞或气眼。

在内部形成蓝色纹理的干酪，主要是利用娄地青霉（*Penicillium roqueforti*）。传统加工主要依赖于天然真菌的发育，这些真菌来源于当地干酪制造环境定植的孢子群。现在大规模生产使用孢子接种物，孢子接种物在干酪压榨和成形之前与凝乳混合。新鲜干酪通常用不锈钢制作的棒子打孔，以此增加干酪内部的氧气水平，促进真菌生长，然后在 9℃、控制湿度条件下进行储藏。干酪成熟需要经历一年以上，在此期间，发展特征性蓝色纹理、芳香化合物和风味化合物（甲基酮，如 2-庚酮）。

Cammembert 类型干酪和其他表面成熟干酪使用青霉（*Penicillium camemberti*），这是来源于天然环境的菌种，或者用孢子接种物喷洒在干酪表面。真菌在干酪表面生长 16 个月，产生特征性白色外壳。同时真菌水解酶可以分泌到干酪里面，而改善风味和品质。

在干酪和其他奶制品发酵中，主要问题是噬菌体感染种子培养物。可以利用噬菌体抑制培养基、固定的菌株、菌株轮流使用以及对噬菌体不敏感菌株等方法，改善噬菌体污染问题。但是在生产中，噬菌体的持续感染一直存在。现在有一些制造天然防护细菌的尝试，如抑制噬菌体对细菌的吸附，妨碍噬菌体核酸渗透等。这些噬菌体抗性因子的基因是由质粒编码的，抗性质粒可以改善工业菌株抗噬菌体攻击的能力。

在乳酸细菌中，许多涉及乳糖和酪蛋白代谢的关键酶不是在染色体上，而是来源于质粒，所以有丢失的倾向。对这些基因进行物理图谱分析及分离，使其转移到染色体上，可以使菌株更加稳定。这些技术也可以导入其他乳酸细菌基因和异源基因，以此提供更多的特征，特别是产生感观化合物、去掉不佳的气味、加快成熟以及防止微生物污染等。其他方法如加入酶、抗生素、密封包装等防止腐败细菌。

23.4　益生菌

益生菌（probiotic bacteria, probiotic orgamism），又称正常菌群或生理性菌群，系指与人或动物保持共生关系的一类有益微生物菌群，对宿主具有改善微生态平衡，提供营养，提高免疫力，促进健康等重要生理功能，常见的此类微生物有双歧杆菌，嗜酸乳杆菌等。益生菌制剂（probiotics）是含活菌和（或）死菌，包括其组分和产物的细菌制品，经口腔或其他黏膜途径投入，旨在改善黏膜表面微生物或酶的平衡，或者刺激特异性或非特异性免疫机制。

乳酸细菌，特别是嗜酸乳杆菌（*L. acidophilus*）、干酪乳杆菌（*L. casei*）和双歧杆菌能够帮助恢复平衡，改善健康。现在已经有类似于发酵酸乳酪的奶制品和以牛奶为载体的益生菌产品可以利用。但是这些细菌活性的真正机制还需进一步证明。它们的效果包括刺激免疫功能，最常见的是增加免疫球蛋白 A 的产生。这些细菌在肠道中定植，可以改善肠道细菌的数量和代谢活性。它们对动物和人类应用口服抗生素后，重新建立肠道微生物群落特别有用。同样，活的布拉酵母（*Saccharomyces boulardii*）细胞冻干制剂可以用来治疗腹泻（特别是可以与口服抗生素治疗结合使用）。

益生菌对农业动物也有有益的效果。例如，在食物和水中接种唾液乳杆菌（*L. salivarius*），喂养出壳 1 天感染了肠炎沙门氏菌（*Salmonella enteritidis*）的小鸡，可以防止沙门氏菌在小鸡的胃肠道中定植。

23.5　其他传统发酵食品

其他传统发酵食品包括发酵肉类和鱼类，发酵植物产品（面包、泡菜、大豆、咖啡、可可、茶）等，这些产品极大地丰富了人类的食品，也带来了可观的经济利益。

主要参考文献

Angold R, Beech G, Taggart J. 1989. Food Biotechnology: Cambridge Studies in Biotechnology 7, Cambridge Universty Press, Cambridge

Ambrona J, Maqueda M, Zamora E, et al. 2005. Sulfometuron resistance as a genetic marker for yeast populations in wine fermentations. *J Agric Food Chem* 53, 7438～7443

Bamforth C W. 1998. Beer : Tap into the Art and Science of Brewing. Plenum, London

Boulton R B, Singleton V I, Bisson I F, et al. 1996. Principles and Practice of Wine making. Champman & Hall, New York

Branyik T, Vicente A A, Dostalek P, et al. 2005. Continuous beer fermen-tation using immobilized yeast cell bioreactor systems. *Biotechnol Prog* 21, 653～663

Branyik T, Vicente A A, Kuncova G, et al. 2004. Growth model and metabolic activity of brewing yeast biofilm on the surface of spent grains : a biocatalyst for continuous beer fermentation. *Biotechnol Prog* 20, 1733～1740

Campbell-Platt C H, Cook P E. 1994. Fermented Meats. Blackie Academic and Professional, London

Cocolin L, Pepe V, Comitini F, et al. 2004. Enological and genetic traits of Saccharomyces cerevisiae isolated from former and modern wineries. *FEMS Yeast Res* 5, 237～245

Cogan T M. 1995. Flavour production by dairy starter cultures. *J Appl Bacteriol* Supplement 79, 49S～64S

Coultate T P. 1996. Food-The Chemistry of its Components. 3nd edition. Royal Society of Chemistry, Cambridge

Demain A I, Davies J E, Altas R M. 1999. Matural of Industrial Microbiology and Biotechnology. American Socierty for Microbiology, Washington DC

Demuyter C, Lollier M, Legras J L, et al. 2004. Predominance of *Saccharomyces uvarum* during spontaneous alcoholic fermentation, for three consecutive years, in an Alsatian winery. *J Appl Microbiol* 97, 1140～1148

Fleet H. 1993. Wine Microbiology and Biotechnology. Harwood, Chur

Fox P F. 1993. Cheese : Chemistry, Physics and Microbiology. 2nd ed. Chapman & Hill, London

Gil JV, Manzanares P, Genoves S, et al. 2005. Over-production of the major exoglucanase of *Saccharomyces cerevisiae* leads to an increase in the aroma of wine. *Intern J Food Microbiol* 103, 57～68

Hammes W P, Bosch I, Wolf G. 1995. Contribution of *Staphylococcur carnosus* and *Staphylococcur piscifermentans* to fermentation of protein foods. *J Appl Bacteriol* Supplement 79, 76S～83S

Hammond J R M. 1993. Brewer's yeasts. In The Yeast. 2nd ed. Vol. 5 : Yeast Technology （eds. Rose A H & Harrison J S）, pp. 7～67. Acadermic Press, London

Hammond J R M. 1995. Generically modified brewing yeast for the 21st century-progress to date. *Yeast* 11, 1613～1327

Henich-Kling T. 1995a. Control of malo lactic fermentation in wine : energetics, flavour modification and methods of starter culture preparation. *J Appl Bacteriol* Supplement 79, 295～385

Henich-Kling T. 1995b. Removal of alcohol from beverages. *J Appl Bacteriol* Supplement 79, 19S～28S

Hough J S. 1985. Biotechnology of Malting and Brewing. Chapman & Hill, London

Howell K S. Klein M, Swiegers J H, et al. 2005. Genetic determinants of volatile-thiol release by *Saccharo myces cerevisiae* during wine fermentation. *Appl Environ Microbiol* 71, 5420～5426

Huisln't Veld J H J, Bosschaert M A R, Shortt C. 1998. Health aspects of probiotics. *Food Technol Today* 12, 46～19

Jackson R S. 1994. Wine Science: Principles and Applications. Acadermic Press, London

King R D, Cheeltham P S J. 1988. Food Biotechnology 1. Elsevier Applied Science, London

Lewis M J, Young T W. 1995. Brewing. Chapman & Hill, London

Martini A. 1993. Origin and domestication of wine yeast *Saccharomyces cerevisiae. J Wine Res* 4, 165～176

Priest F G, Campbell I. 1996. Brewing Microbiology. 2nd ed. Chapman & Hill, London

Queto A, Ramon D. 1996. Review : The application of molecular techniques in wine microbiology. *Trends in Food Sci Technol* 7, 73～78

Randez-Gil E, Sanz P, Pricto J A. 1999. Engineering baker's yeast : room for improvement. *Trends in Biotechnol* 17, 237～244

Rocken W, Voysey P A. 1995. Sour-dough fermentation in bread. *J Appl Bacteriol* Supplement 79, 38S～48S

Rombouts E M, Mout M J R. 1995. Microbial fermentation in the production of plant food. *J Appl Bacteriol* Supplement 79, 108S～117S

Rose A H. 1977. Alcoholic Beverages, Economic Microbiology, Vol. 1. Acadermic Press, London

Rose A H. 1982. Fermented Foods. Acadermic Press, London

Sivers M, Teuber M. 1995. The microbiology and taxonomy of Acetobacter eurpaeus in commercial vinegar production. *J Appl Bacteriol* Supplement 79, 84S～85S

Vanderhaegen B, Neven H, Verstrepen K J, et al. 2004. Influence of the brewing process on furfuryl ethyl ether formation during beer aging. *J Agric Food Chem* 52, 6755～6764

Varmam A H, Sutherland J P. 1994. Beverages : Technology, Chemistry and Microbiology. Chapman & Hill, London

Vaughan E F, Moller B, deVos W M. 1999. Functionality of probiotics and intestinal lactobacilli : light in the intestinal tract tunnel. *Curr Opin Bactechnol* 10, 505～510

Verstrepen K J, Van Laere S D M, Vanderhaegen B M P, et al. 2003. Expression levels of the yeast alcohol acetyltransferase genes ATF1, Lg-ATF1, and ATF2 control the formation of a broad range of volatile esters. *Appl Environ Microbiol* 69, 5228～5237

Wackerbauer K, Meyna S, Marre S. 2003. Hydroxy fatty acids as indicators for ageing and the influence of oxygen in the brewhouse on the flavour stability of beer. *Brauwissenschaft* 56, 174～178

§24 食品添加剂和补充剂

在食品加工中，微生物的作用并不仅限于发酵食品和饮料生产。微生物发酵的许多产物也可以作为食品添加剂和补充剂。包括抗氧化剂、风味剂、色素、防腐剂、甜味剂和维生素，还有氨基酸、有机酸和多糖，它们中许多也有非食品方面的利用。

食品添加剂每年的世界市场大约是100亿美元，并且每年以4%的比例增长。由化学工艺合成的食品添加剂与天然化合物相比，几乎没有什么长处。因此，人们对来自微生物的天然食品添加剂充满了极大的兴趣。表24-1列出了30余种功能食品成分，其中许多是微生物产品。有的添加剂被认为有用于医学或健康的潜力，包括对疾病的防止和治疗。

表 24-1 微生物产生的食品添加剂

添加剂功能	商品举例（产生菌）
酸化剂	柠檬酸（黑曲霉，*Aspergillus niger*；季氏假丝酵母，*Candida guilliermondii*；解脂假丝酵母，*Candida lipolytics*）
	乳酸（德氏乳杆菌，*Lactobacillus delbrueckii*；保加利亚乳杆菌，*L. bulgaricus*）
	苹果酸（黄色短杆菌，*Brevibacterium flavum*）
氨基酸	谷氨酸（谷氨酸棒状杆菌，*Corynebacterium glutamicum*；黄色短杆菌）
	赖氨酸（谷氨酸棒状杆菌，黄色短杆菌）
	色氨酸（产气克雷伯氏菌，*Klebsiella aerogenes*）
抗微生物试剂	尼生素（乳酸乳球菌，*Lactococcus lactis*）
	游霉素（纳塔尔链霉菌，*Streptomyces natalensis*；教酒链霉菌，*S. chattanoogensis*）
抗氧化剂	维生素C（弱氧化醋杆菌，*Acetobacter suboxydans*）
色素	β-胡萝卜素（三孢布拉氏菌，*Blakeslea trispora*；杜氏盐藻，*Dunaliella Salina*）
	番茄红素（三孢布拉氏菌；冠霉素链霉菌，*S. chrestomyceticus*）
	玉米黄质（黄杆菌属，*Flavobacterium*）
	叶黄素(一种藻类\[中文译名待定\],*Spongiococcum excentrium*；蛋白核小球藻，*Chlorella pyrenoidosa*)
	鸡油菌素（红鸡油菌，*Cantharellus cinnabarinus*；海洋红球菌，*Rhodococcus maris*）
	虾青素（乳生分枝杆菌，*Mycobacterium lacticola*；种黄素霉菌，*Xanthophyllomyces dendrorbous*）
乳化剂	各种多糖（产朊假丝酵母，*Candida utilis*）
	糖脂（红串红球菌，*Rhodococcus erythropolis*）

续表

添加剂功能	商品举例（产生菌）
酶	α-淀粉酶（黄曲霉，*A. flavus*；构巢曲霉，*A. oryzae*）
	淀粉葡萄糖苷酶（构巢曲霉；*Rhizopus niveus*）
	过氧化氢酶（溶壁微球菌，*Micococcus lysodeikticus*）
	纤维素酶（黑曲霉；绿色木霉，*Trichoderma viride*）
	α-半乳糖酶（*Mortierella vinacea*）
	葡萄糖异构酶（密苏里游动放线菌，*Actinoplanes missouriensis*；橄榄链霉菌，*S. olivaceus*；凝结芽孢杆菌，*Bacillus coagulans*）
	葡萄糖氧化酶（黑曲霉；产黄青霉，*Penicillium chrysogenum*）
	转化酶（酿酒酵母）
	乳糖酶（拟热带假丝酵母，*Candida pseudotropicali*；乳酸克鲁维酵母，*Kluyveromyces lactis*）
	脂肪酶（构巢曲霉）
	核酸酶（柠檬青霉，*Penicillium citrinum*）
	果胶酶（黑曲霉）
	蛋白酶（地衣芽孢杆菌，*B. licherniformis*；枯草芽孢杆菌；黑曲霉）
	凝乳酶（蜡状芽孢杆菌，*B. cereus*；*Endothia parasitica*；*Rhizontucor miehei*；重组大肠杆菌）
	尿素酶（发酵乳杆菌，Lactobacillus fermentum）
香味和香味增强剂	香草醛（酿酒酵母属）
	核苷酸（枯草芽孢杆菌；产氨短杆菌，B. ammoniagenes）
	谷氨酸钠（谷氨酸棒状杆菌；黄色短杆菌）
保湿剂	乙二醇（芽孢杆菌属）
脂类和脂肪	醣脂类（枯草芽孢杆菌）
	γ-亚油酸（毛霉属，Mucor）
非营养甜味剂	天门冬氨酰苯丙氨酸甲酯（天门冬氨酸和苯基丙氨酸的微生物产物）奇甜蛋白（thaumatin）*
稳定剂和增稠剂	多糖（酿酒酵母）
	支链淀粉（出芽短梗霉，*Aurobasidium pullulans*）
	黄原胶（野油菜黄单胞菌）
维生素	维生素 C（弱氧化醋杆菌）
	维生素 B_{12}（丙酸杆菌，*Propiobacteria*；假单胞菌，*Pseudomonas denitrificans*；灰色链霉菌，*S. griseus*）
	维生素 B_2（*Asbbya goddypii*［中文种名待定］；阿舒假囊酵母，*Eremothecium asbbyi*；重组枯草芽孢杆菌）

*一种植物 *Thaumatococcus danielli* 蛋白质，比蔗糖甜 2000～3000 倍，可以用基因工程细菌生产。

24.1　风味剂

风味剂作为食品添加剂占据了世界食品添加剂市场的 1/4 以上。每年天然的

（非化学合成）风味剂的增长部分是 20 亿～30 亿美元。现在有各种风味化合物产品，如复合物和混合物，或单一化合物（表 24-2）。许多微生物来源的风味剂不是通过常规发酵工艺生产的，这是因为其产量低下。许多情况是选择生物转化，即在活性微生物发酵物中加入前体（图 24-1）。一些微生物的酶也可以用来改善食品和饮料的风味。例如，柚子和苦橙果实含有柚苷，因而有苦味，柚皮苷酶可用于柚子和苦橙的脱苦味。

表 24-2　微生物产生的一些芳香化合物和风味化合物

醛类	茴香醛（类似茴芹）和苯甲醛（类似杏仁）（一种栓菌［种文种名待定］, *Trametes sauvolens*）
联乙醯	黄油风味（双乙酰链球菌，*S. diacetylactis*）
酯类	丁酸乙酯（果味）（干酪乳杆菌，*Lactobacillus casei*）
	甲基莽草酸（类似茴芹）（*Trametes sauvolens*）（一种栓菌）
内酯	γ-十内酯（类似桃子）［变异孢长喙壳菌（试译名），*Ceratocystis variospora*］
	几种具有坚果/椰子特征的内酯，如戊（烷）基α-吡喃酮（李氏木霉，*T. reesei*）
薄荷醇	薄荷油特征（裂褶菌属，*Schizophyllum*）
pyazine	这些化合物有烘烤的风味（如棒杆菌和芽孢杆菌突变株），用于风味爆米花和坚果，以及咖啡产品的增强剂
萜烯	这些化合物（如香茅醇、沉香醇和香叶醇）有花香和果味特征；可以从酵母和丝状真菌中制备（如乳酸克鲁维酵母产生香茅醇，可用于果味饮料）

阿魏酸 --酿酒酵母菌种--> 香草醛

中等链脂肪酸 --青霉菌菌种--> 甲基酮

色氨酸 --假单胞菌菌种--> 吲哚

蓖麻油酸 ----> γ- 十内酯

图 24-1　微生物生物转化产生的食品添加剂的实例

24.2　脂类

某些微生物可以积累相当高产量的脂类。最著名的例子是假丝酵母，油脂假丝酵母（*Lipomyces*）、红酵母（*Rhodotorula*）和亚洛氏酵母（试译名）（*Yarrowia*）属的酵母；毛霉（*Mucor*）属的丝状真菌；一些藻类（特别是某些硅藻属)。特别是当生长在营养(除碳源以外)限制条件下时，这些产油脂的微生物能够积累超过它们细胞干重 40%的脂类。产生的脂类主要是含有油酸、棕榈酸、亚麻酸和硬脂酸的三酰甘油(甘油三酸酯)。但是，爪哇毛霉(*Mucor javanicus*)和其他藻菌类真菌产生大量的亚麻酸(超过细胞干重的 3%～5%)。这种重要的不饱和脂肪酸商品价格超过 55 美元/kg，一般是由夜来香或月见草植物产生的，称作营养蕨(nutraceutical)。

很多微生物也产生糖脂类物质。其中许多有表面活性性质，有用作化妆品和分散剂的前景。包括铜绿假单胞菌(*Pseudomonas aeruginosa*)产生的鼠李糖脂，枯草芽孢杆菌产生的表面活性剂，以及红串红球菌(*Rhodococcus erythropolis*)产生的海藻糖-2,2′,3,4-四脂。

24.3　天然食品防腐剂

24.3.1　天然食品防腐剂简介

微生物可以产生众多的抗微生物试剂，包括有机酸、酶和抗生素。有机酸(特别是乳酸)广泛用作食品防腐剂，微生物产生的细菌溶菌酶与鸡蛋中提取的溶菌酶一样，表现出防腐能力。但是，抗生素主要用于化学治疗，不可能作为食品防腐剂，主要是因为害怕微生物获得抗药性，对人的毒性和过敏症等。食品防腐剂的应用研究都是非常复杂、长期并且昂贵的。主要关注的问题是毒力和长期安全性。在研究和改进加工、规模生产工艺和最终商业应用之前，首先要求进行广泛的安全性研究。

现在只有游霉素(匹马菌素，E235)和乳酸链球菌肽(E234)正式批准用于某些特定的食品。游霉素是一种多烯烃抗真菌试剂，是由链霉菌属的菌种产生的，主要用作切片食品的表面抗真菌试剂，如干酪。它也可以用于临床治疗真菌引起的角膜炎、由黑曲霉和镰孢霉(*Fusarium*)引起的角膜感染。乳酸链球菌肽是由乳酸乳球菌(*Lactococcus lactis*)产生的肽类细菌素，它在食品方面有各种用途，特别是作为奶制品的防腐剂。

还有许多产生其他种类细菌素的细菌，其中许多都有用作食品防腐剂的潜力。这些物质天然的作用可能是生长调节子、信息分子或通过抑制竞争细菌，提供一种生态优势。它们是窄谱的抗细菌试剂(无论它们在体内的作用如何)，一般仅抑制与其相关的那些细菌。它们的作用模式与医药抗生素稍有不同。细菌素可以通过破坏或透过微生物细胞膜，快速杀死微生物，而抗生素损伤和杀死微生物的速度要慢得多，常常是通过抑制特定的酶的方式损伤或杀死微生物。因此，对细菌素产生抗性的机理也可能不同。

细菌素是某些食品的天然成分，特别是发酵奶制品，盐腌肉和香肠，水果和豆制品。在发酵食品中，它们是某些发酵食品防腐活性的一部分。因此，人类已经对许多细菌素进行了很长时间的研究，特别是对乳酸细菌的研究。

由乳酸细菌产生的细菌素，包括乳球菌素、乳酸链球菌肽和片秋菌素，它们在低 pH 范围内有更高的活性。它们在这样的条件下也非常稳定，甚至在煮沸后仍然维持生物活性。特别引人注目的是因为这些产生菌都有 GRAS 身份(generally regarded as safe)，都是天然食品中存在的成分。这些微生物和它们的产品很容易被消费者接受。

24.3.2　乳酸链球菌肽（尼生素）

尽管有一些微生物的细菌素可以用于食品防腐剂，但乳酸链球菌肽是现在唯一一种有实际应用的细菌素食品防腐剂。例如，MicroGard 是费氏丙酸杆菌舍氏亚种（*Propionibacterium freundreichii* spp. *shermanii*）的一种冷冻干燥制品，这种细菌生长在脱脂牛奶上，并产生丙酸类细菌素（propioncin）。

最初是在 1928 年分离出乳酸链球菌肽，1940 年以后的研究发现它有用于医药的潜力，特别是有可能治疗肺结核。但这个化合物很晚才开发为食品防腐剂，期间几乎经历了 50 年。乳酸链球菌肽有很高的 LD_{50} 值（7g/kg），已经被食品和农业组织（FAO）/国际卫生组织（WHO）（1969）批准作为食品防腐剂。许多国家都批准了它的使用；在欧盟，乳酸链球菌肽被编为 No.E234，美国食品和药品行政管理部门（FDA, 1988 年）指明它是一种用于干酪加工的 GRAS 物质。

乳酸链球菌肽对许多革兰氏阳性细菌有非常好的抗性，但对革兰氏阴性细菌、酵母菌和丝状真菌效果很差或没有效果。它的作用主要是控制热加工和低 pH 食品的细菌污染，包括奶制品，干酪、软干酪、蛋类制品、调味品和酱油的加工，以及罐头食品。这种细菌素对控制杆菌和梭菌产生的内生孢子特别有用，这些都是热处理加工食品的主要污染微生物。尼生素对耐热芽孢芽孢杆菌（*Bacillus sporothermodurans*）非常有效，这种细菌是嗜热、抗热的细菌，它是超高温处理产品的主要问题。其他的应用还包括抑制甘蓝发酵制作德国泡菜中的细菌污染。尼生素在葡萄酒和酿造工艺的某些阶段，有控制乳酸菌的潜力。

尼生素是分子质量较低（3500Da）的五环肽，由一种普通的牛奶细菌乳酸乳球菌产生。与许多抗生素（如青霉素）不同，尼生素被认为是初级代谢产物。它是称为羊毛硫抗生素（lantibiotics）肽类家族的成员。这个家族的成员都含有不寻常的脱水残基和硫醚氨基酸，肽链中含有特征性的羊毛硫氨酸环（图 24-2）。现在已经发现了几种相关的化合物，包括枯草芽孢杆菌产生的枯草菌素和表皮葡萄球菌（*Staphylococcus epidermidis*）产生的表皮素。

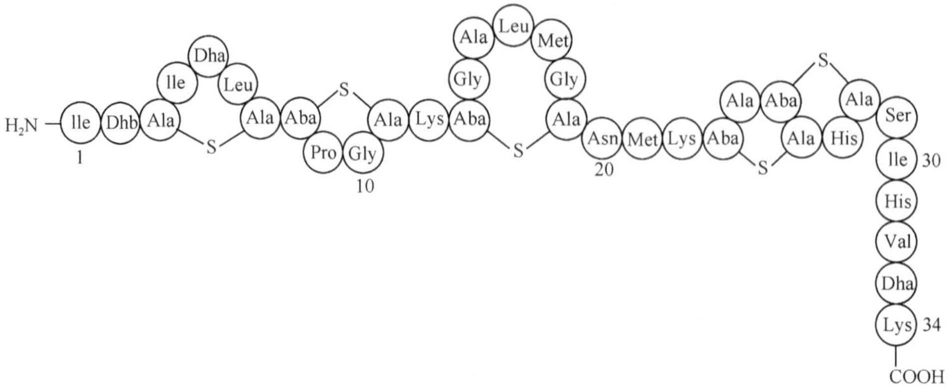

图 24-2　尼生素的结构

Aba：氨基丁酸；Aba-S-Ala：β-甲基羊毛硫氨酸；Ala-S-Ala：羊毛硫氨酸；Dha：脱水丙氨酸；Dhb：脱水丁酸甘油酯

尼生素有很强的阳离子特性，是由 34 个氨基酸残基组成，其中许多都是疏水的。它含有极不寻常的氨基酸，包括 1 个羊毛硫氨酸，4 个β-甲基-羊毛硫氨酸，1 个脱水丁酯（Dhb）和 2 个脱水丙氨酸（Dha）残基。Dhb 和 Dha 分别是由丝氨酸和苏氨酸脱水产生的。Dhb 或 Dha 与半胱氨酸缩合产生硫醚键，分别形成羊毛硫氨酸和β-甲基-羊毛硫氨酸。这些变化是对核糖体合成的 57 个氨基酸残基前体（叫做 prenisin）进行广泛地翻译后加工引起的。形成的活性尼生素分子从细胞中分泌出来。膜结合的丝氨酸蛋白酶切割前导肽产生 34 个氨基酸的形式。所有Ⅰ型的细菌素都进行广泛的翻译后加工，并且含有不寻常的氨基酸。相反，不含羊毛硫氨酸的Ⅱ型细菌素只有很少的加工，包括乳球菌素和片球菌素。

最初认为有关尼生素合成的基因是质粒携带的。但现在证明尼生素的产生、对尼生素的免疫性，尼生素的运输，丝氨酸蛋白酶活性以及其他特性（如专性发酵蔗糖）的基因全都组成一个操纵子，是由定位于染色体的 70kb 共轭转座子编码。

尼生素是通过它的活性引起受伤害机体漏出小分子物质，如铁、氨基酸和腺苷三磷酸（ATP）。尼生素肽出现在受伤害细菌细胞膜的中心，凝集成团，然后形成穿过膜的孔。细菌细胞膜耗尽储藏电荷，这样细菌开始代谢 ATP 产生新的质子时，将无力再使膜充电。最后，细胞变得消耗 ATP，却不能维持其他的活性，并快速死亡。

尼生素的生产是用以牛奶为基础的培养基， 在 pH2.0、控制乳酸乳球菌条件下进行发酵。在 pH3.0 以上，尼生素就会吸附在产生菌细胞里，而完全解吸则是在 pH3.0 或以下。因此，发酵 pH 应能够使所有的尼生素释放到培养基中去，这样发酵结束后，尼生素就可以被抽提出来。尼生素的纯化是利用溶剂抽提法，一步免疫亲合层析也有很高的效率。但是工业规模的加工是用简单低成本的泡沫工艺进行浓缩和分离。这仅仅是将气态氨或空气通过发酵培养基。因为尼生素是表面活性试剂，它会积累在气液界面的泡沫中，然后收集泡沫，机械破碎，回收尼生素。再进行喷雾干燥，粉碎成细的粉末，最后加入氯化钠达到标准。

24.4　核苷酸和相关化合物

这类化合物可用于食品添加剂，有一些可作为医药产品生产的前体。包括5′-鸟苷单磷酸（GMP）和5′-肌苷单磷酸（IMP）在内的核苷酸，都有风味增强特性。主要是日本在加工生产，可以通过酶法水解酵母菌的RNA，或者直接用细菌发酵生产。后一种途径是利用产氨棒杆菌（*Brevilbacterium ammoniagenes*）的超产突变株，这种突变株有分泌此类物质的能力。腺苷和腺嘌呤核苷酸也是治疗药物的重要前体。它们也可以通过产氨棒杆菌和枯草芽孢杆菌突变株发酵生产。

24.5　维生素

尽管很早就用干面包和啤酒酵母制剂（两者都是用酿酒酵母菌种）作为富含维生素B的原料，但以前大多数维生素主要是从动物和植物组织中提取的。现在微生物已经被作为许多重要维生素化合物的来源，包括硫胺（维生素B_1）、核黄素（维生素B_2）、生物素（维生素H）、叶酸、L-维生素C、β-胡萝卜素（维生素A原）、麦角固醇（维生素D_2原）和泛酸。这些维生素的生产是直接用发酵工艺，而其他的维生素则使用生物转化或化学和微生物工艺结合的方法生产。

24.5.1　维生素C

目前维生素C的年产量超过40 000t。其工艺包括几个阶段和一步微生物生物转化。开始是通过化学催化D-葡萄糖还原为D-山梨醇，D-山梨醇是一种多羟醇。然后用弱氧化醋杆菌（*Acetobacter suboxydans*）或木醋杆菌（*A. xylinum*）将D-山梨醇氧化为山梨糖（图24-3）。

生物转化阶段的培养基由葡萄糖、酵母膏或玉米浆、稍微过量的$CaCO_3$和15%～30%（*W*/*W*）D-山梨醇组成。在30℃下剧烈通气1～2天，可以获得90%～95%的转化率。从培养基中回收的L-山梨糖通过过滤，并把滤液浓缩成

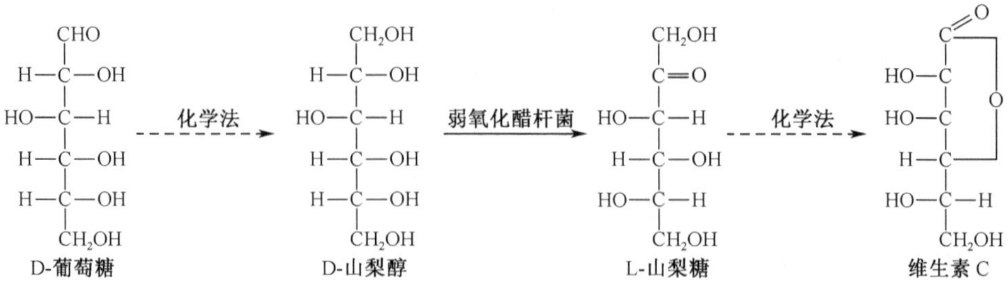

图 24-3　维生素 C 加工中，山梨糖生物转化为山梨醇

糖浆。然后冷却结晶出糖，大约有 65%的回收率（以起始原料为基准）。L-山梨糖再采用化学法，经过 2-酮-葡萄糖酸转化成维生素 C。

二羟基丙酮是防晒化妆品的成分，其生产也可以用同样的生物转化方法，它是用弱氧化醋杆菌或生黑葡杆菌（*Gluconobacter melanogenus*）转化甘油产生的（图 24-4）。

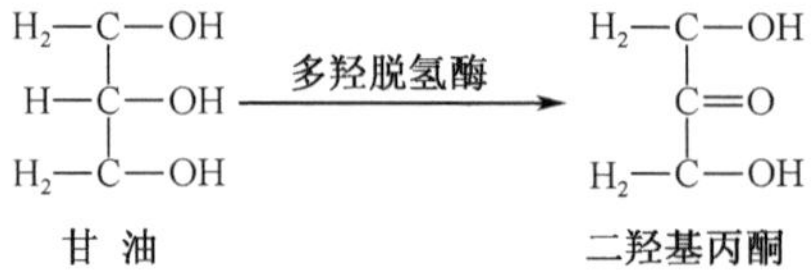

图 24-4　甘油生物转化为二羟基丙酮

现在有可能用更直接的方法将葡萄糖直接转化为维生素 C，这主要是将棒杆菌编码 2,5-二酮葡萄糖酸还原酶的基因导入欧文氏菌（*Erwinia*）。这就简化了工艺，只要一步生物转化和一步化学步骤。首先，基因工程欧文氏菌将葡萄糖转化为 2-酮-L-葡萄糖酸（图 24-5），然后只要一步化学步骤，就可以简单地转化为维生素 C。

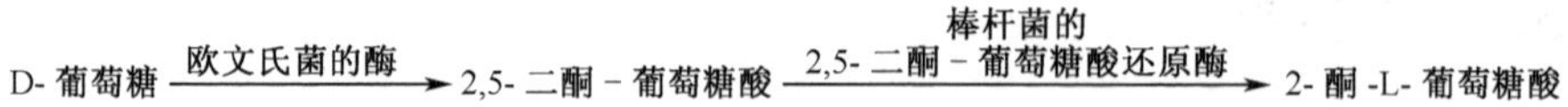

图 24-5　基因工程欧文氏菌生产 2-酮-L-葡萄糖酸

24.5.2　胡萝卜素

胡萝卜素是一类从黄到橙红色的色素，在自然界中普遍存在。可能对胡萝卜素了解最清楚的功能是作为维生素 A 的前体。它们也是有效的抗氧化剂和纯氧的淬灭剂。在人体中，这些特性推测与抵抗某些癌症的保护作用有关。但是高剂

量时，可以产生有害的影响。许多胡萝卜素广泛用做天然食品的着色剂，如黄油、冰激凌以及其他产品。也可以加入家禽饲料，来增加皮毛和蛋黄的颜色，或加入鱼的饲料，使肉着色。

某些胡萝卜素是用便宜的植物原料或人工合成产生的。但是，现在的兴趣集中在发酵产品上，如β-胡萝卜素、番茄红素、玉米黄质、叶黄素、鸡油菌素和虾青素，这些是来自于微型藻、丝状真菌、酵母和细菌的。特别使人感兴趣的是橙红色素，因为没有便宜的可以利用的植物或动物原料。其中，虾青素是由许多绿藻产生的，最值得注意的是洪水鞭毛藻（*Haematococcus pluvialis*），尤其是在氮源不足条件下进行绿藻培养时，会产生更多的虾青素。其他微生物也可以产生虾青素，包括橘橙土壤杆菌（*Agrobacterium anticum*）和种黄素霉菌。这个化合物有用于抗氧化剂和食品着色剂的潜力，也可以用于鱼类饲料，以加强鲑科鱼（大麻哈鱼和鲑鱼）肉的着色。但是，它的商业潜力还没有充分开发出来。因为有三个问题必须注意，即获得最适的虾青素产量，更便宜的发酵培养基配方和有效的酵母细胞色素提取方法。

24.5.3　钴胺素（维生素 B_{12}）

维生素 B_{12} 可以用于食品添加剂，在治疗恶性贫血症中也特别重要。主要利用细菌谢氏丙酸菌（*Propionibacterium shermanii*）和脱氮假单胞菌（*Pseudomonas denitrificans*）进行两阶段工业生产。与其他许多发酵工艺一样，必须避免反馈阻遏。因此，第一阶段在厌氧和缺少维生素 B_{12} 的前体 5,6-二甲基苯并咪唑条件下发酵，因此避免了维生素的合成，否则会有阻遏效应。这样导致了中间产物钴啉醇酰胺的积累。第二阶段，给培养物通气，并加入二甲基苯并咪唑，促进钴啉醇酰胺转化为维生素 B_{12}。最后是以维生素 B_{12} 的形式分离纯化。

24.5.4　核黄素（维生素 B_2）

核黄素主要用于增加食物中维生素的含量，特别是早餐谷类食品和软饮料。可以通过化学方法或发酵工艺生产核黄素，发酵常常利用酵母，如棉阿舒囊霉（*Ashbya gossypii*）、闪亮假丝酵母（*Candida flareri*）和阿舒假囊酵母（*Eremothecium ashbyii*）进行生产。每年发酵生产的产量大约是 600t，主要利用棉阿舒囊霉。这些菌种在厌氧，34～37℃，pH6.5～7.0 条件下发酵，已经可以达到 10～15g/L 的产量。发酵分两阶段进行：首先启动生长，第二阶段扩大核黄素生产。第二阶段是通过周期性或连续性地控制碳源或微量营养（如铁）的添加，来限制生长，达到扩大核黄素产生的目的。核黄素是分泌到培养基中的，但有一些仍然与细胞结合在一起，所以在进一步纯化之前，通过加热处理，可以使其释放出来。

也可以用枯草芽孢杆菌的基因工程修饰菌种生产核黄素，因为枯草芽孢杆菌比酵母菌生长更快，产量更高。经典遗传学用来解除核黄素合成的调节，遗传修饰技术用来导入强启动子，增加编码核黄素合成酶的拷贝数。获得的核黄素与传统化学方法生产是一样的，在许多国家已经批准核黄素在食品和饲料中应用。例如，英国政府（1997 年）接受了新食品和加工顾问委员会（ACNFP）的建议，给予了这个产品食品安全许可证。

主要参考文献

Anders B D, Therese F, Ola J, et al. 2004. Molecular and genetic characterization of propionicin F, a bacteriocin from *Propionibacterium freudenreichii*. *Appl Environ Microbiol* 70, 7303～7310

Araceli L, Hugo S G, Maria O R, et al. 2004. Synthesis of flavor and fragrance esters using Candida antarctica lipase. *Appl Microbiol Biotechnol* 65, 373～376

Aslim B, Yuksekdag Z N, Sarikaya E, et al. 2005. Determination of the bacteriocin-like substances produced by some lactic acid bacteria isolated from Turkish dairy products. Food Sci Technol. /Lebensm. -Wiss Technol 38, 691～694

Chatterjee C, Paul M, Xie L, et al. 2005. Biosynthesis and mode of action of lantibiotics. *Chem Rev* 105, 633～684

Cotter P D, Hill C, Ross R P. 2005. Bacterial *lantibiotics*: strategies to improve therapeutic potential. *Curr Protein & Peptide Sci* 6, 61～75

Coultate T P. 1996. Food—The Chemistry of its Components. 3rd ed. Royal Society of Chemistry, Cambridge

De Vuyst L, Vandamme E J. 1994. Bacteriocins of Lactic Acid Bacteria: Microbiology, Genet and Applications. Blackie Academic & Profession, London

Delves-Broughton J, Blacburn P, Evans R J, et al. 1996. Applications of the bacteriocin, nisin. *Antonievan Leeuwenhoek* 69, 193～202

Dillon V M, Board R G. 1994. Natural Antimicrobial Systems and Food Preservation. CAB International, Wallingford.

Duhnau D. 1999. DNA uptake in bacteria. *Ann Rev Microbiol* 53, 217～244

Franchi M A, Serra G E, Cristianini M. 2003. The use of biopreservatives in the control of bacterial contaminants of sugarcane alcohol fermentation. *J Food Sci* 68, 2310～2315

Gasson M J, Vos W M. 1994. Genetics and Biotechnology of Lactic Acid Bacteria. Blackie Academic & Profession, Glasgow

Goldberg I, Williams R. 1991. Biotechnology of Food Ingredients. Van Nostrand Reinhold, New York

Hagedorn S, Kaphammer B. 1994. Microbial biocatalysis in generation of flavor and fragrance chemicals. *Ann Rev Microbiol* 48, 773～800

Hamdy A A, Sallam L A R, Ahmed E F. 2002. Effect of Immobilization and Irradiation on *Pigment* Production by Monascus ruber ATCC 8111. *J Food Sci Technol* （Mysore） 39, 116～119

Hui Y H, Khachatourian G G. 1995. Food Biotechnology. VCH Publicshers, Inc New York

Kristiansen B, Westhagen E A. 1998. Fermentation for food ingredients. *Food Sci Technol Today* 12, 43～45

Lomascolo A, Stentelaire C, Asther M, et al. 1999. Basidiomycetes as new biotechnological tools to generate natural aromatic flavours for the food Industry. *Trends Biotechnol* 17, 282～289

McAuliffe O, Ross R P, Hill C. 2001. Lantibiotics: structure, biosynthesis and mode of action. *FEMS Microbiol Rev* 25, 285～308

Nelis H J, De Leenheer A P. 1991. A review: Microbial sources of carotenoid pigment used in food and feeds. *J Appl Bacteriol* 70, 181～191

Ray B, Daeschel M. 1992. *Food Biopreservatives of Microbial origin*. CRC Press, Boca Raton, Florida

Sahl H G, Bierbaum G. 1998. Lantibiotics: Biosynthesis and biological activities of uniquely modified peptides from gram-positive bacteria. *Ann Rev Microbiol* 52, 41～79

Somkuti G A, Steinberg D H. 2003. Thermophilin 110: A broad spectrum bacteriocin of Streptococcus thermophilus. Annual International Meeting of the American Society of Agricultural Engineers, Las Vegas, NV （USA）, 20～23 （World Meeting Number 0007031）

Twomey D, Ross R P, Ryan M, et al. 2002. Lantibiotics produced by lactic acid bacteria: structure, function and applications. *Antonie Van Leeuwenhoek* 82, 165～185

§25 微生物生物量的生产

为了能将底物转化为有用的初级或次级代谢产物，如抗生素、乙醇和有机酸等，需要抑制生物量的产生。在这种情况下，一旦获得了最适量的靶物质以后，产生的有机体不过是污染物，必须安全处理，或简单地用作便宜的动物饲料。但是，专门进行生物量生产时，在发酵过程中产生的细胞就是产品。因此，最佳的发酵条件就是为了产生最大浓度的微生物细胞。微生物生物量主要用于三种目的：

① 制备活的微生物细胞作为发酵种子培养物，以及食品和饮料发酵、废物处理工艺、青贮产品、农业接种物、金属浸出和生物杀虫剂的种子等；

② 作为人类蛋白质食品的来源，因为它们没有气味和味道，可以配入各种的食品中；

③ 动物饲料。

25.1 面包酵母加工

在人类的食品中，微生物蛋白质只占了总蛋白消费中比较次要的部分。这主要是来自于大型食用真菌（蘑菇，块菌等）和以酵母的形式提供很少量蛋白质的面包，估计在西欧人的食物中，每周仅有人均 2g 的微生物蛋白质。

发酵工业主要是为面包和与面包有关的产品加工提供大量的面包酵母。撇泡方法（skinning method）是第一个用于生产商品面包酿酒酵母（*Saccharomyces cerevisiae*）菌株的工艺。这个方法使用的培养基是谷物的衍生物，与酿造和蒸馏发酵工艺是相同的。在发酵中，酵母漂浮到发酵液的顶部，然后撇出来，洗涤并压干。但是，在第一次世界大战期间，由于谷物的短缺，酵母工业寻找了替代的发酵原料。德国发明了一种方法，就是用糖蜜、氨水和铵盐代替以谷物为主的培养基。这种方法以及某些提炼和自动控制之类的方法仍然是现在加工方法的基础，现在世界的年产量是 2×10^9kg。

面包酵母生产是从种子培养物的繁殖开始，种子培养物来源于纯的冷冻干燥样品或琼脂培养物。先将酵母细胞接入液体三角瓶进行培养，然后接入更大的中间容器，最后接入 50～350m^3 体积的生产发酵罐。

生产培养基常用糖蜜作为碳源和能源，糖蜜先用酸进行预处理，以除去硫酸，并加热沉淀蛋白质。糖蜜一般缺乏几种氨基酸，必须补加生物素和泛酸。还可以进一步加入氮源（铵盐或尿素），磷酸盐和其他金属离子，pH 调至 4.0～4.4。

主要目的是产生高产率的生物量，这样就有最适的平衡特性（包括高发酵活性和良好的储藏特性）。好氧发酵有利于产生高的生物量产率，大约有 50%的碳源能够转化成生物量。最大理论生长率（Y_s）是 0.54g/g，而在厌氧条件下，就会降低到 0.12g/g。因此，应在好氧条件下繁殖细胞。若采用 150mmol/（L·h）的氧气传递速率进行强通气发酵，可以进一步加速发酵过程。另外，常采用分批补料的发酵工艺，营养以特定的比率加入，以防止 Crabtree 效应，这是一种底物抑制好氧呼吸的现象。这种补料方法限制了厌氧代谢和乙醇产生，厌氧代谢和产生乙醇会降低的生物量产率。维持特定的生长比率（μ=0.2～0.25/h，28～30℃），可以收获 60g/L 以上的细胞浓度。

纯化是用最小的离心速度（5000r/min）分离酵母细胞。沉淀下来的酵母用水洗涤几次，冷却至 2～4℃，最后用真空过滤脱水机干燥至湿度为 70%～75%（*W*/ *W*）。酵母一般按 1kg 一包包装并冷冻保藏。或者进一步干燥到湿度 7%～10%（*W*/*W*），这样不需冷冻，就可以长期保存。全部发酵周期大约需要 2 周，经过 60 代的繁殖。

通过遗传工程可以改进酵母特性，这包括：

① 高的糖分解活性，关键的特性是 CO_2 产生比率或产气能力；

② 快速利用麦芽糖，这是面包团的主要糖类；

③ 渗透压耐受能力，在面团的高浓度糖和盐中能够发挥功能；

④ 良好的保藏特性，包括耐冷能力（适于冷冻保藏）；

⑤ 高生长速率。

25.2　单细胞蛋白生产

在第二次世界大战期间，因为常规蛋白质资源的短缺，开始增加了对用微生物蛋白质作为人类食品和动物饲料的关注。某些国家试图利用酵母补充蛋白质的不足，特别是酿酒酵母和一种不会引起酒精发酵的产朊假丝酵母菌（*Candida utilis*）。最近在世界某些地区，已经考虑利用微生物蛋白质来满足对低成本蛋白质的迫切需要。这主要是发展中国家人口不断增长的结果。现在尽管对微生物蛋白的需求在增加，同时与传统的蛋白质资源相比，微生物蛋白又有许多优势，但利用微生物补充蛋白质不足的目标还是没有达到。主要目的是生产西方肉类食品的替代品，以及动物饲料。能否用微生物蛋白质作为动物饲料，主要是与市场主要竞争材料的生产成本有关，特别是大豆蛋白和鱼类食品。现在因为传统蛋白质资源比较便宜，所以微生物蛋白还没能大量作为饲料。但是，预测未来大豆和鱼类的短缺，这种状况会发生改变。

在20世纪六七十年代，微生物蛋白的生产出现了快速发展。因为传统动物饲料价格大大提高，刺激了有可能作为替代蛋白质资源的多种微生物的研究。在此期间，Massachusetts技术学院首先创造了单细胞蛋白（SCP）这个名词。SCP并不是纯的蛋白质（表25-1），而是指细菌、酵母、丝状真菌或藻类等的完整细胞，并且含有碳水化合物、脂类、核酸、无机盐和维生素等物质。它与传统植物和动物蛋白资源相比，有的几个优势：

① 快速生长和高产量；
② 高蛋白质含量，是细胞干重的30%～80%；
③ 能够广泛利用低成本的碳源，包括废物材料；
④ 菌株筛选和菌株的进一步改进比较简单，因为微生物可进行遗传修饰；
⑤ 只需要很少的土地面积；
⑥ 生产不受季节和气候变化的影响；
⑦ 一致的产量。

表25-1 微生物的蛋白质和核酸含量

微生物	蛋白质/%	核酸/%
细菌	50～85	10～16
酵母	45～55	5～12
丝状真菌	30～55	3～10
藻类	45～65	4～6

蛋白质的含量和质量多是取决于所使用的微生物和发酵工艺。主要利用可以快速生长的好气微生物进行生产，因为它们有更高的产率和产量。通常细菌比酵母菌或丝状真菌有更快的生长速率，能够在更高的温度下生长，一般含有更多的蛋白质。酵母菌像细菌那样，生长比较快，因为它们具有单细胞的特性，所以没有丝状真菌那些发酵问题。但是，许多丝状真菌也有降解各种原料的能力。像酵母菌一样，它们可以耐受更低的pH，从而降低了微生物污染的危险。在发酵后，它们比酵母菌或细菌更容易回收。用于SCP生产的微生物菌株必须考虑几个特性：

① 能够利用特异的、低成本原料的性能（生长速率、产量和产率）；
② 温度和pH耐受能力；
③ 在发酵过程中，对氧气的要求，热的产生和发泡特性；
④ 发酵中生长形态和遗传稳定性；

⑤ 容易回收 SCP，符合下游加工工艺的要求；

⑥ 终产物的结构和组成，即蛋白质含量、氨基酸组成、RNA 水平、风味、气味、颜色和质地。

其他因素是安全性和可接受性。现在大多数 SCP 产品都是用于动物饲料，而不是用于人类的消费。不过，这些产品必须面临严格的安全检测。作为人类消费的蛋白质产品，要获得批准，需要更多和更昂贵的加工，这显然影响到微生物生产菌种的选择。所有的 SCP 产品必须考虑 RNA 含量。许多微生物天然就有高水平的 RNA，这个问题还会进一步加剧，因为有利于快速生长的发酵条件和产生高蛋白质含量的条件，同时也提高了 RNA 水平。人类和动物消化核酸，导致产生嘌呤化合物。嘌呤进一步代谢会提高细胞质尿素水平，尿素可以结晶，引起痛风症或形成肾结石。某些微生物细胞在肠道里是否缓慢消化或不能消化，还有对微生物蛋白的过敏反应都必须进行试验。丝状真菌可能产生的黄曲霉毒素产物也必须消除。另一个需要关注的是毒素或致癌物质的吸收问题，如多环芳香化合物，这些可能来源于某些生长基质。

25.2.1　碳素原料

SCP 的生产成本取决于几方面因素，包括利用每单位底物获得的生物量收率、产量［kg 生物量/（单位体积反应器/h）］、原料、加工操作和工艺、劳动力及资金总额的成本等。商品生物量生产主要考虑的成本是碳素原料的成本，它占了总生产费用的 50%～60%。可以考虑的碳源和能源很多，包括碳水化合物、烃、酒精，甚至二氧化碳。兰细菌和绿藻，如螺旋藻（*Spirulina*）和小球藻（*Chlorella*）利用光能，在培养基表面生长，可以光合固定二氧化碳。但是大多数工艺采用的是化能异养微生物，它们利用容易利用、低成本的粗原料生长。可再生资源是最理想的原料，特别是污染的水，包括农业、奶制品和木材加工废物。用液体废物材料生产 SCP 可以达到两个目的，即可以消除污染（生物耗氧量，BOD），又可以产生高质量的 SCP。

在商品 SCP 生产中，主要的原料是酒精、*n*-烷烃、糖蜜、亚硫酸液和乳清。选择原料必须考虑以下几个方面：

① 原料成本；

② 生物量收率；

③ 发酵期间对氧的需求（表 25-2）；

④ 热的产生和发酵罐冷却要求水平；

⑤ 下游加工成本，包括去除可能存在的毒素。

表 25-2　在连续发酵中，酵母菌利用不同原料的 SCP 得率和对氧的要求

原料	微生物	得率/（g 细胞/g 原料）	对氧的要求/（g/g 干重）
n-烷烃	热带假丝酵母	1.1	—
乙醇	酿酒酵母	0.63	2.0
葡萄糖	产朊假丝酵母	0.54	0.4
乳糖	马克斯克鲁维酵母	0.55	—
甲烷	狭毕赤酵母（*Pichia angusta*）	0.36	2.6
蔗糖	酿酒酵母	0.5	—

利用有关微生物代谢的信息，可以预测大多数碳源（也是能源）的生物量收率；这包括：

① 碳源异化途径，如计算每单位底物氧化产生的 ATP 量；

② 同化途径，如计算合成一个单位细胞生物量需要的 ATP 量；

③ 微生物维持需要，如为维持细胞完整性所需要的 ATP 量；

④ 非偶联范围，如非生产所利用的 ATP。

生物量合成中，ATP 利用量信息如图 25-1 所示，但是在某些情况下，了解还原性的烟酰胺腺嘌呤二核苷酸［NAD（P）H］的补充也是很重要的。

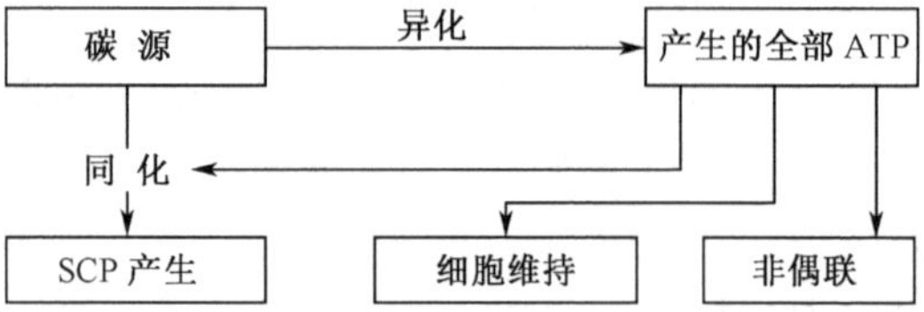

图 25-1　生物量的预测

25.2.2　单细胞蛋白生产工艺

在近 30 多年里，已经有了许多利用各种原料和各种不同的微生物的试验工厂。但是可以进入商品生产的还是比较少，主要遇到的问题是规模化生产或经济原因。在规模化生产中常常遇到的生理学问题包括：

① 氧气的需求和氧的转化率；

② 营养和温度梯度；

③ CO_2 的影响，因为高水平的 CO_2 可以抑制某些微生物的呼吸；

④ 在很深的发酵罐中，静水压问题。

通常可以通过以下方法增加生产价值和降低生产成本，来改善生产的经济问题：

① 利用比较便宜的原料；

② 微生物效率的改进；

③ 提高营养与微生物蛋白质组成比值；

④ 销售用于人类的优质蛋白质产品，而不仅仅是动物饲料；

⑤ 生产其他有价值的副产品，如发展复合产品加工；

⑥ 降低下游工艺成本，如降低胞内 RNA 水平。

无论使用什么碳源或使用什么微生物生产 SCP，都包括一些基本相似的步骤：

① 培养基制备：在使用之前，主要的碳源需要进行物理或化学预处理。多聚物原料常常进行水解后，再与氮源、磷和其他必要的营养混合。

② 发酵：发酵可以是无菌操作，或根据特殊的目的进行清洁操作。通常使用连续发酵，在接近微生物最大生长比速率（μ_{max}）的条件下操作，充分利用连续培养的超产能力。

③ 下游加工工艺：通过过滤或离心分离细胞，并进行加工以降低核酸水平。一般通过热休克使细胞蛋白酶失活。维持 RNase 活性，以降解 RNA 形成核苷酸，使其向细胞外扩散。根据所使用的生长培养基，可以进行进一步纯化，如在巴斯德杀菌法脱水和包装之前，进行溶剂洗涤等。

以下所述各种工艺都是比较成功的，并且包括一些著名的技术改革方案。

25.2.2.1 Bel 工艺

每年全世界奶制品工业要产生超过 8 亿吨的乳清。这种奶酪加工的副产品造成很高的污染负荷，COD 大约是 60g/L。因此一般必须花很高的成本进行处理。乳清含有大约 45g/L 的乳糖和 10g/L 的蛋白质。尽管已经可以用其他微生物来进行 SCP（包括圆弧青霉，*Pencillium cyclopium*）的生产，但它特别适用于利用乳糖的酵母来生产 SCP。现在已经发展出几种利用牛奶乳清乳糖的工艺。最为成功的工艺是法国 Bel 工艺。Bel 工艺的目的是降低奶制品工业污染物的污染负荷，同时产生适于销售的蛋白质产品。大量的工厂利用乳酸克鲁维氏酵母(*Kluyveromyces lactis*）或马克斯克鲁维氏酵母（*K. marxianus*）生产蛋白质（Protibel），这种蛋白质产品可用于人类和动物的消费。

Bel 工艺路线涉及巴斯德灭菌，在进行巴斯德灭菌过程中，75%乳清蛋白沉淀出来。乳糖浓度调至 34g/L，并加入矿物盐。补充无机盐后的乳清导入 $22m^3$ 体积的连续发酵罐，维持 38℃，pH3.5，通气率 $1700m^3/h$。酵母利用乳糖产生

25g/L 浓度的生物量，生物量得率为 0.45～0.55g/g 乳糖。离心回收酵母细胞，然后重悬于水，再离心，最终用滚筒干燥器干燥至 95%的固体。废培养基的残糖水平低于 1g/L。

25.2.2.2　Symba 工艺

Symba 工艺是瑞士人发明的，它用马铃薯加工的废料生产动物饲料用的 SCP。因为其产品单一，并没有经济优势。但是，纯化这些废物废水非常困难并且成本较高，因为这些废物废水含有超过 3%的固体和 20g O_2/L 以上的 COD 值。这些可利用物质中大部分是淀粉，许多微生物不能直接利用它。为了克服这些问题，发明了利用两种微生物共生生长的工艺。

如肋状复膜孢糖酵母（*Saccharomycopsis fibuligera*）和产朊假丝酵母菌，前者产生淀粉降解的水解酶类。这个工艺分两步操作（图 25-2）。第一阶段，在一个小发酵罐中加入灭菌的废料，并补加氮源和磷酸盐，接种肋状复膜孢糖酵母进行培养。淀粉在此期间水解，水解是全部工艺的限速步骤。产生的肉汁被泵入第二个较大的发酵罐（300m^3 体积），这里面存在两种酵母。但是产朊假丝酵母菌在第二阶段才占据优势，在最终产物中占了 90%以上。共生工艺连续操作 10 天后，废料的污染负荷可被降低 90%。产生的富含蛋白质的生物量（45%蛋白质）经过离心浓缩，最后喷雾干燥或滚筒干燥。

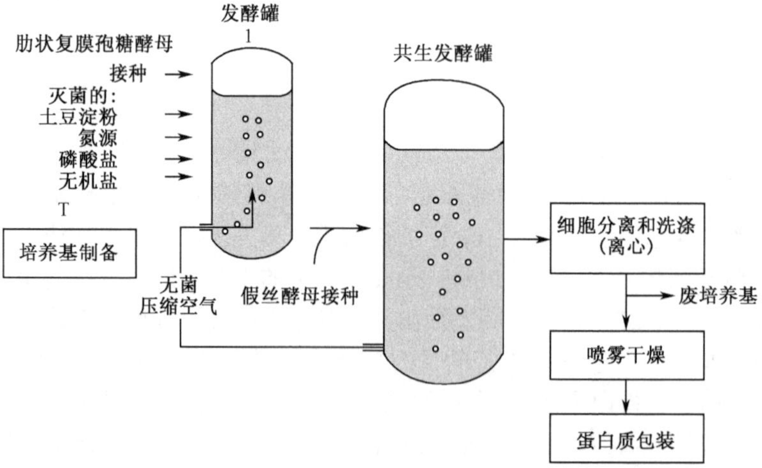

图 25-2　Symba 工艺
（参考 Waites et al.，2001）

25.2.2.3　Pekilo 工艺

Pekilo 工艺始于 1975 年，是第一个用于丝状真菌商业生产的连续操作工艺。这个工艺必须克服由于真菌菌丝沉没培养的假塑性流变学特性引起的特殊问题，特别是影响氧的传递效率。芬兰对这个工艺进行了改进，主要是利用木材加工产生的废亚硫酸盐液，它含有单糖和醋酸。在接种宛氏拟青霉（*Paecilomyces variotii*）之前，可以补加其他碳源，如糖蜜、乳清和植物废料水解物。在无菌条件下进行连续操作，2 个 $360m^3$ 的发酵罐，一年可生产超过 10 000t SCP。最终的 Pekilo 产品含有 59%以上的粗蛋白，主要用于制造复合动物饲料。

25.2.2.4　生物蛋白质加工

有大量有关利用烷烃作为碳源进行 SCP 生产的研究，最著名的是甲烷和液体直链碳氢化合物（C_{12}～C_{20}）。在 20 世纪 60 年代后期到 70 年代，主要是几个石油公司进行了大量的工作，在那期间，传统的食物蛋白价格较高，而石油价格较低。但是这类化合物存在某些技术问题。如它们不能与水混合，特别是甲烷与氧气混合时，容易爆炸。有些也需要纯化，或者蛋白质产物需要进行处理，以除去吸附的有毒化合物。另外，这类发酵还存在冷却和通气问题，因为这些高发热工艺与用碳水化合物的工艺相比，需要更高的氧气水平。

利用甲烷等物质的生产工艺，大多数没有超出试制阶段。不过，已经证明有一个类似的工艺是比较成功的。生物蛋白加工工艺是 Norferm 于 20 世纪 90 年代发明出来的，是用富含甲烷的天然气作为唯一的碳源和能源培养荚膜甲基球菌（*Methylococcus capsulatus*）。其间也引入了异养细菌的混合物，这有助于稳定工艺过程。1998 年在挪威的 Tjedbergodden 建成了拥有年产量 10 000t 生产能力的制造厂。这种高度好氧的连续发酵是在一个循环发酵罐中进行，培养基含有氨、矿物盐，以及来自于北海气田的甲烷。通过离心和超滤连续收集生物量，然后进行热灭活和喷雾干燥。终产品含有 70%的蛋白质，市场名称就是 Pronin。在欧盟被允许作为鱼类和动物饲料，下一步有可能用于人类食品。

25.2.2.5　Pruteen 工艺

与甲烷和其他许多碳源相比，甲醇有几方面的优势，特别是因为它是可以与水完全混合，并有非常纯的产品可供使用，因此产生的蛋白质不需要进行纯化。因为甲烷很容易转化为甲醇，因而几个油气公司在 20 世纪 70 年代开发出利用这种碳源的工艺。但是用甲醇作为原料也有几个问题。例如，微生物只能耐受比较低的甲醇浓度（为 0.1%～1.0%）；某些嗜甲醇酵母在甲醇中生长时，形成假菌丝。在发酵过程中，因为发酵热的缘故，对氧的需要很高。然而与利用甲烷或其他碳源相比，利用甲醇对氧的需要稍微低一些。

在欧洲、日本和美国都试图发展甲醇工艺。包括利用细菌（生丝微菌属、甲基球菌属和甲基营养型嗜甲基菌），酵母菌［博伊丁假丝酵母（*Candida boidinii*）、狭毕赤酵母（*Pichia angusta*）和巴斯德毕氏酵母（*Pichia pastoris*）］和丝状真菌［液化胶霉（*Gliocladium deliquescens*）、宛氏拟青霉（*Paecilomyces variotii*）和木质素木霉（*Trichoderma lignorum*）］。1985 年，英国的 ICI 公司开发出最具技术创新的工艺。这个工艺使用甲基营养型嗜甲基菌生产用于小鸡、猪和小牛的饲料蛋白，商品名称叫做 Pruteen。但是因为经济问题于 1987 年停产了，主要原因是甲醇的价格升高，占了生产成本的 59%。但是这个工艺由于发酵目的和技术优势，仍然是有实验价值的。这是除了某些废物废水处理体系外，世界上最大的好氧生物连续发酵工艺体系。它是由具有内循环管和工作流量 1.5×10^6L 的 3000m^3 体积的压力气升式发酵罐组成，年生产能力超过 50 000t（图 25-3）。发酵罐重量超过 600t，高 60m，从顶部到底部有 5atm 的差别。

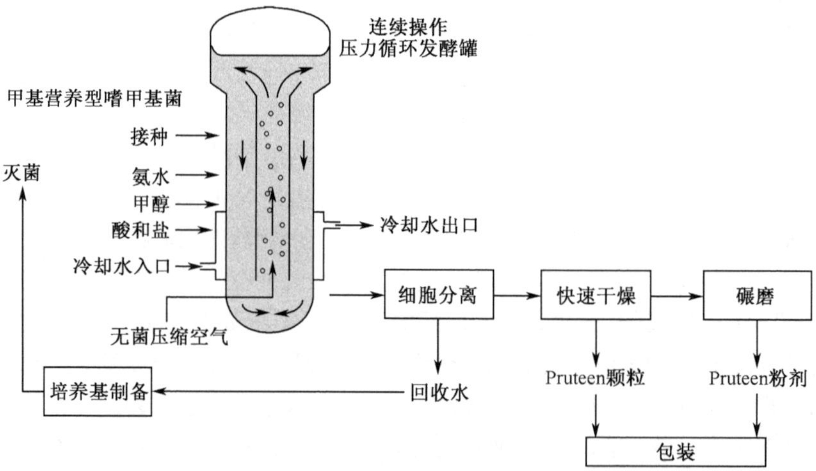

图 25-3　ICI 公司的 Pruteen 工艺

（参考 Waites et al.，2001）

Pruteen 工艺用过滤除菌的压缩空气进行供氧和搅拌，所有流入发酵罐的物质都进行灭菌。发酵是在 pH6.5～6.9，34～37℃条件下进行，全部使用商品级无机营养。因为是限制甲醇的衡化器，补充甲醇是通过发酵罐里数量众多的分布点来补充。细菌细胞采用新的分离技术回收，首先使用酸和热休克的絮凝方法从 3%浓缩到 12%。随后离心脱水并干燥，水再回收。干燥的未加工产品含有 16%的核酸和 70%以上的粗蛋白。

通过对甲基营养型嗜甲基菌菌种的改进，已经使它的组成和发酵性能得到了改善。蛋白质含量增加了 5%。在发酵过程中细胞收获量从 4g/L 上升到 30g/L，μ_{max} 从 0.38h 增加到 0.5h。野生型菌株的氮素同化包括谷氨酸合成酶（GS）和谷氨酸酯合成酶（GOGAT）（图 25-4）。这种同化作用是不经济的，因为每一个氨离子的同化需要一个 ATP 分子，而其他许多细菌（包括大肠杆菌）有一种更有效的能量转化方式。它们含有谷氨酸脱氢酶（GDH），它不需要 ATP。为了改善能量效率，增加工业的生物量，首先产生一个甲基营养型嗜甲基菌的突变株，它缺失了 GOGAT，然后导入一个含有大肠杆菌 GDH 基因的质粒。这样大约增加 3%的生物量，尽管不如理论预测的高，但仍是一个重要的改进。

野生型：

谷氨酸酯 + NH_4 + ATP ⟷（谷氨酸合成酶（GS））谷氨酸盐 + ADP + Pi

谷氨酸盐 + 酮戊二酸 + NAD(P)H + H^+ ⟷（谷氨酸酯合成酶（GOGAT））2 谷氨酸酯 + $NAD(P)^+$ + H_2O

谷氨酸酯合成酶缺陷型突变株：

酮戊二酸 + NAD(P)H + NH_4 ⟷（GDH，不需 ATP）谷氨酸酯 + $NAD(P)^+$ + H_2O

图 25-4　甲基营养型嗜甲基菌野生型和突变株的氮素同化

25.2.2.6　Quorn 生产

1964 年，RHM 公司就开始生产用于人类消费的真菌菌丝体蛋白质（mycoprotein）。经过大量的筛选和研究，最终开发出一个利用有毒镰孢菌（*Fusarium venenatum*）ATCC20334 的生产工艺。生产只使用食品级的原料，并且是严格灭菌的。产品名称是 Quorm，它降低了 RNA 含量。因此经过 20 多年的研究后，在 1985 年被英国农业和食品部门批准用于人类食品蛋白。这个产品的研究费用和获得产品许可的费用超过 4 亿美元。

这个产品是 RHM 公司与 ICI 联合开发的，后被 ICI 全部买下，现在使用 $40m^3$ 体积的气升式发酵罐，每年生产 1000t Quorn。发酵是在 pH6.0，30℃条件下进行。用玉米、土豆或小麦淀粉生产的食品级葡萄糖浆为碳源，并补加生物素和矿物盐。用氨水来控制 pH，并起到补加氮源的作用。用无菌压缩空气提供氧气，严格限制氧气的供应。如果氧气水平降得太低，会导致厌氧代谢，形成副产物，那样会产生不希望有的气味和芳香物。但是非常高的溶解氧水平则导致产量降低。在发酵期间，每 4～5h 生物量加倍一次，收获浓度为 15～20g/L。

收集的微生物其菌丝结构是与可食性质量有关的重要因素。菌丝蛋白质与其他细菌和酵母蛋白质不同，因为它的微菌丝结构特别类似于肉类的微丝。这就可以加工并调成肉类替代食品，使其具有类似于肉类的质地。有毒镰孢菌具有稀疏的分支菌丝，平均长度 0.4mm，交叉部分的直径约 10μm。但是，像其他丝状真菌一样，当延长连续培养时，它就变成高度分支形式，称为菌丝变异。在稳定期生长 100～1200h 后，这些菌丝变异可能随机出现。当这种现象出现时，发酵就该结束，否则最终产品会丧失纤维质量。

产生的生物量含有 10%RNA，这对人类的消费而言太高了。所以通过热处理，即在 64℃处理 30min，降低 RNA 水平，这样致使微生物失活，并激活微生物自己的 RNase，导致 RNA 降解成核苷酸，自细胞内扩散到培养介质里。如此使 RNA 水平降到可接受的水平（低于 2%）。RNA 降解后，通过真空过滤连续收集菌丝。形成的滤饼是一种交织的真菌菌丝板，可以冷冻成薄片，制成各种形状，造粒或粉碎等。

25.3　蘑菇

一些蘑菇和其他丝状真菌的子实体是可食用的，是很好的蛋白质来源，还有一些有麻醉效果，有的甚至是高毒性的。传统上，大多数是用作食品，只有少数是商品用的。事实上有几百种可食用蘑菇，但现在已经生产的仅有约 10 种。蘑菇生产是控制的非无菌固体发酵。现在经济可行的方法是用木质纤维素发酵。用子实真菌生产可食用生物量有几方面优势：

① 它们能够最有效的将植物废料转化为可食用食品；

② 与其他许多单细胞蛋白不同，因为它们有特殊的质地和风味，因此可直接食用，并且是食品佳肴；

③ 在固体状态发酵中，从基质上收集子实体可能是最容易的方法；

④ 与动物来源的蛋白质相比，单位面积和单位时间内，有远高得多的转化效率。

25.3.1　双孢蘑菇

在欧洲和美国，双孢蘑菇（*Agaricus bisporus*）占了蘑菇总产值 90%以上。木耳是纤维素物质的分解者，天然存在于草地和森林中，它们降解植物残骸。在气候温和地带，可以用堆肥稻草材料进行商品生产。在 6 周内可以生产一季，而其他的蘑菇接出子实体需要几个月或几年。与木耳密切相关的菌种就是双孢蘑菇，它们也是在这些地方生长。蘑菇仅有很少数的病毒，蘑菇还会感染细菌锈斑病，这是由托氏假单胞菌（*Pseudomonas tolaasii*）引起的。木耳和双孢蘑菇生产方法包括以下几个阶段。

① 接种物制备：在灭菌谷物上培养菌丝。

② 固体原料制备：秸秆在 60～70℃堆肥 2 周。

③ 原料堆肥：称为"峰热"堆制 5～7 天。

④ 菌丝接种到堆肥中，并在 25℃培养 2～3 周。

⑤ 用泥和白垩覆盖原料。

⑥ 子实体生产：结实需要 4～6 周。

25.3.2　特殊的蘑菇

1965 年世界蘑菇总产量为 350 000t，现在已经超过了 500 000t。以前双孢蘑菇几乎占了世界供应量的 70%，但在 1994 年以后，它已经低于世界产量的 50%，这是因为更多奇异的蘑菇越来越普遍。

中国是奇异蘑菇主要的生产国，它占了所有食用蘑菇生产的一半以上，以及最多的品种。欧洲和北美的生产水平是相当低的，但特殊蘑菇的利用正在增加，预期对其的需求也在增长。主要是香菇、冬菇、侧耳、真姬菇、羊肚菌、草菇和奇果菌。现在所需要的是改进技术，以便更有效地培养特殊的品种，因为传统的技术并不是非常高产的。某些非常有价值的真菌只能从野生资源获得，并且已经证明很难进行人工培养。例如非常有价值的黑色块菌，它是黑孢块菌（*Tuber melanosporum*）的子实体。这是在橡树林发现的菌根子囊真菌，它与蘑菇不同，块菌是地下卵形结构（2～8cm 宽）。其他的块菌菌种也有所利用，但价值很低。

早在 100 年以前，就在中国开始了香菇的培养，然后被引入日本。现在在西方越来越普遍，欧洲和美国均有生产，世界年产量约 200 000t。这样的蘑菇即可鲜用，也可干用，除了可以烹调外，也有药用特性。已经检测出的成分包括有抗组胺、抗肿瘤、抗病毒的成分，其抗胆固醇成分可以抑制血小板凝集。

香菇生产的传统方法是用天然圆木进行培养，问题是产生子实体之前，需要几年的时间。在日本，使用 shii 树的圆木，但现在多是使用橡树为原料。将直径 7～15cm 的圆木砍成 1m 长，每 500cm^2 钻一个孔。所有的孔用木片菌丝或锯屑菌丝接种，然后用热的蜡封上，以防止过分干燥。经过 6～9 个月，菌丝在圆木中间生长，之后将圆木转到比较冷并且更潮湿的高地院子去。这种条件的改变，可以为蘑菇生长和发育提供更适宜的环境。第一次收获通常是在次年。

现在用合成圆木生产要快得多，大约需要 4 个月。合成圆木是用木屑、稻草和玉米棒子，与麦麸、稻麸、粟、裸麦和玉米混合做成的。加水将湿含量提高至 60%左右（*W*/*W*）。混合物装袋，121℃灭菌 2h。冷却后，用木屑菌丝接种。菌丝生长 20～25 天，然后去掉包装袋。大约 4 周后，在暴露出来的原料表面下面，形成 2mm 子实体原基。刺激原基成熟的方法是将合成圆木在 12℃浸泡 3～4h。在浸泡 10 天后，就可以进行蘑菇的第一次收获。

主要参考文献

Angelow A I, Karadjov G I, Roshkova Z G. 1996. Strain selection of haker's yeast with improved technological properties. *Food Res Intern* 29, 235～239

Batt C A, Sinskey A J. 1984. Use of biotechnology in the production of single cell protein. *Food Technol* 38, 108～111

Bothe H, Moller Jensen K, Mergel A, et al. 2002. Heterotrophic bacteria growing in association with *Methylococcus capsulatus* （Bath） in a single cell protein production process. *Appl Microbiol Biotechnol* 59, 33～39

Chae S R, Hwang E J, Shin H S. 2006. Single cell protein production of *Euglena gracilis* and carbon dioxide fixation in an innovative photo-bioreactor. *Bioresour Technol* 97, 322～329

Chang S T, Hayes W A. 1978. The Biology and Cultivation of Edible Mushrooms. Academic Press, New York

Chang S T, Miles P G. 1989. Edible Mushrooms and Their Cultivation CRC Press, Boca Raton, FL

Crueger W, Crueger A. 1989. Biotechnology: a Textbook of Industrial Microbiology. 2nd ed, Sinauer, Sunderland, MA

Demain A L, Davies J E, Arlas R M. 1999. Manual of Industrial Microbiology and Biotechnology. American Society Microbiology, Washington, DC

Ghaly A E, Kamal M, Correia L R. 2005. Kinetic modelling of continuous submerged fermentation of cheese whey for single cell protein production. *Bioresour Technol* 96, 1143～1152

Large P J, Bamforth C W. 1988. Methylotrophy and Biotechnology. Longman Scientific and Technical, London

Mizumo T. 1995. Shiitake, *Lentinus edodes*: functional properties for medicinal and food purposes. *Food Res Intern* 11, 111～128

Royse D J. 1995. Specialty mushrooms: cultivation on synthetic substrate in the USA and Japan. *Interdiscipline Sci Rev* 20, 1～10

Solomons G L. 1983. Single cell protein. *CRC Critical Rev Biotechnol* 1, 21～58

Trinci P J. 1991. Quorn mycoprotein. *Mycologist* 5, 106～109

Vonshak A. 1997. Spirulina platensis （Arthrospira）: Physiology, Cell Biology and Biotechnology. Taylor & Francis, London

Wainwright M. 1992. An Introduction to Fungal Biotechnology. Wiley, Chichester

§26　微生物酶类

在许多工业领域里，用微生物酶代替常规化学催化剂的趋势正在增加。与化学催化剂相比，酶具有许多优势，如能在比较温和的温度、pH 和压力条件下保持活性功能等。这些优势可以降低能量的消耗，并且不要求昂贵的抗腐蚀设备。酶是特异性、立体选择性的催化剂，所以不产生副产品。因此，不需要对目标产品进行复杂的精练和纯化。同时，与化学方法相比，酶法是“环境友好的”，因为酶是生物可降解的，废物处理问题也比较小。有些酶不只限制于在含水环境中应用，也可以在水-有机溶剂两相体系、无水或有机介质（特别是疏水溶剂）中操作。在这样的条件下操作，常常能够改进酶的性能（特别是当底物水溶性有限时）。

酶的分类最初是在 1979 年根据酶生物化学国际协会的委托建立起来的体系。它是根据催化反应的类型归类的，共分为 6 个主要的类群：

① **氧化还原酶**（oxidoreductases，类型 1）：催化氧化/还原反应，转移 H 原子、O 原子或电子；

② **转移酶**（transferases，类型 2）：催化一个基团从一个分子转移到另一个分子。

③ **水解酶**（hydrolases，类型 3）：催化水解反应，通过加入一个水分子导致键的断裂。

④ **裂解酶**（lyases，类型 4）：催化键的断裂（除了水解或氧化反应以外）。

⑤ **异构酶**（isomerases，类型 5）：催化分子结构的重排。

⑥ **连接酶或合成酶**（ligases 或 synthetases，类型 6）：催化新键的形成，如 C—N、C—O 和 C—S，并伴有 ATP 的崩溃。

为了分类（如各种类型、亚型等）的需要，每种酶都有 4 个数字的代码，如转化酶（invertase，一种水解酶）的分类号是 EC3.2.2.26。

在某些工业转化中，悬浮的或固定的微生物细胞和孢子可以用作生物催化剂，特别是必须要求辅酶的体系。但是许多情况下，细胞和孢子的应用受到了限制，例如：

Ⅰ. 细胞在生长时或为维持活性，需要“浪费”能量和资源；

Ⅱ. 副反应可能导致靶产物减少；

Ⅲ. 微生物生长的必须条件与产物形成的条件可能不同；

Ⅳ. 从细胞或废的发酵基质中很难分离和纯化产物。

为克服以上困难，大量的各种工业加工常常使用从微生物中纯化的酶。在许多情况下，全部常规的微生物发酵工艺可以用复合酶体系代替，酶工艺可以有更加有效的底物利用率、更高的收获量和更好的产物纯度。

现在每年生产数千吨微生物酶，价值超过 150 亿美元。目前很少使用动物和植物来源的酶，大量商业用酶都是来源于微生物。这些酶大多数是胞外酶，多半是来源于枯草芽孢杆菌属的不同菌种。其中蛋白酶和淀粉酶是使用最为广泛的，因为这个属的一些菌种可以产生满足工业要求的特殊的热稳定酶。商业酶的绝大部分（约 34%）是用于清洁剂，14%是奶制品用酶，12%是淀粉加工用酶，11%是纺织品用酶。剩余的 29%用于大量不同的领域（表 26-1）。此外，在传统工艺中起协助作用的酶，现在已经处于许多新工艺的中心位置，并且生物技术的革新不断拓宽了它们的应用范围。散装酶通常是粗制品，这已经足以满足顾客对其活性和稳定性的要求。酶的粗制品常常含有许多其他的酶，在某些情况下，往往有益于其更加全面的应用性能。

在许多应用中，也需要少量的高纯度酶，主要是作为治疗用试剂。有的也可以是多用途产品，包括食品和医学诊断试剂盒，生物传感器材料（主要是作为研究工具和其他目的）等。现在对用于分子生物学的纯化酶的需求量正在增加，特别是限制性内切酶和 DNA 聚合酶。

表 26-1　微生物酶的应用

酶分类	主要应用
蛋白酶（protease）：中性蛋白酶或锌金属蛋白酶（主要由曲霉和芽孢杆菌属产生）和碱性丝氨酸蛋白酶	（a）生物去垢剂，如碱性蛋白酶（subtilisin, EC 3.4.4.16，地衣芽孢杆菌和枯草芽孢杆菌） （b）发粉：面团改良剂/面筋弱化和风味改良 （c）啤酒酿造，如啤酒冷藏期间去除蛋白质混浊 （d）皮革下料和软化 （e）干酪加工：牛奶蛋白凝固和促进成熟，如天冬氨酸蛋白酶（EC 3.4.23.6，由根瘤菌和重组克鲁维酵母产生）。乳酸乳球菌产生的氨基肽酶也用来增强风味改善 （f）肉类软化和从骨头上剔除肉 （g）食品产品中控制和产生风味物质 （h）废物处理，如从废胶片回收银
脂肪酶（lipase EC 3.1.1.3）：主要由芽孢杆菌属、曲霉属、根霉属（*Rhizopus*）和红酵母属（*Rhodotorula*）产生	（a）生物去垢剂，也利用重组构巢曲霉表达腐质霉（Humicola）的脂肪酶 （b）皮革加工：去除脂肪 （c）产生风味化合物和加速奶制品和肉产品的成熟

续表

酶分类		主要应用
糖酶	**α–淀粉酶**（α-amylase EC 3.2.1.1），主要由曲霉和芽孢杆菌产生	（a）淀粉加工：糖浆生产中的淀粉液化 （b）发粉：在面包改性和可发酵性糖的产生中，淀粉的部分降解；改善表皮颜色 （c）酿造：麦芽汁制造中的淀粉水解 （d）生物去垢剂：食品污渍中淀粉的去除 （e）纺织品加工：脱浆
	β-淀粉酶（β-amylase EC 3.2.1.2），由芽孢杆菌、链霉菌和根霉属的菌种产生	（a）麦芽糖浆生产 （b）酿造：增加麦芽汁的可发酵性
	淀粉葡萄糖苷酶或葡萄糖淀粉酶（amyloglucosidase 或 glucoamylase EC 3.2.1.3，由黑曲霉和雪白根霉（*Rhizopus niveus*）产生	（a）葡萄糖糖浆生产：淀粉完全糖化 （b）发粉：改善面包表皮颜色 （c）酿造：低碳水化合物啤酒生产中糊精的糖化 （d）葡萄酒和果汁：去除淀粉
	β-半乳糖苷酶或乳糖酶（galactosidase 或 lactase EC 3.2.1.23），由芽孢杆菌、克鲁维酵母和假丝酵母产生	（a）乳清糖浆生产：乳糖水解成葡萄糖和半乳糖，可以得到更高的甜度 （b）牛奶和奶制品加工：乳糖降低/除去，用于不能耐受乳糖的人群 （c）冰激淋加工，防止乳糖晶体引起的“含沙”品质
	葡萄糖异构酶（glucose isomerase EC 5.2.1.5），由游动放线菌（*Actinoplanes*）、节杆菌（*Arthrobacter*）和链霉菌产生	（a）高果糖浆生产：葡萄糖转化为果糖
	葡萄糖氧化酶（glucose oxidase EC 1.1.3.4），由黑曲霉和点青霉（*P. botatum*）产生	（a）抗氧化剂，常与过氧化氢酶合用，排出食品中的氧
	菊糖酶（inulinase EC 3.2.1.7），由黑曲霉、克鲁维酵母和假丝酵母属的菌种产生	（a）耶路撒冷朝鲜蓟块茎加工：多果聚糖和果聚糖水解
	转化酶（invertase EC 3.2.1.26），由酿酒酵母和克鲁维酵母属的菌种产生	（a）糖果和果脯生产：蔗糖液化，如软心巧克力 （b）转化糖生产：蔗糖转化为葡萄糖和果糖
	支链淀粉酶（pullulanase，EC 3.2.1.41），由肺炎克雷伯氏菌（*Klebsiella pneumoniae*）和酸解支链淀粉芽孢杆菌（*B. acidopullulyticus*）产生	淀粉加工：在糖浆加工和酿酒中，用于糖浆淀粉的支链去除
	果胶酶（pectinase），这是一组混合酶，如聚半乳糖醛酸酶（EC 3.2.1.15），是由黑曲霉和青霉属的菌种产生	（a）植物果汁和油的浸提 （b）果汁和葡萄酒澄清 （c）咖啡豆发酵

续表

酶分类		主要应用
半纤维素酶和β-葡聚糖酶/纤维素酶	**β-葡聚糖酶**（β-glucanase），如纤维素酶（cellulase EC 3.2.1.4）由李氏木霉（*Trichoderma reesei*）、绳状青霉（*P. funiculosum*）、出芽短梗霉（*Aurcobasidium pullulans*）和芽孢杆菌属的菌种产生	（a）果汁和橄榄生产和加工 （b）葡萄酒和啤酒的生产加工：β-葡聚糖胶的水解，改善过滤速度 （c）麦芽发芽：加速谷物变性 （d）纺织品加工：纤维素纤维的生物磨光 （e）木材纸浆加工
	半纤维素酶（hemicellulase），由隐球酵母属（*Cryptococcus*）和丝孢酵母属（*Trichosporon*）产生，如木聚糖酶（xylanase EC 3.2.1.32）	（a）发粉：戊聚糖酶（pentosanase）用于改变面团的密度 （b）酿造 （c）动物饲料 （d）芦荟苏打水（nutraceutics） （e）木材纸浆加工
混合酶	**过氧化氢酶**（catalase EC 1.11.1.6），由黑曲霉、谷氨酸棒状杆菌和溶壁微球菌（*Micrococcus lysodeikticus*）产生	（a）纺织品漂白 （b）干酪加工
	肌醇六磷酸酶（phytase EC 3.1.3.8）	（a）用于单胃动物饲料添加剂，以便从植酸中释放磷酸盐（如由重组的狭毕赤酵母，*Phchia angusta*）产生
	脲酶（urase EC 3.15.1.5），由发酵乳杆菌（*Lactobacillus fermen tum*）产生	（a）葡萄酒生产 （b）陶瓷加工，提高现代陶瓷的质量，这类陶瓷在计算机、航空工业和整形外科手术中有重要用途
	用于各种生物转化工艺中的酶	（a）青霉素和头孢霉素酰基转移酶（acylase 或 amidase EC 3.5.2.6），如巨大芽孢杆菌（*B. megaterium*）和大肠杆菌产生的青霉素酶，假单胞菌属产生的头孢霉素酰基转移酶 （b）L-氨基酸酰基转移酶（EC 3.5.1.14），由曲霉产生，用于D，L-氨基酸混合物的光学拆分 （c）类固醇的生物转化，如 11-β-羟化酶（11-β-hydroxylase EC 1.14.15.4）是由半月形弯孢（*Curvularia lunata*）产生，用于脱氢皮质甾醇生产

例如，从水生栖热菌（*Thermus aquaticus*）分离的 DNA 聚合酶（*Taq* DNA 聚合酶）或从强烈炙热球菌（*Pyrococcus furiosus*）分离的 DNA 聚合酶（*Pfu* DNA 聚合酶）。这些酶是用于 PCR 中，以扩增 DNA 片段。图 26-1 列出了天然的和重组的高纯度 *Taq* DNA 聚合酶的纯化纲要。许多精制酶也是胞内酶，特别是作为临床使用的酶，需要进行高水平的纯化。

常常利用固定化的形式生产那些比较昂贵的酶（包括许多微生物的胞内酶）和用于生物传感器以及分析测试体系的酶。在工业加工工艺中，固定化有利于酶的回收，这样的酶制备方法还有其他更多的有利的特点，如

① 可以重复使用；

② 适宜于连续操作；

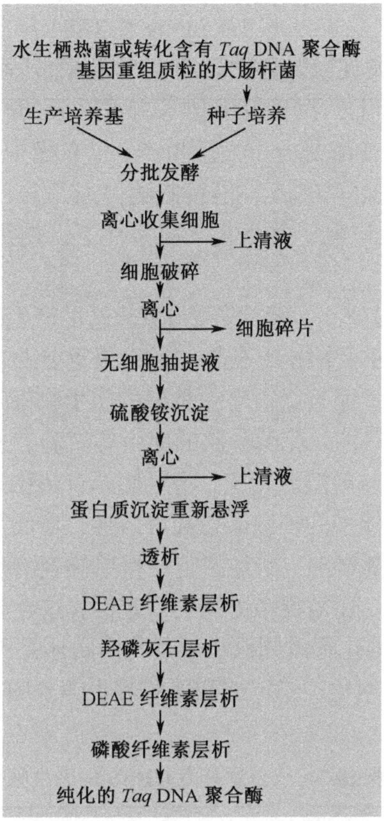

图 26-1 水生栖热菌和大肠杆菌基因工程菌 DNA 聚合酶纯化步骤举例

③ 产品中是没有酶的，因此不需要进一步除去酶或增加酶失活的工艺；

④ 改善了酶的稳定性；

⑤ 减少了污水处理问题。

可以通过物理吸附、离子键或共价键嵌入无机或有机支撑材料进行酶的固定化，如尼龙、斑脱石、纤维素和葡聚糖等。酶也可以装入具有半透膜的微胶囊中、嵌入凝胶或纤维里，胞内酶也可以固定在产生菌的细胞里面。

26.1 商业微生物酶的生产

尽管有一些微生物酶是利用固体发酵生产的，但主要是通过沉没发酵生产，特别是真菌胞内酶的生产。但是第一个商品微生物酶是用固体发酵生产的。这个真菌淀粉酶叫“Takadiastases”，是用潮湿的稻麸或麦麸培养构巢曲霉（*Asper-*

gillus oryzae）生产的。这是 Jokichi Takamine 在 1884 年获得的美国专利。然而，直到 20 世纪中期之前，大规模微生物酶的生产通常都是不容易的。1940 年之后，在青霉素发酵发展的基础上，沉没发酵技术有了巨大的改革，大规模微生物酶的生产才成为可能。多数工业酶是分批发酵生产，仅有极少数是采用连续发酵生产。大规模酶生产能力已经超过 $100m^3$，但精制酶可以是几百升，甚至更小的生产规模。多数发酵是搅拌式反应罐，并且在无菌条件下，使用价格低廉、成分不明确的复合培养基进行生产。

如果要开发酶的生产工艺，一般首先要寻找合适的产生菌。列于 GRAS（generally regarded as safe）目录中的微生物（表 26-2）有很重要的参考价值，它们可以生产用于食品和医药的酶制剂。而且必需有一种好的微生物筛选程序，因为这决定了酶的特性，如最适 pH 和抗热性，靶酶分泌的能力等试验。通常，来源于嗜热微生物的各种酶都有一些优势。与嗜温酶相比，嗜热酶具有热稳定特性，能够在比较高的温度下操作，因此增加了体系的扩散能力和可溶性，降低了黏度和微生物污染的风险。在使用便宜的碳源和氮源时，必须测定获得单位生物量最大酶产量的发酵体系和条件。除了酶的产量外，还需要考虑酶的稳定性，这会影响时间的选择和下游加工操作条件的选择。酶的纯化程度则取决于是胞内酶还是胞外酶，以及最终的用途。下游加工工艺包括制备、纯化，稳定性和保藏等步骤（图 26-2）。

表 26-2　一些划分为 GRAS 的微生物

细菌	枯草芽孢杆菌（*Bacillus subtilis*） 保加利亚乳杆菌（*Lactobacillus bulgarricus*） 乳酸乳球菌（*Lactococcus lactis*） 酒酒球菌（*Leucoccus oenos*）
酵母	假丝酵母（*Candida*） 马克斯克鲁维酵母（*Kluyveromyces marxianus*） 乳酸克鲁维酵母（*Kluyveromyces lactis*） 酿酒酵母（*Saccharomyces cerevisiae*）
丝状真菌	黑曲霉（*Aspergillus niger*） 构巢曲霉（*Aspergillus oxyzae*） 卷枝毛霉（*Mucor circinelloides* f. *circinelloides*） 毛丛青霉（*Penicillum roqueforti*）

往往可以通过菌种的改进进一步提高酶的产量。以往常用随机突变和筛选的循环程序，现在可以利用微生物工程和蛋白质工程的方法。改进的目标一般包括增加胞内酶的分泌效率和克服微生物的自身调节机制。后者涉及解除代谢抑制，这是许多水解酶共同的调节机制。还可以通过提高 mRNA 的半衰期和染色体扩增

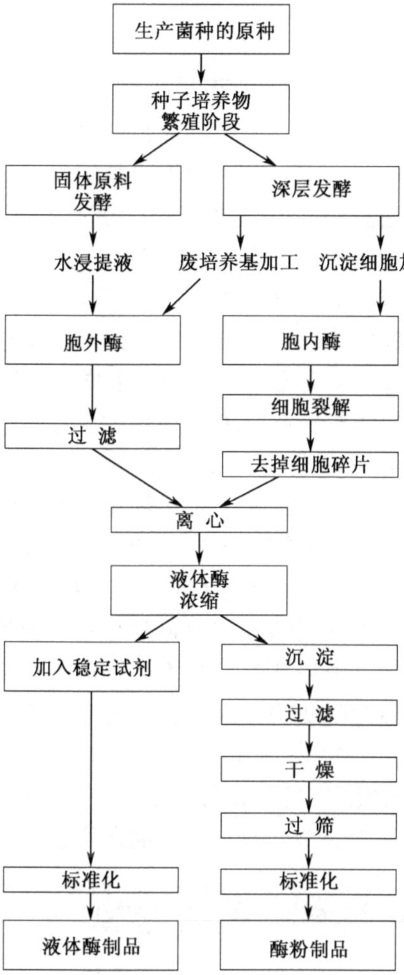

图 26-2　大批量工业酶生产

（注：有些胞内酶如葡萄糖异构酶不能从细胞里提取出来，但是可以固定在细胞内）

来增加基因的含量，如果是由质粒编码的酶，可以通过质粒扩增，来增加基因的含量。酶（蛋白质）工程的目的是提高酶的活性，改进稳定性、改变最适 pH 或温度耐受能力、修饰特异性和对工艺性能的一般修饰等。涉及的是特定的氨基酸替代，但这取决于预先对蛋白质的氨基酸序列的了解。

如果在微生物、植物或动物中找到一种有用的酶，而却很难培养或对它的生理和生物化学特性几乎不了解，则可以采用一些其他的策略，即将酶的结构基因转入一个容易培养的宿主微生物中表达。基因工程开创了表达几乎所有编码酶的基因的可能性，而且无论基因是来源于哪种生物体。

26.2　去垢剂酶

在去垢剂中添加酶有几方面优点。如可以在低温下使用而节约了能源，并且可以降低不想要的化学去垢剂的水平等。酶不像其他去垢剂化合物，不会对污水处理工艺产生负面影响。它们全都可以被快速生物降解的，并且没有有害的残留物。因此，它们对环境是安全的，不会危害水生生物。

1959 年，瑞士的化学家 Jaag 开发出第一个用于去垢剂的微生物商业酶，这是一种用细菌蛋白酶代替动物胰蛋白酶的新产品，以往都是在这类去垢剂产品中添加动物胰蛋白酶。从那时起，在去垢剂中使用微生物酶的趋势有了增加。1960 年之后，科学家们改进了蛋白酶在碱性 pH 条件下的活性。这样，酶就不太受其他洗涤化合物的影响，并可以在所期望的洗涤温度下发挥功能。最著名的是 subtilisin，这是从地衣芽孢杆菌和枯草芽孢杆菌分离的碱性丝氨酸蛋白酶，可以 0.015%～0.025%（*W*/*W*）的浓度加在洗衣去垢剂中。现在已经通过基因工程手段，改进了这个酶的 pH 和温度特性，并降低了对过氧化物的敏感性。

蛋白酶并非是唯一用于去垢剂的酶，1980 年以后，淀粉酶和脂肪酶也用作了添加剂，脂肪酶是第一个通过重组 DNA 技术生产的去垢剂酶。是将从丝状真菌腐质霉（*Humicola*）中分离的脂肪酶基因，转入构巢曲霉，因为构巢曲霉更容易用沉没发酵法培养。现在已经发现了高级脂肪酸降解酶，例如从茄镰刀菌（*Fusarium solani*）分离的角质酶，它可以降解形成植物角质的天然脂肪酸混合物。这个酶的基因已经转入了酿酒酵母，商业生产也在实验中。

26.3　淀粉处理酶类和有关的糖酶

在淀粉处理中，微生物酶具有巨大的价值，淀粉是由直链淀粉（线性的α-1,4-糖苷键连接的葡萄糖单位）和支链淀粉（具有α-1,4-糖苷键和α-1,6-糖苷键的分支多聚体）组成的多糖。α-淀粉酶（1,4-α-D-glucan glucanohylase）是这类工业酶中最重要的一种。这个内切酶随机切割α-1,4-糖苷键，最终产生葡萄糖、麦芽糖和麦芽三糖单位，也可以催化糖原和寡聚糖α-1,4-糖苷键的断裂。

从 20 世纪 50 年代以来，真菌淀粉酶就被用于加工含有特殊混合糖的糖浆，因为这种糖不能采用常规酸水解的方法生产。另外，α-淀粉酶也可以使用于其他工业，特别是酿造和烘焙工业中的淀粉液化和糊精水解工艺。许多其他的微生物也分泌淀粉酶，包括细菌和某些酵母。芽孢杆菌属的细菌，如地衣芽孢杆菌产生的热稳定α-淀粉酶更有特殊的用途。

从黑曲霉和根霉菌种分离的淀粉糖苷酶，在20世纪60代早期首先开始使用，这个酶可以完全裂解淀粉和糊精形成葡萄糖。在短短的几年间，几乎所有常规酸水解生产葡萄糖的工艺都被酶法工艺所代替，因为酶法工艺具有更高的收率，更高的纯度，并且更容易产生晶体。现在，在淀粉的预处理（液化）中多使用细菌的热稳定淀粉酶。

葡萄糖异构酶也是淀粉加工工业中一个著名的成功例子。这种酶可以从许多细菌中获得，包括芽孢杆菌属和链霉菌属的菌种，通常是采用固定化的方式使用，将葡萄糖转化为果糖。若完全转化成果糖，其产物具有与葡萄糖相同的热量值，但甜度是葡萄糖的2倍。一般是用玉米淀粉水解获得葡萄糖底物，然后用葡萄糖异构酶转化成葡萄糖和果糖的混合物。实际的转化率为40%～50%，产品称为玉米高果糖浆（HFCSs）或异构糖浆。通过色层浓缩，果糖浓度可以增加到55%。或者从葡萄糖果糖混合物中分离果糖，剩余的葡萄糖再进行异构化，最终产生果糖浓度高达80%的产品。用淀粉生产这种糖浆比从甘蔗和甜菜来源的蔗糖更加便宜，但是却有相同的甜度。因此，果葡糖浆已经成为主要的食品成分，特别是在北美洲，现在HFCSs的年产量超过8×10^9kg。

在工业中使用的转化酶（β-呋喃果聚糖苷酶，β-fructofuranosidase）是固定化酶。在20世纪40代早期，是英国的Tate和Lyle首先开发出来用于糖浆的生产。用固定化的转化酶代替常规酸水解方法，转化蔗糖为葡萄糖和果糖。开始这个酶是从自发水解的酿酒酵母中制备出来的，其生产方法是调节pH4.7，通过硫酸钙过滤澄清，然后吸附到骨炭上。现在也可以从其他的酵母菌或丝状真菌（如黑曲霉和构巢曲霉）中获得转化酶。除了糖浆生产外，也在糖果厂使用。例如制备软心巧克力，这是做一个固体的以蔗糖为主含有转化酶的芯，用巧克力包被。两周内，中心就会转化成果糖-葡萄糖糖浆。

乳糖酶（β-半乳糖苷酶，β-galactosidase）可用于各种需要水解牛奶乳糖的工业加工中，牛奶中这种双糖的浓度为4.7%（*W*/*V*）。乳糖酶将牛奶中的乳糖水解为葡萄糖和半乳糖，这种牛奶产品适用于不能利用乳糖的婴儿。在世界的某些地区，有大量不能耐受乳糖的成年人群，例如非洲和东南亚地区。乳糖水解也用于一些产品的加工，如冰淇淋。因为这种双糖溶解度较低，导致冰淇淋形成晶体，给人一种不愉快的含沙质地的感觉。另外，乳糖转化为葡萄糖和半乳糖可以增加相对柔软度约4倍。商品乳糖酶是从马克斯克鲁维酵母，黑曲霉或构巢曲霉获得的。酵母菌产生的酶最适pH6.0～7.0，而曲霉产生的酶最适pH为3.0～4.0。这些酶可以使用自由酶或固定化酶，固定化酶对乳清处理特别有用。如酵母的乳糖酶用醋酸纤维滤膜固定，曲霉的乳糖酶则固定在直径为0.5mm的多孔硅上。

26.4　干酪生产用酶

人类利用小牛、小羊和小山羊胃的胃内膜制品来制作干酪制品，已经有数百年的历史了。这种胃内膜含有蛋白酶原（凝乳酶，一种天冬氨酸蛋白酶），可以进行有限的牛奶蛋白质（酪蛋白）水解，在牛奶制作的开始形成凝乳。无花果蛋白水解酶也可用于干酪制作，但其他许多蛋白酶发生过分的蛋白水解。20世纪60年代之前，干酪加工主要的方法都是用动物的胃内膜，特别是小牛的胃内膜，但随着干酪产量的增加，动物的胃内膜非常短缺。特异性的真菌蛋白酶与小牛凝乳酶有非常相似的特性，现在开发出了微生物“胃内膜”，如米黑根毛霉（*Rhizomucor miebei*）和微小根毛霉（*R. pusillus*）产生的蛋白酶，这样，就解决了酶短缺的问题，促进了称作“vegetarian”（素食）干酪的生产。某些微生物酶制剂比小牛胃内膜对温度更加敏感（不耐热），这在某些干酪制作工艺中是有很用的。

现在小牛凝乳酶基因已经被导入各种微生物中，包括大肠杆菌、乳酸克鲁维酵母、构巢曲霉和黑曲霉等。这些基因工程微生物具有表达和分泌酶的能力。现在有20多个国家批准了重组凝乳酶制剂作为食品添加剂。动物和微生物的凝乳酶占据了1/3的市场，每年产生超过7500万美元的经济价值。在奶制品中，也使用微生物脂肪酶，特别是在干酪加工中，用于水解脂肪酸酯，加速风味的改善。

26.5　用于植物汁液生产的酶

在果汁加工中，使用了各种微生物酶，但最重要的是果胶酶。果胶酶可以用黑曲霉和青霉属的菌种进行固体发酵生产。水果和浆果含有不同含量的果胶，在植物中，果胶在细胞与相邻细胞的细胞壁之间起到连接的作用。果胶是一种半乳糖醛酸、半乳糖醛酸甲脂和其他糖的异型多聚物。在植物果汁生产中，一些果胶被抽提了出来，引起果汁黏度增加，导致果汁回收、澄清和过滤的困难。在果肉压榨之前加入果胶酶制剂，就可以克服这些问题。同样，为了增加橄榄果肉、棕榈果实和椰子肉的油产量，也可以用酶来处理。

商品果胶酶不是一种单一的酶，一般是酶的混合物（果胶甲脂酶，聚半乳糖醛酸酶和果胶裂解酶），它们有作用于不同果胶分子键的能力。商品果胶酶制剂的组分即不同酶的比例是相当多样化的。真菌果胶酶也是很有用的，它们可以在非常酸的果汁中保持活性，如柑橘类果汁的pH可能低到2.2～2.8。它们也可以用于罐头制造中的柑橘酶法剥皮。

阿拉伯聚糖是一种戊糖——树胶醛糖的聚合物，也是果实细胞壁的一种重要成分。某些果实（特别是梨子）的阿拉伯聚糖像果胶一样，在加工时会被抽提出来，而导致果汁变得混浊，现在可以用商品阿拉伯聚糖酶消除混浊。某些果汁抽提物（像苹果汁）还含有淀粉，这些淀粉也必须降解。在去除果胶的同时，加入淀粉酶，才能生产出澄清的果汁和浓缩汁。

在葡萄酒制造中使用商品酶，同样可以达到几方面效果。为了制造红葡萄酒，在压榨过程中添加商品纤维素酶（如真菌李氏木霉的纤维素酶），可以从葡萄皮中获得颜色抽提物。另外，可以用葡萄糖糖苷酶水解三联苯葡萄糖苷，释放萜烯，萜烯是葡萄酒风味的重要组分。制备葡萄酒用的葡萄在收获之前要求经过真菌黑葡萄孢（*Botrytis cinerea*）的侵染（称为高贵腐烂"noble rot"），但因为真菌存在有β-葡聚糖，这样澄清和过滤就有困难。可以在葡萄酒中添加微生物特异性的β-葡聚糖酶来降解β-葡聚糖。

柑橘类果实，如柚子和苦柑，含有苦味，是称为柚苷配基的类黄酮造成的。这些果实产品的苦味可以用从黑曲霉分离的柚（皮）苷酶（α-鼠李糖酶＋β-葡萄糖苷酶）来调整。降解过程是首先将类黄酮转化成低苦味的化合物江户樱花苷（prunin），再转化为无苦味的柚苷。生产可以通过调节果汁通过固定化柚（皮）苷酶柱的流速，控制类黄酮水解的水平。

黑曲霉和青霉菌的葡萄糖氧化酶再加上过氧化氢酶，可以用于排除葡萄酒、啤酒、果汁和软饮料中的氧分子，以避免潜在的有害氧化，否则会影响产品质量。

$$2\ \text{葡萄糖} + O_2 \xrightarrow{\text{葡萄糖氧化酶＋过氧化氢酶}} 2\ \text{葡萄糖酸}$$

26.6　纺织品加工用酶

现在纺织品加工中，用于布和衣服修整的用酶正在增加，特别是用于退浆、生物磨光和粗斜纹棉布洗涤中使用的酶。

在棉花或者棉花和合成纤维的混合物纺织出布之前，线要用黏合剂加固（称为上浆，size），以避免弯曲的细线断裂。所使用的浆料可以由淀粉、淀粉的衍生物、植物胶和水溶性纤维素的衍生物（如甲基或羧甲基纤维素）组成。而在染色、漂白和印染之前，必须除去布上的浆。以前是用酸、碱和氧化剂脱浆，这样会损伤纤维。因为酶法没有腐蚀性，不产生有害污染物，因此现在广泛使用淀粉酶或纤维素酶进行脱浆。

纤维素酶在棉花和其他纤维素纤维生产的纺织品中，也用来进行生物磨光，生产具有更加柔软，更加光滑特征的纺织品。同样可以用蛋白酶处理由角蛋白组成的羊毛。

将粗斜纹棉布衣服的处理成看似旧的，叫做砂洗。传统上是用装有浮石的滚筒洗衣机洗出来的。现在使用纤维素酶加速磨损，有助于靛青染料的松散。生物磨光几乎不伤害衣服，降低了机器的磨损，也不产生浮石灰尘。

26.7　皮革加工用酶

在皮革和毛皮的加工中，现在广泛使用蛋白酶和脂肪酶。这些酶与以前使用的苛性化学品相比，更容易使用，更方便操作，也更加安全。最重要的应用是在浸泡、脱毛、去油和下料等工艺中。浸泡是皮革加工第一步重要的操作。除了清除皮革和毛皮的血迹、肌肉、油脂和粪便外，还要水化皮革和毛皮。内纤丝蛋白将纤维粘接在一起，防止水的渗透，蛋白酶通过溶解内纤丝蛋白，可以增加水分的吸收。脂肪酶也可以代替去脂肪溶剂，用来分散脂肪。这些酶可以水解皮革和毛皮表面的脂肪和结构内部的脂肪，但不引起任何物理损伤。

皮革和毛皮的脱毛，传统上是用熟石灰和硫化钠等化学品，过去制革厂有非常严重的污染问题。现在常使用从黄曲霉（*Aspergillus flvaus*）中分离的碱性蛋白酶进行酶法辅助脱毛。酶的使用降低了或全部代替了对化学品的需要，在污水处理中，降低了最主要的成本。

用皮革原料制备成皮革制品，需要去掉不希望有的蛋白质，制造出清洁、光滑和精细的完美皮革粒面。传统方法是使用狗、鸽子或小鸡的粪便，但使用起来非常不愉快，不可靠，并且缓慢，这些都可以用微生物的蛋白酶取代。

26.8　在木质纸浆中使用的酶

纸的加工是一种主要的世界工业。在美国，每年要加工 7 亿吨纸和纸板，价值超过 500 亿美元。纸的制造主要是天然纤维的加工，但某些再生材料或二次纤维的利用正在增加。再生材料节约了树木和能源，减少了污水，降低了垃圾处理负担。

常规的木质纸浆加工要使用大量化学品，产生污水处理和环境污染问题。开发纸浆和纸加工的酶法有很多的优势。微生物酶可以用于纸浆和纸加工的几个阶段：

① 提高纸浆消化；

② 在纸张形成过程中，改善水排出的污水比率；

③ 增加纤维的弹性；

④ 选择性地去掉木质素，而不影响其他成分；

⑤ 除去树胶；

⑥ 增强漂白；

⑦ 减少污染，如高质量废纸的去墨；

⑧ 增加化学纸浆和草本纤维间的结合。

用于造纸的酶包括纤维素酶、半纤维素酶、果胶酶和脂肪酶。但是，这些酶还不能完全替代机械和化学处理。

26.9 用于有机合成催化剂的酶

在合成化学、食品和医药工业进行高价值的有机化合物生产中，利用微生物酶的市场正快速增长。其中有一个颇有价值的领域，即环化糊精糖基转移酶，这个酶多是从极端嗜热菌中获得的，它可以由简单的淀粉分子产生环化糊精。这类环化糊精是脆性化合物有用的载体，如维生素和香味。因为这个酶促反应途径是单一的，所以产生这类物质时，没有其他中间体产生。

还有一个正在增长的重要领域是手性化合物的合成。手性化合物存在称为对映体的两种构型，它们相互是不对称的。实际上，两种对映体有物理和化学的一致性。然而，一种对映体的溶液以顺时针方向旋转偏振光的平面（＋），而另一种对映体则（以完全相同的量）逆时针方向旋转偏振光的平面（－）。这种现象已知是光学活性，有时将对映体称为光学异构体。手性特性在生物学中是非常重要的，因为多数天然有机化合物都是手性的。例如，大多数氨基酸是对映体，但在自然界仅发现一种对映体。然而，化学合成的化合物多数是 50∶50 的对映体混合物，称为外消旋混合物。通常多数生物分子像氨基酸，仅有一种对映体有生物学功能，可以作为酶的底物、治疗药物、营养等。而另一种对映体是无用或无效的，甚至是有害健康的。相反的手性分子有不同的生物学行为，蛋白质（特别是酶）和核酸是生物体自身的手性分子。因此，任何药物或营养如果是与特异性手性蛋白质相互作用的，都必须有严格的手性。在工业合成这类化合物时，必须保证仅产生所期望的对映体，一般纯度高达 99%。因为只有一半（一种对映体）是有生物学功能，就要制造大量的化学品，这不仅是不经济的，而且对于某些药物来说，另一种对映体可能是有毒的。某些对映体的合成可以采用化学法，但酶法更好。

酶法能够制备特定的对映体，从外消旋混合物中拆分对映体。这些工艺利用消旋酶，它们是一个酶的家族，尽管它们像其他蛋白质一样，也是自身手性的，但它们可以识别任意一种对映体。它们的生物学功能是将一种手性底物转化成相反的形式。可以用这些酶合成手性的胺、乙醇，以及其他许多化合物。

主要参考文献

Adams M W W, Kelly R M. 1995. Enzymes from microorganisms that grow in extreme environments. *Chem Eng News* 73, 32～42

Beg Q K, Kapoor M, Mahajan L, et al. 2001. Microbial xylanases and their industrial applications: a review. *Appl Microbiol Biotechnol* 56, 326～338

Benkovic S J, Ballesteros A. 1997. Biocatalysts-the next generation. *Trend Biotechnol* 15, 385～386

Borrnscheuer U, Kaszlauskas R. 1998. Biotechnology-Biotransformations. Vol. 8. VCH Weinheirn

Chaplin M F, Bucke C. 1990. Enzymes Technology. Cambridge University Press, Cambridge

Chauhan B, Gupta R. 2004. Application of statistical experimental design for optimization of alkaline protease production from *Bacillus* sp. RGR-14 *Process Biochem* 39, 2115～2122

Dale A O, Mozersky S M, Marmer W N. 2000. Vigorous proteolysis: Reliming in the presence of an alkaline protease and bating （Post-Liming） with an extremophile protease. *J Am Leather Chem Assoc* 97, 150～155

Drauz K, Waldmann H. 1995. Enzymes Catalysis in Organic Synthesis. VCH Weinheirn

Faber K. 1996. Biotransformation in Organic Chemistry. Springer Verlag, Berlin

Fogarty W M, Kelly C T. 1990. Microbial Enzymes and Biotechnology. Elsevier, London

Gerhartz W. 1990. Enzymes in Industry. VCH Weinheirn

Gupta A, Roy I, Khare S K, et al. 2005. Purification and characterization of a solvent stable protease from *Pseudomonas aeruginosa* PseA. *J Chromatography*1069, 155～161

Gupta A, Roy I, Patel R K, et al. 2005. Gupta, MN, One-step purification and characterization of an alkaline protease from haloalkaliphilic *Bacillus* sp. *J Chromatography* 1075, 103～108

Headon D, Walsh G. 1994. The industrial production of enzymes. *Biotechnol Adv* 12, 636～646

Jaeger K E, Dijkstra B W, Reetz M T. 1999. Bacterial biocatalysts: molecular biology, three-dimensional structures, and Biotechnological applications of lipases. *Ann Rev Microbiol* 53, 315～351

Koskinen A M P, Klibanov A M. 1996. Enzymatic Reaction in Organic Media. Blackie Academic & Peofessional, London

Marrs B, Delagrave S, Murphy D. 1999. Novel approaches for discovering industrial enzymes. *Curr Opin Microbiol* 2, 241～245

Nagodawithana T, Reed G. 1993. Enzymes in Food Processing. Academic Press, San Diego

Ogawa J, Shimizu S. 1999. Microbial enzymes: new industrial applications from traditional screening methods. *Trend Biotechnol* 17, 13～19

Poza M, de Miguel T, Sieiro C, et al. 2001. Characterization of a broad pH range protease of *Candida caseinolytica. J Appl Microbiol* 91, 916～921

Sheldon R, Kuster A. 1993. Chirotechnology. Marcel Dekker, New York

Shulze B, Wubbolts M G. 1997. Biocatalysis for industrial production of fine chemicals. *Trend Biotechnol* 10, 609～615

Tucker G A, Woods L F J. 1995. Enzymes in Food Processing. 2nd ed. Blackie Academic & Professional, London

§27　燃料和工业化学品

在今后的 50～100 年内，世界上一些化石燃料（特别是石油），很可能耗尽。因此，迫切需要发展替代能源。最大的需求量将来自地热、核能、太阳能、水和风能。但是，生物燃料生产将会越来越重要，因为它能提供液态和气态两种形式的燃料，而且这些燃料是用可再生原料生产的，如农作物形式的植物生物量，天然植物，农业、家庭和工业废物等。现在有两种从可再生能源产生的微生物燃料产物，即甲烷和乙醇，但这远非微生物可以产生的仅有的燃料。其他液体和气体能源包括氢、丙烷、甲烷、丁烷等；微生物体系也可以产生电能。

用微生物发酵和生物转化工艺生产大量重要的化合物，现在是最经济的方式之一。主要是初级代谢物质，包括有机酸、氨基酸、工业溶剂和各种生物聚合物。这类微生物产物许多被用做化学原料，以及各种工业产品和食品的成分。

27.1　烷烃

甲烷可用做家庭和工业燃料。现在主要来源是气体、油田和煤的气化。通过发酵生产甲烷仅是局部小规模生产。但是 21 世纪以后，当不可再生资源的供给开始下降时，这种生产方法就可能会变得更加重要。

微生物的甲烷产生是一个非常复杂的过程，涉及天然存在于沼泽地的有机沉淀物和反刍动物瘤胃中发现的厌氧微生物的混合物。现在用于燃烧的微生物甲烷生产可以通过农业、工业和城市废物的厌氧消化进行。这些废物主要是植物生物量（木质纤维素材料），但收集成本较高。有一种昂贵但引人注目的大规模生产模式是垃圾填埋方法，这种方式可以长期稳定地获取气体产品。相反，利用一般技术发酵只能进行小规模甲烷生产。这种生产常常使用动物的分泌物，在没有其他燃料可利用的地方，这是很有价值的。产生的生物气体主要由 50%～80%甲烷、15%～45%CO_2及某些微量气体组成。

混合微生物菌群与产甲烷细菌联合在一起将是万能的，它们可以利用各种各样的基质。从有机物产生甲烷包括三个特定的阶段。①首先是水解有机聚合物的一群微生物，它们水解脂肪、蛋白质和多糖等，产生各种可溶性单体。②产酸的厌氧微生物再代谢这些化合物产生有机酸。③最后，有机酸被转化成烷烃和 CO_2。最主要的产物——甲烷是甲烷产生菌利用醋酸产生的（图 27-1）。

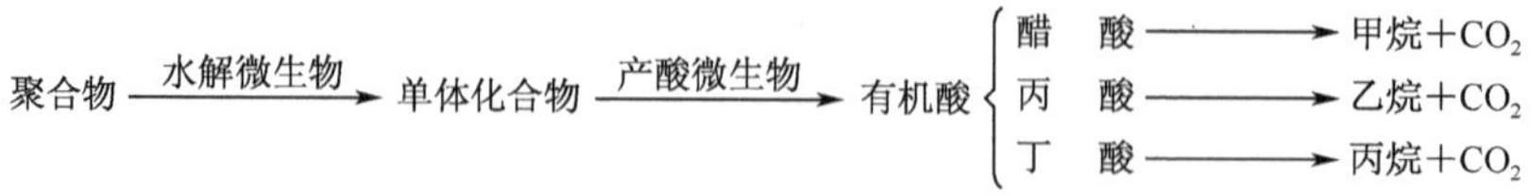

图 27-1　短链烷烃的发酵生产

甲烷的能量产率比长链的烷烃——乙烷和丙烷要低一些（表 27-1），乙烷和丙烷分别是由丙酸和丁酸产生的。在产酸过程中，丙酸和丁酸这两种有机酸一般产生的量很少，但产生的量与特定的条件有关。因此，通过改进发酵工艺，有可能提高乙烷和丙烷燃料的比率。

表 27-1　短链烷烃的能量产率

烷烃	能量产率/（kJ/m^3）
甲烷（CH_4）	37
乙烷（C_2H_6）	64
丙烷（C_3H_8）	94

27.2　丁醇

丙酮、丁醇、丁酸和异丙醇，还有其他有机酸和乙醇都可以用梭菌发酵生产，使用的是各种粗原料，包括淀粉、糖蜜和水解纤维素材料。各种发酵产物的相对含量取决于使用的细菌菌种和特定的菌株，以及发酵的环境条件。有三个主要的发酵类型：

① 丙酮-丁醇（丙酮丁醇梭菌，*Clostridium acetobutylicum*），副产物有丁酸、醋酸、3-羟基丁酮、乙醇、CO_2 和 H_2；

② 丁醇-异丙醇（拜氏梭菌，*C. butylicum*），副产物有丁酸、醋酸、CO_2 和 H_2；

③ 丁酸-醋酸（丁醇梭菌，*C. butyricum*），副产物有 CO_2 和 H_2。

梭菌属的成员是革兰氏阳性杆菌，具有周身鞭毛，因此非常能运动。根据它们形成抗热性孢子，高效发酵代谢和对氧的响应进行分类。它们全部是厌氧的，但分为专性厌氧和耐氧的菌种。它们一般不含血红素衍生物，如细胞色素和过氧化氢酶。但如果补充适当的前体，某些菌种能够产生细胞色素。它们大多数是嗜温菌，但也有一些嗜热菌，如热醋梭菌（*C. thermoaceticum*）。它们在中性和碱性 pH 环境中生长良好，但在酸性条件下生长受到抑制，它们可以利用的基质非常广泛。

丙酮-丁醇发酵是一个很成功的工业发酵工艺，已经有很长的历史了。在 20 世纪早期，英国的 Weizmann 就将基础研究成果大量引入丙酮、丁醇和乙醇的生产中（使用丙酮丁醇梭菌）。在第一次世界大战中，其价值是无法估量的，特别是丙酮可以用于炸药制造业。在无烟火药的生产中，丙酮用做硝酸纤维素的凝胶试剂。Weizmann 工艺也产生副产物核黄素（维生素 B_2）。

第一次世界大战之后，丁醇成为用途最广泛的产品原料之一。它广泛地用做化学原料，如油漆、人造纤维、可塑剂、衣料、去垢剂、制动液生产的原料，以及用于合成橡胶制造业中的丁二烯。丁醇也用于脂肪、蜡、树脂、虫漆、清漆等的溶剂，并可作为食品工业的提取剂和溶剂。1945 年，发酵生产的丁醇每年超过 20 000t。但在 20 世纪 40 年代后期，西方世界的丙酮-丁醇发酵工艺开始衰落。这是由于发酵粗原料（糖蜜、甘蔗糖等）发生了改变，以及便宜的石化原料在增加。

丁醇现在主要是用以石油为基础的粗原料加工。例如，在美国，化学合成丁醇产量超过 500 000t/年，并且每年以 3%～4%的速度增长。不过在某些国家仍然发酵生产丁醇。前苏联的一些工艺是用甜菜糖蜜，而南美州一直到最近还使用甘蔗糖蜜，中国一直用加工的植物来发酵。丁醇发酵生产的前景较好，其消费量近年明显增加。这为引入新的和更有效的发酵技术提供了机会，尤其石化产品的供应目前正在缩减。

丁醇作为溶剂和化学原料有几个特点，作为发动机燃料，单独使用或与汽油混合使用都是有利的（表 27-2）。丁醇有很好的辛烷增强特性，与甲烷和乙醇相比，有相当高的燃烧热和低得多的蒸汽压。这些特性使丁醇成为比乙醇更好的液体燃料混合物，而现在是用乙醇制造酒精汽油混合燃料。此外，丁醇与水有很低的可混合性，但与柴油和汽油有很高的可混合性。由于丁醇有很高的燃烧热，所以含有 20%（V/V）水分的丁醇溶液与无水乙醇有相同的燃烧值。这样，可以通过降低内燃机的操作温度，间接降低氧化氮（NO_x）的排放量。醇类物质如丁醇作为燃料添加剂，也有降低一氧化碳排放的潜力。

表 27-2　酒精作为发动机燃料助溶剂和辛烷增强剂的特性

物理特性	甲醇	乙醇	丁醇	汽油	柴油
燃烧热/（kJ/g）	23.9	30.6	36.7	43.8	42.7
燃料值*：RON	110	108	100	92	15
（辛烷值）MON	91	90	87	83	—
与汽油的可混合性	很差	中等	好	—	—
与柴油的可混合性	很差	很差	好	—	—
与水的可混合性	高	高	低	低	低

*辛烷值定义为内燃机中一种燃料的抗爆剂质量，也就是它对内燃机的自动点火（预燃）的抗性。已知异辛烷的性能值假定为 100，而 n-庚烷为 0。这作为燃料的标准，即某种燃料需要与这两种烷烃的混合物进行比较。有两种实验室测试方法，即 RON 和 MON，RON（research octance number，研究辛烷值）与低速、适度爆震条件有很好的相关性，而 MON（motor octane number，发动机辛烷值）与高速、高温条件相关。

在过去，经济可行的丁醇生产一般要求发酵罐体积至少有 $1000m^3$。发酵罐不是搅拌式的，因为发酵释放的气体提供了充足的混合效果。多采用分批发酵工艺，常使用 5%～7%（*W*/*V*）的淀粉或糖蜜做为碳源。最近由于对丁醇的需求量增加了（特别是在美国），在改进的工艺中，提议以玉米、玉米加工的副产物和其他纤维质废物为基础原料。

在常规工艺中，发酵之前，培养基和发酵罐进行灭菌并用 CO_2 充气。然后，发酵罐接种相当低水平的接种物，一般接种 0.03%丙酮丁醇梭菌。在第一个 18～24h 内，pH 从最初的 5.8 降至 5.2，这是因为细胞在快速生长期间产生丁酸和醋酸。随后的 20～24h 里，pH 又回升到 5.8～6.0，这是因为这些有机酸被代谢，形成中性溶剂丙酮、丁醇和乙醇。这些溶剂的总浓度达到 2%，比例是丙酮：丁醇：乙醇＝6：3：1。以碳源为基础的收率可达到 37%（*W*/*W*）。使用常规分馏法回收产物。在发酵中产生的气体，特别是 CO_2，可以回收作为副产品出售，蒸馏后的残余物可以出售作为动物饲料。

西方世界在 20 世纪 90 年代早期，已经关闭了最后的丙酮-丁醇-乙醇发酵生产工艺。但在中国和其他少数国家，一部分丁醇生产仍然使用同样的发酵工艺。例如，杰米斯顿（南非）的国家化学产品公司还在使用丙酮丁醇梭菌 P262 菌株生产，主要使用糖蜜为原料的分批发酵，发酵周期 40～60h，产生 15～18g/L 的产物浓度。现在经济可行的发酵，要求在同样的发酵周期中得到 22～28g/L 的产物得率，否则很难与化学工艺生产的产品竞争。经济的、有竞争能力的浓度取决于时下的石油价格。

传统的分批发酵方法存在几个问题，包括乳酸细菌的污染、噬菌体侵袭、产物抑制、蒸馏的高能耗和发酵产物的混合物问题等。现在已经开发出更有效的工艺，使用主要产生一种发酵产物的菌株，以及使用更便宜的原料，如家庭和农业废物。还包括程序升温，多级连续悬浮培养，或将细胞固定在流动床反应器里进行连续培养等方法。这些工艺可以与产物回收体系一体化（如蒸发）。有一种特殊的产物浓缩方法，是将溶剂化合物输入低压室进行选择性膜（如多聚二甲基硅烷膜）分离，这种方法可以使总溶剂浓度超过 30g/L。还有的是在发酵过程中，同时从培养基中回收溶剂，这样在连续发酵中，可以消除产物的抑制作用，高效率地将碳源物质完全利用。

27.3　工业生产乙醇

大多数国家和地区传统上都是使用当地可利用的原料生产酒精饮料。现在某些国家同样使用发酵法生产燃料级或化学原料酒精。世界每年的乙醇产量超过 300 亿升，其中大约 70%是发酵法生产的，其余的主要通过催化裂解乙烯生产。

发酵乙醇中大约 12%是饮料酒精，20%用于各种工业，剩下的 68%是燃料乙醇。

乙醇是一种很好的燃料，因为它可以单独使用，也可以与其他液体燃料混合使用，如酒精汽油混合燃料，这是一种 10%～22%（*V*/*V*）的乙醇与汽油的混合物。在 20 世纪 70 年代，巴西和一些国家利用当地的可再生资源大规模生产乙醇，以此弥补进口费用的增长。乙醇生产是用甘蔗糖发酵，使用的菌种是酿酒酵母（*Saccharomyces cerevisiae*）。现在巴西酒精生产占了世界年产量的 46%以上，大约为 145 亿升。但是，这仍然不能满足其对燃料持续增长的要求。由于忽略了对乙醇生产工艺的改进，导致巴西这样的酒精生产大国仍需要从美国和其他国家进口乙醇。

除了糖以外，常规的乙醇发酵原料还包括从植物和日常废料产生的简单糖类。这只需要很简单的加工（图 27-2、图 27-3）。但是，使用根和块茎淀粉（木薯，马铃薯等）或谷物淀粉（玉米、小麦、水稻等），需要耗能工艺来获得水解物。而最好的工艺应该是优先利用木质纤维素类植物材料的工艺。

可直接利用的糖类（甘蔗、甜菜、乳清等）只需要低能耗加工，并容易利用。

淀粉 —糖化→ 容易发酵的产物（葡萄糖、麦芽糖）

木质纤维素 —去木质素→ 纤维素和半纤维素 —糖化→ 己糖和戊糖

图 27-2　乙醇的生产原料

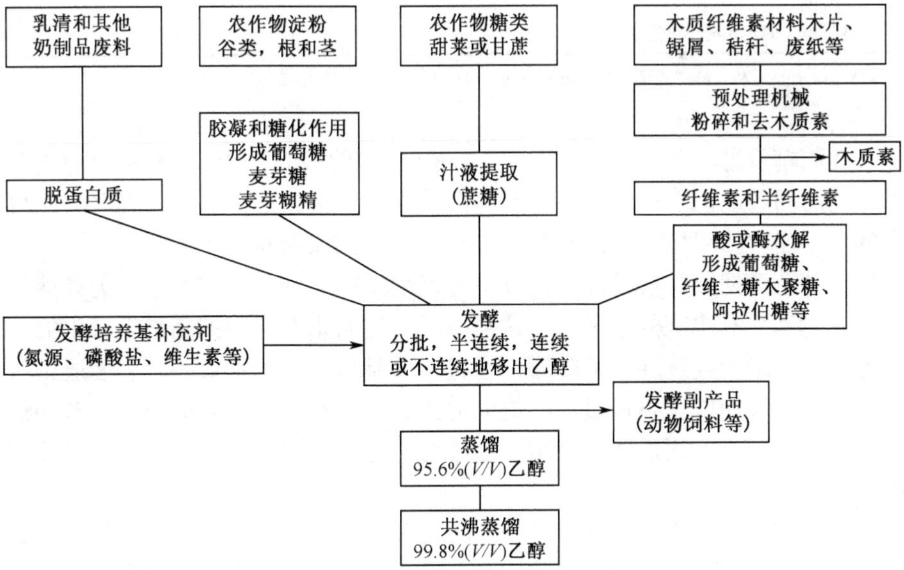

图 27-3　利用不同原料进行的工业乙醇生产

27.3.1　玉米淀粉生物转化

在北美，发展出了玉米加工的湿法和干法粉碎加工工艺，进而从淀粉中分离玉米油。产生的副产品可以用于动物饲料。提取出的淀粉进行糊化和糖化，然后用产生出来的糖进行乙醇发酵。这个技术最初是从酒精饮料生产发展起来的，但是现在的工艺更加有效。用酶促糖化法将淀粉转化为可发酵的糖，期间使用了各种热稳定的淀粉酶，包括糖化酶。产生的糖（主要是葡萄糖）用酿酒酵母菌株在32～38℃，pH4.5～5.0 进行发酵。可以是分批发酵，也可以连续发酵，菌种常常循环使用，这样可以缩短发酵时间和减少原料转化为不需要的生物量而浪费能量。在真空条件下操作，有利于连续去掉乙醇，降低乙醇的抑制作用。有关细胞固定化也已经有了研究（表 27-3）。

表 27-3　各种发酵体系中酿酒酵母的乙醇产量*

发酵类型	乙醇产率/［g/（L·h）］
分批发酵	2.5～3.5
酵母循环使用的分批发酵	5.0～6.5
连续发酵（搅拌式反应器）	12～14
连续发酵（在 35mmHg 真空度和酵母循环使用条件下）	60～80*
连续发酵（固定化酵母细胞）	＞100

*同样系统下，运动发酵单胞菌（*Zymomonas mobilis*）的乙醇产率超过 120g/（L·h）。

上述酒精发酵工艺产生含有 10%（*V*/*V*）乙醇的啤酒，通常在蒸馏以前先分离酵母。然后回收的乙醇进行脱水。乙醇回收成本常常超过全部加工成本的 50%。产生的副产品包括甲醇，甘油和高级醇类（如丁醇和丙醇）。

另一种乙醇回收方法是使用连续抽提发酵工艺，利用非挥发性、无毒溶剂如油醇，它对乙醇有很高的亲和力。这种方法对克服末端产物抑制是很有用的。使用的方法是将溶剂连续导入发酵罐，通过培养基后，上升形成一个表面层，然后连续移出这一表面层。再通过离心机的通道，使载有乙醇的溶剂与培养基和细胞分离，培养基和细胞再返回发酵罐。乙醇可以通过快速蒸馏回收，非挥发性溶剂可以重新使用。

尽管现在广泛使用酿酒酵母进行乙醇发酵（使用简单的糖原料），但也有其他有商业潜力的微生物（表 27-4）。像发酵单胞菌属的运动发酵单胞菌是革兰氏阴性的专性厌氧细菌，一般仅发酵葡萄糖、果糖或蔗糖。这些菌种与酿酒酵母相比，有更高的乙醇收率，但不如酵母的乙醇耐受能力强。将来应该可以利用遗传工程技术修饰菌株，使其有利用更广泛碳源的能力和更好的发酵特性。例如，大肠杆菌一般只产生少量乙醇，可以用编码运动发酵单胞菌的乙醇脱氢酶和丙酮酸脱羧酶的重组质粒进行转化。这样，转化子就可以在好氧和厌氧两种条件下产生乙醇。

表 27-4　产乙醇微生物

细菌	热硫化氢梭菌（*Clostridium thermohydrosulfuricum*）	极端嗜热菌
	热纤维梭菌（*Clostridium thermocellium*）	嗜热菌，水解纤维素
	乙醇热厌氧杆菌（*Thermoanaerobacter ethanolicus*）	发酵木糖和淀粉
	运动发酵单胞菌（*Zymomonas mobilis*）	野生型仅发酵葡萄糖、果糖和蔗糖，但高产量
酵母	拟热带假丝酵母（*Candida pseudotropicalis*），热带假丝酵母（*C. tropicalis*）	发酵木糖*
	假丝酵母（*Candida*）属	发酵木糖和纤维二糖*
	乳酸克鲁维酵母（*Kluyveromyces lactis*）**	在奶制品废料中发酵乳糖*
	马克斯克鲁维酵母（*Kluyveromyces marxianus*）	水解菊粉（多聚果糖）*
	管囊酵母（*Pachysolen tannophilus*）	发酵木糖*
	树干毕氏酵母（*Pichia stipitis*）	发酵木糖
	酿酒酵母（*Saccharomyces cerevisiae*）	多数菌株仅发酵葡萄糖、蔗糖、果糖和麦芽糖三糖
	酿酒酵母（*S. cerevisiae* var. *distaticus*）	水解淀粉
	河岸许旺酵母（*Schwanniomyces alluvius*）	水解淀粉
丝状真菌	镰刀菌（*Fusarium*）	发酵木糖*
	念珠菌（*Monilia*）	水解纤维素和木聚糖
	毛霉（*Mucor*）	发酵木糖和阿拉伯糖

* 添加普通的单糖、双糖或己糖；

** 不表现出 Crabtree 效应。

27.3.2　木质纤维素材料的生物转化

木质纤维素类的植物废料（如锯屑、刨花、稻草、麦杆、甘蔗渣、废纸等）不像高能量的作物（如谷类、甘蔗和甜菜等）那样，可以直接作为食物利用。它们是可再生资源，现在还没有被充分开发出来。每年有数十亿吨这类纤维素材料被浪费掉，实际上它们可以被转化为化学能和其他有用的发酵产物。木质纤维素是由下列聚合物组成的。

① 木质素（10%～35%，*W/W*），是三种酚醇（对香豆醇、芥子醇和松柏醇）组成的聚合物，它们包在纤维素的外面。在厌氧条件下，这种材料不能被微生物降解，但可以用做化学加工香草醛、儿茶酚、二甲基硫化物和二甲亚砜的原料。

② 纤维素（15%～55%，*W/W*），是葡萄糖单体以β-1,4 糖苷键连接的同源聚合物。一旦被水解，产生的葡萄糖很容易被许多种微生物发酵，但只有很少数的微生物能够利用天然的纤维素聚合物。

③ 半纤维素（25%～85%，*W/W*），是含有各种六碳糖（D-葡萄糖、D-半乳糖和 D-甘露糖）和五碳糖（L-阿拉伯糖和 D-木糖）的异源聚合物。木糖是自然界最丰富的仅次于葡萄糖位居第二的糖类，可以构成某些木本树木干重的 25%以上，但也仅有很少数的微生物可以发酵五碳糖产生乙醇。用木质纤维素产生乙醇，重要的是只有在五碳糖和六碳糖都被发酵的情况下才是经济的。

很少有微生物可以直接利用木质纤维素，只有梭菌属的某些菌种可以利用木质纤维素产生很少的或不产生乙醇。因此，直接用微生物发酵纤维素生产乙醇，还存在着相当的距离。可能短期内能获得成功的方法应该包括几个步骤。首先，在半纤维素和纤维素物质糖化之前，必须进行木质纤维素材料的预处理。通过化学和（或）酶促水解得到糖，再发酵产生乙醇，乙醇再通过蒸馏从水相中分离出来。

木质纤维素材料必须进行预处理和糖化，使潜在的抑制化合物的形成量最少，特别是糠醛和可溶性酚，这样才能使随后的生物转化得率最优化。多数木质纤维素材料要求预处理，以使纤维素和半纤维素更加容易被酸或酶水解。预处理的要求随原料不同而异，并且对加工过的材料如纸和纸板的预处理要求一般相当低。使用的方法包括极细地粉碎加工、化学制浆、酸水解、碱处理、自动水解、溶剂浸提、蒸汽加工和蒸汽爆破（在 4000kPa 蒸汽处理 5～10min 后减压爆破）等。

不同的预处理工艺可以联合使用，这取决于木质纤维素的来源（图 27-3）。某些方法只能完成部分糖化，必须进一步用酸或酶法进行预处理。酸水解方法一般用稀酸［如 0.5%～5%（*V/V*）硫酸］，在压力下提高温度到 100～240℃。这样处理比较便宜，但产生大量降解副产物和抑制化合物。强酸水解方法则是在常温下使用浓缩的盐酸，这种方法与其他所有酸水解工艺相比，可以获得更高的糖产率。但是这种操作工艺是高腐蚀性的，并且需要回收绝大部分的酸，才是经济可行的。用纤维素和半纤维素混合物进行酸水解是很难控制的。半纤维素比纤维素更容易水解，在加工的早期就产生糖。这些糖可以进一步裂解形成抑制化合物，如糠醛。因此在发酵之前，必须利用除去这类化合物的水解条件。

水解产生的糖类主要是葡萄糖、纤维二糖（葡萄糖单位以β-1,4 糖苷键连接的双糖）和木糖。木糖的发酵问题最大，目前在乙醇发酵生产中，酿酒酵母发酵产量占了 95%，但它不能发酵木糖这种单糖。表 27-4 中列出的微生物不是乙醇耐受菌，并且只有很低的产量。在酿酒酵母利用木糖发酵乙醇中，可以使用一些可能的方法（图 27-4）。

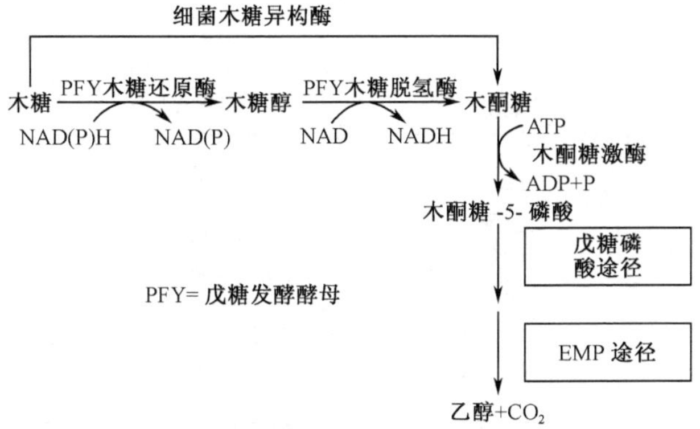

图 27-4　酿酒酵母利用戊糖发酵产生乙醇的策略

① 醛糖的异构化，将木糖转变为酿酒酵母能够发酵的酮形式的 D-木糖。这是在细菌木糖异构酶存在下进行发酵。

② 基因工程酿酒酵母表达两种基因：

Ⅰ. 细菌木糖异构酶，如来自游动放线菌属（*Actinoplanes*）、芽孢杆菌属等的基因；

Ⅱ. 木糖还原酶和木糖醇脱氢酶，如来自戊糖发酵酵母（假丝酵母、毕赤酵母等）的基因。但是，有可能存在着辅因子不平衡的问题。

运动发酵单胞菌的基因工程菌已经用于木糖发酵，并且在未来的植物生物量乙醇发酵中可以发挥作用。大肠杆菌和某些其他嗜温微生物也可以基因工程化。

27.4　氢气

氢气有很高的能量容量（118.7kJ/g），是一种非常引人注目的燃料，它的能量容量大约是乙醇的 4 倍，是甲烷的 2 倍以上。目前已经开发出利用氢气的技术，它的燃烧产品是液态的。许多微生物都可以产生氢气，这是作为代谢机制的一部分，主要是除去代谢反应过程中产生的电子：

$$2e^- + \underset{\text{(水合氢离子)}}{2H_3O^+} \longleftrightarrow H_2 + 2H_2O$$

利用微生物或者微生物的无细胞体系生产氢，还是非常不成熟的。但是也有三种可能的生产途径。

① 水的生物光解作用，涉及利用光能裂解水，但不需要外加底物。这能够用光合体系进行，如藻类的叶绿体，可以看作是太阳能电池。在体内，产生的能量一般用于形成还原型烟酰胺腺嘌呤二核苷酸磷酸（NADPH）。但是在细菌脱氢酶和一种适当的电子载体存在下，就可以产生分子氢（图 27-5）。

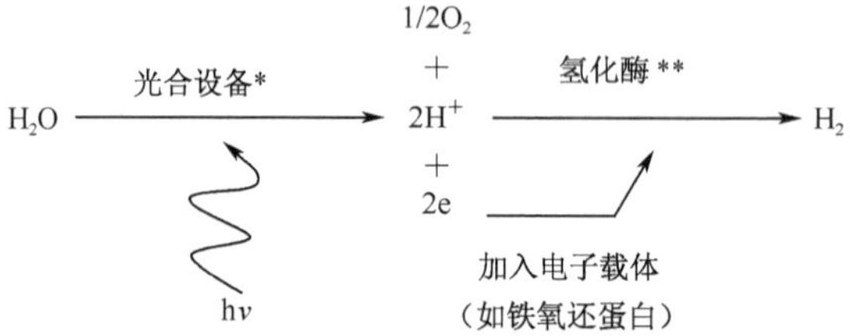

图 27-5　无细胞生物光合示意图

*如分离的叶绿素；**纯化的细菌酶

② 光还原，由光合细菌完成依赖于光的有机物质分解。这是一种要求光和外源有机物的厌氧过程，这个过程受氧气、四氧化二氮和氨离子的抑制。氢的形成是由于固氮酶的存在，它能够还原光子和四氧化二氮。着色菌科（*Chromatiaceae*）和红螺菌科（*Rhodospirillaceae*）的菌种在叶绿体膜上进行光还原。最有潜力的细菌可能是紫色非硫细菌，如红螺菌属（*Rhodospirillium*）的菌种，它们利用光代谢有机酸。

③ 许多细菌可以发酵有机化合物，产生少量氢。例如，一些肠细菌通过裂解甲酸产生 H_2 和 CO_2，梭菌是由还原性铁氧还蛋白产生 H_2。理论上，1mol 葡萄糖可以产生 4mol H_2，这只相当于 33%的能量收率。但大多数微生物都只产生很低水平的 H_2。因此，在近期不太可能通过这种方式进行商业 H_2 的生产。

$$C_6H_{12}O_6 + 2H_2O \longrightarrow 2CH_3COO^- + 2H + 2CO_2 + 4H_2$$

27.5　电力

在电流生产中，微生物的作用之一是利用微生物产生的气态和液态燃料（如乙醇或甲烷），驱动常规的机械发电机。另一种是直接产生，但现在这还是在研究的初期阶段。可能的方法是将完整的微生物细胞或微生物产生的酶结合在燃料电池里（图 27-6）。以酶为基础的体系更为理想，因为在全细胞和电机之间的电子转移，效率极低。有时，也可以利用固定化酶。

一种可行的方式是将微生物脱氢酶与电极系统耦联，催化氢和电流的转换。也有可能是用光合微生物或它们的光活性系统，直接将太阳光转化成电流。例如，用人工膜与以古生菌（盐沼盐杆菌）产生的细菌视紫质为基础的系统耦联。

这种系统推动依赖于光的质子转移，产生跨膜电化学梯度，可以利用电化学梯度来产生电流。

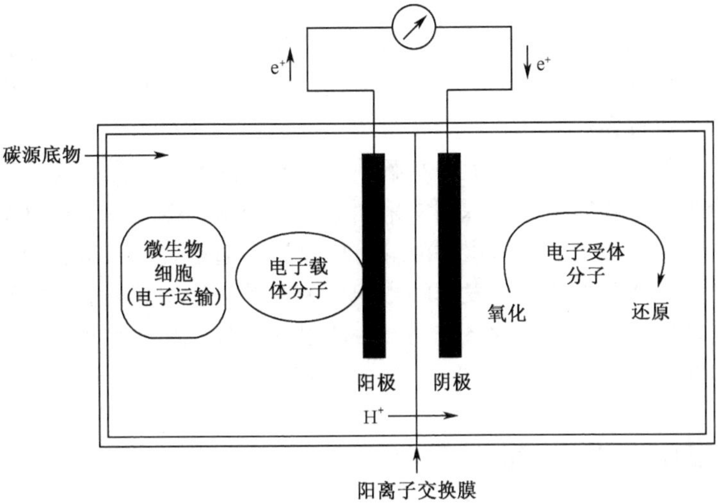

图 27-6　微生物燃料电池

27.6　氨基酸

氨基酸是人体及动物的重要营养物质，并且具有重要的生理功能，在食品、饲料、医药、化工等工业和农业上也有广泛的用途。最早（1820 年）是用蛋白质酸水解制备氨基酸，1850 年化学合成氨基酸研究成功，1956 年开始发酵生产谷氨酸，现在发酵法或酶法生产的氨基酸已有 20 多种，已经成为氨基酸生产的主要方法。在各种氨基酸的生产中，以谷氨酸的发酵规模最大，产量最也最高，赖氨酸次之。这些产品主要用于食品或动物饲料添加剂和风味化合物。但是不少氨基酸也可用于医药、化妆品以及化学工业聚合物的加工。

27.6.1　菌种

氨基酸发酵使用的菌种主要有谷氨酸棒状杆菌、黄色短杆菌、乳糖发酵短杆菌、短芽孢杆菌、黏质塞来氏菌。这些菌株有的是野生型菌株，如谷氨酸、丙氨酸、缬氨酸等的生产菌种；有的是营养缺陷型突变株，如赖氨酸、苏氨酸、苯丙氨酸等生产菌种；有的是氨基酸结构类似物抗性突变菌种，如赖氨酸、精氨酸、脯氨酸等；另外还有的是营养缺陷型兼氨基酸结构类似物抗性突变菌种，如高丝氨酸、酪氨酸、亮氨酸等。

27.6.2　培养基

发酵培养基的成分与配比是影响氨基酸产生菌生长代谢的主要因素，与氨基酸的产率、转化率及提取率的关系也很密切。所以，培养基配比是否合适，对氨基酸的生产至关重要。

氨基酸发酵的碳源可采用淀粉水解糖、糖蜜、醋酸、乙醇、烷烃等，普遍采用的是淀粉水解糖或糖蜜。氮源则常采用铵盐、尿素、氨水等无机氮源，并补加精制棉子饼粉或麸质粉、豆饼水解液等有机氮源。通常要加入硫、磷、钙、镁、钾等无机盐类，磷酸盐浓度对发酵的影响极为重要。生物素影响细胞膜的透性，其浓度与氨基酸向胞外分泌关系密切，一般以玉米浆、麸皮水解液、甘蔗糖蜜做为生物素的来源。

27.6.3　发酵条件控制

发酵过程主要控制的条件是 pH、温度、溶解氧和泡沫等。pH 是通过流加尿素或氨水来控制。菌种生长和产生氨基酸时的最适温度是不同的，并且随菌种的不同而异。不同氨基酸的最适供氧条件和最适 pH 条件如表 27-5，可以看出，不同的发酵也有不同的要求。发酵过程中会产生大量泡沫，通常采用天然油脂如豆油、玉米油或化学合成消沫剂如还氧丙烯环氧乙烯聚醚类进行消沫，应注意控制用量和加入方式。

表 27-5　某些氨基酸发酵的最适 pH 和最适供氧条件

氨基酸	最适 pH	溶解氧分压（10^5Pa）
谷氨酰胺	6.50	≥0.01
脯氨酸	7.00	≥0.01
精氨酸	7.00	≥0.01
谷氨酸	7.80	≥0.01
赖氨酸	7.00	≥0.01
苏氨酸	7.00	≥0.01
异亮氨酸	7.00	≥0.01
亮氨酸	6.25	≈0
缬氨酸	6.50	≈0
苯丙氨酸	7.25	≈0

27.6.4 氨基酸分离纯化

氨基酸发酵液通常采用板框过滤机进行固液分离；采用等电点法提取氨基酸；然后用活性炭脱色，过滤除去活性炭；再用离子交换法或重结晶法进行精制。

27.6.5 L-谷氨酸

在所有的氨基酸生产工业中，就产量而言，L-谷氨酸可能是最重要的。L-谷氨酸单钠（MSG）主要的用途是作为风味增强剂，它能够提高和增强食品的风味，而不增加它自己的主要风味。在某些食物中天然就存在 MSG，很早就发现它是远东食品中使用的传统风味增强剂海藻原料的活性成分。早在 1908 年，就从海藻中分离出来这个化合物，日本随后开始了商业生产，使用大豆蛋白和麦麸为原料。由于它安全使用的历史很长，所以在 1959 年，美国食品和药品管理部（FDA）将 MSG 分类为“一般认为是安全的”。食品和农业联合组织（FAO）/世界健康组织（WHO）食品添加剂专业委员会（1970）给出的日容许摄入量是 0～120mg/kg 体重。

从 20 世纪 60 年代早期开始，用植物原料生产的方法大部分已经被发酵工艺代替，现在年产量超过 400 000t。MSG 的国际贸易平均价格是 1.2 美元/kg，它除了在食品中广泛使用外，还可添加在各种食物产品中，如汤料、肉汁、酱油和快餐食品等。

产生谷氨酸的微生物包括节杆菌属（*Arthrobacter*）、短杆菌属（*Brevibacterium*）、棒状杆菌属（*Corynebacterium*）、微杆菌属（*Microbacterium*）和微球菌属（*Micrococcus*）的菌种。这些是革兰氏阳性、要求生物素、不运动的细菌，它们有很强的谷氨酸脱氢酶活性，其反应如下：

$$\text{羰基戊二酸} + NH_4^+ + NAD(P)H + H^+ \xrightarrow{\text{谷氨酸脱氢酶}} \text{L-谷氨酸} + NAD(P)^+ + H_2O$$

大多数工业发酵是使用短杆菌属和棒状杆菌属的菌种。例如，当野生型谷氨酸棒状杆菌（*C. glutamicum*）细胞内谷氨酸浓度上升到细胞干重的 5%时，就会出现反馈抑制现象。但是可以通过诱变，筛选代谢调节突变株和营养缺陷型突变株，以改善生产菌株的性能。这些突变株可以产生稳定浓度的细胞质氨基酸。它们可以积累大约 30%的谷氨酸，对葡萄糖的产率为 1mol 谷氨酸/1.4mol 葡萄糖，并且还是抗噬菌体的菌株。现在已经使用 DNA 重组技术来增加特定酶的生物活性，即用含有这些酶结构基因的多拷贝质粒进行转化。获得氨基酸超产菌株的策略包括：

① 提高合成代谢酶的活性；

② 解除反馈调节的控制；

③ 阻断产生不需要的副产物的途径；

④ 阻断目标产物降解的途径；

⑤ 限制 L-谷氨酸的直接前体羰基戊二酸转化为三羧酸（TCA）循环中下一个中间产物琥珀酰 CoA 的能力。例如，羰基戊二酸脱氢酶缺陷突变株在生长期间，经过乙醛酸循环产生必要的中间体（图 27-7）。

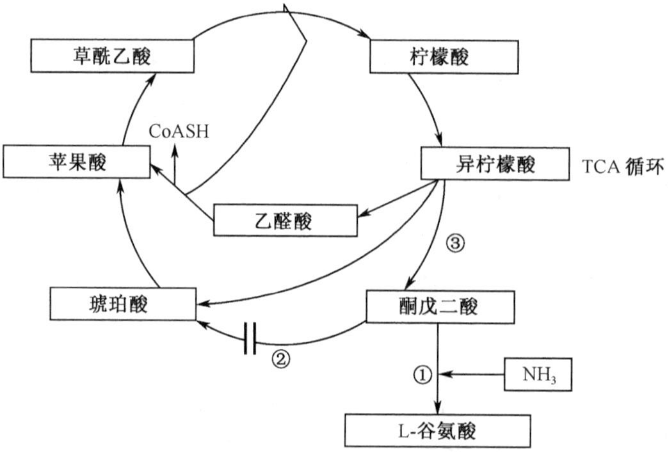

图 27-7　突变菌株 L-谷氨酸生物合成

①谷氨酸脱氢酶；②酮戊二酸脱氢酶（缺失）；③异柠檬酸脱氢酶

此外，这些细菌一般不分泌谷氨酸，可以使用一些方法使细胞有更好的渗透性，帮助氨基酸释放到基质里。这些处理方法包括限制生物素（这样在生长期间限制了需要 C_{16}～C_{18} 饱和脂肪酸的磷脂的生物合成），在生产培养基中加入表面活性剂（如 Tween 40）和青霉素等。

谷氨酸的生产工艺流程如图 27-8 所示。

L-谷氨酸的工业发酵一般使用超过 450m^3 体积的不锈钢搅拌反应器。分批发酵是在 30～37℃，好氧条件下操作，应该根据使用的微生物不同，设定特定的培养温度。除了碳源和氮源外，发酵培养基一般含有无机盐，如镁、锰、磷和钾，并且限制生物素的水平。棒状杆菌需要复杂的营养，也要求维生素、氨基酸、嘌呤和嘧啶。偏好的碳源是碳水化合物，特别是葡萄糖和蔗糖。它也能够利用甘蔗糖蜜和甜菜糖蜜，但这种培养基生物素水平太高，需要进一步处理。也可以通过添加饱和脂肪酸、青霉素或表面活性剂等方法，促进氨基酸分泌，来克服

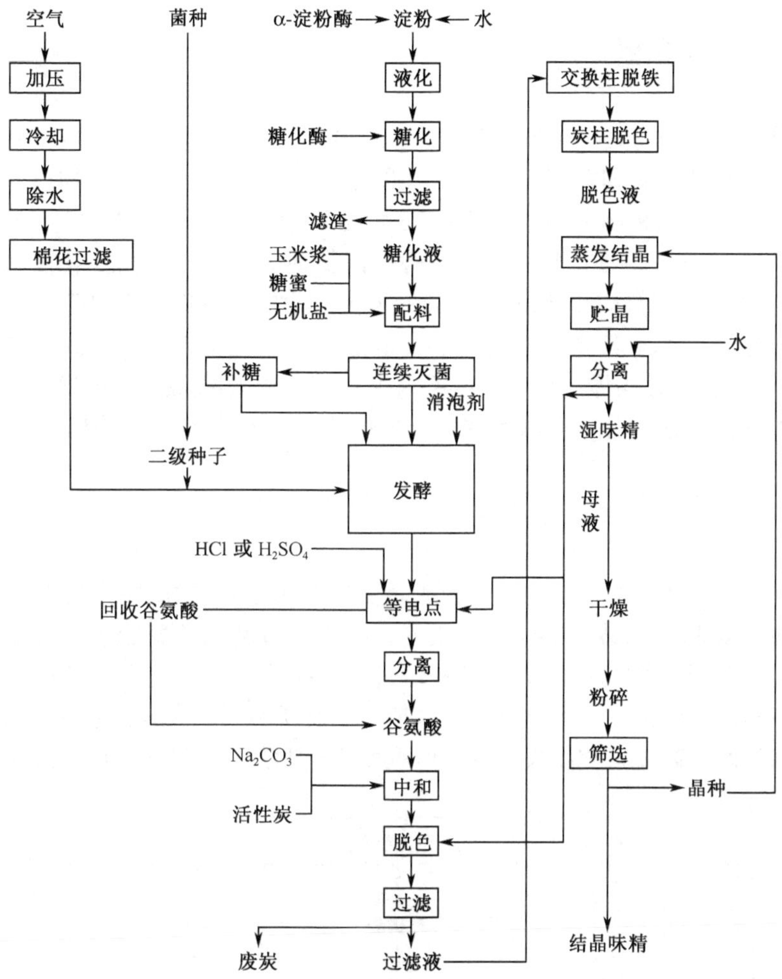

图 27-8　谷氨酸和味精的生产工艺流程

过高生物素的问题。氮源（铵盐、尿素或氨水）要缓慢地流加，以避免抑制 L-谷氨酸的产生。通过加入碱，维持培养基 pH 在 7～8，否则因为 L-谷氨酸分泌到培养基中，而使 pH 不断下降。直到发酵的中期，L-谷氨酸的积累不会变化，一般持续 35～40h，L-谷氨酸的收率水平在 80g/L。

产品回收首先从培养基中分离细胞，然后用盐酸降低 pH 到 L-谷氨酸的等电点（pH3.2），让 L-谷氨酸结晶。L-谷氨酸晶体过滤出来并洗涤。再将氢氧化钠溶液加入结晶的 L-谷氨酸里，通过重结晶制备 MSG。

27.6.6　L-赖氨酸

人类和哺乳动物是不合成L-赖氨酸的，这种必须氨基酸需要从食物中获取。但是，许多谷类食品和蔬菜只含有相当低的L-赖氨酸。因此，食物产品和动物饲料常常要添加这种氨基酸。所以将赖氨酸作为强化食品添加剂，用于婴儿的成长期、妇女妊娠、哺乳期、老年、病后恢复期等的营养食品。现在为满足这种需要，世界L-赖氨酸年产量超过380 000t。其中90 000以上是直接用发酵法和生物转化法生产。其余是通过化学合成法生产。化学方法生产的主要缺点是合成D-型和L-型异构体混合物，但是人类只能利用L-赖氨酸。这样，化学合成后，要求进行光学拆分，而微生物生产的优势是只形成L-型异构体。

27.6.6.1　赖氨酸的生物合成途径和菌种

不同的微生物其赖氨酸的生物合成途径是不同的，细菌的赖氨酸生物合成途径是经过二氨基庚二酸（DAP）合成的，酵母、霉菌的赖氨酸生物合成途径则是经过α-氨基己二酸合成的。同样是经过二氨基庚二酸生物合成途径合成赖氨酸，但在不同的细菌中，生物合成的调节机制有所不同。大肠杆菌有三个天门冬氨酸激酶和两个高丝氨酸脱氢酶，因此是通过同功酶进行调节的（图27-9），而谷

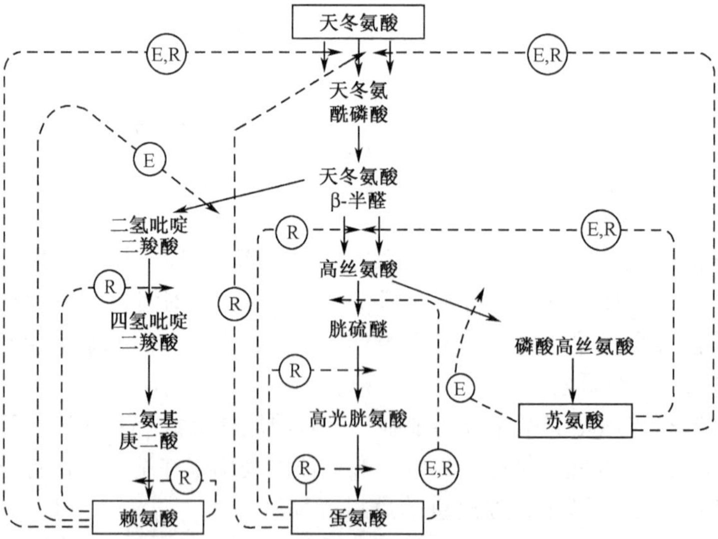

图27-9　大肠杆菌的赖氨酸、蛋氨酸和苏氨酸生物合成途径

E.反馈抑制；R.反馈阻遏

氨酸棒状杆菌、黄色短杆菌或乳糖发酵短杆菌不存在同功酶，是通过赖氨酸和苏氨酸的协同反馈抑制进行调节的（图 27-10）。

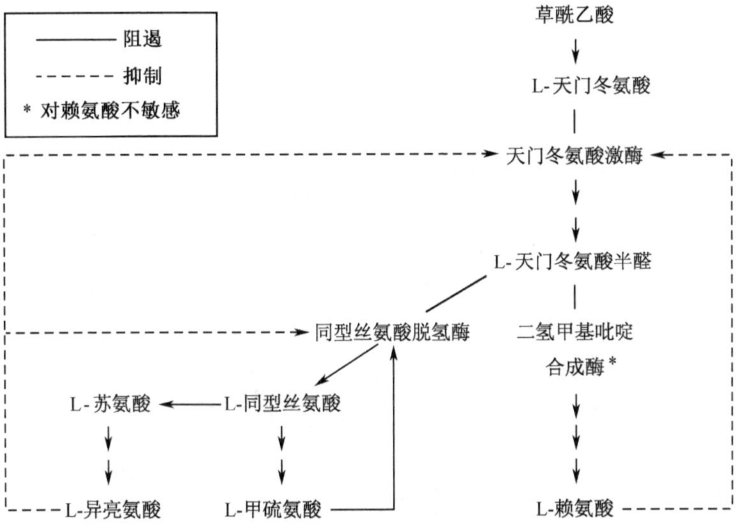

图 27-10　谷氨酸棒状杆菌 L-赖氨酸合成的调节

野生型谷氨酸棒状杆菌产生 L-赖氨酸的代谢调控如图 27-10 所示。代谢中关键的第一步是天门冬氨酸激酶催化天门冬氨酸形成天门冬氨酰磷酸，天门冬氨酸激酶是受分支途径中两个末端产物——赖氨酸和苏氨酸的协同反馈抑制的。同型丝氨酸脱氢酶的活性也是受苏氨酸反馈抑制的，并受甲硫氨酸的反馈阻遏。二羟甲基嘧啶合成酶是分支点之后的第一个酶，但不受赖氨酸积累得反馈抑制，这是很不寻常的。

经筛选获得的谷氨酸棒状杆菌赖氨酸超产菌株，在这些反馈调节机制中是有缺陷的。它们缺失了同型丝氨酸脱氢酶活性，是同型丝氨酸的营养缺陷型。这些营养缺陷型菌株将所有的天门冬氨酸半醛转化为赖氨酸，因为苏氨酸合成的丧失，所以不再受反馈抑制的控制（图 27-11）。但是为维持营养缺陷型菌株的生长，必须注意在培养基中加入苏氨酸、甲硫氨酸和异亮氨酸的含量。

27.6.6.2　赖氨酸的发酵条件控制

L-赖氨酸发酵主要是用通气搅拌发酵罐进行分批发酵。尽管也可以利用其他的碳水化合物、醋酸或乙醇，但甘蔗糖蜜是它最偏好的碳源，常常还要补充大豆水解物。发酵温度维持在 28℃，用尿素或氨水维持 pH 在中性附近，尿素或氨水

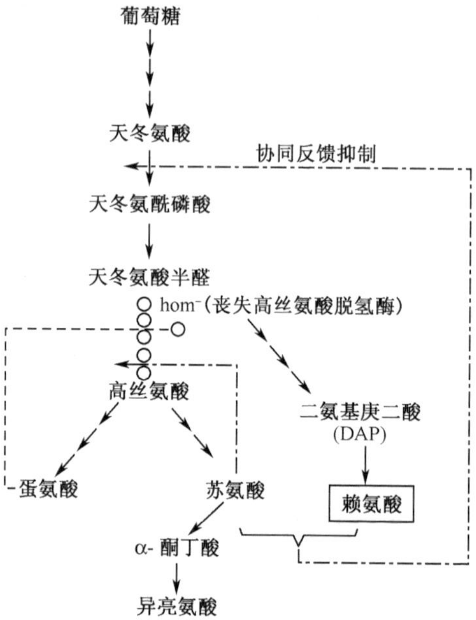

图 27-11　谷氨酸棒状杆菌高丝氨酸营养缺陷型的赖氨酸生物合成途径

○○○○○为营养缺陷位置

也可以起到氮源的作用。生物素浓度的控制非常重要，因为生物素浓度在 30μg/L 以上，就会导致 L-谷氨酸取代 L-赖氨酸而积累。甘蔗糖蜜一般含有适量的生物素，可以满足生长的需要。

控制溶解氧的浓度对赖氨酸发酵特别重要，因为供氧不足，会导致乳酸积累，并可能使赖氨酸的产生受到不可逆抑制，其抑制作用与细胞膜透性有关。因为供氧不足，增加细胞内的赖氨酸和磷脂含量，而发酵液中，赖氨酸含量降低。在发酵时，添加某些前体或其他物质，可以提高赖氨酸的产量，如采用短小假单胞菌，可以添加甘氨酸或丝氨酸；采用谷氨酸棒状杆菌可添加胱氨酸发酵液或红霉素；采用黄色短杆菌可添加铜离子等。

一般使用大约相当于发酵体积 10%的高浓度接种量，可以明显缩短延迟期。赖氨酸的产生开始于对数期的前期，一直持续到整个稳定期。在含有蔗糖(100g/L)的糖蜜（200g/L）培养基中，发酵大约持续 60h，得率为 40～45g/L。

赖氨酸的回收比较简单。除去细胞后，发酵液用盐酸酸化到 pH2.0，L-赖氨酸吸附在离子交换柱（氨型）上。然后用稀释的氨水将 L-赖氨酸洗脱下来。洗脱液再次酸化，最终结晶出 L-赖氨酸盐酸盐。

27.6.7　异亮氨酸、亮氨酸生产工艺

异亮氨酸、亮氨酸和缬氨酸均是分支氨基酸，其分子中都有甲基侧链，化学性质也非常接近。它们都属于必须氨基酸。异亮氨酸具有两个不对称碳原子，存在 4 种异构体，其中仅 L-异亮氨酸能为动物利用，其他异构体均无营养价值。微生物产生的异亮氨酸是 L-型的，所以发酵法具有重要意义。

27.6.7.1　异亮氨酸、亮氨酸和缬氨酸的生物合成途径

异亮氨酸、亮氨酸和缬氨酸的生物合成途径是相关的，存在着共同的酶促反应步骤。这三种氨基酸分别是经由苏氨酸、丙酮酸和α-酮基异戊酸合成的。异亮氨酸和缬氨酸的合成途径中，除氨基酸脱水酶外，其他的酶都是共同的。缬氨酸和亮氨酸则有共同的中间产物α-酮基异戊酸。这三种氨基酸合成的最后步骤都是由氨基酸转氨酶催化（图 27-12）。

27.6.7.2　异亮氨酸发酵

异亮氨酸发酵有两种方法，即添加前体发酵法和直接发酵法。早期，异亮氨酸发酵是通过添加前体物质，避开反馈调节进行的。异亮氨酸生物合成中的关键酶苏氨酸脱水酶是受异亮氨酸的反馈抑制，并且异亮氨酸、缬氨酸生物合成酶系还受异亮氨酸、缬氨酸和亮氨酸的多重阻遏。发酵时，添加 D-苏氨酸、α-酮基异戊酸等前体物质，绕过异亮氨酸对苏氨酸脱水酶的反馈抑制。同时使细胞内异亮氨酸、缬氨酸和亮氨酸的储存平衡遭到破坏，导致异亮氨酸、缬氨酸合成酶系解除阻遏而过量积累异亮氨酸。

直接发酵法是因为应用了抗反馈调节突变株。使用的生产菌种主要有谷氨酸棒状杆菌、黄色短杆菌和黏质赛莱氏菌的抗性突变株。例如，异亮氨酸氧肟酸抗性突变株解除了异亮氨酸对苏氨酸脱水酶的反馈抑制；α-氨基丁酸抗性菌株解除了对异亮氨酸、缬氨酸合成酶系所受到的阻遏。

27.6.7.3　亮氨酸发酵

亮氨酸是从缬氨酸生物合成后期的中间产物α-酮基异戊酸分支出来的。异亮氨酸、缬氨酸合成酶系受异亮氨酸、缬氨酸和亮氨酸的多重阻遏，但亮氨酸生物合成途径的初始酶α-异丙基苹果酸合成酶仅受亮氨酸的反馈抑制，同时还需要α-

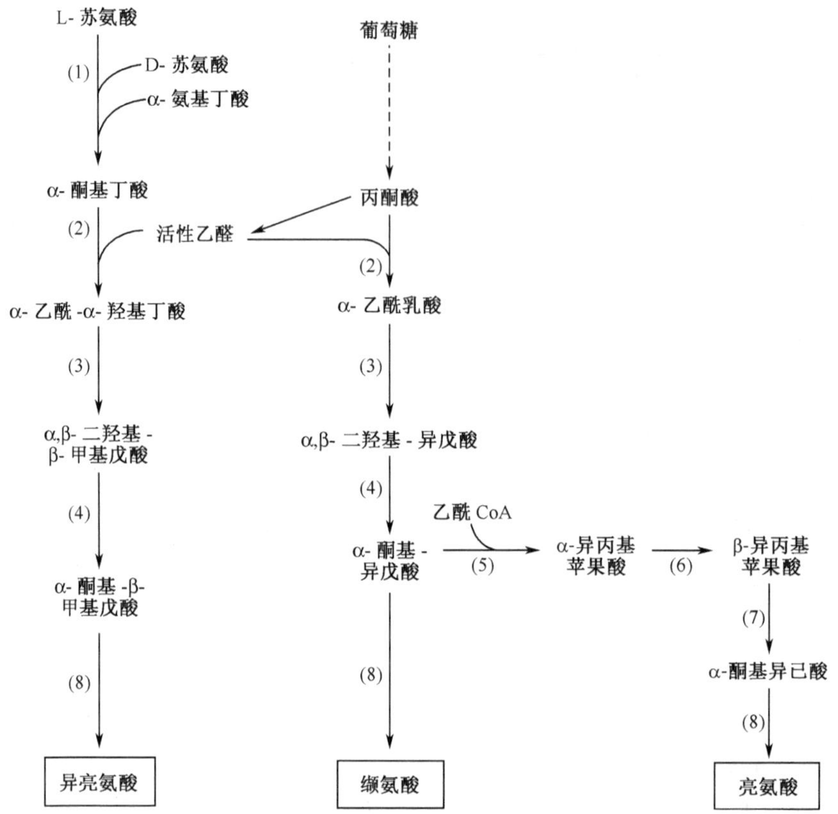

图 27-12　异亮氨酸、亮氨酸和缬氨酸的生物合成途径

（1）苏氨酸脱水酶；（2）乙酰乳酸合成酶；（3）二羟基还原异构酶；（4）二羟酸脱水酶；（5）α-异丙基苹果酸合成酶；（6）α-异丙基苹果酸异构酶；（7）β-异丙基苹果酸脱氢酶；（8）支链氨基酸转氨酶

酮基异戊酸的积累。

亮氨酸高产菌株的选育可以采用各种不同的策略，如选育α-氨基丁酸抗性突变株，可以解除对异亮氨酸、缬氨酸生物合成酶系的阻遏作用。还可以选育异亮氨酸缺陷型回复突变株，此回复突变株的α-异丙基苹果酸合成酶不再受亮氨酸的反馈抑制。此外，还有α-噻唑丙氨酸抗性兼蛋氨酸、异亮氨酸双重缺陷型突变株用于亮氨酸发酵生产。

27.6.8　其他氨基酸的生产方法

L-氨基酸的产生也可以通过选择性水解外消旋异构体前体的方法生产。例如，L-谷氨酸采用化学合成的 D-L-乙内酰脲-5-丙酸前体来生产。这个工艺使用短芽孢杆菌（*B. brevis*），它产生乙内酰脲酶，可以获得 90%的 L-谷氨酸收率（图 27-13a）。

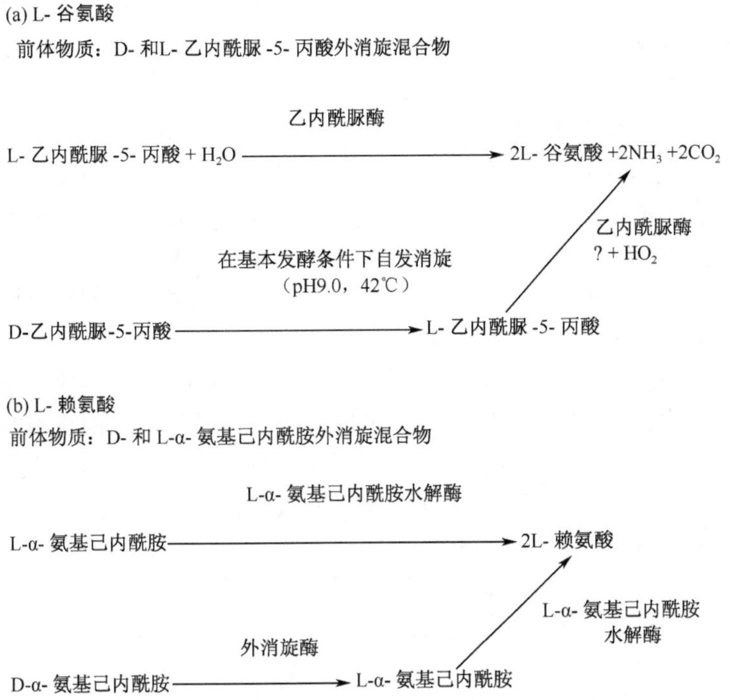

图 27-13　L-氨基酸的生物转化

L-赖氨酸也可以通过分批生物转化工艺，由 D-L-α-氨基己内酰胺产生。D-L-α-氨基环己内酰胺是用己内酰胺化学合成的一种便宜的材料，按照 100g/L 的浓度与罗伦隐球酵母（*Cryptococcus laurentii*）和无色杆菌（*Achromobacter obae*）一起加入反应容器。加入的底物几乎可以完全转化为 L-赖氨酸。这个方法使用了酵母水解酶的立体定向性，将 L-异构体转化为 L-赖氨酸。剩余的 D-异构体的α-氨基己内酰胺由无色杆菌产生的内消旋酶转化成 L-型（图 27-13b）。这种方法对 D-氨基酸的合成也有用，某些 D-氨基酸是半合成青霉素和头孢霉素重要的侧链前体，如 D-*p*-羟苯基甘氨酸。

27.7　有机酸

27.7.1　柠檬酸

柠檬酸作为酸味剂和风味剂广泛用于饮料、糖果和其他食品，以及烘焙食品的发酵体系中。因为它有 GRAS 身份，所以作为食品的组分，是不受限制的。

有机酸也有许多非食品方面的应用。例如，在电镀中维护溶液中的金属、作为金属的清洁剂和酸洗试剂、在去垢剂工业及在各种药物利用中，作为多聚磷酸盐的替代品等。

直到 20 世纪 20 年代，柠檬酸主要还是从柠檬汁里制取，但在 1923 年，美国的 Pfizer 开发出以发酵为基础的工艺。生产菌种是丝状真菌黑曲霉，这是一个专性好氧菌，利用蔗糖和矿物盐培养基进行表面培养。实际上，现在全世界的生产都是使用发酵工艺，主要产地是在西欧、美国和中国。柠檬酸已经成为世界性的主要发酵产品，年产量超过 500 000t，产值大约是 80 亿美元。现在对柠檬酸的需求一直在增加，特别是在饮料中的应用。

现在柠檬酸的生产还在沿用表面发酵法，但从 20 世纪 40 年代后期开始，沉没发酵已经成为主要的生产方式。包括丝状真菌、酵母菌和细菌在内的许多微生物，都可以用于生产这种初级代谢产物，但黑曲霉仍然是主要的工业生产菌种。现在为各种类型的发酵工艺开发出不少特殊的菌株，它们能够高产率地产生柠檬酸，其产量常超过碳源利用理论值的 70%。

27.7.1.1　柠檬酸的生物合成

涉及柠檬酸生物合成的代谢途径是 EMP 途径和 TCA 循环。黑曲霉也可以通过戊糖磷酸途径合成柠檬酸，这个途径能够与糖酵解竞争碳单位。

在糖酵解中，柠檬酸形成的第一阶段是已糖裂解为丙酮酸，随后脱羧产生乙酰 CoA（图 27-14）。在这个反应中，非常重要的是释放的 CO_2 不能被丧失，而是在加碳形成草酰乙酸中，CO_2 通过丙酮酸羧化酶（黑曲霉产生的）再返回（草酰乙酸形成也有其他的加碳途径）。通常，通过 TCA 循环的完成，可以大量补充草酰乙酸，草酰乙酸通过与乙酰 CoA 缩合（由柠檬酸合成酶催化）形成柠檬酸，使循环重新开始。但是为了积累柠檬酸，它向下的代谢必须被阻断。也就是抑制顺乌头酸酶的活性，这个酶在 TCA 循环中催化下一步反应。抑制方法是去掉铁离子，因为铁离子是顺乌头酸酶的激活剂。因此，在柠檬酸积累期间，TCA 循环除了形成柠檬酸外，草酰乙酸形成以前的途径，大部分是不进行的。

常规的菌株修饰方法和初级代谢成分的遗传工程技术都可以用来改进黑曲霉的柠檬酸生产。目的是增加柠檬酸形成的代谢流，而降低这个途径的分支代谢流，这样可以产生比较少的副产物，特别是葡萄糖酸和草酸。利用缺失了葡萄糖氧化酶的突变株，就不能产生葡萄糖酸。另一个方法是超量产生主要途径代谢流的组成酶。

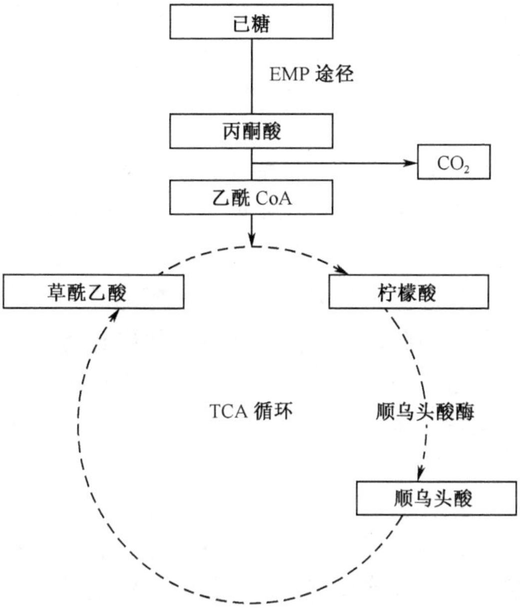

图 27-14　柠檬酸的生物合成

27.7.1.2　柠檬酸生产的发酵工艺

（1）表面发酵和固体发酵

这些是使用简单技术的生产方法，并且能耗较低，但劳动强度却比较高。液体表面培养是将灭过菌的培养基（这种培养基一般含有糖蜜，再加上各种盐类）装入浅的铝盘或不锈钢盘（5～20cm 深）中，叠放在无菌室里。培养基要注意维持低水平的铁，否则柠檬酸产量就会下降。浅盘用黑曲霉孢子（孢子悬液或干孢子）喷洒接种。菌丝在培养基表面生长。用无菌空气吹过这些培养基，这对维持好氧条件、控制温度和降低 CO_2 水平是非常重要的。在培养期间，培养基 pH 逐渐降到 2 以下，在这个 pH 点上，柠檬酸才开始产生。在 30℃经历 8～12 天完成发酵，产量大约在 1.0kg/（m^3·天）。

柠檬酸固体发酵工艺是小规模操作方式。每个工厂每年只能生产数百吨，是使用蒸汽灭菌的麦麸或甘薯废料做培养基，维持 70%～80%的湿含量。培养基用黑曲霉孢子接种，然后铺在浅盘上或干净的地板上，深度为 3～5cm。通气培养有助于维持温度（约 28℃）。经过 5～8 天，收集发酵培养基，并用热水浸提。

可以对各种食品加工的残余物进行分析，评价它们是否可以作为柠檬酸生产的低价值原料。另外也探索了各种改进技术，如使用填充层反应器。还有用低水平的真菌生物量产生高水平的柠檬酸的初步试验，因为这样的反应器抑制了真菌的过剩生长，使更多的原料转化成柠檬酸。

（2）沉没培养工艺

世界上 80%以上的柠檬酸是用分批沉没发酵生产的，使用的是 40～200m^3 容量的搅拌罐或者容积更大（200～900m^3）的空气提升式发酵罐。发酵罐应该是抗腐蚀的，用不锈钢或用特殊的玻璃或塑料衬里的钢制造。

主要用甜菜糖蜜或甘蔗糖蜜为碳源。一般使用生活力强的接种物，而不是像表面法那样用孢子接种。因此，用于接种的微生物要经历几次繁殖阶段，以便产生适量的接种物。开始是在固体培养基上产生黑曲霉孢子，然后用小规模的沉没发酵，真菌会产生菌丝球。作为发酵生产的菌种，应该产生一定数量稳定的真菌菌丝球。

菌丝球的结构对产量有重要影响。小于 1mm 直径、具有蓬松的中心和光滑表面的菌丝球最好。这些结构特征和它们的生理特性强烈地依赖于培养基的组成和操作条件。高产柠檬酸的菌丝球具有短的分杈的球状菌丝特征。某些金属（特别是镁）存在时，甚至在很低水平，都可以对菌丝球的形成有害，导致菌丝变长，并且不分杈。正因为如此，必须对所有原料粗品进行预处理，将镁浓度降低到 0.02mmol/L 以下。低水平的镁还可以限制戊糖磷酸途径，否则代谢转离糖酵解途径，而降低了柠檬酸盐产生。还可以加入铜离子与镁离子竞争，防止镁的吸收。也可以通过降低铁离子浓度，来提高柠檬酸的产率。这样减少了柠檬酸向前的代谢，因为顺乌头酸酶要求铁。铜离子的加入可以进一步消除顺乌头酸酶活性。

为了获得更高的柠檬酸收率，培养基糖的浓度至少要在 140g/L，这样有利于启动糖酵解酶和丙酮酸羧化酶活性。通过限制氮源而限制生长，这也是很重要的。控制铵盐水平在 0.1～0.4g/L 范围，可以达到限制生长的目的。铵离子可以抵消柠檬酸盐对磷酸果糖激酶（糖酵解中的关键酶）的抑制效应，刺激柠檬酸的产生。发酵是高度好氧的，维持温度在 30℃。在生长的初期阶段，pH 是 5～7，但随后必须保持在 2 以下，否则草酸和葡萄糖酸就会积累，导致柠檬酸的损失，低的 pH 可以抑制葡萄糖氧化酶。在沉没发酵中，按照 18.0kg/（m^3 · 天）的产量，能够获得 0.7～0.9g/g 葡萄糖的收率。

也有用酵母菌进行的小体积生产，如季氏假丝酵母（*Candida guilliermondii*）和解脂耶氏酵母（*Yarrowia lipolytica*）。酵母不存在金属离子的问题，比现在使用的黑曲霉有更短的周期和更高的产量。

（3）柠檬酸回收

回收柠檬酸首先要从培养基中去掉菌丝。过滤去除菌丝和草酰乙酸是必须的。产生的澄清溶液加热，并加入石灰（CaO），形成柠檬酸钙沉淀。过滤分离后，用硫酸处理，产生柠檬酸和硫酸钙（石膏）沉淀。过滤后，稀释的柠檬酸溶液用活性炭脱色，并蒸发形成柠檬酸结晶。通过离心回收晶体，然后干燥并包装。为了避免使用石灰和硫酸，也可以用其他方法代替，如溶剂浸提、离子对提取和电渗析。

27.7.2　葡萄糖酸

葡萄糖酸钙和葡萄糖酸铁广泛用于医药品，治疗钙和铁缺乏患者。游离酸也可以作为制革工业温和的酸化剂。世界上每年要生产出超过 50 000t 的葡萄糖酸，发酵是用葡萄糖和玉米浆为原料，在限制磷和氮的条件下，进行黑曲霉的沉没发酵。这是高度好气发酵，是在 pH6～7，30℃条件下进行。发酵周期历时 20h，产率超过 97%。

27.7.3　衣康酸

这种二羧酸主要用于黏合剂，以及纸张和纺织工业。也可以作为一种共聚物，与丙烯酸、甲基丙烯酸盐和苯乙烯（图 27-15）一起混合在塑料里。衣康酸是用土曲霉（*A. terreus*）或衣康酸曲霉（*A. itaconicus*）通过沉没培养生产，培养基常使

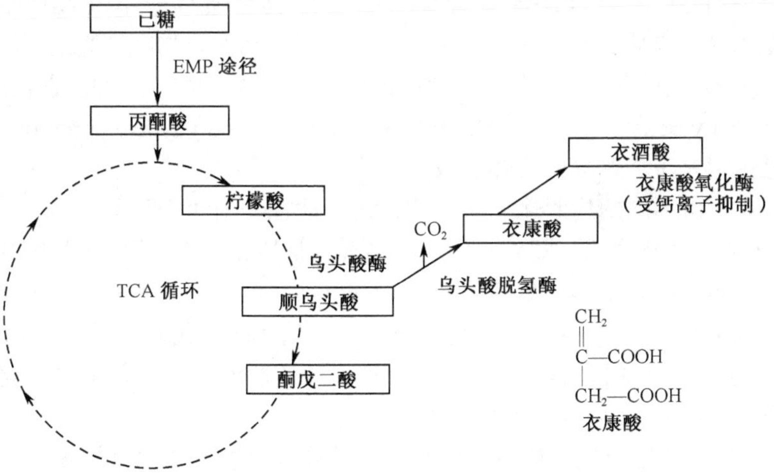

图 27-15　衣康酸生物合成

用糖蜜和玉米浆，产率在 65%以上。在 3 天的发酵过程中，是在较高的温度下操作（35～42℃）的，并且必须大量供氧。其合成是在 TCA 循环的一个分支，经过顺乌头酸脱羧形成衣康酸（图 27-15），一般衣康酸紧接着会氧化成衣酒酸（itatartaric acid）。在生产中，必须避免衣康酸再往下的代谢，否则产量就下降。在培养基中加入高水平的钙离子，可以达到这个目的，钙离子抑制催化衣康酸形成衣酒酸的衣康酸氧化酶活性。

27.7.4 乳酸

乳酸主要是用于食品工业，每年有 30 000t 是在食品中作为风味剂、酸味剂或面团性质改进剂使用。乳酸盐也可以用于其他工业，如乳酸锑在染色工艺中作为媒染剂，乳酸钠用作可塑剂和腐蚀抑制剂。乳酸是用乳酸杆菌（*Lactobacillus delbruckii*）或者其他同属的乳酸细菌（如乳酸杆菌，*L. bulgaricus*）生产，使用 20 000～100 000L 的厌氧发酵罐进行发酵。培养基一般含有复合氮源和维生素添加物，碳源和能源浓度超过 12%（蔗糖或葡萄糖）。也可以使用乳清液形式中的乳糖，做为碳源和能源。碳源经过 EMP 途径代谢为丙酮酸，然后由 L-乳酸脱氢酶转化成 L（＋）乳酸盐。乳酸发酵是在 45～60℃，pH5～6 的条件下操作。发酵周期历时 4～6 天，可以获得相当于糖转化率 90%以上的得率。

27.8 聚羟基链烷酸酯（或盐）

聚羟基链烷酸酯（PHAs）有相当大的应用潜力，可以作为生物可降解材料，代替由石油衍生的塑料。PHAs 是线性的同手性热塑聚酯，许多微生物产生 PHAs，是作为胞内储备物质。在限制营养条件下，这类生物聚合物在细胞内（特别是假单胞菌）积累成直径在 0.2～0.7μm 范围的球状内含体。最常见到的是聚β-羟基丁酸（poly β-hydroxybutyrate，PHB）和聚羟基丙酸（polyhydroxypropionate），它们分别是由羟基丁酸和乳酸单体形成的。

PHAs 是由不同的代谢途径产生的，这个途径分为两个阶段。第一步是羟烷基 CoA 单体的生物合成，随后它们头尾聚合，形成聚合链，可以超过 10 000 单位长度。了解最清楚的是假单胞菌（*Ralstonia eureopha*）（以前叫真氧产碱杆菌）的 PHB 生物合成途径。这个途径包括三个酶：硫解酶催化两个乙酰 CoA 分子的 Claisen 缩合，形成乙酰乙酰 CoA，再由还原酶还原成手性中间体 R-3-羟基丁酰 CoA。最后通过 PHA 合成酶（聚合酶）完成聚合。

PHBs 是微生物产生的最有用的塑料。这类聚合物是可再生资源，可以完全迅速地降解为二氧化碳和水，与石油塑料相比，有几方面的优点。如当与聚羟基戊酸盐（或酯）形成共聚物时（PHBV），其产物比同型聚合物有更快的降解时间。PHBV 是由 Monsanto 公司生产的，商业名称是 Biopol。PHB 在很多方面与聚丙烯类似；两者有相同的相对相对分子质量、熔点、结晶和强度，但 PHB 缺乏聚丙烯的冲击强度。这些物质没有广泛使用的主要障碍是它们的价格比较高，并且时间长了就变得比较脆。现在 PHBs 主要用在生物医药和包装中，特别是被人体酶缓慢降解的缝合线、食品保藏材料和洗发香波瓶子。聚乳酸的衍生物也可以用在医药中，如作为组织生长的模板，整形外科中复位缝合点等。

用真氧产碱杆菌（*R. eureopha*）生产 PHBs 时，聚合物可以构成细胞干重的 90%以上。工业发酵为了获得对碳源的最大产率，在产物形成阶段之前，先有一个生长期。之后应在低氧浓度，限制氮源、磷、镁和硫的条件下操作。

PHB 现在的价格比较高，为 15～30 美元/kg。因此，正在研究更便宜的生产方法。PHAs 现在可以用融合微生物来生产，如大肠杆菌含有编码 PHA 生物合成所需要的酶。这样的融合微生物可以成为经济的 PHAs 的来源。还可以用这些基因转化较高等的植物，用较长的周期生产更便宜的 PHA 产物。转基因宿主包括红水芹，油菜或玉米。

27.9　多元醇

酵母菌产生各种多元醇，包括甘油、赤藻糖醇、甘露醇和木糖醇。木糖醇作为低卡路里甜味剂的应用市场正在增长，特别是用于糖尿病患者的甜味食品。这类多元醇可以通过假丝酵母属、管囊酵母（*Pachysolen tannophilus*）和树干毕赤酵母（*Pichia stipitis*）利用戊糖发酵来生产。

甘油作为可塑剂、溶剂和甜味剂大量用于医药、食品和工业中。可能它更重要的商业用途是作为制造炸药的粗原料。第一个记录微生物甘油产生的是巴斯德，他发现在葡萄酒和啤酒发酵中，酵母菌发酵 100g 蔗糖形成大约 2.5g 甘油。甘油一般是所有酵母乙醇发酵的一种次要产物。

20 世纪初期，Neuburg 发现在发酵期间加入亚硫酸氢盐，定向形成乙醛，可以大大增加甘油的积累。亚硫酸氢盐抑制了乙醇脱氢酶将乙醛还原为乙醇，这是酵母乙醇发酵途径的最后一步，正常的功能是 NADH 再氧化。结果酵母经过另一个途径被强制产生 NAD，否则 EMP 途径终止。NADH 氧化的替代途径是通过二羟基丙酮磷酸（DAP）的还原，这是 EMP 途径中较早的一个产物。DAP 被还原成甘油-3-磷酸，然后转化为甘油。

$$\text{DAP} \xrightarrow{\text{NADH+H} \rightarrow \text{NAD}^+} \text{3-磷酸甘油} \longrightarrow \text{甘油} + \text{Pi}$$

这样就发展出操纵式的工业发酵工艺，它是将 4%亚硫酸氢钠加入到含有

10%（*W*/*V*）蔗糖、0.5%（*W*/*V*）硝酸氨和 0.075%（*W*/*V*）磷酸钾的发酵培养基中。培养基接种 1%（*V*/*V*）酿酒酵母，30℃发酵 48～60h，可以得到 20%～25% 的甘油产率。一直到 20 世纪 40 年代中期，都是在广泛使用发酵法，但现在化学合成法更好一些。

27.10　微生物的胞外多糖

大量的微生物可以在细胞外以离散的荚膜或可溶性黏液的形式产生胞外多糖。这些胞外多糖有同型聚合物和异型聚合物两种，并且有各种生理功能。如它们可以保护微生物抵抗干旱，帮助动物病原体逃避免疫系统，起到病毒和化学试剂屏障的作用，有助于微生物对表面的吸附以及提供碳源和能源贮存物等。现在人们已经认识到它们的商业潜力。微生物的胞外多糖可以代替传统的高等植物和藻类多糖（淀粉、藻酸盐、角叉胶、阿拉伯树胶、槐豆胶、瓜尔豆胶等），在众多食品和非食品应用中作为增稠剂和稳定剂。这是因为它们的实用性、多样性和新的特性，容易生产及成本效率等优势决定的。细胞壁和胞外多糖包括如下种类。

① 藻酸盐是 L-古洛糖醛酸和 D-甘露糖醛酸的异型聚合物，某些单体含有 *O*-乙酰基团。这类聚合物是由假单胞菌属的菌种和棕色固氮菌（*Azotobacter vinlandii*）形成的。可以用作造纸和纺织工业的胶料试剂或食品稳定剂。

② 纤维素是一种β-1，4-葡聚糖，由醋酸细菌木醋杆菌（*Acetobacter xylinum*）菌株形成的一种菌膜。这个物质可以用表面培养或沉没培养生产，它有各种用途。包括作为食品成分，外科手术或皮肤烧伤的临时性人造皮肤，以及用于声音膜等。

③ 几丁质是 *N*-乙酰葡糖胺残基的多聚物和它的脱乙酰衍生物——壳聚糖，是真菌细胞壁组分。现在是由甲壳类动物的废料中制取，但从真菌细胞壁纯化会更加容易。这类聚合物可以制成纤维，制造创伤敷料，也可用于螯合试剂，澄清试剂和食品防腐剂。

④ 热凝胶多糖（Curdlan）是产碱菌属（*Alcaligenes*）和土壤杆菌属（*Agrobacterium*）的菌种产生的一种β-1,3-葡聚糖。这个多糖的水溶液加热时，在很宽度的 pH 范围（pH2.0～9.5）内都有形成坚硬的不可逆胶的能力。在日本，热凝胶多糖用于各种食品的防腐剂。但是，现在美国和欧洲已经不再作为食品成分。

⑤ 右旋糖苷是短的分支葡聚糖，含有α-1,6-糖苷键和α-1,3-分支点。有几种微生物可以产生右旋糖苷，包括肠膜明串珠菌（*Leuconostoc mesenteroides*）。右旋糖苷用于血浆补充剂和吸附剂。

⑥ 吉兰糖胶（E418）是含有葡萄糖、鼠李糖和葡萄糖醛酸（比例为 2∶1∶1）的异型聚合物，少动鞘氨醇单胞菌（*Sphingomonas paucimobilis*）在好氧发酵条件下产生这种多糖。这个多糖能够形成不同性质的胶体，这取决于它是取代形式还是非取代形式。天然多糖形成弹性胶，而碱处理的去乙酰多糖产生脆软的胶，这有不同的用途。吉兰糖主要作为藻类聚合物琼脂和角叉胶的替代品，特别是用于食品。

⑦ 多聚糖和磷酸甘露聚糖是酵母细胞壁的两种组分。酿酒酵母的聚糖可以用于食品、药品和化妆品。食品应用包括作为增稠剂、脂肪替代物和动物饲料添加剂。酵母多聚糖在动物和人类的医药保健品应用中，可以用于皮肤修复化妆品、降低胆固醇治疗剂、伤口治疗剂、疫苗佐剂和免疫激活剂。磷酸甘露聚糖是从汉逊酵母（*Hansenula*）和毕赤酵母（*Pichia*）中获得到可溶性胶体物质。它们表现出一些有用的特性以及对微生物侵袭的抗性。

⑧ 茁霉多糖是一种线性的α-1, 4-葡聚糖，但每隔 3 或 4 个葡萄糖单位有α-1, 6-糖苷键，是由类似于酵母的真菌出芽短梗霉（*Aurobasidium pullulans*）产生的。这种物质有形成膜和胶黏的特性，可以在食品薄膜包装产品中使用。

⑨ 小核菌葡聚糖是具有特殊的β-1,6 分支点的β-1,3-葡聚糖，由真菌如葡聚糖小核菌（*Sclerotium glucancum*）产生的。它表现出假塑性，可以用于油漆、墨水和钻挖泥浆。

现在从不同的微生物中，分离出其他几种表现出新特性的凝胶化聚糖。包括可以与一价或二价离子结合的聚糖胶，如肠杆菌（*Enterobacter*）XM6 的胶糖，拜氏固氮菌（*A. beijerinckia*）的拜氏聚糖（beijeran），苜蓿根瘤菌（*Rhizobium meliloti*）突变株的聚合物和肺炎克雷伯氏菌（*Klebsiella pneumoniae*）的异型聚合物 S-53。

对微生物多糖进行修饰，改变它们的功能，可以进一步增加它们的应用范围。一般可以通过化学法和酶法处理多糖，或通过基因工程产生菌等方法。

27.10.1　黄原胶

到目前为止，微生物胞外多糖最成功的商品应用是黄原胶，它是由黄单胞菌属（*Xanthomonas*）的菌种产生的，如野油菜黄单胞菌（*X. campestris*）、胡萝卜黄单胞菌（*X. carotae*）、景葵黄单胞菌（*X. malvacearum*）和菜豆黄单胞菌（*X. phaseoli*）。这些细菌是短小，运动，好氧，革兰氏阴性，产生黄色色素的杆菌，许多是病原菌。如野油菜黄单胞菌，这是用于商品黄原胶生产的菌种，它可以引起花椰菜，卷心菜和芜菁甘蓝的疾病。

在 20 世纪 50 年代后期，美国北部地方研究实验室最早进行了有关黄原胶的研究工作，并由 Kelco 公司于 1961 年开始商业生产。1969 年，由 FAD 批准为允许食品使用，现在是 GRAS 状态。在欧洲，黄原胶称为增稠剂 E415。

黄原胶是一种高相对相对分子质量螺旋异型聚合物，相对相对分子质量在（1.0～2.0）$\times 10^6$Da 范围，由 D-葡萄糖，D-甘露糖和 D-葡萄糖醛酸（摩尔比例为 2∶2∶1）组成。D-葡萄糖单位是β-1,4-糖苷键连接，与纤维素相同，形成分子的骨架。聚合物有规律地出现分支，这是因为骨架葡萄糖单位交替地连接有一个三糖链，三糖链是由α-D-甘露糖，β-D-葡萄糖醛酸和另一个α-D-甘露糖组成（图 27-16）。但是在这些侧链中会有变化，因而影响聚合物的各种性质。在分子末端的甘露糖单位可以出现丙酮酸，内部的甘露糖也可以是 *O*-乙酰化的。商品黄原胶丙酮酸的取代程度在 30%～40%之间，醋酸的取代程度在 60%～70%之间。这种区别取决于不同的野油菜黄单胞菌生产菌株和生长培养基配方。野油菜黄单胞菌突变株形成的黄原胶具有较短的侧链，因而表现出与野生型细菌产生的黄原胶非常不同的生理特性。

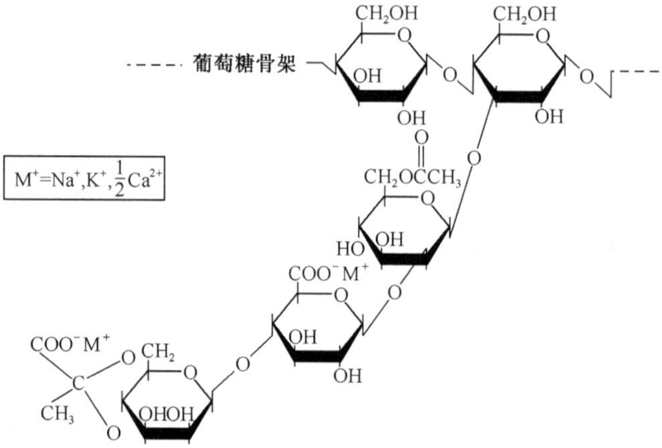

图 27-16　黄原胶的戊糖重复单位

根据黄原胶在冷水或热水中稀释和产生高黏度的能力［甚至浓度低到 0.05%（*W*/*V*）］，有不同的工业应用。与其他胶类物质相比，在同样的浓度下，黄原胶有更高的黏度。在 1%（*W*/*V*）KCl 溶液中，1%（*W*/*V*）的聚合物浓度，黄原胶、瓜尔豆胶、羧甲基纤维素和海藻盐的黏度值分别是 11 300mPas、4000mPas、410mPas 和 210mPas。其他重要的特性包括：黄原胶溶液的半透明性；与酸、碱和盐的相容性；在常温下的稳定性；假塑流变性（如黄原胶溶液在剪切后可恢复黏度）。黄原胶也可以与其他聚合物协同增效。例如，与半乳糖甘露聚糖或葡萄糖甘露聚糖混合形成热可逆胶，而单独使用则不会形成热可逆胶。

黄原胶产品大约 60%是用于非食品方面。包括作为油漆乳化剂的稳定剂，肥料和杀虫剂的载体，纺织染料的增稠剂，钻机的润滑剂，石油工业的三级回收，以及高档纸张的黏合涂料。黄原胶也有协助糊状物流动的特性（如促进牙膏从容器中流出），但在剪切力消失后又恢复黏度。

黄原胶在食品方面的应用包括作为增稠剂、黏合剂、薄膜和衣料的黏结剂、乳化剂和稳定剂（表 27-6）。黄原胶也可以协助风味的快速释放，并提供良好的口感特性。现在，黄原胶几乎占据了美国食品增稠剂市场的 1/4。但是与淀粉和其他合成聚合物相比，由于黄原胶有比较高的价格（20～25 美元/kg），因而限制了它的广泛使用。不过它的价格与其他功能相当的胶体物质是相近的。

表 27-6　黄原胶在食品应用中的作用

功能	应用
黏合剂	糖衣和上光
虫胶黏合剂	动物食品
涂层剂	糖果
乳化剂	色拉味调料
封装	刺激风味
薄膜形成	保护涂层剂，香肠肠衣
泡沫稳定剂	啤酒
稳定剂	冰激凌，色拉味调料
溶胀剂	加工肉类产品
胶体脱水收缩抑制剂	干酪，冷冻食品
增稠剂	果酱，酱油，果汁和饼馅
增效黄原胶–半乳糖甘露糖混合物	
胶体成型和胶体稳定	冰激凌
	干酪和奶油干酪
	甜点胶
	混合饮料（通过晃动从而混合其中成分的饮料）和奶酒
	布丁和馅饼
黏度控制	冰激凌
	速溶汤粉
	巧克力饮料
	混合饮料

27.10.2　黄原胶生产

黄原胶的年产量大约是 20 000t。其生产受几方面因素的影响，如使用的反应器类型、操作模式、培养基组成和操作条件。特别重要的是氧气供应，一般为 1VVM，但维持这个水平并不简单。因为在发酵期间，黄原胶的合成会使培养基的黏度增加，而妨碍了均匀混合，导致氧的传递速率降低。因此，发酵罐设计、搅拌速度和空气流速是关键因素。最常用的是分批发酵体系，但黄原胶也可以用连续工艺生产。连续发酵工艺条件是限制氮源，稀释率为 0.025～0.05/h。这种条件下，可以获得高收率和较低的生产成本。生产条件的标准化也可以产生更加一致的产品。但是，连续发酵可能遇到通气和微生物污染的问题。

野油菜黄单胞菌能够利用各种碳源，包括淀粉、淀粉水解物、玉米糖浆、糖蜜、葡萄糖和蔗糖。其他可以利用并且更便宜的原料是乳清、谷物水解物和干碾磨的玉米淀粉。黄原胶的特性，特别是相对相对分子质量和流变特性是受所使用原料组成影响的。

生产首先是在中等规模的发酵罐里用丰富繁殖培养基培养细菌，获得种子。然后将种子接种到大型机械搅拌发酵罐里（体积为 50～200m^3）。生产培养基一般含有：

① 一种碳源，一般是 D-葡萄糖、蔗糖、淀粉或淀粉水解物，浓度为 30～40g/L；

② 一种氮源，酪蛋白或大豆水解物、胺盐、蛋白胨、玉米浆、酵母浸出物或尿素。碳氮比＝10∶1 时，可以获得最大产率；

③ $MgCl_2$ 和其他微量盐类；

④ 用 K_2HPO_4 作为缓冲剂。

在分批发酵中，维持温度 28～30℃，pH7.0；如果 pH 下降，胶产量很快下降。细菌在对数生长期以与生长速度相应的速度产生黄原胶，并且一直持续到稳定期。发酵一般在 3 天内完成。

经济可行的黄原胶最小终浓度是 25g/L，多数工业发酵可达到 50g/L 以上。发酵结束时，培养基加热到 100～110℃，维持 10min，这样可以杀死细菌并改善黄原胶的流变特性。随后就是进行一系列纯化，这是由最终产品的应用要求决定的（图 27-17）。为满足某些应用的要求，必须通过离心或过滤方法去掉细胞。用甲醇或异丙醇（特别是制备食品级产品要用异丙醇）沉淀黄原胶，然后离心分离。生产中超过 50%的成本是下游加工成本，因此溶剂的回收是必要的。产品经过脱水干燥（鼓式或喷雾）、粉碎、过筛，并以可分散的颗粒粉形式进行包装。

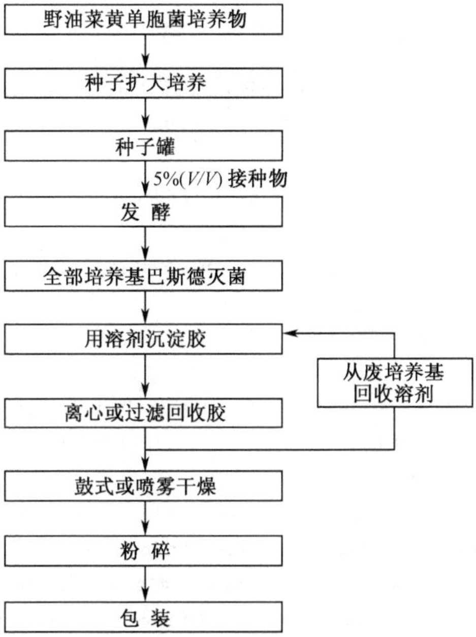

图 27-17　黄原胶生产

27.11　生物乳化剂

生物乳化剂是指同一个分子中具有亲水和疏水特性的两性蛋白质和多糖。这样的化合物能够稳定水包油型乳浊液。它们是许多微生物在生长期结束时产生的胞外聚合物。但是它们在微生物体内的作用还不完全清楚。例如，由降解油的细菌如乙酸钙不动杆菌（*Acinetobacter calcoaceticus*）产生的 RAG-1 乳化剂，与其他多数乳化剂不同，这种生物乳化剂含有与阴离子异多糖共价结合的疏水长链脂肪酸。

生物乳化剂在许多工业中有应用潜力，包括食品、油漆、纺织品、化妆品和药品的加工。产朊假丝酵母（*Candida utilis*）是食品级酵母，它产生的多糖乳化剂有在食品加工中应用的前途。这些聚合物与目前工业中应用的低相对相对分子质量合成乳化剂相比，有多方面的优势，如它们可以形成稳定的乳浊液，并且是可以生物降解的，但是其价格比较贵。不过预测通过工艺和菌株的改进，使产量增加，就会降低生产成本。

主要参考文献

Amore R, Kötter P, Ciriacy M, et al. 1991. Cloning and expression in *Saccharomyces cerevisiae* of NAD（P）H-dependent xylose reductase encoding gene （XYL1） from the xylose-assimilating yeast, *Pichia Stipitis*. *Gene* 109, 89～97

Anderson A J, Dawes E A. 1992. Occurrence, metabolism, metabolic roles, and industrial uses of bacterial polyalkanoates. *Microbiol Rev* 54, 450～472

Awang G M, Davis B P, Ingledew W M. 1988. The acetone-butanol fermentation. *Critic Rev Microbiol* 15(Supplement 1）, S33～S67

Bekerman R, Segal G, Ron E Z, et al. 2005. The AlnB protein of the bioemulsan alasan is a peroxiredoxin. *Appl Microbiol Biotechnol* 66, 536～541

Bennett J W, Klich M A. 1992. *Aspergillus*-Biology and Industrial Applications. Butterworth-Heinemann, Boston

Crueger W, Crueger A. 1990. Biotechnology: A Textbook of Industrial Microbiology. 2nd ed. Sinauer Associates Sunderland, Mass

Dahn K M, Davis B P, Pittman P E, et al. 1996. Increased xylose reductase activity in xylose fermenting yeast *Pichia stipitis* by overexpression of XYL1. *Appl Biochem Biotechnol* 57/58, 267～276

Daniell H, Guda C. 1997. Biopolymer production in microorganisms and plants. *Chem Indust* 21, 555

Demain A L, Davies J E, Atlas R M. 1999. Manual of Industrial Microbiology and Biotechnology. American Society for Microbiology, Washington DC

Ericksson K E. 1997. Advances in Biochemical Engineering 17: Biotechnology in the Pulp and Paper Industry. Springer-Verlag, New York

Finkelstein M, Davison B H. 2000. Twenty-First Symposium on Biotechnology for Fuel and Chemicals. Humana Press, Totowa, NJ

Glazer A N, Nikaido H. 1995. Microbial Biotechnology. W. H. Freeman, New York

Jeffries H, Kurtzman C P. 1994. Strain selection, taxonomy and genetics of xylose-fermenting yeast. *Enzyme Microbiol Technol* 16, 922～932

Kötter P, Ciriacy M. 1990. Isolation and characterization of *Pichia stipitis* xylitol dehydrogenase gene, XYL3 and construction xylose-utilizing *Saccharomyces cerevisiae* transformant. *Current Genet* 18, 493～500

Ladisch M R. 1991. Xylose fermentation by *Saccharomyces cerevisiae. Appl Biochem Biotechnol* 13, 280～283

Liu C B, Liu Y, Chen S L. 2005. Effects of nutrient supplements on simultaneous fermentation of nisin and lactic acid from cull potatoes. *Appl Biochem Biotechnol* 122, 0475～0484

Lovitt　R W, Kirn B H, Shen G J, et al. 1988. Solvent production by microorganisms. *CRC Critical Rev Biotechnol* 7, 107～186

Lynd L R. 1996. Overview and evaluation of fuel ethanol from cellulosic biomass: technology, economics, the environment and policy. *Ann Rev Ene Envir* 21, 403～465

Nagodawithana T, Reed G. 1993. Enzymes in Food Processing. 3rd ed. Acdemic Press, San Diego

Patwardhan P R, Srivastava A K. 2004. Model-based fed-batch cultivation of *R. eutropha* for enhanced biopolymer production. *Biochem Eng J* 20, 21～28

Qureshi N, Maddox I S. 1995. Continuous production of acetone-butanol-ethanol using immobilized cells of *Clostridium acetobutylicum* and integrated with product removal by liquid-liquid extraction. *J Ferment Bioeng* 2, 185～189

Roberts I S. 1996. The biochemistry and genetics of capsular polysaccharide production in bacteria. *Ann Rev Microbiol* 50, 285～315

Rosenberg E, Ron E Z. 1997. Bioemulsan: Microbial polymeric emulsifiers. *CRC Critical Rev Biotechnol* 8, 313～316

Sahm H, Eggeling L, Eikmanns R, et al. 1995. Metabolic design in amino acid producing bacterium *Corynebacterium glutamicum. FEMS Microbiol Rev* 16, 243～252

Sutherland I W S. 1998. Novel and established applications of microbial polysaccharides. *Trends Biotechnol* 16, 41～46

Swings J G, Civerolo E L. 1993. *Xanthomonas*. Champman and Hall, London

Tombs M, Harding S E. 1998. An Introduction to polysaccharide Biotechnology. Taylor & Francis, London

Toren A, Orr E, Paitan Y, et al. 2002. The active component of the bioemulsifier alasan from *Acinetobacter radioresistens* KA53 is an OmpA-Like Protein. *J Bacteriol* 184, 165～170

Tucker G A, Woods L F J. 1995. Enzymes in Food Processing. 2nd ed. Blackie Acdemic and Professional （an imprint of Champman & Hall, now Aspen Publishers）, London

Warren R A J. 1996. Microbial hydrolysis of polysaccharides. *Ann Rev Microbiol* 50, 183～212

Wheals A E, Bass L C, Alves D M, et al. 1999. Fuel ethanol after 25 years. *Trends Biotechnol* 17, 482～487

Wood D R. 1995. The genetic engineering of microbial solvent production. *Trends Biotechnol* 13, 259～264

§28 环境生物技术

随着人类生活水平的不断提高和工业生产的快速发展，带来了越来越严重的环境污染问题。人类为解决这一危及人类生存的重要问题，研究出许多废物废水处理的方法，很重要的一种就是环境生物技术。环境生物技术是利用生物试剂（微生物或它们的化合物）与化学、物理以及工程工艺联合使用，在维持、保护和恢复环境中的应用。环境生物技术最重要的作用之一是对来自家庭、城市、农业和工业的固体和液体废物的处理，以降低这些废物对环境的潜在影响。其目标主要是降解或消除工业污水中的异型生物物质（药物、杀虫剂、致癌物等），以及对已经污染的土地和水体进行必要的补救。这个领域还包括微生物在金属冶炼中的清洁技术和煤的脱硫，植物生物量的固体垃圾堆肥和青贮饲料。这个技术也有助于降低我们对化学合成杀虫剂的依赖，如采用生物杀昆虫剂，生物杀真菌剂等。

28.1 废物和污水的处理

自古以来，人类产生的废物大部分直接排入了自然环境。由于人口的大量增加，导致土地和水环境（如湖泊、河流、河口和港湾的水）的严重污染，从而直接影响人类的健康。这个问题在 19 世纪时就已经相当严重了，因此人们意识到必须对这些废物加以处理。最初处理废物是为了防止因水引起的疾病传染，例如伤寒和霍乱。现在，家庭和商业废物的处理是除去悬浮固体和可溶性的有机化合物，并且对氨进行氧化。这样减轻了化学和生物学方面的危害，可以安全地直接排入环境，可以防止疾病的传播、土壤的污染和饮用水资源的直接或间接污染。对于某些污染物，特别是食品工业的污染物，常常使用一些净增值工艺；有销售市场的材料可以再回收（如脂肪和蛋白质），或者将污染物转化成有价值的产品，如燃料、生物量和酶。

为了有效地处理污水，需要一些衡量水体质量的指标，来了解水质污染的程度，从而为废物-废水的处理和控制污水排放提供科学依据。这些指标包括生物需氧量（BOD），化学需氧量（COD），总的悬浮固体（TSS）、总固体（TS）和 pH（表 28-1）等。还有其他测定特殊化合物水平的实验，如氮、磷、重金属、杀虫剂和氯化合物等。

表 28-1　废物废水处理中使用的术语

术语	英文名称	缩写	单位
生物需氧量	biological oxygen demand	BOD	mg 氧/L
化学需氧量	chemical oxygen demand	COD	mg 氧/L
水力停留时间	hydraulic retention time	HRT	h
混合溶液悬浮固体	mixed liquor suspended solids	MLSS	g/L
有机物负荷率	organic loading rate	OLR	kgBOD/m^3/天
污泥负荷率	sludge loading rate	SLR	kgBOD/MLSS/天
固体负荷率	solids loading rate	S_0LR	kg 固体/ m^3/天
表面负荷率	surface loading rate	S_fLR	m^3/ m^2 表面积/天
总固体	total solids	TS	mg 固体/L
总悬浮固体	total suspended solids	TSS	mg 固体/L

28.1.1　废物和废水的来源

污染物绝大部分来自于生活和工业的废物和废水。随着人口的增加和城市人口的密集，大大增加了生活废物和废水的排放量，生活废物和废水包括人的排泄物、纸张、肥皂水、食物废水等。这种废物和废水中含有典型的有机物，如糖类、脂肪、蛋白质、尿素、合成洗涤剂等，这些都是微生物的营养物质。

工业废物和废水是最大的污染源，从不同的工厂排出的废物和废水成分是不同的。例如，造纸厂、糖厂、奶油厂、微生物工厂、食品加工厂等排出的废物和废水与生活废物和废水一样，含有各种有机物。但从矿山、油田、金属工厂、炼油厂、化工厂、纺织印染厂等排出的废物和废水与生活废物和废水大不相同，有的成分比较单一。因此用生物处理法处理时，往往难以维持微生物的营养平衡。有的废物和废水还使水体受颜色污染，或污染物本身是毒性较强的化合物。另外，大量使用的化学农药、堆放的固体污染物、空气中的污染物等会由于雨水的冲刷，将这些污染物带入水体。

这些不同来源的污染物中，大多数都可以很容易地被微生物降解而得以净化，某些特殊的或有毒的污染物尽管处理较困难，但并非不可能。因为微生物的营养类型极为多样，关键是需要找到能够利用这些污染物的微生物。因此对于这类污染物的生物处理，往往接近于纯培养。

28.1.2　水质污染的衡量指标

28.1.2.1　化学需氧量（COD）

污水引起污染的重要因素之一，就是使受纳水体中的溶解氧减少。因此可以通过对溶解氧的分析，来了解有机物的总量，如 COD 和 BOD 的分析。BOD 和 COD 实验，可以提供任何已知废物废水中污染物生物氧化和化学氧化所需氧量的信息。

COD 是指用强氧化剂氧化水中的污染物时所消耗的氧量，其单位是 mg/L。常用的氧化剂有高锰酸钾（锰法）和重铬酸钾（铬法）。除一般的有机物外，硫化物、亚硫酸盐、亚硝酸盐以及对生物有抑制作用的有毒物质，也能被强氧化剂氧化。采用 COD 与 BOD 相比较，更能全面地反映出有机污染物的存在量。但也不是所有的有机物都能被强氧化剂氧化，如锰法氧化能力较差，所以现在已经不常用。铬法也只能氧化直链脂肪族化合物，而不能氧化芳香族和吡啶等杂环化合物。重铬酸钾氧化的反应式如下：

$$C_nH_aO_b+cCr_2O_7^{2-}+8cH^+ \longrightarrow nCO_2+\frac{a+8c}{2}H_2O+2cCr^{3+} \qquad (28\text{-}1)$$

$$C=\frac{2}{3}n+\frac{a}{b}-\frac{b}{3}$$

其测定是将污水作适当稀释，加入浓硫酸维持酸性 pH，加入过量的重铬酸钾，用硫酸银作催化剂，加热回流 2h，冷却后，加 0.1～0.15ml 邻菲绕啉指示剂，用硫酸亚铁铵滴定过量的重铬酸钾至终点，根据所消耗的硫酸亚铁铵的当量数计算出 COD。滴定方程式如下：

$$K_2Cr_2O_7+7H_2SO_4+6FeSO_4(NH_4)_2SO_4$$

$$Cr_2(SO_4)_3+3Fe_2(SO_4)_3+7H_2O+K_2SO_4+6(NH_4)_2SO_4 \qquad (28\text{-}2)$$

28.1.2.2　生物需氧量（BOD）

生物需氧量的检测是取决于微生物的呼吸，表示的是在一定温度、一定时间内微生物利用有机物进行生物氧化所消耗的氧量（mg/L）。此参数的测定一般以 20℃培养 5 天的 BOD 为指标，用 BOD_5 表示。BOD 采用稀释法测定，但此法误差大，重演性差，所以现在多采用仪器测量。常用的仪器有气压式和库仑计 BOD 测试装置。

BOD 的检测不能区分含碳化合物氧化的耗氧量和由硝化引起的耗氧量。例如，BOD_5值为 31.4mg/L，其中仅 9mg/L 是属于含碳化合物氧化的耗氧量，其余为硝化引起的耗氧量。工业中的酸、碱、有毒物质、有毒金属、游离氯等均能影响 BOD 值。所以污水若用生物法处理，还需要一个可生化性指标，即 BOD/COD 的比值。其比值范围如下：

BOD/COD＜0.3，表明此污水不可用生物法处理；

BOD/COD＞0.5，表明此污水可用生物法处理；

BOD/COD＞0.7，表明此污水用生物法处理非常容易。

28.1.2.3 pH

pH 是污水的一个重要指标，它对水体中的水生植物、水生动物等的生存影响很大，其数值的大小，也直接影响污水处理工艺和设备的设计。

28.1.2.4 悬浮物

固体污染物在水中可以溶解、悬浮、胶体、沉淀等形式存在。除溶解外，其他形式都可能影响水体的透光度，从而影响水生植物的生长；或堵塞土壤的空隙，形成河底淤泥等现象。所以在污水处理中，必须将其除去。

28.1.3 处理方法

在 100 年以前，污染的废物和废水都是直接排入环境中的。在发展中国家，现在对允许直接排放到水道和下水管道的污染物排放量有了严格的限制。水权力部门或联合机构都响应这些管理限制条例。例如，英国的条例限制直接排放至下水道的标准为 20∶30，即 20mg/L BOD 和 30mg/L TSS。在排放之前，必须进行适当地处理。现在也发展出大量的方法，用于安全排放之前的污染物处理。因此，现在家庭和工业污染物处理已经是环境生物技术应用的主要领域。

通常工业废物-废水比家庭来源的废物有更大的污染强度。除了小的乡村以外，家庭废水是从下水道系统运输到废物处理工厂进行处理。水的职能部门为每个家庭一定的废水负荷提供服务并收费。然而，工业废物-废水则有三种可供选择的主要处理方式：

Ⅰ. 直接进入地方处理工厂的下水道系统；

Ⅱ. 首先进行部分处理，然后进入下水道系统；

Ⅲ. 内部处理，将污染负荷降低到一个安全水平，然后直接排放到环境中或者重新使用。

假如工业废水是进入了下水道系统，水的职能部门就会根据废物-污水的流量、浓度和组成收费。因此，废物-废水污染物浓度越高，流量越大，则费用越高。

当选择某种方法处理已知的废物-废水之前，各种参数如流量（m^3/天）、BOD（mg/L）、TSS（mg/L）、TS（mg/L）、温度、pH、总氮、磷和其他特殊的污染物，包括这些参数出现的时期，都必须全面加以考虑。影响工厂最终处理方法选择的主要因素是土地的可利用程度，全部的建筑和运转费用，性能要求（如BOD/COD处理百分率）和人力资源需要等。废物-废水处理的方法包括：

① 生物处理，包括好氧和厌氧工艺；

② 化学处理，如凝聚、絮凝、沉淀和电化学工艺；

③ 物理处理，常常是以过筛，沉淀和焚烧的形式。

一般污水处理多采用上述两种或三种方法共同处理，以提高效果。表28-2所示为各种不同的污染物适于采用的技术方法。

表 28-2 适于不同污染物处理的各种基本技术方法

处理原理	处理方法			
	悬浮物	溶解无机物	溶解有机物	微生物
物理化学法	筛网法	渗析	萃取	超滤
	自然沉降	反渗析	活性炭吸附	
	自然上浮	电渗析		
	粒状介质过滤	曝气		
	混凝沉降	萃取		
	混凝气浮	离子交换		
	超滤	螯合		
	微滤	吸附		
化学法		酸碱中和	湿式氧化	加氧
		氧化还原	曝气	加氯
			氧化	
			焚烧	
生物法	甲烷消化法	生物硝化	甲烷发酵法	
	活性污泥法	生物反硝化	活性污泥法	
	生物膜法		生物膜法	
	氧化塘法		氧化塘法	
	污水灌溉		污水灌溉	

例如，在下水道处理中，所有三种类型都可以在不同阶段使用（图28-1）。一般生物废物-废水处理工厂处理家庭污水，而工业废物-废水可以分成三个主

要的阶段：

① 初级处理（预处理和初步沉淀，即一级处理）；

② 次级处理（好氧或厌氧生物处理和次级沉淀，即二级处理）；

③ 三级处理，必要的时候，包括除去所有无机营养，特别是磷和氮。这些无机营养物流入河流和其他水体，常导致植物和藻类的过度生长。某些藻类可以产生毒素，而危害鱼类和家畜。

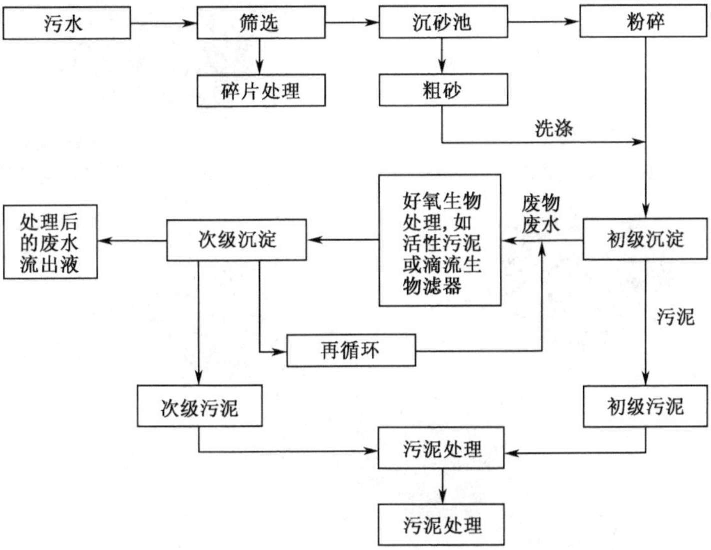

图 28-1　常规废物-废水处理流程

当然，也并非这些步骤全都是必须使用的，特别是三级处理，这取决于废物-废水的污染情况。图 28-2 所示的是一种现代废水处理典型流程框图（图 28-2）。

28.1.3.1　初级处理

初级处理步骤包括除去较大的漂浮物，包括高百分比的悬浮物质。采取的策略取决于特定废物-废水的性质和随后的处理工艺。第一步通常是过筛，目的是去掉大的物体，如碎布、纸等。在进入处理工厂的水流通道处，安装粗筛（6～24mm 孔径）和微筛（2～6mm 孔径）。通道里的平均流速一般是 0.7m/s，要求维持在约 0.5m/s 以上，以免发生沉降。采用人工或自动方式收集筛子里的固体物质，然后进行焚烧或者在垃圾场掩埋。不能用筛子除去的大颗粒，用粉碎机（大型机械搅拌机）降到 0.3mm 以下。废物废水也可以通过沉砂池，目的是除去 95%直径超过 0.2mm 的颗粒。一般在沉淀池梯形的或 V 形的横截面中，

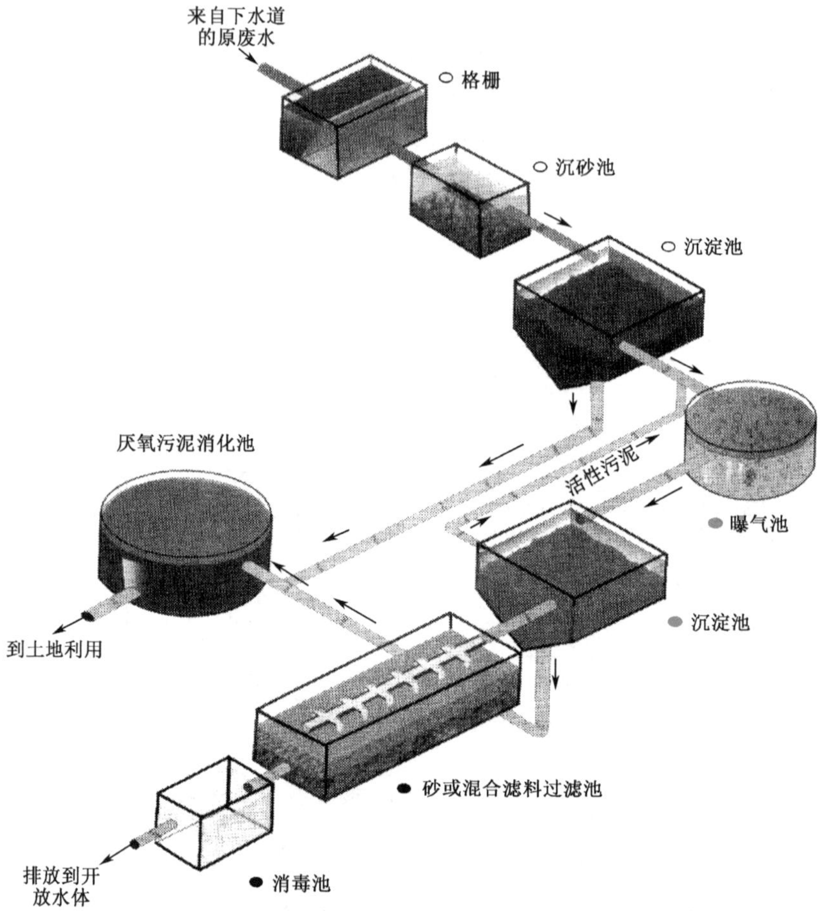

图 28-2　现代废水处理典型流程框图

关键处理：○一级处理；●二级处理；●三级处理

有许多恒速室。保持 0.3m/s 的恒定速度可以使砂沉淀下来，但是其他固体物质仍维持悬浮。从通道底部移出砂，清洗后用于建筑材料或者埋入垃圾场。

初级沉淀阶段进一步降低废物-废水的悬浮固体浓度，同时降低全部的 BOD。在静止条件下，通过限制连续进料槽的流出速度，除掉有机和无机可沉淀固体。家庭污水的沉淀取决于污水的沉淀特性和操作条件，可以除去 50%～70%的悬浮固体，同时降低 30%～40%的 BOD。沉淀槽一般是圆形的（径向流动）或矩形的（水平流动），为了除掉沉淀淤泥，装有机械淤泥废碎装置。

初级处理的主要设计标准是表面负荷率（S_fLR），固体负荷率（S_0LR）和操作水压保持时间（HRT），而在其他发酵工艺中，则定义为平均停留时间（mean residence time）。根据不同的污水特性，S_fLR（如每天加在每平方米槽表面的污水体积）在 30～45m^3/（m^2·天）之间变化。具有良好沉淀特性的废物-废水与低沉淀特性的废物-废水相比，可以在较高表面负荷率条件下操作。这同样也用于固体负荷率上，与每天加在每平方米槽表面的 TSS 的量结合在一起，其范围是 2～35kg TSS/（m^2·天）。

操作 HRT 通常仅为 1～6h，因为太长的 HRTs 可能导致厌氧代谢，产生臭味。对于家庭污水，这些工艺可除去 60%TSS 和 30%BOD，而工业废物-废水的去除率是变化的，这取决于 BOD∶TSS 的比率。初级处理后的淤泥一般含有 2%～6%（W/V）的总固体。

初级沉淀去掉了绝大部分悬浮固体，降低了后续步骤出现潜在问题的风险，特别是堵塞，产生不流动区域和损伤泵等。也降低了生物步骤中 BOD 负荷。产生的初级淤泥必须安全地处理，一般采用焚烧或掩埋（在脱水之后）；或者进行进一步的生物和物理处理。

28.1.3.2　次级处理

生物处理是利用混合微生物菌群的活性，去除废物-废水污染化合物或降低处理前污染物的浓度。也有使用没有微生物的处理体系，如芦苇床垫。

在废物-废水处理中，除了某些厌氧反应器外，微生物通常是以聚集体的形式存在，或维持生物膜，而不会出现分散悬浮的细胞状态。微生物处理工艺可以分为两种策略，即好氧和厌氧策略。还可以进一步分为悬浮均匀体系或吸附薄膜工艺。悬浮均匀体系包括活性污泥工艺和厌氧搅拌槽反应器。吸附薄膜工艺包括好氧和厌氧喷淋过滤等。任何生物处理工厂的有效操作都要求生物具有降解全部污染物的能力，以及能够耐受浓度、组分和流量波动的能力。

28.1.3.3　好氧生物处理

好氧生物处理的基本原理是将废物-废水与混合好氧微生物菌群和氧接触。随后，微生物对产生 BOD 的可溶性悬浮胶状生物可降解材料进行代谢：

$$\text{好氧微生物} + \text{BOD} + O_2 \longrightarrow \underset{\text{（生物量）}}{\text{新的细胞}} + CO_2 + \text{残余 BOD} + H_2O$$

在这个工艺中，一部分生物可降解物质转化为 CO_2（矿化），一部分则变为新的生物量（同化）。在“饥饿”条件下，某些微生物的生物量（胞内储存化合物）也可以被代谢，这称为内源呼吸。

好氧处理的主要问题是在污染物降解期间产生的剩余生物量的处理。大约 30%～70%生物可降解碳素被转化成新的细胞，其余的转化为 CO_2。尽管这个体系的效率就是依赖于产生新的活性细胞的能力，但同时产生了新形式的污染物，即剩余污染生物量，这也必须安全地处理。因此，好氧处理方法仅有 30%～70% 的效率。由 ICI 发展的深井（deep-shaft）工艺是解决这一难题的一种尝试。使用较多的是改进的 Pruteen 工艺技术，即再次使用高好氧的压力循环发酵，但设定最小的生物量产生量。Pruteen 工艺使用的发酵罐深度达 100m，埋入地底下，以减少噪音、气味和土地使用面积，它可以大大降低生物量。不过，目前最普通的好氧工艺还是常规的活性污泥工艺和喷淋过滤。

（1）均匀活性污泥工艺

活性污泥工艺最早是在 1914 年由 Arnold 和 Locket 发明的。这个工艺的基本原理是在连续通气并搅拌的槽中，将废物-废水与混合微生物菌群接触，混合微生物菌群是以一种絮凝悬浮液的形式存在。这些工艺通常是用于处理经过初级处理后的家庭污水和工业废水。进入此体系典型的初级处理污水含有 150～200mg/L TSS、150～200mg/L BOD、20～40mg/L 氨态氮和 6～10mg/L 磷。但是，这些参数值是变化的，主要取决于进入体系的区域和沉淀污染物的性质。

这是一种两步工艺，包括生物处理和次级沉淀。生物处理是在一个絮凝状、含有多种微生物（混合液体悬浮固体，MLSS）的好氧池（有污染物存在）里面完成生物降解。在好氧池里，微生物因生长，丛生（絮凝）在一起，形成稳定的活性污泥絮状物。通常形成 2～3mm 直径的稳定絮状物是必要的，这样可以有效地在次级沉淀阶段去除 BOD 和快速沉淀。

这些微生物包括各种类型的细菌，如碳氧化菌、丝状碳氧化菌、硝化菌、脱氮细菌等，还有真菌、原生动物、轮虫、线虫和藻类。尽管活性污泥法已经被广泛使用，但其微生物学和组成结构研究尚不充分。但是由于细菌如放线菌属和生枝动胶菌（*Zoogloea ramigera*）合成和分泌多糖胶，被认为在絮凝物形成中起了关键作用。原生动物起到了细菌清道夫（食腐动物）的作用，以保证处理过的污水能有较低的混浊度。从活性污泥中已经分离出约 200 种原生动物，但最重要的是有纤毛的种类，例如游泳钟虫，又称有鳃钟虫（*Vorticella opercularia*）。

所有的活性污泥都必须含有一个微生物菌群，这种菌群能够产生降解可溶性和非可溶性污染物所需要的全部酶体系。同时，这些微生物应该形成具有良好吸附特性的絮状物，这种特性是稳定性和快速沉淀所必需的。

当处理过的污水从曝气池进入次级沉淀槽时，在一定的水力停留时间之后，出现次级沉淀（图 28-3）。这与初级沉淀设计是相同的，如 S_fLR，15～30m^3/（m^2·天）；S_0LR，50～100kg/（m^2·天）；HRTs，2～4h。在此，絮状的微生物快速沉淀，形成次级污泥［通常含有 1%～3%（*W*/*V*）的总固体］和澄清的上清液。这种上清液一般是适于最终排放的，但在必要的情况下，可以进行三级处理，以除去无机营养物。

根据设计的 SLR，沉淀下来的絮状 MLSS（二次污泥）返回曝气池，以维持要求的运行 MLSS（微生物生物量）浓度。这使得曝气池可以不依赖于微生物的生长比率而维持高浓度的生物量，从而避免微生物被洗出去。

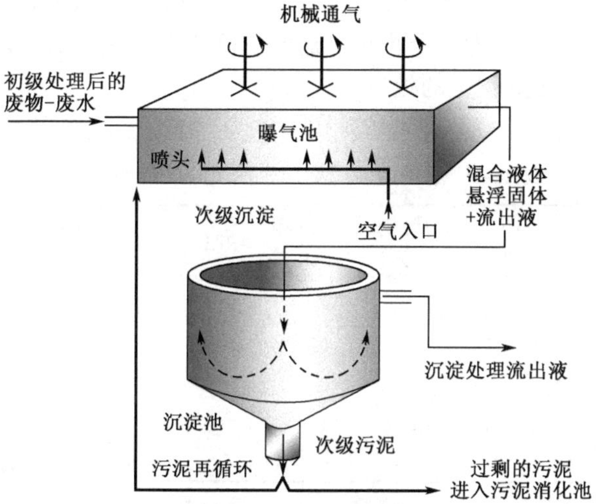

图 28-3　活性污泥厂

（参考 Waites et al.，2001）

现在有大量不同设计和结构的活性污泥工厂，但它们仅仅是在四个关键方面不同：即污泥负荷率，MLSS 浓度（kg/m^3），结构和氧气补充的方法。当设计活性污泥体系时，必须考虑的主要参数是：

$$\text{水力负荷率}[\text{HLR, kg BOD/(m}^3\cdot\text{天)}]=\frac{\text{未处理BOD（kg BOD/m}^3\text{）}\times\text{流量速率（m}^3\text{/天）}}{\text{曝气池体积（m}^3\text{）}}$$

$$\text{水力停留时间（HRT, h）}=\frac{\text{反应器体积（m}^3\text{）}}{\text{流量（m}^3\text{/h）}}$$

$$\text{污泥负荷率}[\text{SLR, kg BOD/(kg MLSS}\cdot\text{天)}]=\frac{\text{未处理BOD（kg/m}^3\text{）}\times\text{流量速率（m}^3\text{/天）}}{\text{MLSS（kg/m}^3\text{）}\times\text{曝气池体积（m}^3\text{）}}$$

操作 SLR 影响处理水平，它主要是生物量产率的养料；BOD 的量（kg）决定了每天生物量的千克量。因此，它相当于一个限制因素，加给每千克 MLSS 的养料（BOD）越多，微生物的生长就越快。然而，为了获得最大的纯化（BOD 去除百分率），养料与生物量的比率应该是较低的。这样就可以维持细胞处于部分饥饿状态，因此刺激了活跃的代谢，可以代谢掉所有生物可降解污染物，而产生低残余的 BOD（如限制基质）。相反，增加养料与生物量的比率，可利用养料增加，就有更高的微生物生长比率和更大的生物量收率。也就是说，因为在增加最终流出量的情况下，基质不再能够限制残余浓度。

（2）活性污泥厂运行模型

有三种主要的活性污泥厂运行模型，即常规工艺、延时曝气和高速处理。其主要区别是操作 SLR（表 28-3）的不同。然而，BOD 去除百分率，HRT，生物量收率和污泥年龄（停留时间）的不同，是取决于被处理污染物的性质，因为工业废物废水的浓度和组成是非常不同的。通常越高浓度的流入 BOD，就需要更长的操作 HRT 才能获得必要程度的处理。

表 28-3　活性污泥厂处理生活废物的典型数据

类型	SLR*	MLSS /（g/L）	污泥寿命 /天	除去率 /%BOD	HRT/h	生物量收率 /$Y_{X/S}$**	流出液质量
常规	0.25～0.5	1～3.5	3～8	85～95	6～12	0.5	完全硝化（低 SLR 的末期）与未硝化（高 SLR 的末期）；高质量 20：30 标准***
延时曝气	0.05～0.2	3.5～5	60～90	85～95	24	0.2～0.3	高质量，完全硝化
高速率	0.5～5	1～5	1～3	60～80	2	0.5～0.7	无硝化作用

*SLR，kg BOD/（kg MLSS · 天）；**生物量得率，kg 生物量/kg 去除 BOD；***20mg/L BOD 和 30mg/L TSS。

①常规工艺。常规工艺是用于废水的完全处理，例如家庭污水。在越低的运行 SLR 条件下，可获得越高的净化水平。在较低的 SLR 范围［0.25kgBOD/（m^3 · 天）］内运行，常常可以得到 95%以上 BOD 去除率，而在较高范围［0.5kgBOD/（m^3 · 天）］下运行，去除率就降到了 85%。

②延时曝气。延时曝气是在以比常规工厂更低的 SLR 范围运行，这样可以得到大致相同程度的净化，但运行 HRT 更低。给人的第一印象是这个体系并没有超过常规处理的优势，特别是它的建造费用和运转费用常常更贵。更高的费用是由于增加了 HRT，这要求更大体积的反应器和更大能量的曝气。不过这个体系的主要优势是大大降低了生物量（0.2～0.3kg 生物量/kg BOD 去除率），生物量仅是常规工厂的 50%，这样就充分降低了排放费用。降低生物量是采用较低 SLR 的作用，这样就维持了细胞的饥饿条件，致使细胞必须进行部分内源呼吸。

③ 高速处理。高速处理主要用于高强度工业废物-废水的部分处理工艺，一般 BOD 除去率设计为 60%～80%。因而处理过的废物-废水仍然还会有污染，不适于直接排放。因为这种方法使用较高的养料与生物量比率（kg BOD：kg MLSS），更有利于微生物快速生长，则导致生物量（0.5～0.7kg 生物量/kg BOD）的增加。但是，越高的 SLR 可以产生越短的 HRTs。

对所有废物-废水而言，一般越低的 SLR，则要求越大的曝气池体积。这导致较长的运行 HRTs，也降低了生物量，改进了 BOD 去除率。相反，增加 SLR 会出现相反的结果。较小的曝气池体积可降低 HRTs，增加生物量，并降低 BOD 去除率。因此，任何特定 SLR 值的选择都是处理程度，土地可利用率，运转费用和剩余污泥排放费用的函数。

（3）活性污泥法的溶解氧

运行溶解氧（DO）水平是设计要求所选择值的函数。假如目标是完全硝化，所需溶解氧浓度至少是 2mg/L。但是，如果仅仅是要求碳氧化和反硝化作用，较低的 DO 就足够了。曝气池中要求的 DO 浓度，可以用数学模拟体系预测每天不同时间对氧的要求，或通过反馈装置综合氧电极的使用来决定。可以通过安装在曝气池中的机械曝气机，泡沫分散器，或者一起使用，来补充氧气（图 28-3）。

28.1.3.4　喷淋过滤法（生物膜法）

好气喷淋过滤器的基本原理是在生物反应器中，使微生物菌群在一种支撑材料上形成生物膜（图 28-4）。污染的废水被连续不断地喷淋在支撑材料和过滤器的表面，并通过过滤床，在那里面被微生物菌群进行生物降解。通过在反应器的内外使用不同的温度，导致空气有相反的流动方向，这样就可以达到通风的目的。反应器内部微生物的高活性会引起温度升高，暖气流上升，使新鲜空气从反应器的底部进入。

当处理过程继续进行下去时，生物膜生长并增加厚度，直至达到临界厚度，在这个临界点上，氧气成为支撑材料的限制因素，并仅被限制在支撑材料表面。这会导致生物量下降（称为脱落），此后生物膜开始再发展。

在过滤器里面不同的位置，微生物菌群非常不同。在顶部，有各种微生物生长，包括细菌，真菌，原生动物和藻类；还有与微生物结合在一起的昆虫和它们的幼虫。在表面之下，氧化碳的微生物占优势，而在过滤器的底部主要发现的是硝化细菌。在这些过滤器里面，产生一种高度复杂的食物链。

对填充材料（惰性支撑材料）主要有如下三方面特性的要求：

① 为生物吸附的表面积与体积比率：表面积越大，反应器每单位体积的生物量浓度越大，因此生物降解速度越快。

② 空隙体积：为防止废物-废水通过滤床时发生堵塞和短路，要求高空隙间隔。并且高空隙体积有助于氧气的运送。

③ 支撑材料的密度：支撑材料密度越高，支撑和容纳总重量的结构越强。

喷淋过滤器可以设计成两种不同的运行模式，即低速滤床和高速滤床。低速滤床几乎都是采用石头或一些不同密度的矿石介质（具有低表面积和高密度），

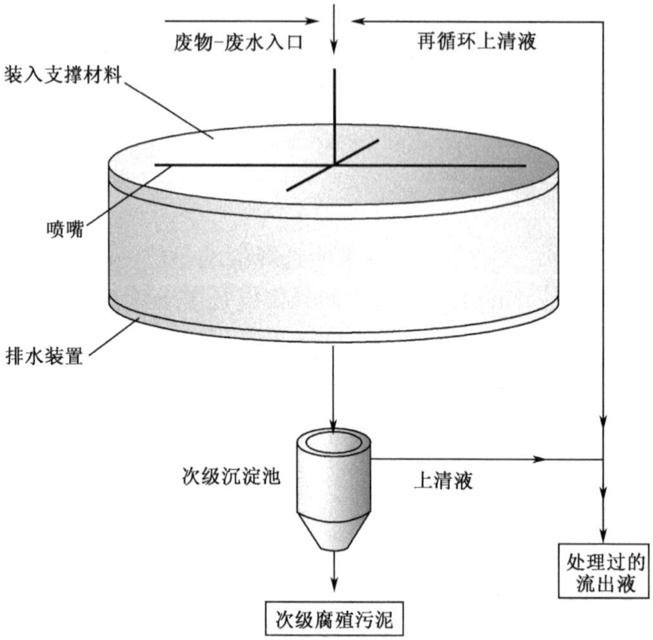

图 28-4　好氧喷淋过滤器
（参考 Waites et al.，2001）

而高速滤床则使用具有高空隙度和高表面积的塑料介质。因为这些体系是不均匀的，有复杂的生态系统，所以不可能具体计算吸附在惰性支撑材料上生物量的浓度。当设计这样的过滤器时，并没有进行使用污泥负荷率［kg BOD/（kg MLSS · 天）］的试验，因为生物量是未知的。因此一般使用有机负荷率［OLR，kg BOD/（m^3 · 天）］，即每天加入反应器每立方米工作体积的 BOD 的量（kg）。这并不考虑生物反应器中微生物的生物量浓度。

低速过滤器通常设计成能够产生高质量排出物的过滤器。它们使用矿石支撑材料（如矿渣和花岗石），在 4～24 周内形成成熟的生物膜。这些低速矿石过滤器一般是圆形或矩形的。由于支撑材料的密度性质和附加的建筑费用，所以深度一般限制在 1.5～2.5m。大多数圆形过滤器的直径都不会大于 40m，矩形过滤器的尺寸都低于 75m×45m。矿石支撑材料一般表面积在 80～110m^2/m^3，密度在 45%～55%。这种相对较低的密度可能导致滤床堵塞。当运行时，重要的是不能让生物量干掉，否则会影响它们的效率。因此，常常需要用次级沉淀后获得的澄清上清液进行再循环（图 28-4）。低速过滤器在 0.06kg BOD/（m^3 · 天）的 OLR，湿润率 0.5～4.0m^3/（m^2 · 天）和 20～60min HRT 条件下进行操作。这样可以除去 90%～96%的 BOD，产生高质量排放液。

高速率过滤器常常用于处理浓缩的工业废物-废水，与高速率活性污泥工艺相比，起到了一种“粗”加工处理作用。它们可以除去50%～80%的BOD，OLR比低速率过滤器高大约10倍。为了克服低速率过滤器的问题（如惰性支撑材料，低的吸附表面积，潜在的堵塞问题和有限的深度等），发展了塑料支撑材料。这类塑料材料有稳定的化学性质，但会被逐渐光解。它们的低密度特性有利于降低工程费用；加高深度（6～9m），有利于使对土地的需要最小化。在运行中，通常有高达95%的高空隙体积，这样可以降低堵塞现象。并且还有非常大的供微生物吸附的表面积，一般在100～300m^2/m^3范围，这样可以产生高的生物量浓度。因而允许使用更大的OLRs，而维持了高的BOD去除水平。但是，支撑材料若有更大的表面积，则必须要求更高的湿度率，才能保持生物量的湿度。用次级沉淀获得的澄清液进行再循环，可以满足这种要求。

总而言之，高速过滤器是指运行OLRs超过0.6kg BOD/（m^3·天）的过滤器，有时可以高达10kg BOD/（m^3·天）。但是，越高的操作OLR，只能获得越低的净化程度。例如，根据污染物的性质，1kg BOD/（m^3·天）的OLR能得到80%～90%的BOD去除效率，但3～6kg BOD/（m^3·天）的OLR只能得到大约50%的BOD去除效率。

28.1.3.5　废物-废水的厌氧生物处理

厌氧处理是处理污泥和高浓度污水的一种重要方式（表28-4）。厌氧处理工艺是在无氧条件下，利用了兼性和专性厌氧这两类微生物的活性。它们降解污染物或污泥产生甲烷，CO_2和生物量。这类厌氧消化过程的微生物学原理很复杂。其效率和稳定运行要求至少含有三类不同的相互作用的微生物类群。这三类营养类型对污染物进行如下顺序的生物降解：

表28-4　废物-废水好氧与厌氧处理比较

好氧处理	厌氧处理
大约50%生物可降解碳素转化为新的细胞	5%～10%生物可降解碳素转化为新的细胞
大约50%生物可降解碳素转化为CO_2	90%～95%生物可降解碳素转化为甲烷和CO_2
快速生长（数分钟到数小时）	缓慢生长（数天）
不产生能量	产生能量（以甲烷形式）

① 发酵/水解细菌（类群1）：这是一类能够分泌胞外酶，水解复杂聚合物（如蛋白质、脂肪和多糖）的兼性和专性细菌。它们产生各种挥发性有机酸（主要是乙酸、丁酸和丙酸），并伴有CO_2、H_2、甲烷和微量物质的产生。

② 乙酸产生菌（类群 2）：包括共养单胞菌属（*Syntrophomonas*）和互养杆菌属（*Syntrophbater*）的菌种。它们代谢类群 1 中微生物产生的末端产物，主要形成乙酸、CO_2、H_2。

③ 产甲烷细菌（类群 3）：包括产生甲烷的严格专性厌氧菌，它们分为两种类型。醋酸营养型如甲烷八叠球菌属（*Methanosarcina*）裂解醋酸为甲烷和 CO_2；而氢营养型还原 CO_2，同时氧化 H_2 形成甲烷和水。例如，热自养甲烷杆菌（*Methanobacterium thermoautotrophicum*）经过 7 步由 CO_2 和 H_2 合成甲烷。这个细菌根据特定的环境条件，有几种催化这些反应的途径。

至于产生何种生物气体组分，则取决于用于生物降解的物质。通常生物气体组分是 70%甲烷和 30%CO_2。过去某些工厂一直是燃烧和浪费这些物质，而许多现代化的工厂都利用生物气体产生热量或电力。不像好氧处理那样，厌氧反应器产生最佳效率时要求输入热量，因为嗜温和嗜热反应器一般分别是在 30～37℃和 40～45℃操作。

厌氧处理有几种设计，包括简单的常规混合污泥反应器（主要用于处理固体污染材料，如初级和次级污泥），而更有效的是厌氧接触消化器、厌氧膜反应器、厌氧生物滤池和升流式厌氧污泥床反应器。厌氧处理的主要问题是其效率和稳定性操作要求上述三类微生物之间的平衡相互作用。在这种厌氧的混合培养生态环境中，有高度交叉的养料，包括交叉氢转运菌种，它们有利于全部体系的顺利进行。如果改变某一参数而影响任何一种类群的活性，将导致整个体系失败。特别是产酸率必须与酸利用率相等。假如类群 1 和类群 2 微生物的产酸率超过酸消耗比率（由于甲烷产生菌生长减慢引起的），由于酸的过量积累，最终就会导致系统失败。

28.1.3.6 污泥处理和排放

在初级沉淀和生物处理阶段会产生大量的污泥。这些初级和次级污泥是高度污染物，要求进一步的处理。这两种污泥的性质非常不同。

初级污泥是非生物物质，含有 2%～6%（*W/V*）TS，容易浓缩，而生物次级污泥含有 0.5%～1.0%（*W/V*）TS，是难以浓缩的。

初级沉淀和好氧生物处理产生的污泥，其特征取决于处理前废物废水特性和使用的生物处理工艺。然而，重要的是了解每种污泥的特性，因为没有两种污泥是完全相同的。同时，污泥的组成常常会随时间而发生变化。

主要考虑的是污泥的浓度特性，称为污泥体积指数（sludge volume index, SVI），定义为 1g 污泥在 30min 沉淀后，在 1L 量筒中所占体积。具有 100ml/g 以下 SVI 的污泥被认为是具有良好沉淀质量的污泥，而具有大于 200ml/g 的

SVI 的污泥则沉淀特性很差。因为初级污泥通常具有良好的沉淀特性，而次级污泥一般表现出很差的沉淀特性，所以常常将这两种污泥混合，产生平均沉淀质量。

根据处理工厂的规模，在某些或者全部处理阶段，具有以下性质的污泥能够优先排放，包括浓缩性质，消化或稳定性，可调整性和脱水性。

（1）污泥浓缩

污泥浓缩的目的是在进一步处理之前大大降低污泥体积，而保持一定的污泥体积。污泥浓缩有以下好处：

① 降低稳定容器所要求的体积；
② 降低必要的稳定化学试剂数量；
③ 降低稳定所需要的热量；
④ 降低以后处理阶段所要求的土地面积；
⑤ 降低运输或泵出费用。

在污泥浓缩中，常规方法是重力沉降。这与初级和次级沉淀的设计是非常相似的，污泥是被放置在一个槽子里，在静止条件下，让固体沉淀。为避免妨碍沉淀，用旋转的尖桩篱栅缓慢地搅动污泥，以使液体向上面流动，固体则向下移动。也可以使用溶解氧浮选装置，在 4atm 压力下，用空气预饱和污泥。当运输到常压的池子里时，溶液中的气体被释放出来。因为污泥中的气体向上升，固体颗粒就被吸附在气液界面上，并附在表面，然后可以收集这些颗粒。

浓缩方法的选择应取决于被处理污泥的性质。表 28-5 清楚地展示了影响污泥浓缩的因素。我们以具有 0.8%TS（*W*/*V*）的次级污泥为例，就会理解它的意义。假如在浓缩后，浓度增加到 4%TS（*W*/*V*），就会使需要处理的污泥体积降低 80%。进一步增加浓度到 6%，就可降低污泥体积 95%。

表 28-5　典型的污泥厂数据

	初级污泥/%TS（*W*/*V*）	次级污泥/%TS（*W*/*V*）
未处理污泥	1～6	0.5～1.0
重力沉淀后	6～9	3～4
空气浮选后	—	3～6

（2）污泥稳定

污泥稳定的主要目的是降低污泥固体含量，消灭病原体，消除或降低可能形成的潜在气味，并且纯化。这可使用各种方法，包括：

① 生物工艺，利用好氧或厌氧微生物；

② 化学氧化，如使用氯气；

③ 化学稳定，如加入石灰；

④ 物理处理，如加热。

污泥的生物稳定法是利用好氧或厌氧微生物的活性，生物降解有机物质组分。厌氧处理与上述厌氧废物-废水处理的微生物原理是相同的。厌氧微生物代谢初级和次级污泥，产生有利用潜力的甲烷、二氧化碳和新细胞。一般反应器结构是一种搅动池，加热至35～37℃，操作HRT超过20天。在这种工艺中，可以除去大约70%的总固体和30%～50%挥发性固体。估计大约每除去1kg挥发性固体，产生1m^3生物气体。

好氧稳定法适用于次级污泥，主要成分是生物细胞，因为在养料缺乏条件下，依靠它们内源呼吸的能力，可氧化75%～80%的细胞生物量。但是好氧方法处理初级污泥的主要缺点是含有高比率的生物可降解化合物将被微生物降解掉。随后，微生物生物量增加，直到外源营养被耗尽；然后它们进行内源呼吸。另一个缺点是有较长的操作HRT（15天），这期间必须给微生物补充氧气。大多数好氧工厂是在环境温度下操作，如果使用30～50℃的温度，可以缩短3～4天的操作HRT。

（3）污泥脱水

在最终排放之前，污泥要进行脱水，将固体物质含量进一步增加到50%（W/V）。浓缩和脱水的主要区别是在浓缩之后污泥仍然是液体，而脱水之后污泥则是固体。脱水可以用各种方法完成，如使用砂床、过滤压榨、离心或氧化塘等。脱水可以达到以下效果：

① 降低了污泥体积，从而减少了运输费用；

② 产物适合于排放到土地上，因为没有气味，而降低了对环境的污染；

③ 增加了燃烧值，因此更容易燃烧，并且有更高的生热值；

④ 在垃圾场排放时，降低了液体溢出的问题。

（4）污泥和其他固体废物的排放

污泥和其他废物最终常规的排放方法如下。

① 垃圾掩埋法：也可以用于其他农业、工业和城市废物的排放。但是有潜在的污染问题，因为如果使用不适当或掩埋地点有问题，这些物质可能溢进附近的水源。同样，如果缺乏合适的垃圾掩埋地点，就会增加费用。不过，垃圾掩埋法有产生甲烷的潜在意义。可以通过接种一定比率适当的微生物菌群（如甲烷产

生菌)，来克服这些问题。

② 常规焚烧法：用于固体或经过很好脱水，含量超过 30%（W/V）的固体。对于污泥体系可以用限制能量输入的方法操作，因为它们自身的高生热值，会导致自我燃烧。而残渣排放可能存在的问题是常含有高浓度的重金属。

③ 生物法稳定的脱水污泥可以作为农业中低价格的肥料和土壤调节剂，常常与农业和家庭的固体废物一起堆肥。这种排放模式越来越流行，但是有关的排放规则非常严格，特别是关于氮、磷和重金属，以及病原体含量。这些因素会影响应用周期和土地使用周期。土壤的特性、土地的地形和污染水源的潜在危害，甚至对社会的伤害都是必须考虑的问题。

28.1.3.7 活性污泥法去除氮、磷技术

氮和磷是造成水体富营养化的主要营养元素，去除 N、P 是污水处理的重要目标。

(1) 氮去除

污水处理中，氮的去除是经过硝化反硝化作用达到去除氮的目的。传统的活性污泥系统可以改进成为促进反硝化作用的工艺。主要有三种处理工艺。

① 单污泥系统（图 28-5）：这个系统是用一系列的好氧和厌氧池来代替一个单独的曝气池。甲醇或沉淀过的污水可作为反硝化所需的碳源。

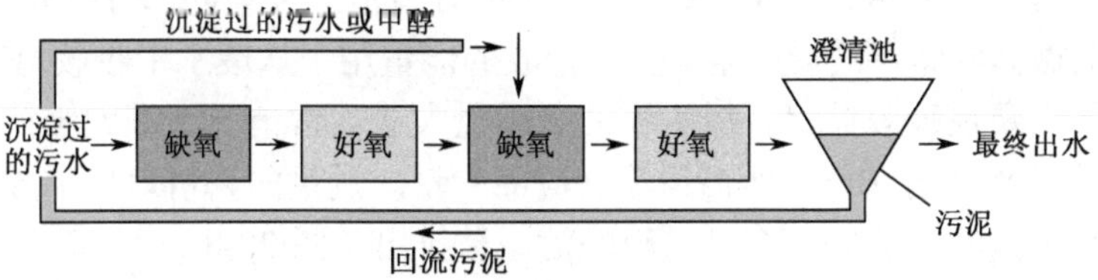

图 28-5 单污泥系统

② 多污泥系统（图 28-6）：碳的氧化、氮硝化和反硝化在 3 个独立的系统中进行。甲醇或沉淀过的污水作为反硝化的碳源。

③ Bardenpho 工艺（图 28-7）：这一工艺包括两个好氧池和两个缺氧池，以及随后的沉淀池。池 1 是缺氧池，用于反硝化，用废水作为反硝化的碳源。池 2 是好氧池，用作碳的氧化和硝化。从这个池子出来的混合液含有硝酸盐，回流入池 1。池 3 也是缺氧池，通过反硝化去除水中的硝酸盐。最后的池 4 是好氧池，同于吹脱反硝化产生的 N_2，提高混合液的沉降性能。

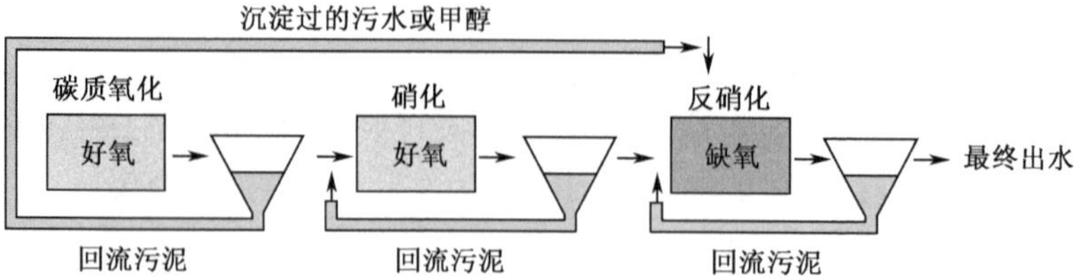

图 28-6　多污泥系统

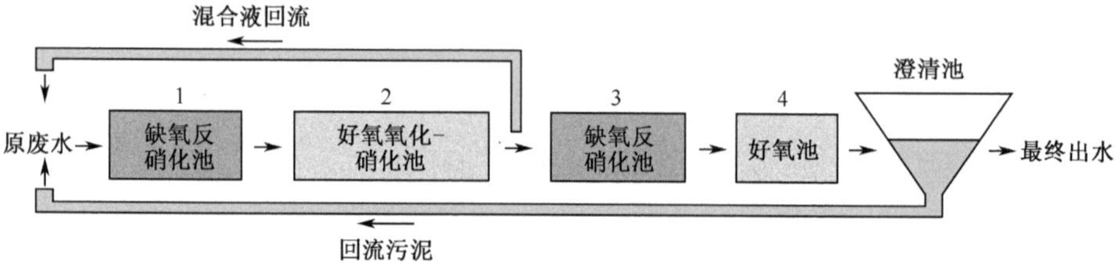

图 28-7　反硝化系统：Bardenpho 工艺

（2）除磷

在改进的活性污泥法中，也能通过微生物的活动而除去磷，其机理是微生物在好氧阶段吸收磷，而在厌氧阶段释放出磷。应用中有二种代表性工艺，即 A/O（厌氧/好氧）工艺和 Bardenpho 工艺。

① A/O（厌氧/好氧）工艺：A/O 工艺是一种改进的活性污泥系统，包括一个厌氧池（停留时间为 0.5～1h）和一个传统的好氧池（停留时间 1～3h）。厌氧条件下，微生物释放储存的磷产生能量，释放的能量用于从废水中吸收 BOD。而在好氧条件下，磷被吸收储存。微生物的吸磷量大于通常情况下细胞维持正常生命活动，合成以及氧化 BOD 所需运输反应的能量。过量的磷可以聚磷酸盐的形式储存于细胞中。然后这些含有过量磷的污泥被排出（图 28-8）。

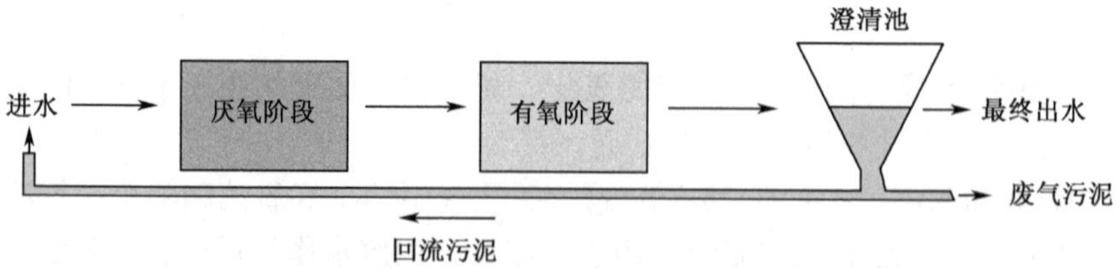

图 28-8　A/O 工艺除磷

② Bardenpho 工艺：该工艺通过硝化—反硝化作用脱氮，经历厌氧好氧处理后，可以除去磷，这也是一种同时脱氮除磷工艺。

28.2　肥料堆制

用固体有机废物堆制肥料，是农业实践的重要组成部分，并且已经进行了数千年。这是用绿色植物的废料制备有用的土壤调节物质。堆肥也可以用作生产商品蘑菇的原料，如双孢蘑菇。在某些国家，反对焚烧或垃圾掩埋，因此堆肥为此提供了一种城市固体废物处理的方式，即将其转化成有用的产物。

肥料的堆制生产是很简易的技术；大规模商业操作是使用好气堆制、隧道体系或旋转圆桶设备。此工艺必须控制有机物的氧化，以产生一种稳定、潮湿的产物。

$$有机物+O_2\longrightarrow 稳定的产物+CO_2+H_2O$$

最初的堆制材料应该含有 30：1 的碳氮比率，这可以用植物材料和其他富含氮的有机肥料进行适当地混合。固体物质的好氧发酵是利用堆制材料中天然存在的微生物活性，其中涉及到不同的细菌群落（包括放线菌）和真菌。这些微生物群落是受材料组成和温度影响的。

一开始，嗜温细菌和真菌占优势，它们的代谢活性产生热。温度升高后，就抑制了它们的生长，最终嗜热细菌，如嗜热芽孢杆菌（*Bacillus stearothermophilus*）、栖热菌属（*Thermus*）的菌种和放线菌，以及真菌微小根毛霉（*Rhizomucor pusillus*）代替了它们。温度持续升高至“峰热”期（70～80℃），此时又刺激了其他嗜热菌的增殖。然后温度从这个峰热点缓慢下降，在 40～60℃，嗜热真菌开始生长，特别是黑曲霉，毛壳菌（*Chaelomium*）和腐质霉（*Humicola*）属的菌种，它们的纤维素酶和半纤维素酶活性，取决于可供降解的植物细胞壁的量。最终（20～30 天后）又进入了第二次嗜温菌生长时期，原料上被各种不同的嗜温微生物占据。

在为蘑菇培养（如双孢蘑菇）制作的堆肥中，必须避免纤维素的降解，因为它为蘑菇提供碳源。因此，堆肥过程在峰热过后必须停止。高浓度的细菌有助于蘑菇堆肥，因为细菌为蘑菇基内菌丝生长提供了很好的氮源。

为了防止出现厌氧条件，必须有规律地翻动堆肥或进行通气，湿度水平保持在 55%（*W*/*V*）。堆制温度可能升到 70～80℃，这个条件可以杀死杂草种子和病原微生物。这些处理需要 9～12 个月完成；堆肥体积降低 50%，最终产生潮湿和清洁的产物。堆肥除了用于农业和园艺外，也提供了丰富的微植物群和微动物群，可以用于协助生物补救工艺。当今商业接种物可以用来控制堆肥生产，这要强于仅仅依赖于自身微生物的堆肥方法。

28.3　青贮饲料

青贮饲料是家养牲畜重要的冬季食物，是通过植物材料的可控厌氧发酵来生产的。在不同的地区，所使用的植物生物材料是不同的，包括草、豆荚和植物废物。青贮的目的是保护材料，使其营养损失最小化，因此需要抑制不希望要的腐败微生物，特别是肠细菌和梭菌，这个目标可以通过控制厌氧条件和低 pH 条件保证快速发育来实现。传统发酵使用材料自身的乳酸细菌（数量升高至 10^9/g）来完成，在 2～4 天内，乳酸细菌的数量慢慢降低。在此期间，它们发酵水溶性碳水化合物产生乳酸（一般达到青贮饲料干物质的 6%～8%），醋酸和乙醇。最终 pH 取决于所使用的植物材料。

在加工中，可以使用各种青贮饲料添加剂，包括非蛋白质氮源（氨、尿素等），有机酸（乙酸、丙酸、甲酸等），微生物酶类（特别是纤维素酶）和微生物接种物。商品接种物含有一种或多种同型发酵乳酸细菌，如片球菌（*Pediococcus*）、链球菌（*Streptococcus*）和乳球菌（*Lactobacillus*）等属的细菌，可以利用它们来加快发酵速度和改善青贮饲料的质量。ICI 公司出售各种接种物，如 Ecosyl，这是一种冷冻干燥的植物乳杆菌（*Lactobacillus plantarum*）制品。

28.4　异型生物物质的生物降解

某些天然有机化合物（如木质纤维素）具有抗生物降解的能力，但更常见到的是异型生物物质有这种性质。因为这些人造化合物的结构是微生物从来没有遇到过的。这些化合物中，许多都是极端稳定的，在环境中可以维持其结构不变。随着工业的持续发展，正不断产生新的合成化合物和异型生物物质，包括清洁剂、杀虫剂、卤化脂肪、芳香化合物、亚硝胺、硝基芳香化合物、芳香氯化合物、聚氯联苯、邻苯二甲酸酯和聚环芳香碳水化合物等，它们均是潜在的危险污染物。它们多以工业废物废水的形式进入环境。这些物质通过聚合，特别是形成分支聚合物的方式，可以提高其抗生物降解的能力，由于它们存在稳定的化学键和异型环化、芳香和聚环结构，所以很难被水解或裂解。并且因氯、硝基和硫基等基团的存在，也可以增加其抗性。

微生物一般引起材料生物降解的步骤包括：

① 最初的接近，以吸附或以物理方式接近底物；

② 分泌胞外酶，降解底物，特别是降解聚合物；

③ 经过运输系统吸收可溶性物质或聚合物的水解产物；

④ 胞内代谢，常常是可诱导的酶和质粒编码的酶。

异型生物物质存在抗生物降解特性是由于上述步骤中一种或多种步骤失败，或者浓缩污染物直接的毒性或生物转化为有毒产物。在某些情况下，可能是环境条件不适当，或其他营养或者伴生代谢物不可利用。可能并不必使这些化合物完全矿化，只要进行部分降解，甚至形成无毒复合物都足以导致它们无害。

通过广泛地研究，现在已经发展出一些处理工业废物-废水和异型生物物质污染场所的方法。多数生物降解工艺不是仅仅依赖于单一的有机体，而是利用微生物群体，它们许多是从环境中分离出来的。如果对这些生物降解微生物进行遗传修饰，引入新的特性，可以改进生物降解的效率。主要是对生物降解途径和运输体系的研究和遗传修饰。此外，也可以用微生物细胞和（或）酶的固定化降解体系改进废物-废水的处理。

28.5　生物补救

从工业革命开始，地球表面被天然的和有毒异型生物物质污染的部分正不断增加。包括污染的含水土层和其他水体，采矿地区和具有污染物（石化产物、杀虫剂、重金属、放射性核物质及上述异型生物物质）的工业场所。

生物补救法的基本原理是利用天然存在于土壤和水体中的微生物的活性，或者筛选出的有机体再接种到环境中，以此就地降解污染化合物或使污染化合物脱毒。多数情况下，利用微生物群体进行污染物生物降解的效果要胜于使用单一菌种。为了优化工艺，启动就地微生物的生长是必要的。可以通过添加关键营养，如氮素和磷，达到这个目的，关键营养通常是以限制生长的浓度存在。这使天然微生物群落发育并代谢污染物。还可以分离已知污染物的降解菌，优化它们的活性，然后用于接种。例如，最近在微生物增加目录中添加的 *Geobacter metallireducens*，它能够回收或降解金属。这种细菌可以除去放射性废物——铀，铀来源于金属加工和污染的土壤水。但是最强的放射性抗性细菌是耐辐射奇球菌（*Deinococcus radiodurans*）；这种微生物也可用于清洁被溶剂、重金属和放射性废物污染的土壤的生物补救。耐放射异常球菌的遗传工程菌株已经构建出来，可以用于放射性环境汞的脱毒（从大肠杆菌来源的基因），以及降解苯（从恶臭假单胞菌来源的基因）。

在其他的生物补救领域中，也研究了基因工程微生物的应用。但是立法问题、公众关心的基因修饰微生物释放到环境以及遗传不稳定性限制了它们的应用。不过由于相当低廉的费用和对环境正面的影响，生物补救法提供了一种吸引人的替代方法，或者是对传统清洁技术的补充。它的补充作用在许多地方都是成功的，特别是含有石化产物的地方。但是生物补救法也不是唯一可供选择的技术，因为精确的预测降解速率几乎是不可能的。

28.6 生物采矿（矿石浸提）

传统的采矿是将从地下挖出的粗矿石进行浸提，利用高温（冶炼）或利用有毒化学试剂进行加工，但这常常引起环境污染。最近，采矿工业已经转向更有效和更环保的方法，即浸矿，它是利用微生物从矿石中滤出金属。这并不是新方法，2000 多年前，罗马人就在地中海周围的矿井中回收细菌滤取的铜；第一个大规模滤取作业是 18 世纪在西班牙的 Rio Tinto 矿区发展起来的。但是，只是在过去的 50 年里面，人们才认识到微生物在将金属转化成可溶性形式中的作用，并开始研究微生物浸取的全部潜力。

当今细菌被用于从低品位矿石、矿渣、矿泥和废物中回收铜和其他金属。由于高品位矿石资源将被耗尽，这样的方法将越来越重要。微生物滤取方法改善了回收率，降低了操作成本，只要求低的能量，并且很少产生污染问题。因此，现在 25%的铜浸提是通过生物工艺生产的，每年的价值超过 10 亿美元。在铀、镍、水银和黄金的经济提取中（一般是在以前认为没有价值的低品位矿的浸取中），也使用这些方法。也试验过其他许多金属的浸取。

许多金属矿是高度不可溶的金属硫化物，或是与铁的硫化物（FeS_2，黄铁矿）结合在一起。因此，嗜酸的、氧化硫的细菌，特别是氧化亚铁硫杆菌在金属的溶解中（滤取）起了重要作用。有报道关于几种嗜热细菌混合培养体系的研究。在金属滤取中，两方面的代谢起了特别大作用。氧化亚铁硫杆菌是化能自养型细菌，首先它通过亚铁离子（Fe^{2+}）的氧化和还原形式的硫磺（例如硫化物）的氧化获得能量和还原力，二氧化碳为其提供无机碳源。其次是嗜酸菌，活性 pH 范围是 1.5～3.5，最适 pH 2.3。氧化亚铁硫杆菌是嗜温菌，温度范围 30～35℃，天然存在于某些含硫磺的物质中。它氧化硫化铁释放出含有硫酸和铁离子的氧化溶液，可以从粗矿石中浸出金属。例如，从黄铁矿（$CuFS_2$）里溶解出铜（图 28-9）。

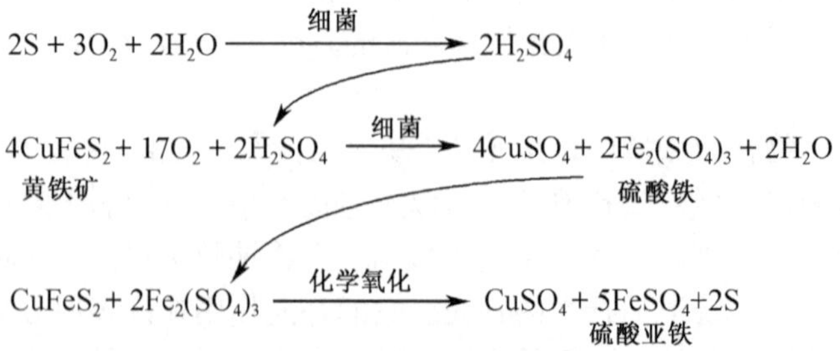

图 28-9　从黄铁矿浸提铜

商业上，金属的微生物滤取和氧化有不同的规模，这些规模具有不同的控制水平。包括卸料池、堆积、大桶和就地采矿。卸料池浸提法，是将低品位铜矿（一般含铜量低于 0.4%）堆积在具有不渗漏基底的天然水域或水池中，以确保没有渗漏液污染地下水（图28-10）。卸料池可以安装通气设备和供应酸化水（pH1.5～3.0）的顶部表面喷洒系统。滤液通过含有 O_2 和 CO_2 的卸料池，而氮源和磷等养料一般由矿石补充。这些条件为浸提微生物的生长提供了良好的环境。在 pH1.5～5.0 条件下，硫杆菌属的菌种在整个反应堆里快速增殖。其他细菌的作用，特别是铁氧化钩端螺菌（*Leptospirillium ferroxidans*），还没有充分地进行研究。可能也涉及异养菌，但或许异养菌与嘉利翁氏菌（*Gallionella*）属的菌种的作用，在 pH5.0 以上才更为重要。

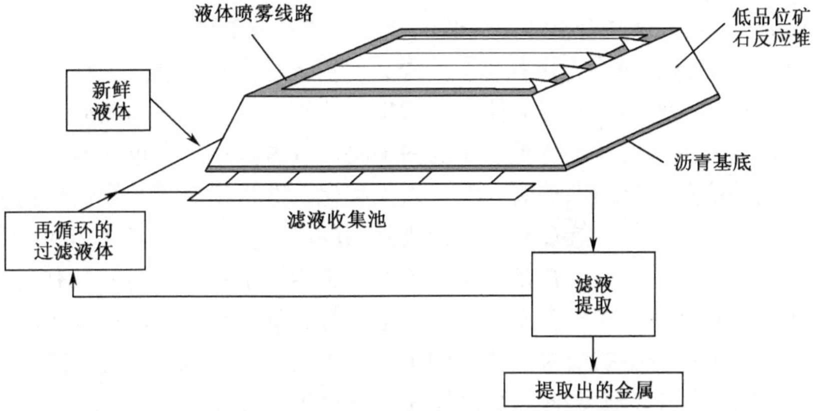

图 28-10　低品位矿石金属的微生物浸取

（参考 Waites et al.，2001）

在反应器里，产生 Fe^{3+}和硫酸溶解铜，从靠近反应堆底部的液体出口收集滤出的富含金属溶液。这些溶液通过沉淀、添加有机溶剂、离子交换或微生物回收等方法浓缩。然后，失去金属的溶液再回到反应堆的顶部。大规模卸料池滤取方法的工程问题包括：

① 补充适当的氧气（氧气是生长限制因子）；

② 确保通过卸料池的全部滤液没有其他通道；

③ 防止卸料池内部过热（温度可能超过 80℃）。

较高质量的矿石利用堆积滤取法。它比卸料池小得多，最大 10^8kg，处理过程要用数月，而不是数年。粗矿石堆积到 2～3m，用含有细菌接种物的酸水淹没。滤取出来的溶液通过反应堆过滤，并且连续循环。由空气线路通气，它比卸料池更加有效，全部工艺也更容易控制。

现在使用分批或连续搅拌槽反应器，这种设备提供了在可控条件下高效滤取的可能性。但是，就地滤取方法更加困难。就地滤取方法一般在地下废弃的矿井中进行，这样的废矿井含有超过 30%的金属，如铜或铀，矿石仍在井中，并维持其结构。金属被淹住 3～4 个月后，富含金属的酸性滤取液被泵出来。就地滤取方法显然依赖地质因素；多孔的石头必须允许滤取液有效地滤过。这个工艺在能源费用和环境影响方面有许多优势，可用于常规采矿操作。在美国亚利桑那州和加拿大，已经采用就地滤取方法从矿石中回收铜。在英国的康沃尔也采用这个技术从废弃矿石中回收铜。

矿石滤取的生物工艺过程中释放出大量的热能，可以抑制或杀死所使用的细菌。因此，为增加生物采矿的效率，在大量地寻找更适合大规模操作的微生物菌株。首选的是嗜热菌，它们可以在这种氧化环境中存活，如硫代谢古生菌硫化叶菌属（*Sulfolobus*）。这些有机体是高效的金属硫化物滤取者，它们是极端嗜热菌，可以在很宽的 pH（1～6）范围操作。同样，也在寻找或利用基因工程方法构建抗重金属细菌。汞、镉和砷对当前使用的微生物特别有毒害，从而减慢了生物处理过程。但是有的微生物具有抗重金属的保护酶，或者具有除去重金属的体系。如果分辨出这种抗重金属的保护酶，就可以工程化，产生出最适的抗性生物冶炼菌株。现在已经有不少关于抗重金属保护酶基因的研究，如金属络合物和特定的金属转运系统。所谓金属络合物是指在微生物细胞内产生对金属离子具有高结合容量的络合物，络合体内的重金属，以减少毒性较大的活性游离态重金属离子，如真核生物和少数原核生物中大量存在的金属硫蛋白。金属硫蛋白是一类低分子质量（6～7kDa）富含半胱氨酸、不含芳香氨基酸或组氨酸的蛋白质。它们通过半胱氨酸残基上的巯基与重金属结合，形成无毒或低毒的络合物，从而清除重金属的毒害作用。金属硫蛋白可以络合的金属包括 Cd、Hg、Pb、Ag、Au、Pt、Bi 等。而大多数原核生物是通过特定的金属转运系统，将胞内的重金属离子转运出去，以减少对重金属离子的摄入。金属转运系统主要由一些膜蛋白组成，这些膜蛋白包含特异性金属结合蛋白和金属转运蛋白。结合蛋白负责在细胞膜处特异性地结合某种金属离子，然后传递给转运蛋白，将其通过细胞膜转入或排出细胞。目前已经发现了一些重金属离子的特异性转运系统，这些转运系统的编码基因大多以基因簇的形式位于相应的操纵子之中。例如，汞转运系统 *mer* 操纵子、铅转运系统 *pbr* 操纵子、镉转运系统 *cad* 操纵子等。如有利用基因工程技术，在大肠杆菌细胞壁上直接表达人工合成的植物螯合肽与麦芽糖结合蛋白的融合蛋白，以富集汞；在酿酒酵母细胞表面表达含有组氨酸的寡肽吸附铜等。还可以分离基因表达产物，如大肠杆菌表达的麦芽糖结合蛋白与人金属硫蛋白融合蛋白，纯化后，固定在树脂上，进行固定化吸附。

当矿石含有高比例的方解石、石灰石或强酸性的碳酸盐时，也可以使用碱性方法浸取金属，这种方法适合于铀、钼、镭和硒矿石的提取。最初是使用藻类来溶解金属，特别是水绵属的绿藻（*Spirogyra*）、颤藻（*Oscillatoria*）及轮藻（*Chara*）属的菌种。

28.7　煤的微生物脱硫

煤含有很高含量的硫，当燃烧时，会产生污染环境的 SO_2。在煤燃烧后，可以使用烟道气体设备除去 SO_2。但是在发展中国家里，设备安装昂贵的，不断散发的 SO_2 是引起环境污染的主要问题。因此，人们为煤和其他燃料在燃烧之前的脱硫寻找低成本的技术。其中之一就是微生物脱硫。

煤中存在两种形式的硫：有机硫和无机硫。有机硫是与碳原子键和的，无机硫是矿物硫，主要是黄铁矿（FeS_2）。微生物脱硫的目标是黄铁矿，最著名的微生物是溶解黄铁矿的铁氧化硫杆菌。这种滤取方法可以用于煤的加工和贮藏，但这种方法并不适合快速脱硫的要求。嗜酸嗜热古生菌，如嗜酸热硫化叶菌（*Sulfolobus acidocaldarius*）是可以利用的。它们有较高的操作温度，可以改进黄铁矿硫氧化的速率。

增加粉碎煤和以煤为基础的液体燃料（煤与水结合的燃料，称为煤水燃料，CWF）的使用，产生了一种新的微生物脱硫工艺，即“浮选分离方法”（flotation separation method）。这个方法是在水中制备粉碎煤悬浮液，装在分离池中，并用空气喷射。煤颗粒与空气泡黏附在一起，并且漂浮着，而所有亲水的灰尘颗粒沉淀下来。黄铁矿颗粒与煤有同样的表面特性，一般会漂浮着。但是，加入到悬浮液里的细菌选择性地吸附在黄铁矿颗粒上，使其成为亲水性的并沉淀下去。这些工艺可以除去灰尘组分和大约 70%的黄铁矿。

28.8　生物杀虫剂

世界上每年用于控制农业有害昆虫以及动物和人类昆虫载体的化学品费用，估计超过 250 亿美元。除了费用高外，常规化学杀虫剂存在许多问题，如缺乏专一性，在环境中的持久性以及在动物（特别是鸟类）体内可以积累到有害的水平等。使用微生物病原体（细菌、真菌、原生动物和病毒）有很多超过化学杀虫剂的优势。它们是专一性的，生产费用相对便宜，有很窄的活力谱，并且不存在残留问题，发生抗药性的可能性也很小。但是，这些病原体在实际应用中不太容易培养。至今最成功的生物杀虫剂一般是形成芽孢的革兰氏阳性、杆状的芽孢杆菌属的土壤细菌。这类细菌在形成芽孢期间产生晶体蛋白内毒素。杀虫蛋白内毒素不是接触性中毒，必须被靶昆虫吃进去才有效果。由单一的芽孢杆菌菌种或亚种组成的杀虫剂产品，有的可以有抗一个目的所有昆虫的活性，而另一些可能仅对少量昆虫种类甚至仅对某一种昆虫有效。

从 20 世纪 60 年代开始，使用最广泛的微生物杀虫剂是苏云金芽孢杆菌（*Bacillus thuringiensis*）。在美国、欧洲和中国，每年用发酵工艺生产出超过 3000 吨的产品，发酵工艺是为高比率积累芽孢和 δ-内毒素设计的好氧浸没工艺。操作条件是 30℃，pH7.2～7.6，使用低价格的培养基，一般含有淀粉、玉米浆，酪蛋白和酵母浸膏。与 δ-内毒素形成有联系的芽孢，在 25～30h 之后形成，可以产生超过 10^9 个芽孢/ml 的浓度。某些菌株在生长期间也产生β-内毒素，那是一种非特异性的核苷毒素。

主要的苏云金芽孢杆菌商业产品均含有蛋白毒素和芽孢两者，而其他的则仅有毒素化合物。所有的制品使用水平是 4～6g/hm^2，这样的用量可以控制超过 40 种不同的引起农作物和林木疾病的昆虫。苏云金芽孢杆菌内毒素对很小的一批昆虫有专一性，当暴露在紫外光下或其他环境因子条件下，很快裂解成无毒化合物。这些特性已经赢得了环境友好产品的名誉（环保产品）。

δ-内毒素多肽是一种晶体或晶体复合物，是在芽孢形成时，在芽孢旁边产生的。这种伴孢晶体组成了细胞量的 30%以上。编码这些杀昆虫晶体蛋白（ICPs）的基因位于大质粒上。来源于不同菌株的 ICPs 在大小和形态上是不同的，甚至一个或两个氨基酸残基的微小变化，都可以导致它们杀昆虫活性的明显变化。

ICPs 在转变成生物活性毒素之前，即要求可溶性，也需要激活。大多数情况下，ICPs 在昆虫中肠的高碱性环境下形成可溶性形式，然后通过昆虫肠道的酶进行蛋白质水解而被激活。这种激活是将 130 000Da 的原毒素转化成 55 000～65 000Da 的活性形式。它们对人类和动物的安全性是与人类和动物中肠的高酸性条件有关，因为非毒素活性发挥的良好环境。ICPs 在酸性 pH 下只有很低的可溶性和变性效应，导致它们更容易被中肠蛋白酶水解。

在昆虫的中肠里，活性毒素识别昆虫肠道上皮细胞的表面受体。由 6 个活性毒素单位组成一个六角形有孔复合物，穿过细胞膜。导致 K 离子和一些小分子物质流失，影响了昆虫控制渗透压的能力。这样，中毒的昆虫很快死去，或停止进食，在 2～3 天内因败血症（血液中毒）而死亡。

现在有三种结构不同的毒素已经进行了结晶学研究。结构Ⅰ由 7 个α螺旋组成，被认为是与膜相互作用的，这种毒素插入昆虫肠道上皮细胞，形成穿孔。结构Ⅱ是三个β折叠的三角形柱状形式，涉及与受体的结合。结构Ⅲ是由反向平行的β链组成，它与结构Ⅱ一起涉及昆虫的特异性和稳定性。昆虫对特异性 ICPs 的抗性，可能是由于受体结合特异性的改变。

苏云金芽孢杆菌不会在环境中繁殖，也不能持续维持控制目标害虫的量。细菌可以在被感染的宿主中复制，但当昆虫中毒死亡时，几乎没有芽孢或晶体毒素释放。因此，苏云金芽孢杆菌产品需要像常规化学杀虫剂那样进行利用。

直到 20 世纪 80 年代早期，商业的苏云金芽孢杆菌产品仅用于抗蝴蝶的毛虫和蛾子（鳞翅类）。但是，已经发现了杀死其他类型有害昆虫的菌株。在苏云金芽孢杆菌亚种之间，内毒素的性质是不同的，这些特异性内毒素的性质决定了对哪些昆虫有毒。商业用途的苏云金芽孢杆菌现在分为三个主要的类型。

① 杀毛虫的类型。最知名和使用最广泛的是苏云金芽孢杆菌库尔斯塔克变种，它仅毒害蝴蝶的幼虫和蛾子。一般用于控制许多食叶的毛虫。

② 杀蚊子、黑蝇和蘑菇昆虫幼虫的类型，是用苏云金芽孢杆菌以色列变种制备的。但它们不能杀死较高等双翼昆虫的幼虫，如家蝇。这些制品对于控制疟疾和河盲的载体——蚊子和黑蝇特别有用。

③ 用苏云金芽孢杆菌洛杉矶变种和苏云金芽孢杆菌的另一个变种（*Bacillus thuringiensis* var. *enebrionis*）制备的类型，对某些鞘翅类的甲虫有毒性。

利用遗传工程技术可以多种途径发展新的苏云金芽孢杆菌杀虫剂，并改善对目标昆虫的毒性。许多苏云金芽孢杆菌具有多重 ICP 基因，产生多样的杀虫晶体，或含有几种不同的但相关的 ICPs 混合晶体，每一种则有独特的杀昆虫活力谱。现在可以分析它们独特的抗不同目标昆虫的活力，利用遗传技术构建载有几种 ICPs 的菌株，使 ICPs 对所期望的昆虫目标有最好的选择性活性。这也有助于控制昆虫抗性的改变。

产生 CIPs 的基因也可以组合到其他细菌中，这些细菌是植物天然微生物区系的一部分。当这些修饰过的细菌接种到农作物类植物上时，它们生长并繁殖，为植物提供了持续的抗昆虫伤害的保护。但是，活的基因工程微生物释放到环境中，会引起毒素传递。因此，可以在培养后，用化学法杀死表达苏云金芽孢杆菌毒素的工程菌荧光假单孢菌，将毒素固定在细胞内，制成一种微胶囊和稳定的毒素。当用于植物叶片时，可以降低它的降解，并改善了产品贮存寿命。另外，编码 ICPs 产物的基因也可以直接插入某些农作物的染色体（如玉米）中，提供长期的控制作用。但在这些条件下，因为昆虫群体持续地暴露在毒素中，昆虫抗性的发展是一个潜在的问题。

革兰氏阴性细菌发光光杆菌（*Photorhabdus luminescens*）和嗜线虫致病杆菌（*Xenorhabdus nematophius*）产生的毒素复合物，与芽孢杆菌的毒素非常不同，有作为杀昆虫试剂的潜力，将使现在的杀昆虫毒素变得更加广泛。

其他生物杀虫剂还有日本甲虫芽孢杆菌（*Bacillus popillae*）制剂，最初是用于控制日本甲虫的，这种甲虫在美国是一种主要的害虫。这些细菌长期存在于环境中，对昆虫进行长期的控制。但是，日本甲虫芽孢杆菌不像苏云金芽孢杆菌，不容易在人工培养基上培养，芽孢是用活的昆虫幼虫生产。它们的活性模式也不直接涉及毒素，而是摄取的芽孢在昆虫中肠里发芽，并继续侵染幼虫。

还有许多微生物被用于控制其他农业有害物和疾病，包括真菌病原菌。例如，真菌寡雄腐霉（*Pythium oligandrum*）和宿白粉菌（*Ampelomyces quisqualis*）制品用于控制几种植物病原真菌，如番茄灰霉（*Botrytis cinerea*）。盾壳霉（*Coniothyrium minitans*）的孢子可以用来防治植物真菌病原菌核盘菌（*Sclerotinia sclerotiorum*）。

主要参考文献

Alexander M. 1994. Biodegradation and Bioremediation. Cademic Press, New York

Bae W, Mehra R K, Mulchandani A, et al. 2001. Genetic engineering of *Escherichia coli* for enhanced uptake and bioaccumulation of mercury. *Appl Environ Microbiol* 67, 5335～5338

Bousher A C, Chandra M, Edyvean R. 1995. Biodeterioration and Biodegradation 9. Institution of Chemical Engineers, Rugby

Brim H, McFarlan S C, Frederickson J K, et al. 2000. Engineering *Deinococcus radiodurans* for metal remediation in radioactive mixed waste environments. *Nature Biotechnol* 18, 85～90

Bull A T, Marrs B, Kurance R. 1998. Biotechnology for Clean Industrial Products and Processes：Towards Industrial Sustainability. OECD Publications, Paris

Characklis W G, Marshall K C. 1990. Biofilms. Wiley, New York

Charkrabarty A M. 1996. Microbial degradation of toxic chemicals：Evolutionary insights and practiceal con- siderations. *ASM News* 52, 130～136

Chen W, Mulchandani A. 1998. The use of live biocatalysis for pesticide detoxifyication. *Trends Biotech- nol* 16, 71～76

Cheremisinoff N P. 1996. Biotechnology for Waste and Waste water Treatment. Noyes Publications, West- wood, NJ

Demain A L, Davies J E, Atlas R M. 1999. Manual of Industrial Microbiology and Biotechnology. American Society for Microbiology, Washington DC

Eggen T, Majcherczyk A. 1998. Removal of polycyclic aromatic hydrocarbon （PAH） in contaminated soil by white rot fungus *Pleurotus ostreatus*. *Int Biodeteriorst Biodegradat* 41, 111～117

Fang H H. 1991. Treatment of waste water from a whey processing plant using activated sludge and anaerobic processes. *J Dairy Sci* 74, 2015～2019

Gallizia I, Vezzulli L, Fabiano M. 2005. Evaluation of different bioremediation protocols to enhance decomposition of organic polymers in harbour sediments. *Biodegradation* 16, 569～579

Glazer A N, Nikaido H. 1995. Microbial Biotechnology. W. H. Freeman, New York

Groenhof A C. 1998. Compositing：Renaissance of an age-old technology. *Biologist* 45, 164～167

Grove J K, Stein O R. 2005. Polar organic solvent removal in microcosm constructed wetlands. *Water Res* 39, 4040～4050

Guerinik K, Al-Mutawah Q. 2003. Isolation and characterization of oil-desulphurizing bacteria. *World J Microbiol Biotechnol* 19, 941～945

Halfhill M D, Sutherland J P, Moon H S, et al. 2005. Growth, productivity, and competitiveness of introgressed weedy Brassica rapa hybrids selected for the presence of Bt cry1Ac and gfp transgenes. *Mol Ecol* 14, 3177～3189

Hall K, Miller C D, Sorensen D L, et al. 2005. Development of a catabolically significant genetic probe for polycyclic aromatic hydrocarbon-degrading mycobacteria in soil. *Biodegradation* 16, 475～484

Hardman D, McEldowny S, Waite S. 1993. Pollution: Ecology and Biotreatment. Longman Scientific and Technical, Harlow

Kim L. 1993. Advanced Engineered Pesticides. Marcel Dekker, New York

Kirkwood R C, Longley A J. 1995. Clean Technology and Environment. Blackie Academic and Professional, London

Knowles B H. 1994. Mechanism of action of *Bacillus thuringiensis insecticidal* delta-toxins. In *Advances in Insect Physiology* （ed. P. D. Evans）, Vol. 24, pp. 275～308

Kroyer G T. 1993. Bioconversion of food processing wastes：recent research and new developments. An overview. *Microbiol Eur* Sept/Oct, 30～34

Kuroda K, Shibasaki S, Ueda M, et al., A. 2001. Cell surface-engineered yeast displaying a histidine oligopeptide（hexa-His） has enhanced adsorption of and tolerance to heavy metal ions. *Appl Microbiol Biotechnol* 57, 697～701

Lee M D, Odom J M, Buchanan R J Jr. 1998. New perspectives on microbial dehalogenation of chlorinated solvent：insights from the field. *Ann Rev Microbiol* 52, 423～452

Lettinga G. 1995. Anaerobic digestion and wastewater treatment systems. *Antonie van Leeuwenboek：J Microbiol Serol* 67, 2～28

Malik A, Dastidar M G, Roychoudhury P K. 2001a. Biodesulphurization of coal：effect of pulse feeding and leachate recycle. *Enzyme Microb Technol* 28, 49～56

Malik A, Dastidar M G, Roychoudhury P K. 2001b. Biodesulphurization of coal：Mechanism and rate limiting factors. *J Environ Sci Health, Pt. A：Toxic/Hazard Subst Environ Eng* A36, 1113～1128

McFarland B I. 1999. Biodesulphurization. *Curr Opin Microbiol* 2, 257～264

Mitchell R. 1992. Environmental Microbiology. Wliey-Liss, New York

Moo-Young M, Anderson W A, Chakrabarty A M. 1996. Environmental Biotechnology：*Principles and Applications*. Kluwer Academic Publishers, Boston

Potin O, Veignie E, Rafin C. 2004. Biodegradation of polycyclic aromatic hydrocarbons （PAHs） by Cladosporium sphaerospermum isolated from an aged PAH contaminated soil. *FEMS Microbiol Ecol* 51, 71～78

Rawlins D E, Silver S. 1995. Mining with microbes. *Biotechnol* 13. 773～778

Reineke W. 1998. Development of hybrid strains for the mineralization of chloroaromatics by patchwork assembly. *Ann Rev Microbiol* 52, 287～331

Scragg A. 1999. Environmental Biotechnology. Longman Scientific and Technological, Harlow

Seo J H, Yeo J S, Cha H J. 2005. Baculoviral polyhedrin-*Bacillus thuringiensis* toxin fusion protein：A protein-based bio-insecticide expressed in *Escherichia coli. Biotechnol Bioeng* 92, 166～172

Spain J C. 1995. Biodegradation of nitroaromatic compounds. *Ann Rev Microbiol* 49, 523～555

Stams A J M, Ouda Elferink S J W H. 1997. Understanding and advancing wastewater treatment. *Curr Opin Microbiol* 8, 328～334

Steffan R J, Timmis K N, Unterman R. 1994. Designing microorganisms for the treatment of toxic wastes. *Ann Rev Microbiol* 48, 525～557

Tay J H, Jiang H L, Tay S T L. 2004. High-Rate Biodegradation of Phenol by Aerobically Grown Microbial Granules. *J Environ Eng* 130, 1415～1423

Verstraete W, De Beer D, Pena M, et al. 1996. Anaerobic bioprocesssing of organic wastes. *World J Microbiol Biotechnol* 12, 221～238

Wainwright M. 1999. An Introduction to Environmental Biotechnology. Kluwer Academic Publishers, Boston

White C, Sayer J A, Gadd G M. 1997. Microbial solubilization and immobilization of toxic metals: key biogeochemical processes for treatment of contamination. *FEMS Microbiol Rev* 20, 503～516

Yue C, Sun M, Yu Z. 2005. Improved production of insecticidal proteins in *Bacillus thuringiensis* strains carrying an additional cry1C gene in its chromosome. *Biotechnol Bbioeng* 92, 1～7

《微生物工程》（第二版，修订版）教学课件索取方式

凡使用本书作为教材的主讲教师，可获赠教学课件一份。欢迎通过以下两种方式之一与我们联系。课件数量有限，赠完为止。本活动解释权在科学出版社。

1. 关注微信公众号“科学 EDU”索取教学课件

关注→“教学服务”→“课件申请”

2. 填写教学课件索取单拍照发送至联系人邮箱

姓名：	职称：	职务：
电话：	QQ：	电邮：
学校：	院系：	本门课程学生数：
地址：	邮编：	
您所代的其他课程及使用教材名称：		
书名：	出版社：	
您对本书的评价及修改意见：		

联系人：席慧　编辑　　咨询电话：010-64000815　　电子邮箱：xihui@mail.sciencep.com